CASES IN INTERNATIONAL ENVIRONMENTAL LAW

국제환경법

주요판례

이재곤 | 박덕영 외

박영사

본서의 출간은 2013년 정부(교육부)의 재원으로
한국연구재단의 지원을 받아 수행된 연구임(NRF-2013S1A3A2054969)

서 문

산업혁명 이래 오염물질을 방출하는 각종 산업의 급속한 발전과 인구의 기하급수적 증가로 인하여 인류의 생존에 필요한 자연환경 및 생태계가 심각하게 파괴되어 왔다. 지구환경을 보호하는 일은 핵문제해결 등과 함께 인류에 미칠 재앙을 막고 더 안전하고 지속가능한 세계를 만드는데 있어 가장 중요한 과제 중의 하나가 되었다. 인류는 이미 19세기 중반부터 자연환경보호를 위한 양자조약을 체결하는 등 국제적 환경보호를 시작하였고 1972년 스톡홀름지구환경회의를 계기로 본격적인 국제적 규제 노력을 계속하여 왔다. 오늘날 환경보호를 위한 국제법규의 발전이 비약적으로 이루어지고 있어 환경보호관련 조약만 하더라도 이미 3,000개를 초과하였고 국제환경법은 독자적인 국제법의 한 분야로 인정받게 되었다.

이러한 국제환경법의 발전과정에서 환경관련 국제판례도 그 수는 비교적 많지 않지만 중요한 역할을 수행하여 왔다. 주지하는 바와 같이, 국제법무대에서는 선례구속의 원칙이 원칙적으로 인정되지 않고 있어 판례 자체가 구속력 있는 국제법으로 적용될 수는 없다. 하지만 국제적 환경사건에 대한 판결에서는 분쟁당사자간에 분쟁의 대상이었던 환경문제를 장래적으로 규율하기 위한 법적 장치를 마련하면서 환경규제장치 또는 기준을 제시하거나, 국제의무의 위반여부를 결정하고 그에 따른 일정한 책임을 부과하여 국제환경법규와 그에 따른 환경기준을 준수하도록 유도하는 역할을 수행하여 왔다. 또한 판례는 해결을 위해 맡겨진 사건에서 제기된 국제환경법 쟁점에 대한 국제환경법규의 존부, 성립시점, 국제환경법상의 구체적 의무내용 등의 분석, 일정한 국제환경법 개념의 정의와 예시적 제시 등의 역할을 수행하여 국제환경법 발전에 기여하여 왔다.

이 책은 국제환경법 발전 초기부터 지금까지 내려진 주요 국제환경법 관련 판례들을 분석하여 이들 사건이 국제환경법과 관련하여 갖는 중요성과 의미, 문제점 등을 파악한 논문들을 모아 놓아 국제환경법을 연구하는 독자들이 용이하게 국제환경판례에 접근할 수 있게 하기 위한 것이다. 시간관계상 많은 학자들의 이미 발표된 논문을 중심으로 편집하다 보니 용어통일 등의 어려움이 있었고 통일된 관점과 문제의식을 가지고 사건을 다루지는 못하였다는 아쉬움이 있다. 또한 국제환경법에만 초점으로 맞춘 논문과 그렇지 않은 논문도 있어 부족함을 느낀다. 독자 제현의 애정 어린 지적을 고대한다.

많은 분들의 도움과 헌신으로 이 책이 나올 수 있었다. 우선 이 책은 한국연구재단의 지원을 받는 연세대학교 SSK 기후변화와 국제법센터 연구활동 결과의 하나이고 그 재정적 지원에 힘입은 것이라는 것을 밝혀 둔다. 다음으로 수록된 논문들 중 이미 발표된 논문이 게재되었던 학술지에 깊이 감사드린다. 또한 바쁜 중에 시간을 충분히 드리지 못하였음에도 기 발표된 논문들을 이 책의 편집 목적에 맞추어 다시 집필하거나 새로운 판례평석 논문을 작성하여 참여하여 주신 모든 공동저자 분들께도 존경과 감사의 마음을 전해 드린다. 어려운 출판환경에서도 경영상의 수지타산에만 얽매이지 않고 필요한 법학분야의 발전을 위해 출판을 허락하여 주신 박영사 안종만 회장님께 감사드리고 많은 저자들의 다양한 요구를 경청하며 책의 가독성을 높이기 위해 편집에 애써주신 배우리 선생께도 깊이 감사드린다.

2015. 12. 12. 기후변화대응에 합의한 파리협정 채택을 축하하며,

이재곤, 박덕영 씀

차 례

제 1 장

서론: 국제환경법 발전과 판례

Introduction: The Development of International Environmental Law and Judicial Decisions

이 재 곤, 박 덕 영

I. 서 언

19세기 말에 태동하여 1972년 스톡홀름지구환경회의를 기점으로 본격적으로 발전하기 시작한 국제환경법은 이제 3,000개 이상의 관련 조약이 체결되어 운영되고 있고 많은 관습국제법이 형성되었거나 형성되고 있는 '독자적'인 국제법의 한 분야로 인정받게 되었다.[1] 이러한 국제환경법의 발전과정에서 국제환경법 쟁점을 가지고 있었던 판례도 중요한 역할을 수행하여 왔다. 물론 일반 국제법과 마찬가지로 판례는 그 자체가 국제환경법의 구속력 있는 연원으로 인정되지는 않는다. 국제사법재판소(ICJ) 규정(Statute)에서 언급하고 있듯이[2] 판례는 법칙결정의 보조수단으로서의 역할을 수행하며, 원칙적으로 국제분쟁을 국제법에 의해 해결하는 국제사법재판소를 비롯한 국제적 분쟁해결기관에서는 동일기관의 앞선 판결이라 하더라도 이후에 다루어지는 동일한 법률적 쟁점을 갖는 판결에서 구속력을 가지고 적용되지는 않는다. 하지만 이러한 형식적, 기술적인 측면만을 가지고 국제환경법 발전에 있어서 판례가 수행한 역할을 정확하게 평가할 수 없는 것은 일반 국제법에 있어서와 마찬가지이다.[3] 즉, 국제환경법 판

---

1) Stephens는 국제환경법이 고도로 정교하고 독자적인 국제법의 각론 분야(a highly sophisticated and distinctive sub-discipline of public international law)라고 하고 있다. Tim Stephens, *International Courts and Environmental Protection*, Cambridge University Press, 2009, p.1.

2) 규정 제38조 제1항 (d)는 판례가 학설과 함께 법칙결정의 보조수단이라고 하고 있고, 규정 제59조는 재판소의 판결이 당해사건과 당해사건의 당사국에게만 구속력이 있다고 하여 소위 '선례구속의 원칙'(*stare decisis*)을 부인하고 있다.

3) 재판소는 제기된 법적 쟁점에 적용될 조약과 관습을 주된 연원인 국제법을 찾아야 하고 관습법

례들은 국제규제기준을 제시하고 국제환경법 상의 일반법규의 존부확인과 내용파악 등을 통하여 국제환경법 발전에 많은 기여를 해 왔다.

이 장에서는 국제법에 의하여 국제분쟁을 해결하는 국제적 분쟁해결기관에서 국제환경법 문제를 다루었던 사건들을 목록화하여 본 후, 이들 사건들이 환경보호를 위한 국제적 기준설정과 국제환경법 발전에 있어서 기여한 역할을 분석하고 이 책에서 다루어진 사건들을 개관하여 소개하기로 한다.

Ⅱ. 국제환경법 관련 판례

국제환경법이 국제법의 한 분야로서 독자성을 갖는 것이지, 국제법과는 별개의 법체제를 구성하고 있는 것이 아니기 때문에 극단적으로는 모든 국제법 관련 사건은 국제환경법 관련 사건이라고도 할 수 있다. 하지만 여기서는 직접적인 국제환경법 쟁점을 담고 있는 사건을 중심으로 어떤 사건들이 있었는가를 목록화하여 보았다. 이와 함께 예외적으로 직접적인 국제환경법 쟁점을 다룬 사건은 아니지만 국제환경법 상의 개념이나 국제환경법의 발전과 형성과정에 중요한 역할을 한 사건도 일부 포함하여 분쟁해결기관별 및 시대 순으로 정리하여 보면 다음과 같다.[4]

의 경우 이의 성립여부와 내용을 밝히기 위한 증거들을 수집하고 분석하여 그 결과를 가지고 분쟁을 해결한다. 이후 같은 쟁점을 가진 분쟁을 다루는 재판소는 그러한 과정을 되풀이하기보다는 앞선 판례를 인용하는 경우가 많아지고 있는 것이다. 판례의 연원으로서의 실질적 역할에 대한 평가는 판례의 법원성을 부인하는 대륙법계 국가에서 판례가 법원의 위계질서 내에서 실질적으로는 중요한 역할을 하고 있는 것과 비교될 수도 있다. 동지, Lakshman Guruswamy, *International Environmental Law in a nutshell*, 4th ed., West Publishing, Co., 2012, p.23.

4) 환경보호와 무역자유의 관계를 다루고 있는 GATT패널 및 WTO분쟁해결기구(DSB)의 사건들과 유럽인권재판소 등의 환경보호와 인권문제를 다룬 사건들은 여기에 포함시키지 않았다. 편자들은 이 책의 후속으로 환경보호와 국제경제규제간의 관계와 관련된 사건들을 다룬 별도의 책을 출판하려 한다. WTO규범과 관련된 사건들을 정리하여 본 장의 마지막에 첨부한다.

사건명	재판기관	판결년도	판결문자료	국제환경법 쟁점
Bering Fur Seals Fisheries arbitration (Great Britain/ United States)	*ad hoc* IAT[5]	1893	28 RIAA 263	자연자원보존, 역외적 환경규제가능성
Lac Lanoux arbitration (France v. Spain)	*ad hoc* IAT	1957	12 RIAA 281; 24 ILR 101(1957)	국제하천에서의 상하류국관계, 유수변경문제
Gut Dam arbitration (US v. Canada)	*ad hoc* IAT[6]	1968	8 ILM 118(1969)	국제하천에서의 상하류국관계
Southern Bluefin Tuna arbitration (New Zealand and Australia v. Japan)	UNCLOS, Annex VII Arbitration Tribunal	2000	23 RIAA 1	해양생물자원보존
Dispute Concerning Access to Information under Article 9 of the OSPAR Convention (Ireland/UK)	PCA	2003	42 ILM 1118(2003); 23 RIAA 59	환경정보에의 접근
Iron Rhine (“Ijzeren Rijn”) arbitration (Netherlands/ Belgium)	PCA	2005	27 RIAA 35	환경오염을 야기하지 않을 책임, 지속가능한 개발, 환경개념정의
Territorial Jurisdiction of the International Commission of the River Oder (Czechoslovakia, Denmark, France, Germany, Great Britain, Sweden, Poland)	PCJI	1929	PCIJ Ser. A No.23(1929)	유역국의 국제하천 이용의 평등성
Diversion of the Waters from the Meuse (Netherlands v. Belgium)	PCIJ	1937	PCIJ Ser.A/b No.70(1937)	하천유역국간의 형평원칙
Corfu Channel (UK v. Albania)	ICJ	1949	ICJ Reports, 1949, p.4	타국에 손해를 야기하는 방법으로 영토사용하지 않을 의무
Barcelona Traction, Light and Power, Ltd. (Belgium v. Spain)	ICJ	1969	ICJ Reports, 1970, p.3	대세적 의무의 존재 (환경보호의무 성격)
Fisheries Jurisdiction (Germany v. Iceland; UK v. Iceland)	ICJ	1972	ICJ Reports, 1973, p.3, (Merits) ICJ Reports, 1974, p.175	해양생물자원보존

5) 당해 사건 해결을 위하여 구성된 국제중재재판부를 지칭하는 임시(수시)중재재판소(*ad hoc* international arbitration tribunal)를 지칭하는 것으로 사용하기로 한다.

6) 분쟁당사국이었던 미국과 캐나다가 구성을 합의하고 Lake Ontario Claims Tribunal로 명명하였다.

Nuclear Tests I (New Zealand v. France)	ICJ	1974	ICJ Reports, 1973, pp.99/135; ICJ Reports, 1974, pp.253/457	핵낙진 의한 환경오염, 환경손해 야기하지 않을 책임
Certain Phosphate Lands in Nauru (Nauru v. Australia)	ICJ	1992	ICJ Reports, 1992, p.240	폐광지역의 회복에 대한 신탁통치 시정국의 의무
Nuclear Tests II (New Zealand v. France)[7]	ICJ	1995	ICJ Reports, 1995, p.288	핵오염
Legality of the Threat or Use of Nuclear Weapons, Advisory Opinion	ICJ	1996	ICJ Reports, 1996, p.226,	환경개념정의, 환경손해 야기하지 않을 책임, 무력충돌시 환경보호
Gabčikovo-Nagymaros Project (Hungary/Slovakia)	ICJ	1997	ICJ Reports, 1997, p.7	지속가능개발, 긴급피난 근거로서의 생태적 위험
Fisheries Jurisdiction (Estai, Spain v. Canada)	ICJ	1998	ICJ Reports, 1998, p.432	해양생물자연자원 보존
Dispute Regarding Navigational and Related Rights (Costa Rica v. Nicaragua)	ICJ	2009	ICJ Reports, 2009, p.213	국제하천 항행자유의 규제근거로서의 환경보호
Pulp Mills on the River Uruguay (Argentina v. Uruguay)	ICJ	2010	ICJ Reports, 2010, p.14	환경영향평가의무, 정보제공 및 협의의무
Whaling in Antarctic Sea (Australia v. Japan)	ICJ	2014	March 31, 2014 General List No. 148	생물자원보존, 생물자원보존을 위한 과학조사목적의 의미
Southern Bluefin Tuna (New Zealand v. Japan; Australia v. Japan), Provisional Measure	ITLOS	1999	39 ILM 1359 (2000)	해양생물자원보존, 사전주의원칙, 생물자원보존을 위한 과학조사목적
Mox Plant (Ireland v. UK), Provisional Measure	ITLOS	2001	41 ILM 405 (2002)	환경정보에의 접근
The "Volga" (Russia v. Australia)	ITLOS	2002	ITLOS Reports, 2002, p.10	불법, 비규제 및 비보고어업활동 (IUU fishing)
Responsibilities and Obligations of States Sponsoring Persons and Entities with Respect to Activities in the Area, Advisory Opinion	ITLOS	2011	ITLOS Reports, 2011, p.10	심해저활동에 대한 환경적 의무-사전주의, 환경영향평가 등

The M/V "Louisa" (Saint Vincent and Granadians v. Spain), Provisional Measure	ITLOS	2012	List of Cases No.18, ITLOS	유류에 의한 해양오염, 해양오염방지를 위한 잠정조치가능성, 사전주의

Ⅲ. 국제환경법 발전에 있어 판례의 역할과 관련 판례 개관

국제법은 법규의 모호성, 비준수, 법규의 결여 또는 결함 등으로 인해 그 실효성이 약화되는 문제를 안고 있다고 지적된다.[8] 이 문제를 해결하기 위해 기준설정(standard setting), 규범 준수 통제(compliance control) 및 국제법 발전(development of international law)이 강조되어 왔다. 짧은 기간 동안 급속하게 발전하면서 시급한 국제적 환경보호 문제에 대응하여야 했던 국제환경법에서는 이러한 측면이 더 부각될 수 있고 국제적 환경분쟁을 국제법적으로 해결하는 분쟁해결기관들이 제기된 사건에 대한 판결을 통하여 수행해온 역할도 이러한 측면에서 분석해 볼 수 있다. 즉, 먼저 판례는 판결을 통하여 분쟁당사자간에 분쟁의 대상이었던 환경문제를 장래적으로 규율하기 위한 법적 장치를 마련하면서 환경규제 장치나 기준을 제시하였다. 두 번째는, 조약상의 의무이든, 관습국제법에 의한 의무이든, 국제의무 위반 여부를 결정하고 그에 따른 일정한 책임을 부과하여 국제환경법규와 그에 따른 환경기준을 준수하도록 유도하였다. 세 번째는 맡겨진 사건에서 제기된 국제환경법 쟁점에 대한 국제환경규범의 존부, 성립시점, 국제환경법 상의 구체적 의무내용의 분석, 일정한 국제환경법 개념의 정의와 예시적 제시 등을 통하여 국제환경법 발전에 영향을 미쳤다. 아울러 국제환경분쟁의 사법적 해결은 궁극적으로 국제환경법규의 준수에도 미약하지만 긍정적 영향을 미친 것으로 본다.

우선, 국제환경법 발전의 태동기였던 1945년 이전 단계에서는 Bering Fur Seals사건과 Trail Smelter사건이 중요하다. Bering Fur Seals사건(이재곤 교수 논문)은 러시아로부터 알래스카를 매입하여 할양받았던 미국이 알래스카 남쪽 태평

7) Request for an Examination of the Situation in Accordance with Paragraph 63 of the Court's Judgement of 20 December 1974 of the Nuclear Tests (New Zealand v. France).

8) Yasuhiro Shigeta, *International Judicial Control of Environmental Protection*, Wolters Kluwer, 2010, p.1.

양 상의 자국도서에 서식하는 물개 보존을 위해서 자국 영해범위를 넘는 해양에서의 물개 잡이를 규제하는 국내법을 제정하고 이에 따라 물개 잡이에 나선 영국 어선을 나포하여 발생한 분쟁이 중재재판으로 해결된 사건이다. 이 사건에서 중재재판소는 단순히 양 분쟁당사국간의 분쟁을 해결하였을 뿐만 아니라 물개라는 자연자원의 보존을 위한 규제체제를 정하여 환경규제 관할권의 공간적 한계, 자연자원 보존수역 설정, 자연자원 수렵기간 설정, 수렵도구 및 방법의 규제 등 자연자원 보존과 이용의 규제, 지속가능한 개발개념의 태동 등 관련된 국제환경법 발전에 큰 영향을 미쳤다. 우선 자연자원의 보존을 위하여 한 국가의 관할권을 넘는 공유수역까지 규제할 수 있는가라는 지속적인 국제환경법 문제가 초기 사건에서부터 제기되었고 역외적 관할권 행사가 인정되지 않았다. 반면에 재판소가 제시한 물개의 보존을 위한 규칙에서는 국가관할권을 넘는 일정 범위의 수역에서 자연자원의 관리체제를 수립할 수 있는 가능성을 열어 주었다. 두 번째로 환경윤리상 인간중심적인(anthropocentric) 접근이 너무 강조되기는 했지만 '물개'라는 자연자원의 보존이 이루어져야 한다는 것에 기초하여 규제규칙을 만드는 과정과 미국이 자국의 입장을 변호하기 위하여 주장하였던 논리를 통하여 지속가능한 개발개념의 태동이 이루어지는데 영향을 미쳤다. 세 번째는 오늘날의 많은 자연자원 보존과 관련된 조약에까지 규정되고 있는 자연자원 보존구역 설정, 보존기간 설정, 수렵 또는 채취방법 및 도구의 규제 등을 제시하여 이후 체결되는 생물자원 보존을 위한 조약의 모델이 되고 국제적 규제 기준을 설정하는 역할을 수행하였다.

이 시기의 두 번째 사건은 Trail Smelter사건(모영동 박사)인데, 국제환경법의 태동과 발전에 가장 큰 영향을 미친 사건이라고 할 수 있다. 이 사건은 캐나다의 미국과의 국경지역인 British Columbia주 Trail에 제련소가 들어선 후 미국 워싱턴 주의 국경지역에 산림, 농경지 및 축산업 등에 제련소의 아황산가스(SO2)로 인한 환경피해가 발생하여 이에 대한 책임과 배상문제가 제기되었던 사건인데 "배출가스로 다른 국가의 영토와 그 안의 사람 및 재산 손해를 야기하는 방법으로 영토를 사용하거나 사용을 허가할 수 없다"는 판결을 통하여 국제환경법의 기본원칙으로 확립된 '환경손해를 야기하지 않을 책임'원칙을 선언하였다. 아울러 재판소는 Trail제련소와 캐나다 측이 대기오염을 방지하지 위하여 취하여야 할 조치들을 제시하여 기준설정의 역할도 수행하였다.

둘째로, 제2차대전 후 국제연합(UN)이 창설되었던 1945년과 스톡홀름지구환경회의가 있었던 1972년 사이 소위 국제환경법의 형성기에 있었던 사건으로는 Corfu Channel사건, Lac Lanoux사건, Nuclear Tests사건 등을 들 수 있다. 먼저 Corfu Channel사건은 제2차세계대전의 종전 후 영국 함대가 알바니아 영해인 Corfu해협을 지나던 중 알바니아 국경수비대의 공격을 받았고 이에 대응하여 시위항해를 하다 기뢰공격을 받아 많은 피해를 입고 난 후 다시 동해역에서 소해작업을 벌였던 일과 관련하여 영국이 무해통항권을 행사하고 있는 군함에 대한 알바니아의 공격이 국제법위반이라고 주장하여 국제사법재판소에 제소하였던 사건이다. 이 사건은 직접적인 국제환경법 쟁점을 가지고 있었던 사건은 아니지만 재판소가 알바니아의 책임을 인정하면서 “모든 국가가 타국의 권리에 반하는 행위를 위하여 자국영토를 사용하도록 고의로 허용하지 않을 의무가 있다”고 선언하여 앞서 Trail Smelter사건에서 선언되었던 환경손해를 야기하지 않을 책임원칙의 근간이 되는 영토무해사용원칙을 확인하였다. 또한 기뢰부설로 항해에 위험을 주는 사실을 고지하지 않은 알바니아의 책임을 인정함으로써 위험사실의 고지의무를 인정하여 국제환경법상의 정보제공의무의 원형을 보여주었다. 두 번째로 Lac Lanoux사건은 프랑스가 스페인으로부터 흐르는 국제하천인 Carol강의 유수방향을 변경하자 스페인이 국제법위반을 주장하여 중재재판이 이루어진 사건으로 공유하천의 사용에 있어서 상류국의 권리제한 가능성을 언급하여 앞선 사건들에서 제시되었던 영토무해사용원칙을 다시 확인하였고 공유자원에 대한 협력의무도 제시하였다. 세 번째로 Nuclear Tests사건은 프랑스가 남태평양 상의 자국 도서에서 핵실험을 하려하자 오스트레일리아와 뉴질랜드가 프랑스의 핵실험활동의 위법성을 주장하여 국제사법재판소에 제소하면서 판결이 있을 때까지 핵실험을 중지시키기 위한 잠정조치(*Interim* Measure)를 요청하였던 사건이다. 프랑스의 핵실험중단선언으로 본안(merit)판결까지 이르지는 않았지만 뉴질랜드 등 원고측의 주장과 de Castro재판관의 반대의견을 통하여 앞선 판례들에 의해 확인된 국제환경법 원칙이 거듭 인정되고 있는데 Castro재판관은 인접국의 독성가스배출의 금지를 요구할 수 있는 권리가 일반 국제법상 인정된다면 원고국들도 재판소에게 프랑스가 자국영토에 핵낙진을 배출시키는 행위를 중지해주도록 요구할 자격이 있다고 보았다.

셋째로, 스톡홀름지구환경회의(1972) 이후의 국제환경법의 본격적인 발전이 이루어진 시기에는 국제해양법재판소의 설립과 함께 중재재판 등 다양한 분쟁해결기관들이 국제환경법 사건들을 다루기 시작하였고 특별히 1990년대 이후로는 국제환경법 관련 사건 수도 증가하였다. 이 기간 동안 국제사법재판소가 다룬 사건[9]으로는 Certain Phosphate Lands in Nauru사건, Nuclear Tests II사건,[10] Legality of Threat or Use of Nuclear Weapons사건, Gabčikovo-Nagymaros 사건, Pulp Mills사건, Whaling in Antarctic사건, Case Concerning the Dispute Regarding Navigational and Related Rights사건 등이 있다.[11] 이 기간에 국제해양법재판소는 Southern Bluefin Tuna사건과 Mox Plant사건 및 Responsibilities and Obligations of States in the Area사건을 통하여 국제환경법 문제를 다루었다.[12] 또한 중재재판으로 해결된 사건으로는 Iron Rhine사건이 있다.

먼저 Phosphate Lands in Nauru사건에서는 1989년 Nauru가 UN체제하의 신탁통치 시정국이었던 오스트레일리아가 신탁통치기간동안 인산염광산을 채

9) Pulp Mills 사건 이전의 국제사법재판소의 국제환경법 관련 판결경향에 대한 상세한 면은, Jorge E. Viñuales, "The Contribution of the International Court of Justice to the Development of International Environmental Law: A Contemporary Assessment", *Fordham International Law Journal*, vol.32(2008), pp.232-258.

10) 정식명칭은 Request for an Examination of the Situation in Accordance with Paragraph 63 of the Court's Judgement of 20 December 1974 in the Nuclear Tests (New Zealand v. France) (1995) ICJ Reports, p.288.

11) 에콰도르가 콜롬비아의 공중 농약살포행위로 인한 산림생태계피해문제를 제기하였던 Aerial Spraying사건은 아쉽게도 양국의 별도 합의로 실제 심리가 이루어지지 못하고 사건목록에서 제거되었다. 국제사법재판소는 1993년 국제적 환경사건의 증가와 환경사건해결의 특성을 고려하여 7명의 재판관으로 구성되는 환경심판부(Chamber for Environmental Chambers)를 설치하였으나 국가들이 이용을 꺼려 2006년 폐지하였다. 이에 대하여는, Stephens, *supra* note 1, pp.38-40; Philippe Sands and Jacqueline Peel, with Adriana Fabra and Ruth MacKenie, *Principles of International Environmental Law*, 3rd ed., Cambridge University Press, 2012, pp.181-182.

12) 국제환경법 쟁점을 가지고 있었지만 최종판결에 이르지 않아 아쉬움을 남긴 사건으로는 Case on Conservation of Swordfish Stocks between Chile and the European Community in the South-Eastern Pacific Ocean before Special Chamber of the Tribunal(2000), Case concerning Land Reclamation by Singapore in and around the Straits of Johor (Malaysia v. Singapore), Order of 10 September 2003, ITLOS Reports, 2003, p.4 등이 있다. Swordfish사건은 칠레가 2000년 자국 배타적경제수역 인접 공해상에서 EU회원국 선박들의 swordfish어로활동이 해양법협약상의 의무를 준수하였는지, 공해상의 swordfish와 관련된 칠레의 보존조치가 해양법협약을 위반한 것인지 여부 등을 판결해 줄 것을 부탁한 사건이었는데 양국이 swordfish의 보존을 위한 합의를 담은 양해사항(MOU)을 체결하여 해결하였고 분쟁당사국의 요청으로 이 사건은 재판소의 사건목록에서 제거되었다. ITLOS Press 141, 17 December 2009. Land Reclamation사건은 해양법협약(1982) 제7부속서에 따른 중재재판소의 구성과 재판 전에 말레이시아가 국제해양법재판소에 잠정조치를 부탁하여 싱가포르의 해양매립사업이 해양환경에 해를 끼치고 궁극적으로 말레이시아의 권리를 침해한다고 이를 중단할 것을 요구한 사건이었다. ITLOS/Press 84, 8 October 2003. 상세한 면은 Tommy Koh and Jolene Lin, "The Land Reclamation Case: Thoughts and Reflections", *Singapore Yearbook of International Law and Contributors*, vol.10(2006), pp.1-7.

굴하였던 토지를 회복시키지 않아 UN헌장과 신탁통치협정상의 시정국으로서의 의무를 위반하였고 신탁통치 지역민의 자결권 이행에 일반적으로 적용될 수 있는 국제적 기준을 위반하였다고 주장하였다. Nauru는 또한 오스트레일리아가 분쟁대상이 되는 지역의 자연적 부와 자원에 대한 영구주권을 침해하였을 뿐만 아니라 그 지역에 대한 다른 국가의 법적 이해관계에 회복할 수 없는 손해 또는 실질적인 침해를 야기할 수 있는 영토상태의 변화를 야기하지 않을 의무가 있다는 일반 국제법 원칙을 위반하였다고 주장하였다. 이 사건은 본안재판에 이르지 못하고 관할권단계에서 각하되어 재판소가 국제환경법적 쟁점을 직접 다루지는 않았지만, Nauru의 주장을 통하여 영토이용에 있어서의 자연자원보호 의무, 다른 국가에의 손해를 야기하지 않을 의무 등이 제시되었다.

Nuclear Tests II사건에서는 프랑스가 1995년 9월부터 남태평양의 자국령 도서에서 8개의 핵무기실험을 단행하겠다는 대통령의 언론성명을 내자, 1974년 국제사법재판소가 내렸던 프랑스가 대기 중의 핵실험을 하지 않겠다는 성명으로 소송의 목적이 더 이상 존재하지 않아 각하한다고 판결하면서 "판결의 기초가 영향을 받는 경우 규정에 따라 상황의 조사를 요청할 수 있다"는 재판소의 1974년 Nuclear Tests I사건 판결에서의 언급[13]에 근거하여 뉴질랜드가 조사를 요청하였던 사건이다. 뉴질랜드는 1986년 Noumea Convention[14]과 광범위한 국제관행으로 형성된 관습국제법상 프랑스는 추가적인 핵실험을 실시하기 전에 환경영향평가를 실시할 의무가 있다고 주장하였다. 나아가 뉴질랜드는 지하핵실험도 해양환경에 핵물질을 유입시켜 환경오염을 야기할 수 있어 사전주의원칙에 따라 환경에 그러한 물질이 유입되지 않는다는 증거를 제시하여야 할 의무가 있다고 주장하였다. 아울러 프랑스의 핵실험은 뉴질랜드뿐만 아니라 다른 국가들의 권리도 침해한다고 하여 환경보호의 의무가 대세적 성격이 있음을 주장하였다. 재판소는 조사요청은 인정하지 않으면서도 이러한 재판소의 결정이 자연자원을 존중하고 보호할 국가의 의무를 침해하려는 것은 아니라고 밝히고 있다.[15]

Concerning the Dispute Regarding Navigational and Related Rights사건에서는 분쟁당사국인 코스타리카와 니카라과 양국 국경지역을 흐르는 San Juan강의

---

13) ICJ Reports, 1974, p.471.
14) Convention for the Protection of the Natural Resources and Environment of the South Pacific Region, 1986년 11월 25일 Noumea에서 체결, 1990년 8월 22일 발효, 26 ILM 38(1987).
15) Order of 22 September 1995, ICJ Reports, 1995, p.306, para.64.

항행에 대하여 니카라과가 코스타리카에 대하여 취한 경찰요원을 운송하기 위한 선박의 항해를 금지하는 조치의 위법성을 주장하여 코스타리카가 니카라과를 제소한 사건이다. 재판소는 니카라과가 항해금지조치의 근거로 제시하였던 환경과 자연자원의 보호를 위한 것이었다는 것은 표면적인 이유일 뿐이라고 이의를 제기하였던 코스타리카의 주장을 인정하지 않고 환경과 자연자원의 보호가 항행제한조치의 정당한 근거가 될 수 있다고 보았다.

Legality of the Threat or Use of Nuclear Weapons사건(이용호 교수)은 UN총회가 핵무기의 위협 또는 사용이 국제법상 합법적인가 여부에 대한 권고적 의견을 부탁한 사건으로 환경보호에 관한 국제법이 핵무기사용의 합법성을 판단하는데 고려될 수 있음을 밝혔고 자위권 행사를 비롯한 무력충돌에서 적용될 수 있는 법규의 이행에 있어 준수하여야 하는 요건들, 예를 들어, 필요성 및 비례성원칙(principles of necessity and proportionality)의 준수여부를 판단할 때 환경적 측면이 고려되어야 할 요소라고 보았다. 이 과정에서 Nuclear Tests II사건에서 언급된 자연환경을 존중하고 보호할 국가의 의무가 재확인되었다. 또한 "환경은 추상적 개념이 아니라 미래세대를 포함한 인간의 삶의 공간, 삶의 질 및 건강 그 자체를 나타낸다"고 밝혀 환경개념의 정의에 기여하였고, 환경손해를 야기하지 않을 책임이 일반국제법이 되었다는 것을 최초로 국제재판 과정에서 확인하였다.[16]

Gabčikovo-Nagymaros사건(김기순 박사, 이재곤 교수)은 1977년에 헝가리와 체코슬로바키아간에 체결된 다뉴브 강 개발협정에 따라 진행되던 하천개발사업을 헝가리가 일방적으로 중단하고 1977년 조약의 종료를 선언하여 발생한 분쟁을 국제사법재판소에서 해결한 사건으로 많은 국제환경법적 쟁점에도 불구하고 판결은 주로 조약법에 근거하여 이루어져 다소 실망을 안겼던 사건이다. 하지만 지속가능한 개발의 개념문제를 제기하고 국가책임성립요건으로 국제의무를 위반한 행위의 위법성 조각사유인 긴급피난이 인정되는 근거의 하나인 국가의 필수적 이해관계에 미칠 위험성에서 자연생태계에 미칠 임박하고 심각한 위험도 포함될 수 있다는 것을 언급하여 국제환경법 발전에 영향을 미쳤다. 이 사건에서 Weeramantry 재판관의 개별의견이 주목을 끄는데 그의 지속가능한 개

16) 핵무기사용의 합법성문제는 세계보건기구(WHO)에 의해서도 권고적 의견이 부탁되었지만 WHO의 활동범위에 있지 않은 문제를 부탁하였다는 이유로 관할권을 행사하지 않았다. 이러한 국제사법재판소의 태도에 대하여 국제환경보호에 소극적이라고 비판하는 의견도 있다. Guruswamy, *supra* note 3, pp.84-85.

발의 원칙개념, 계속적 환경영향평가 원칙(principle of continuing environmental impact assessment), 국제환경법의무의 성격에 관한 견해는 개별의견이라는 한계에도 불구하고 지속가능개발원칙, 환경영향평가 등 관련 국제환경법 문제의 논의에서 좋은 출발점을 제공하여 왔고 국제환경법 발전에 기여하였다.

Pulp Mills사건(정진석 교수)은 아르헨티나가 우루과이와 체결한 우루과이강조약[17]을 위반하여 우루과이강을 오염시킬 위험이 있는 2개의 펄프공장을 건설하고 가동하려는 것에 대하여 조약상의 오염을 방지할 의무와 펄프공장건설허가에 대한 사전통지 등의 절차적 의무 및 환경영향평가를 준비할 의무를 위반하였다고 주장하여 제소한 사건이다. 이 사건에서 국제사법재판소는 우루과이가 절차적 의무를 위반하였다는 것을 인정하면서도 절차적 의무 위반이 오염방지 등의 실체적 의무 위반으로 자동적으로 연계되는 것은 아니라고 보았다. 또한 사전주의적 접근이 우루과이강조약의 해석적용에 관련되지만 입증책임을 전환시키지는 않는다고 밝혔다. 재판소는 또한 하천의 최적의 합리적 이용을 위해서는 하천의 경제적 및 상업적 이용을 위한 필요성 및 권리와 그러한 이용으로 야기될 수 있는 환경에 미치는 피해로부터 환경을 보호하기 위한 의무 간에 균형이 요구된다고 하여 지속가능개발원칙의 중요한 요소인 경제개발과 환경보호의 통합원칙을 선언하고 있다. 우루과이는 환경영향평가를 시행하는데 있어 '상당한 주의'(due diligence)를 다하고 펄프공장에서의 배출물이 규제기준에 합치되도록 하는 등 우루과이강에 환경적 피해가 발생하지 않도록 조약상 요구되는 상당한 주의의무를 다 이행하였고 따라서 이 면에 있어서의 의무 위반이 없다고 보았다. 이 사건에 와서 국제사법재판소가 맡겨진 본안을 다룸에 있어 국제환경법에 근거한 판결이 본격적으로 이루어진 것으로 평가된다.[18]

Whaling in Antarctic사건(이재곤 교수)은 오스트레일리아가 일본이 포경협약[19]상 허용된 과학조사목적을 넘는 실질적으로는 상업포경활동(commercial whaling)을 함으로써 협약을 위반하였다고 국제사법재판소에 제소한 사건이다. 재판소는 일본의 과학조사프로그램인 JARPA II[20]의 시행에 있어 엄격한 과학적 고려

17) Statute of the River Uruguay, 1975년 2월 26일 우루과이 Salto에서 채택, 1976년 9월 18일 발효, 1295 UNTS 340.

18) Sands *et al.*, *supra* note 10, p.333.

19) International Convention for the Regulation of Whaling, 1946년 12월 2일 Washington, D.C.에서 체결, 1948년 11월 1일 발효, 161 UNTS 72, 1956년 11월 19일 개정조약(338 UNTS 336).

20) 일본의 제2단계 남극 특별허가 고래연구 프로그램(Second Phase of Japanese Whale Research Program under Special Permit in the Antarctic)을 지칭하는 것으로 2005년부터 가동되었다. 제1

에 의해 연구기간과 살해될 고래표본수를 정하여 시행하지 못하였고 동프로그램의 시행에 고래를 살상하지 않는 방법을 제대로 고려하지 않았으며 과학적 목적에 필수적인 정도로만 살상방법을 사용하겠다는 자국의 선언을 적절히 고려할 의무를 다하지 않았다고 보았다. 이 사건을 통하여 국제사법재판소는 고래, 참치 등 생물자원보존협약에서 인정되는 '과학조사목적'의 예외적 포획 허용의 한계를 논의를 통하여 과학조사목적의 기준을 설정하는데 도움을 주었다.

다음으로 국제해양법재판소(ITLOS)가 다룬 사건을 보기로 한다. Southern Bluefin Tuna사건(정갑용 교수)은 오스트레일리아와 뉴질랜드가 일본이 남방참다랑어보존협약[21])을 위반하여 과학조사목적의 남방참다랑어 어획을 과도하게 한 것은 그 목적 범위를 벗어났다고 주장하여 협약에 따른 중재재판을 부탁하면서 동시에 중재재판 판정이 있기까지 일본의 과학조사목적의 참치어획을 중단시키기 위하여 국제해양법재판소에 잠정조치를 부탁하였던 사건이다. 국제해양법재판소는 이 사건에서 직접적인 것은 아니지만 사전주의원칙(precautionary principle)을 확인하고 이의 적용기준을 제시하고 있는 것으로 평가되는데 동 재판소는 당사국은 "남방참다랑어족에 심각한 해를 끼치는 것을 방지하기 위한 효과적인 보존조치를 취할 것을 보장하기 위해 "신중함과 주의"를 가지고(with prudence and caution) 행동하여야 한다"고 판결하였다. 이 사건을 통하여 사전주의원칙이 적용되는 3가지 조건으로 언급되는 것은 i) 남방참다랑어의 심각한 감소(역사상 최소수준)로 심각한 생물학적 관심사화한 점, ii) 당사국과 그들을 위한 전문가의 상반된 의견과 같이 남방참다랑어 멸종위기에 대한 과학적 불확실성의 존재, iii) 과학적 불확실성에도 불구하고 신중하고 주의 깊은 조치의 필요성 인정 등이다.

이 사건이 사전주의원칙 개념의 발전에 기여한 측면은 첫째, 위험평가(risk assessment), 환경손해(environmental damage)의 정의, 입증책임의 전환 등 사전주의원칙 이행에 필요한 개념의 발전; 둘째, 환경손해방지와 사전주의원칙이행을 위한 경제적 사회적 비용의 균형과 불확실성하에서의 운영의 어려움을 보여줌 (일반적으로 위험이 클수록 과학적 불확실성의 인용가능성은 커짐); 사전주의원칙에 의한 조치비용이 클수록 과학적 불확실성 인용정도는 적어짐); 셋째, 과학적 불확실성이 있었지만 더

단계 프로그램 JARPA는 1997년에 시작되어 2005년까지 계속되었고 이를 통해 6,700마리 이상의 밍크고래가 살해되었다.

21) Convention for the Conservation of Southern Bluefin Tuna, 1993년 5월 10일 Canberra에서 체결, 1994년 5월 30일 발효, 1819 UNTS 360.

이상의 피해를 막기 위해 임시조치를 허용함으로써 사전주의원칙적용에 있어 낮은 기준을 적용; 넷째, 손해위험을 회복불가능성(irreparability)보다는 낮은 수준으로 요구한 것, 즉 어종의 멸종이 아닌 멸종에 이를 수 있는 누적적 효과를 언급; 다섯째, 실험어획프로그램이 어족자원감소에 영향을 미치지 않는다는 것을 일본이 의심의 여지없이 입증하는 것이 어렵다는 것을 알면서도 임시조치를 허용함으로써 일종의 입증책임의 전환효과를 가지게 한 점 등이다.

Mox Plant사건(김기순 박사, 이석용 교수)은 아일랜드가 영국이 Sellafield에 가동을 허가한 핵연료(mixed oxide fuel, MOX) 공장이 아일랜드해(Irish Sea)를 오염시킬 수 있고 공장가동에 수반되는 방사성물질의 운송으로 인한 잠재적 위험을 주장하여 제기한 사건이다. 이 사건은 OSPAR협약[22]에 근거한 중재재판, 해양법협약에 근거한 중재재판, 동 중재재판에 따른 국제해양법재판소에서의 잠정조치사건으로 다루어졌고, 이러한 아일랜드의 여러 국제사법기관에의 제소가 EU법문제를 담고 있어 유럽재판소가 배타적 관할권을 갖는 문제를 타 기관에 제소하였다는 이유로 EU위원회가 유럽사법재판소에 제소하여 동 재판소에서 이 문제가 다루어졌다.[23] 국제해양법재판소는 해양환경의 오염방지에 있어 협력의무가 기본원칙이라고 밝히고 남방참다랑어사건에서 밝혔던 "신중함과 주의"(prudence and caution)이라는 용어를 다시 사용하면서 공장가동과 관련된 위험과 효과에 관한 정보교환에서 두 국가가 협력하여야 한다고 보았다. 이 과정에서 국제환경보호에 있어서의 협력원칙이 확인되고 직접적인 용어를 사용하지는 않았지만 사전주의원칙의 개념을 인식하였음을 보여 주었다. 아울러 절차적 의무로서의 정보제공의무도 언급하고 있다. 반면에 OSPAR협약에 따른 중재재판소는 정보제공의무를 매우 제한적으로 보아 아일랜드가 주장한 영국의 관련 정보제공의무를 인정하지 않았다.

---

22) Convention for the Protection of the Marine Environment of the North-East Atlantic, 1992년 9월 22일 Paris에서 채택, 1998년 3월 25일 발효, 32 ILM 1068(1993).

23) 아쉽게도 그 어떤 재판소도 영국의 국제협약상의 환경관련 의무 위반 여부에 대한 실체적 문제를 다루지는 못하였다. 해양법협약 부속서 7에 따른 중재재판소는 유럽사법재판소가 이 사건에 대한 배타적 관할권을 갖는다는 이유로 아일랜드를 상대로 한 소송진행을 중단하였다가 아일랜드가 제소를 철회하여 더 이상 다루지 않았고, 유럽사법재판소는 이 사건에 대한 배타적 관할권을 갖는다고 하면서도 실체법 문제는 다루지 않았다. OSPAR협약에 따른 중재재판소도 영국의 정보제공의무에 대한 사항만 다루었다. 국제해양법재판소에는 해양법협약 부속서 7에 근거한 중재재판에 따른 잠정조치만을 다루었으므로 실체적 문제를 다룰 수 없었다. 상세한 면은, Nikolaos Lavranos, "The Epilogue in the MOX Plant Dispute", *European Energy and Environmental Law Review*, vol.(2009), pp.180-184.

Responsibilities and Obligations of States in the Area사건(정진석 교수)은 국제심해저기구가 2011년 해양법재판소 심해저분쟁심판부(Seabed Disputes Chamber)에 권고적 의견을 부탁한 사건으로 해양법협약 제11부 이행협정(1994)과 해양법협약(1982), 특히 동협약 제11부에 따라 심해저에서의 활동에 대한 보증당사국의 법적 책임과 의무가 무엇인지를 묻는 것이었다. 재판소는 국제환경법과 관련된 책임과 의무를 많이 언급하였는데 사전주의원칙을 적용할 의무, 해양환경보호를 위한 해저기구의 긴급명령시 계약자가 재정적 및 기술적 능력에 대한 담보를 제공하도록 보장할 의무, 오염피해와 관련하여 배상절차가 이용가능하도록 보장할 의무, 환경영향평가를 시행할 의무 등을 제시하였다. 특히 재판부는 사전주의원칙의 적용의무가 보증국의 상당한 주의 의무의 일부라고 함으로써 이 원칙이 관습법의 일부가 되었음을 인정하였고 환경영향평가의무도 Pulp Mills사건을 인용하면서 관습법이 되었다고 보았다. 아울러 이들 원칙이 심해저라는 '인류의 공동유산'에도 적용될 수 있다고 보았다.

상설중재재판소(PCA)를 통하여 구성된 중재재판부에서 다루어졌던 Iron Rhine 사건(이재곤 교수)은 벨기에가 네덜란드를 지나는 국제철도 개선사업을 하려하자 네덜란드가 자국 자연 생태계에 미치는 영향을 우려하여 제기하였던 사건이다. 이 사건을 통하여 국제환경법 발전에 영향을 미친 것으로는 환경손해를 야기하지 않을 책임원칙이 재확인되었고 지속가능한 개발원칙의 중요한 요소인 경제개발에 있어 환경적 고려의 통합이 국제환경법 원칙이 되었음을 선언하였다. 또한 예방원칙 등 국제환경법 원칙들이 확인되었고 '환경'의 개념정의에 도움을 주는 언급도 있었다.

Chevron사건[24](강병근 교수)은 에콰도르 영역내 아마존 열대우림 지역의 석유 생산으로 인한 환경침해에 관한 분쟁에서 시작되어 석유개발로 인한 환경피해자인 아마존원주민의 미국과 에콰도르 국내 소송과 국내소송 판결이행을 위한 여러 국가에서의 소송 및 미국회사 쉐브론의 에콰도르정부를 상대로 한 두 건의 국제투자중재사건 등으로 복잡하게 소송관계가 이루어진 사건이다. 이 사건은 국내환경분쟁이 어떻게 국제성을 띠게 되는지를 극명하게 보여주는 사건이다.

마지막으로 실제로 판결에 의해 해결된 사건은 아니지만 동남아시아 연무문제(박병도 교수)는 동남아시아 지역에서 특히 인도네시아에서 건기의 자연발화

---

24) Chevron Corporation and Texaco Petroleum Corporation v. The Republic of Ecuador, UNCITRAL, PCA Case No.2009-23, Claimants' Notice of Arbitration, paras.1-3. http://www.italaw.com/cases/257 등.

와 주로는 농민들의 화전농법을 위한 불지르기와 그로 인한 산불로 발생한 연무가 이웃 동남아시아 국가들 특히 말레이시아와 싱가포르에 건강 및 환경문제를 야기하고 있는 것이다. 이 문제는 초국경 대기오염문제를 제기하여 왔고 우리나라와 중국 및 몽골 등 동북아시아지역의 황사문제와도 연결될 수 있는 특징을 가지고 있다.

Ⅳ. 결 어

상설적 사법기관을 갖지 못했던 국제환경법 발전 초기단계에서 주로 중재재판을 통해 해결되었던 국제환경분쟁 사례는 오늘날에는 국제사법재판소를 비롯한 다양한 재판소들과 중재재판에 의하여 많은 판례가 나오고 있다. 이들 판례들은 특정사건에서 제기된 법적 쟁점 해결에 중점을 두어 환경문제에 포괄적 관점에서 접근하지 못한다는 약점에도 불구하고 많은 국제환경법 원칙과 법규를 생성하거나 확인하는 등의 방법을 통하여 국제환경법 발전에 기여하여 왔다. 이러한 경향은 환경보호문제가 국제법의 다른 분야와도 밀접한 관계속에서 발전하여 가면서 전통적인 해양법, 국제하천법 등의 분야와 함께 국제경제분야, 인권분야 심지어는 국제지적재산권분야의 판례까지도 국제환경법규를 다양한 방법으로 인용하거나 해석·적용하면서 국제환경법 발전에 영향을 미치는 방향으로 나아가고 있다.

참고문헌

- 이재곤, “국제환경법의 제원칙: 그 진화와 과제”, 「국제법평론」, 통권 제38호(2013), pp.1-35.
- 이재곤, 박덕영, 박병도, 소병천, 「국제환경법」, 박영사, 2015.

- Guruswany, Lakshman, *International Environmental Law in nutshell*, 4th ed., West Publishing Co., 2012.
- Koh, Tommy and Jolene Lin, “The Land Reclamation Case: Thoughts and Reflections”, *Singapore Yearbook of International Law and Contributors*, vol.10(2006), pp.1-7.
- Lavranos, Nikolaos, “The Epilogue in the MOX Plant Dispute”, *European Energy and Environmental Law Review*, vol.(2009), pp.180-184.
- Sands, Philippe and Jacqueline Peel, with Adriana Fabra and Ruth MacKenie, *Principles of International Environmental Law*, 3rd ed., Cambridge University Press, 2012.
- Shigeta, Yasuhiro, *International Judicial Control of Environmental Protection*, Wolters Kluwer, 2010.
- Stephens, Tim, *International Courts and Environmental Protection*, Cambridge University Press, 2009.
- Viñuales, Jorge E., “The Contribution of the International Court of Justice to the Development of International Environmental Law: A Contemporary Assessment”, *Fordham International Law Journal*, vol.32(2008), pp.232-258.

[첨 부] 환경보호와 관련한 WTO 주요사례 소개

사건명	분쟁 해결기구	판결 년도	주요내용
China-Measures Related to the Exportation of Rare Earths, Tungsten and Molybdenum (중국 희토류 사건)	WTO (WT/DS #431)	2014	패널과 상소기구는 중국의 희토류, 텅스텐 및 몰리브덴 수출제한이 GATT 제20조 (g)호에 근거한 천연자원 보전을 목적으로 한 조치라는 주장을 받아들이지 않고 제11조 위반을 확인함
European Communities-Measures Prohibiting the Importation and Marketing of Seal Products (유럽 바다표범 상품사건)	WTO (WT/DS #401)	2014	패널과 상소기구는 이뉴잇(inuit)족 또는 토착민이 생존을 위해 사냥한 바다표범으로 만든 제품(IC condition)이나 해양자원관리 차원에서 사냥한 바다표범으로 만든 제품(MRM condition)이 아닌 경우 판매를 금지한 EU의 조치에 대해 GATT 제20조 (a)호에 의해 정당화되지 않는다고 판시함
Canada-Measures Relating to the Feed-in Tariff Program (캐나다 재생에너지 발전 사건)	WTO (WT/DS #426)	2013	패널과 상소기구는 캐나다 온타리오 주정부의 신재생에너지 생산을 위한 발전차액지원(FIT) 제도가 GATT 및 TRIMS상 내국민대우원칙 위반사항임을 확인함. 이는 기후변화와 관련한 첫 WTO 판결로 평가됨
China-Measures Related to the Exportation of Various Raw Materials (중국 원자재 사건)	WTO (WT/DS #394)	2012	패널과 상소기구는 중국의 WTO 가입의정서 제11.3조를 근거로 중국의 수출제한조치가 GATT 제20조에 의해 정당화되지 못한다고 하여, 가입의정서와 WTO 협정문의 관계를 명확히 함
Brazil-Measures Affecting Imports of Retreaded Tyres (브라질 타이어 사건)	WTO (WT/DS #332)	2007	브라질의 재생타이어 수입금지조치에 대해 상소기구는 이와 같은 조치가 GATT 제20조 (b)호에 근거하여 인간건강 및 환경보호를 위해 "필요한(necessary)" 조치에 해당할 수 있으나 두문(chapeau) 규정에 따라 차별적 성격을 가져선 안된다고 판시함
European Communities-Measures affecting asbestos and asbestos-containing products (EC 석면 사건)	WTO (WT/DS #135)	2001	패널과 상소기구는 프랑스의 석면 및 석면함유 제품에 대한 금수조치에 대해 인간건강 보호를 위해 회원국이 취할 수 있는 조치임을 확인하면서 유해성도 동종상품 판단에 고려될 수 있음을 시사함

United States-Import Prohibition of Certain Shrimp and Shrimp Products (새우-바다거북 사건)	WTO (WT/DS #58, 61)	2001	상소기구는 미국의 새우잡이 어선의 바다거북 탈출장치(TED) 사용 의무화 조치에 대해 각 회원국은 인간, 동물 또는 식물의 생명과 건강보호 및 천연자원 보전에 대한 권리를 행사하는데 있어서 별도로 WTO의 허락이 필요 없다고 판시함
United States-Standards for Reformulated and Conventional Gasoline (미국 개질휘발유 사건)	WTO (WT/DS #2, 4)	1996	패널과 상소기구는 외국 상품에 대한 차별이 있지 않는 미국의 대기청정법(Clean Air Act)은 문제가 되지 않는다고 판시함(결과적으로는 미국 패소)
United States-Taxes on Automobiles (미국 자동차세제 사건)	GATT 패널	1994	패널은 미국의 기업평균연비(CAFE) 제도에 따른 자동차 세제가 내국민대우 원칙을 위반하였고 GATT 제20조 (b)호나 (g)호에 의해 정당화될 수 없다고 판시함
United States-Restrictions on Imports of Tuna (제2차 참치-돌고래 사건)	GATT 패널	1994	패널은 미국의 해양포유동물보호법(MMPA)에 따라 돌고래 보호조치 없이 잡힌 참치와 그 가공물에 대한 수입을 1차(primary)국가와 중개(intermediary)국가 모두로부터 금지한 것은 GATT 제20조에 의해 정당화될 수 없음을 판시함
United State-Restrictions on Imports of Tuna (제1차 참치-돌고래 사건)	GATT 패널	1991	패널은 미국이 해양포유동물보호법(MMPA)에 따라 돌고래 보호조치 없이 잡힌 참치와 그 가공물에 대해 수입금지조치를 취한 것은 GATT 제11조 위반임을 확인함
Thailand-Restrictions on the Importation of and Internal Taxes on Cigarettes (태국 담배 사건)	GATT 패널	1990	패널은 태국의 담배 수입제한 및 내국세 조치가 GATT 제11조 1항 위반이며 제20조 (b)호에 따른 인간건강 보호에 "필요한(necessary)" 조치에 해당하지 않음을 확인함. 내국세의 경우 제3조 2항을 위반하지 않은 것으로 판시함
Canada-Measures Affecting Exports of Unprocessed Herring and Salmon (캐나다 청어 및 연어사건)	GATT 패널	1988	패널은 캐나다가 자국 어업법(Fisheries Act)에 따라 자국 해역 내 청어 및 연어를 천연자원으로 보전하기 위해 수출을 제한한 조치는 GATT 제20조 (g)호에 의해 정당화 될 수 없음을 확인함
United States-Prohibition of Imports of Tuna and Tuna Products from Canada (캐나다산 참치 수입금지 사건)	GATT 패널	1982	패널은 미국이 참치를 천연자원으로 보전한다는 이유로 캐나다산 참치 및 참치제품에 대한 수입을 금지한 반면 자국내 참치 생산 및 소비에 대해서는 상응하는 조치를 취하지 않은 것에 대해 이는 GATT 제20조 (g)호에 의해 정당화 될 수 없음을 확인함

제 2 장

'베링해 물개중재사건'과 생물자원보존을 위한 국제환경법 발전*

"*Bering Fur Seal Arbitration*" and the Development of International Environmental Law for the Conservation of Natural Resources

이 재 곤

Ⅰ. 서　　론

1. 서　　언

국제환경법의 발전은 1972년 스톡홀름지구환경회의와 그 회의결과 채택된 스톡홀름환경선언[1] 등 많은 문서들에 의하여 본격적으로 이루어졌지만 초기 국제환경법의 발전은 조류, 포유류 등 특정 생물자원의 보호를 위한 양자조약과 관련 국제 판례에 힘입은 바 크다. 베링해 물개중재(*Bering Fur Seal Arbitration*) 사건은 그 중에서도 오늘날까지 주목받는 사건의 하나로 공유생물자원 보존을 위한 연안국 관할권 한계 등 몇 가지 쟁점에 대한 국제환경법의 발전에 크게 영향을 준 사건이다. 어선과 어구 등 어업 장비의 발달과 어족자원의 급격한 감소로 절대적 어업의 자유가 허용되었던 공해에서 어업활동에 대한 국제적 규제 시도가 계속되어 왔고 이미 상당 수준의 국제적 규제가 이루어지고 있다. 이러한 상황에서 본 장에서는 판정이 난 지 이미 100년이 넘게 세월이 흘렀지만 그 영향이 생물자원의 보존, 특히 해양생물자원의 보존에 대한 국제환경법에 있어 중요한 의미를 가지고 있는 베링해 물개중재사건의 사실관계와 법적 쟁점 및 그 쟁점에 대한 당사국들의 주장과 중재재판소의 판정 내용을 분석하고 오늘날

---

* 이 장은 「법학연구」, 전북대학교 법학연구소, 통권 제44집(2015)에 게재된 논문을 이 책의 목적에 맞추어 보완한 것임.

1) Stockholm Declaration of the United Nations Conference on the Human Environment, 1972년 6월 16일 스톡홀름에서 개최된 인권환경에 관한 UN회의에서 채택, 11 ILM 1416(1972).

의 관점에서 재판소의 판정내용을 평가하여 본 후 이 사건이 해당분야의 국제환경법에 어떠한 영향을 미쳤는지를 분석하여 보려는 것이다.

2. 사건의 배경과 사실관계

알래스카해역의 베링해(Bering Sea)는 물개[2]의 서식지로 원래 알래스카의 영역주권국이었던 러시아와 러시아로부터 알래스카를 할양받아 새로운 영역주권국이 된 미국, 당시 캐나다를 지배하고 있었던 영국과 원양어업형태로 이 해역에서 물개잡이를 해오던 프랑스, 독일, 일본, 스웨덴 및 노르웨이 등이 물개잡이와 물개의 보존에 대한 이해관계가 서로 달라 분쟁이 계속되어 왔다. 미국은 제안된 물개잡이 규칙을 위반한 자에 대한 책임규정을 포함시키고 연간 포획허용 개체수를 제한함으로써 물개를 보호하기 위한 국제적 협정을 체결하자고 제안하였다. 하지만 당사국들의 이해관계가 달라 당시로서는 상업적 가치가 크고 대중적으로 이용되고 있었던 '물개'라는 중요한 동물자원을 무차별적으로 파괴하여 해당 종을 멸종시킬 수 있는 어업방법을 규제하고 모든 국가의 공동이익을 위해 베링해에서의 물개보호 체제를 개선하기 위한 국제적 협력장치를 마련하는데 실패하였고 이것이 사건발생의 근본 원인이 되었다.

미국은 1867년 자국이 러시아로부터 알래스카를 할양받았을 때 베링해의 Pribilof제도[3]에서의 풍부한 물개산업도 이양받았을 뿐만 아니라 그 산업을 보호할 책임도 떠안았다고 보고 1868년 자국 영해를 포함한 알래스카내의 물개보호를 위한 국내법을 제정하였다. 이 법의 관련규정은 물개보존을 위하여 모든 암컷 물개의 살육을 금지하였다. 이 법에 의해 포획이 허용된 것은 미국 재무성으로부터 물개잡이에 적절하고 책임있는 사람이라고 인가받은 자에 의해 매년 포획이 허용된 물체 개체의 한도인 100,000마리의 이유기를 지난 수컷 물개뿐

---

2) '물개'(fur seal)는 *Otariidae*속 *pinnipeds*과에 속하는 포유동물로 9종의 물개를 총칭하는데 이 사건에서 문제가 된 물개는 북태평양에 사는 북방물개(northern fur seal)로 학명은 *Callrhinus ursinus*이다(이 때문에 이 사건이 *Pacific Fur Seals Arbitration*으로도 불린다). 이 물개는 무게가 60~270kg, 길이가 1.5~2m 정도이고 수컷이 암컷보다 크다. 18세기, 19세기에 걸쳐 이 물개가 죽이 비싼 값에 팔려 남획이 이루어졌다. 상세한 것은, <http://www.nmfs.noaa.gov/pr/species/mammals/pinnipeds/northernfurseal.htm, 2015년 3월 20일 방문>.

3) Pribilof제도는 러시아로부터 알래스카를 할양받을 당시 포함된 미국영토의 일부로 동제도를 구성하는 St. Paul섬과 St. George섬은 물개의 성장주기에서 임신, 출산 및 이유기까지의 양육이 이루어지는 장소였고 물개보존에 아주 중요한 도서였다. William Williams, Reminiscences of the Bering Sea Arbitration, *American Journal of International Law*, vol.37(1943), p.568.

이었다.[4] 법은 또한 위 규정을 위반할 경우 벌금과 징역으로 처벌하도록 규정하고 있었다. 이후 미국은 무차별적이고, 잔인하고, 낭비적인 방법을 사용하여 육지서식지를 떠나 먹이 사냥을 위해 해양에서 유영 중인 물개를 포획하는 '해양물개잡이'(pelagic sealing)[5]가 횡행하여 물개 개체수가 급격히 감소하자 물개를 좀 더 효과적으로 보호하기 위하여 (특별히 외국선박이 해양물개잡이하는 것을 금지하기 위하여) 물개보호에 관한 관할권을 당시 영해한계였던 3해리 이원으로 확장하려 하였다.[6] 이러한 정책에 따라 1886년 미국은 베링해에서 물개잡이하던 세 척의 영국령 British Columbia 등록선박(Carolena호, Onward호, Thomton호)을 불법어로활동을 했다는 이유로 나포하였다. 이후 1889년과 1890년에 걸쳐 미국 영해이원의 베링해 해역에서 17척의 영국선박이 추가로 나포되었는데 이들이 나포된 해역 중 가장 먼 것은 연안으로부터 115마일이나 떨어진 곳도 있었다.[7]

러시아, 영국 및 미국간의 협상이 실패하고 1892년 미국과 영국은 중재조약[8]을 체결하여 1) 미국의 베링해에서의 관할권과 2) 베링해 해역에 있거나 그

---

4) 물개는 수컷 한 마리가 80마리 정도의 암컷을 거느리게 되어 수컷은 일정수를 살육하는 것이 종의 보존을 위해 유익하고 그 가죽을 이용할 수 있어 포획이 허용되었다.

5) 미국의 주장에 의하면 '해양물개잡이'는 육지에 서식하고 있는 물개를 포획하는 것이 아니라 먹이를 사냥하기 위해 150해리에 이르는 해양으로 나와 유영하고 있는 물개를 포획하는 것으로, 이들 물개는 75~95%, 평균 거의 90%가 자신뿐만 아니라 새끼에게 줄 먹이를 사냥하기 위해 해양으로 나온 암컷 물개이고 이들 암컷 물개를 포획하는 경우 그 새끼도 반드시 자기 새끼에게만 먹이를 주는 물개의 속성상 어미를 기다리다 굶어죽게 되어 멸종을 부추기게 된다는 것이었다. 더구나 15~40%의 살육된 물개가 수중에서 유실되고, 죽지 않은 채 눈 등 주요 부위에 부상을 당하기도 하며, 포획된 암컷의 가죽을 벗기는 과정에서 물개새끼가 먹을 우유가 살육되는 물개의 가슴에서 분출되기도 하고 출산을 앞둔 새끼물개도 잔인하게 죽이게 되어 사회상규에 반한다는 주장도 하였다. Williams, *supra* note 3, pp.569, 575.

6) 당시 미국법은 '알래스카영토 한계 내 또는 알래스카의 수역 내에서'(within the limits of Alaska Territory or in the waters there of) 물개의 살육을 금지하는 것으로 규정하고 있었는데 모호한 표현인 '수역내'라는 문언을 법령제정 초기 1872년에는 미국 재무성이 이 문언을 영해내로 한정하는 것으로 해석하다가 1881년에는 물개보호를 강화할 목적으로 미국의 관할권을 확대하고자 동일 문언을 해역경계 동쪽의 베링해 전해역을 말하는 것으로 해석하여 법적용을 확대하면서 실제로 단속선박을 해당해역에 보내 법집행을 강행하여 문제가 되었다. 1889년 입법을 통해 이 문언의 정의를 수립하려는 노력이 실패하고 미국의회는 '베링해 해역의 미국의 모든 영토'(all dominion of the United States in the waters of Bering Sea)라고 선언하면서 대통령이 법위반목적으로 이 해역에 들어오는 모든 사람에게 경고하도록 하는데 그쳐 여전히 모호한 상태에 있었다. *Ibid.*, pp.562-563.

7) Award between the United States and the United Kingdom relating to the rights of jurisdiction of United States in the Bering's sea and the preservation of fur seals(15 August 1893), *Report of International Arbitral Awards*, Vol.XXVIII, Appendix C. p.275.

8) The Treaty between the United States of America and Great Britain, 1892년 2월 9일 워싱턴에서 서명, 1892년 5월 7일 발효.

해역을 서식지로 하는 물개의 보존과 그 물개의 포획에 대한 각 당사국 국민의 권리에 관하여 양당사국간에 발생한 문제를 중재재판에 부탁하기로 합의하였다.[9)]

중재재판소에게 부탁된 다섯 가지 사안은 다음과 같다.[10)] 1) 러시아가 미국에게 알래스카를 할양하기 전 또는 할양한 시점까지 베링해에서 러시아는 어떤 배타적 권리를 행사하였고 물개잡이에서 어떤 배타적 권리를 행사하였는가? 2) 물개잡이에 대하여 러시아가 주장한 관할권은 영국에 의하여 어느 정도 인정되어 왔는가? 3) '베링해'(Behring Sea)라고 알려진 해양은 영국과 러시아간의 1825년 조약에서 사용된 것과 같이 '태평양'(Pacific Ocean)이라는 문언에 포함되는가? 또한 그 조약체결 후 어떤 권리가 러시아에 의해 보유되고 배타적으로 행사되었는가? 4) 관할권에 대한 모든 권리와 해양경계 동쪽 베링해에서의 물개잡이에 대한 러시아의 모든 권리는 1867년 3월 30일에 체결된 미국과 러시아간의 조약에서 미국으로 아무런 변경없이 이양되었는가? 5) 통상적인 3해리 영해 이원에서 물개가 발견되는 경우 베링해의 도서에 출몰하는 물개에 대하여 권리를 갖는가? 만약 권리를 갖는다면 어떤 보호권 또는 재산권을 갖는가?

아울러, 양당사국은 '베링해에 있거나 베링해를 서식지로 하는 물개의 적절한 보호와 보존을 위한 규칙'을 수립해 주도록 부탁하였다. 또한 중재재판부가 각 정부의 관할권 한계 이원의 어떤 수역에서 그러한 규칙이 적용되어야 하는지를 중재재판부가 결정하도록 부탁하였다.[11)] 양당사국은 발생한 손해에 대한 책임문제에 대하여는 합의를 보지 못하고 이 문제로 인해 다른 문제에 대한 중재가 지연되는 것을 막기 위해 추가 협상을 하기로 합의하였고,[12)] 결국 영국이 주장한 손해문제는 1896년 혼합위원회(mixed commission)에 의하여 해결되었다.[13)]

---

9) 7명의 중재재판관으로 구성되었는데, 미국대통령이 2명(John M. Harlen대법관, John T. Morgan 상원의원), 영국국왕이 2명(Lord Hannen법무장관, John Tomson캐나다지역검찰총장), 프랑스대통령이 1명(Baron de Courcel상원의원), 이탈리아국왕이 1명(Marquis Emilio Visconti Venosta 전외무장관이자 상원의원), 스웨덴과 노르웨이국왕이 1명(Gregers Gram국무장관)을 지명하여 구성하였다. 중재부탁조약에 의하면 중재재판관은 저명한 법률가이면서 영어에 익숙할 것이 요구되었고 모든 문제에 대한 결정은 중재재판관 과반수에 의하여 결정된다. Baron de Courcel상원의원이 재판소장으로 선출되었고 파리의 프랑스 외무성 건물에서 중재재판이 진행되었다. *supra* note 7, p.266.

10) 중재조약 제6조.

11) 중재조약 제7조. 양당사국은 또한 동조항에서 중재재판소가 수립할 규칙의 준수를 확보하는데 협력하기로 하였다.

12) 중재조약 제8조.

13) Matthias Hopfner, "Behring Sea Arbitration", Bernhardt(ed), *Encyclopedia of Public International Law*, North-Holland Publishing Co., vol.2(1981), p.37.

Ⅱ. 양당사국의 주장 및 재판소의 판정

1. 양당사국의 주장

미국은 먼저 러시아가 1821년 법령으로 주장하였던 베링해에서의 배타적 관할권이 미국과 영국 양국에 의해 인정되어 왔고, 1867년 미국이 러시아로부터 알래스카를 할양받았으므로 미국에 아무런 장애없이 이전되었다고 주장하였다. 나아가 미국은 Pribilof제도상의 물개를 '준(準, quasi)가축'으로 보아야 한다고 주장하였다. 동제도상의 물개를 이용한 관련산업이 잘 발달되어 있고 준가축화된 물개가 먹이사냥 등을 위해 일시적으로 자국의 영토한계를 벗어났다 하더라도 다시 돌아오기 때문에 Pribilof섬 등 자국영토에서 뿐만 아니라 공해상에서 그러한 재산을 보호하고 방어할 권리가 있다는 것이었다.[14] 당시 중재재판에서 미국의 변호인이었던 Carter의 말을 빌리면 "재산권의 일반적 기초는 강도 또는 강압에 근거하거나 자의적 구분에 근거하지 않고 위대한 사회적 목적을 위하여 수립되었다는 것을 보여주는 것"이라고 하면서 "재산권의 사회적 목적은 재산제도가 평화와 질서를 수립하고 유용한 지구 자원을 보존하고 증가시키기 위한 필요성에 의존한다는 것"이라고 주장하였다.

나아가 그는 국제법이나 국내법은 같은 연원에서 나온 것으로 자연법에 근거하는데 자연법에 의하여 모든 재산은 인류의 이익을 위하여 신탁되었고 중요한 몇몇 예외를 제외하고 소비를 위해서만 이용권이 있다고 주장하였다. Carter와 후임자 Phelps는 물개에 대한 소유권과 별개로 Pribilof제도상에서 행하여지는 물개관련 산업에서의 재산적 이해관계에 대한 권리도 주장하였다. 이와 관련하여 미국측 변호인은 해양자유의 원칙은 해양강대국들이 모든 바다에 대하여 과거에 배타적인 권리라고 주장하던 것을 해양을 인류가 위법하지 않은 목적을 위해 자유롭게 사용하게 하기 위해 점차적으로 그 배타적 권리를 포기한 결과라고 보았다. 하지만 그러한 포기를 함에 있어 국가들은 전시든 평시든 공해상에서의 자위권까지 포기한 것이 아니고 필요하고 적절한 경우에 자위권과

---

14) 국내법에서 꿀벌이나 비둘기가 먹이 등을 찾아 원래 집을 떠나 있더라도 그 주인의 재산인 것과 비교하였다. Williams, *supra* note 3, p.571.

같은 유보된 권리가 해양의 일정한 부분에까지 미칠 수 있고 3마일 한계는 순전히 그러한 목적에서 해양의 자유에 제한을 가하여 우연히 정해진 한계일 뿐이라고 보았다. 자위권은 주권적 관할권 주장과는 전적으로 다르고 반대로 위법이 아닌 목적을 위해서만 해양의 자유를 주장한다는 것이다. 특정국가 연안의 근접해역 내에서 특정의 자연적 이익이 있는 경우 특정국가 국민에게 책임을 맡길 수 있고 모든 국가에 개방하는 경우 그 생물종이 멸종되거나 파괴될 수 있다면 그 특정국가가 그 생물종의 보호를 위한 규제체제를 수립할 수 있다는 것이다. 성공적인 규제를 위해서는 규제가 국내당국에 의해 실효적으로 수행되어야 하고 국내산업을 다른 국가의 개인에 의해 이루어진 공격으로 파괴되도록 방치할 수는 없다는 것이다. 물개어획이 공해에서의 단순한 추적이 아니라 미국영토에 부수되어 있고 어쩌면 미국영토의 종물화되었다고 말할 수 있게 되었으며 새끼 양육기지로까지 만들어졌기 때문에 영토의 소유자에 의해 그러한 어업을 지키기 위한 자위권이 행사될 수 있다고 보았다.

영해한계 내에서 국가이해관계의 보호를 위한 입법은 법규로서 합리성여부를 떠나 구속력이 있으나 그 한계이원에서는 행정부의 의사에 따라 집행되는 방어적 규칙의 효과를 가지며 합리적인 경우 그 적절성이 다른 국가에 의해 항상 인정되어 왔다고 주장하였다. 이러한 주장을 뒷받침하기 위하여 미국 변호인은 밀수를 하려는 선박을 나포하기 위한 국가의 권리는 그 국가영해에 한정되지 않으며 그 방지에 필요한 수단을 사용할 권리를 갖는다고 선언하였던 미국 대법원의 *Church v. Hubbart*사건[15]과, 그 사건을 언급하였던 영국의 Keyn 사건[16]을 인용하였다. 또한 미국측 변호인은 비상시 캐나다영토를 넘어 미국영토에 미치도록 행사된 자위권문제가 다루어졌던 Caroline호 사건[17]도 언급하였고, 검역 등과 같이 통상적 영토관할권을 넘어 행사하도록 규정한 외국 국내법을 인용하면서 '자위권 이론'과 '다른 국가의 존중원칙'을 언급하였다. 진주, 굴, 산호초 및 어업과 같은 영토에 부속된 해양산업을 보호하기 위한 15마일 해양에까지 미쳤던 Ceylon(지금의 Srilanka)의 진주잡이에 관한 보호조치, 비영해해역까지 어업규제를 했던 스코틀랜드와 뉴질랜드의 조치들도 인용하면서 이들 조치가 미국이 베링해 물개에 대한 조치와 같이 입법조치가 아닌 행정부의 조치였던 것을 지적하였다. 또한 Carter는 해양물개잡이가 암컷 물개를 살육하게 됨

15) 2 Cranch 187.
16) 2 Law Rep. 214.
17) 사건 내용은 <http://avalon.law.yale.edu/19th_century/br-1842d.asp, 2015년 3월 20일 방문>.

으로써 미칠 재앙적 결과를 주장하였다. 즉, 해양물개잡이가 허용되는 한 물개의 보존은 불가능하다고 보았다.

또 다른 미국측 변호인이었던 Phelps는 관할권은 주권이므로 영토를 넘어 행사될 수 없지만 자위권행사는 그럴 수 있다고 주장하면서 영국이 '진주잡이'에 대하여 영해이원에까지 관할권을 행사할 수 있다고 주장하면서 물고기보다 훨씬 더 연안국과 관련이 깊은 '물개'에 대하여 다른 주장을 하는 것은 받아들일 수 없다고 보았다.[18] 또한 공해의 자유는 다른 국가에 해가 되지 않고 어떠한 손해도 야기하지 않는 모든 것을 할 권리라고 주장하면서 물개의 재산으로서의 권리와 물개보호에 대한 미국의 권리가 윤리와 도덕의 고려에 의해 요구되는 것과 같이 국제법의 정당한 원칙에 의해 완전하게 확립되었다고 보았다. 아울러 그는 중재재판소에 부탁된 사안 중의 하나인 물개보존을 위한 규칙수립과 관련하여 토착인디언들이 생존수단으로 카누를 타고 하는 물개잡이를 제외한 모든 해양물개잡이를 금지하여야만 물개보존을 위한 실효성있는 규제가 될 것이라고 경고하였다.[19]

한편 영국측 변호인 Russell경은 국제법은 국가간의 관계를 규율하는 행위규칙의 일부로 합의한 도덕과 정의의 원칙일 뿐이라고 하여 국제법이 동의의 원칙에 근거하고 있음을 명백히 하였다. 나아가 그는 문명국의 동의가 주어졌다는 것이 긍정적으로 나타나지 않는 한 국제법으로 간주될 수 없다고 주장하면서 물개의 멸종을 막기 위해 잔인한 어업을 금지하는 협약이 없는 상태에서 문명국에서 인정되어 온 도덕원칙이 적용되어야 한다는 것이 국제법이 발전되어온 경로였다는 미국의 주장을 반박하였다.[20] 또한 물개가 해양에서 살육될 때까지는 도서에 있었다는 사실로 그 도서의 영유권국가에게 점유권이 주어지는 것은 아니라고 주장하고 미국은 어떠한 자국 법률로도 물개에 대한 소유권을 규정한 바가 없고 야생동물에 대한 재산권은 사람에 의해 그 서식처가 한정되거나 묶인 경우에만 인정되고 물개와 같은 '이주동물'(migratory animals)에게는 인정되지 않는다고 주장하였다.

그는 또한 미국이 근거로 든 영해이원에서의 법집행시도인 검역법, *Church v. Hubbart*사건에서의 밀수선박에 대한 영해이원에서의 관할권 행사 등의 경우는 다른 국가의 정당한 법과 그 법이 인정하고 있는 정의에 반하여 법을 위반

18) Williams, *supra* note 3, pp.581-582.
19) *Ibid.*, p.582.
20) *Ibid.*, p.576.

하도록 할 국가는 없을 것이라고 하여 미국의 행정부에 의한 물개보호정책 집행과 구분하려는 주장을 펼쳤다. 영국은 *Caroline*호 사건에서의 자위권원칙을 근거로 인용한 미국의 주장에 대하여도 당시 캐나다정부의 행위는 엄격한 위급상황에서 교전권을 행사한 것이라고 정당화하면서 미국의 주장을 반박하였다. Ceylon의 진주잡이를 위한 영해이원의 권한행사는 매우 독특한 상황이라고 보아 이 사건과 구별하였는데, 여러 세대에 걸쳐 다른 국가들이 그러한 관할권 행사를 묵인하여 왔다는 점을 지적하였다. 또한 스코틀랜드와 뉴질랜드의 영해이원에서의 국가권한행사는 단지 자국민에게만 효력이 미치는 것이어서 다른 국가에게 적용되는 미국의 영해이원 수역에 대한 관할권 행사와는 다르다고 보았다. 해양물개잡이의 규제에 대하여서도 비록 임신한 물개가 살육된다 하더라도 그것을 금지할 수는 없고 일정한 규제는 할 수 있을 것이라고 주장하였다.

결론적으로 영국은 묵시적으로든 명시적으로든 베링해에서의 러시아의 배타적 관할권을 인정한 적이 없고 따라서 알래스카의 미국 할양시 미국영해를 제외한 베링해역에 대한 어떠한 관할권도 이양된 것이 없다고 주장하였다.[21] 또한 모든 국가의 관할권보다 우선하는 해양의 자유가 인정되는 공해에서 발견되는 물개는 '무주물'(*res nullium*)이고 '야생동물'(*forae naturae*)일 뿐이라고 주장하였다.[22]

2. 중재재판소의 판정(award)

재판소는 우선 앞서 언급한 중재협정으로 부탁된 다섯 가지 쟁점에 대하여 다음과 같이 판정하였다.

첫 번째 쟁점에 대하여 재판소는 6대 1 판정으로 1821년 칙령(Ukase)에 의하여 러시아는 베링해에서 자국에 속한 해안과 도서로부터 100해리까지의 관할권을 주장하였다. 하지만 1824년 미국과의 조약, 1825년 영국과의 조약체결을 위한 협상과정에서 동해역에서의 러시아의 관할권이 연안으로부터 착탄거리까지 제한되어야 한다는 것을 인정하였고, 그 시점으로부터 미국에 알래스카를 할양할 시점까지 러시아는 베링해에서의 어떠한 배타적 관할권이나 통상적 영해한계를 넘는 해역에서 물개잡이에 대한 배타적 권리도 사실상 주장하거나 행사한 적이 없다고 밝혔다.[23]

---

21) *Ibid.*, pp.579-580.
22) Hopfner, *supra* note 13, p.37.
23) *supra* note 7, pp.268-269.

두 번째 쟁점에 대하여 재판소는 마찬가지로 5대 2 판정으로 영국은 러시아측의 통상적 영해 이원 베링해에서의 물개잡에 대한 어떠한 배타적 관할권 주장도 인정하거나 시인한 적이 없다고 보았다.[24]

세 번째 쟁점 중 첫 번째 문제에 대하여 재판소는 만장일치로 베링해가 앞서 언급한 조약에 사용된 '태평양'(Pacific Ocean)이라는 문구에 포함된다고 판결하였다. 또한 두 번째 문제에 대하여는 6대 1의 판정으로 베링해에서 러시아가 1825년 조약체결 이후 통상적 영해이원의 수역에서의 어떠한 배타적 권리와 동 수역에서의 물개잡이에 대한 배타적 권리를 보유하거나 행사한 적이 없다고 판정하였다.[25]

네 번째 쟁점에 대하여 재판소는 만장일치로 미국과 러시아간의 1867년 조약에서의 해양경계 동쪽 편 베링해에서의 물개잡이에 대한 것과 관할권에 대한 모든 러시아의 권리는 어떠한 변경도 없이 미국으로 이전되었다고 밝혔다.[26]

다섯 번째 쟁점에 대하여 재판소는 5대 2 판정으로 미국은 베링해의 미국 도서에 출몰하는 물개가 통상적 3해리 이원에서 발견되는 경우 어떠한 보호 또는 재산권도 가지지 않는다고 보았다.[27]

나아가 중재재판소는 부탁된 또 다른 문제였던 미국과 영국 두 분쟁당사국이 관할권 이원의 물개의 적절한 보호와 보존을 위한 규칙을 채택하였다. 아홉개 조문으로 된 이 규칙의 내용은 다음과 같다.[28] 1) 미국과 영국 양당사국은 자국 국민이 영해를 포함하여 Pribilof제도 주변 60마일 수역에서 물개를 어느 때나 또한 어떠한 방법으로든 살육하거나, 포획하거나, 추적하는 것을 금지하여야 한다고 하여 일정수역에서의 물개잡이를 전면 금지하고 있다.[29] 2) 물개잡이가 허용되는 기간동안 물개잡이가 허용되는 해역에서는 대형범선만이 물개잡이를 하도록 허용되어야 하고 다만 대형범선은 어선으로 공통적으로 사용되는 것과 같이 노(paddle, oar)나 돛으로 운항하는 카누 또는 무갑판선박을 이용할 자유를 갖는다고 하여 물개잡이 선박형태를 제한하고 있다.[30] 3) 양당사국은 자국 국민이 매년 5월 1일부터 7월 31일까지 북위 35도 이북, 동경 180도에서

24) *Ibid.*, p.269.
25) *Ibid.*
26) *Ibid.*
27) *Ibid.*
28) *Ibid.*, pp.270-271.
29) 규칙 제1조.
30) 규칙 제3조.

베링해협을 따라 미국과 러시아간 1867년 조약 제1조상 규정된 해양경계에 이르는 베링해를 포함한 태평양측 공해상의 물개를 포함하여 어떠한 방법으로든 살육하거나, 포획하거나, 추적하는 것을 금지하여야 한다고 하여 물개잡이 금지기간과 금지수역을 지정하고 있다.[31] 4) 금지기간, 금지수역에서 물개잡이를 인가받은 범선은 정부가 발부한 특별허가증을 제시하여야 하며 정부가 정한 기를 게양하여야 한다고 하여 물개잡이 허용선박의 필요서류와 소지의무를 규정하고 있다.[32] 5) 물개잡이에 종사하는 선박의 선장은 물개잡이를 한 일자와 장소, 각 일자에 포획한 물개의 수와 성별을 항해일지에 정확하게 기재하여야 하며 이 정보를 매 어획기간이 끝나는 시점에 타방당사국에 통지하여야 한다고 하여 어획된 물개잡이 수량 등 규제에 필요한 정보제공의무를 규정하고 있다.[33] 6) 물개잡이에 그물, 사격무기 및 폭발물의 이용은 금지되어야 하고 이러한 금지는 합법적으로 포획이 허용될 수 있는 기간동안 베링해 이원의 해역에서 이루어지는 물개잡이에 사용되는 사격용 총에는 적용되지 않는다고 하여 어획도구에 대한 제한을 가하고 있다.[34] 7) 당사국은 물개잡이에 종사하도록 인가받은 사람의 적절성을 통제하는 조치를 취하여야 하고 그 사람이 물개잡이 수단으로 사용되는 무기를 다룰 수 있는 충분한 기술이 있다는 것이 입증되어야 한다고 규정하여 물개잡이 종사자의 자격을 제한하고 있다.[35] 8) 수렵금지기간, 수렵방법의 통제 등의 규칙내용은 미국과 영국영토의 해안에 거주하는 인디언에게는 그 사람들이 다른 사람에게 고용된 경우가 아니고 다른 사람에게 물개가죽을 인도하기로 계약하고 물개잡이를 하지 않는 한 적용되지 않는다고 하여 원주민의 생존용 물개잡이에 대한 예외를 규정하고 있다.[36] 9) 마지막으로 당사국이 규정 전체 또는 일부를 개정하거나 폐기하기로 합의하지 않는 한 효력이 있다고 밝히고 아울러 매 5년마다 개정여부를 심사하도록 규정하여 절차적 측면을 규정하고 있다.[37]

재판소는 또한 두 국가의 공동합의에 따라 적용되는 각국의 주권 한계 내에서의 활동에 관한 보충적 선언을 채택하였는데, 이에 의하면 양국가가 육지

31) 규칙 제2조.
32) 규칙 제4조.
33) 규칙 제5조.
34) 규칙 제6조.
35) 규칙 제7조.
36) 규칙 제8조.
37) 규칙 제9조.

또는 바다에서 2~3년 또는 최소 1년 동안 물개의 포획을 금지하는 것으로 합의하는 경우 두 정부가 인정할 수 있는 적절한 예외를 둘 수 있다고 밝히고 있다.

Ⅲ. 판정 이후 북태평양에서의 물개보존

중재재판소는 양당사국이 5년 내에 재판소의 판정을 재검토하도록 하였다. 판정이 난 이후 중재판정 상의 해양물개잡이의 규제에도 불구하고 판정의 내용이 해양물개잡이의 완전한 금지가 아닌 부분적 금지였기 때문에 멸종을 야기할 만큼 해양물개잡이가 계속되자 미국, 영국, 러시아 및 일본은 1911년에 북태평양물개협약[38]을 체결하여 도서상에서의 물개잡이를 제외하고 모든 해양물개잡이를 금지하였다.[39] 대신 미국은 도서에서 잡힌 물개가죽의 15% 또는 그 상당액을 캐나다와 일본에게 제공하기로 하였다.[40] 그 결과 Pribilof섬 상의 물개 개체수가 1912년에 200,000마리이던 것이 1941년에는 2,000,000마리가 넘게 되었고,[41] 물개보존에 큰 영향을 미치지 않는 도서 상에서의 수컷 물개 살육은 1911년에 3,000마리에 불과하던 것이 1941년에는 95,000마리에 이르게 되었다. 하지만 1940년에 일본이 이 협약 폐기를 선언하였고 해양물개잡이가 재개되면서 물개 개체수가 상당히 감소하게 되었다. 이에 따라 물개를 국제적으로 보존하기 위한 협상이 다시 이루어졌고 1957년에는 북태평양물개보존에 관한 임시협약[42]을 체결하여 다른 해양생물과의 관계, 이동경로 등 물개보존과 관련된 문제들에 대한 연구를 진작하고 당사국간 협력을 강화하기로 하였고[43] 동태평양에서 북태평양물개위원회가 달리 정하지 않는 한 연구를 위해 2,500마리 이하 서태평양에서 2,200마리 이하로 허용되는 해양물개잡이를 제외하고 베링해,

---

38) Convention between the United States, Great Britain, Russia and Japan for the Preservation and Protection of Fur Seals, 1911년 7월 7일 워싱턴에서 체결, 1911년 12월 14일 발효, <http://docs.lib.noaa.gov/noaa_documents/NOS/ORR/TM_NOS_ORR/TM_NOS-ORR_17/HTML/Pribilof_html/Documents/THE_FUR_SEAL_TREATY_OF_1911.pdf., 2015년 3월 20일 방문> 8 IPE 3682 26.

39) 협약 제1조.

40) 협약 제10조.

41) Williams, *supra* note 3, p.584.

42) Interim Convention on Conservation of North Pacific Fur Seals, 1957년 2월 9일 워싱턴에서 체결, 1957년 10월 14일 발효, 314 UNTS 105 400. 이 협약은 1963년, 1976년, 1980년 및 1984년에 개정의정서가 체결되어 개정되어 왔다. 개정조약문은 <http://sedac.ciesin.columbia.edu/entri/texts/acrc/fur.seals.1957.html, 2015년 3월 20일 방문>.

43) 협약 제2조.

오오츠크해(Okhotsk Sea), 캄차카해(Kamchatka Sea), 동해(East Sea)를 포함한 북위 30도 이북에서의 모든 '해양물개잡이'를 금지하였다.[44] 또한 북태평양물개위원회(North Pacific Fur Seal Commission)를 설립하여 연구프로그램개발과 조정, 프로그램이행을 위한 권고, 보존프로그램이행으로 얻은 정보에 대한 연구, 보존을 위한 적절한 조치의 권고, 과학연구목적의 해양물개잡이 허용개체 수 결정 등의 임무를 부여하였다.[45]

미국은 국내적으로 질병과 기생충, 물개가 고래의 먹이가 되는 동물간 포식(predation), 먹이가용성변화, 다른 어종어획시 잘못 걸려드는 경우(bycatch), 서식지환경변화, 바다쓰레기에 걸림, 선박 및 인간에 의한 방해, 기후변화, 엘니뇨현상, 인디언들의 생존용 포획 등 다양한 이유로 1940~50년대에 걸쳐 2,000,000마리 이상이던 개체수가 계속 감소하여 50% 이상 감소된 것으로 파악하였다. 이에 따라 미국 수산청은 북방물개(northern fur seals)를 1988년 6월 17일에 해양포유동물보호법[46]상 '고갈 중인 종'(the depleted)으로 지정하였다. 또한 같은 해 11월 23일 해양포유동물보호법을 개정하면서 상무장관에게 적정한 지속가능 개체수를 보존하고 복구하기 위한 보존계획을 수립하도록 명령하였다. 이에 따라 1993년 최초의 보존계획이 발행되었고 현재는 2007년 개정된 보존계획[47]이 시행되고 있다. 미국은 또한 1994년 해양포유동물보호법 개정[48]으로 여러 토착 인디언들과 공동관리협정을 체결하여 물개보존정책을 시행하고 있는데, St. Paul섬과 St. George섬 자치정부와 각각 2000년[49] 및 2001년[50]에 체결한 협정이 대표적인 것들이다. 이후에도 일부 해역에서는 증가하거나 서식지를 옮겨 새로운 서식해역이 생기는 경우는 있으나 전체적으로는 계속 감소하고 있는 것으로 나타난다.[51] 미국은 1984년부터 북태평양에서의 상업적인 물개잡이를 종료하였다.

---

44) 협약 제2조 3항, 제3조.

45) 협약 제5조.

46) Marine Mammal Protection Act, 1972, Public Law 100-711.

47) Conservation Plan for the Eastern Pacific Stock of Nothern Fur Seal(*Callorhinus ursinus*), December 2007, <http://www.nmfs.noaa.gov/pr/pdfs/conservation/plan_nfs_dec2007.pdf., 2015년 3월 20일 방문>.

48) Section 119 of the MMPA Amendments of 1994, Public Law 103-238.

49) Co-Management Agreement between the Aleut Community of St. Paul Island and the National Marine Fisheries Service, June 13, 2000, <http://alaskafisheries.noaa.gov/protectedresources/seals/fur/stpaul.pdf, 2015년 3월 20일 방문>.

50) Co-Management Agreement between the Aleut Community of St. George Island and the National Marine Fisheries Service, July 27, 2001, <http://alaskafisheries.noaa.gov/protectedresources/seals/fur/stgeorge.pdf, 2015년 3월 20일 방문>.

51) 북태평양에서의 물개를 포함한 해양포유류의 보존에 대한 상세한 면은, Michael Bhargava, "Of

Ⅳ. 국제환경법 발전에 미친 영향

1. 서　언

Sands는 국제환경법 발전의 초기 단계에서 발생하였던 이 사건을 Trail Smelter사건과 함께 추후 국제환경법 발전에 큰 영향을 끼친 사건으로 평가하면서,[52] 오랜 기간이 경과된 이 사건이 오늘날까지도 의미가 있는 사건이라고 본다.[53] 아래에서는 해양생물자원의 보존을 위한 국제환경법을 중심으로 한 몇 가지 쟁점에 대하여 베링해 중재판정이 미친 영향을 살펴보겠다.

2. 공해 상에서의 해양생물자원보존을 위한 연안국의 관할권 행사 가능성과 한계

영토에 대한 영토국 주권의 원칙에 따라 국가는 그 영토 안에서 국제법 상의 제한이 없는 한 자국 환경에 부정적 영향을 미칠 수도 있는 활동을 포함하여 자국이 선택한 활동을 행하거나 허가할 수 있다. 반면에 이 원칙에 의해 다른 국가는 타국의 활동으로 인해 자국의 환경에 영향을 받는 것을 용인하지 않을 수 있다. 이에 따라 '자연자원에 대한 국가의 주권'과 '환경에 손해를 야기하지 않아야 하는 책임'이라는 어떻게 보면 대립적인 두 기본 개념의 문맥에서 국제환경법의 발전이 이루어져 왔다.[54] 국제환경법 발전에 큰 영향을 미친 스톡홀름선언도 "국가는 UN헌장과 국제법 원칙에 따라 자국의 환경정책에 따른 자

Otters and Orcas: Marine Mammals and Legal Regimes in the North Pacific", *Ecology Law Quarterly*, vol.32(2005), pp.959-966.

52) Philippe Sands and Jacqueline Peel with Adriana Fabra and Ruth MacKenzie, *Principles of International Environmental Law*, 3rd ed., Cambridge University Press, 2012, pp.190-191; Alexander Kiss and Dinah Shelton, *International Environmental Law*, 3rd ed., Transnational Publishers, Ltd., 2004, pp.25-26. 그는 국제법의 본격적인 발전이 이루어진 1972년 스톡홀름환경회의 이전으로 확대하는 경우 *Lac Lanoux*사건을 포함시키고 있다. Philippe Sands, Litigating Environmental Disputes: Courts, Tribunals and the Progressive Development of International Environmental Law, Global Forum on International Investment, 2008.3. 27-28, p.1.

53) Sands *et al.*, *supra* note 52, pp.399-400.

54) *Ibid.*, p.27; 이재곤, "*Iron Rhine*철도사건(Belgium/Netherlands)의 국제환경법적 쟁점", 「동아법학」, 제65호(2014), 593면.

국 자연자원을 이용할 주권적 권리를 가지며 자국의 관할권 또는 통제 내의 활동이 타국의 환경 또는 국가관할권 한계이원의 지역에 손해를 야기하지 않도록 보장할 책임을 진다"고 선언하고 있다.[55] 이 내용이 리우선언에서도 답습되고 있고[56] 국제사법재판소(ICJ)는 *The Legality of the Threat or Use of Nuclear Weapons*사건을 통하여 위 선언내용이 국제관습법을 반영하고 있다고 밝혔다.[57] 이러한 법규 발전은 국가의 영토주권행사가 다른 국가와의 상호관계에서 이루어져야 하고[58] 환경보호라는 국제사회의 공익적 이해관계와 타협적으로 이루어져야 함을 보여주는 것이라고 하겠다.

베링해 물개중재사건은 국제환경법 발전에 있어 초기단계의 판례이지만 자연자원의 전부 또는 일부가 한 국가의 관할권을 넘어 존재하는 경우 그 자연자원을 보존하려고 할 때 나타날 수 있는 고유한 어려움을 잘 보여준다. 즉 '공유자연자원'(shared natural resources)을 보존하려 할 때 영토주권에서 나오는 관할권 행사의 한계가 어디인가 하는 문제를 잘 보여주고 있는 것이다. 이 문제는 오늘날에도 여전히 국제환경법에서 해결되어야 할 어려운 문제의 하나로 남아 있는데 이 사건에서 미약하지만 그 해결의 단초를 제시하였다고 할 수 있다. 중재재판소는 미국이 주장한 공해에서의 생물자원보존을 위한 자국관할권 행사를 인정하지 않아 영토주권의 해양상의 공간적 한계가 영토국의 주권이 미치는 영해임를 분명하게 보여 주었다. 반면에 재판소는 중재판정에서 제시된 분쟁당사국인 미국과 영국이 지켜야 할 해당해역에서의 '물개보존을 위한 규칙'에서 영해이원 수역에서의 보존수역설정, 수렵제한기간설정, 수렵가능개체수제한 등 공유자연자원의 보존을 위한 초기 국제법 기술을 잘 제시하여 이 문제에 대한 평화적 분쟁해결과 국제법적 규제의 점진적 발전에 있어서의 국제법원의 역할을 제시하였다.[59] 이를 통해 이 사건은 북대서양에서의 물개의 국제적 보호와 공해 일반에서의 생물자원의 보전에 중요한 영향을 미쳤다.[60]

중재재판소의 판정과 함께, 사건해결을 위한 분쟁당사국간의 외교교섭 중

---

55) Stockholm Declaration of the United Nations Conference on the Human Environment(11 ILM 1416), Principle 21.

56) Rio Declaration on Environment and Development(31 ILM 874, 1992), Principle 2.

57) ICJ Reports, 1996, para.29.

58) Günther Handl, "Territorial Sovereignty and the Problem of Transnational Pollution", *American Journal of International Law*, vol.69(1975), p.55.

59) Sands *et al.*, *supra* note 52, p.399.

60) Hopfner, *supra* note 13, p.37.

에 있었던 미국과 영국의 국무장관 등이 나눈 외교서신 내용을 보면 '물개'라는 생물자원보호의 대의와 공해자유의 보장 및 영토주권의 한계라는 대의간의 균형추를 어떻게 맞출 것인가에 대한 논리를 볼 수 있고 생물자원보호의 대의에 대한 법리의 일단이 나타난다.

우선 당시 미국 국무장관이었던 Bayard는 해양물개잡이에 의한 물개의 멸종을 막기 위해 영국과 다른 국가들의 협력을 얻으려는 노력을 기울였다.[61] 당시 영국주재 미국대사였던 Phelps는 Bayard장관에게 보낸 서신에서 "이러한 상황에서 미국정부는 가치있는 물개잡이 어업활동이 파괴되는 것을 방치하든가, 아니면 물개잡이에 종사하는 선박을 나포함으로써 어업활동 파괴를 방지하는 조치를 취하든가 하는 두 가지 선택할 수 있는 방안 밖에 없고 두 가지 방안 중에 후자를 선택할 수밖에 없다는 것은 아무런 망설임이 없다"고 밝히고 있다.

또한 외교교섭 중 취임한 새로운 Harrison대통령 체제하에서 국무장관이 된 Blaine은 영국에 보낸 서한에서 '해양물개잡이' 방법은 사회상규에 반하는 것(*contra bonos mores*)이라고 주장하였는데 영국의 Salisbury경은 설사 그것이 국제적 도덕률이라 해도 공해상에서의 선박나포를 정당화할 수는 없다고 반박하였다. 나아가 러시아가 1821년 칙령으로 100해리에 이르는 해역에서 영해적 권리를 주장하였지만 영국과 미국의 항의로 철회하였다는 것을 지적하고 있다. Blaine장관은 미국은 베링해를 '폐쇄해'(*mare clausum*)라고 주장하지 않았고 그것을 인정하지 않는다고 밝히면서도 동시에 물개보호라는 제한된 목적을 위해 베링해의 일부 작은 수역을 자국 관할권으로 유보할 수 있는 충분한 권한을 결여하지 않았다고 주장하였다.[62]

이들 서신에서 알 수 있는 것은 러시아와 미국 등의 해양국들이 이미 1800년대 초부터 '물개'라는 생물자원의 보존 문제를 인식하고 있었고 이를 위해 영토주권의 한계로 인식되어온 영해를 넘는 일정한 수역에 대한 일정한 국가관할권을 주장하고 있었다는 것이다.

사건에서 중재재판소 판정으로 보장된 공해에서의 절대적 어업자유의 원칙은 연안국이 공해상의 해양생물자원에 대하여 그 자원의 보존만을 근거로 한 관할권은 가질 수 없다는 것을 의미한다. 이는 자원의 보존을 위한 입법관할권과 그 법을 집행하기 위한 관할권은 원칙적으로 기국의 배타적인 권리라는 것

---

61) Williams, *supra* note 3, pp.563-564.
62) *Ibid.*, pp.564-565.

을 선언하였다는 것임을 부인할 수는 없다. 또한 이러한 중재판정의 기조는 GATT하에서의 Tuna/Dolphine사건[63] 등의 추후 판결에서도 이어졌던 것이 사실이다. 하지만 중재판정에서의 '물개잡이에 관한 규칙' 제정과정에서 공해상에서의 어로활동 규제가능성을 살짝 열어놓게 되었고, 이는 오늘날 새로운 어업기술과 관행의 실행으로 공해 해양생물자원의 과다 이용이 발생하여 공해상 어업자유 원칙이 제한되어야 한다는 인식이 확산되는데 큰 영향을 미쳤다고 본다.[64]

이에 따라 공해상의 어로활동 자유에 대한 제한은 이미 1958년의 공해상 어업 및 생물자원에 관한 협약[65]에서 시도되기 시작하였고, 1982년 UN해양법협약[66]에서도 확인되었다.[67] 즉 공해상 어업 및 생물자원에 관한 협약은 "연안국은 자국영해에 인접한 공해수역의 생산성유지에 관하여 특별한 이익을 갖는다"고 규정하고 있는 조항에서 그러한 인식이 나타나고 있다.[68] 또한 UN해양법협약의 경우에는 공해이던 수역을 연안국이 영해 인접수역에 배타적경제수역(EEZ)이라는 새로운 관할권을 설정할 수 있도록 인정하였고 공해상에서 어로의 자유를 행사할 조건으로 각국의 조약상의 의무준수 등을 규정하고 모든 국가로 하여금 공해 생물자원의 보존에 필요한 조치를 취하도록 요구하였다.[69] 공해상 어업활동의 효과를 우려하는 연안국들에 의한 공해의 절대적 자유라는 전통적인 접근에 대한 문제제기에 가장 적극적으로 응한 것이 1995년의 어족자원보존 및 관리협정[70]이다. 이 협정에 의하면 국가관할권이원의 수역에서[71] 경계왕래

---

63) United States-Restriction on Imports (Mexico, etc. v. US), 1991(*Tuna/Dolphine* I, 30 ILM 1594), 1994(*Tuna/Dolphine* II, 22 ILM 839).

64) Sands *et al.*, *supra* note 52, p.399.

65) Convention on Fishing and Conservation of the Living Resources of the High Sea, 1958년 4월 29일 Geneva에서 체결, 1966년 3월 20일 발효, 559 UNTS 285.

66) United Nations Convention on Law of the Sea, 1982년 12월 10일, Montego Bay에서 체결, 1994년 11월 16일 체결, 21 ILM 1261.

67) 구체적 규정내용은, 권현호, "공해어업질서의 변화와 국제법적 한계", 「국제법학회논총」, 제50권 2호(2005), 39-42면.

68) 시대적으로는 UN해양법협약에 앞서지만 연안국에게 상대적으로 유리한 규정을 두고 공해인접수역의 어족자원에 대한 연안국의 특별한 이익을 인정한 점에서 오히려 후자보다 진전된 내용을 담고 있다는 평가를 받기도 한다. 이석용, "공해상 어로의 자유와 국제환경보호", 「국제법학회논총」, 제44권 1호(1999), 221면.

69) 협약 제116조-제119조.

70) Agreement for the Implementation of the Provisions of the United Nations Convention on the Law of the Sea of 10 December 1982 Relating to the Conservation and Management of Straddling Fish Stocks and Highly Migratory Fish Stocks, 1995년 12월 4일 뉴욕에서 체결, 2001년 12월 11일 발효, 34 ILM 1542.

성어족(straddling stocks)과 고도회유성어족(highly migratory stocks)의 장기적 보존과 지속가능한 이용을[72] 보장하기 위한 조치를 취하고 그러한 조치가 과학적 증거에 근거하도록 보장할 것을 요구하고 있다. 또한 사전주의접근(precautionary approach)을 적용하고 어업 및 기타 인간활동과 환경적 요소가 보존하려는 어종에 미치는 영향을 평가하도록 규정하고 있다. 나아가, 필요한 경우 보존하려는 종과 같은 생태계에 속하는 종에 대한 조치를 취하고, 오염, 폐기물, 버려진 어구에 의한 어획, 비목표종의 어획 등을 최소화하며, 해양환경에서의 생물다양성을 보호하고 과도한 어획을 금지하는 조치를 취하여야 한다. 아울러, 예술적 및 생존을 위한 이해관계를 고려하며 필요한 정보를 수집하고 공유하며, 과학연구와 적절한 기술개발을 증진하고 효과적인 감시체제 등을 도입하며 보존조치를 이행하는 등의 원칙을 준수하도록 요구하고 있다.[73] 더구나 이러한 원칙은 필요한 경우 국가관할권내의 수역에서도 적용될 수 있도록 하고 있다.[74]

더구나 중서부고도회유성어족자원보존관리협약 등 지역적 공해상어업협약들은 공해상에서 연안국 등 제3국이 조약위반혐의가 있는 타국선박을 공해상에서 승선검색을 할 수 있도록 허용하는 데까지 이르렀다.[75]

3. 환경보호와 경제적 이해관계의 균형

1987년 Brundtland보고서에서 "미래세대가 그들의 필요에 응할 미래세대의 능력과 타협하지 않고 현세대의 필요에 응하는 개발"(development that meets the needs of the present without compromising the ability of future generations to meet their own needs)[76]이라고 정의된 지속가능개발원칙은 국제환경법의 주요한 원칙의 하나이다.[77] 초기 생물자원보호 조약과 판례를 통하여 주장되어 온 원칙이지만 규

71) 협정 제3조.
72) 협정 제1조.
73) 협정 제5조.
74) 협정 제3조 제2항. 이 협약과 함께 수많은 개별해양생물종에 대한 협약과 지역적 해양자원보존협정, 특히 불법, 비보고 및 비규제 어업(illegal, unreported, and unregulated fisheries)의 규제를 위한 협약 등이 공해에서의 어업활동에 제한을 가하고 있다. 상세한 면은 이석용, *supra* note 68, 227-234면; 권현호, *supra* note 67, 43-55면.
75) 최종화, 손재학, "공해조업선에 대한 비선적국의 집행권 행사제도", 「해사법연구」, 제22권 1호 (2010), 18면.
76) United Nations World Commission on Environment and Development, *Our Common Future*, p.7.
77) *Gabčikovo-Nagymaros*사건, ICJ Reports, 1997, para.140 등; 조약에서 이 개념이 처음 언급된 것은 Agreement on the European Economic Area (1992.5.2, 1801 UNTS 2)이다.

범내용이 무엇인가에 대하여 분명하게 또한 통일적으로 확립되어 있지는 않다. Sands는 지속가능한 개발원칙에 담길 내용으로 미래세대의 필요에 대한 고려, 자연자원의 지속가능한 이용, 자연자원의 형평한 이용, 환경과 개발의 모든 측면에서의 통합 등을 들고 있는데,[78] 특별히 환경과 개발의 통합이라는 요소는 널리 인정되고 있다.

이 사건도 국제환경법 쟁점을 가지고 있는 거의 모든 사건이 그렇듯 공해수역에서의 물개잡이라는 영국의 경제적 이해관계와 물개라는 생물자원을 보호하려는 환경적 이해관계가 충돌하고 있는 사건이다. 중재재판부 판정은 원칙적으로는 공해자유원칙의 절대성, 환경보호를 위한 영해이원에서의 국가관할권 인정 거부 등으로 경제적 이해관계에 무게추가 기울어진 듯이 보일 수도 있다. 하지만 중재재판소는 베링해역에서의 '물개잡이에 대한 규칙'에서 물개잡이 기간제한, 일정범위 공해수역에서의 포획제한, 사용가능어구의 제한, 포획활동참가자의 개인자격 제한 등을 도입하여 환경적 이해관계와의 균형추를 맞추려는 노력도 보여주었다. 또한 사건 당시 미국의 주장은 자국 도서상의 물개잡이에 대한 독점적 권한을 연장하려는 이기적 목적이 숨겨있었다고 보이기는 하지만, 환경보호와 경제적 이해관계의 통합원칙의 기본 이념을 보여주고 있다. 미국은 즉 "인류의 이익을 위해 물개의 무차별 남획으로부터 보호하고 합법적이고 적절하게 이용할 권리가 있다"고 주장하였다. 물론 베링해 물개중재사건의 중재재판부가 '지속가능한 개발'이라는 용어를 사용하지는 않았다. 하지만 미약하게라도 환경보호와 경제적 이해관계의 통합적 고려가 이루어졌고 이것이 '지속가능한 개발원칙' 개념의 중요한 요소라는 점에서 의미가 있다.

이러한 통합적 고려는 이 사건 이후의 *Trail Smelter*사건을 비롯한 초기 환경법 사건부터 최근에 있었던 *Iron Rhine*철도중재사건[79]에 이르기까지 비교적

---

78) Sands *et al.*, *supra* note 52, p.207. 1989년의 Lomé Convention 제33조가 이러한 개념요소를 담아 규정하고 있는 대표적 문서이다. Segger는 지속가능개발원칙를 최광의로 이해하여 통합원칙(경제개발과 환경보호), 자연자원의 지속가능한 이용, 형평, 공동이지만 차별적 책임원칙, 사전주의, 선한 관리(good governance), 투명성, 공공참여 등을 구성요소로 열거하고 있다. Maire-Claire Cordonier Segger, "The Role of International Forums in the Advancement of Sustainable Develop ment", *Sustainable Development Law and Policy*, vol.10(2009), p.10. 이렇게 이해한다면 지속가능개발원칙은 모든 국제환경법 원칙을 포괄하게 된다.

79) The Arbitration Regarding the Iron Rhine("*IJzeren Rijn*") Railway between the Kingdom of Belgium and the Kingdom of the Netherlands (24 May 2005), 판정문은 <http://www.pca-cpa.org/showpage.asp?pag_id=1155, 2015년 3월 20일 방문> 참조. 사건의 상세한 면은, 이재곤, *supra* note 54, 579-613면.

일관되게 나타나고 있는 것이다. 특별히 *Iron Rhine*사건에서는 "환경보호와 경제적 이해관계의 통합이 국제법과 EC법 모두에서 요구되고 있다"고 밝히고 있다.[80]

4. 생물자원의 보존

이 사건의 중재판정에서 언급되고 있는 것 중에서 오늘날의 관점에서 문제점으로 볼 수 있는 것은 두 가지 측면이다. 첫 번째는, 중재판정의 다수의견은 물개보존이 '물개'라는 생물종 자체의 절대적 이해관계를 고려하여 규제되어야 하는 것이 아니라 물개를 대상으로 하는 인간 산업의 이해관계를 고려하여 이루어져야 한다고 보았다. 이는 다수의견이 자연생물자원의 보존을 뒷받침하는 환경윤리가 당시에 팽만하였던 인간중심적 접근(anthropocentric approach)에만 충실하였다는 것을 보여준다. 물론 앞서 인용되었던 Phelps미국대사가 Bayard영국외무장관에게 보낸 서신에서 "이러한 상황에서 미국정부는 가치있는 물개잡이 어업활동이 파괴되는 것을 방치하든가, 아니면 물개잡이에 종사하는 선박을 나포함으로써 어업활동파괴를 방지하는 조치를 취하든가 하는 두 가지 선택할 수 있는 방안 밖에 없고 두 가지 방안 중에 후자를 선택할 수밖에 없다는 것은 아무런 망설임이 없다"고 밝히고 있는 부분에서도 '물개'의 생물자원으로서의 자체적 가치보다는 '어업'이라는 산업과 관련된 그 생물종의 가치를 언급하고 있고 이는 당시 인간중심적 사고가 편만하였다는 것을 보여준다. 또한 오늘날 채택되는 환경관련 국제문서에서도 인간중심적 태도가 강하게 나타나는 경우도 있다는 것도 부인할 수 없다.[81] 이런 점을 고려하면 오늘날의 관점으로만 판단하여 이 판정의 환경윤리적 태도를 비판적 시각으로만 평가할 수는 없다.

두 번째는 재판소가 제시한 규칙은 '물개'라는 특정종에 한정된 생물자원의 보존규제를 하고 있다는 점에서 그 특정종의 서식지, 먹이사슬에 속한 생물종 등을 포괄적으로 고려하여 생물자원을 보호하려는 생태적 접근(ecosystem approach)이 이루어지지 못하였다는 것이 지적될 수 있다. 이는 오늘날 해양생물자원을

---

80) *supra* note 70, Awards, para.59.

81) 예를 들어, 리우선언(Rio Declaration on Environment and Development, 1992, 31 ILM 874) 원칙 2는 자연자원에 대한 주권을 인정하면서 "환경 및 '개발'(development)정책을 고려하여 자연자원을 이용하여야 한다"고 하여 스톡홀름선언(1972, *supra* note 1)에서 '환경'만 고려하도록 한 것보다 인간중심적 접근이 더 강화된 것으로 볼 수 있다.

다루는 조약과 비교될 수 있다. 예를 들어, 1976년의 북태평양물개보존협약의 개정협약에 의하면 “해역의 타 해양생물자원의 생산성과의 관련성을 고려하여” (with due regard to their relation to the productivity of other living marine resources of the area)[82] 라는 표현을 통하여 또한 물개와 다른 해양생물자원과의 관계를 연구하도록 요구함으로써[83] 물개와 먹이사슬을 이루는 타생물자원을 포함한 생태계를 공유하는 해양생물자원을 염두에 두고 있는 것과 비교할 수 있다.[84]

하지만 이 사건은 직접적으로는 해양생물자원의 보존을 규율하는 국제환경법, 간접적으로는 모든 생물자원의 보존을 규율하는 국제환경법 발전에 큰 영향을 미친 것으로 평가된다. 즉 중재재판소는 비록 미국이 주장한 영해이원에서의 물개자원보존을 위한 관할권은 부인하였지만 재판소가 판정에서 제시한 물개자원보존을 위한 규칙이 '영해이원'의 물개자원보존을 위한 것이었다는 점에서 중요한 의미를 가진다. 또한 이 규칙에서 제시된 포획금지기간, 포획방법 및 수단의 제한, 포획활동에 동원되는 선박의 규제, 포획금지수역의 설정, 포획개체수 등의 정보제공, 포획참여자의 개인자격규제, 토착민을 위한 포획금지의 예외 인정 등은 오늘날의 모든 생물자원을 규율하는 국제환경법에서도 인정되고 있는 중요한 요소이다. 이러한 규제방법은 태평양물개보존을 위한 미국, 일본, 러시아, 영국(캐나다)간의 협약에서도 채택되었다. 이 중재사건은 또한 이후의 포경협약,[85] 어업 및 공해상생물자원 보존협약 등 다른 해양생물보존에 관한 많은 어업협정에 직접적 영향을 미친 것으로 평가된다.[86] 또한 해양문제를 포괄적으로 다루고 있는 1982년 해양법협약의 해양생물자원보존과 관련된 조항[87]들도 영향받은 것으로 볼 수 있을 것이다. 아울러 간접적으로는 해양생물종을 포함한 멸종위기에 처한 생물들의 보호를 위해 규정들을 담고 있는 멸종위기종의 국제거래규제협약(CITES),[88] 해양보호구역설정 등을 규정하고 있는 생

82) 협약 전문 second para.
83) 협약 제2조 (1) b.
84) 또한 1995년 공해생물자원보존협정에서도 보존대상인 어종과 함께 그 어종이 속한 생태계를 고려하고 있는 것을 볼 수 있다. 협정 제5조 e, f.
85) Convention for the Regulation of Whaling, 1931년 9월 24일 제네바에서 채택, 1935년 1월 16일 발효, 155 LNTS 349 24, 425. 오늘날 협약에 대한 상세한 면은, Michael Bowman,““Normalizing” the International Convention for the Regulation of Whaling”, *Michigan Journal of International Law*, vol.29(2008), pp.293-499.
86) Sands *et al.*, *supra* note 52, p.400.
87) 예를 들어, 협약 제61-67조, 제118-119조 등.
88) Convention on International Trade in Endangered Species of Wild Fauna and Flora, 1973년 3월 3일 워싱턴에서 체결, 1975년 7월 1일 발효.

물다양성협약[89] 등의 생물종 보존을 위한 문서들에도 영향을 미쳤다고 본다.

또한 중재판정으로만 본다면 미국이 패소한 것으로 평가될 수 있지만 물개자원의 보존을 위해 중재재판소가 정한 관련 규칙의 적용으로 추후 생물자원의 회복 등의 효과를 보면 오히려 미국이 혜택을 본 사건이었고[90] 이러한 측면에서도 이 사건이 생물자원의 보존을 위한 국제규제의 발전에 기여하였다고 평가될 수 있다.

5. 기타 국제법 일반에 미친 영향과 평가

앞서 논의한 국제환경법에 미친 영향과는 별도로 국제법 일반에 미친 영향은 주로 국제분쟁의 평화적 해결과 관련되어 있다. 그 당시까지만 해도 국제적 분쟁을 법적으로 해결한다는 것이 익숙하지 않던 시절에 무력에 호소하지 않고 평화적으로 특별히 중재재판을 통해 해결하여 국제분쟁의 평화적 해결에 기여한 것이 평가를 받고 있다.[91] 최초로 국제분쟁을 중재에 부탁하기로 규정하였던 Jay조약[92]과 *Alabama*호사건[93] 등 중재재판제도의 발전의 계기가 된 사건을 통하여 발전되어 온 중재재판이 이 사건해결에 성공적으로 이용됨으로써 국제분쟁의 중재에 의한 해결과 국제분쟁의 평화적 해결책으로서의 사법적 해결에 관한 논의에도 영향을 준 것으로 평가된다.[94]

---

89) Convention on Biological Diversity, 1992년 6월 5일 체결, 1993년 12월 29일 발효, 31 ILM 822(1992). 협약의 해양생물자원보호규정에 대하여는, 오윤석, "생물다양성협약의 생물자원보호", 「법학논총」, 단국대학교 법학연구소, 제32권 1호(2008), 300-318면.

90) Williams, *supra* note 3, p.583-584.

91) *Ibid*., p.562.

92) 조약 제5조, 조약의 정식명칭은, The Treaty of Amity, Commerce, and Navigation, Between His Britannic Majesty and The United States of America, 1794년 11월 19일 런던에서 서명, 1796년 2월 29일 발효. 조약협상에 참여했던 미국 대법원장 John Jay의 이름을 따 Jay Treaty 또는 Jay's Treaty로 불림. 이 조약에서 미국과 영국은 양국간의 전쟁부채와 미국과 캐나다간의 국경문제를 Commissioner의 결정에 맡기기로 하였다. 중재라는 용어를 직접 사용하지는 않았지만 조약 제5조에서 Commissioner의 선임, 증거에 의한 판정, 중재장소 선정 등 오늘날 중재제도의 원형을 규정하고 있다. 조약문은 <http://avalon.law.yale.edu/18th_century/jay.asp, 2015년 3월 20일 방문>.

93) Alabama Claims of the United States of America against Great Britain (8 May 1871), Report of International Arbitral Awards, Vol.XXIX(1791), pp.125-134.

94) James L. Tryon, "Proposals for an International Court", *Yale Law Journal*, vol.23(1914), p.426.

V. 결 론

베링해 물개중재사건의 판정은 사건이 발생하였던 시대적 경향과 사고를 뛰어넘지 못하고 인간중심적 환경윤리에 함몰되어 인간과, 인간이 관련된 산업과의 관련성에 따라 생물자원의 가치를 평가하고 생물체 자체의 가치를 고려하지 못하였다는 점과 관련 생태계 전체를 아우르는 포괄적인 생태적 접근이 이루어지지 못하고 '물개'라는 개별생물체의 보호문제에 한정된 접근이 이루어졌다는 점을 고려할 때 국제환경법 발전 초기단계의 사건이라는 한계를 분명하게 보여 주고 있다.

하지만 환경관련 국제분쟁을 법적으로 해결한 첫 번째 사건으로 국제중재제도의 발전을 비롯한 국제법의 발전과 함께 사건 이후 해양생물자원을 중심으로 한 생물자원의 보호와 관련된 국제환경법 발전에 지대한 영향을 준 사건으로 평가될 수 있고 오늘날의 국제환경법 논의에서도 의미가 있는 사건으로 받아들여질 수 있을 것으로 본다.

국제환경법에 있어서 이 사건이 갖는 중요성은 다음과 같은 세 가지 점으로 요약할 수 있다. 첫째, 공유생물자원의 보호를 위한 공해상에서의 일정 수역에까지의 국가관할권의 확장이 간접적으로 인정됨으로써 오늘날 공해어족자원보호협약 등을 통한 공해상에서의 생물자원보호를 위한 국제적 규제에 근거를 제공하는 등의 큰 영향을 미친 것으로 파악된다. 둘째, 오늘날 소위 지속가능개발원칙의 가장 중요한 구성요소인 경제개발과 환경보호의 통합이라는 요소가 미약하게나마 이미 이 판정을 통해서도 인정되었다는 점도 이 개념의 발전에 큰 영향을 미친 것으로 볼 수 있다. 셋째, '물개'라는 생물자원을 보호하기 위해 채택되고 있는 채취 또는 수렵제한기간 설정, 채취 또는 수렵구역의 설정, 채취 또는 수렵방법의 규제, 수렵개체수 등 필요정보의 제공의무, 토착민을 위한 예외인정 등이 중재판정에서 도입되었고 이후 국제환경법 발전에 큰 영향을 미쳤다.

참고문헌

- 권현호, "공해어업질서의 변화와 국제법적 한계", 「국제법학회논총」, 제50권 2호(2005), 35-66면.
- 김정건, 장신, 이재곤, 박덕영, 「국제법」, 박영사, 2010.
- 오윤석, "생물다양성협약의 해양생물자원 보호", 「법학논총」, 단국대학교 법학연구소, 제32권 1호(2008), 293-324면.
- 이석용, "공해상 어로의 자유와 국제환경보호", 「국제법학회논총」, 제44권 1호(1999), 217-235면.
- 이재곤, "*Iron Rhine*철도사건(*Belgium/Netherlands*)의 국제환경법적 쟁점", 「동아법학」, 제65호(2014), 579-613면.
- 최종화, 손재학, "공해조업선에 대한 비선적국의 집행권 행사제도", 「해사법연구」, 제22권 1호(2010), 1-23면.

- Bhargava, Michael, "Of Otters and Orcas: Marine Mammals and Legal Regimes in the North Pacific", *Ecology Law Quarterly*, vol.32(2005), pp.939-988.
- Bowman, Michael, ""Normalizing" the International Convention for the Regulation of Whaling", *Michigan Journal of International Law*, vol.29(2008), pp.293-499.
- Handl, Günther. "Territorial Sovereignty and the Problem of Transnational Pollution", *American Journal of International Law*, vol.69(1975), pp.50-76.
- Hopfner, Matthias, "Behring Sea Arbitration", Bernhardt(ed), *Encyclopedia of Public International Law*, North-Holland Publishing Co., vol.2(1981), pp.36-37.
- Kiss, Alexander and Dinah Shelton, *International Environmental Law*, 3rd ed., Transnational Publishers, Ltd., 2004.
- Sands, Philippe, "Litigating Environmental Disputes: Courts, Tribunals and the Progressive Development of International Environmental Law", Global Forum on International Investment(2008.3), pp.27-28.
- Sands, Philippe and Jacqueline Peel with Adriana Fabra and Ruth MacKenzie, *Principles of International Environmental Law*, 3rd ed., Cambridge University Press, 2012.
- Segger, Maire-Claire Cordonier, "The Role of International Forums in the Advancement of Sustainable Development", *Sustainable Development Law and Policy*, vol.10(2009), pp.10-18.
- Tryon, James L., "Proposals for an International Court", *Yale Law Journal*, vol.23(1914), pp.415-436.

- United Nations World Commission on Environment and Development, *Our Common Future*, Oxford University Press, 1987.
- Williams, William, "Reminiscences of the Bering Sea Arbitration", *American Journal of International Law*, vol.37(1943), pp.562-584.
- Award between the United States and the United Kingdom relating to the rights of jurisdiction of United States in the Bering's sea and the preservation of fur seals(15 August 1893), *Report of International Arbitral Awards*, Vol.XXVIII, pp.263-276.

제 3 장

Trail Smelter 중재법원결정을 통한 국제적 환경손상의 책임기준에 대한 연구*

A Study on the Responsibility Standard for Transboundary Environmental Harm: Revisitng the Trail Smelter Arbitration

모 영 동

I. 서 론

Trail Smelter 중재법원은 '심대한[1] 결과가 발생하고 명백하고 확정적인 증거에 의하여 침해가 증명되는 경우, 어떠한 국가도 타국 영토에 침해를 야기하는 방법으로 자국의 영토를 사용하는 것을 허용하는 권리를 갖지 않는 것이 국제법의 원칙'[2]이라고 확인하였다. 이어서 Trail Smelter 중재법원은 '캐나다 정부는 국제법상 트레일 제련소의 행위에 대하여 책임이 있고, 트레일 제련소의 행위가 국제법상 캐나다의 의무와 합치하도록 하는 것은 캐나다의 의무'[3]라고 결

* 이 장은 필자가 2013년 4월에 미국헌법연구 제24권 제1호에 게재한 "국제환경위해의 책임기준에 대한 연구－Trail Smelter 중재법원판결과 미연방대법원판례의 비교 검토"를 출판 목적에 맞게 보완·수정·재구성한 것임을 알려드립니다.

1) 필자는 serious를 심대한으로, substantial을 실질적인, significant는 상당한으로 각각 번역하여 사용하고 있다. 이들 용어들의 차등성에 대해서는 모영동·성재호, "UN해양법협약상 해양환경 보호규정의 구조에 관한 연구", 「국제법학회논총」 제59권 제4호 참조.

2) *Trail smelter case (United States, Canada), 16 April 1938 and 11 March 1941, Reports of International Arbitral Awards, Volume III*, pp.1905-1982, (United Nations, 2006) p.1965, 원문은 다음과 같다. "[U]nder the principle no State has the right to use or permit the use of its territory in such a manner as to cause injury by fumes in or to the territory of another or the properties or persons therein, when the case is of serious consequences and the injury is established by clear and convincing evidence."

3) *Ibid.*, 원문은 다음과 같다 "Considering the circumstances of the case, the Tribunal holds that the Dominion of Canada is responsible in international law for the conduct of the Trail Smelter. Aprat from the undertakings in the Convention, it is, therefore, the duty of the Government of the Dominion of Canada to see to it that this conduct should be in conformity with the obligation of the Dominion under international law."

정하였다. Trail Smelter 중재법원의 이 결정은 국제환경법에서 빼놓을 수 없는 주요한 결정으로 국제환경법은 상당부분 Trail Smelter 판결에 기반을 두고 있다고 할 수 있는데, 실제로 국제환경법에 있어서 가장 중요한 원칙으로 자리 잡고 있는 1972년 스톡홀름 선언의 원칙과 1992년 리우선언을 비롯한 다양한 국제환경조약에 Trail Smelter 판결이 계승 및 반영되어 있는 것을 발견할 수 있다.[4] Trail Smelter 사건이 가지는 이러한 중요성으로 인하여 총 78페이지로 이루어진 Trail Smelter 중재법원의 결정은 그 결정이 이루어진 직후부터 70여년이 지난 지금까지 계속해서 다양한 각도로 해석되고 있어 국제환경법연구에 있어서 중요한 부분을 차지하고 있다. Trail Smelter가 국제환경법의 근간을 이루고 있다는 사실을 고려한다면 Trail Smelter에 대한 논의는 국제환경법 근간에 대한 논의가 되는 것이다. 국제환경법 전체에 대한 인식과 이해를 바꿀 수 있는 Trail Smelter 논의 중에서 첨예한 대립을 하고 있는 논의 중 하나가 Trail Smelter 사건이 제시하는 국제적 환경손상에 대한 책임기준이 무엇인가라는 문제라고 할 수 있다. 각국의 경제활동이 어쩔 수 없이 일정 수준의 환경손상을 유발하고 이러한 환경손상 중 일부가 자국의 영역 밖과 타국에 영향을 미칠 수 밖에 없다는 점을 고려한다면 국제적 환경손상의 책임기준의 해석과 결정은 결국 각국의 경제활동 전반의 범위와 정도를 한정할 수 있는 매우 중요한 의미를 가진다고 할 수 있다.

이러한 국제적 환경손상의 책임기준에 대하여 일정한 주의의무를 다하지 않은 행위를 하였을 경우에 책임이 발생하는 것으로 보고 있는 원인주의(原因主義)와 일정한 수준 이상의 환경손상이라는 결과가 발생한 경우에 책임이 성립하는 것으로 보고 있는 결과주의(結果主義)가 서로 견해를 가지고 대립하고 있다.[5] 각각은 Trail Smelter 결정이 제시하는 책임기준이 국제적 환경손상을 일으

---

4) 1958 Geneva Convention on the High Seas (arts. 24-25), 1967 Outer Space Treaty (Art IX); 1979 Moon Treaty (Art. 7(1)), 1982 UN Convention on the Law of the Sea, 1991 Protocol on Environmental Protection to the 1959 Antarctic Treaty 등과 같은 특정지역을 보호하는 것을 목적으로 하는 조약들과 1985 Vienna Convention for the Protection fo the Ozone Layer (Art. 2(1)), 1985 ASEAN Agreement on the Conservation of Nature and Natural Resources (Art. 20(1)), 1988 Convention on the Regulation of Antarctic Mineral Resources Activities (Art. 4) 등과 같은 자연자원의 규제를 위한 조약 그리고 1972 London Dumping Convention (Art. 1); 1972 Oslo Convention for the Prevention of Marine Pollution by Dumping from Ships and Arcraft (Art. 1); 1973 London International Convention for the Prevention of Pollution from Ships (Art. 1(1)) 등과 같이 특정오염원에 대한 규제를 위한 조약 등에서 다양하게 반영되고 있다.

5) 민법에서는 고의가 없는 경우에도 불법행위책임을 인정하는 것을 무과실책임주의라고 하고, 과실이 있는 경우에만 책임을 인정하는 것을 과실책임주의라고 한다. 그런데, 근대 이후에 발전한

키는 원인행위에 대한 상당한 주의의무의 위반에 그리고 국제적 환경손상이라는 결과의 발생이라고 주장하고 있는데 Trail Smelter 사건이 국제환경법 뿐만 아니라 국제법 전반에 미치는 중요한 결정이라는 점을 고려할 때 Trail Smelter가 제시하고 있는 책임기준이 과연 무엇인가 하는 해석은 국제법상 국제책임체제 전체에 영향을 미칠 수 있는 논의라고 할 수 있다. 그런데, 국제법 이론상 이렇게 중요한 의미를 가지는 Trail Smelter 사건의 중재법원결정에 있어서 원용된 선례는 국제법이나 국제중재법원의 결정이 아니라 미국연방대법원의 판례들이라는 점에 주목할 필요가 있다. Trail Smelter 사건이 다루어진 1938년과 1941년까지 國際的 環境危害, 특히 대기오염에 대한 국제적 선례가 없었기 때문에 Trail Smelter 중재법원은 미국 연방법원의 선례를 인용한 것인데, 이것은 중재법원의 판결을 통하여 국내법원의 판결이 국제규범으로 전환된 것이라 할 수 있다. 그러므로 Trail Smelter 중재법원결정을 이해하기 위해서는 미국연방대법원의 판례에 대한 연구와 검토가 필요한데 이에 대한 연구는 충분하지 못했다고 할 수 있다. 그래서 본고에서는 Trail Smelter 사건의 주요 사실관계와 그에 따른 중재법원의 판결 법리를 살펴보고, 중재법원결정의 기반이 된 미국연방대법원의 판례인 *Missouri v. Illinois*와 *Georgia v. Tennessee Copper Co.*에 대한 분석을 통하여 Trail Smelter 중재법원결정이 제시한 국제적 환경손상에 대한 책임기준이 무엇이었는지를 밝혀보고자 한다.

Ⅱ. Trail Smelter 중재법원결정의 국제법적 해석

1. Trail Smelter 사건의 개요와 중재법원의 결정

1896년 미국 국경과 11마일(17.6킬로미터) 떨어져 있는 캐나다 브리티쉬 콜럼비아주(州) Trail시(市) 인근에 연과 아연을 제련하는 제련소가 자리하고 있었는데, 이 제련소는 1925년과 1927년 사이에 409피트 높이의 굴뚝을 설치하고 생

무과실책임주의와 같이 고의가 없는 경우에도 책임을 인정한 법리가 로마법에서도 존재하였는데 무과실책임주의가 등장하기 이전 법 발전초기의 무과실책임주의를 근대 무과실책임주의와 구별하기 위하여 결과책임주의 또는 원인주의라고 부르고 있다. 하지만 본고에서 결과주의와 원인주의는 국제규범의 규율의 대상이 行爲의 結果(結果主義)인지 아니면 行爲의 原因(原因主義)인가를 구분하기 위하여 쓰인 용어이다.

산량을 늘리게 되었는데 이에 따라 이산화황 등 오염물질의 배출이 증가하게 되었다. 1916년에는 매월 5,000톤의 황이 배출되었었는데 1926년에는 월 9,000톤까지 늘어났으며, 1930년에는 월 10,500톤까지 배출양이 증가하였다. 이렇게 오염물질이 증가함에 따라 1925년부터 트레일 제련소에 의한 피해가 발생하고 있다는 주장이 제기되기 시작하였고 1926년 자신의 농장에 대한 피해가 발생했다는 소(訴)가 처음 제기된 후, 계속해서 제소가 이어지면서 'Citizen's Protective Association'이 결성되었다. 1927년 미국이 캐나다 정부에게 트레일 제련소 문제를 국제합동위원회에 제출할 것을 제안하였고, '1909년 미국과 캐나다간의 협정' 제9조에 따라 국제합동위원회가 이를 조사한 결과 1932년까지의 손해액이 35만 달러라는 결정을 내리게 되었다.[6]

1935년 캐나다를 대표한 영국과 미국이 트레일 제련소의 운영으로 파생되는 문제 해결을 위한 협정(Convention for Settlement of Difficulties Arising from Operation of Smelter at Trail, B.C)을 체결하였는데 同 협정의 내용을 살펴보면, 제1조에서 캐나다는 1932년 1월 1일 이전에 일어난 손해에 대하여 미국에게 35만 달러를 지불할 것을 규정하고, 제2조에서 미국과 캐나다 정부는 중재법원을 구성한다는 것을 규정하였으며, 제4조에서 중재법원이 적용할 법원(法源)으로 미국의 법과 관행 그리고 국제법과 국가관행을 규정하였다.[7] 동 협정에 근거하여 설치된 중재법원은 심리대상으로 1932년 이후 트레일 제련소에 의해 야기된 미국 워싱턴 주의 손해가 존재하는지의 여부, 손해가 존재하는 경우 배상금의 규모, 워싱턴 주에 손해가 있었다면 트레일 제련소가 향후 손해를 끼치지 않도록 조치를 취해야 하는지의 여부와 향후에 끼치는 손해에 대하여 트레일 제련소는 어떤 체제나 수단을 취해야 하는지를 심리대상으로 하였다.[8] 중재법정에서 미국은 1932년 1월 1일 이후 발생한 손해와 관련하여, 정지(整地)된 토지와 정지된 토지상의 개량사업, 정지(整地)되지 않은 토지와 정지되지 않은 토지상 개량사업에 행해진 손해를 포함하여 가축, Northport市와 기업들이 입은 손해를 모두 배상 범위에 산입하였다. 그러나, 이러한 미국의 주장에 대하여 중재법원은 농작물 생산량의 감소, 삼림훼손과 40여 개 농장의 사용 및 임대 가치의 감소만 손해로 받아들였는데[9] 그 이유는 미국이 다른 배상청구들을 증명하는데 실패했으며, 성공하였

6) *Supra* note 2, p.1917.
7) *Ibid.*
8) *Supra* note 2, pp.1907-1920.
9) *Supra* note 2, p.1920.

더라도 법률상 근거가 되기에는 너무 “간접적이며 관계가 먼(indirect and remote)” 것이라고 판결하고 1932년부터 1937년의 손해액으로 7만 8천 달러를 미국에게 지불하도록 하였다.

이윽고 1941년 3월 11일에 중재법원은 최종결정을 내리게 되었는데 1941년 중재법정에서의 다루었던 문제는 향후 트레인 제련소가 손해를 끼치지 않도록 조치를 취해야 하는지의 여부와 향후에 끼치는 손해에 대하여 트레일 제련소는 어떤 체제나 수단을 취해야 하는가라는 것이었는데 이에 대하여 중재법원은 ‘심대한 결과가 발생하고 명백하고 확정적인 증거에 의하여 침해가 증명되는 경우, 어떠한 국가도 타국 영토에 침해를 야기하는 방법으로 자국의 영토를 사용하거나 사용하는 것을 허용하는 권리를 갖지 않는 것이 국제법의 원칙’[10]이라고 결정하고, ‘캐나다 정부가 국제법상 트레일 제련소의 행위에 대하여 책임이 있으며 트레일 용광로의 행위가 국제법상 캐나다의 의무와 합치하도록 하는 것은 캐나다의 의무’[11]라고 결론지었다.

2. 국제법상 원인주의

원인주의는 국제사회가 환경보호를 위하여 규율하려는 대상이 원인행위라는 입장으로 특정한 행위의 규율을 통하여 오염의 방지, 감소를 하려는 국제환경법의 목적이라는 입장이다. 원인주의에 의하면 국가가 원인 행위를 규제하는데 실패하였을 때 의무 위반이 발생하는 것으로 국가가 객관적으로 인지하지 않았거나 할 수 없었던 위험으로부터 발생한 위해에 대하여 국가는 어떠한 책임도 발생하지 않는 것으로 보고 있다.[12] 원인주의에 의하면 국제책임의 발생요건은 국제적으로 불법한 행위(wrongful act)이고, 不法과 適法에 상관없이 책임을 묻는 것은 특별법이므로, 특별법이 적용되지 않는 한 국가는 故意 過失에 대해서만 책임을 지게 된다. 그러므로 국제의무를 위반하는 행위가 존재해야 하며, 보호받는 법익이 침해되어야 국제책임이 발생하게 되는 것이다.[13]

이러한 원인주의의 입장에서는 원인을 알고 있을 것이 전제되고 이에 따른

10) *Supra* note 2.

11) *Ibid*.

12) 이러한 입장을 따르는 학자로는 Brownlie, Boyle, Dupuy, Higgins가 대표적이다.

13) Lefeber, *Transboundary Environmental Interference and the Origin of State Liability*, Kluer Law International, 1996, p.55.

상당한 주의의무를 요구하게 되는데, 이는 결과주의가 주장하는 절대의무(absolute obligation)와 구별되는 것이다. 이러한 상당한 주의의무에 대한 인정은 *United State Consular and Diplomatic Staff in Teheran* 사건에서 확인된 바 있다. 국제사법법원은 이란이 이란주재 미국대사관을 보호하기 위한 "적절한 조치(appropriate steps)"를 취하였는지 여부를 살펴봄으로써 이란이 상당한 주의의무를 가지고 원인행위를 규제하려고 노력하였는지 확인하였던 것이다.[14] 동 사건에서 국제사법법원은 이란이 의무 이행을 위한 수단을 가지고 있었음에도 불구하고 의무준수에 실패하였다고 판결하여 국제책임의 근거를 상당한 주의의무 위반에서 찾고 있다.[15] 물론 원인주의가 상당한 주의의무만을 주장하며 결과주의의 근거가 되는 절대적 주의의무를 완전히 부정하는 것은 아니다. 원인주의는 조약상에서 절대적 주의의무를 요구하는 경우, 예를 들어 "shall endeavor"와 "shall avoid to the maximum extent possible"의 경우에는 절대의무가 존재한다고 보고 있다.[16] 행위의 결과가 아닌 행위의 원인을 규제하여 환경오염과 피해를 방지 감소하려고 하는 원인주의 입장에서 보았을 때 국제환경법이 각국에게 요구하는 것은 국제법상 요구하는 특정행위와 활동을 일반적으로 상당한 주의의무로 통제하는 것이고 상당한 주의의무 보다 높은 수준의 주의의무가 필요한 활동에 대해서는 개별적으로 그 주의의무를 결정할 수 있다는 것이다.[17]

원인주의는 Trail Smelter 사건과 Corfu Channel 사건에서의 판결이 이러한 원칙을 확인했음을 주장하며, 국제적 환경위해라는 결과를 책임 발생 근거로 보고 있는 결과주의를 비판하고 있다.[18] Trail Smelter 사건에서 캐나다가 증명된 손해에 대하여 책임을 지겠다고 한 것이 결과주의를 뒷받침하는 것이라는 주장에 대하여 원인주의는 캐나다가 중재재판 시작부터 사인의 행위에 대한 국제책임을 인정하고 시작했으므로 즉 국제책임이 전제된 상태에서 책임의 범위를 다룬 결정이므로 무과실책임을 뒷받침하는 결정이라고 보기는 어렵다는 것이다.[19] 나아가 Trail Smelter 사건은 실제적이고 심각한 危害가 재발할 수 있을

14) *Case Concerning United States Diplomatic and Consular Staff in Tehran* (*United States of America v. Iran*) *Judgment*, *I.C.J Reports*, *1980*, para.68, p.33.
15) *Ibid*.
16) Lefeber, *supra* note 13, p.71.
17) Birnie, Boyle and Redgwell, *International Law and the Environment*, 3rd Edition, Oxford 2009, p.217.
18) *Ibid*.
19) *Ibid*., p.216.

때 의무가 발생하는 것으로 판단한 것으로 이것은 국가가 인지할 수 있었을 때 책임을 묻는 것임을 밝힌 것으로 원인주의를 뒷받침하는 사건으로 보아야 한다고 주장하고 있다. Corfu Channel 사건 역시 다른 국가에게 알려진 위험이 있을 때 의무가 발생한다고 판결한 것으로 국가가 인지할 수 있는 결과에 대한 책임을 묻는 판결이라는 해석이다. 또한 UN국제법위원회의 작업 역시 결과가 아닌 行爲를 규제하는 것으로 보고 있는데, 국제법위원회가 국제적 위해방지에 관한 규정초안을 통해 다루고자 하는 문제 역시 "probability"에 근거한 것으로 객관적으로 예측할 수 있는 즉 객관적인지 가능성에 근거한 것이라는 주장이다. 환경위해결과 자체를 금지시키는 것은 각국의 주권을 행사함에 있어서 용인하기 힘든 부담을 준다는 것이다. Brownlie는 나아가 이러한 결과책임주의는 적법행위와 불법행위의 경계를 무너뜨린 행위라고 비판하고 있다.[20]

기본적으로 국가의 의무는 국제환경위해를 일으키는 행위를 허용하지 않기 위하여 적합한 법을 제정하고 통제하는 의무를 가지며, 이러한 의무도 행위에 관한 것이지 결과에 관한 것은 아니라는 지적이다.[21] 즉, 국가는 상당한 주의의무의 위반이나, 의무 위반으로부터 발생한 위해에 대해서만 책임을 지며 국제관습법의 관점에서 보았을 때 역시 행위의 의무 즉 상당한 의무가 규제의 대상이며 무과실책임은 예외적인 조약에 의하여 설립된 것이라는 것이다. 이에 대한 근거로 국제의무를 달성하지 못했을 경우에만 책임을 묻는 UN해양법협약 제139조와 제235조를 들고 있다. 과실이 없는 경우에 국가가 책임을 지는 경우는 매우 예외적인 경우이며,[22] 환경손상에 대한 엄격 혹은 절대책임은 국가책임이 아닌 개인의 책임 특히 소유자나 운영자에게 초점을 맞춘 경우가 대부분이므로 국제책임의 범주에 속하지 않은 민사책임의 범주에 들어 가야 한다고 주장하고 있다.[23] 국제적 환경위해에 대한 책임이 환경위해의 원인을 고의 또는 과실로 통제, 관리하는데 실패했을 경우에만 발생한다는 이 이론은 국가가 자신의 관할권 내에서 행사할 수 있는 국가주권을 국제환경보호 보다 상위에 두려는 입장이다. 국제적 환경위해의 결과에 대해 책임을 묻게 된다면 각국은 자국 관할권 내에서 환경경제정책을 이행함에 있어 상당한 제약을 받게 될 것이라는 의견에서 출발하는 것으로, 결국 국가주권의 존중에 그 이론적 근거를

20) Brownlie, Systems of the Law of *Nations*; *State Responsibility* (part 1), Oxford, 1983, p.50.
21) Birnie *et al*, *supra* note 17.
22) Birnie *et al*, *supra* note 17, p.219.
23) *Ibid.*

두고 있다.

원인주의 관점은 국가가 알 수 없었거나 예견할 수 없었던 행위에 대하여 국가는 책임을 부담하지 않으며, 상당한 주의의무를 기울였음에도 발생하거나 합법적인 행위에 의하여 발생하는 결과에 대하여 책임을 묻는 것은 '근본적인 착오'라고 보고 있다.[24] 즉 과실 없는 행위와 합법적인 행위에 대한 책임은 예외적인 체제에 속하며, 이 역시 국가책임이 아닌 민사책임으로서 해결되고 있다고 설명하는 것이다.[25] 요컨대 상당한 주의의무 위반이 있을 경우에만 국제책임이 발생하는 것으로 보는 것이 원인주의적 접근방법이다. 따라서 합법적 행위에서 발생한 대기오염 피해에 대하여 국제책임을 인정한 Trail Smelter 사건의 중재결정은 1차규칙과 2차규칙의 '혼동'이라는 것이 그들의 주장이다.[26] 중재법원의 결정이 합법적인 행위에 대하여 책임을 인정하였음에도 불구하고 결과주의를 일반원칙으로 인정한 것으로 볼 수 없다는 것인데, 그 이유는 중재법원의 결정 이전에 이미 캐나다가 책임을 인정하였기 때문에 책임의 기준은 중재법원에서 다루어지지 않았다는데 있다.[27] 또 다른 이유로 Trail Smelter 사건의 중재법원결정 역시 이후의 국가실행과 일치하도록 해석되어야 하는데, 그 후의 국가실행은 무과실책임을 인정하지 않는 쪽으로 향하고 있다는 것을 들고 있다.[28]

3. 국제법상 결과주의

국제적 환경위해라는 결과 자체를 규제해야 한다는 입장으로, 환경보호를 위한 필요에 보다 적합하며 더욱 간단명료하다는 점을 근거로 들고 있다. 이 학설에 의하면 환경손상을 일으키는 많은 행위들이 국제법상 금지되지 않거나 규제되지 않는 행위라는 것이다. 국제적 환경위해를 일으킬 수 있는 위해물질의 국경간 이동, 대량살상 무기의 설치 등의 행위들이 다른 규범들을 통해 규율될 수 있지만, 이 규범들은 국제환경위해에 적합하지 않거나 또는 국제적 환경위해 문제 해결을 목적으로 하고 있지 않다고 지적한다.[29] 또 '불법' 환경손상이

24) Brownlie, *supra* note 20.
25) Birnie *supra* note 22.
26) Brownlie, *supra* note 20.
27) Birnie et al., *supra* note 22.
28) Lefeber, *supra* note 16, p.187.
29) Scovazzi, "State Responsibility for Environmental Harm", 12 *Yearbook of International*

'적법'한 행위로부터 충분히 발생할 수 있다는 점을 언급하여, 결과를 규제하는 것이 국제환경위해를 해결함에 있어서 원인을 규제하는 것보다 훨씬 간결하고 명확한 법리를 제공하게 된다고 주장하고 있다.[30] 국가책임이 위해를 일으키는 행위가 아닌 위해 그 자체에 적용 되면 原因을 일으키는 행위가 위험한 행위인지 혹은 극도로 위험한 행위인지의 여부는 해제의무의 발생과 관계가 없어진다. 결과주의 측에서 바라보는 Trail Smelter 사건은 원인주의 입장과 그 해석이 다른데, Trail Smelter 사건에서의 환경위해 역시 트레일 제련소의 적법한 행위에서 발생했다는 점을 지적하고 있다.[31] 또한 코르푸 해협 사건 역시 상당한 의무가 아닌 絕對的 의무를 내포한 사건으로 해석하고 있는데, 그 근거를 다른 국가에 대한 고지의무를 절대적 의무로 본 Judge Krylov의 반대 의견에서 찾고 있다.[32] 결과주의가 지적하고 있는 원인주의의 문제점은 1차규칙 즉 의무의 불확실성에 있다. Ago가 제시한 1차규칙과 2차규칙의 구분에서 비롯된 의무 위반과 의무 위반으로부터 발생하는 의무의 구별은 매우 유용하지만, 국제환경손상은 많은 경우에 1차규칙이 불확실한 상황에서 발생한다는 것이다.[33] 원인행위를 이유로 국제환경위해를 규제하기 위해서는 국제환경법상 금지되는 행위가 명확해야 하나, 이것이 불명확하여 근원적 규제에 어려움이 발생할 수밖에 없다는 주장이다. 결과적으로 1차규칙의 위반으로 인하여 생기는 2차규칙의 적용 역시 불명확해질 수밖에 없게 된다. 이에 1차규칙의 일부로 손상을 포함시키면 이러한 문제를 해결할 수 있다고 본다.

결과주의의 핵심은 손상의 정의라고 할 수 있는데, 그 이유는 손상이 손해와 같은 의미를 가지는 경우를 해결하기 위함이다. 손상이 손해와 같은 의미를 가진다면 손해가 발생하지 않은 경우에는 의무 위반이 발생하지 않게 되므로, 고지의무나 협력의무와 같은 절차적 의무는 불법행위가 되지 않는다. 이 문제를 결과주의는 국제환경법의 목적에서 그 답을 찾고 있다.[34] Scovazzi는 국제환경법의 목적은 피해자에 대한 적절한 손해배상에 있는 것이 아니라 환경보호에 있는 것이고, 일단 손해가 발생한 경우에 회복 복원이 불가능한 환경의 특성상 방지는 국제환경위해를 금지함에 있어 1차규칙에 이미 포함되어 있다고 주장하

Environmental Law, 2001, p.48.

30) *Ibid.*

31) *Ibid.*

32) *Corfu Channel case, Judgment of April 9th, I.C.J. Reports, 1949*, p.4, p.22.

33) Scovazzi, *supra* note 29, p.46.

34) *Ibid.*

고 있다. 그러므로 심각한 위험을 일으키는 행위를 한 경우에는 이미 규범을 위반한 것이 되고, 손해가 발생하지 않으면 배상을 할 의무는 발생하지 않지만, 규범 위반 행위를 중지하고, 재발방지를 하며, 복구의 의무를 가지게 되는 것이다. 이러한 논의를 기반으로 결과주의를 취하는 입장에서는 Trail Smelter 사건이 결과주의를 인정하는 선례로 받아들이고 있다. Barboza는 Trail Smelter 사건은 일반적인 산업 활동이 일으킨 국제적 환경위해에 관한 사건으로 평가하고, 중재법원은 캐나다의 과실 문제는 고려하지 않고 배상할 것을 결정하였는데, 이는 상당한 주의의무가 부적절함을 강조한 것이라고 하였다.[35] Barboza는 중재법원이 캐나다가 Trail Smelter의 행위에 대하여 국제법상 책임을 진다고 결정하고, 돌발적 피해가 있을 경우 그 활동 중지를 언급하지 않고 그 피해에 대하여 배상할 것을 판시한 것은 Trail Smelter 사건이 무과실책임을 인정한 결과주의적 선례임을 보여준다고 하였다.[36]

Ⅲ. 미국연방대법원 판례의 입장

1. Trail Smelter 중재법원결정의 미연방대법원 판례 원용근거

Trail Smelter 중재법원결정의 기반이 되는 특별중재재판조약[37] 제4조는 중재법원이 적용해야 할 법원을 국제법과 국제실행 뿐만 아니라 미합중국의 법과 실행으로 규정하고 있어, Trail Smelter 사건의 중재결정은 애초부터 국내법을 국제적 법원에서 적용할 수 있음을 분명히 하고 있었다. 실제로 중재법원이 첫 번째로 짚은 사항은 향후 트레일 제련소가 워싱턴주에 손해를 끼치는 행위를 중단해야 하는지 여부와, 중단해야 한다면 어느 정도까지인가 여부를 결정함에 있어 중재법원이 적용해야 할 법이 무엇인가 하는 것이었다.[38] 이에 대하여 중재법원은 간단명료하게 결론을 내렸는데, 미합중국 내 주 정부간의 관계를 규율하는 미국연방법이 대기오염문제를 다루는 국제법과 합치하고 있으므로 이

35) Barboza, *The Environment, Risk and Liability in International Law*, Martinus Nijhoff Publishers, 2011, p.48.
36) *Ibid*.
37) Convention for Settlement of Difficulties Arising form Operation of Smelter at Trail, B.C. U.S. Treaty Series No.893.
38) *Trail Smelter case supra* note 2, p.1963.

사안은 문제가 되지 않는다고 결론을 내렸다.[39] 즉, 국제법과 국내법이 일치하고 있으므로 국내법과 국제법을 구분할 필요가 없다는 의견이었다. 중재법원의 논리는 대기오염에 관련된 중재법원의 결정이 전무하고 비슷한 수질오염에 관한 결정이 존재하지 않지만, 미연방대법원은 대기오염과 수질오염에 관한 결정들을 내렸고 불일치하는 국제법이 존재하지 않는다면 주 정부라는 준주권체(quasi soverign) 사이의 분쟁에 관련된 선례들을 유추하여 적용하는 것은 합리적이라는 것이다.[40] 이러한 논리를 통하여 중재법원이 근거한 미국연방대법원의 판례 중 중재법원이 가장 의미 있게 원용한 것은 미국연방대법원의 공공생활방해의 초기 판례로 평가되는 *Missouri v. Illinois*와 *Georgia v. Tennessee Copper Co* 사건이다.

(1) Missouri v. Illinois 사건[41]

Missouri v. Illinois 사건에서 일리노이는 원래 미시건 호수로 흘러가던 시카고 강을 여러 가지 운하와 강을 통하여 미시시피강으로 수로를 바꾸어 시카고 지역의 하수가 미시시피강으로 흘러가도록 하였다. 이로 인하여 시카고 지역의 하수가 미주리주 세인트루이스의 43마일 상류 지역에 다다르게 되었다. 매일 1500파운드의 하수가 시카고 강에 배출되고 있었는데 이러한 강의 흐름을 바꾸는 공사를 통하여 시카고는 오염문제를 해결하였지만, 미주리주는 시카고 하수에 있었던 장티푸스 균이 강을 통하여 유입되어 세인루이스 지역의 장티푸스 발병률이 높아졌다고 일리노이주의 하수 배출을 중지할 것을 요구하였다. 첫 번째 1901년 판결에서는 대법원은 연방대법원이 본 사건에 있어서 관할권이 있으며 미주리주가 당사자 적격이 있다고 판시하였다. 그 이유는 주민들의 복지를 위협하는 공공생활방해를 줄이기 위하여 주가 부권소송(*parens patriae*)로서 소송을 제기한 것이기 때문이라는 것이었다. 또한 일리노이주 역시 적합한 피고라고 결정하였는데, 일리노이주가 그 기관인 시카고위생국(Sanitary District of Chicago)을 중지시킬 수 있는 권한이 있기 때문이라고 하였다. Shiras 대법관은 미주리주가 연방의 일원이 되면서 연방정부에게 외교권과 전쟁을 선포할 권리를 이양하였으므로, 미주리주가 다른 주와의 분쟁이 발생하였을 경우에 연방대법원은 이에 대한 관할권을 가지고 해결할 의무를 가진다고 판시하였다.[42]

---

39) *Ibid.*
40) *Trail Smelter case supra* note 2, p.1964.
41) *Missouri v. Illinois*, 200 U.S. 496 (1906).
42) *Missouri v. Illinois*, 180 U.S. 208, 241.

이어지는 두 번째 판결에서 홈즈 대법관은 먼저 같은 관할권 하에 있는 사인간의 분쟁에 있어서 법원이 개입하는 것과 같이 연방대법원이 개입할 수는 없는 것으로, 연방대법원이 개입하기 위해서는 심각한 규모를 가진 명확하고 완전히 증명된 사건이어야 한다고 하였다. 연방대법원의 관할권을 확인한 홈즈 대법관은 본 사안을 판단할 수 있는 근거가 되는 법의 존재를 탐색하였는데, 첫 번째 결론은 일리노이주의 하수 방출을 금지하는 법이 존재하지 않는다는 것이었다.[43] 이에 홈즈 대법관은 미국 연방헌법상 두 개 이상의 주간 분쟁에 대하여 연방법원이 관할권을 가진다는 것은 한 주가 소송을 제기했을 경우 연방법원은 어떠한 법을 적용해야 하는지를 결정하게 되는 것이지만, 이것이 연방대법원이 입법권을 가지고 있음을 의미하는 것은 아니라고 판시하였다. 홈즈 판사는 주경계 분쟁에 관한 사안을 예로 들면서 연방대법원은 주경계 사건에 대하여 결정을 내림에 있어서 명시적 혹은 내재적으로 인정되고 있는 규칙에 따라야 하는 것처럼 이미 존재하는 규칙을 찾아야 하는 것을 연방대법원의 의무로 보았다. 이렇게 내재적 명시적으로 인정되고 있는 규칙에 따라 연방대법원이 내린 결정은 소송 당사자인 각주의 입법부의 법안에 우선하는 것으로 보았다.

홈즈 대법관이 본 사안을 해결하기 위한 근거, 즉 내재적 혹은 명확하게 존재하는 법 원칙을 찾은 곳은 일반적 관행이었는데, 당시 하수를 강에 배출하는 것은 루이지애나주 제방에 의해 수로가 바뀌는 지역을 제외하고는 일반적인 관행이었다.[44] 홈즈 대법관은 이러한 관행에 근거하여 주권을 가지고 계획적으로 배출을 허가한 경우에는 원고가 결과를 유발하지 않았음을 혹은 기여하지 않았음을 요구할 수 있는 권리가 있다고 하였다. 그리고 생활방해의 요건으로서 실재적이고 당면한 위험으로서 충분하고 결정적인 증거(determinate and satisfactory evidence)에 근거할 것을 제시하였는데,[45] 본 사건이 오감을 통하여는 판단하기 어려운 보이지 않은 것에서 원인을 찾아야 하는 사건이므로 "50년 전에 제소되었더라면 실패"했을 것이라고 서술하였다. 홈즈는 두 가지 가정을 통하여 판결을 내렸는데 첫째 장티푸스가 수로의 변경을 기점으로 증가하였으며, 둘째 장티푸스 균이 시카고에서 세인루이스까지 살아서 도착했다는 것이다. 홈즈는 첫 번째 질문에 대하여 미주리주 도시들을 포함한 다른 곳에서 처리되지 않은 하수와 달리 시카고에서 흘러나온 하수에 의하여 침해가 발생했다고 보기는 어려

43) *Missouri v. Illinois*, 200 U.S. 496 (1906).
44) *Ibid.*
45) *Supra* note 41, p.518.

운 바, 일리노이 지역의 발병률이 증가하지 않은 것을 이유로 들었다. 홈즈는 '미래에 어떠한 발전이 있을지는 알 수 없으나 현재 증거에 근거한 결정은 이러하다'[46]며 판결을 마무리 지어 과학기술의 발전에 따른 원인규명에 따라 판결이 달라질 수 있음을 암시하였다.

(2) Georgia v. Tennessee Copper Co.[47]

세 개의 구리용광로가 동 테네시에서 운영 중이었는데, roasting ore 방법(트레일 스멜터와 같음)으로 이산화황을 배출하여 식물을 훼손하고 근처 주민들에게 두통과 다른 육체적 병후를 일으키자 테네시 대법원은 용광로에 의한 생활방해라고 판결하였으나, 금지명령을 받아들이지 않고 손해배상만 인정하였다. 그러던 와중에 용광로가 open pile방식에서 oven roasting으로 바꾸고 용광로를 운영하던 회사 중 하나가 조지아주 주 경계 근처에로 자리 잡고 운영을 시작한 후 조지아주 주민들에게 테네시 주민들에게서 있었던 것과 같은 종류의 증후가 보이기 시작하자, 조지아주는 연방대법원에 소를 제기하였다. 이 사건은 조지아 주민들이 테네시의 구리용광로 회사를 상대로 한 사인간의 소송처럼 보일 수 있지만, 실제로는 조지아주 정부가 주민들을 대표하여 한 소송이다. 그런데, 조지아주 정부는 소송의 대상이 되는 지역의 토지를 거의 소유하고 있지 않고, 주 자체가 입은 대한 경제적 손해도 매우 적었다.[48] 이에 조지아주가 소를 제소할 권한이 있는가 하는 질문에 대하여 홈즈 대법관은 자신의 영역에 속한 대기, 삼림, 작물과 과수가 인접 국가에서 발생하는 유황가스에 의하여 오염되거나 파괴되지 않도록 인접 국가에게 요구하는 것은 주권자로서 요구할 수 있는 공정하고 합리적인 요구라고 판결하였다.[49] 그러므로, 이 소송은 준주권적(quasi-sovereign) 권한에 대한 침해에 대한 소송이며,[50] 준주권국으로서 다른 준주권국과의 분쟁에 있어 무력사용을 대신하여 대법원에서 소송을 할 수 있고 이에 연방대법원은 관할권을 가지는 것으로 보았다.[51] 즉, 조지아주는 시민과 관계 없이 영역 내의 대기와 토지에 대해 독립적으로 이해관계가 있다고 할 수 있다.[52] 홈즈 대법관은 테네시주가 의무 위반을 하였다는 주장을 인정하지 않았는데,

---

46) *Ibid.*, p.526.
47) *Georgia v. Tennessee Copper Co.*, 206 U.S. 230 (1907).
48) *Ibid.*
49) *Ibid.*
50) *Ibid.*
51) *Ibid.*
52) *Ibid.*

테네시주는 기존의 생산방식을 바꾸도록 하는 조치를 취했고, 용광로들 역시 생산방식을 바꾸었으므로 테네시주는 이미 상당한 주의의무를 보여 주었다는 것이다. 그럼에도 불구하고 새로이 건설된 높은 굴뚝이 해로운 오염 물질을 대기 중에 더 멀리 날려 원고인 조지아주에게 피해를 주고 있다는 점에 주목하였다.[53]

2. 미연방대법원판례를 통해 본 원인주의와 결과주의

Trail Smelter 중재결정이 원용한 위의 두 사건을 살펴보면, 먼저 주목해야 할 것은 *Missouri v. Illinois* 사건의 판결이다. 홈즈 대법관은 보이지 않는 것을 다루는 문제이므로 향후 과학기술의 발전을 통해 결과가 달라질 수 있다고 언급하면서, 인과관계 증명의 어려움으로 인해 미주리주가 인과관계를 증명하지 못하였음으로 미주리주의 청구가 근거가 없는 것이라고 판결하였다. 또한 홈즈 대법관은 인과관계의 증명과 함께 본 사건에서 적용해야 하는 법을 찾는데 있어서도 주의를 기울였는데, 여기서 홈즈 대법관은 하수를 배출하는 것이 미시시피강에서의 일반적인 관행이므로 일리노이주가 하수를 배출하는 것은 일반적인 관행에 부합하는 행위 즉 적법행위으로 보았지만 홈즈 대법관이 계속해서 살펴본 것은 미주리주에 발생한 장티푸스 사망자의 증가라는 피해가 일리노이주의 하수배출과 인과관계가 있는가 하는 문제였다. 이것은 책임의 기준을 원인행위가 아닌 결과에서 찾으려 했던 것으로 볼 수 있는데, 적법한 행위 즉 상당한 주의의무를 다한 행위라 할지라도 인과관계가 있는 결과가 발생한 경우에는 책임이 발생하는 것으로 보는 것이 홈즈 대법관의 태도였던 것으로 보여 진다. 즉 홈즈는 책임의 기준을 원인행위보다는 행위에 결과에 두고 일리노이 행위의 불법여부와 상관없이 발생한 피해와 행위 간에 인과관계가 존재하면 일리노이의 책임이 있는 것으로 보려 했던 것이다.

이러한 결과주의적 태도는 Georgia v. Tennessee Copper Co.에서 좀 더 명확하게 볼 수 있다. 첫째 테네시 주가 상당한 주의의무를 다하여 피해를 줄일 것으로 예상하고 취한 조치에도 불구하고 피해를 입힌 것에서 책임을 찾은 점인데 이것은 상당한 주의의무를 다했음에도 책임을 묻는 것으로 책임의 기준을 결과에 두고 있는 법원의 태도가 명확하게 드러난다고 할 수 있다. 둘째 자신의

53) *Supra* note 47.

영역에 속한 대기, 삼림, 작물과 과수가 인접 국가에서 발생하는 유황가스에 의하여 오염되거나 파괴되지 않도록 인접 국가에게 요구하는 것은 주권자로서 요구할 수 있는 공정하고 합리적인 요구라고 하였는데 이러한 공정하고 합리적인 요구를 하는 근거가 타국의 원인행위에 있는 것이 아니라 자국의 대기 삼림 작물에 발생한 손해라는 점에서 이 역시 법원의 결과주의적인 태도를 엿볼 수 있다.

Ⅳ. 결론: 국제환경손상의 책임기준

국제환경손상의 책임기준과 관련하여 Trail Smelter 사건의 해석은 전술한 바와 같이 결과주의와 원인주의로 나누어질 수 있다. 결과주의와 원인주의 해석 중 어느 쪽이 Trail Smelter Arbitration 판결의 취지에 맞는 것인가를 살펴보기 위해서는 Trail Smelter 사건의 판단기준이 되었던 국제법과 미국연방헌법의 판례를 모두 살펴볼 필요가 있는데, 전술한 바와 같이 Trail Smelter 사건이 원용한 미국연방대법원판례는 결과주의적 요소를 가지고 있다고 할 수 있겠다. 이러한 연방대법원의 결과주의적 요소는 빅토리아, 수아레즈, 그로티우스 바텔로 연결되는 국제법 이론에서도 찾아볼 수 있다. 빅토리아나 수아레즈 모두 책임의 근거를 불의에서 찾고 있지만 불의 존재 여부를 고려함에 있어 원인행위뿐만 아니라 행위결과를 고려하였고, 적법한 행위에서 불법한 행위가 발생할 수 있음을 설명하고 있다.[54][55] 또한 고의와 과실이 있는 경우에만 책임이 발생하는 것으로 주장했다고 알려진 그로티우스 역시 책임의 요건을 고려함에 있어서 원인행위만을 살펴본 것은 아니었다. 그로티우스는 침해의 정도에 따라 보복할 수 있는 침해와 그렇지 아니한 침해로 구분하게 되는데, 그 결정은 책임성립요건에 결과평가적인 요소가 있었음을 보여준다.[56] 바텔의 경우, 논리의 전제가 되는 완전성이라는 개념 자체가 원인과 결과를 함께 가지고 있는 개념이며,[57] 오펜하임 역시 국제불법의 원인은 조약위반에만 한정되는 것이 아니라고

---

54) Francisco Suarez, *Selections from three works of Franscisco Suarez*, Dis. XIII: On War, Oceana Publications, 1944, p.817.

55) Franciscus de Victoria, *DE INDIS ET DE IVRE BELLI RELECTIONES*, *On the Indians Section II*, edited by Ernest Nys, Translation by John Pawley Bate, Oceana Publications, 1964, p.171.

56) Grotius, *The Rights of War and Peace Book III*, Edited by Richard Tuck, Liberty Fund, 2005, p.1427.

57) Vattel, *The Law of Nations, or. Principles of the Law of Nature*, Applied to the Conduct and

하였다.[58] 정당화되지 않은 간섭, 외국에 거주하는 자국민의 신체나 재산의 훼손 등에 의하여서도 자국민 보호에 대한 권리침해가 발생할 수 있다고 하는 바, 이는 결과에 의한 책임 발생을 보여주는 것이라고 할 수 있다.[59] 나아가 권리남용 역시 국제불법의 원인이 될 수 있다고 하면서 국제법에 의하여 보장되는 권리라 할지라도 자의적인 방법으로 남용하여 다른 국가를 침해하고 이 침해가 합법적으로 정당화 될 수 없을 때 국제불법이 발생하게 된다고 하며, 일국이 합법적인 행위를 하더라도 권리의 남용에 의하여 책임이 발생할 수 있다고 한 것은 충분히 결과를 국제불법행위의 근거로 본 것이라 하겠다.[60]

로마법에서도 이러한 결과주의적 접근 방식은 찾아볼 수 있는데 로마법은 초기에 결과주의를 취하여 불법손해(damuum iniuria datum)의 구성요건에 해당하는 경우에는 고의가 없는 경우에도 불법행위책임을 인정하였다.[61] 이러한 예로 행정관의 포고령(the Edict of the aediles)은 야생동물이 공공통행로에 있거나 그 통행로에 있는 사람과 재산을 침범할 만큼 가까이 있는 것을 금하고 있는데 이 포고령의 위반은 고의를 필요로 하지 않았다.[62] 또한 뱀을 운반하는 사람에 대하여 특별한 책임을 인정하였는데 뱀이 주는 공포에 의한 모든 피해에 대하여 배상의무를 부과하고 있다.[63] 결과주의는 가해자에게 과실이 없는 경우에도 손해발생의 사실만으로도 책임을 지도록 하는 것으로 법률문화발전의 초기 단계에 있어서 지배적 위치를 가지고 있었던 것이다.[64] "손해를 일으킨 자는 그 손해를 회복하여야 한다"는 고대 게르만법 원칙에 의하여 일반적으로 승인되었던 결과주의는[65] 중세의 Sachsenspiegel 및 도시법에서도 유지되었으며 게르만법

Affairs of Nations and Sovereigns, with Three Early Essays on the Origin and Nature of Natural Law and on Luxury, Liberty Fund Book II, Liberty Fund 2008, p.271.

58) Oppenheim, *International Law: A Treaties, edited by Lauterpacth, Longmans*, 7th ed., Oxford1, 1953, Vol.1 Peace, p.311.

59) *Ibid*.

60) Oppenheim, *supra* note 58, p.313.

61) 이은영, 채권각론 제5판, 박영사 p.745.

62) Ashton-Cross, Liability in Roman Law for Damage caused by Animals, 11 Cambridge L.J. 395, 397, 1951-1953.

63) Sententiae I.15.4; Digest 47.11.11, Ashton-Cross, Liability in Roman Law for Damage caused by Animals, 11 Cambridge L.J. 395, 400, 1951-1953 재인용.

64) 김상용, 불법행위법, 법문사, 1997, p.15; 결과책임주의를 원인주의라고 칭하기도 하지만 국가책임을 논함에 있어서의 원인에 대한 책임과 결과에 대한 책임과의 혼동을 막기 위하여 결과책임주의로 부르기로 한다.

65) L. Enneccerus, H. Lehmann, Rech der Schuldverhältnisse, Tübingen, J.C.B. Mohr, Paul Siebeck, 1958, S. 920, 김상용, 불법행위법, 법문사, 1997, p.16에서 재인용.

에서도 이러한 결과주의를 따르고 있었다.

이상에서 살펴보았듯이, 국제환경손상의 책임에 있어서 가장 중요한 선례로 인정받는 Trail Smelter 사건을 살펴보았을 때 원인주의와 결과주의적 해석에 있어서 국제환경위해의 책임기준은 결과에 두는 것이 Trail Smelter 사건이 준거로 원용한 미국연방대법원판례에 부합하며, 이것은 국제법 전통이론에도 어긋나지 않는 것임을 알 수 있다. 뿐만 아니라 Trail Smelter 판결 결정문 자체에서도 Trail Smelter가 결과를 책임기준으로 제시하고 있다는 것을 명확히 발견할 수 있다.

> [U]nder the principle no State has the right to use or permit the use of its territory in such a manner as to cause injury by fumes in or to the territory of another or the properties or persons therein, when the case is of serious consequences and the injury is established by clear and convincing evidence(필자 강조)

위와 같이 Trail Smelter 결정은 심대한 결과가 발생할 것을 책임 발생의 요건으로 판결문 자체에서 판시하여 Trail Smelter 결정이 책임기준을 결과에 두고 있다는 것을 명확하게 보여주는 것이라고 할 수 있다. 이러한 태도는 국제환경손상의 효과적인 대응을 위해 적합한 체제의 선택과도 일치한다. 국제사회가 규정하고 있는 환경의무를 이행하기 위해서라면 원인주의가 문제없이 적용되겠지만, 국제환경손상이라는 환경에 가해지는 사실적, 결과적으로 해로운 변화를 규제함에 있어서는 결과주의의 적용이 더욱 바람직하다고 보아야 한다. 이러한 결과주의의 채택은 국제책임제도의 본원적 취지에도 어긋나지 않고, 과학기술의 빠른 발전으로 인하여 국제사회의 규범 제정이 이를 따라가지 못하는 실정을 고려할 때 환경보호라는 목적에 더욱 부합한다고 할 수 있다.

참고문헌

- 김상용, 「불법행위법」, 법문사, 1997.
- 성재호, "국제환경법의 법리", 「현대공법의 제문제」(여산 한창규박사화갑기념), 삼영사, 1993.
- 이은영, 「채권각론」, 제5판, 박영사, 2007.

- Birnie, Boyle and Redgwell, *International Law and the Environment*, 3rd Edition, Oxford, 2009.
- Barboza, *The Environment, Risk and Liability in International Law*, Martinus Nijhoff Publishers, 2011.
- Grotius, *The Rights of War and Peace Book III*, Edited by Richard Tuck, Liberty Fund, 2005.
- Kiss A., and D. Shelton, *International Environmental Law*, Transnational Publishers, 1991.
- Lefeber, *Transboundary Environmental Interference and the Origin of State Liability*, Kluer Law International, 1996.
- Oppenheim, *International Law: A Treaties*, edited by Lauterpacth, Longmans, 7th ed., Oxford, 1953, Vol.1, Peace.
- Scovazzi, "State Responsibility for Environmental Harm", 12 *Yearbook of International Environmental Law*, 2001.
- Suarez, Francisco, *Selections from three works of Franscisco Suarez, Dis. XIII: On War*, Oceana Publications, 1944.
- Vattel, *The Law of Nations, or. Principles of the Law of Nature, Applied to the Conduct and Affairs of Nations and Sovereigns, with Three Early Essays on the Origin and Nature of Natural Law and on Luxury*, Liberty Fund Book II, Liberty Fund 2008.
- de Victoria, Franciscus, *DE INDIS ET DE IVRE BELLI RELECTIONES, On the Indians Section II*, edited by Ernest Nys, Translation by John Pawley Bate, Oceana Publications, 1964.

- *Corfu Channel case, Judgment of April 9th, I.C.J. Reports*, 1949, p.4.
- *Georgia v. Tennessee Copper Co.*, 206 U.S. 230 (1907).
- *Missour v. Illinois*, 200 U.S. 496 (1906).

- *Trail smelter case (United States, Canada), 16 April 1938 and 11 March 1941, Reports of International Arbitral Awards, Volume III*, pp.1905-1982, United Nations, 2006.
- *Case Concerning United States Diplomatic and Consular Staff in Tehran (United States of America v. Iran) Judgment, I.C.J Reports*, 1980.

제 4 장

핵무기의 사용 또는 그 위협의 위법성에 관한 연구 - ICJ의 권고적 의견을 중심으로 -

A Study on Illegality of the Threat or Use of Nuclear Weapons - With Emphasis on the Advisory Opinion of ICJ -

이 용 호

Ⅰ. 서 언

1945년 8월 일본의 히로시마(廣島)와 나가사키(長崎)에 각각 투하된 소형 원자탄은 그 대량파괴적 효과로 말미암아 국제사회를 핵군비경쟁시대로 몰고 가는 신호탄이 되었다. 이렇게 시작된 핵군비경쟁은 인류를 핵의 공포 속으로 밀어 넣는 결과를 가져 왔으며, 최근의 북한 핵개발에서 잘 보여주고 있는 것처럼 오늘날까지도 계속되고 있는 실정이다. 결국 보다 많은 국가가 무차별적이고 제어가 불가능한 성질을 갖는 핵무기를 보유하게 되었다는 의미는 그만큼 핵무기가 인류의 생존을 심히 위협하는 요인이 되고 있다는 것과 직결된다.

한편, 이러한 위협에 대응하여, 1950년대 이래 국제사회는 핵무기를 포함한 핵물질과 핵기술을 통제하기 위한 다각적인 노력을 기울여 왔다. 이러한 노력은 미-소(또는 러시아) 간의 전략핵무기의 규제, 핵무기의 비확산, 비핵지대의 설치, 핵실험의 규제, 핵물질의 규제, 핵확산을 방지하기 위한 다자간 법집행협력체 및 핵무기의 사용금지 등 크게 7가지 분야로 각각 진행되어 왔는데, 특히 전자의 6가지 분야에서는 다수의 핵군축조약이 체결되는 등 핵무기에 대한 법적 통제가 어느 정도 실현되고 있다고 평가할 수 있다.[1)]

1) 1950년대 이래 다수의 핵군축조약이 체결되었는데, 이에 관해 간략하게 소개하면 다음과 같다. 첫째 핵무기의 확산을 통제하는 조약으로서는 핵무기비확산조약(NPT, 1968.7.1), 남극조약(1959.12.1), 우주조약(1967.4.27), 라틴아메리카비핵화조약(Tlatelolco조약, 1967.2.4), 해저비핵화조약(1970.12.7), 달조약(1979.12.5), 남태평양비핵화조약(Rarotonga조약, 1985.8.6), 방콕조약(1995.12.15), 펠린다바조약(1996.4.11), 중앙아시아비핵지대조약(2006.9.8)이 있다. 둘째 핵실험

그러나 핵무기의 통제에 있어서 가장 궁극적인 문제라고 할 수 있는 핵무기의 사용과 관련해서는, 각국의 이해관계가 상이함으로 인해, 그에 대한 법적 통제는 아직까지 별다른 성과를 얻지 못하여 왔다.[2)]

이러한 핵무기 사용에 대한 일반적인 법적 통제의 부재라는 상황으로 인해, 핵무기 사용의 허용여부를 둘러싼 논쟁이 전후 약 70년 가까이 지속적으로 전개되어 왔던 바, 그 주요 논쟁은 핵무기의 사용을 명백히 금지하는 보편적 조약이나 판결이 존재하지 않는다는 점에서 출발하고 있다. 따라서 일부는 핵무기의 사용을 포괄적으로 금지하는 일반국제법이 존재하지 않기 때문에, 불가피한 경우 그 사용이 허용될 수 있다는 주장을 펴 왔으며, 다른 일부는 핵무기의 사용이 국제법과 관습국제법의 특정규칙에 의해 나아가 그러한 특정규칙을 유추 적용함에 의해 전면적으로 금지된다는 주장을 해 온 것이다.

이처럼 핵무기 사용의 허용여부를 둘러싼 논쟁이 국가 간에 또는 학자들 간에 끊이지 않고 이어져 오던 와중에, 지난 1996년 7월 8일 국제사법재판소(ICJ)는 "핵무기의 사용 또는 그 위협의 합법성"에 관한 권고적 의견을 표명하였다. 이 권고적 의견에 대해, 그 자체와 내용을 둘러싼 평가가 상이하게 대두되고 있는 것은 사실이지만,[3)] 다수의 학자들은 핵무기의 사용에 대한 최초의 사법적 판단이라는 점 및 ICJ의 가장 의미 있는 결정중의 하나라는 점에서 그 의의를 높이 평가하고 있다.[4)] 덧붙여서 핵군축분야에 나름대로 관심을 가지고 있는 필자로서도, 그 내용에 대한 다소의 불만은 가지나, 재판관들이 국제정치현실을 무시할 수 없는 상황 하에서 지금까지의 논쟁을 정리하여 나름대로의 결

의 통제에 관한 조약으로서는 부분적핵실험금지조약(PTBT, 1963.8.8), 포괄적핵실험금지조약(CTBT, 1996.9.10) 및 미국과 구소련 간에 체결된 지하핵실험제한조약(TTBT, 1974.7.3), 평화목적핵폭발조약(PNET, 1976.5.28)이 있다. 셋째 미국과 구소련(또는 러시아)간에 체결된 핵무기의 실질적 통제에 관한 조약으로서는 ABM조약과 잠정협정(1972.5.26), 전략공격무기제한협정(1979.6.18), 중·단거리미사일폐기조약(INF조약, 1987.12.8), START Ⅰ 조약(1991.7.30), START Ⅱ 조약(1993.1.3), SORT(2002.5.24) 및 New-START(2010.4.8) 등이 있다. 넷째 핵물질의 통제에 관한 문서로서는 쟁거위원회(Zangger Committee, 1974.8.14)와 핵공급국그룹(Nuclear Supplier Group, 1978.1)이 있다. 그 밖에도 핵확산을 방지하기 위한 다자간 법집행협력체로서는 핵확산방지안보구상(PSI, 2003.5.31)이 있다.

2) 핵무기의 사용에 대한 직접적 통제는 특정 지역에서의 사용을 금지하는 단편 규정(Tlatelolco조약 제1조 1항, Rarotonga조약에 대한 제3의정서) 내지 핵무기의 사용을 위법시하는 UN을 비롯한 각종 국제기구의 제결의(UN총회의 제결의, WHO총회의 결의) 등에서 볼 수 있다.

3) 동 권고적 의견을 둘러싼 평가에 대해서는 다음 논문에서 비교적 잘 정리되어 있다. 김정균, "핵무기와 국제인도법－핵무기에 관한 ICRC의 입장과 ICJ의 사법판단", 「인도법논총」, 제18호(1998.5), 179-180쪽.

4) Geza Herczegh, "Foreword", *International Review of the Red Cross*, No.316(1997.1-2), p.4.

론을 이끌어 냈다는 점은 주목할 만하다고 생각한다.

결국 국제평화와 안전이라는 국제사회가 추구하는 최고의 가치 중의 하나가 핵무기의 사용으로 인해 파괴될 수 있음은 자명한 일이며, 그렇기 때문에 국제사회는 장차 핵무기의 모든 사용을 전면적으로 금지하는 보편적 조약을 체결하여야 할 절대적 과제에 직면하여 있는 것이다. 그러나 상술한 바와 같은 최초의 사법적 판단이라는 의의를 갖는 ICJ의 권고적 의견마저도 특정 상황 하에서의 핵무기 사용의 허용여부를 유보하는 태도를 취하고 있다는 점에서, 핵무기의 사용문제는 아직까지 논쟁의 대상이 되고 있는 실정이다. 따라서 본 장에서는, 핵무기 사용의 전면적 금지라는 목표를 향해 나아가기 위한 하나의 노력으로써, 첫째 ICJ의 권고적 의견의 수락배경과 주요내용을 고찰하고, 둘째 동 의견 상의 논쟁의 주요 논점을 정리·평가하고, 셋째 향후 나아갈 방향에 대해 고민해 보고자 한다.

Ⅱ. 권고적 의견의 수락배경과 주요내용

전술한 바와 같이, 지난 70년 가까이, 핵무기 사용의 허용여부를 둘러싼 찬·반 논쟁이 다방면에서 지리하게 전개되어 왔다. 그 중에서 대표적인 것은 핵무기보유국(미국, 프랑스, 영국, 러시아 등)과 핵무기비보유국(이집트, 인도, Solomon Islands, 말레이시아, Nauru 등) 간의 논쟁이라고 할 수 있다. 먼저 핵무기보유국들은 핵무기의 사용을 합법적이라고 주장하는데, 그 논거로서는 핵무기 사용을 금지하는 명문 규정의 결여, 핵무기의 사용을 전제로 하는 핵억지정책에 대한 국제공동체의 승인, 핵공격에 대한 자위 차원에서의 국가권리론 등을 제시하고 있다. 반면에 핵무기비보유국들은 핵무기의 사용을 위법이라고 주장하는데, 그 논거로서는 국제법에 대한 위반, 국제인도법 상의 일반원칙에 대한 위반, 중립에 관한 규칙의 위반 등을 근거로 하고 있다.[5)]

한편 이러한 핵무기 사용을 둘러싼 찬·반 논쟁과 관련해서, 핵무기의 사용을 위법시하려는 다양한 노력들이 있어 왔는바, 그 중에서 특히 국제적십자위원회(ICRC)의 주장과 UN의 노력은 주목할 만하다고 하겠다.

---

5) Eric David, "The Opinion of the ICJ on the legality of the threat or use of nuclear weapons", *International Review of the Red Cross*, No.316(1997.1-2), pp.22-24.

먼저 ICRC는, 일본에 원자탄이 투하된 직후인 1945년 9월 5일에 각국 국내 적십자사를 통해 원자탄의 사용에 대한 세계적 관심을 촉구한 이래, 핵무기의 사용을 비난하고 그의 명시적 금지를 요구하는 입장을 원칙적으로 견지하여 왔다.[6] 그러나 1949년의 제네바제협약 및 1977년의 추가의정서의 채택과정에서, ICRC는 핵무기의 사용문제에 관한 상술한 자신의 입장을 고집할 경우 현실적으로 상기 추가의정서 등의 문서를 채택하는데 장애가 됨을 인식하게 되었다. 따라서 ICRC는, 이러한 현실적 상황을 직시하여, 1977년의 추가의정서의 체결시에는 핵무기문제를 논의의 대상에서 배제하기로 결정하는 등[7] 자신의 기본적 입장으로부터 다소 물러서는 듯한 태도를 취하였던 것이다.

다음으로 UN은, 헌장 제2조 4항(무력행사 등의 금지)의 기본적 정신에 입각하여, 핵무기의 사용문제에 관하여 많은 노력을 경주하여 왔다. 특히 이러한 노력은 핵무기의 불사용과 핵전의 방지에 관한 다양한 측면을 다루는 총회의 제결의를 통하여 나타났는데, 그 중에서도 1961년 11월 24일과 1994년 12월 15일에 각각 채택된 결의 1653(XVI)[8] 및 결의 49/75 K[9]가 가장 대표적이라고 할 수 있다.[10] 즉 전자는 핵무기의 사용을 금지하는 최초의 총회결의라는 점에서, 그리

---

6) ICRC가 자신의 기본적 입장을 명백히 천명한 대표적인 인도적 법안으로는 1955년의 무차별전쟁의위기에있어서의일반주민보호에관한규칙안 제10조, 1956년의 전시일반주민이입는위험의제한에관한규칙안 제14조, 1965년의 국제적십자회의 결의28, 1969년의 국제적십자회의에 제출된 ICRC의 보고서, 1971년의 군축과평화에대한결의안 및 1973년의 ICRC의 의정서원안 제85조의 유보조항 등을 들 수 있다. 이들 법안에서는 핵무기의 사용을 직·간접적으로 금지하고 있으나, 추후의 논의과정에서 수정되어 채택되거나 또는 폐기되기도 하였다(김정균, 앞의 논문, 171-174쪽).

7) 1956년 ICRC에 의해 제출된 핵무기 사용을 명시적으로 금지하는 규칙안이, 핵무기 문제를 직접적으로 언급하였다는 이유로, 거부되었다. 그에 영향을 받아 ICRC는 핵무기 문제를 1977년의 추가의정서의 체결시에 배제하기로 결정하였던 것이다. 1974년~1977년 동안 개최되었던 추가의정서의 체결을 위한 외교회의에서 특별위원회(Ad Hoc Committee)는 핵무기의 대량파괴적 효과를 인정하면서도, 자신의 작업을 재래식 무기에 한정하는데 동의하였다(Yves Sandoz, "Advisory Opinion of the ICJ on the legality of the threat or use of nuclear weapon", *International Review of the Red Cross*, No.316(1997.1-2), p.7).

8) 동 결의에서는 핵무기의 사용이 UN의 정신에 반하며, 헌장을 위반하며, 국제인도법에 반하며, 인류와 문명화에 범죄를 범하는 행위라고 천명하고 있다.

9) 동 결의에서는 핵무기의 존재와 개발이 인도성에 심각한 위협을 야기한다는 점을 인식하면서 ICJ에 권고적 의견을 구하도록 촉구하고 있다.

10) 그밖에도 핵무기의 사용과 관련한 UN총회 결의로서는 1967년 구소련의 요구로 채택된 결의를 비롯하여 결의 33/71 B(1978.12.14), 결의 34/83 G(1979.12.11), 결의 35/152 D(1980.12.12), 결의 36/92 I(1981.12.9), 결의 45/59 B(1990.12.4), 결의 46/37 D(1991.12.6) 등이 있다[UN, *The United Nations And Disarmament-A short history*(UN Department for Disarmament Affairs, 1988), pp.24-29; International Court of Justice, *Legality of the threat or use of nuclear weapons, Advisory Opinion of 8 July 1996*(이하에서는 Opinion for UNGA라고 약칭함), para.1].

고 후자는 최초로 ICJ에 사법적 판단을 구하고 있다는 점에서 큰 의미를 갖는다고 평가된다.

따라서 이하에서는 총회결의 49/75 K를 근거로 하여 표명된 ICJ의 권고적 의견의 수락배경과 주요내용을 간략하게 음미하고자 한다.

1. 권고적 의견의 수락배경

핵무기의 사용을 위법시하는 반핵국제법률가협회(International Association of Lawyers Agsinst Nuclear Arms)와 핵전방지국제의사회(International Physicians for the Prevention of Nuclear War) 및 국제평화국(International Peace Bureau) 등 반핵비정부간기구(antinuclear nongovernmental organization)들의 노력에[11] 자극을 받아, 1993년 세계보건기구(WHO)는 다음 질문에 대한 권고적 의견을 ICJ에 요청하였다: "보건 및 환경적 영향과 관련하여, 전쟁과 기타 무력충돌에 있어서 특정 국가에 의한 핵무기의 사용이 WHO헌장을 포함한 국제법상의 의무를 위반하는가?"[12] 마찬가지로 1994년 UN총회는, 상기 WHO총회의 결의를 환영하면서, 다음 질문에 대한 권고적 의견을 ICJ에 요청하였다: "모든 상황 하에서 핵무기의 사용은 국제법상 허용되는가?"[13]

이에 ICJ는 UN총회로부터 권고적 의견의 요청이 있었음을 각국에게 통지하는 작업을 시작으로, 관련 국가가 제출한 서면진술서의 접수, 공개법정의 개정, 관련 국가로부터의 구두진술의 청취 등 일련의 절차를 진행하였다. 이 과정에서 41개 국가(중국을 제외한 나머지 5대 핵무기보유국 포함)가 구두진술에 참여하였거나 또는 서면진술서를 제출하였으며, 특히 ICJ는 공개법정에서의 구두변론과정(1995.10.30~11.15)에서 상기 WHO가 요청한 권고적 의견에 대한 진술도 함께 다룰 수 있다는 입장을 취하였다.[14]

이상과 같은 일련의 절차를 거쳐, 1996년 7월 8일 ICJ는 핵무기의 사용문제

11) 반핵비정부간기구들은, ICJ규정 제34조 및 제65조에 비추어 볼 경우, 재판소에 권고적 의견을 요청할 수 있는 지위를 갖지 않는다. 그럼에도 불구하고 그들이 "세계재판소프로젝트(World Court Project)"라는 명명하에 WHO와 UN총회로 하여금 ICJ에 권고적 의견을 요청하도록 설득하였던바, 그들의 이러한 노력은 매우 성공적이었다고 평가된다(John H. McNeill, "The International Court of Justice Advisory Opinion in the Nuclear Weapons Cases-A first appraisal", *International Review of the Red Cross*, No.316(1997.1-2), pp.105-106).

12) World Health Assembly(WHA) Res. 46/40(1993.5.14).

13) UNGA Res. 49/75 K(1994.12.15).

14) Opinion for UNGA, paras.3-7.

에 관한 권고적 의견 즉 2개의 권고적 의견(하나의 권고적 의견[15]과 권고적 의견을 표명하기를 거부한 의견[16])을 표명하였다.[17] 물론 동 의견의 표명과정에서, 핵무기의 사용 또는 위협이라는 고도의 정치적 문제를 사법적 판단의 대상으로 할 수 있을 것인가에 관해 논란이 있었지만, 결국 ICJ는 자신의 소임을 강조하면서 다음과 같이 결정하였던 것이다.

먼저 WHO가 요청한 권고적 의견에 대해서, ICJ는 그 질문의 내용이 WHO의 권능과 활동범위를 일탈하고 있기 때문에, 그 요청에 응할 수 없다고 결정하였다.[18] 이 결정은 1994년 9월 미국을 비롯한 핀란드, 프랑스, 독일, 이탈리아, 네덜란드, 러시아, 영국 등이 제출한 서면진술서의 내용과도 맥을 같이 하는 것으로써,[19] 개인적으로도 동 결정이 타당하다고 생각한다.

다음으로 UN총회가 요청한 권고적 의견에 대해서, ICJ는 그 요청에 응하기로 결정하였다. 사실 UN총회는 무력충돌 및 군축 분야를 포함하는 모든 정치적 문제에 관해 포괄적 권능을 갖는다. 따라서 핵무기의 사용문제에 관한 총회의 권고적 의견의 요청은 타당하다고 생각된다.

그러나 다른 한 면에 있어서, 상기 ICJ의 권고적 의견의 수락결정과정에서 다음과 같은 논란이 있었다. 즉 이번에 UN총회가 요청한 권고적 의견은, 전적으로 가설적 질문이라는 점, 국제법 일반에 대한 매우 추상적이고 애매한 질문이라는 점 및 관련 국가 또는 비정부간기구가 핵무기의 폐기라는 정치적 목적을 달성하기 위한 질문이라는 점 등에서, 이전에 요청된 권고적 의견과는 성질

---

15) UN총회의 권고적 의견의 요청에 대해서, ICJ는 13 : 1의 투표로, 그 요청에 응하기로 결정하였다[*Ibid.*, para.105(1)].

16) ICJ는, 11 : 3 투표에 의해, WHO의 권고적 의견요청을 부결시켰다. 여기서 재판관 Koroma, Shahabuddeen, Weeramantry는 상기 ICJ의 결정에 반대하였다(John H. McNeill, *op. cit.*, p.103).

17) UN총회와 WHO가 ICJ에 권고적 의견을 요청한 근거는 UN헌장 제96조 및 ICJ규정 제65조 1항에 있다. 즉 UN헌장 제96조에서는 총회와 안전보장이사회로 하여금 모든 법률문제에 관해 ICJ의 권고적 의견을 요청할 수 있도록 하고 있으며, 나아가 UN의 전문기관과 기타 기관에 대해서도 자신의 활동범위 내에서 동등한 권리를 부여하고 있다. 또한 ICJ규정 제65조 1항에서는 상기 기관의 요청에 근거하여 ICJ가 모든 법률문제에 관해 권고적 의견을 표명할 수 있음을 규정하고 있다. 이러한 근거에 따라 지금까지 ICJ는 23개의 권고적 의견을 표명하여 왔다(Eric David, *op. cit.*, p.21).

18) ICJ는 "WHO를 포함한 UN의 전문기관의 권능은 포괄적이 아니며 그들 기관의 목적과 헌장에 의해 전문적·기술적 분야에 한정된다. 따라서 핵무기의 사용으로 인한 공공 보건적 영향 또는 그러한 영향을 감소하기 위한 대처방안 등의 문제는 WHO의 권능에 포함되지만, 핵무기를 포함한 기타 무기의 사용의 합법성 여부에 관한 문제는 자신의 권능을 일탈한 것이다"라고 보고 있다[Michael J. Matheson, "The Opinions of the International Court of Justice on the Threat or Use of Nuclear Weapons", *AJIL*, Vol.91, No.3(1997.7), p.419].

19) *Ibid.*

을 달리하고 있다는 점이다. 사실 그 이전까지 UN총회는, 야기된 특정 상황과 관련한 구체적 법률문제와 특정 조약 또는 규정에 대한 구체적 해석문제 및 국가 또는 국제기구가 자신의 활동수행과정에서 야기된 법률문제 등에 관하여, ICJ에 권고적 의견을 구해 왔던 것이다.[20] 따라서 이번의 경우처럼 정치적 목적을 달성하기 위해 법의 추상적 영역에 대한 권고적 의견의 요청에 대해서는, 그 요청에 대해 재량권을 갖는 ICJ가 그 요청을 거부하였어야 했다는 주장이 일부 국가에 의해 제기된 바 있었다. 즉 1995년 6월 핀란드·독일·네덜란드·영국·미국 등은, 자신이 제출한 서면진술서에서, ICJ가 총회의 요청을 거부하여야 함을 주장하였던 것이다.[21] 또한 ICJ재판관 Oda도 유사한 이유로써[22] 총회의 요청을 거부하는 의견을 낸 유일한 재판관이었다.

상기와 같은 논란에도 불구하고, ICJ는 이론적으로는 자신이 총회의 권고적 의견의 요청을 거부할 수 있는 재량권을 갖지만 강제제척사유(compelling reasons)에 해당하지 않는 한 권고적 의견의 요청에 응한다는 자신의 전통적 입장을 주장하면서, 그 요청에 응하기로 결정하였던 것이다.[23] 나아가 ICJ는 추상적 문제 인지의 여부를 떠나 모든 법률문제에 권고적 의견을 낼 수 있으며 또한 특정 분쟁이 발생된 경우가 아니라고 하더라도 권고적 의견을 낼 수 있다고 결론짓고 있다.[24]

아무튼 핵무기의 사용과 관련해서 극심한 위협에 직면하고 있으면서도, 지금까지 변변한 대처방안을 찾지 못하고 있는 현실을 고려할 때, 이번의 UN총회의 요청에 따라 권고적 의견을 표명하기로 한 ICJ의 결정은 특별한 추가적 의의를 갖는다고 할 것이다.

---

20) *Ibid.*, pp.420-421.
21) *Ibid.*, p.420.
22) 재판관 Oda는 "UN총회의 권고적 의견의 요청은 단지 정해진 수순대로 나아가도록 예정되어 있는 '법적 원리(legal axiom)'를 승인받기 위한 요청에 지나지 않으며, 불명확한 것이며, 총회의 컨센서스를 상징하는 것도 아니며, 실질적 해결을 필요로 하는 구체적 분쟁이나 또는 문제와 무관한 것이다"라고 주장하고 있다. 특히 그는, '사법적 예의(judicial prpriety)' 및 '사법경제(judicial economy)'를 이유로, ICJ가 총회의 권고적 의견요청을 거부하여야 한다고 주장하고 있다(Opinion of Judge Oda, Opinion for UNGA, paras.43, 51-53).
23) Opinion for UNGA, para.14.
24) *Ibid.*, para.15.

2. 권고적 의견의 주요내용

14명의 재판관들이[25] 열띤 격론을 전개한 이후, ICJ가 표명한 권고적 의견의 주요내용은 다음과 같다.

첫째 WHO가 요청한 권고적 의견에 대해서는, 그 질문의 내용이 WHO의 활동범위를 일탈하고 있기 때문에, 그 요청에 응할 수 없는 반면, UN총회의 요청에 대해서는 응하기로 결정한다.[26]

둘째 국제법(조약 및 국제관습법)은 핵무기의 사용 또는 그 위협에 대해 특별히 허용하고 있지도 않으며[27] 또한 특별히 금지하지도 않고 있다.[28]

셋째 핵무기의 사용과 그 위협은 무력의 사용에 관한 규정인 UN헌장 제2조 4항 및 제51조, 무력충돌에 적용되는 국제법의 일반적 조건(특히 국제인도법의 원칙과 규칙) 및 특별히 핵무기를 규제하는 조약상의 특정 의무에 따라야 한다.[29]

넷째 핵무기의 사용 또는 그 위협은 무력충돌에 적용되는 국제법의 제규칙(특히 국제인도법의 제규칙과 원칙)에 일반적으로 반한다. 그러나 국제법의 현상황 및 본 재판소가 다룰 수 있는 사실적 요소에 비추어, 국가존립 자체가 위태로운 상황 하에서 자위의 수단으로서 행사되는 핵무기의 사용 또는 그 위협이 위법인지 또는 합법인지에 관해서는 결론을 낼 수 없다.[30] 이러한 핵무기의 사용 또는 그 위협이 무력충돌에 적용되는 국제법과 사실상 일치될 것이냐 하는 중요한 문제에 있어서, ICJ는 7 : 7 투표라는 첨예한 대립을 보였으며 결국 Bedjaoui 재판장의 결정투표(casting vote)[31]에 의해 본 결정이 채택되었다.[32]

다섯째 엄격하고 효과적인 국제통제하에서 신의로써 핵군축을 추구하여 최종협상으로 이끌어 나갈 의무가 있다.[33]

---

25) ICJ는 15명의 재판관으로 구성되어 있다(ICJ규정 제3조 1항). 그러나 결원이 채워지지 않은 상태였기 때문에, 14명의 재판관만이 본 결정에 참여하였다.

26) 이 결정은 13 : 1(재판관Oda)의 투표로 채택되었다[Opinion for UNGA, para.105(1)].

27) 이 결정은 만장일치로 채택되었다[*Ibid.*, para.105(2)A].

28) 이 결정은 11 : 3(재판관Shahabuddeen, Weeramantry 및 Koroma)의 투표로 채택되었다[*Ibid.*, para.105(2)B].

29) 이 결정은 만장일치로 채택되었다[*Ibid.*, para.105(2)C-D].

30) *Ibid.*, para.105(2)E.

31) ICJ규정 제55조 참조.

32) 또한 ICJ는 핵억지정책이나 또는 핵무기의 사용을 수단으로 하는 전시복구의 합법성에 관해서도 자신의 입장을 유보하는 자세를 취하고 있다(Opinion for UNGA, paras.46, 67, 96).

33) 이 결정은 만장일치로 채택되었다[*Ibid.*, para.105(2)F].

Ⅲ. 권고적 의견의 검토

UN총회의 요청에 대해 ICJ는 관할권적 사안: [(1)]과 본안: [(2)A - F]으로 나누어 견고적 의견을 표명하고 있다. 따라서 여기서는, 관할권적 사안: [(1)]에 대해서는 앞서 살펴보았기 때문에, 본안[(2)A - F]에 나타난 6가지 사안에 관해 각각 검토하고자 한다.

1. (2)A·B에 대한 검토

권고적 의견 (2)A·B의 주요논점은 핵무기의 사용이 국제법(조약 및 관습국제법)에 의해 특별히 허용 내지 금지되는가 하는 것이다. 이에 대해, ICJ는 국제법상 '어떠한 특정된 허용'(any specific authorization)도 또한 '어떠한 포괄적이고 보편적인 금지'(any comprehensive and universal prohibition)도 존재하지 않는다는 입장을 보이고 있다. 따라서 이하에서는 관련 실정국제법을 중심으로 이러한 ICJ의 입장을 검토하고자 한다.

(1) 조　약

1) 평시국제법상의 특정규정

핵무기의 사용이 평시국제법상의 특정규정에 의해 금지되는가의 여부에 관해, ICJ는 다음과 같은 몇몇 규정을 검토하고 있다.

i) 시민적·정치적 권리에 관한 국제규약

핵무기의 사용이 "생명권"(누구도 자의적으로 자신의 생명을 박탈당하지 않을 권리)을 보장하고 있는 시민적·정치적 권리에 관한 국제규약 제6조를 위반할 것이냐의 여부에 관한 논쟁이[34] 있어 왔다.

이에 대해, ICJ는 상기규약 제6조를 평시는 물론이고 적대행위에 있어서도 적용할 수 있음을 인정하면서도, 무엇이 생명의 자의적 박탈인가 하는 문제에

---

34) 이집트, 말레이시아, Samoa, Solomon Islands 등은 "핵무기의 사용은 시민적·정치적 권리에 관한국제규약 제6조(생명권)를 위반할 것이다."라고 주장한 반면, 미국, 프랑스, 러시아, 영국, 네덜란드 등은 생명의 자의적 박탈에 대한 보호가 특히 무력충돌상황에서 절대적이 아님을 명백히 하고 있다(Michael J. Matheson, *op. cit.*, pp.421-422).

관해서는 적대행위를 규율하는 무력충돌법에 그 판단을 맡기고 있다. 따라서 ICJ는 "전시 특정무기의 사용을 통한 생명의 손실이 동 규약 제6조를 위반하는 생명의 자의적 박탈인지의 여부에 대해서는 동 규약 제6조에 의해서가 아니라 무력충돌법상의 관련 규정에 의해 결정된다."라고 결론짓고 있다.[35]

ii) 국제군사재판소헌장 및 Genocide협약

인종·종교·국적 등을 이유로 한 인간에 대한 집단적 파괴가 국제법상 범죄를 구성한다는 관념은 1945년 8월 8일의 국제군사재판소헌장 제6조(일명 Nuremberg 원칙)에서 구체화되었고, 그 후 1948년 12월 9일의 Genocide협약의 기초가 되었다.

먼저 국제군사재판소헌장 제6조에서는 평화에 대한 범죄, 전쟁에 대한 범죄 및 인도에 대한 범죄 등에 관해 상세한 규정을 두고 있는바, 핵무기의 사용은 동 헌장 제6조를 위반하는 것이기 때문에[36] 전쟁범죄를 구성한다는 주장이 있다.[37]

다음으로 Genocide협약 제2조에서는 "국민적·인종적·민족적 또는 종교적 집단의 전부 또는 일부를 파멸케 할 의도로써 행하여지는 집단구성원의 살해와 육체적·정신적 가해 등을 Genocide라고 정의하고 있으며, 동 협약 제3조에서는 이를 처벌하도록 하고 있다. 따라서 무차별적 살해,[38] 엄청난 물리적 파괴 및 추후의 방사능 낙진 등을 야기하는 핵무기의 사용은 동 협약을 위반하고 있다는 것이다.[39]

이러한 핵무기의 사용이 국제군사재판소헌장과 Genocide협약에 위반된다는 주장에 대해, ICJ는 후자에 대해서만 언급하고 있다. 즉 ICJ는 "핵무기가 상술한 제집단의 전부 또는 일부를 '파멸케 할 의도'(intent to destory)로써 사용되는 경우에 한하여, Genocide협약을 위반하게 된다."라고 결론짓고 있다.[40]

이러한 ICJ의 결론과 관련하여, Nicholas Grief의 Genocide의 정의에 대한 주석은 참고가 될 수 있다. 즉 그는 "집단살해범죄가 성립되기 위해서는 집단의

35) Opinion for UNGA, para.25.
36) 예컨대 살해 또는 비인도적 행위가 핵무기의 사용을 통하여 민간주민에게 가하여진다면, 이 경우 인도에 대한 범죄가 성립된다는 것이다.
37) Nicholas Grief, "The Legality of Nuclear Weapons", *Nuclear Weapons and International Law*, New York: St. Martin's Press, 1987, p.29.
38) 예컨대 미국과 구소련 간에 전면적 핵전이 발발하였다면, 약 3억 이상의 사망자가 발생하였을 것으로 예측하는 견해가 있었다(Elliott L. Meyrowitz, *Prohibition of Nuclear Weapons: The Relevance of International Law*, New York: Transnational Publishers, 1990, p.25).
39) *Ibid.*
40) Opinion for UNGA, para.26.

전부 또는 일부를 '파멸케 할 의도'가 명백히 증명되어야 한다. 그 증명은 당해 정부에 의한 명백한 인정이 없는 한, 성립되기가 매우 어렵다. 그러나 만약 어떠한 행위가 집단살해를 야기할지도 모른다는 결과에 대한 인식을 가지고 행하여졌다면, 상기의 '의도'는 그 행위 속에 존재하는 것이다. 나아가 그 행위로 야기되는 희생자의 수는 집단살해의도의 증거가 될 수 있다"라고 주석을 달고 있다.[41]

iii) 환경의 보호에 관한 규정

핵무기의 사용이 환경의 보호에 관한 현행 국제법 규정을 위반할 것인가에 관해 논란이 있어 왔다.

먼저 이집트, 이란 및 Solomon Island 등은, 1977년의 제1추가의정서 제35조 3항 및 제55조 · 1977년의 환경변경기술규제협약 · 1972년의 인적환경의 보호에 관한 Stockholm선언 원칙21 · 1992년의 개발과 환경에 관한 Rio선언 원칙2 등에 비추어, 핵무기의 사용이 환경법상의 제원칙을 위반할 것이라고 주장하고 있다.[42]

반면에 미국, 프랑스, 영국 등은 "환경적 침해를 야기하는 무기에 대한 절대적 금지는 존재하지 않으며, 비례성의 원칙 및 환경적 침해에 적용 가능한 특정조약규정 등에 의해 전투수단(환경적 침해를 야기하는)의 합법성 여부를 개별적으로 평가하여야 한다."라고 주장하고 있다.[43]

이러한 상반된 주장에 대해, ICJ는 "환경의 보호에 관한 현행 국제법은 핵무기의 사용을 특별히 금지하지 않는다. 그러나 환경의 존중이라는 일반적 국가의무에 비추어, 환경의 존중문제는 환경의 보호에 관한 무력충돌법의 원칙 및 규칙에 합치되도록 고려되어야 한다."라고 결정함으로써,[44] 후자의 접근방법에 동의하고 있다.

iv) 평시국제법의 적용가능성

이상과 같이, 핵무기의 사용이 평시 국제법상의 특정규정에 의해 금지될 것인가의 여부에 관해 살펴보았다. 그런데 여기서 하나 논쟁이 되는 점은 평시

41) Nicholas Grief, *op. cit.*, p.36.

42) Opinion for UNGA, paras.27, 31. 나아가 핵무기의 사용에 대한 과학자들의 환경적 평가를 상기할 때, 아무리 소규모적인 핵무기의 사용이라고 하더라도, 그 사용은 환경법상의 규정을 위반할 것이라는 주장이 있다(Nicholas Grief, *op. cit.*, p.34).

43) 또한 이들 국가들은 자신들이 제1추가의정서에 대해 유보(핵무기문제의 배제)를 붙였음을 강조하고 있다(Opinion for UNGA, para.28).

44) *Ibid.*, paras.29-30, 33.

국제법상의 특정규정으로서 핵무기의 사용문제(전통적으로 특정무기의 사용문제는 전쟁법의 규율대상으로 인식하여 왔음)를 규제할 수 있는가 하는 것이다.

상술한 것처럼, 일부 국가는 평시 국제법에 의한 핵무기 사용의 규제가 가능한 것으로 보고 있다. 그러나 ICJ는 "핵무기의 사용문제를 규율함에 있어서 가장 직접적으로 적용 가능한 규범은 UN헌장, 무력충돌에 적용 가능한 법 및 핵무기 관련 특정조약 등에 내포되어 있는 무력의 사용에 관한 법이다."라고 결론짓고 있다.[45] 따라서 평시상황을 전제로 발달되어 온 평시 국제법이 무력충돌상황에서 일어나는 행위에 무제한적으로 적용될 수 없다는 것이 ICJ의 기본입장이라고 하겠다.

사실 이러한 ICJ의 견해는, 평시 국제법의 무력충돌상황에의 무제한적 적용을 허용함으로써 나타날 수 있는 난점을[46] 예방할 수 있다는 점에서, 타당한 결론이라고 평가된다.

2) 제네바가스의정서 등

핵무기의 사용이 제네바가스의정서 등 독성무기의 사용을 금지하고 있는 일련의 조약에 의해 금지될 것인가에 관한 논쟁이 있어 왔다.

먼저 Solomon Islands, 스웨덴 등은 독성무기의 사용을 금지하고 있는 일련의 조약(1899년 7월 29일의 Hague독가스금지선언, 1907년 10월 18일의 Hague부속규칙 제23조 (a) 및 1925년 6월 17일의 제네바가스의정서[47])에 의한 핵무기 사용의 위법성을 주장하고 있다. 즉 그들은, 핵무기의 사용으로부터 독성이 강한 방사능 낙진을 야기하기 때문에, 핵무기의 사용이 상기의 조약들에 의해 금지된다고 주장한다.[48]

반면 미국, 네덜란드, 영국 등은 "상기의 일련의 조약은 독성 효과에 의한 살상을 주된 목적으로 하는 무기의 사용을 금지하고 있는 데 반해, 핵무기는 그

---

45) *Ibid.*, para.34.

46) 만약 상술한 평시국제법의 무제한적 적용을 허용한다면, 자국의 독립과 영토적 완전성 및 기타 중대한 이익을 위해 군사력에 의존할 것을 가정하고 있는 국가는 인권·환경·문화재 등의 보호를 위한 어떠한 엄격한 규칙에도 동의하지 않을 것이다. 따라서 인권·환경·문화재 등의 보호에 관한 평시국제법의 발달은, 각국의 군사활동과의 관계에서, 큰 제약을 받을 것이다(Michael J. Matheson, *op. cit.*, p.423).

47) 독 또는 독성가스의 사용을 금지하는 문서로써는, 질식성·유독성 가스의 살포가 유일한 목적인 발사체의 사용을 금지하고 있는 Hague독가스금지선언, 독 또는 독성 무기의 사용을 금지하고 있는 1907년의 육전의 법규·관례에 관한 협약의 부속규칙(Hague부속규칙) 제23조 (a) 및 전시 질식성·독성 및 기타 가스의 사용과 모든 유사한 액체, 물질 또는 고안물의 사용을 금지하고 있는 제네바가스의정서 등을 들 수 있다.

48) Opinion for UNGA, para.54.

주된 목적이 폭발·파편·열효과에 의해 살상되도록 고안되어졌을 뿐 독성 효과를 갖는 방사능 낙진의 배출은 단지 부수적 효과에 지나지 않는다."라고 주장하면서,[49] 상기의 조약들에 의한 핵무기의 사용금지에 반대하고 있다.[50]

이에 대해, ICJ는 "국가관례에서 볼 때, 상기 제조약상의 금지는 독 또는 질식성 효과에 의한 살상을 주된(심지어는 배타적인) 목적으로 하는 무기에 한정된다. 나아가 이러한 국가관례는 명확하며, 동시에 상기 조약들의 각 체약국들은 핵무기문제를 당연히 배제하는 것으로 인식하여 왔다."라고 결론짓고 있다.[51]

그러나 이러한 ICJ의 결론과 관련하여, 다음과 같은 약간의 측면은 검토할 가치가 있다고 생각된다. 첫째 실제로 핵의 폭발로 인한 방사능 낙진은 일반적으로 예측되는 것보다 훨씬 더 심각한 결과를 야기한다는 점이다. 둘째 핵무기는 독성이 매우 강한 화학물질을 기본요소로 하고 있기 때문에, 핵폭발시 화학물질을 방출하는 핵무기는 독성무기라는 가정을 성립시킨다는 점이다.[52] 셋째 핵폭발시 분출되는 방사선은 다양한 형태의 질병을 유발하며 나아가 생물체의 조직에 해악을 야기하므로, 이는 독성효과 보다도 더 심각한 징후를 보이고 있다. 따라서 독성무기를 금지하면서 방사능 낙진을 야기하는 핵무기의 사용을 그 금지로부터 배제하는 것은 논리적으로 모순된다는 점이다.

3) 핵무기에 관한 제조약

본 장 서언에서 언급한 바와 같이, 핵무기의 사용을 전면적으로 금지하는 조약은 체결되어 있지 않지만, 핵실험의 규제·핵무기의 확산방지·핵무기의 실질적 감축 등 핵무기를 통제하는 다양한 조약은 체결되어 있다. 따라서 Samoa 등 일부국가는 이러한 핵무기와 관련한 조약을 모두 종합하면, 핵무기의 사용을 전면적으로 금지하는 것과 같은 결과를 추론할 수 있다고 주장한다.[53]

---

49) Michael J. Matheson, *op. cit.*, p.425.

50) 이러한 입장과 관련하여, 핵의 폭발은 근본적으로 매우 높은 열과 방사선효과로 나타나기 때문에, 독의 사용과는 유사하지 않다는 약간의 견해가 있다. 먼저 G. Schwarzenberger는 "현대전투의 관례에서 볼 때, 화염방사기·네이팜탄·소이탄 등 고도의 열을 이용하는 무기가 제네바가스의정서에 의하여 금지되지 않아 왔다는 사실로부터, 핵무기의 열효과는 독성무기의 사용효과라고 보기 어렵다"라는 견해를 제시하고 있다[Malcolm N. Shaw, "Nuclear Weapons and International Law", *Nuclear Weapons and International Law*, New York: St. Martin's Press, 1987, p.14]. 또한 M. Akehurst는 "방사능 낙진은 핵무기 사용의 단지 부수적 효과에 지나지 않는 반면, 독성 효과는 독가스 사용의 주된(비록 유일하지는 않지만) 효과이기 때문에, 핵무기의 사용과 독성가스의 사용간에 유사한 효과를 가진다는 주장은 절대적으로 강제될 수 없다"라고 주장하고 있다 (Nicholas Grief, *op. cit.*, p.30).

51) Opinion for UNGA, para.55.

52) Elliott L. Meyrowitz, *op. cit.*, p.23.

이에 대해, ICJ는 "이러한 조약들은 장차 핵무기의 사용을 일반적으로 금지할 전조를 제공하는데 지나지 않으며, 그 자체에 그러한 금지를 내포하고 있는 것은 아니다."라고 결론짓고 있다.[54]

4) 기타 대량파괴무기의 규제에 관한 제협약

핵무기를 제외한 기타의 대량파괴무기를 통제하는 조약으로는 1972년 4월 10일의 생물무기협약과 1993년 1월 13일의 화학무기협약 등이 있다. 이 양 협약의 각각 제1조에서는 그러한 무기의 사용을 통제(화학무기협약에서는 전면적 사용 금지를 천명함)하고 있다. 그럼에도 불구하고, 이들 양 협약으로부터는 핵무기에 관한 어떠한 특정의 금지도 찾을 수 없다는 것이 ICJ의 입장이다.[55]

5) UN총회의 제결의

전술한 바와 같이, UN총회는 "핵무기의 사용은 국제법에 반한다."라는 결의를 채택한 바 있다. 따라서 Solomon Islands 등은, 이러한 총회의 결의를 근거로, 핵무기의 사용이 위법임을 주장한다. 그러나 미국, 영국, 이탈리아, 네덜란드, 러시아 등은 "총회의 결의는 국제법을 창설할 수 없으며, 단지 국가들에 의해 일반적으로 수락되는 경우에 한해서 관습법의 증거(evidence)를 구성함에 지나지 않는다."라고 주장한다.[56]

이에 대해, ICJ는 총회결의의 규범적 가치를 인정하면서도, 핵무기 사용의 위법성에 관한 법적 확신이 존재하지 않는다고 결론짓고 있다.[57]

이러한 ICJ의 결론은 타당하다고 하겠다. 사실 핵무기문제를 다루었던 UN총회의 결의들은, 컨센서스에 의한 것이 아니라 투표에 의해 채택되어 왔다는 사실에서,[58] 관습국제법을 형성하였다고 평가할 수는 없을 것이다.[59]

(2) 관습국제법

핵무기의 사용이 관습국제법에 의해 금지되는가? 다시 말해 핵무기의 사용을 금지하는 관습국제법이 존재하는가에 관해 논란이 있어 왔다.

미국과 러시아 등은 "관습국제법은 법에 의하여 강제된다는 확신에 기초한

53) Michael J. Matheson, *op. cit.*, p.425.
54) Opinion for UNGA, para.62.
55) *Ibid.*, para.57.
56) Michael J. Matheson, *op. cit.*, p.426.
57) Opinion for UNGA, paras.70-71.
58) 예컨대 UN총회 결의 1653(ⅩⅥ)은 투표에 참가한 101개국 중 55 : 20 : 26의 투표로 채택되었다.
59) Nicholas Grief, *op. cit.*, p.39.

관련국가의 일반적 관행에 의해서만 창설될 수 있다."라고 지적하면서, "제2차 세계대전 이래 핵무기가 실질적으로 사용되어져 오지 않았기 때문에 아직 법적 확신은 존재하지 않는다."라고 주장하고 있다.[60)]

이에 대해, ICJ는 "관습국제법의 실체는 기본적으로 '국가의 실질적 관행과 법적 확신'(actual practice and opinio juris of States)에서 찾아야 한다."라는 관습국제법에 대한 자신의 전통적 접근방법을 확인하면서,[61)] 여기서도 마찬가지로 새로운 관습국제법의 창설에 필수적 요소인 '법적 확신의 존재 또는 출현'(exist or emergence) 여부를 핵억지정책(policy of deterrence) 및 UN총회의 제결의(핵무기의 위법성을 확인하고 있는)에 대한 검토로부터 구하고 있다.

먼저 핵억지정책에 대한 검토이다. 일부 국가는, "1945년 이래 어떠한 무력충돌에서도 핵무기가 사용되지 않았다는 사실로부터, 핵무기의 사용은 불법이다."라는 법적 확신이 존재한다고 주장하고 있다. 반면에 핵억지정책을 지지하는 국가들은, "핵무기의 사용을 정당화할 수 있는 특정 상황이 일어나지 않았기 때문에, 1945년 이래 어떠한 무력충돌에서도 핵무기가 사용되지 않았다."라고 주장하면서, "핵억지정책에서는 핵무기의 사용이 이미 전제되어 있기 때문에, 그것이 바로 핵무기 사용은 위법이 아니다 라는 법적 확신의 증거가 된다."라고 주장한다.[62)]

이에 대해, ICJ는 "핵무기 사용의 위법성에 대한 찬·반 양론이 국제공동체 내에서 심각하게 나누어져 있기 때문에, 이러한 상황 하에서는 어떠한 법적 확신이 존재한다고 결정할 수 없다."라고 결론짓고 있다.[63)]

다음으로 핵무기의 위법성을 확인하고 있는 UN총회의 제결의에 대한 검토이다. 일부 국가는 핵무기의 위법성을 확인하고 있는 일련의 UN총회의 결의(전술하였음)가 바로 핵무기 사용의 위법성을 인정하는 법적 확신이라고 주장한다. 반면 특정 상황에서의 핵무기 사용의 합법성을 주장하는 국가들은 "그러한 총회결의는 관습국제법을 창설하는데 필요한 충분한 요소가 되지 못한다."라고 주장하면서, "핵무기는, 핵억지의 일환으로써, 1945년 이래 매일 사용되어 왔다."라고 되뇌고 있다.[64)]

---

60) Michael J. Matheson, *op. cit.*, p.426.
61) Opinion for UNGA, para.64.
62) John H. McNeill, *op. cit.*, p.108.
63) Opinion for UNGA, para.67.
64) John H. McNeill, *op. cit.*, pp.108-109.

이에 대해, ICJ는 "핵무기의 위법성을 확인하고 있는 UN총회의 제결의들은 핵무기 문제에 관한 '깊은 관심'(deep concern)의 증거이기는 하나, "핵무기 사용이 위법이다."라는 법적 확신의 존재를 확실히 하기에는 부족하다."라고 보고 있다.[65] 따라서 ICJ는 "핵무기의 사용을 특별히 금지하는 관습국제법의 창설은 '법적 확신의 태동'과 '핵억지관례의 강한 지지'라는 계속되는 긴장관계에 의해 방해받고 있다."라고 설명한다.[66]

이상과 같이 ICJ는 "핵무기의 사용을 금지하는 어떠한 법적 확신도 없으며, 따라서 관습국제법상 그에 대한 금지는 존재하지 않는다."라고 결론짓고 있는 바, 이러한 ICJ의 결정은 타당하다고 생각된다. 왜냐하면 일반적으로 새로운 관습국제법의 창설에 있어서는 그 법내용과 밀접한 관련을 가지는 국가들의 입장이 큰 영향력을 끼쳐 왔다는 사실에서, 핵무기의 사용과 관련한 관습국제법의 형성에는 핵무기보유국의 의사를 무시할 수 없기 때문이다.[67] 따라서 상술한 바와 같은 핵무기보유국의 입장을 감안할 때, 핵무기의 사용을 위법시하는 관습국제법의 창설을 주장하기에는 설득력이 부족하다고 평가된다.

2. (2)C에 대한 검토

권고적 의견 (2)C의 주요내용은 "핵무기의 사용과 그 위협은 무력의 사용에 관한 규정인 UN헌장 제2조 4항 및 제51에 따라야 한다"라는 것이다.

사실 UN헌장에서는 무력의 사용 및 그 위협과 관련해서 다양한 조항을 두고 있다. 동 헌장 제2조 4항(모든 국가의 영토보전 또는 정치적 독립에 반하는 경우뿐만 아니라 UN의 목적과 양립할 수 없는 기타 방법에 의한 무력의 사용 또는 그 위협의 금지)에서는 무력행사 일반을 금지하고 있으며, 동 헌장 제51조(무력공격이 발생한 경우, 개별적·집단적 자위라는 고유의 권리)와 제42조(헌장 제7장에 따른 군사적 강제조치)에서는 합법적 무력행사의 예외적 경우를 규정하고 있다.[68]

---

65) Opinion for UNGA, para.71.

66) *Ibid.*, para.73.

67) 예컨대 해양법의 생성에는 해상국가의 관례와 견해가 특히 영향력이 있었으며 심지어는 결정적이었던 경우도 있었다. 따라서 핵무기에 관한 국제관습법의 형성상황을 평가하는데 있어서는 핵무기보유국들의 의사에 특별한 주의가 주어져야 하는 것은 타당한 것이다(Malcolm N. Shaw, *op. cit.*, p.2).

68) 무력의 사용에 관한 UN헌장 상의 다양한 규정으로부터, 다음과 같은 결론을 이끌어 낼 수 있다. 첫째, 이러한 규정들은 특정 무기에만 한정되어 적용되는 것이 아니라 사용된 무기와는 무관하게 모든 무력의 사용에 적용된다. 둘째, UN헌장에서는 핵무기를 포함한 어떠한 특정 무기

따라서 핵무기의 사용과 관련하여 특별히 문제가 되는 것은, 합법적 무력사용으로서 자위의 경우, 동 헌장상의 요건을 갖추면 핵무기의 사용이 허용되어질 수 있는가 하는 점이다.

이집트, 스웨덴, 멕시코 등 일부 국가들은 "핵무기의 사용은 자위권의 행사에 관한 관습국제법상의 요건과 필연적으로 일치하지 않는다."라는 견해를 피력하면서, 특히 "핵무기의 효과가 광활하고 심각하며 특히 일방의 핵무기의 사용으로부터 전면적 핵전으로 확대될 위험성을 가지기 때문에, 어떠한 핵무기의 사용도 비례성(자위권의 행사는 침해된 무력공격에 비례하여야 한다)의 요건과 일치할 수 없다."라고 주장하고 있다.[69]

이에 대해, ICJ는 "핵무기의 사용으로부터 야기되는 위험을 정량화할 필요성이나 또는 전술핵무기에 대한 검토(예컨대 전술핵무기의 경우에는 그 위험을 충분하고 명확히 제한할 수 있는지의 여부에 관한 검토)는 결여하면서, 자위의 수단으로써 핵반격(비례성의 요건을 갖춘)을 가할 수 있다고 믿는 국가는 핵무기의 본질과 그 사용에 따른 위험을 더 깊이 고려하여야 한다."라고 결론을 맺고 있다.[70]

오늘날 고도의 정확성을 갖춘 저폭발력의 전술핵무기가 다양하게 개발되어 있다는 사실에 비추어, 전술핵무기에 대한 검토를 결여한 ICJ의 결정은 다소 부적절하다고 생각된다. 상술한 바와 같이, 전술핵무기를 포함한 핵무기는, 그 규모와 효과가 어떠하든, 심각한 위험(profound risks)을 가질 수 있으며 또한 해당분쟁에서 통제불능의 상승작용을 야기할 위험성을 내포하고 있다. 따라서 자위의 수단으로서 전술핵무기 자체의 위법성 여부(물론 매우 어려운 문제일 것임)의 판단은 차치하고서라도, 이들 무기가 갖는 위험성에 대한 경고는 필요하다고 생각된다.

3. (2)D·E에 대한 검토

ICJ의 권고적 의견 (2)D·E의 주요논점은, 첫째 핵무기의 사용 또는 그 위협이 국제인도법상의 제규칙과 원칙에 의해 위법시되는가, 둘째 국가의 존립 자체가 위태로운 상황 하에서 자위의 수단으로서 핵무기의 사용 또는 그 위협이 허용되는가 하는 것이다. 이에 대해 ICJ는 "핵무기의 사용 또는 그 위협은

의 사용을 특별히 금지하거나 또는 허용하지 않는다. 셋째, 다만 특정 조약이나 국제관습법에 의해 이미 위법인 무기는, 설령 헌장 상의 관련 규정과 합치되어 사용되었더라도, 합법적으로 되지 않는다(Opinion for UNGA, para.39).

69) Michael J. Matheson, *op. cit.*, p.424.

70) Opinion for UNGA, para.43.

무력충돌에 적용되는 국제법의 일반적 조건(특히 국제인도법의 제규칙과 원칙)에 따라야 하며, 나아가 그러한 조건에 일반적으로 반한다(would generally be contrary). 그러나 국가의 존립 자체가 위태로운 상황 하에서 자위의 수단으로써 행사되는 핵무기의 사용 또는 그 위협이 위법인지의 여부에 관해서는 결론을 낼 수 없다"라는 입장을 보이고 있다. 따라서 이하에서는 국제인도법상의 제규칙과 원칙을 중심으로 ICJ의 입장을 검토하고자 한다. 아울러 '극단적 자위의 상황'과 관련한 문제에 관해서도 고찰하고자 한다.

(1) 국제인도법의 제규칙과 원칙

제2차 세계대전 이래, 국제인도법 분야가 주목할 만한 발전을 가져 왔음에도 불구하고, 국제인도법의 어떠한 영역에서도 핵무기를 특별히 규제하지 않고 있다. 따라서 국제인도법상의 제규칙과 원칙이 재래식 무기의 경우와 마찬가지로 핵무기의 경우에도 적용되는가에 관해 논쟁이 있어 왔다. 사실 ICJ의 권고적 의견이 표명되는 과정에서, 어떠한 국가도 핵무기의 사용이 무력충돌에 적용되는 일반규칙으로부터 면제된다고 주장하지 않았으며, 특히 핵무기보유국들 조차도 핵무기의 사용이 국제인도법상의 일반 규칙에 합치되어야 함을 명백히 강조한 바 있다.[71] 이러한 강조는 핵무기의 사용문제에 있어서 하나의 유용한 확신임에는 틀림없으나, 이러한 주관적이고 일반적인 확신만으로는 어떻게 핵무기의 사용이라는 미래의 가설적 상황에 국제인도법상의 제규칙을 적용할 것인가 하는 어려운 문제의 해결책이 될 수 없을 것이다.

이러한 관점에서 ICJ는 '불필요한 고통의 금지원칙', '무차별효과의 금지원칙', '중립의 원칙' 및 'Martens조항' 등 국제인도법상의 기본규칙과 원칙을 중심으로 핵무기 사용의 위법성 여부를 분석하고 있다.[72] 그러나 ICJ는 이들 규칙에 대한 상세한 분석이나 또는 이들 규칙이 어떻게 핵무기에 적용될 것인가에 관한 시도 없이, 단지 이들 규칙들이 기타 모든 전투의 수단·방법과 마찬가지로 핵무기에도 적용됨을 재확인하는 데 그치고 있다. 즉 ICJ는 "자신이 그 규칙의 유효성을 결정하는 데 충분한 기초를 가지지 않고 있다."라고만 결론짓고 있는 것이다.[73]

---

71) Michael J. Matheson, *op. cit.*, p.427.
72) Opinion for UNGA, para.78.
73) *Ibid.*, para.94.

i) 구별의 원칙(principle of distinction)과 불필요한 고통의 금지원칙

민간인과 전투원 그리고 민간물자와 군사목표를 구분하여 전자를 최대한 보호함을 목적으로 하는 '구별의 원칙'과 전투에서 불필요한 고통이나 또는 과다한 상해를 유발하는 성질의 무기 내지 방법을 금지하는 '불필요한 고통의 금지원칙'은 국제인도법의 가장 중요한 원칙들이다.

이러한 원칙과 관련하여, 이집트, 인도, 멕시코, Solomon Islands, 스웨덴 등 일부국가는, 핵무기의 사용이 전투원뿐만 아니라 민간인에게 불가피한 상해를 가져 온다는 점 및 극심한 열효과와 방사선 효과로 인해 불필요한 고통을 야기한다는 점 등[74]을 들어, 그것의 사용이 전기 양 원칙을 위반할 것이라고 주장하고 있다. 반면에 미국, 영국, 러시아 등 핵무기보유국들은 다음과 같은 이유에서 앞의 국가들과 상이한 입장을 보이고 있다: 즉 먼저 구별의 원칙이 요구하는 본질적 측면은 비군사목표에 대한 공격(무기의 무차별적 사용) 또는 특정군사목표만을 겨냥할 수 없는 무기(맹목적 효과를 가지는 무기) 등의 사용을 금지하는데 있기 때문에, 특정군사목표만을 정확하게 겨냥할 수 있는 핵무기는 구별의 원칙에 반하지 않는다는 것이다. 다음으로 불필요한 고통의 금지원칙이 요구하는 본질적 측면은 모든 합법적 군사활동을 수행하는데 필연적으로 수반되는 고통을 초과하는 무기를 배제하는데 있기 때문에, 심지어 매우 극심한 상해가 유발되는 경우라고 하더라도, 합법적 군사활동의 범위 내에서의 핵무기 사용은 금지되지 않는다는 것이다.[75]

이에 대해, ICJ는 "핵무기의 고유한 특성에 비추어 볼 때, 사실 핵무기의 사용은 상기 원칙들과 거의 양립할 수 없는 것 같다. 그럼에도 불구하고 자신은 모든 상황 하에서 핵무기의 사용이 무력충돌법상의 제규칙과 원칙에 필연적으로 반할 것이라는 확신을 이끌 수 있는 충분한 요소를 가지지 않고 있다."라고 표명함으로써,[76] 모든 핵무기의 사용이 상기 양 원칙에 의해 금지되는지의 여부를 결론짓지 못하고 있다. 그 결과 ICJ는 "핵무기의 사용은 무력충돌에 적용될 수 있는 국제법 규칙에 일반적으로 반한다."라고만 표명하고 있는바, 여기서 '일반적'이라는 용어의 사용은 모든 핵무기의 사용을 위법시하면서도 상기 제규칙과 원칙에 일치한 핵무기 사용의 경우를 예외적 경우로 하려는 의도가 있는

74) 또한 핵무기의 위법성을 주장하는 사람들은 핵무기의 파괴력이 지나치게 강력함을 지적하기도 한다(John H. McNeill, *op. cit.*, p.114).
75) Michael J. Matheson, *op. cit.*, pp.428-429.
76) Opinion for UNGA, para.95.

것 같다.

사실 상기 양 원칙에 의한 핵무기 사용의 금지여부를 둘러싼 논쟁은 오래 전부터 있어 왔다. 그러나 이러한 논쟁에 대한 선결문제로써, 무엇이 '무차별', '과도한 공격', '과다한 상해와 불필요한 고통'의 내용이 되는가 하는 점에서는, 그 개념들에 대한 일반적으로 수락된 해석이 존재하지 않고 있기 때문에, 상대적이고 불명확한 입장을 보여 왔다. 따라서 전술한 것처럼, "핵무기의 사용이 상기 양 원칙에 일반적으로 반한다."라는 ICJ의 입장은 선결문제의 해결이라는 장애에 항상 직면할 것으로 판단된다.

ii) 중립의 원칙

핵무기의 사용이 중립의 원칙을 위반할 것인가에 관한 논쟁이 있어 왔다. 먼저 이란과 스웨덴 등 일부국가는 "중립의 원칙은 전투원으로 하여금 중립영역에서 손해 또는 상해를 야기할 모든 행위를 삼가도록 하는 절대적 의무를 부과하고 있다. 따라서 핵무기의 사용이 그러한 손해 또는 상해를 불가피하게 야기하기 때문에 그의 사용은 중립의 원칙을 위반할 것이다."라고 주장하고 있다. 반면에 미국과 영국 등은 "중립의 원칙은 중립영역에 대한 침략 또는 폭격을 금지하는 것으로써, 중립국이 모든 부수적 손해로부터 면제될 것을 보장하고 있는 것은 아니다. 특히 핵무기의 사용이 반드시 중립영역에 중요한 손해 또는 상해를 야기하는 것은 아니다."라고 주장하고 있다.[77]

이에 대해, ICJ는 중립영역에서 야기될 손해 또는 상해와 관련한 중립의 원칙의 적용여부에 관해 명확한 입장을 표명하지 않고 있다. 다만 ICJ는 "중립의 원칙은, 그 내용이 어떠하든, UN헌장과 관련규정에 따라 모든 국제적 무력충돌(어떠한 무기가 사용되든)에 적용될 수 있다."라고만 결론짓고 있다.[78]

iii) Martens조항

1899년의 육전의 법규관례에 관한 협약(1907년 개정) 전문에서 천명하고 있는 Martens조항은, 전투수행에 관한 조약규정이 아직 존재하지 않는 경우에도 충돌당사국이 확립된 관행·인도상의 법칙 및 공중양심에 입각한 국제법의 제원칙에 의하여 여전히 규제받는다는 내용으로서, 이 조항의 목적은 법규의 부존재를 이유로 하는 비인도적 행위를 방지하려는데 있다.[79] 그 후, 이 조항이

---

77) Michael J. Matheson, *op. cit.*, p.427.

78) Opinion for UNGA, para.89.

79) 정운장, 「국제인도법」, 영남대학교 출판부(1994.7), 45쪽.

1949년의 Geneva제협약과 1977년의 제1추가의정서 등에서 재확인되는 등 오늘날 관습국제법의 일부가 되었음은 명백하다고 할 것이다.[80]

따라서 이러한 Martens조항에 비추어, 현실적으로 핵무기를 규제하는 특정조항이 부존재하더라도 핵무기의 사용은 국제인도법상의 제원칙과 규정에 의해 금지되는가 하는 문제가 있다.

이에 ICJ는 Martens조항을 국제인도법상의 일반원칙으로 인식하고 있으며, 특히 "모든 국가는 Martens조항을 포함하는 제1추가의정서에 구속된다."라고 결론짓고 있다.[81]

(2) 극단적 자위

전술한 바와 같이, ICJ는 "국가의 존립 자체가 위태로운 상황 하에서 자위의 수단으로써 행사되는 핵무기의 사용 또는 그 위협이 위법인지의 여부에 관해서는 결론을 낼 수 없다."라고 결론짓고 있다.

이 결정은 외형적으로 7 : 7 투표라는 첨예한 대립을 보인 끝에 Bedjaoui 재판장의 결정투표에 의해 채택되었다. 그러나 실질적으로 단지 3명의 재판관(Shahabuddeen, Weeramantry, Koroma)만이 핵무기의 모든 사용은 위법이라는 견해를 보이고 있다.[82] 따라서 사실상 극단적 자위를 포함한 모든 핵무기의 사용이 금지되는가의 여부에 대해서는 불명확하고 상이한 입장이 존재하였음을 알 수 있다.

아무튼 극단적 자위와 관련한 ICJ의 입장[ICJ의 권고적 의견(2)E 후단]은 다음과 같은 약간의 문제점을 노출하고 있다.

첫째, '국가의 존립 자체가 위태로운 자위로써의 극단적 상황'이 무엇을 의미하는지에 관해, ICJ는 명확히 밝히지 않고 있다는 점이다. 이처럼 ICJ가 '국가의 존립'에 관해 명확히 언급하지 않고 있으나, 권고적 의견(2)E 후단으로부터 '국가존립이 위태로운 자위의 극단적 상황'이 분명히 존재함을 추론할 수 있다. 결국 동 권고적 의견으로부터 '국가존립'이 국가의 정치적 존립을 의미하는지 또는 독립한 실체로써의 국가 존립을 의미하는지 또는 국민의 외형적 존립을 의미하는지 등은 알 수 없지만, 적어도 제2차 세계대전·한국전쟁·Gulf전 및 기타 최근의 분쟁 등에서 국가 존립이 심각하게 위협받았다고 볼 수 있을 것

80) Malcom N.Shaw, *op. cit.*, p.3.

81) Opinion for UNGA, paras.78, 84.

82) 반면 6명의 재판관은 핵무기의 사용이 위법적이지 않은 상황이 존재한다고 보고 있으며, 나머지 재판관의 견해는 명확하지 않다[Luigi Condorelli, "Nuclear weapons: a weighty matter for the ICJ", *International Review of the Red Cross*, No.316(1997.1-2), pp.10-11].

이다.[83)]

둘째, 국가존립이 위태로운 극단적 상황에서 자위로서 행사되는 핵무기의 사용은 권고적 의견 105(2)E 전단(핵무기의 사용은 국제인도법의 제원칙과 규칙에 일반적으로 반한다)상의 '일반적으로'의 예외인가 하는 점과 관련해서, 약간의 문제가 있다는 점이다.

1977년의 제1추가의정서 전문에서는 "1949년 8월 12일자 Geneva제협약 및 본의정서의 규정은 무력충돌의 성격이나 또는 원인에 기인한 어떠한 불리한 차별도 없이 모든 상황 하에서 완전히 적용됨을 재확인"하고 있다. 따라서 동 전문에 의할 경우, 국제인도법은 모든 범주의 국제적 무력충돌에 적용되어져야 하며, 그러므로 역시 침략행위에 대한 반격으로서의 자위, 심지어 극단적 자위의 경우에도 적용되어야 하는 결론에 이르게 된다.[84)] 그러나 동 권고적 의견 105(2)E 후단으로부터, 자위의 극단적 상황 하에서의 핵무기 사용이 국제인도법의 일반적 적용으로부터 제외될 수 있음을 추론할 수 있다. 즉 자위라는 극단적 상황에서의 핵무기의 사용은 국제인도법의 완전한 적용에 대한 예외가 될 수 있다는 것이다. 그렇다면 왜 그러한 상황에서의 핵무기 사용은 권고적 의견 105(2)E 전단(핵무기 사용은 국제인도법의 제규칙에 일반적으로 반한다)에 구속되지 않는가?

이에 대해 ICJ는 명백한 입장을 밝히지 않은 채, 특정 상황 하에서의 핵무기 사용의 합법성을 핵억지 정책에 근거하여 주장하는 일부 국가의 입장을 소개하는 것으로 대신하고 있다. 즉 "…국가들은 항상 자국의 중대한 안보이익을 위협하는 무력공격에 대해 자위권의 행사로서 핵무기를 사용할 권리를 유보하여 왔다.…"[85)] 그러나 이러한 입장은 매우 위험한 발상이라 생각된다. 왜냐하면 핵억지 정책에 근거하여 핵무기를 자위의 수단으로 사용하는 것이 허용된다면, 모든 국가는 자위의 극단적 상황에서 존립하기 위해 핵무기를 보유하려고 전력투구할 가능성이 있기 때문이다.

---

83) Michael J. Matheson, *op. cit.*, p.430.

84) Hisakazu Fujita, "The Advisory Opinion of the International Court of Justice on the legality of nuclear weapons", *International Review of the Red Cross*, No.316(1997.1-2), p.62.

85) Opinion for UNGA, para.66.

4. (2)F에 대한 검토

ICJ의 권고적 의견 (2)F에서는 핵군축을 달성할 의무를 천명하고 있는바, 이는 국제군축법의 견지에서 매우 중요한 내용이라고 하겠다. 사실 이러한 '선의로서 핵군축을 달성할 의무'는 전후의 각종 핵군축조약(본 장 서론 참조)에서 천명하고 있는 조항(대표적인 경우로 NPT 제6조)으로서, 특히 핵무기보유국에게 부과된 의무라고 하겠다. 그러나 지금까지 국가 간 이해관계의 상이로 인해 일반적이고 완전한 핵군축을 달성하지 못하고 있는 시점에서, 핵군축의무를 재확인하고 있다는 점은 나름대로의 의의를 갖는다고 평가된다. 나아가 동 권고적 의견 105(2)F에서 새롭게 '최종협상으로 이끌어 나갈 의무'를 추가하고 있음은 장차 활발한 핵군축 노력을 기대하게 한다고 볼 수 있다.

Ⅳ. 결　어

제2차 세계대전의 와중에서 출현한 가공할 파괴력을 지닌 핵무기는 오늘날 국제법 질서에 대한 심각한 도전으로써 인식되고 있다. 따라서 국제사회는, 핵무기의 사용을 금지하기 위하여, 전투의 수단과 방법을 제한하는 전통적 전쟁법규를 유추적용하기도 하고 또한 각종 관련 실정법규와 UN총회의 제결의에 입각하여 핵무기의 사용을 금지하려고 노력하여 왔다. 그러나 핵무기 사용에 대한 각국 간 의견의 불일치(특히 핵무기가 갖는 전략적 가치에 기인함)로 인하여, 핵무기 사용의 금지에 관해서는 명확한 해결책을 구하지 못하여 왔다.

이러한 와중에서, ICJ는 '핵무기의 사용 또는 그 위협의 적법성'이라는 권고적 의견을 표명하였는바, 여기서도 ICJ는 핵무기의 사용 또는 그 위협에 대한 추상적 금지만을 천명함에 지나지 않고 극단적 자위·전시복구·핵억지정책 등 민감한 사안에 대해서는 자신의 입장을 유보하고 있다.

물론 ICJ의 이러한 결정이 현실을 무시할 수 없는 상황 하에서의 고육지책이었다고는 하겠으나, 상술한 바와 같이 특정 사안에 관해서 명확한 결론을 내지 못한 점과 현실적으로 다양하게 개발되어 있는 전술핵무기에 대한 구체적 검토를 결여한 점 등은 큰 아쉬움으로 남는다. 나아가 모든 핵무기의 사용을 명백히 금지하는 결정을 유보한 점은, 국제사회가 ICJ에 거는 높은 가치에 비추어, 특별히 통한의 아픔으로 평가된다. 왜냐하면 법적 요구와 현실적 준수는 다른 측면에서 이해되는 것이며 또한 핵의 공포로부터 벗어나는 것 바로 그것이 이 시대를 살아가는 인류의 바람이기 때문이다.

아무튼 이번 ICJ의 권고적 의견을 계기로 핵무기의 법적 통제에 더 큰 발전이 있을 것으로 기대하면서, 장차 국제사회가 추구하여야 할 절대적 과제가 바로 핵무기의 사용을 전면적으로 금지하는 보편적 조약의 체결에 있다는 점을 지적하고자 한다. 따라서 이를 위해서는 각국 간 신뢰의 회복이 우선적으로 요구되며, 아울러 다음과 같은 총체적인 노력이 뒤따라야 할 것이다. 첫째 핵무기가 갖는 대량파괴적 효과를 인류에게 알림으로써, '핵무기를 사용해서는 안 된다'라는 여론을 조성하는 것이 필요할 것이다. 둘째 국가 간의 핵무기의 배치상황 및 핵무기에 대한 사용전략 등 관련 정보를 공개함으로써, 모든 핵문제에 관한 투명성을 높이는 노력이 뒤따라야 할 것이다. 이러한 투명성의 증가는 그만큼 국가 간 신뢰의 증가를 가져 오기 때문이다. 셋째 핵문제에 대한 심도 있는 연구가 지속적으로 추진되어야 할 것이다. 이는 결국 핵무기의 사용문제를 포함한 모든 핵문제에 관한 해결방안을 한 차원 발전시키는 기회가 될 것이다. 넷째 핵무기의 생산·보유·확산에 대한 통제를 더욱 실효성 있게 추구하여야 할 것이다.

마지막으로 우리는 히로시마(廣島)와 나가사키(長崎)에 가하여진 핵무기 투하의 위법성에 관한 東京地方裁判所의 판시를 다시 한 번 주목하고자 한다. 下田事件에서 동 재판소는 불필요한 고통의 금지원칙을 확인하였으며, 특히 다음과 같이 결론짓고 있다: "즉 그러한 잔인한 폭탄의 투하행위는 불필요한 고통이 가해져서는 안 된다는 전쟁법의 기본원칙에 반한다. 즉 핵무기의 사용은 불필요한 고통의 금지라는 전쟁법의 기본원칙에 반한다."[86)]

---

86) R.A.Falk, "The Shimoda Case: A legal appraisal of the atomic attacks upon Hiroshima and Nagasaki", *AJIL*, Vol.59(1965), pp.759-793.

참고문헌

- 김정균, "핵무기와 국제인도법-핵무기에 관한 ICRC의 입장과 ICJ의 사법판단", 「인도법논총」, 제18호(1998.5).
- 이용호, 「전쟁과 평화의 법」, 영남대 출판부, 2002.
- 정운장, 「국제인도법」, 영남대 출판부, 1994.

- International Court of Justice, *Legality of the threat or use of nuclear weapons, Advisory Opinion of 8 July 1996.*
- Stockholm International Peace Research Institute, *SIPRI Yearbook 2014: Armaments, Disarmament and International Security*, Oxford Univ. Press, 2014.
- UN, *The United Nations And Disarmament–A short history*, UN Department for Disarmament Affairs, 1988.

- Condorelli, Luigi, "Nuclear weapons:a weighty matter for the ICJ", *International Review of the Red Cross*, No.316(1997.1-2).
- David, Eric, "The Opinion of the ICJ on the legality of the threat or use of nuclear weapons", *International Review of the Red Cross*, No.316(1997.1-2).
- Falk, R.A., "The Shimoda Case: A legal appraisal of the atomic attacks upon Hiroshima and Nagasaki", *AJIL*, Vol.59(1965).
- Fujita, Hisakazu, "The Advisory Opinion of the International Court of Justice on the legality of nuclear weapons", *International Review of the Red Cross*, No.316(1997.1-2).
- Grief, Nicholas, "The Legality of Nuclear Weapons", *Nuclear Weapons and International Law*, New York: St. Martin's Press, 1987.
- Herczegh, Geza, "Foreword", *International Review of the Red Cross*, No.316(1997.1-2).
- Matheson, Michael J., "The Opinions of the International Court of Justice on the Threat or Use of Nuclear Weapons", *AJIL*, Vol.91, No.3(1997.7).
- McNeill, John H., "The International Court of Justice Advisory Opinion in the Nuclear Weapons Cases–A first appraisal", *International Review of the Red Cross*, No.316(1997.1-2).
- Meyrowitz, Elliott L., *Prohibition of Nuclear Weapons: The Relevance of International Law*, New York: Transnational Publishers, 1990.
- Sandoz, Yves, "Advisory Opinion of the ICJ on the legality of the threat or use of nuclear weapon", *International Review of the Red Cross*, No.316(1997.1-2).

- Shaw, Malcolm N., "Nuclear Weapons and International Law", *Nuclear Weapons and International Law*, New York: St. Martin's Press, 1987.

- UNGA Res. 49/75 K(1994.12.15).
- World Health Assembly(WHA) Res. 46/40(1993.5.14).
- http://www.un.org/disarmament/HomePage/DisarmamentCommission/UNDiscom.shtml

제 5-1 장

Gabčikovo-Nagymaros Project 사건에 대한 국제환경법적 고찰

A study on the Gabčikovo-Nagymaros Project Case in accordance with international environmental law

김 기 순

Ⅰ. 머 리 말

21세기에 들어선 국제사회가 직면한 문제 중 하나는 환경오염의 위기이다. 1960년대 이후 환경문제가 본격적으로 제기되기 시작하면서 인류가 예견했던 것보다 훨씬 심각한 상황이 지구 곳곳에서 발생하고 있다. 과도한 에너지 사용으로 인한 기후변화는 지구온난화와 기상이변, 해수면 상승 등을 초래하고 있으며, 남극과 북극의 거대한 빙하를 녹아내리게 하고 있다. 대기 중에 방출된 염화불화탄소와 할론 등 유해성 물질은 성층권의 오존층을 파괴시킴으로써 인류와 생태계를 위태롭게 하고 있다. 농업용 살충제와 화학비료에 의한 수질 및 토양오염, 기름 유출과 폐기물 투기에 따른 해양오염, 유전자변형물질의 확산, 삼림파괴와 사막화 현상, 원자력 발전소와 핵무기 개발로 인한 핵물질의 확산 등도 지구환경을 파괴하는 주요 원인이 되고 있다.

환경오염의 영향은 특정 지역에 국한되어 나타나지 않으며, 광범위한 지역으로 퍼져나가는 특징을 갖고 있다. 특히 육지, 물, 대기로 이루어진 지구의 생태계는 상호 유기적으로 작용하기 때문에 환경오염의 영향이 전 지구적으로 나타나게 된다. 따라서 환경문제는 특정 지역이나 특정 국가의 문제가 아닌 지구 전체의 문제가 되고 있다. 레이첼 카아슨의 저서 「침묵의 봄」(Silent Spring, 1962)[1] 이나 로마클럽의 보고서 "성장의 한계"(The Limits of Growth, 1972)[2]가 전 세계에

1) Rachel Carson, *Silent Spring*, Houghton Mifflin, 1962.

2) Donella H. Meadows, Dennis L. Meadows, Jørgen Randers, and William W. Behrens III, *The*

환경문제의 심각성을 경고한 이래 전 지구적으로 위기의식이 팽배해졌고, 지구상의 모든 인류가 환경문제를 공동으로 해결해야 한다는 인식 또한 보편화되고 있다.

국제사회는 환경문제에 대처하기 위해 다각적 노력을 해오고 있다. 1972년 UN인간환경회의(United Nations Conference on the Human Environment: UNCHE)를 계기로 환경문제에 대한 국제적 논의가 본격적으로 시작되었고, 새로운 국제환경법 질서를 세우기 위한 법적, 제도적 노력이 계속되고 있다. 국가와 국제기구, 비정부간 기구 등 국제사회 구성원들은 UN을 중심으로 다양한 분야의 국제환경법 질서를 확립하고 이행하며, 국제환경정책을 결정하는 국제환경 관리체제를 형성해 나가고 있다.[3] 국제환경법은 입법과 규제를 통해 환경 분야의 법적 책임과 의무를 설정하고 국제사회 구성원에 대한 법적 구속력을 행사함으로써 환경오염을 예방하고 규제하는 역할을 한다. 불가피하게 분쟁이 발생한 경우에는 협상이나 화해, 중재 등 평화적 방법을 이용하되, 분쟁이 평화적으로 해결되지 않는 경우에는 ICJ(International Court of Justice: 국제사법재판소)나 중재재판소 같은 국제법원을 통해 해결할 수 있도록 하고 있다.[4]

Gabčikovo-Nagymaros Project 사건[5]은 환경과 관련된 분쟁 해결을 위해 국제법원이 개입한 주요한 사례이다. 이 사건은 헝가리와 체코슬로바키아가 공동으로 다목적 댐 공사 건설 및 운영에 합의하는 조약을 체결하고 공사를 진행하였으나, 헝가리가 환경보호를 이유로 댐 공사를 중단하고 조약을 종료시킴으로써 발생하였다. ICJ는 이 사건에 관한 판결에서 최초로 지속가능발전의 개념(concept of sustainable development)에 근거하여 판단하였고, 생태적 긴급피난의 상태(state of ecological necessity), 환경영향평가(Environmental Impact Assessment: EIA), 동시대성 원칙(principle of Contemporaneity)의 환경규범에의 적용 등 국제환경법상의 주

Limits to Growth, Report of the Club of Rome, New York: New American Library, 1972.

3) 1945년 창설 당시 UN의 주요 목적은 국제평화와 안보의 유지, 국제 경제·사회·문화적 문제를 해결하기 위한 국제협력 추구, 인권보호 등이었으나, 국제환경문제가 심각해지면서 환경보호와 인간 건강, 지속가능발전의 증진 등을 주요 목적에 포함하고 있다.

4) 환경분쟁사건의 경우 당사국들이 동의한 경우에만 ICJ나 중재재판소에 사건을 의뢰할 수 있다. 그러나 1992년 발틱해 해양환경보호협약(The Convention on the Protection of the Marine Environment of the Baltic Sea Area, 1992)은 분쟁이 협상, 화해, 중재 등에 의해 해결되지 않는 경우 ICJ나 중재재판소에 의뢰할 것을 요구하고 있으며, 1982년 해양법협약은 국제해양법재판소, ICJ, 중재재판소, 특별중재재판소 중에서 하나 또는 그 이상을 선택하도록 규정하고 있다. 노명준, 「신국제환경법」(서울: 법문사, 2003), pp.371-375.

5) *Case Concerning The Gabčikovo-Nagymaros Project* (*Hungary v. Slovakia*), ICJ, 1997.

요 원칙 및 기준의 적용 문제를 논의하였다. 이 사례에서는 조약법의 해석도 중요하게 다루어지고 있으나, 여기에서는 국제환경법을 중심으로 살펴보기로 한다.

이 글은 국제환경법상 주요 원칙과 기준이 Gabčikovo-Nagymaros Project 사건에 어떻게 적용되었고, 판결 결과가 국제판례상 차지하는 의의와 국제환경법 발전에 미친 영향이 무엇인지 분석, 검토하는 것을 목적으로 한다. 이를 위해 먼저 국제법원의 판결과 환경적 고려(II)를 통해 ICJ를 포함한 기존의 국제법원이 환경문제에 대해 취해온 입장을 파악하고, Gabčikovo-Nagymaros Project 사건의 배경 및 법적 쟁점(III)을 통해 분쟁발생의 경위와 사건의 주요 쟁점을 검토한다. 또한 ICJ의 판결 요지(IV)에서 ICJ가 이 사례와 관련하여 인정하고 채택한 국제환경법상 규범과 기준을 검토하고, 국제판례상 의의 및 국제환경법에 대한 영향을 고찰하며, 평설(V)을 통해 이 사건에 대한 ICJ의 판결을 평가한다.

Ⅱ. 국제법원의 판례와 환경적 고려

국제법원에서 분쟁 해결에 환경적 고려를 도입한 최초의 사례는 19세기 말로 거슬러 올라간다. 1893년 태평양 물개 분쟁사건에 관한 중재판결(Pacific Fur Seal Arbitration)[6]은 태평양 베링해에서 물개를 과잉 포획하는 문제를 놓고 캐나다와 미국 간에 발생한 분쟁을 해결한 국제재판이다. 이 사건에서 중재재판소는 자국이 이 해역에서 인류의 이익을 위해 물개를 무차별 살상으로부터 보호하고 적정하게 이용할 권리가 있다는 미국의 주장을 기각하였지만, 양국의 영해 주변 해역 60마일 이내에서 물개잡이를 금지하는 법규를 채택하도록 권고함으로써 자연자원의 지속가능한 이용을 처음으로 인정한 환경판결로서 알려져 있다.

1907년 트레일 스멜터 사건에 대한 중재재판(Trail Smelter Arbitration)[7]은 캐나다 Trail 시의 제철소에서 발생한 매연에 의해 미국 Washington 주가 직접적으로 입은 환경 피해로 인해 발생한 분쟁사건을 다루었다. 이 사건에 관한 심리에서 중재재판소는 "심각한 피해가 발생하고, 명백하고 확실한 피해의 증거(clear and convincing evidence)가 있는 경우 피해를 유발시킨 국가는 국제책임을 부담한다"는 판결을 내림으로써 국경을 넘는 환경오염피해에 대한 국제책임을 명시하

6) *Pacific Fur Seal Arbitration Award* (*United States v. Canada*), 1893.
7) *Trail Smelter Arbitration* (*United States v. Canada*), 3 RIAA 1907 (1941).

였다. 또한 트레일 제철소가 관측소, 가스 상태의 정보를 제공하는 장비, 이황화산화물(sulphur dioxide) 기록계를 설치하고, 재판부에 정기적 보고서를 제출하게 하는 등 법원 결정에 따른 이행을 감시하도록 요구함으로써 지속적 환경영향평가를 명령하는 획기적 판결을 내렸다. 이 판결 내용은 국제관습법에 도입되어 주요한 국제환경법 규범으로 적용되어 왔다.

1974년 핵실험사건(Nuclear Tests Cases)은 ICJ가 핵실험으로 인한 환경피해를 다룬 사례이다. 프랑스 정부는 1966년부터 1972년까지 거의 해마다 오스트레일리아 본토 동쪽 6,000km 거리의 Mururoa 환초에서 수소폭탄과 고도의 핵장치 폭발실험을 하고, 핵실험 부근지역에 대한 선박과 항공기의 운항을 제한하였다. 이에 대해 오스트레일리아와 뉴질랜드 정부는 핵실험이 국제법에 위배되며, 핵실험 결과 발생한 방사능 낙진이 자국 영토와 국민들에게 회복할 수 없는 피해를 준다는 이유를 들어 핵실험 중지를 요구하였다. ICJ는 핵실험으로부터 자유로울 권리를 내세운 오스트레일리아의 주장을 받아들여 프랑스정부의 핵실험을 잠정적으로 중단하라는 잠정조치(provisional measures)를 명령하였지만, 이후 프랑스 정부가 일방적 선언(unilateral statements)을 통해 핵실험 종료의사를 밝힘으로써 핵실험의 국제법 위반 여부를 심리하지 않은 채로 사건을 종료하였다. 따라서 핵실험이 불법적이라는 선언을 요구했던 오스트레일리아와 뉴질랜드의 주장은 받아들여지지 않았고, 핵실험에 관한 국제법 위반이 특정한 국가의 권리뿐만 아니라 국제공동체 전체의 권리에 피해를 주는가의 여부도 판단되지 못하였다. 1995년 프랑스의 지하핵실험 재개 선언에 따른 제2차 핵실험 사건 역시 ICJ의 심리 거부로 별다른 성과를 거두지 못하였다.[8)]

1993년 그린란드와 Jan Mayen 해양경계획정 사건(Case concerning Maritime Delimitation in the Area between Greenland and Jan Mayen)에서 ICJ는 조금 더 진전된 입장을 보여준다. 그린란드와 Jan Mayen 사이의 해양경계획정 문제를 놓고 덴마크와 노르웨이가 분쟁을 일으킨 이 사건에서 ICJ는 형평(equity)의 원칙을 고려하여 이 해역에서 양국 간의 대륙붕과 어업수역의 한계선(delimitation line)을 획정하는 판결을 내렸다. Weeramantry 판사의 개별의견에 따르면 재판부는 형평한 원칙, 형평한 절차, 형평한 방식, 형평한 결과와 판결의 관련성을 고찰하고, 형평한 결정의 여러 가지 구성요소에 비추어 판결을 내리기 위해 관련 사안을 분석

---

8) *Nuclear Tests Case (Australia v. France, New Zealand v. France). ICJ Reports*, 1974; *Nuclear Tests Cases, ICJ Reports*, 1995.

하였다. 또한 이 사건을 둘러싼 특별 상황 및 관련 상황을 판단함에 있어 관련 해역의 해안선 길이 간의 불균형(disparity)과 형평한 해안 경계선, 어류 자원에 대한 형평한 접근(equitable access)과 어류 자원의 분배 패턴(pattern of distribution) 등을 고려함으로써 국제환경법상 지속가능발전 원칙 중 세대간 형평(intergenerational equity)의 요소를 원용하고 있다.[9)]

1996년 핵무기의 위협 및 이용의 합법성에 관한 권고적 의견에서 ICJ는 핵무기에 의한 위협이나 행사가 국제법 규칙에 어긋난다는 입장을 밝힘으로써 1974년 핵실험 사건에서 취했던 소극적 태도에서 벗어나고 있다. ICJ는 환경이 나날이 위협을 받고 있으며, 핵무기의 이용이 환경에 재앙이 될 수 있다는 것을 인정한다. 또한 환경은 추상적 개념이 아니고, 태어나지 않은 세대(generations unborn)를 포함한 인류의 살아있는 공간이며, 삶의 질과 건강을 나타낸다고 인정함으로써 미래 세대의 이익까지 고려하고 있다. 뿐만 아니라 그 관할권 및 통제하에 있는 국가행위가 다른 국가나 국가관할권 밖의 지역의 환경을 존중할 일반적 의무의 존재는 국제환경법의 일부라고 봄으로써 환경오염에 대한 국가책임을 인정하고 있다.[10)] 법원은 핵무기와 관련된 일련의 조약들이 환경보호의무를 이유로 국제법상 자위권(right of self-defence) 행사를 뺏을 수 있다고 보지는 않지만, 국가가 합법적 군사목적을 추구함에 있어 필요성(necessity)과 비례성(proportionality)을 평가할 때 환경적 고려를 해야 한다고 보고 있다.[11)] 또한 환경보호에 관한 기존의 국제법이 핵무기 이용을 명시적으로 금지하지는 않지만 무력분쟁에 적용되는 법 원칙과 규칙 이행과 관련하여 적정하게 고려되어야 할 중요한 환경적 요소들을 나타내고 있다고 판단함으로써 핵무기 관련 국제법과 환경의 연관성을 인정하고 있다.[12)]

1997년 Gabčikovo-Nagymaros Project 사건은 환경권과 개발권이 정면으로 충돌하는 문제로, ICJ는 이 사례를 통해 환경문제를 본격적으로 다루게 된다. 이 사건에서 헝가리와 슬로바키아는 환경적 이익과 경제적 이익을 둘러싸고 분쟁을 일으키고 있으며, ICJ는 이들이 제시한 주장을 심리하는 과정에서 국제하

---

9) *Case Concerning Maritime Delimitation In The Area Between Greenland And Jan Mayen (Denmark v. Norway)*, *ICJ Reports*, 1993, pp.65-73, para.61-78.

10) *Legality of the Threat or Use of Nuclear Weapons, Advisory Opinion*, *ICJ Report*, 1996, pp.241-242, para.29.

11) *Ibid.*, p.242, para.30. 재판소는 이러한 접근방법이 리우선언 원칙 24에 의해 지지를 받고 있다고 보고 있다.

12) *Ibid.*, p.243, para.33.

천의 국경이동 환경자원 이용에 관한 관습법 원칙과 규칙, 생태적 긴급피난의 상태 이론, 국제하천 자원의 형평하고 합리적 분배에 대한 기본권, 지속가능발전의 원칙 등 국제환경법상의 법 원칙을 검토하고, ILC의 국제책임협약 초안 관련 조항을 분석하는 등 국제환경법적 관점에서 이 사건에 접근하고 있다.

그밖에 국제해양법원(ITLOS)은 1999년 남방 참다랑어 사건에 대한 결정을 통해 사전예방적 접근방법(precautionary approach)[13]을, 2001년 MOX Plant 사건을 통해 해양환경 오염의 예방을 위한 상호 협력의무를 명령[14]하고 있으며, WTO 패널(Panel)과 항소기구(Appellate Body)도 1998년과 2002년 새우-바다거북 사건을 통해 지속가능발전 개념과 환경보호의 중요성[15]을, 2001년 석면사건을 통해 인간의 건강과 생명 및 안전성의 중요성을 인정[16]하고 있다. 이와 같이 국제법원은 환경에 대해 소극적이던 태도로부터 차츰 환경적 고려를 중요시하고 이를 강화하는 방향으로 나아가고 있으며, 이것은 궁극적으로 국제사회가 지향하는 발전방향을 반영하고 있는 것이라고 볼 수 있다.

Ⅲ. Gabčikovo-Nagymaros Project 사건의 배경 및 법적 쟁점

1. 분쟁의 배경

헝가리와 체코슬로바키아는 1977년 체결된 Gabčikovo-Nagymaros 댐 공사 시스템의 건설 및 공동 운용에 관한 조약(Treaty Providing for the Construction and Joint Operation of the Gabčikovo-Nagymaros Barrage System)에서 Dunakiliti 댐과 저수지, Gabčikovo(체코슬로바키아 영토 내)와 Nagymaros(헝가리영토 내) 수력발전소를 포함한 댐 공사 시스템을 공동투자에 따라 건설, 운영하고, 다뉴브 강의 흐름을 우회시켰다가 원래의 물줄기로 되돌리기 위해 25km의 우회터널을 만들기로 합의

13) *Southern Bluefin Tuna Cases (New Zealand v. Japan, Australia v. Japan)*, International Tribunal For The Law Of The Sea, Order of 27 August 1999, pp.6-10, paras.28, 31, 32, 34.

14) *The Mox Plant Case (Ireland v. United Kingdom)*, International Tribunal For The Law Of The Sea, Order Of 3 December 2001, p.12, para.28.

15) *United States–Import Prohibition of Certain Shrimp and Shrimp Products (United States v. India, Malaysia, Pakistan, Thailand), WTO Appellate Body Report*, 1998, paras.127-130.

16) *European Communities–Measures affecting asbestos and asbestos–containing products*, WTO, T/DS135/AB/R, 12 March 2001, *Report of the Appellate Body*, para.192.

하였다. 이 프로젝트는 다뉴브 강가 Bratislava-Budapest 지역 자연자원의 광범위한 이용을 통해 수력발전 생산, 다뉴브 강의 항행개선, 홍수방지 댐의 보호 등을 목적으로 한 것이다.[17] 공사는 1978년부터 시작이 되었고, 헝가리의 제안에 따라 1983년에는 프로젝트를 지연시키는 의정서(Protocol)를, 1989년에는 가속화시키는 의정서를 채택하여 1977년 조약을 개정하였다.

1989년 봄 체코슬로바키아 측의 Gabčikovo 댐 공사가 거의 완공을 앞둔 단계에서[18] 헝가리 정부는 불투명한 경제적 전망과 환경보호를 이유로 프로젝트를 재평가해야 한다는 국내 비판여론에 따라 Nagymaros 댐과 Dunakiliti 댐 공사를 중지하였고, 그 후 Nagymaros 댐 건설 중단과 Dunakiliti 댐 공사의 현상 유지를 결정하였다.[19] 양측 사이에 외교사절 교환과 전문가의 협상이 있었으나 실패로 끝나고, 체코슬로바키아는 1991년 9월부터 "Variant C"라고 알려진 대안적 해결방법을 통해 Dunakiliti 10km 상류 지점에서 다뉴브 강물을 일방적으로 체코슬로바키아 영토로 전환하는 공사를 강행하였다.[20] 이에 대해 헝가리 정부는 1992년 5월 잠정조치와 독자적 결정에 공식적으로 항의하고 1977년 조약의 효력을 종료하는 각서(Note Verbale)를 전달함으로써 양국 간에 분쟁이 본격화되었다.[21]

2. 사안의 경과

1992년 10월 헝가리 정부가 ICJ에 분쟁사건의 소송 신청서를 접수시킨 직후, 체코슬로바키아는 다뉴브 강을 댐으로 막는 공사를 시작하여 강의 주요 부분을 우회터널로 전환하였다. 1993년 1월 1일 체코슬로바키아가 슬로바키아와 체코로 분리된 후, 같은 해 7월 협상을 통해 헝가리와 슬로바키아는 이 문제를 ICJ에 제기하기로 합의하였다. 이에 따라 양측 정부는 특별협정(1993 Special Agreement)을 체결하고, ICJ에 1977년 조약과 관련문서[22]에 따라 각 국가 행위의 합법성을

17) *Case Concerning The Gabčikovo-Nagymaros Project (Hungary v. Slovakia)*, *ICJ Report*, 1997, p.24, para.15.
18) 그 당시 Dunakiliti 댐은 90%, Gabčikovo 댐은 85%, 우회터널은 Gabčikovo 하류가 60%, 상류가 95% 완성되었으며, Dunakiliti-HruSov 저수지의 제방은 70 내지 98%가 완성된 상태였다. *Ibid.*, p.31, para.31.
19) *Ibid.*, p.25, para.22.
20) *Ibid.*, p.25, para.23.
21) *Ibid.*
22) 관련 문서로는 Agreement on mutual assistance(1977), Protocols(1989), Agreement as to the

판단해 주도록 의뢰하였다. 특별협정에는 ICJ 판결이 있을 때까지 운용하기 위한 다뉴브 강 임시 물 관리제도(temporary water management regime)의 설치가 포함되었다.[23] 분쟁의 대상이 되는 지역은 슬로바키아의 Bratislava와 헝가리 부다페스트 사이의 약 200km 구간으로, 다뉴브 강의 경사도가 급격히 낮아지고 자갈과 모래 침적토로 이루어진 충적토 평원이며 양 국가의 경계선을 이루는 주요 부분이다.[24]

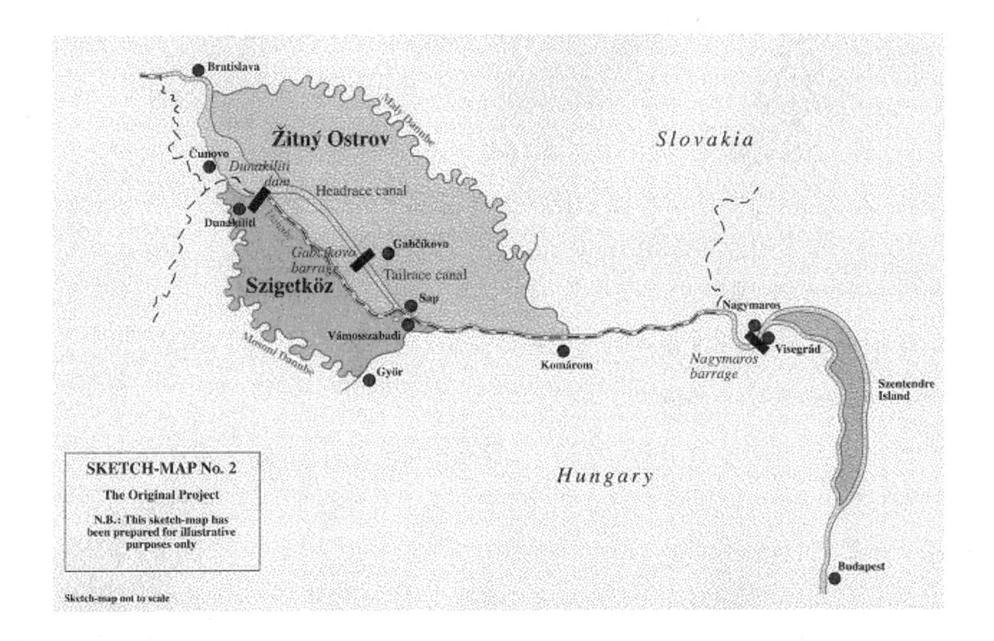

3. 법적 쟁점

이 사건의 주요 쟁점은 다음과 같다.

1) 헝가리가 Gabčikovo-Nagymaros Project의 공사를 중단하고 포기할 권리가 있는가?

2) 체코슬로바키아정부가 잠정적 해결책(provisional solution)으로 "Variant C"를 진행하고 운영할 자격이 있는가?

---

common operational regulations of Plenipotentiaries fulfilling duties related to the construction and operation of the Gabčikovo-Nagymaros Barrage System(1979). Joint Contractual Plan 등이 있다.

23) *Case Concerning The Gabčikovo-Nagymaros Project*, *supra* note 17, p.27, para.25.

24) *Ibid*., p.18, para.16.

3) 1977년 조약과 관련문서에 대한 헝가리정부의 종료 통보는 법적 효과가 있는가?

Ⅳ. ICJ 판결 요지

1. 1989년 헝가리의 프로젝트 공사 중단 및 포기 자격

ICJ는 먼저 1993년 특별협정 제2조 1항 (a) 규정에 따라 "헝가리 정부가 Nagymaros Project와 헝가리 정부 측 책임에 속하는 Gabčikovo Project 부분의 공사를 포기, 중단할 자격이 있는가?" 하는 문제에 대해 결정해 주도록 요구를 받았다.[25] 이 문제를 판단하는 과정에서는 1969년 조약법에 관한 Vienna 협약의 적용가능성과 행위의 위법성을 배제하는 근거로서 "생태적 긴급피난의 상태"의 인정 여부가 집중적으로 논의되었다.

1) 헝가리 정부의 주장

헝가리는 자국이 댐건설 작업은 중단하였지만 1977년 조약 자체의 적용을 중단한 것은 아니라고 주장하며, 자국 행위를 정당화하기 위해 생태적 긴급피난 상태의 이론을 내세웠다.

헝가리에 따르면 Gabčikovo-Nagymaros 수문 시스템은 Gabčikovo 수력발전소가 최고점의 방식(peak mode)으로 운행되도록 설계되어 있으며, 물은 전력이 최고로 많이 요구되는 시간에 하루 두 차례 수력발전소를 통과한다. 최고점의 방식으로 가동되기 위해서는 Nagymaros 댐뿐만 아니라 60㎢ 폭의 Dunakiliti 저수지까지 필요로 하는데, 이는 Gabčikovo 하류 수위의 조수효과 (tidal effects)를 줄이고 다양성을 감소시키게 된다. 헝가리는 그러한 시스템이 다뉴브 강의 자연스러운 흐름을 이용하여 발전하는 것(using run-of-the-river plants) 보다는 경제적이지만 많은 생태적 위험(ecological risk)을 가져온다고 주장하였다.[26] 즉 우기에는 방출되는 물의 양이 원래 초당 50㎥에서 200㎥로 급격히 늘어나고, 지하수 수면이 낮아져서 고갈될 우려가 있으며, Dunakiliti 저수지의 고인 물이 스며들어 장기적으로 수질이 심각하게 손상될 수 있다는 것이다. 지표수가 부영양

25) *Ibid.*, p.29, para.27.
26) *Ibid.*, p.35, para.40.

화할 위험과 충적토에서 서식하는 동식물의 멸종 우려도 주장되었다. 더욱이 Nagymaros 댐이 건설되는 경우 다뉴브 상류의 강바닥에 침적토가 쌓여 여과 수원(bank filtered well)에 저장된 물이 오염되고, Gabčikovo 수력발전소가 최고점의 방식으로 가동되는 경우 저수지 상류의 수위가 매일 변화하여 수중생태계를 위협한다는 것이다. 또한 Nagymaros 댐의 건설과 가동은 강 하류 바닥을 침식시키며, 수위를 낮추고, 부다페스트 시에 물 공급의 2/3를 제공하는 여과 수원의 수량을 감소시키며, 여과 층이 사라지게 되면 강 유역에 침전물이 쌓이고 그 결과 수질이 급격히 오염된다고 주장하였다. 헝가리는 이 모든 사실의 예견과 과학적 조사를 근거로 이미 1989년에 생태적 긴급피난의 상태가 존재하였다고 주장하였다. 체코슬로바키아가 댐 공사로 인한 생태적 위협을 고려하지 않고 공사를 계속할 것을 주장함으로써 1977년 조약 규정 중 수질 환경보호 관련 조항을 위반하고, 공동계약계획(Joint Contractual Plan) 제3조 2항에 따르는 환경영향의 연구를 적절히 수행하지 않은 것도 생태적 긴급피난을 충족시키는 요소라고 보았다.[27]

한편 헝가리는 1969년 조약법에 관한 Vienna 협약은 1977년 조약이 체결된 후 발효(1980년 1월 27일 발효)되었기 때문에 Vienna 협약을 적용해선 안 된다고 주장하였다.

2) 슬로바키아 정부의 주장

슬로바키아는 헝가리의 공사 중단과 포기가 1977년 조약에 대한 근본적 위반이라고 주장하며, 조약의무의 이행 중단이나 포기의 기초를 조약법 밖에서 찾는다는 입장에 반대하였다. 슬로바키아도 1969년 조약법에 관한 Vienna 협약이 1977년 조약에 적용될 수 없다는 것은 인정하였으나, Vienna 협약이 기존의 국제관습법 규칙을 반영하고 있고 특히 조약의 무효, 종료, 정지에 관한 규정을 명시하고 있으며, Vienna 협약이 양국 간에 발효된 후 헝가리 정부가 공기 단축을 내용으로 하는 1989년 의정서 서명 시 1977년 조약에 포함된 실질적 의무의 수락을 확인했다는 이유를 들어 Vienna 협약이 1989년 의정서를 포함하는 "계약적 법제도(contractual legal régime)"에 적용되어야 한다는 주장을 하였다.[28]

반면에 슬로바키아는 이 사안에 생태적 긴급피난의 상태 이론을 적용하는 것에 반대하였다. 슬로바키아는 헝가리가 주장하는 "긴급피난의 상태"는 조약

27) *Ibid.*, pp.35-36, paras.40-41.
28) *Ibid.*, p.37, para.43.

법에서 인정한 조약의무의 정지 이유를 구성하지 않으며, 동시에 생태적 긴급피난 또는 생태적 위험이 국제책임법과 관련하여 위법행위를 배제하는 상황을 구성하지 않는다고 주장하였다. 슬로바키아는 생태적 문제가 발생할 수 있음을 부인하지는 않지만, Gabčikovo 수력발전소의 운영방식에 대해 아직 합의에 이르지 못하였고 원래의 프로젝트가 1977년 이래 다양하게 변경을 해왔으며 앞으로도 변경할 수 있음을 강조하였다.[29)]

더욱이 슬로바키아는 자국이 1977년 조약을 위반하지 않았으며, 공동 계약계획에 관한 협정 제3조 2항 규정에 따르면 프로젝트의 환경영향 평가 연구의 책임이 전적으로 슬로바키아에게 있는 것이 아니라고 주장하였다. 또한 헝가리가 사전에 분쟁해결기구에 의뢰하도록 되어 있는 1977년 조약 제27조를 위반하여 댐 공사를 일방적으로 중단, 포기하였다고 비난하였다.[30)]

3) ICJ의 판결

i) 1969년 조약법에 관한 Vienna 협약의 적용가능성

ICJ는 여러 가지 측면에서 이 문제가 1969년 조약법에 관한 Vienna 협약 제60조부터 62조의 종료 및 정지 규정에 적용되고, Vienna 협약이 공사를 앞당기기로 한 1989년 의정서에 적용된다는 견해를 갖고 있지만, 이 사건에서 Vienna 협약을 적용 또는 적용하지 않는 문제를 자세히 논할 필요는 없다고 판단하였다. 마찬가지로 조약법과 국제책임법 관계의 문제를 논할 필요도 없다고 판단하였다. 협약이 발효하는가 하지 않는가, 또는 협약이 적절하게 폐기(denounce) 내지 정지(suspend)되었는가의 문제는 조약법에 속하는 것이고, 조약법과 양립하지 않는 협약의 폐기나 정지가 국제책임을 포함하는가를 평가하는 것은 국제책임법이라는 것이다. Vienna 협약은 조약이 합법적으로 포기 또는 정지될 수 있는 조건을 제한적 방식으로 규정하는 반면, 이러한 조건을 충족시키지 않는 포기나 정지는 협약 제73조의 범위에서 벗어나며 국제위법행위(internationally wrongful act)로서 국제책임을 지게 된다는 것이 ICJ의 판단이었다.

ICJ는 헝가리가 1989년 댐 공사의 정지와 포기를 선언할 때 1977년 조약의 적용을 중단하거나 거부한 것이 아니라는 헝가리의 주장을 수락하지 않았다. 그 당시 헝가리의 행동은 단지 1977년 조약과 1989년 Protocol 규정의 준수를 원하지 않는 표현으로 밖에 보이지 않으며, 헝가리 행위의 효과는 조약에서 표

29) *Ibid.*, p.37, para.44.
30) *Ibid.*, pp.37-38, para.45.

현하고 있는 "단일하고 분리할 수 없는(single and indivisible)" 댐 공사의 완성을 불가능하게 하는 것으로서 판단하였다. 더욱이 헝가리가 긴급피난의 상태를 원용할 때 스스로 국가책임법의 범주 내에 들어가기로 선택한 것이며, 긴급피난의 상태가 없으면 헝가리의 행위는 위법할 것이라고 보았다. 마지막으로 ICJ는 헝가리가 어떤 경우에도 긴급피난의 상태를 이유로 슬로바키아에 대한 배상의무를 면제받지 않을 것을 명시적으로 인정했음을 지적하고 있다.[31]

ii) 생태적 긴급피난의 상태

다음으로 ICJ는 헝가리의 국제책임을 면제해줄 수 있는 긴급피난의 상태가 있는지를 심리하였다. 당사국들이 긴급피난의 상태가 국제법위원회(International Law Commission: ILC)의 국제책임에 관한 협약 초안(draft Article on the Int'l Responsibility of States) 1회독 제33조 기준에 따라 평가되어야 한다는 데에 합의함에 따라 ICJ는 제33조에 제시된 기준에 대해 심사숙고하였다. 국제책임에 관한 협약 초안 제33조는 국제의무와 양립하지 않는 국가행위의 위법성을 배제하는 긴급피난 상태의 기준으로 5개의 조건을 제시하고 있다. ICJ는 긴급피난의 상태가 국제의무에 일치하지 않는 행위의 위법성을 판단하는 근거임을 인정하고, 헝가리의 행위가 이들 조건을 충족시키는 지를 판단하였다. 국제책임에 관한 협약 초안 제33조의 기준 중에서 이 사건과 관련된 조건은 다음과 같다.

① 국제의무의 위반은 위반행위를 한 국가의 '본질적 이익(essential interests)'에 의해 발생되어야 한다.
② 본질적 이익이 '중대하고 급박한 위험(against a grave and imminent peril)'에 의해 발생되어야 한다.
③ 문제의 행위가 본질적 이익을 보호하기 위한 '유일한 수단(only means)'이어야 한다.
④ 국제의무 위반행위는 상대국가의 '본질적 이익'을 심각하게 손상해서는 안 된다.
⑤ 위반행위 국가는 긴급피난 상태의 발생에 원인을 제공해서는 안 된다.[32]

---

31) *Ibid.*, p.39, para.48.

32) *Ibid.*, pp.39-41, paras.49-52. 2001년 채택된 국제위법행위에 대한 국가책임에 관한 협약 초안(Draft Articles on Responsibility of States for Internationally Wrongful Acts) 제2회독 제25조 "긴급피난(necessity)" 조항은 제1회독 33조와 유사한 규정을 두고 있다. 즉 중대하고 급박한 위험으로부터 국가의 본질적 이익을 보호하기 위한 유일한 수단이고 상대국가의 본질적 이익을 심각하게 손상하지 않은 경우 긴급피난의 원용을 허용하며, 문제의 국제의무가 긴급피난의 원용가능성을 배제하는 경우나 위반행위 국가가 긴급피난 상태에 원인을 제공한 경우에는 원용을 허용하지 않는다. 다만 1회독 제33조 2항 (a)의 "국가가 위반한 국제의무가 국제 강행규범에 속하는 경우에는 긴급피난 상태를 원용할 수 없다"는 규정은 2회독 제25조 규정에서 제외되었다.

ICJ는 Gabčikovo-Nagymaros의 프로젝트에 의해 영향을 받는 지역의 자연 환경에 대한 헝가리의 우려가 국제책임에 관한 협약 초안 제33조에 규정된 "본질적 이익"에 해당한다고 보았다. ILC는 평설에서 "본질적 이익"을 국가의 "존재(existence)" 문제에만 국한시켜서는 안 되고 특정한 사례에 비추어 전체적 문제를 판단해야 한다고 지적한 바 있다.[33] 동시에 "영토의 전부 또는 일부의 생태적 보존에 대한 중대한 위험"을 긴급피난의 상태가 일어날 수 있는 상황에 포함시키고,[34] 지난 20년간 생태적 균형(ecological balance)을 보호하는 것이 모든 국가의 본질적 이익을 보호하는 것이라고 보는 국가관행이 성립되어 왔음을 밝히고 있다.[35] 또한 ICJ는 핵무기의 위협 또는 이용에 관한 권고적 의견에서 재판부가 국가뿐만 아니라 전 인류를 위하여 환경 존중에 중요한 의미를 부과하였음[36]을 상기하였다.

그러나 헝가리가 원용하는 "위험(peril)"의 존재를 객관적으로 입증하기 위해서는 복잡한 과정을 필요로 하였다. 헝가리가 여러 차례 표명한 것처럼 Gabčikovo-Nagymaros 수문 시스템의 생태적 영향에 대한 심각한 "불확실성(uncertainties)"이 존재하였지만 그것만으로는 긴급피난의 요소를 충족시킨다고 보기가 어려웠다. ICJ는 관련시점에 적절하게 성립된 "위험"이 없으면 긴급피난의 상태가 존재하지 않으며, 단지 가능한 "위험"에 대한 우려만으로는 충분하지 않다고 보았다. 더욱이 긴급피난의 상태를 구성하는 "위험"은 동시에 "중대(grave)하고 급박(imminent)해야" 한다는 것이다. ILC는 평설에서 "극도의 중대하고 긴박한 위험은 실질적 시기에 이익에 대한 위협이 있어야만 한다"고 강조하고 있는데,[37] 법원의 관점에서 볼 때에 이것은 장기간 나타나는 "위험"은 관련 시점에서 성립하자마자 "급박해야"하고 위험의 현실화가 확실하고 불가피해야 한다는 것을 배제하지 않는 것으로 판단되었다. 이러한 관점에서 프로젝트의 Nagymaros 댐 공사 부분과 그 하류의 환경적 위험성, 식수 공급, Dunakiliti 저수지의 지표수의 수질과 이것이 지하수질 및 수중생태계에 미치는 영향 등을 고려한 결과, ICJ는 댐 건설 프로젝트로 인한 환경문제가 발생할 가능성을 인정하였다. 그러나 ICJ는 헝가리가 주장하는 "위험"이 1989년 Gabčikovo와 Nagymaros 댐 공사

33) *Yearbook of the International Law Commission, 1980, Vol.II, Part 2,* p.49, para.32.
34) *Ibid.*, p.35, para.3.
35) *Ibid.*, p.39, para.14.
36) *Legality of the Threat or Use of Nuclear Weapons, Advisory Opinion, supra* note 10, pp. 241-242, para.29.
37) *Yearbook of the International Law Commission, supra* note 33, p.49, para.33.

와 관련하여 충분히 성립되지 않았고 "급박"하지도 않았다고 판단하였다. 더욱이 1989년 당시 1977년 조약과 관련하여 긴급피난의 상태가 있었다고 하더라도 헝가리는 작위(commission) 또는 부작위(omission)에 의한 조약의무의 비준수를 정당화하기 위해 긴급피난의 상태를 원용할 수 없다고 보았다.[38]

iii) ICJ의 결론

위와 같은 판단에 비추어 ICJ는 프로젝트에 대한 헝가리의 생태적 우려는 '긴급피난'을 기초로 한 1989년의 공사 중단을 정당화하기에는 충분하지 않으며, 따라서 헝가리는 1989년에 Nagymaros Project와 Gabčikovo Project 공사의 일부를 중단, 포기를 할 자격이 없었다고 결론지었다.[39]

2. 체코슬로바키아의 "Variant C"의 진행 및 운영 자격

다음으로 ICJ는 특별협정 제2조 1항 (b)에 따라, 체코슬로바키아 연방공화국이 1991년 11월 "Variant C"를 진행하고 1992년 10월 이를 운영하기 시작할 자격이 있었는지를 심사숙고하였다. 체코슬로바키아는 1989년 헝가리가 공사를 중단하였을 때, 헝가리가 공사 재개를 계속 거부하면 일방적 조치를 취할 것을 통보하였고, 이러한 의사는 같은 해 10월 체코슬로바키아의 구두각서에도 나타나 있다. 체코슬로바키아가 여러 가지 방안 중에서 채택한 것은 독자적으로 "Variant C"를 추진하는 방식이었으며, 이것이 1977년 조약과 국경하천의 물 관리에 관한 협약(Convention regarding the Water Management of Boundary Waters, 1976), 주권원칙, 영토통합 및 국경 불가침 원칙, 국제하천에 관한 일반 관습법 규범 등에 대한 위반이라는 헝가리의 반발에도 불구하고 체코슬로바키아는 이를 강행하였다.[40]

1) 슬로바키아의 주장

슬로바키아는 Variant C의 진행과 운영이 국제위법행위를 구성하지 않는다고 주장하였다. 슬로바키아에 의하면 헝가리의 일방적 공사 중단과 포기로 인하여 체코슬로바키아가 1977년 조약에 의해 처음에 계획했던 공사의 이행이 불가능해졌으며, 따라서 체코슬로바키아는 원래의 프로젝트에 가능한 한 근접하

38) *Case Concerning The Gabčikovo-Nagymaros Project*, *supra* note 17, pp.41-46, paras.54-58.
39) *Ibid.*, p.46, para.59.
40) *Ibid.*, pp.47-50, paras.61-65.

는 해결방안을 추진할 자격이 있다는 것이다.

슬로바키아는 Variant C의 건설과 운영을 정당화하기 위해 "근접한 적용의 원칙(principle of approximate application)"을 원용하였으며, 이것이 1977년 조약의 목적뿐만 아니라 신의성실에 따라 이를 이행할 지속적 의무를 충족시키는 유일한 가능성이라고 주장하였다.[41] 그 외에도 슬로바키아는 헝가리의 위법행위로부터 발생하는 위험을 경감할 의무가 있고, 다른 국가의 위법행위로부터 발생하는 피해를 경감시키는 것은 신의성실에 따른 의무의 이행이라고 주장하였다. 슬로바키아로서는 이미 지출한 투자액뿐만 아니라 프로젝트 완공 실패에 따른 경제적, 환경적 손해를 포함한 피해가 막대하므로 Variant C를 이행할 자격이 있고 그것이 의무이기도 하며, Variant C는 대응조치(countermeasure)로서 정당화될 수 있다는 논리도 내세웠다.[42]

2) 헝가리의 주장

헝가리 정부는 체코슬로바키아의 Variant C 이행을 막기 위해 협상을 시도하였으며, 양 국가가 독자적 행위를 자제하고 공동연구를 한다는 양해 아래 1977년 조약에 기초한 모든 공사를 중단할 것을 제안하였다. 헝가리 정부는 체코슬로바키아가 Variant C에 대한 상호 이해 없이 독자적으로 추진하는 것은 선례에 없는 것으로서 헝가리 영토 통합과 국제법에 대한 중대한 위반이며, 1977년 조약과 양국 간의 우호관계에 반하는 것이라고 반발하였다.[43]

3) ICJ의 판결

ICJ는 헝가리가 수문 시스템 공사의 대부분을 철회하기로 결정함으로 인해 체코슬로바키아가 직면한 심각한 상황을 고려하였다. 이미 막대한 투자가 이루어졌고 Gabčikovo댐 건설과 우회터널이 거의 끝나가고 있었으며, 헝가리 자신도 방수로 운하(tailrace canal) 작업을 완성하는 조약상 의무를 적절하게 이행하던 단계에서 공사를 포기하였다. 더욱이 법원의 3자 사실 확인 보고서(report of tripartite fact-finding mission)에서도 공사 중인 댐 시스템을 이용하지 않는 경우 심각한 환경문제가 발생할 것이라고 판단하였다. 체코슬로바키아는 헝가리의 공사 중단과 포기를 조약 종료의 근거로서 원용할 수도 있었지만 그 대신 헝가리에게 조약 이행을 촉구하였고, 헝가리가 계속해서 이를 거부하고 협상이 결렬되

---

41) *Ibid.*, p.51, para.67.
42) *Ibid.*, pp.51-52, paras.68-69.
43) *Ibid.*, pp.47-48, 52, paras.62, 70, 71.

자 독자적이고 배타적으로 자국의 통제 하에서 자국의 이익을 위해 Gabčikovo 시스템을 운영하기로 결정하였음이 인정되었다.[44]

i) 근접한 적용의 원칙

ICJ는 체코슬로바키아가 주장하는 "근접한 적용의 원칙"[45]이 국제법 또는 법의 일반원칙(general principle of law)에 존재하는지의 여부를 결정하는 것이 필요하지 않다고 판단하였다. 왜냐하면 그러한 원칙이 존재한다고 할지라도 문제의 조약의 범위 내에서 수용되어야 하는데, Variant C는 1977년 조약의 가장 기본적 조건(cardinal condition)을 충족시키지 않는다는 것이다. 1977년 조약의 기본적 성격은 Gabčikovo-Nagymaros 수문 시스템의 건설을 단일하고 분리할 수 없는 공사 운영 시스템(single and indivisible operational system of works)을 구성하는 공동투자로서 규정하며, Gabčikovo-Nagymaros Project의 주요 작업을 공동 소유하고 이 공동재산을 통합된 단일체(co-ordinated single unit)로서 운영하는 것이다. 이 모든 것은 독자적 행위에 의해 수행될 수 없는데, Variant C는 표면상으로는 원래의 프로젝트와 유사하지만 법적 성격에서 뚜렷하게 구분된다는 것이 법원의 판단이었다.[46]

ii) 국제하천 자원의 형평하고 합리적 분배권

체코슬로바키아는 Variant C의 운영으로 다뉴브 강물의 80~90%를 차지하였다. 체코슬로바키아는 Variant C가 이미 헝가리가 동의한 내용이고, 조약의무를 이행하지 않기로 한 헝가리의 결정에 대해서 필요한 대응이라는 주장을 하였다. ICJ는 헝가리가 1977년 조약 체결시 다뉴브 강의 댐 건설과 우회터널로 강물을 전환하는 것에 동의한 것은 사실이지만 이것은 헝가리가 동의한 공동운영과 이익 분배를 전제로 하는 것이라고 판단하였다. 그리고 그러한 동의의 정지 및 철회가 헝가리의 법적 의무 위반을 구성하기는 하지만, 그것이 헝가리가 국제하천 자원의 형평하고 합리적 분배권을 박탈한 것은 아니라고 보았다. 따라서 ICJ는 체코슬로바키아가 Variant C를 운영하기 시작함으로써 1977년 조

---

44) *Ibid.*, pp.52-53, paras.72-73.

45) 1956년 ICJ의 South West Africa 위원회의 청원자 청문회에서 Sir Hersch Lauterpacht 판사는 "지속적 유효성이 있는 법적 문서가 당사국 일방의 행위 때문에 사실상 적용될 수 없는 경우에는, 그 당사국이 자신의 행위를 이용하도록 허용하지 않고 원래의 목적에 가장 근접하는 방식으로 적용되어야 한다는 것이 건전한 법의 원칙(sound principle of law)이다."라는 개별의견을 제시하였으며, 체코슬로바키아는 이 이론을 원용하였다. *Ibid.*, p.53, para.75.

46) *Ibid.*, p.53-54, paras.76-77.

약을 적용하지 않았고, 조약의 명시적 규정 중 일부를 위반하였으며 이는 국제적 위법행위를 구성한다고 결론지었다. 한편 ICJ는 국제위법행위가 성립하는 시점을 결정함에 있어서 사전행위(preparatory actions)와 위법행위 자체를 구분하였다. ICJ는 1991년 11월부터 1992년 10월 사이에 체코슬로바키아가 자국 영토 내에서 Variant C의 이행에 필요한 작업을 실시하였는데, 양국 간에 합의가 이루어졌으면 이 작업을 포기할 수 있었고 따라서 최종결정이 미리 예정된 것이 아니라는 점에 주목했다. 다뉴브 강에 독자적으로 댐을 쌓는 것이 아닌 한 Variant C는 사실상 적용될 수 없었을 것이므로 이는 위법행위 내지 불법행위(offence)보다 선행하는 사전행위이고, 불법행위는 아니라는 것이다.[47]

슬로바키아는 자국이 Variant C를 운영할 때 피해를 감소시킬 의무에 따르고 있으며, 다른 당사국의 불이행으로 피해를 입은 당사국은 자국이 입는 피해를 경감하도록 노력해야 하는 것이 일반 국제법 원칙이라고 설명하였다. 그러나 법원은 이 원칙이 피해 산출의 기초가 될 수는 있지만 위법행위를 정당화하지는 않는다고 보았다.[48]

iii) 대응조치와 비례성

ICJ는 체코슬로바키아의 행위는 합법적 대응조치를 충족시키지만, 대응조치의 효력은 자국이 입은 피해에 상응하고 문제의 권리를 고려해야 한다고 보았다. ICJ는 1929년 PCIJ가 Oder 강의 항행에 관한 판결에서 "항행할 수 있는 강에 대한 이익의 공유는 공통된 법적 권리의 기초가 되고, 그 본질적 특징은 모든 하천국가의 하천이용의 완전한 형평과 특정 국가의 우선적 특권 배제(exclusion of any preferential privilege)"라고 기술하였고,[49] 현대 국제법 발전도 국제수로의 비항행적 이용(non-navigational uses of international watercourses)에 이 원칙을 강화하고 있을 뿐만 아니라 1997년 국제수로의 비항행적 이용법에 관한 협약[50]에서도 이를 적용하고 있음을 상기하였다. 그러나 체코슬로바키아는 공유자원에 대해 독자적으로 통제를 하였고, 그에 따라 다뉴브 강의 자연자원을 형평하고 합리적으로 분배할 헝가리의 권리를 침해하고 하천유역의 생태계에 대해 다

---

47) *Ibid.*, p.54, paras.78-79.

48) *Ibid.*, p.55, paras.80-81.

49) *Territorial Jurisdiction of the International Commission of the River Oder, Judgment No.16, 1929, PCIJ, Series A, No.23*, p.27.

50) The Convention of on the Law of the Non-Navigational Uses of International Watercourses, 1997.

뉴브 강물의 우회 효과를 지속적으로 줌으로써 국제법이 요구하는 비례성을 존중하지 못하였으며, 헝가리의 동의 없이 다뉴브 강을 일방적으로 전환한 것도 비례성에 어긋나므로 합법적 대응조치라고 볼 수 없다고 판단하였다.[51]

iv) ICJ의 결론

위와 같은 판단에 따라 ICJ는 체코슬로바키아가 1991년 11월 최종결정이 정해지지 않은 작업에 착수한 범위 내에서는 "Variant C"를 진행할 자격이 있었지만, 1992년 10월부터 "Variant C"를 운영할 자격은 없었다는 답변을 하였다.[52]

3. 헝가리 정부의 1977년 조약 및 관련문서의 종료 통보의 법적 효과

세 번째로 ICJ는 1993년 특별협정 제2조 1항 (c)의 규정에 따라 헝가리 정부의 1977년 조약 및 관련문서의 종료 통보의 법적 효과를 결정하기 위해 심사숙고하였다.

1) 헝가리 정부와 슬로바키아 정부의 주장

헝가리는 1977년 조약의 종료 통보의 합법성과 유효성을 뒷받침하기 위해 긴급피난의 상태, 조약 이행의 불가능성, 근본적 사정변경 발생, 체코슬로바키아에 의한 중대한 조약 위반, 새로운 국제환경법 규범의 발전 등 5가지 근거를 제시하였다. 이에 대해 슬로바키아는 이들 근거를 모두 반박하였다.[53]

2) ICJ의 판결

i) 긴급피난의 상태

긴급피난의 상태에 대해 헝가리는 체코슬로바키아가 입장을 굽히지 않았고 Variant C의 이행을 계속했기 때문에 임시적 긴급피난의 상태가 결국 영구적이 되었다고 주장하며 1977년 조약의 종료를 정당화하였다. 슬로바키아 측에서는 긴급피난의 상태가 과학적 사실로 받아들일 수 있는 기초 위에서 존재한다는 것을 부인하고, 설사 긴급피난의 상태가 존재한다고 하더라도 1969년 조약법에 관한 Vienna 협약에 따라 조약을 종료할 권리를 발생시키지 않는다고 주장하였다.[54]

이에 대해 ICJ는 긴급피난의 상태가 존재하더라도 조약 종료의 근거가 되

---

51) *Case Concerning The Gabčikovo-Nagymaros Project, supra* note 17, pp.56-57, paras.85-87.

52) *Ibid.*, p.57, para.88.

53) *Ibid.*, p.58, para.92.

54) *Ibid.*, pp.58-59, para.93.

지 않는다고 보았다. 그것은 단지 조약을 이행하지 않은 국가의 책임을 면제하기 위해 원용될 수 있을 뿐이며, 정당화된다고 하더라도 긴급피난의 상태는 조약을 종료시키지는 않는다는 것이다. 즉 긴급피난의 상태가 계속 존재하는 한 조약은 효력이 없을 수 있고 일시적으로 효력이 정지될 수는 있지만, 당사자가 상호협약에 의해 조약을 종료시키지 않는 한 조약이 계속해서 존재하고, 긴급피난의 상태가 중단되면 조약의무의 준수의무는 되살아난다는 것이 ICJ의 판단이었다.[55)]

ii) 이행불능(Impossibility of performance)

헝가리는 조약법에 관한 Vienna 협약 제61조에 반영된 이행불능 원칙을 내세웠다. 그러나 헝가리의 제61조 해석은 그 조항의 규정과 일치하지 않고, 협약을 채택한 외교회의의 의도와도 일치하지 않았다. 제61조 1항은 "조약 이행에 절대적으로 중요한 목적(object)의 영구적 소멸(disappearance) 또는 파괴"시 이행불능을 근거로 한 조약의 종료를 정당화하도록 요구하고 있다. 그 당시 외교회의에서는 이 조항의 범위를 확대하자는 제의가 있었으나 참석국가들은 이를 받아들이지 않았었다. 헝가리는 환경보호와 일치하고 두 당사국에 의해 공동으로 운영되는 경제적 공동 투자라는 조약의 본질적 목적이 영구적으로 소멸되었고, 따라서 조약 이행이 불가능하게 되었다고 주장하였다.

ICJ는 조약법에 관한 Vienna 협약 제61조의 "목적(object)"이라는 용어가 법적 제도를 포함하는 것으로 이해될 수 있는지를 결정할 필요가 없고, 만일 포함되는 것으로 보더라도 법적 제도가 결정적으로 중단되지 않았다고 보아야 한다고 판단하였다. 1977년 조약, 특히 제15, 19, 20조는 당사국이 협상에 의해 경제적 규범과 생태적 규범 사이에 요구되는 재조정을 하도록 규정하고 있으며, 만일 공동 투자 개발이 더 이상 가능하지 않다면 그것은 헝가리가 1977년 조약하에 책임있는 공사의 대부분을 수행하지 않았기 때문이라는 것이다. 더욱이 Vienna 협약 제61조 2항은 이행불능이 일방 당사국의 조약의무 위반으로 초래되었을 때 조약 종료를 위해 이를 원용할 수 없다고 명시하고 있다고 지적함으로써, ICJ는 헝가리의 주장을 받아들이지 않았다.[56)]

iii) 근본적 사정변경(Fundamental change of circumstances)

헝가리는 심각한 정치적 변화, 프로젝트의 성장가능성 감소, 환경적 지식과

---

55) *Ibid.*, p.63, para.101.
56) *Ibid.*, pp.63-64, paras.102-103.

국제환경법의 새로운 규범의 발달 등을 내세워 근본적 사정변경을 주장하였다.

이에 대해 ICJ는 1973년 어업관할권 사건에서 "조약법에 관한 Vienna 협약 제62조는 상황변화를 이유로 한 조약관계의 종료에 관한 기존 관습법의 성문화로 간주될 수 있다"[57]는 판결을 상기하였다. 현 상황은 분명히 1977년 조약의 체결과 관련이 있었다. 그러나 조약은 전기 생산, 홍수 조절, 다뉴브 강 항행 개선을 위한 공동 투자 프로그램을 규정하고 있었다. ICJ의 견해로는 현재의 정치적 조건은 조약의 목적과 밀접하게 연관되어 있지 않으며, 이들 조건이 당사자 동의의 본질적 기초를 구성하고 있기는 하지만 정치적 상황이 변하더라도 이행해야할 의무의 범위를 완전히 바꾸지는 않는다고 보았다. 또한 1977년 조약 체결 당시의 경제체제도 마찬가지라고 보았다.

ICJ는 환경지식과 환경법의 새로운 발전을 완전히 예견할 수 없었다고 볼 수는 없고, 더욱이 1977년 조약의 제15, 19, 20조는 변화에 적응하도록 되어 있었다는 점에 주목하였다. 따라서 헝가리가 주장하는 사정변경은 법원의 견해로는 개별적이든 집단적이든 프로젝트를 완성하기 위해 이행되어야 할 의무의 범위를 급격히 변화시키는 성격의 것은 아니라고 판단하여 이를 기각하였다.[58]

iv) 조약의 중대한 위반(material breach)

헝가리는 체코슬로바키아가 1977년 조약의 제15, 19, 20조와 그 밖의 다른 협약 및 일반 국제법 규칙을 위반하였고 Variant C의 계획, 건설과 운영이 조약의 중대한 위반이므로 1977년 조약을 종료할 권리가 있다는 주장을 하였다.

이에 대해 ICJ는 조약 종료의 근거로서 의존할 수 있는 것은 해당 조약 자체의 중대한 위반이라고 봄으로써 다른 협약 기타 일반 국제법 규칙에 대한 논의를 배제하였다. 체코슬로바키아가 환경에 관한 새로운 과학적, 법적 발전에 따라 공동계약계획을 수정하기 위한 협상을 거절함으로써 당사국이 공동으로 수질, 자연, 어업이익을 보호하는데 필요한 적절한 조치를 지속적으로 취하도록 규정되어 있는 1977년 조약 제15, 19, 20조를 위반하였다는 헝가리의 주장에 대해서는 체코슬로바키아가 협의를 거절했다고 볼만한 충분한 근거가 없다고 판단하였다. 또한 헝가리가 "조약의 중대한 위반"을 원용하는 주요한 논거로서 제시한 Variant C의 건설과 운영과 관련하여, ICJ는 체코슬로바키아가 1992년 10월 다뉴브 강물을 우회터널로 전환시켰을 때 비로소 조약을 위반했음을 확인한

57) *Fisheries Jurisdiction Case, ICJ Reports*, 1973, p.63, para.36.
58) *Case Concerning The Gabčikovo-Nagymaros Project, supra* note 17, pp.64-65, para.104.

바 있다. 체코슬로바키아는 Variant C의 운영을 위해 공사를 하는 과정에서는 위법행위를 하지 않았다. 그러므로 ICJ의 견해로는 1992년 5월 19일 헝가리가 조약의 종료를 통보한 것은 시기상조였다. 그 당시 체코슬로바키아의 조약 위반은 아직 발생하지 않았고, 따라서 헝가리는 조약 종료의 근거로서 어떠한 조약 위반도 원용할 자격이 없다는 것이 ICJ의 판단이었다.[59] 따라서 ICJ는 헝가리의 주장을 기각하고, 헝가리가 일방적으로 1977년 조약을 종료시킨 행위가 법적 효과를 갖지 않는다고 판단하였다. 물론 ICJ는 체코슬로바키아가 Variant C를 운영함으로써 국제위법행위를 하였음을 간과하지 않았다.

v) 새로운 환경 규범(new environmental norms)의 발전

끝으로 ICJ는 환경보호를 위한 새로운 국제법의 요건(requirements)이 조약 이행을 배제했기 때문에 1977년 조약을 종료할 자격이 있다는 헝가리의 주장을 다루었다.

ICJ는 양 당사국 중 아무도 1977년 조약 체결 이후 새로운 환경법 강행규범(new peremptory norms of environmental law)이 나타났다고 주장하지 않았다는 점에 유의하였다. 따라서 조약법에 관한 Vienna 협약 제64조(강행규범 출현 시 조약의 무효 및 종료에 관한 조항) 규정은 검토할 필요가 없었다.

반면에 ICJ는 새로이 발전된 환경 규범이 조약 이행과 관련이 있고, 당사국들이 협의에 의해 이를 조약 제15, 19, 20조에 적용함으로써 새로운 국제법 규범을 반영할 수 있었다고 지적하였다. 이들 조항은 특별한 이행의무를 포함하지는 않지만 당사국들이 다뉴브 강의 수질을 손상하지 않고 자연을 보호할 것을 보장하는 의무를 이행함에 있어서, 공동계약계획에 명시된 수단을 합의할 때 새로운 환경 규범을 고려하도록 요구하고 있다. 당사국들은 1977년 조약에 이러한 발전적 규정을 삽입함으로써 프로젝트를 수정하기 위한 잠재적 가능성을 인식하고 있었다. 조약은 새로이 등장한 국제법 규범에 적응할 수 있도록 개방되어 있으며, 제15조 및 19조에 의해서 새로운 환경 규범이 공동계약계획에 반영될 수 있었다. 제15조 및 19조에 반영된 새로운 환경 규범중 하나는 환경영향평가로서, 프로젝트가 시작되기 이전의 평가뿐만 아니라 프로젝트가 운영되는 동안 지속적으로 평가하고 발전하는 것을 포함한다.[60] ICJ는 환경의 취약성

---

59) *Ibid.*, pp.65-67, paras.105-109.

60) *Separate Opinion of Vice-President Weeramantry, Case Concerning The Gabčikovo-Nagymaros Project, ICJ Report*, 1997, p.111.

과 환경적 위험이 지속적 기초위에서 평가되어야 한다는 인식은 조약이 체결된 이후 더욱 강화되어 왔으며, 이러한 새로운 관심사는 제15조, 19조 및 20조와의 관련성을 높여왔다는 점에 주목하였다.[61)]

그러나 ICJ는 양 당사국이 환경적 관심사를 진지하게 받아들이고 필수적 예방조치를 취할 필요성에는 합의하였지만, 그들은 이것이 근본적으로 공동 프로젝트에 대해 갖는 결과에 대해서는 합의하지 않았음을 인정하였다. ICJ는 이에 대한 해결책을 제시하지 않고, 이러한 경우에 당사국들이 유연한 입장을 취한다면 제3자 개입(third-party involvement)이 해결책을 찾는데 유익하고 도움이 될 수 있다고 권고하였다.[62)]

vi) ICJ의 결론

ICJ는 헝가리와 체코슬로바키아가 1977년 조약상의 의무를 준수하지 못했지만 이러한 상호 위법행위는 조약을 종료시키거나 종료를 정당화하지 못한다는 판단을 하였다. 이와 같은 결론에 따라 ICJ는 1992년 헝가리의 조약 종료 통보는 1977년 조약과 관련 문서를 종료시키는 법적 효과를 갖지 않는다는 판결을 내렸다.[63)]

4. 프로젝트의 미래 이행에 대한 결정-지속가능발전 개념

ICJ는 특별협정 제2조 1항의 질문에 대한 답변은 선언적 성격으로서 당사국들의 과거 행위를 다루고, 조약의 존재 여부뿐만 아니라 1989년과 1992년 사이에 행하여진 행위의 합법성 또는 위법성을 결정하는 것이라고 보았다. 이제 ICJ는 앞에서 내린 판결을 바탕으로 당사국들의 미래 행위를 결정해야 했다. 이것은 당사국의 권리와 의무를 결정하기 때문에 선언적이기보다는 명령적 성격을 지닌 판결이었다.

ICJ는 1977년 조약이 아직도 효력을 발생하고 있고 양국 간의 관계를 규율하고 있다고 판단하고 있으며, 이것이 가장 중요한 점이라고 보았다. 또한 이러한 관계는 양 국가가 당사국인 다른 관련 협약의 법규와 일반 국제법 규칙, 국제책임에 관한 규칙에 의해서 결정되지만, 특히 특별법(lex specialis)으로서 1977

---

61) *Case Concerning The Gabčikovo-Nagymaros Project*, *supra* note 17, pp.67-68, para.112.
62) *Ibid.*, p.68, para.113.
63) *Ibid.*, pp.68-69, paras.114-115.

년 조약의 적용 가능한 규칙에 의해 규율이 된다고 보았다.[64] 물론 조약이 여러 해 동안 각 당사국에 의해 충분히 이행되지 못하였고 그들의 작위와 부작위가 현재 존재하는 실질적 상황(factual situation)을 초래하였다는 점은 간과할 수 없지만, 본질적 것은 가능한 한 조약 목적을 달성하기 위해 1989년 이래 진행되어온 이러한 실질적 상황이 발전적 조약 관계의 관점에서 평가되어야 한다는 점이었다.[65]

ICJ가 지적한 바와 같이 1977년 조약은 에너지 생산을 위한 공동투자 프로젝트일 뿐만 아니라 다뉴브 강의 항행 개선, 홍수 통제, 자연환경의 보호 등을 위해 채택된 것이다. 이들 목적 중 어느 것도 다른 것에 비해 절대적 우선순위를 갖지 않고 중요성에서 뒤지지 않으며, 당사국은 이들 목적을 달성하기 위해 행위의 의무, 이행의 의무, 결과의 의무를 수락하였다. 1977년 조약에 따라 이러한 목적은 통합되고 강화된 프로그램에서 달성되고 공동계약계획에서 발전되어야 하며, 공동계약계획은 또한 수질 보존과 환경보호의 목적을 달성하기 위한 수단으로서 명시되어 있었다. 판결이 내려진 후 이행방식을 협의하는 협상에서도, 당사국들은 1977년 조약에 따라 조약의 다양한 목적을 모두 실행하고 이를 가장 잘 만족시키는 방법으로 고려해야 할 법적 의무가 있었다.[66]

ICJ는 당사자 사이의 미래 협상에서 환경에 대한 프로젝트의 영향력과 의미가 주요한 포인트라고 강조하였으며, 환경위험에 대한 평가는 현재의 기준을 고려하여 취해져야 한다고 보았다. 또한 '환경의 피해는 돌이킬 수 없기 때문에, 그리고 이러한 형태의 피해를 회복하기 위한 기구에는 본질적으로 한계가 있기 때문에' 환경보호 분야에서 경계(vigilance)와 예방이 필요하다는 점에 유의하였다.

여기에서 ICJ는 환경적 고려와 발전적 고려 사이의 균형점으로서 지속가능발전의 원칙을 제시하고 있다.[67] ICJ에 따르면 과거에는 자연에 대한 인간의 개입이 환경적 영향을 고려하지 않고 이루어졌으나 새로운 과학적 이해가 발달하고 인간의 개입이 현 세대 및 미래 세대를 위태롭게 한다는 인식이 확대됨에 따라 새로운 규범과 기준이 발달하게 되었다. 이러한 새로운 규범과 기준은 국

64) *Ibid.*, p.76, para.132.
65) *Ibid.*, p.76, para.133.
66) *Ibid.*, p.76-77, paras.135-139.
67) 헝가리와 슬로바키아도 지속가능발전의 원칙을 분쟁 해결에 적용하는 데 동의하였으나, 댐 건설 프로젝트의 환경적 영향에 대해서는 서로 의견을 달리하였다. *Separate Opinion of Vice-President Weeramantry, supra* note 60, pp.89-90.

가들이 새로운 활동을 고려할 때뿐만 아니라 과거에 시작된 활동을 계속하는 경우에도 고려해야 한다. ICJ는 경제적 발전과 환경보호를 조화시켜야 할 이러한 긴급피난은 지속가능발전의 개념에 적절하게 표현되어 있다고 지적하고 있다.

ICJ는 이 사건에서 지속가능발전이란 '당사국들이 Gabčikovo 수력발전소의 운영이 환경에 대해 미치는 영향을 재고하고(look afresh), 특히 강물이 다뉴브강 원래의 강줄기와 체코슬로바키아가 새로 만든 다뉴브 강 양변의 지류로(side-arms on both sides of the river) 다 같이 방출되도록 만족할 만한 해결책을 찾는 것이라고 보았다. 이것은 Gabčikovo-Nagymaros 수력발전소 운영에서 환경적 측면을 강화하고, 다뉴브 강물을 일방 당사국이 독점하는 대신 양 국가가 평화롭게 분배하는 해결책을 찾음으로써 지속가능발전 개념에 따라 프로젝트를 이행할 것을 요구하고 있는 것이다. 그러나 ICJ는 당사국 사이의 협상의 최종 결과를 결정하는 것은 법원이 아니며, 당사국 스스로 '조약의 목적을 고려하는 합의된 해결책을 찾되, 국제환경법 규범과 국제하천법 원칙뿐만 아니라 공동의 통합된 방법으로 추구하도록' 지시하였다. 또한 이 사건에서 조약법에 관한 Vienna 협약 제26조에 반영된 "pacta sunt servanda(약속은 지켜야 한다)" 원칙에 따라 당사국들이 조약의 협력적 관계 내에서 합의된 해결책을 찾을 것을 요구하였다. 즉 당사국은 신의성실의 원칙(principle of good faith)에 따라 조약 목적이 실현될 수 있는 합리적 방식으로 조약을 적용할 의무가 있으며, 신의성실에 따라 협상에 임해야 한다는 것이다.[68]

1977년 조약은 공동투자 프로그램과 제도를 확립하고 있다. ICJ는 이 조약에 따라 수문시스템의 주요 구조는 당사국의 공동재산으로서 그 운영은 통합된 단일 체제를 이루며 이익은 형평하게 공유되어야 한다고 보고, 조약이 아직 효력을 발생하고 있으므로 당사국들이 달리 합의하지 않는 한 공동제도가 회복되어야 한다고 판단하였다.[69] 이에 따라 공동 재산을 구성하는 수문 시스템은 양 당사국의 공인 기관에 의해 공동으로 합의된 운영절차에 따라 통합된 단일체로서 운영되어야 하고, 당사국 일방이 소유하는 수문 시스템 공사는 공동 규정된 방식에 따라 당사국 기관에 의해 독립적으로 운영되어야 한다고 보았다.

---

68) *Case Concerning The Gabčikovo-Nagymaros Project, supra* note 17, pp.78-79, 140-143.
69) *Ibid.*, p.79, para.144.

5. 국제위법행위에 대한 배상

양 당사국에 의해 취해진 국제위법행위에 대한 배상(reparation) 문제에서 ICJ는 배상은 가능한 한 위법행위의 결과를 모두 제거해야 한다고 보았다. 따라서 이 사건에서 양 당사국이 다뉴브 강의 공유 하천자원 이용에 관한 협력을 재개하고, 하천의 이용, 개발, 보호를 위한 통합된 단일 체제 형태의 다목적 프로그램이 형평하고 합리적 방식으로 이행되는 경우 양 당사국의 위법행위의 결과는 가능한 한 제거될 것이라고 보았다.

특별협정 전문에 따라 양 당사국은 슬로바키아가 Gabčikovo-Nagymaros Project와 관련한 권리·의무에 관하여 체코슬로바키아의 유일한 승계국가라는 데 합의했기 때문에, 슬로바키아는 그 자신의 위법행위뿐만 아니라 체코슬로바키아의 위법행위에 대해 모두 책임이 있었고, 헝가리의 위법행위로 인한 피해에 대해서도 배상을 받을 자격이 있다고 판단되었다.[70)]

그러나 ICJ는 지불해야 할 피해배상액을 결정하지는 않았다. 양 당사국이 상당한 재정적 손실과 이에 대한 금전적 배상을 요구하였지만, 양 당사국 모두 국제위법행위를 하였고, 이로써 상대국가에게 피해를 입혔기 때문에 피해 배상을 해야 할 의무와 배상받을 권리를 모두 갖고 있었다. 슬로바키아는 Nagymaros와 Dunakiliti에서 댐 공사를 중단하고 포기한 헝가리의 결정에 따라 Gabčikovo 수력발전소의 가동을 연기하고 가동방식을 변경함으로써 받은 피해에 대해 배상을 요구할 자격이 있고, 헝가리는 체코슬로바키아가 Variant C를 운영함으로써 다뉴브 강의 흐름을 변경하고 공유 수자원의 합법적 지분을 박탈하고 이들 자원을 자국만의 이익을 위해 개발함으로써 받은 피해에 대해 배상을 받을 자격이 있었다. 그러나 양 당사국에 의한 상호 위법행위가 있기 때문에 만일 당사국 각각이 재정적 요구나 반대요구를 포기하거나 취소하는 경우, 법원은 배상문제가 분쟁해결의 테두리 내에서 만족스럽게 해결되기를 바란다는 것이 ICJ의 입장이었다.[71)]

동시에 ICJ는 공사비용의 해결은 배상문제와는 별개의 것이며, 1977년 조약과 관련문서에 따라 해결되어야 한다고 보았다. 그리고 헝가리가 Čunovo 복합

---

70) *Ibid.*, p.81, para.151.
71) *Ibid.*, p.81, paras.152-153.

시설의 운영과 이익을 공유하기를 원한다면 건설과 운영비용을 적절하게 부담해야 한다고 덧붙였다.[72]

V. 평 석

Gabčikovo-Nagymaros Project 사건은 ICJ가 환경문제를 본격적으로 다룬 첫 번째 판례이다. 이 사건에서 헝가리와 체코슬로바키아는 각각 환경적, 생태적 이익과 경제적 이익을 내세워 다목적 댐 건설에 대해 서로 대립되는 입장을 견지하였다. 양 국가가 다목적 댐을 건설하기 위해 체결한 1977년 조약은 수질보호 등 환경보호 조항이 포함되어 있었고 관련문서인 공동계약계획은 환경영향평가를 규정하는 등 조약체제가 환경관련 규정을 두고 있었지만, 실제로는 공사 과정에서 다뉴브 강의 수질과 생물다양성에 미치는 영향을 적절히 평가하지 못하였고 생태적, 환경적 고려가 충분히 이루어지지 않았다. 특히 슬로바키아는 프로젝트를 독자적으로 이행함에 있어서 생태적 문제를 고려하거나 적절한 환경영향평가를 하지 못하였다.

이 사건에서 ICJ는 프로젝트의 환경적 측면에 중점을 두고 접근하였으며, 분쟁 발생 이전의 프로젝트 이행 과정을 판단하고 미래의 프로젝트 이행을 결정함에 있어서 환경적 고려의 중요성을 확인하고 있다. 이 과정에서 ICJ는 관련 행위가 일어난 1989년과 1992년 당시의 국제법을 중심으로 적용하는 경향을 보여주고 있다. 이러한 입장에 따라 ICJ는 생태적 긴급피난, 새로운 환경규범, 환경영향평가, 지속가능발전 등의 국제환경법 규범 내지 기준을 인정하고 있으며, 사전예방의 원칙 등 최근에 발전된 국제환경법 원칙은 적용하지 않고 있다.

ICJ는 생태적 긴급피난의 개념을 인정함으로써 국제환경법 발전에 중요한 기여를 했다는 평가를 받고 있다. 헝가리는 1989년 프로젝트 공사 중단 당시 생태적 긴급피난의 상태가 존재하였기 때문에, 공사 중단에 대한 국제책임이 면제된다는 주장을 하였다. ICJ는 ILC의 국제책임에 관한 협약 초안 제33조 기준에 대해 심사숙고한 결과, Gabčikovo-Nagymaros 프로젝트에 따르는 환경적 우려가 제33조 기준 중 헝가리의 "본질적 이익"에 해당하지만, 1989년 항가리가 공사를 중단할 때 환경적 "위험"이 "중대하고 급박"하지 않았기 때문에 긴급피

72) *Ibid.*, p.81, para.154.

난의 상태가 존재하지 않았다고 판단하였다. 더욱이 긴급피난의 상태가 존재한다고 하더라도 헝가리가 조약의무의 비준수를 정당화하기 위해 긴급피난의 상태를 원용할 수 없고, 정당화된다고 하더라도 조약이 종료되지는 않는다고 판단하였다. 이러한 ICJ의 태도는 환경적 위험과 관련하여 생태적 긴급피난의 상태를 인정하되, 이를 남용하는 것은 허용하지 않는다는 입장을 보여주는 것이다.

다음으로 ICJ는 수력발전 시스템의 운영에서 새로 발전된 국제 환경규범의 적용가능성을 인정하고, 프로젝트와 관련한 환경위험이 현재의 환경기준에 비추어 지속적으로 평가될 필요성이 있음을 확인하였다. ICJ에 따르면 당사국들은 협의에 의해 1977년 조약 제15조, 19조, 20조와 공동계약계획에서 새로운 국제 환경규범을 적용하고 고려할 수 있도록 발전적 규정을 두고 있다. 특히 제15조와 19조는 당사국들이 수문 시스템의 건설과 운영과 관련하여 다뉴브의 수질을 보존하고 자연을 보호하기 위해 지속적 의무를 부담하도록 규정하고 있다.

이 사건의 재판관인 Weeramantry 판사는 개별 의견을 통해서 이들 조항이 환경영향평가를 반영하고 있으며, 프로젝트가 시작되기 전 뿐만 아니라 프로젝트가 지속되는 동안 모니터링(monitoring)의 개념을 포함하고 있다고 견해를 밝히고 있다. 이때 지속적 모니터링에 적용되는 기준은 프로젝트가 시작되었을 때의 기준이 아니라 평가시 라고 보고 있다. Weeramantry 판사에 의하면 현재 발전 상태에 있는 환경법은 환경에 미치는 중대한 영향과 환경영향평가 의무를 갖고 있는 것으로 간주되는 조약(1977년 조약)에 반영되어 있으며, 이것은 조약이 명시적으로 규정하든 하지 않든 프로젝트의 환경영향을 모니터링할 의무를 의미한다고 한다.[73] 더욱이 Weeramantry 판사는 "동시대성의 원칙"을 환경규범에 적용함으로써 지속적 환경영향평가에 대한 자신의 견해를 보완할 수 있다는 입장을 밝히고 있다. 이 원칙이 지속적 평가가 이루어지는 기준을 제시한다는 것이다.[74]

끝으로 Gabčikovo-Nagymaros Project 사건이 중요한 의미를 갖는 것은 ICJ가 처음으로 지속가능발전의 개념을 분쟁해결에 적용했다는 점이다. 이 사건에서 전통적으로 전력난에 시달리던 체코슬로바키아는 전력 생산을 위해 막대한 비용을 투입하여 댐 공사를 진행함으로써 경제적 이익을 추구한 반면, 헝가리는 경제적 이익보다 환경적, 생태적 이익을 우선시 하여 댐 건설을 중단하였다.

---

73) *Separate Opinion of Vice-President Weeramantry, supra* note 60, pp.111-112.
74) *Ibid.*, p.113.

ICJ는 경제적 발전과 환경보호를 조화시키는 개념으로서 지속가능발전 원칙의 적용을 통해 이들 간의 분쟁을 해결하려는 입장을 취하고 있다. ICJ는 국가들이 새로운 활동을 시작할 때뿐만 아니라 과거에 시작된 행위를 계속하는 경우에도 지속가능발전 개념을 고려해야 한다고 봄으로써, Gabčikovo-Nagymaros Project에 이 개념을 지속적으로 적용하고 프로젝트의 미래 이행시에도 지속가능발전 원칙에 따르도록 지시하고 있다.

그러나 ICJ는 양국 간의 프로젝트를 검토하여 이것이 지속가능한 발전에 속하는지 아닌지를 판단하고 지속가능발전 기준을 제시하는 대신, 당사국들이 지속가능발전 원칙에 따라 Gabčikovo 수력발전소의 환경 영향을 재검토하고, 프로젝트의 공동 관리를 위해 협력하며, 다뉴브 강의 수량에 대해 만족할 만한 해결책을 찾도록 권고하는데 그치고 있다. 또한 형평한 이용과 환경피해예방의무 사이의 관계, 그리고 환경피해평가에 적용되는 원칙과 같은 광범위한 문제에 대해 좀 더 상세한 지침을 제시하지 않았으며, 형평한 물 흐름의 분배, 수력발전 시스템의 운영에서 국제환경기준의 적용가능성 등 재판하기 쉬운 문제를 다루고 있다는 평가도 받고 있다.[75]

Weeramantry 판사는 개별의견에서 개발권과 환경보호권이 다 같이 현대 국제법의 일부를 형성하고 있다고 보고, 이들을 조화시키는 지속가능발전의 원칙은 개념 이상의 것으로서 그 자체가 현대 국제법에서 인정된 원칙이라는 입장을 취하고 있다. Weeramantry 판사에 따르면 인간은 수천 년 동안 개발의 원칙과 환경적 고려를 조화시킬 필요성과 더불어 살아왔으며, 따라서 지속가능발전은 새로운 개념이 아니고 오늘날 이것을 발전시키기 위해 풍부한 전 지구적 경험이 이용되고 있다는 것이다. Weeramantry 판사는 지속가능발전 개념은 국제법상 규범과 기준으로 발달된 것으로서 현대국제법의 일부이고, 국제관습법 체제에 속하며, 구속력 있고 광범위한 다수의 국제협정에 반영되고 있기 때문에 법적 구속력을 갖는다는 입장을 취하고 있다.[76] 그러나 지속가능한 발전인

---

75) Patricia Birnie & Alan Boyle, *International Law & the Environment*, Oxford University Press, 2002, pp.95-96; Philippe Sands, *Principles of International Environmental Law*, Cambridge University Press, 2003, p.477.

76) *Separate Opinion of Vice-President Weeramantry*, *supra* note 60, pp.89-92. 지속가능발전 개념은 국제사회의 광범위한 지지를 받고 있지만 이 개념이 국제법 원칙으로 인정되는가, 법적 구속력을 갖는가 하는 문제에 대해서 국제법 학자들은 서로 다른 견해를 제시하고 있다. Patricia Birnie와 Alan Boyle은 지속가능발전 개념의 불확실성과 기준의 불명확성을 들어 이를 국제법적 원칙으로 보기는 어렵고, 따라서 지속가능발전 개념의 법적 구속력도 인정할 수 없다는 입장을 취한다. 이에 대해 Philippe Sands는 지속가능발전 개념이 많은 조약과 국제문서, 국제법

가의 여부는 특정한 상황을 배경으로 대답할 수 있는 문제라고 밝혔을 뿐, 그 기준은 제시하지 않고 있다.77)

이와 같이 ICJ는 분쟁 해결과정에서 Gabčikovo-Nagymaros 프로젝트의 환경적 영향과 의미를 중점적으로 고려하였고, 새로운 국제환경법 규범과 기준을 적용하여 합리적 해결을 꾀함으로써 국제환경법 발전에 많은 기여를 하였다. 다만 ICJ는 당사국들에게 분쟁 해결책을 직접 제시하지 않고, "제3자 개입이 해결책을 찾는데 유익하고 도움이 될 수 있다고 권고"하거나 당사국이 "조약의 목적을 고려하는 합의된 해결책을 찾되 국제환경법 규범과 국제하천법 원칙뿐만 아니라 공동의 통합된 방법으로 추구하도록" 지시하는 등 실질적으로 당사국들에게 해결을 맡기고 있다는 점에서 아쉬움을 남기고 있다.

Ⅵ. 맺 음 말

국제사회에서 환경오염현상이 심각한 문제로 대두되면서 국가 간에 환경문제를 둘러싼 분쟁 사건이 늘어나고 있다. 국제법원에서는 이미 19세기 말부터 분쟁 해결에 환경적 고려를 도입해 왔으며, 초기의 소극적 태도에서 벗어나 차츰 환경적 고려를 강화하는 추세로 바뀌어가고 있다. 1907년 트레일 스멜터 사건에 대한 중재재판에서 볼 수 있는 바와 같이 국제법원의 환경관련 판례는 국제관습법에 반영되어 주요한 국제환경법 규범으로 정립되고 있으며, 국제법원은 국제환경법을 해석, 적용, 발전시키는 역할을 확대해 나가고 있다.

Gabčikovo-Nagymaros Project 사건에 대한 판결은 ICJ가 국제하천 인접국가간의 권리와 의무를 다룸에 있어 환경적 고려를 중요시했다는 데 그 의미가 있다. 이 사건은 댐 건설을 둘러싸고 헝가리와 슬로바키아 사이에 환경권과 개

원 판결의 지지를 받고 있고 전 세계적으로 인정을 받고 있는 일반적 국제법 원칙이며, 국제관습법체제에 도입된 것이 확실하다는 견해를 내세우고 있다. 그러나 이 개념의 법적 구속력에 대해서는 언급을 하지 않고 있다. Weeramantry 판사는 지속가능발전 개념의 법적 성격은 물론이고 법적 구속력까지 확고하게 인정하는 입장이다. 그는 지속가능발전 개념이 규범적 가치를 갖는 국제법 원칙으로서 현대 국제법의 한 부분일 뿐만 아니라 국제관습법 체제에 속한다고 본다. 그는 지속가능발전 개념이 수천 년 전 스리랑카, 중국, 잉카문명 등의 관개사업 등에서부터 형성되어 인류의 오랜 관행으로 이어져 온 것이며, 현재 전 세계의 광범위하고 일반적 승인을 받고 있다는 점을 지적함으로써 지속가능발전 개념이 국제관습법의 성립요건을 충족시킨다는 것을 시사하고 있다.

77) *Ibid.*, pp.88-95.

발권이 서로 충돌하였을 뿐만 아니라, 체코슬로바키아가 헝가리의 공사 중단을 이유로 다뉴브 강 수량의 80% 이상을 독점함으로써 자연자원의 형평한 분배권 문제까지 제기되었다. 이 사건 심리에서 ICJ는 프로젝트가 환경에 미치는 영향과 의미를 고려하였고, 생태적 긴급피난의 개념을 인정하였으며, 환경적 고려와 발전적 고려를 조화시키는 지속가능발전의 원칙을 수용하였다. 또한 프로젝트 이행시 새로운 환경 규범의 적용가능성을 인정하고 지속적 환경영향평가를 요구하는 등, 현재의 환경기준에 따르는 환경적 위험의 지속적 평가 개념을 도입하고 있다.

이러한 관점에서 ICJ는 양국 간에 체결된 1977년 조약이 여전히 유효하다고 보고 당사국들이 조약과 프로젝트를 계속 이행하되, 새로운 환경 규범과 기준에 따를 것을 요구하고 있다. 또한 당사국들은 공유 하천자원을 형평하게 이용하며, 신의성실의 원칙에 따라 조약을 적용하고 협상하고, 지속가능발전 개념에 따라 Gabčikovo 수력발전소의 운영이 환경에 미치는 영향을 재고하고 환경영향평가와 지속적 감시를 하도록 지시하고 있다. ICJ는 당사국들에게 해결책을 제시하기 보다는 당사국 스스로 조약의 목적을 고려하고, 국제환경법 규범과 국제하천법 원칙 등을 고려하여 해결책을 찾도록 하고 있다. 국제책임 문제에 대해서도 양 당사국 모두 국제위법행위를 하였지만 피해배상액을 정하지 않고, 배상 문제를 분쟁해결의 테두리 내에서 해결하도록 권고하고 있다.

Gabčikovo-Nagymaros Project 사건에 대한 ICJ의 판결은 국제환경법 발전에 중요한 기여를 했다는 점에서 높은 평가를 받고 있다. 그 당시 국제환경법이 초기단계의 발달과정에 있던 새로운 국제법 분야였다는 점을 감안할 때, ICJ가 국제환경법 규범과 기준에 따라 분쟁을 해결한 것은 획기적인 일이다. 지속가능발전 개념의 기준을 명확하게 제시하지 않았다는 점이 지적되고는 있지만, 지속가능발전이 근래에 와서야 국제환경법 원칙으로 인정되었다는 점에서 이 사건에 관한 판결의 의미를 폄하할 이유는 되지 않는다고 보아야 할 것이다. 국제적으로 환경적 관심사가 증가함에 따라 앞으로도 환경 관련 분쟁이 점점 증가될 것이며, 이러한 점에서 국제환경법과 국제법원의 역할이 더욱 기대되고 있다.

참고문헌

- 김대순, 「국제법론」, 삼영사, 2010.
- 김석현, 「국제법상 국제책임」, 삼영사, 2008.
- 고려대학교 국제법연구회, 「국제법 판례연구」, 진성사, 1996.
- 노명준, 「신국제환경법」, 법문사, 2003.
- 박덕영, "WTO EC-석면사건과 첫 환경예외인정", 「국제법학회논총」 제51권 제3호, 2006.12.
- 이두호 외, 「인간환경론」, 나남, 1993.
- 이석용, 「국제법」, 세창출판사, 2011.
- 최종범, 김기순, 「자연환경과 국제법」, 범양사출판부, 1994.

- Birnie, Patricia & Boyle, Alan, *International Law & the Environment*, Oxford University Press, 2002.
- Caldwell, Lynton Keith, *International Environmental Policy*, Duke University Press, 1996.
- Carson, Rachel, *Silent Spring*, Houghton Mifflin, 1962.
- Case Concerning The Gabčikovo-Nagymaros Project (Hungary v. Slovakia), ICJ Report, 1997.
- Crawford, James, The ILC'S Articles on Responsibility of States for Internationally Wrongful Acts: A Retrospect, Symposium: The ILC'S State Responsibility Articles, 2002.
- Crawford, James & Peel, Jacqueline & Olleson, Simon, The ILC's Articles on Responsibility of States for Internationally Wrongful Acts: Completion of the Second Reading, *EJIL*, 2001, Vol.12, No.5, pp.963-991.
- Draft Articles on Responsibility of States for Internationally Wrongful Acts with commentaries, ILC, 2001.
- Draft Articles on State Responsibility with Commentaries thereto Adopted by the International Law Commission on First Reading, ILC, 1997.
- European Communities–Measures affecting asbestos and asbestos–containing products, WTO, T/DS135/AB/R, 12 March 2001, Report of the Appellate Body.
- Fisheries Jurisdiction Case, ICJ Reports, 1973.
- Guruswamy, Lakshman, *International Environmental Law*, West Tomson Business, 2003.
- Hunter, David & Salzman, James & Zaelke, Durwood, *International Environmental Law and Policy*, New York, Foundation Press, 1998.
- Keith Caldwell, Lynton, *International Environmental Policy*, Duke University Press, 1996.

- Legality of the Threat or Use of Nuclear Weapons, Advisory Opinion, ICJ Report, 1996.
- Meadows, Donella H. & Meadows, Dennis L. & Randers, Jørgen & Behrens, William W., *The Limits of Growth*, Club of Rome, 1972.
- Nuclear Tests Cases (Australia v. France, New Zealand v. France), ICJ Reports, 1974.
- Nuclear Tests Cases (Australia v. France, New Zealand v. France), ICJ Reports, 1995.
- Pacific Fur Seal Arbitration Award (United States v. Canada), 1893.
- Report of the World Commission on Environment & Development (Brundtland Report), *Our Common Future*, 1987.
- Sands, Philippe, *Principles of International Environmental Law*, Cambridge University Press, 2003.
- Southern Bluefin Tuna Cases (New Zealand v. Japan, Australia v. Japan), International Tribunal For The Territorial Jurisdiction of the International Commission of the River Oder, Judgment No.16, 1929, PCIJ, Series A, No.2 Law Of The Sea, Order of 27 August 1999.
- The Mox Plant Case (Ireland v. United Kingdom), International Tribunal For The Law Of The Sea, Order Of 3 December 2001.
- Trail Smelter Arbitration (United States v. Canada), 3 RIAA 1907 (1941).
- United States-Import Prohibition of Certain Shrimp and Shrimp Products (United States v. India, Malaysia, Pakistan, Thailand), WTO Appellate Body Report, 1998.
- Yearbook of the International Law Commission, 1980, Vol.II, Part 2.

제 5-2 장

Gabčikovo-Nagymaros 공동개발사업 사건*

Gabčikovo-Nagymaros Development Project Case

이 재 곤

Ⅰ. 사건의 개요 및 사실관계[1)]

동유럽의 체코슬로바키아[2)]와 헝가리는 두 국가 모두 유럽대륙을 흐르는 중요한 강인 다뉴브 강[3)]의 유역국가로 1977년 이 하천에 대한 공동개발사업을 수행하기 위한 Gabčikovo-Nagymaros 수문체계건설 및 운영에 관한 조약[4)](이하, '1977년 조약')을 체결하였다. 동조약의 전문에 따르면 이 사업은 다뉴브 강의 Bratislava-Budapest유역의 광범위한 이용을 위하여 수문체계를 건설하기 위한 공동투자사업을 수행하여 전력생산, 항행증진 및 제방유역의 홍수보호 등을 달성하기 위한 것이었다.[5)] 이와 동시에 체약국은 조약상 사업수행결과 다뉴브 강

---

* 이 장은 「법학연구」, 충남대학교 법학연구소, 제9권 제1호(1998)에 게재되었던 것을 추후 발전상황을 반영하여 이 책의 편집 목적에 맞추어 재작성한 것임.

1) 이 사건의 판결은 37 ILM 162(1998) 참조. 이하에서는 인용된 판결내용에 대한 개별적 인용각주는 생략한다.

2) 체코슬로바키아(Czech and Slovakia Federal Republic)는 1993년 1월 1일 체코(Republic of Czech)와 슬로바키아(Republic of Slovakia)로 분리·독립하였다. 조약체결 당시에는 체코슬로바키아가 조약당사국이었지만 이 사건의 당사국은 그 중 슬로바키아이다.

3) Danube River, 독일 Donaueschingen에서 발원하여 흑해로 흐르는 1,776마일의 국제하천으로 독일, 오스트리아 슬로바키아, 헝가리, 크로아티아, 세르비아, 불가리아, 루마니아 및 우크라이나 영토를 경유한다. 하천 대부분이 일 년 내내 항행이 가능하지만 슬로바키아의 Bratislava와 헝가리의 Nagymaros 사이의 구역은 3개월간은 항행이 불가능하다. 이 구역은 수백 미터 깊이의 충적추(alluvial cone)지반으로 여러 갈래의 지류로 육지내부 삼각주를 흐르는데 이 구역은 5,000종 이상의 동물이 서식하는 거대한 습지를 이루고 있다. 상세한 면은 Aaron Schwabach, "Diverting the Danube: The Gabčikovo-Nagymaros Dispute and International Freshwater Law", *Berkeley Journal of International Law*, vol.14(1996), pp.292-293.

4) Treaty on the Construction and Operation of the Gabčikovo-Nagymaros Barrage System, 1977년 9월 16일 Budapest에서 체결, 1978년 6월 30일 발효, 32 ILM 1247.

의 수질이 훼손되지 않도록 보장하고 건설될 구조물 등의 운영으로 발생할 자연의 보호를 위한 의무를 준수하는 책임을 지는 것으로 선언하였다.

사건의 배경이 된 지역의 지리적 여건을 살펴보면 다뉴브 강은 유럽에서 두 번째로 긴 강으로 9개국을 흐르는 길이 2,860km의 강이다. 그 중 142km는 슬로바키아와 헝가리의 국경을 이루고 슬로바키아의 Bratislava에서 헝가리의 Budapest에 이르는 약 200km가 이 사건과 관련된 유역이다. 다뉴브 강은 슬로바키아의 Bratislava를 통과하고서는 하천의 경사도가 뚜렷하게 감소하여 자갈과 모래의 충적평원을 이루고 있다. 이 평원은 북동쪽 슬로바키아 영토 방향으로는 Maly Danube까지 이르고 남서쪽 헝가리 영토방향으로는 Mosoni Danube까지 이른다. 이 부분의 슬로바키아와 헝가리의 주요 국경은 다뉴브 강 본류이다.

'1977년 조약'상 수행하여야 할 사업은 대략 다음과 같은 공사를 포함하고 있었다. 1) 슬로바키아의 Gabčikovo와 헝가리의 Nagymaros에 수문체계건설(이 두 수문체계는 불가분의 작업운영체계를 이룬다), 2) 슬로바키아와 헝가리에 양국 영토에 걸친 Dunakiliti저수지 건설, 3) Dunakiliti와 Nagymaros에의 댐건설, 4) 우회운하건설, 5) 2개의 수력발전소(Gabčikovo, Nagymaros)건설, 6) 하천준설 등.

위와 같은 프로젝트이행을 위하여 '1977년 조약'은 다음과 같은 내용을 규정하고 있었다. 첫째, 공동투자의 실현과 관련된 작업과 수문체계의 운영과 관련된 작업의 실행을 위한 조약이행은 체약국정부가 그 대표를 통하여 지시하고 감독한다.[6] 둘째, 공동투자와 관련한 운영은 발전소가 1986~1990년 동안에 발전을 시작할 수 있도록 조직되어야 한다.[7] 셋째, 공사비용은 양국이 동등하게 분담한다. 넷째, 공사 후 2개의 수문체계는 양당사국이 공동소유하고 나머지는 시설소재 영토국이 소유한다.[8] 다섯째, 물방출량과 수질을 유지 보전하고 다뉴브 강의 하상을 유지하며 공사 및 운영기간 중 항행을 보장한다.[9] 나아가 수문

---

5) 이 사업은 원래 1951년 하천의 항행이용을 증진하기 위해 계획되었다. 이후 1970년대 유류파동을 겪으면서 수력발전에 의한 에너지생산필요성이 커져 항행, 홍수통제와 함께 전력생산이 주요 목적이 되었다. 헝가리와 당시 체코슬로바키아는 1963년 사업진행을 위한 협상을 시작하여 1968년 Rajika-Gonyu협정에 서명하였고 이 Rajika-Gonyu유역을 위한 특별하천관리청(Special River Administration)을 설치하였다. 이후 1976년 공동사업계획(Joint Agreed Plan for Project)에 서명하였다. 1977년에 이 사건에서 문제가 된 공동개발을 위한 조약이 체결되었다. Schwabach, *supra* note 3, p.294.

6) 동조약 제3조 제1항.

7) 동조약 제4조 제4항.

8) 동조약 제6조.

9) 동조약 제14-제16조, 제18조 등. 항행의 보장은 1948년의 다뉴브 강의 항행체제에 관한 협약이 준수되어야 함을 상기시키고 있다.

체계의 건설, 운영과 관련하여 발생하는 자연보호의무의 준수를 보장하여야 하며 어업활동을 보호하여야 한다.[10] 여섯째, 건설될 수문체계의 건설 및 운영과 관련된 문제에 있어서의 분쟁은 체약국 정부대표가 해결하고 정부대표가 원만한 해결에 합의하지 못하는 경우에는 체약국정부에 해결을 부탁한다.[11]

개발계획에 따른 환경적인 문제가 헝가리를 중심으로 체코슬로바키아, 오스트리아 등 관련국가와 유럽의 환경단체들에 의해서 제기되었는데 핵심적인 것은 개발사업에 의해 다뉴브 강의 지속적인 흐름이 막히고 댐에서 정기적으로 흘려보내는 유수에 의존하게 되어 생태계에 미치는 영향과 투과성이 있는 강바닥을 투과성이 없는 운하로 만들게 됨으로써 생태계, 특히 내륙 삼각주 지역의 습지 내 생태계에 미치는 영향에 대한 우려였다.[12]

'1977년 조약'과 함께 체결된 상호원조에 관한 협정에 따라 1978년 조약상 규정된 공사가 시작되었다. 1983년 헝가리의 요구로 작업속도가 늦춰지게 되어 건설될 발전소운영이 연기되었고, 1989년 2월에는 다시 헝가리의 요구로 공사 진척이 빨라졌다. 그 후 헝가리 내에서는 이 사업에 대한 비판이 강하게 일었고 1989년 5월 13일 이 사업이 미치는 영향에 대한 새로운 연구가 종료될 때까지 Nagymaros지역에 대한 공사를 일시 중단하기로 결정하였다. 이러한 헝가리의 결정은 당시 구소련의 개혁개방정책 표방 후 급격하게 이루어진 동유럽의 정치적, 경제적 변화 속에서 양국 공동사업으로 계획된 Gabčikovo-Nagymaros개발사업의 경제적 타당성과 적절한 환경조치의 여부 등에 대한 강한 의문에 의하여 야기된 헝가리 국내의 반대여론 때문이었다. 체코슬로바키아는 1989년 5월 15일 헝가리의 이러한 결정에 대하여 항의하는 입장을 전달하였고 헝가리는 1989년 6월 8일과 9일 양일 간에 있었던 문제해결을 위한 당사국회의에서 Gabčikovo지역의 공사는 계속할 것임을 여러 차례 확약하고, 그러한 내용을 담은 의정서에 서명하였다. 헝가리는 다시 같은 해 7월 21일 Dunakiliti지역의 공사를 더 이상 진척시키지 않기로 결정하였다.

---

10) 동조약 제19조, 제20조. 어업보호와 관련하여서는 1958년 1월 29일 체결된 다뉴브 강에 있어서의 어업에 관한 협약의 준수가 상기되고 있다.

11) 동조약 제27조.

12) Schwabach, *supra* note 3, p.301, 구체적으로는 유속의 감소로 인한 수질악화와 생태계 오염, 하천유역의 담수기능약화, 하천뻘의 정수기능약화, 댐건설에 의한 담수로 인해 석회암층의 저수 오염, 상수도 물생산에 미칠 양과 질에의 영향, 도시 오염하수의 유입, 저수로 인한 오염원 침투로 발생할 지하수오염과 투과성 없는 운하건설로 인한 침투수 감소로 발생한 지하수 수위 저감과 그로 인한 농경지와 산림의 황폐화, 생태계파괴로 인한 동식물종의 감소 등이 지적되었다. *Ibid.*, pp.301-302.

1989년 봄까지 Gabčikovo쪽의 공사는 잘 진행되고 있어 Dunakiliti댐은 90% 완성되었고 Gabčikovo댐은 85%, 우회운하는 상·하류에 따라 60~95%, 저수지는 지역에 따라 70~90%공사가 이미 진척되어 있었다. 반면에 주로 헝가리가 공사책임을 부담한 헝가리 영토내의 Nagymaros지역은 아직 공사가 초기단계에 있었다.

이 기간 동안 양당사국간에 협상이 계속되었고 체코슬로바키아는 헝가리의 사업포기로 인한 대안을 조사하기 시작하였다. 그 결과 나온 대안 중의 하나가 '변경사업안'(Variant C)인데 핵심적인 변경내용은 Dunakiliti상류 약 10km지점 체코슬로바키아 영토 내에서 다뉴브 강 수로를 일방적으로 변경하는 것이었다.[13) 1991년 7월 23일 체코슬로바키아는 변경사업안에 의하여 Gabčikovo지역 사업을 계속 추진하기로 결정하였고 실제로 11월에는 공사가 시작되었다. 공사진행에 따라 체코슬로바키아는 1992년 10월 15일 다뉴브 강의 물막이 공사를 시작하였고 10월 23일에는 댐설치공사를 시작하였다. 이 과정에서 양국가간에 문제해결을 위한 협상이 계속되었지만 진전이 없었고 1992년 헝가리는 '1977년 조약'의 종료를 통보하였다.

헝가리는 1992년 10월 23일 이 문제를 국제사법재판소(ICJ)에 일방적으로 제소하였다.[14) 하지만 체코슬로바키아가 이 재판신청에 대하여 어떠한 조치도 취하지 않았기 때문에 재판소는 어떠한 관할권도 행사할 수 없었다. 유럽공동체(EC)위원회가 개입하여 이 분쟁을 국제사법재판소에 부탁하기로 합의하였다. 1993년 1월 1일 슬로바키아가 체코슬로바키아로부터 분리·독립한 후 그 해 4월 7일 헝가리와 국제사법재판소에 양국간의 분쟁을 부탁하는 특별협정[15)을 체결하였다.

양당사국은 서면 및 구두변론을 통하여 다음과 같이 입장을 밝혔다. 우선 헝가리는 첫째, Nagymaros지역과 Gabčikovo지역 중 자국이 책임을 맡은 부분에 대한 작업을 중단하고 이를 포기할 자격이 있다. 둘째, 체코슬로바키아는 체코 영토상의 다뉴브 강을 댐으로 막고 하천수와 항행로에 일정한 영향을 미치

---

13) 최종적인 안에서는 Conovo지역에 유출수댐(overflow dam)을 건설하고 댐과 보조운하의 남북제방을 연결하는 제방을 건설하도록 되어 있었다. 이 안에 의하여 건설되는 저수지는 원계획보다 30% 수량이 적은 저수지가 만들어지게 되었다.

14) Application of the Republic of Hungary v. The Czech and Slovak Federal Republic on the Diversion of the Danube River.

15) Special Agreement for Submission to the International Court of Justice of the Difference between them concerning the Gabčikovo-Nagymaros Project, 32 ILM 1293(1993).

는 잠정적 해결책(변경사업안)을 운영할 자격이 없다. 셋째, 1992년 5월 19일 선언으로 헝가리는 '1977년 조약'을 유효하게 종료하였고, 따라서 슬로바키아는 잠정적 해결책에 의한 공사진행으로 야기된 손해를 배상하고 공사로 인한 결과를 원상회복하며 재발방지를 보장하여야 한다고 주장하였다.

반면에 슬로바키아는 첫째, '1977년 조약'은 체결당시부터 유효한 조약으로 슬로바키아가 승계하였고 헝가리의 종료통보는 효력이 없다. 둘째, 헝가리는 Nagymaros와 Gabčikovo의 헝가리 공사책임부분의 작업을 정지하고 포기할 자격이 없다. 셋째, 헝가리의 불법적 작업포기로 인한 문제해결을 위한 변경사업안을 작성하고 이를 시행할 권리가 있다. 넷째, 헝가리는 '1977년 조약'의 완전하고 성실한 이행을 방해하는 어떠한 행위도 중지하여야 하며 조약준수를 회복하기 위하여 지체없이 조약상의 의무를 이행할 모든 조치를 취하여야 한다. 다섯째, 헝가리는 위반의 결과 발생한 손해를 배상하고 조약의 계속적 이행과 운영을 보장하여야 한다고 주장하였다.

Ⅱ. 국제법적 쟁점과 재판소의 판결

1. 서 설

헝가리와 슬로바키아 양당사국이 특별협정에 의해 국제사법재판소에 재판을 부탁한 내용은 다음과 같다.[16] 첫째, 1989년 헝가리는 '1977년 조약'에 의하여 자국에 공사 책임이 있는 Nagymaros지역과 Gabčikovo지역의 공사를 정지하고 추후 이를 포기할 자격이 있는가? 둘째, 슬로바키아는 1991년 11월 잠정해결방안을 마련하고 1992년 10월 이것을 운영할 자격이 있었는가? 셋째, 1992년 5월 19일의 헝가리의 조약종료통보의 법적효과는 무엇인가? 넷째, 당사국의 법적 권리의무를 포함하는 위 세 가지 쟁점에 대한 재판소 판결의 법적 결과는 무엇인가?

이러한 쟁점에 대하여 재판소는 다음과 같은 판결을 내렸다. 첫째, 헝가리는 '1977년 조약'상 책임이 있는 작업을 정지하고 중단할 권한이 없다. 둘째, 체코슬로바키아는 1991년 11월 잠정적 해결책을 마련할 자격이 있지만 1992년 10

16) 동협정 제1조, 제2조 참조.

월 잠정적 해결책을 일방적으로 시행하여 사업을 운영할 권한이 없다. 셋째, 헝가리의 조약종료통보는 아무런 법적 효과를 갖지 못한다. 넷째, 양당사국은 달리 합의하지 않는 한 '1977년 조약'에 따라 공동운영체제를 수립하고 각국의 권한없는 행위로 발생한 손해를 배상하여야 한다.[17]

재판소가 위와 같이 문제를 해결하여 판결을 내림에 있어 중요한 국제법적 쟁점이 되었던 것은 우선 첫 번째 쟁점과 관련하여 헝가리가 '1977년 조약'을 위반하여 공사를 정지하고 궁극적으로 공사를 포기한 행위의 위법성을 조각할 '긴급피난'(state of necessity)요건에 합당한 상황이 존재하는가 하는 것이다. 재판소는 두 지역의 작업정지 및 포기가 '1977년 조약'의 위반이 아니라는 헝가리의 주장을 거부하고 일단 작업정지 및 포기가 '1977년 조약'의 위반을 구성하기 때문에 헝가리조치의 정당화근거로 주장한 긴급피난의 요건이 합치되지 않는 한 헝가리의 행위는 국제법상 불법행위라고 판단하였다.

두 번째 쟁점과 관련하여 슬로바키아는 자국의 행위를 정당화하기 위하여 소위 조약의 '근사적용'(approximate application)원칙을 원용하고 있다. 이 사건에서는 이 원칙의 내용과 국제법적 위상은 다루지 않았다. 아울러 슬로바키아의 자국 행위의 정당화근거로 헝가리의 일방적 공사 중단으로 인한 '1977년 조약'위반에 대한 '대응조치'(counter measure)라는 근거를 제시하고 있는데 이의 요건문제도 국제법적 쟁점의 하나이다.

세 번째 쟁점과 관련하여서는 헝가리의 조약종료통보의 법적효력을 다룸에 있어 국제법상 조약의 종료원인에 대한 종합적인 검토가 이루어졌다.

네 번째로 위 쟁점사항들에 대한 법적 결과를 판단함에 있어 '1977년 조약'의 원당사국의 하나였던 체코슬로바키아가 소멸되고 체코와 슬로바키아로 분리·독립하였는데 헝가리가 동조약의 슬로바키아에 대한 승계를 인정하지 않음으로써 국가승계시 양변조약의 승계문제가 국제법적 쟁점이 되었다.

이하에서는 이들 쟁점에 대하여 차례로 재판소의 의견을 분석하여 보기로

17) 양 국가는 판결 후 판결에 따른 이행협정을 협상하여 논란 끝에 1998년 3월에 체결하였으나 슬로바키아만 조약을 승인하고 헝가리는 합의에 따른 절차진행을 취소하여 분쟁이 계속되어 왔다. 이에 따라 1998년 슬로바키아 정부는 국제사법재판소에 헝가리 쪽 Nagymaros지역의 공사를 위한 추가판결을 요청하였으나 문제가 해결되지 못하고 있다. <http://en.wikipedia.org/wiki/Gab%C4%8D%C3%ADkovo%E2%80%93Nagymaros_Dams>, 국제사법재판소에의 추가판결요청에 대하여는 ICJ Press release 1998/28; Press Release 1998/31; Up-date: Hungary-Slovakia and the Gabčikovo-Nagymaros Project, *Colorado Journal of International Law and Policy*, 1998, pp.260-262 참조.

한다.

2. 위법성 조각사유로서의 '긴급피난'의 문제

'긴급피난'은 한 국가가 중대하고 급박한 위험에 의하여 위협받고 있는 '본질적 이해관계'(essential interest)를 보호할 수 있는 유일한 방법이 타국에 대해 국제의무에 위반되는 행위를 할 수밖에 없는 상황[18]에서 취한 조치로 국제법 상 의무 위반의 위법성 조각사유로 많이 인용된다.[19] 이 사건과 관련하여 긴급피난이 언급되고 있는 것은 앞서 밝힌 바와 같이, 헝가리가 '1977년 조약' 상 수행할 책임이 있는 공사를 중지한 후 결국에는 완전히 공사를 포기한 것에 대하여 슬로바키아가 그 부당성을 지적하자 헝가리가 자국의 공사포기조치를 변명하기 위하여 제시한 정당화근거이다. 국제사법재판소는 분쟁의 양당사국이 국제법위원회(ILC)가 초안한 국가의 국제적 책임에 관한 초안규정[20] 제33조의 규정이 이 문제에 대한 기준이 될 수 있다는 것을 인정하였다고 지적하고 동 조항을 인용하고 있다.

> 제33조 제1항 다음과 같은 조건이 합치되지 않는 한 국제의무를 위반한 국가행위의 위법성을 조각하는 근거로 긴급피난을 원용할 수 없다.
> a) 동 위반행위가 중대하고 급박한 의무로부터 국가의 본질적 이익을 보호하는 유일한 방법일 것
> b) 기존의무에 대한 국가의 본질적 이해관계를 심각하게 침해하지 않을 것
> 제2항 다음과 같은 경우에는 어떠한 경우에도 위법성을 조각하는 근거로 긴급피난을 인용할 수 없다.
> a) 위반한 의무가 강행규범 상의 의무인 경우

---

18) 이것은 국제법위원회가 '긴급피난'을 정의하고 있는 내용이다. *Yearbook of International Law Commission*, 1980, vol.II, p.34, para.1.

19) 긴급사태, 필수적 상황 등의 용어가 사용되기도 한다. 김정건, 장신, 이재곤, 박덕영, 「국제법」, 박영사, 2010, p.236.

20) Draft Articles on the International Responsibilities of States(1996), ILC's 1996 Report, GAOR, 51st Sess., Supp.10, p.125. 국제사법재판소가 판결시 초안작업이 진행 중인 ILC초안을 인용하였고 이는 2001년 ILC 국가책임규정초안(Draft Articles on Responsibility of States for Internationally Wrongful Acts, UNGA Res.56/83 of 12 Dec.2001)으로 완성되었다. 긴급피난을 규정한 조항은 재판소가 인용한 1996초안에는 제33조에 위치한 반면 2001최종초안에는 제25조로 규정되어 있다. 내용상의 차이는 재판소 인용초안은 긴급피난의 적용조건 중 기존의무에 대한 국가의 본질적 이해관계를 심각하게 침해하지 않을 것만을 규정한 반면 최종초안은 그 행위가 의무 이행의 상대인 국가나 국가들 또는 국제공동체 전체의 본질적 이익을 심각하게 해하지 않을 것이라고 범위를 구체화하고 있다. 또한 최종초안에서는 긴급피난이 위법성 조각사유로 원용될 수 없는 사유로 강행규범위반이 추가되었다.

b) 위반한 의무가 조약 상 긴급피난의 인용을 배제한 경우
c) 해당행위를 유발하거나 기여한 경우

국제사법재판소는 이 '긴급피난'의 법리가 국제관습법에 의하여 인정되지만 극히 예외적 상황에서 엄격하게 적용되어야 함을 지적하고 이 사건에서는 1) 국제의무 위반과 관련된 이해관계가 본질적 이해관계(essential interest)인가, 2) 그러한 이해관계가 중대하고 급박한 위험(grave and imminent peril)으로 위협받았는가, 3) 그러한 이해관계를 보호하는 유일한 수단이었는가, 4) 기존의무에 따른 그 국가의 본질적 이해관계를 침해하지 않았는가, 5) 그러한 상황의 발생에 기여하지 않았는가 등을 판단하여 긴급피난이 존재하는가를 결정하였다.

첫째로, 국제사법재판소는 Gabčikovo-Nagymaros개발사업으로 영향받는 지역의 '자연환경'에 대한 헝가리의 관심은 위에 언급한 초안규정 제33조상의 의미와 같은 '본질적 이해관계'임을 인정하고 있다. 그 근거로서 재판소가 지적하고 있는 것은 우선 국제법위원회가 주석서에서 본질적 이해관계가 국가의 존립문제에 한정하지 않고 영토의 전체 또는 일부분의 생태계의 보존에 대한 중대한 위험을 포함시킬 수 있는 것으로 언급하고 있는 것[21]을 들고 있다. 다른 하나는 국제사법재판소 자신이 앞서 있었던 핵무기사용위협 또는 사용의 합법성에 관한 권고적 의견에서 밝힌 판결문을 인용하고 있는데 그 내용은 다음과 같다:

> 환경은 추상적 용어가 아니라 아직 태어나지 않은 세대를 포함하는 인류의 생활공간이며 삶의 질이며 건강 그 자체이다. 자국관할권 및 통제 하의 활동이 타국 또는 국가관할권 이원의 환경을 존중하도록 보장하는 의무는 국제환경법의 요체가 되었다.[22]

둘째로, 위험의 존재, 위험의 중대성 및 다른 수단의 존재여부라는 다른 요건의 합치여부에 대하여는 부정적인 결론을 내리고 있다. 즉 Gabčikovo-Nagymaros 개발사업에 의하여 발생하는 생태적 영향의 위험성은 심각하게 존재하지만 긴급피난의 요건으로서는 객관적으로 충분히 존재한다고 보기 어렵다는 것이다.

헝가리는 재판과정에서 긴급피난을 주장하는 근거로 다음과 같은 위험을 지적하였다. 즉 Gabčikovo-Nagymaros개발사업으로 건설되는 Gabčikovo발전소

21) *Yearbook of the ILC*, *supra* note 17, p.39, para.14.
22) Legality of the Threat or Use of Nuclear Weapons, Advisory Opinion, ICJ Reports, 1996, pp. 241-242, para.29.

는 최고전력수요모드로 운영하도록 설계되었는데 이 방식에 의한 발전을 위하여는 Dunakiliti에 60㎢의 넓은 저수지가 필요하고 Nagymaros댐이 건설되어야 한다. 이들 시설은 하천유수의 힘을 약화시키고 발전소 하류의 수위의 다양성을 감소시키며 이로 인하여 상당한 생태적 위험을 유발시킨다. 또한 원계획에 따라 공사가 진행되는 경우 다뉴브 강에 배출되는 하천수가 초당 50㎥로 한정되고 그 결과 지하수의 수위가 대부분의 사업유역에서 급격히 감소되며 그렇게 될 경우 다뉴브 강에 의한 지하수공급은 더 이상 곤란하고 오히려 지하수가 하천으로 유입되게 될 것이며 종국에는 수질이 심각하게 영향받고 하천수의 부영양화 위험성이 높아지고 하천의 모래충적이 많아질 것이다. 그 결과 수중의 동물과 식물의 생태계는 멸종위험에 처하게 된다. Nagymaros지역의 개발은 다뉴브 강하상이 침니(沈泥)로 덮이고 발전소 건설로 인하여 수위의 잦은 변화가 있게 되어 생태계의 서식지가 위협받게 된다. 더구나 Nagymaros댐건설은 하천의 하상침식과 강수위의 하강을 초래하고 부다페스트시민이 식수의 3분의 2를 공급받는 다뉴브 강 제방주위의 용수정의 용수량이 급감하고 수질도 악화될 것이라고 보았다.

반면에 슬로바키아는 헝가리의 위와 같은 주장에 대하여 헝가리가 상황을 너무 비관적으로 보고 있으며 발전소 발전방식이나 방수량 등은 모두 변경가능한 것이고 원계획은 실제로 몇 번의 변경을 거쳐왔다고 주장하면서 헝가리의 생태적 위험에 따른 긴급피난 주장을 인정하지 않았다.

재판소는 긴급피난이 인정되기 위한 위험성의 존재요건은 단순한 위험가능성의 염려가 아니라 위험이 '중대하고 임박한' 것이어야 한다는 국제법위원회의 주석을 인용하였다.[23] 재판소는 또한 헝가리와 슬로바키아의 주장 중 어느 것이 더 과학적으로 근거가 있는 주장인가는 의미가 없고 1989년 상황에서 상기 국제법위원회의 국가책임초안규정 제33조상의 위험이 존재한다고 간주할 수 없으며 작업을 정지 및 포기하는 방법 외의 대체가능한 해결책이 없었다고 볼 수는 없다고 판결하였다. 즉 Nagymaros 지역의 경우 헝가리가 제기하고 있는 생태적 위험이 장기적 성격을 띠고, 불확실하며 위험으로 지적된 하천침하는 이미 1980년대부터 진행되어 온 것으로 이 사업으로 인한 위험으로 보기 어렵고, 지하수 외의 다른 방법으로 식수공급이 가능하다는 것을 지적하고 있다. 또한 Gabčikovo지역도 헝가리가 지적하고 있는 위험이 장기적이고 불확실한 비

23) *Yearbook of ILC*, *supra* note 17, p.49, para.33.

교적 완만하게 이루어지는 자연작용과정으로 임박한 위험이라고 할 수 없으며 지난 20여 년 간 다뉴브 강의 수질이 많은 개발사업에도 불구하고 꾸준하게 증진되어온 사실을 지적하고 '1977년 조약'에 수량조절가능성을 명시하고 있어 이에 따른 변경이 가능하다는 것을 언급하고 있다. 헝가리정부의 모순성도 지적되었는데, 즉 동정부는 1983년에는 '1977년 조약'에 따른 공사일정의 지연을 요구하였다가 1989년에는 다시 이 공사의 빠른 진행을 요구한 적이 있다는 것을 지적하였다. 재판소의 입장에서는 이러한 헝가리의 태도는 헝가리가 주장하는 위험이 중대하고 급박한 위험이고, 공사포기 외에는 대체수단이 없는 상황이라고 보기 어렵다는 결론에 이르게 한다고 판결하였다.

3. 위법성 조각사유로서의 '대응조치' 문제

재판소가 부탁받은 해결할 법적 쟁점 중 슬로바키아가 헝가리의 공사 중지와 포기로 인한 문제를 해결하기 위하여 일방적으로 잠정해결안을 마련하고 이를 운영할 권한이 있는가의 문제를 해결함에 있어 대응조치(counter measure)의 문제가 제기되었다. 슬로바키아는 자국의 행위를 정당화하기 위하여 Lauterpacht의 '조약의 근사적용원칙'(approximate application of treaties)[24]과 헝가리의 '1977년 조약'의 위반에 대한 '대응조치'라는 근거[25]를 제시하였다.

대응조치는 분쟁해결을 위한 강제적 중앙기관이 없는 국제사회에서 다른 국가의 위법행위에 대응하기 위한 일방적 자구행위를 말한다.[26] 국가책임에 관한 ILC초안규정에서 규정하고 있는 것을 그대로 인용하자면 무력의 사용 또는 그 위협을 수반하지 않는 행위로서 그것이 피해국의 권리침해에 대한 응수로서 정당화되지 못한다면 상대국에 대한 의무 위반을 수반하게 되는 행위를 말한다.[27]

---

24) Lauterpacht에 의하면 일방당사국의 행위로 법적문서의 계속적 정당성이 적용될 수 없는 경우 자신의 행위를 이용하도록 허용하지 않고 원래의 목적에 가장 근접하도록 적용하여야 한다. 아울러 그는 이 원칙은 조약을 해석하고 법적 효력을 부여하려는 것이지 그것을 변경하려는 것은 아니라고 밝히고 있다. Admissibility of Hearings of Petitioners by the Committee on South West Africa사건에서의 Lauterpacht재판관의 개별의견, ICJ Reports, 1956, p.46.

25) 물론 대응조치는 선행되는 위법행위와 대응하는 위법행위가 있고 일정한 요건 하에서 이루어지는 경우 나중에 있었던 위법행위의 위법성이 조각되는 것이다. 슬로바키아는 근본적으로 자국의 변경계획안이 '1977년 조약'을 위반한 것이라는 주장을 부인하고 있었기 때문에 대응조치라는 근거는 부차적 주장이었다.

26) 김석현, "국제법위원회작업현황", 「국제법평론」, 통권 제9호(1997-II), p.248.

27) 초안규정 제3장 참조.

재판소는 대응조치가 그 위법성을 조각하기 위한 요건으로 1) 선행되는 위법행위에 대응하기 위한 조치일 것, 2) 위법행위의 중단요구가 있었을 것, 3) 선행되는 위법행위와 비례성이 있을 것, 4) 선행되는 위법행위를 한 국가의 의무준수를 유도하기 위한 목적일 것, 5) 취하여진 조치는 번복이 가능할 것 등을 들고 있다. 재판소는 첫 두 요건은 합치되어 있으나 비례성요건이 합치되지 못하였다고 판결하였다. 재판소는 상설국제사법재판소(PCIJ)의 오데르강 사건[28] 국제하천의 비항행이용에 관한 협약[29]을 인용하면서 국제하천에 있어서는 유역국가간의 형평한 이용이 가장 중요한 핵심적 규범이 되고 있는데 슬로바키아의 '변경사업안'에 의한 다뉴브 강의 유수변경과 방수량의 일방적 결정은 이러한 원칙을 위반하고 있고 이것은 선행되는 헝가리의 행위와 비교할 때 비례성을 인정할 수 없다고 밝히고 있다. 아울러 재판소는 슬로바키아가 1977년 조약에 전혀 허용되지 않는 일방적 조치를 취한 것도 지적하고 있는데 이러한 체코의 행위도 비례성 판단에 영향을 미쳤다고 하겠다.

4. 조약의 종료문제

조약의 종료는 유효하게 성립한 조약이 조약목적의 달성, 유효기간의 만료 등 여러 가지 원인에 의하여 장래에 대하여 조약의 효력이 종료하는 것을 말한다.

이 사건에서 조약의 종료문제는 헝가리가 '1977년 조약'을 일방적으로 종료한다고 체코슬로바키아에 통보함으로써 발생하였다. 헝가리는 '1977년 조약'의 종료원인으로 1) 긴급피난, 2) 조약의 이행불능, 3) 사정변경의 원칙, 4) 조약의 실질적 위반, 5) 새로운 강행규범의 발전 등을 들고 있다.

재판소는 우선 조약법에 관한 비엔나협약[30]이 규정하고 있는 조약의 중대한 위반,[31] 후발적 이행불능,[32] 사정변경의 원칙[33] 등이 기존 국제법을 관습화한 조항들이기 때문에 '1977년 조약'이 조약법협약의 규율대상인가에 관계없

28) Territorial Jurisdiction of the International Commission of the River Oder, Judgement, No.16, 1929, PCIJ, Ser. A, No.23, p.27.
29) Convention on the Law of the Non-Navigational Uses of International Watercourses, 1997년 5월 21일 New York에서 체결, 미발효, 36 ILM 700(1997).
30) Convention on the Law of the Treaties, 1969년 5월 23일, Vienna에서 체결, 1980년 1월 27일 발효, 8 ILM 679(1969).
31) 동협약 제60조.
32) 동협약 제61조.
33) 동협약 제62조.

이[34] 이들 조항에 근거하여 판단할 수 있다고 보았다.

조약의 이행불능에 대하여는 조약법에 관한 비엔나협약상 조약의 시행에 불가결한 대상(object)의 영구적 소멸 또는 파괴로 인한 경우에 조약의 종료원인으로 인용할 수 있도록 하고 있는데 이 사건에서는 조약의 대상자체가 물리적으로 파괴되거나 소멸한 것이 아니라 조약이행이 이루어질 경우 해당지역의 환경과 생태계에 미치는 위험이 크다는 것이고 이것을 이행불능을 이유로 하는 조약의 종료원인으로 포함시킬 수 없다고 판결하였다. 재판소는 그 근거로 조약법에 관한 비엔나협약 채택당시 재정적 어려움으로 인한 지급곤란도 조약의 이행불능의 한 형태로 포함하자는 주장이 있었지만 이것이 받아들여지지 않았던 것을 지적하였다.[35] 헝가리는 조약이행과정에서 환경보호에 합치되게 양국이 공동으로 운영할 경제적 공동투자라는 조약의 본질적 대상이 소멸되었다고 주장하였는데, 재판소는 설사 그렇다 하더라도 헝가리는 자국이 먼저 작업을 중단하고 궁극적으로 이를 포기함으로써 이러한 상황을 야기하였기 때문에 조약법에 관한 비엔나협약에서도 명시하고 있듯이 헝가리는 조약의 이행불능을 이유로 조약의 종료를 주장할 수 없다고 판결하였다.

사정변경의 원칙에 의한 조약의 종료에 대하여도 헝가리의 주장을 인정하지 않고 그간 국제사법재판소가 어업관할권사건[36] 등에서 견지하여 왔던 이 원칙의 엄격한 해석태도를 유지하였다. 이 사건에서 헝가리는 근본적인 사정의 변경으로 1) '1977년 조약'이 사건 당시에는 이미 역사적 유물이 되어버린 소위 사회주의 통합성(socialist integration)개념에 근거하고 있다는 점, 2) Gabčikovo-Nagymaros수문체계는 단일의 불가분의 운영체계(single and indivisible operational system)로 계획되었는데 슬로바키아의 일방적인 공사 진행으로 일방체계로 변화하였다는 점, 3) 계획된 공동투자의 기초가 두 당사국 내의 경제체제가 시장경제체제로 전환되면서 무너진 점, 4) '1977년 조약'을 변경불가능한 조약으로 변질시킨 슬로바키아의 태도, 5) 환경보호에 합치된 조약이 환경재앙을 규정하고 있는 조약으로 변형된 점 등을 지적하였다.

34) 조약법에 관한 비엔나협약은 동협약의 적용범위를 여러 가지 측면에서 제한하고 있는데 여기서 관련이 되는 제한은 동협약의 발효 이후에 체결된 조약에 대하여만 적용된다는 것이다(동협약 제4조). 동협약이 1980년 1월 27일에야 발효되었으므로 '1977년 조약'은 기술적으로는 조약법에 관한 비엔나협약의 적용을 받지 않는 것이다.

35) Official Records of the United Nations Conference on the Law of the Treaties, First Session, Vienna, 26 March-24 May 1968, Doc.A/CONF, 39/11.

36) Fisheries Jurisdiction Case, ICJ Report, 1973, p.3 이하.

재판소는 1) '1977년 조약'이 기본적으로 하천의 수리, 발전 등의 기술적 문제를 규정한 조약으로 두 당사국의 정치체제의 변화와 무관한 성격의 조약이라는 점, 2) 이미 조약체결당시 개발사업으로 인한 환경에 미치는 영향이 조사되었고, 그동안 환경에 대한 지식의 발달이 있었다고 하나 당시 이러한 정도의 변화는 전혀 예측할 수 없었던 것은 아니라는 점, 3) 조약관계는 가급적 안정적으로 운영되어야 한다는 것을 강조하여 헝가리의 주장을 인정하지 않았다.

재판소는 또한 조약의 실질적 위반에 의한 조약의 종료주장도 인정하지 않았다. 헝가리는 슬로바키아가 일방적으로 '변경사업안'을 시행함으로써 '1977년 조약'(수질, 자연자원, 어업보호를 위한 계속적으로 필요한 조치를 취할 의무를 규정하고 있는 동조약 제15조, 제19조, 제20조), 국경하천의 물관리문제의 규율에 관한 협약, 국제하천문제를 규율하는 일반 국제법을 위반하였다고 주장하였다. 반면에 슬로바키아는 조약의 근사적용을 위한 최선의 조치였다고 주장하였다. 재판소는 슬로바키아의 조약위반이 조약법에 관한 비엔나협약에서 규정하고 있듯이 조약종료의 원인이 되는 '실질적 위반'(material breach)[37]이 있었는지에 대한 구체적 언급없이 조약의 위반이 동조약의 종료원인이 되기 위하여는 조약의 '실질적 위반'이 있어야 한다는 사실을 상기하고, '실질적 위반'이 아닌 조약위반은 대응조치를 포함하는 다른 조치를 가능하게 할 뿐이라고 밝히고 있다. 재판소는 헝가리가 슬로바키아의 행위 중에서 가장 중요한 조약의 '실질적 위반'이라고 주장하고 있는 슬로바키아에 의한 '변경사업안'의 시행에 의한 '1977년 조약'의 위반이 다뉴브 강의 유수방향변경이 이루어진 1992년 10월에 있었고 헝가리의 조약종료 주장은 그 이전인 1992년 5월에 있었으므로 조약종료 주장당시 실질적 조약위반이 있었다고 보기 어렵다는 것을 지적하였다. 재판소가 이 문제와 관련하여 더 강조하고 있는 것은 슬로바키아의 조약위반이 일방에게만 책임이 있는 것이 아니고 헝가리가 협상결렬의 원인을 제공하였으므로 원인제공이 된 일방당사국에 의한 조약종료 주장의 유효성을 부인하였다. 또한 헝가리의 선행되는 위법행위가 '변경사업안'을 입안하고 시행하는 원인이 되었다는 것도 지적하였다.

37) 조약의 실질적 위반은 조약법에 관한 비엔나협약에 의해 용인되지 않는 조약의 이행거부와 조약의 대상과 목적의 달성에 필수적인 규정의 위반을 말한다. 협약 제60조 제3항.

5. 국가승계시 조약의 승계문제

국가영역의 일부 또는 전부에 대한 주권자의 변화는 필연적으로 그에 대한 권리·의무의 변화를 수반하고 이 문제를 종합적으로 다루는 것이 국가승계(state succession)이다.[38] 이 사건에서 '1977년 조약'의 원체약국은 헝가리와 체코슬로바키아였다. 체코슬로바키아는 1992년 12월 31일 소멸하고 체코와 슬로바키아 두 국가로 분리되었다. 헝가리는 '1977년 조약'이 설사 자국의 종료주장에 의하여 종료되지 않았다 하더라도, 조약의 일방당사국의 소멸로 더 이상 효력이 없다고 주장하였다. 즉 국가가 소멸되고 다른 국가가 그 영토의 일부 또는 전부를 승계한다 하더라도 피승계국의 모든 양변조약을 자동적으로 승계하는 국제법은 없고 남은 국가와 승계국간의 합의로만 승계할 수 있는데 '1977년 조약'에 대하여 그러한 합의가 없었다고 주장하였다.[39] 헝가리는 조약의 국가승계에 관한 협약[40] 제34조가 규정하고 있는 계속원칙(principle of continuity)에 따른 모든 조약의 자동승계가 일반국제법을 선언하고 있는 것도 아니고 자국이 이 조약을 비준하지 않았음을 주장하였다. 반면에 슬로바키아는 조약의 국가승계에 관한 협약 제34조가 국가소멸의 경우에 있어서 국제관습법을 선언하고 있다고 주장하였다. 아울러 슬로바키아는 영토적 또는 지방적 성격의 조약이 사실상의 계속원칙으로 국가승계에 의한 영향을 받지 않는 것으로 규정하고 있는 조약의 국가승계에 관한 협약의 관련규정[41]을 근거로 조약의 유효성을 주장하였다.

재판소는 모든 조약의 자동승계를 규정한 조약의 국가승계에 관한 협약 제34조의 국제관습법 선언여부는 다루지 않고 '영토적 성격'(territorial character)의 조약은 전통적인 견해에 있어서나 근대적인 견해에 있어서나 모두 국가승계에 의

---

38) 동지, 김정건 외, *supra* note 18, p.171.

39) 슬로바키아는 헝가리의 주장이 사건을 부탁하는 특별협정에서 슬로바키아가 체코슬로바키아의 승계국이라는 것을 인정한 것과 모순된다고 지적하였으나, 헝가리는 사건의 당사국으로서의 승계문제와 조약의 승계문제를 분리하여 '1977년 조약'의 승계국으로 인정한 바 없다고 주장하였다.

40) Vienna Convention on Succession of States in respect of Treaties, 1978년 8월 23일, 비엔나에서 체결, 17 ILM 1488.

41) 협약 제12조. 동조항은 다음과 같이 규정하고 있다.
국가승계는 다음 사항에 영향을 미치지 않는다:
(a) 일부 국가 또는 모든 국가를 위하여 조약에 의하여 수립되고 그 영토에 부과된 것으로 간주되는 영토사용 또는 영토사용제한에 관한 의무
(b) 일부 국가 또는 모든 국가를 위하여 조약에 의하여 수립되고 그 영토에 부과된 것으로 간주되는 영토사용 또는 영토사용제한에 관한 권리

하여 영향을 받지 않는 것으로 인정하고 있다는 국제법위원회의 주석[42]에 근거하여 조약의 국가승계에 관한 협약 제12조가 국제관습법을 선언하고 있다고 보았다. 아울러 재판소는 하천수에 대한 권리 또는 하천상의 항행에 관한 조약은 일반적으로 영토적 조약의 범주에 포함될 수 있는 것으로 간주될 수 있다고 지적하고 있는 국제법위원회의 주석[43]을 인용하면서 '1977년 조약'이 조약의 국가승계에 관한 협약 제12조상의 '영토적 체제'(territorial regime)를 수립하는 성격을 가진 것으로 결론지었다. 재판소의 이러한 결론의 근거는 '1977년 조약'이 다뉴브 강을 따라 헝가리와 슬로바키아가 두 국가 영토의 특정부분에 통합되어 분리할 수 없는 복합구조물과 시설을 건설하며, 국제하천의 중요 부분에 항행체제를 수립하며, 특히 우회운하에 이르는 국제항로수로에 변경을 가하고 있는 것 등을 들고 있다.

6. 재판절차상의 문제

이 사건은 위에 언급한 국제법 쟁점에 있어서 의미를 갖지만 재판절차 면에서도 의미가 있는 사건이다. 즉 재판과정에서 재판부가 사건현장을 방문하여 현지답사를 통한 증거조사와 사건상황을 파악하였다는 것이다. 상설국제사법재판소(PCIJ)에서는 Meuse강 유역변경에 관한 사건에서 재판부가 현장을 방문하였던 사례가 있었지만 국제사법재판소에서는 그러한 사례가 없었다.[44] 국제사법재판소의 재판규칙(Rules of Court)에 의하면 하나 또는 수인의 전문가에 의하여 조사활동을 하도록 할 수 있고[45] 재판소의 재판부에 의하여 현장방문을 통한 조사활동을 할 수 있는데[46] 이 경우는 후자의 첫 번째 예이다. 이 사건의 선례는 앞으로 기술적인 문제를 안고 있는 사건에서 사건관련 장소를 조사하는데 이용될 수 있을 것이다.[47]

---

42) Official Records of the United Nations Conference on the Succession of States in respect of Treaties, vol.III, Doc.A/CONF 80/16/Add.2, p.27, para.2.
43) *Ibid.*, p.33, para.26.
44) Southwest Africa사건에서 현장방문조사가 제안된 적은 있었지만 당시 재판부가 이것을 거부하였다. ICJ Report, 1965, p.10(Order of November 29, 1965).
45) 동규칙 제67조, Corfu Channel Case에서 이것이 사용된 바 있다.
46) 동규칙 제66조.
47) Peter Tomka and Samuel S. Wordsworth, "The First Site Visit of the International Court of Justice in Fulfillment of its Judicial Function", *American Journal of International Law*, vol.92(1998), p.140.

Ⅲ. 국제환경법적 측면

1. 서 설

이 사건은 다뉴브 강의 개발사업으로 인한 환경문제가 제기된 문제의 중요한 부분이었고 이런 점에서 국제환경법적 논의가 적극적으로 이루어질 것으로 기대하였으나[48] 다수의견으로 나온 판결은 위에서 본 바와 같이 주로 조약법, 국가책임법, 특히 위법성 조각사유, 국가승계 등의 일반 국제법 근거를 통하여 이루어졌다.[49] 재판소의 판결에서는 부수적으로 일부 국제환경법 개념을 간단하게 언급하였을 뿐이었지만 Weeramantry재판관의 개별의견은 국제환경법 쟁점에 대한 상세한 논의를 통하여 국제환경법 발전에 기여하였다.

2. 판결에서의 국제환경법 언급

재판소의 환경문제에 대한 언급은 국제환경법 원칙 또는 개념을 통하여 국

48) Philippe Sands, *Principles of International Environmental Law*, Manchester: Manchester University Press, 1995, pp.353-354. 유사한 부정적 견해로는, Ida L. Bostian, Note, "Flushing the Danube: The World Court's Decision Concerning the Gabčikovo Dam", Colorado Journal of International Environmental Law and Policy, vol.19(1998), pp.420-421; Stephen Stec, "Do Two Wrongs Make a Right? Adjudicating Sustainable Development in the Danube Dam case", *Golden Gate University Law Review*(1999), pp.396-397. 그는 사건을 다룸에 있어 재판소가 환경에 대하여 전례없이 강조한 점을 들어 긍정적 평가와 함께 환경적 이유로 긴급피난이 인정되는 기준을 너무 높게 설정한 점에 대하여는 부정적 평가를 내리고 있다. Ida L. Bostian, "The International Court of Justice Decision Concerning the Gabčikovo-Nagymaros Project (Hungary/Slovakia), *Colorado Journal of International Environmental Law and Policy*, 1997, pp.193-194. Sands는 개정된 그의 교과서에서 이 사건이 국제환경법에 미친 영향을 긍정적으로 평가하여 태도를 변경하였다. 반면에 Vinuales은 국제환경법의 일부는 관습법규성을 갖는 것으로 보았다는 등 가장 긍정적인 평가를 내리고 있다. Jorge E. Viñuales, "The Contribution of the International Court of Justice to the Development of International Environmental Law: A Contemporary Assesment", *Fordham International Law Journal*, vol.32(2008), pp.236, 246-249. Sands 이후 그의 책에서 다시 이 사건에 대하여 긍정적인 평가를 내리고 있다. Philippe Sands and Jacqueline Peel with Adiana Fabra and Ruth MacKenzie, *Principles of International Environmental Law, 3rd ed.*, Cambridge University Press, 2012, p.318.

49) 이 사건이 국제환경문제를 자세히 다루고 있지만 환경사건은 아니라는 주장도 있다. Peter H. F. Bekker, "Gabčikovo-Nagymaros Project(Hungary/Slovakia), Judgement", *American Journal of International Law*, vol.92(1998), pp.273-278.

제환경법적 쟁점을 해결하려는 차원보다는 주로 다른 국제법 쟁점에 대하여 자국의 입장을 변론하려는 당사국의 주장을 인용하면서 이루어졌다. 이는 국제환경법에 근거하여 자국의 입장을 내세우려했던 헝가리의 주장을 받아들이지 않고 주로 조약법 등 일반 국제법에 의하여 판결에 이른 결과이다.

앞서 보았듯이, 재판소는 우선 헝가리가 자국의 '1977년 조약' 위반행위에 대한 위법성 조각사유로 '긴급피난'을 주장하면서 다뉴브 강 개발사업이 자국의 생태계에 미칠 위험이 긴급피난의 요건 중 하나인 국가의 '본질적 이해관계'(essential interest)에 대한 위험에 해당할 수 있다는 주장을 인용하고 있다. 재판소는 또한 당시 국제법위원회(ILC)의 국가책임규정초안에 대한 주석에서 긴급피난이 인정될 수 있는 본질적 이해관계의 한 예로 한 국가의 영토의 일부 또는 전부의 생태계 보존에 미치는 중대한 위험을 들고 있다는 것을 지적하고 있다. 다만 재판소는 헝가리가 제기하고 있는 위험이 긴급피난이 인정될 수 있을 정도의 위험인지 불확실하고 또한 그 위험이 임박한(imminent) 위험이라고 볼 수 없다는 것을 밝히고 있다.[50] 이 과정에서 긴급피난의 한 조건인 국가의 본질적에 생태적 이해관계가 포함된다는 것을 분명하게 인정하였고, 국제하천에서 유역국의 권리와 의무를 다룸에 있어 환경적 고려의 중요성이 어느 정도 부각되고 있다.[51]

두 번째로 재판소는 환경보호를 요구하고 있는 새로운 국제법의 요구로 '1977년 조약'의 이행을 할 수 없다는 헝가리의 주장에 대하여 '1977년 조약'의 제15조, 제19조 및 제20조 등의 환경관련 조항들이 당사국이 행하여야 할 특정 의무를 규정하지는 않았지만 당사국들이 다뉴브 강의 수질이 침해되지 않고 그 성격이 보장되도록 의무를 이행하고 공동이행계획에서 특정되는 수단에 대하여 합의할 때 새로운 환경법을 고려하도록 하고 있다는 지적을 하고 있다. 재판소는 나아가 양당사국이 환경적 고려를 할 필요성과 사전주의적 조치를 취하여야 할 필요성을 인정하였지만 개발사업에 미칠 결과에 대한 의견일치가 근본적으로 이루어지지 않았다는 이유로 헝가리의 주장을 받아들이지 않았다. 여기서는 지속가능한 개발(sustainable development)의 한 요소인 경제개발과 환경보호의 통합 개념과 사전주의(precaution) 개념이 언급되고 있지만 이들 개념에 대한 상

---

50) 긴급피난과 관련한 이 사건에 대한 상세한 면은, Roman Boed, "State of Necessity as a Justification for Internationally Wrongful Conduct", *Yale Human Rights and Development Law Journal*, vol.3(2000), pp.11-12.

51) Sands *et al.*, *supra* note 48, p.318.

세한 논의를 통하여 국제환경법의 일부가 되었는지, 그 구체적 내용이 무엇인지, 집행가능한 것인지 등에 대한 상세한 논의가 이루어지지 못하였고 이에 따라 이들 개념에 근거한 판결이 이루어지지는 않았다.[52)]

이 단계에서 재판소는 환경에 대한 정의와 자국 '관할권' 또는 '통제'하의 활동이 한 국가 통제를 넘는 지역 또는 다른 국가의 환경을 존중하도록 보장하는 국제법의 일반의무가 존재하고 환경과 관련한 국제법의 일부가 되었다는 핵무기위협 또는 사용의 적법성에 관한 국제사법재판소의 권고적 의견[53)]을 인용하여 같은 국제환경법 쟁점에 대하여 이전 판결의 입장과 같음을 보여주고 있다.

또한 주목할 점은 국제사법재판소가 국제하천의 유역국이 물자체 뿐만 아니라 전력생산, 어업 및 레저와 같은 관련 이익에 있어서도 형평하고 합리적인 몫을 가질 권리가 있다는 것을 인정함으로써 하천개발에 있어서의 지속가능한 개발개념 발전과 국제하천법 발전에 영향을 줄 수 있는 내용을 담고 있다는 것이다.[54)]

세 번째로 재판소는 양당사국이 앞으로 다뉴브개발체제를 운용해 가는데 있어 고려되어야 할 관리체제를 제시하면서 환경보호분야에서 환경에 대한 회복불가능한 성격 때문에 또한 이러한 유형의 손해배상체제에 있어서의 고유한 제한 때문에 '주의'(vigilance)와 '예방'(prevention)이 요구된다고 밝히고 있다. 이는 '사전주의원칙'(precautionary principle)이라는 용어를 사용하지는 않았지만 내용상 사전주의원칙개념의 인식하에 이루어진 언급이라고 할 수 있다.

또한 같은 문맥에서 재판소는 다음과 같이 밝히면서 지속가능한 개발개념을 언급하였다.[55)]

> "인류는 전 역사를 통하여 경제적 및 여러 이유로 자연에 계속적으로 관여하여 왔다. 과거에는 이것이 환경에 미치는 영향을 고려하지 않고 해왔지만 환경에 대한 고려없는 감속없이 이루어지는 자

---

52) 이러한 국제사법재판소의 태도는 문제가 발생한 1980년 말 1990대 초의 상황에서는 이들 개념이 확고하게 정립되지 않았던 상황을 염두에 두어야 한다는 지적도 있다. Sands *et al.*, *supra* note 47, p.318. 하지만 이 지속가능개발개념을 직접적으로 다룬 최초 사건에서 국제사법재판소의 지속가능한 개념에 대한 논의는 미약하였지만 Pulp Mills case 등 이후 판결에 영향을 미친 것은 부인할 수 없다.

53) Legality of the Threat or Use of Nuclear Weapons, Advisory Opinion, ICJ Reports, 1996, pp. 241-242, para.29.

54) Frank Lawson, "Sustainable Development Along International Watercourses: Is Progress Being Made?", *University of Denver Water Law Review*, vol.16(2013), p.335.

55) Gabčikovo-Nagymaros Case, ICJ Reports, 1997, para.140.

연훼손을 추구하는 것의 새로운 과학적 통찰력과 현세대 및 미래세대에 미치는 위험을 점차 인식하여 가면서 지난 20년간 새로운 규범과 기준이 발전되었고 많은 국제법문서에 규정되었다. 국가가 새로운 활동을 계획할 때 뿐만 아니라 과거에 시작된 활동을 계속할 때도 그러한 새로운 규범은 고려되어야 하고 그러한 새로운 기준은 적절한 비중이 주어져야 한다. 이와 같은 경제발전과 환경보호의 조화는 지속가능한 개발개념에 적절하게 표현되고 있다."

이어서 재판소는 양당사국이 협상을 통하여 관리체제에 대한 해답을 찾아갈 때 국제환경법규범과 국제하천법 원칙이 고려되어야 함을 밝히고 있다.[56]

3. Weeramantry 재판관의 개별의견[57]

Weeramantry재판관은 개별의견을 통하여 Gabčikovo-Nagymaros사건을 환경법적 쟁점을 제기하는 사건으로 평가하면서 다뉴브 강 개발사업으로 인한 환경피해가능성이 판결에서 고려되어야 할 유일한 측면이었다면 헝가리의 주장이 결정적인 것으로 받아들여졌을 것이라고 밝히고 있다.[58] 이어서 그는 경제개발요구와 환경보호간의 조화에 있어서 지속가능한 개발원칙이 수행하는 역할, 계속적 환경영향평가(continuing environmental impact assessment)원칙 및 국제환경법상 의무의 대세적 성격(*erga omnes*) 등에 대한 자신의 의견을 제시하고 있다.

먼저 지속가능한 개발개념에 대하여 보면 이 사건에서 슬로바키아는 개발사업으로 수립될 수문체제에 많은 투자를 해왔고 전기부족을 해결하는데 도움을 줄 수 있어 자국의 경제개발에 중요하다고 주장하면서 개발사업으로 오히려 강바닥의 침식을 막고 홍수로부터 효과적으로 하천유역을 보호할 수 있어 환경적으로도 유익하다고 주장하였다. 또한 이 시점에서 개발사업을 중단할 경우 이미 건설된 시설이 무용지물이 되고 환경적으로도 문제를 일으킬 수 있다고 주장하였다. 반면에 헝가리는 개발사업으로 하천제방의 식물 및 동물 생태계에 미치는 피해, 물고기 생육에 미친 손해를 포함한 다양한 생태적 손해, 지표 수

---

56) *Ibid*., para.141.

57) 재판소의 판결문과 마찬가지로 Weeramantry재판관의 개별의견도 인용된 의견의 개별적 각주는 생략한다. 개별의견은, http://www.icj-cij.org/docket/files/92/7383.pdf 참조.

58) Weeramantry재판관은 이 사건 외에도 Kasilkili/Sedudu Island case와 Nuclear Tests II case에서도 반대의견(dissenting opinion)을 통하여 환경문제를 다루어 국제환경법 발전에 공헌하였다. 예를 들어, 앞선 사건의 반대의견에서 그는 경계획정에 있어 환경보호의 영향을 강조하면서 국경조약의 지리적 통로를 벗어나 생태계의 이해관계를 고려하여야 한다고 보았다. Viñuales, *supra* note 48, pp.233-234, 251.

질에 미치는 손해, 과영양화, 지하수체제, 농업, 산림 및 토양에 미치는 손해, 음용수저수지수질악화를 야기하고 퇴적 등의 문제를 일으킬 수 있다고 주장하였다.

Weeramantry재판관은 재판소가 재판과정에서 양당사국이 제기한 환경적 고려와 개발적 고려간에 균형을 잡아야 했는데 지속가능한 개발원칙이 그것을 가능하게 해주었다고 밝히고 있다. 그는 나아가 재판소가 판결문에서 '지속가능한 개발'을 하나의 '개념'(concept)으로 언급하였지만 규범적 가치를 갖는 원칙으로 이 사건 판결에 결정적인 것으로 보았다. 더 나아가 그는 국제법상 그러한 원칙이 존재하고 국제법의 일부가 되었다고까지 언급하였다. 이를 뒷받침하기 위하여 그는 1971년 6월의 스위스 Founex회의, 1971년 Canberra에서 있었던 환경과 개발회의, UN총회결의 2849 및 1972년 스톡홀름선언과 행동계획[59]등에서의 개발과 환경의 조화에 대한 언급을 거론하였다. 이미 이때부터 지속가능개발개념이 태동하였기 때문에 '1977년 조약' 체결 시에도 이러한 인식이 있었고 동조약의 환경관련규정인 제15조, 제19조의 해석도 이 원칙을 고려하여 이루어져야 한다고 보았다. 이어서 그는 지속가능한 개발개념을 정의하였던 1987년의 Brundtland보고서[60]와 3분의 1 이상의 조항에서 지속가능한 개발원칙의 내용을 언급하고 있는 1992년 리우선언[61]을 언급하고 있다. 이를 통하여 지속가능개발원칙이 국제법의 일부가 되었고, 이는 단지 피할 수 없는 논리적 필연이라는 것 때문만이 아니라 지구공동체에 의해 광범위하고 일반적인 인정을 받기 때문이라고 보았다.

두 번째로 계속적 환경영향평가 원칙에 대하여 국제사법재판소의 이전 판결들[62]에서 이 원칙이 지지를 받아왔고 국제적인 인정을 받고 있어 이 사건을 판결하는 재판소도 동원칙을 인식해야만 하는 수준에 도달하였다고 밝혔다.[63]

---

59) Stockholm Declaration of the United Nations Conferences on the Human Environment, 1972년 6월 16일 채택, 11 ILM 1416(1972), Action Plan for the Human Environment, Report of the United Nations Conference on the Human Environment, Stockholm, June 1972, http://www.un-documents.net/aphe-a.htm

60) 유엔세계환경개발위원회(WCED)가 *Our Common Future*, Oxford University Press, 1987이라는 제하로 1987년 발행한 세계환경문제에 대한 보고서.

61) Rio Declaration on Environment and Development, 1992년 6월 13일 Rio de Janeiro에서 채택, 31 ILM 874(1992).

62) Request for an Examination of the Situation in Accordance with Paragraph 63 of the Court's Judgement of 20 December 1974 in the Nuclear Tests(New Zealand v. France)case, ICJ Reports, 1995, p.355, Legality of the Use by a State of Nuclear Weapons in Armed Conflict, ICJ Reports, 1996, p.140.

63) Gabčikovo사건의 국제하천개발의 환경영향평가문제에 대한 상세한 면은, Angela Z. Cassar Carl

그는 환경영향평가는 단순히 개발사업을 시작하기 전에 평가하는 것만을 의미하는 것이 아니라 개발사업의 운영 중에 계속해서 평가하는 것을 의미한다고 보았다. 이것은 환경영향평가가 동적인 원칙으로 가능한 환경영향을 사업 전 평가하는 것에 한정하지 않는다는 것이다. 일정한 규모의 개발사업이 운영 중에 있는 한 모든 개발사업이 기대하지 않은 결과를 낼 수 있기 때문에 신중한 감시를 위한 환경영향평가가 계속되어야 한다는 것이다. 이 사건에서 '1977년 조약' 제15조와 제19조가 환경적 고려를 언급하고 있는 것은 환경영향평가 원칙이 조약에 스며들어 있다는 것을 의미하며 이들 조항은 단순히 사업시작 전 환경영향평가에 한정하지 않고 사업 계속 중의 감시를 포함한다는 것이다.

자신의 주장을 뒷받침하기 위하여 Weeramantry재판관은 초기 국제환경법 사건인 Trail Smelter사건[64]을 언급하면서 "반세기 전 이미 Trail Smelter사건에서 계속적 감시의 중요성이 인정되었는데 동사건에서 판정하의 추후 이행상황을 감시하도록 양분쟁당사국에게 요구하였다. 중재재판부는 Trail제련소에 관측소 및 배출가스 상태에 대한 정보를 제공하는 필요한 장비를 설치하고 아황산가스기록기를 설치하고 정기적으로 보고하도록 명하였다. 이 사건에서도 재판소판결은 유사하게 이해되고 적용되어야 할 공동감시요구를 부과하고 있다"고 밝혔다. 아울러 계속적 환경영향평가 개념을 인정하고 있는 몇몇 국제법 문서를 언급하고 있다.[65]

한편 Weeramantry 재판관은 계속적 환경영향평가의 규율기준은 과학발전 등의 현실을 반영하여 해석·적용 시의 구속력 있는 기준이 되어야 한다고 주장하면서 국제문서는 해석 시에 우세한 전법체제 내에서 해석되고 적용되어야 한다고 보았던 Namibia사건과 새로운 규범이 고려되어야 하고 그러한 새로운 기준에 적절한 비중이 주어져야 한다고 밝혔던 이 사건의 판결문[66]을 인용하였다.

세 번째로 환경의무의 대세적 의무성격과 관련하여 그는 오늘날은 국제법이 개별국가의 이해관계를 위한 것이기도 하지만 인류전체의 이익과 지구적 복

E. Bruch, "Transboundary Environmental Impact Assessment in International Watercourse Management", *New York University Environmental Law Journal*, vol.12(2003), pp.186-189.

64) Trail Smelter Arbitration (United States v. Canada), 16 April 1938, 11 March 1941, 3 RIAA 1907(1941).

65) Co-operative Programme for the Monitoring and Evaluation of the Long-Range Transmission of Air Pollutants in Europe, under the ECE Convention, Vienna Convention for the Protection of the Ozone Layer (1985 Arts. 3 and 4), the Convention on Long-Range Transboundary Air Pollution(1979, 제9조).

66) *supra* note 50, para.140.

지를 위한 것이어야 하는 시대라고 하면서 국제환경법은 전체로서 인류의 지구적 관심사와 관계없는 개별국가의 이기적 이해관계의 폐쇄적 공간에서 당사국의 권리·의무를 따지는 것을 넘어설 필요가 있다고 밝혔다. 사건에서 '1977년 조약'과 같은 양자협정에서 나오는 당사국간 관계(inter parte)에서의 권리의무관계로는 당사국 이외의 국가를 포괄하는 국제환경보호라는 대세적 성격의 의무관계의 해결이 불가능하거나 불합리한 결과를 초해할 수 있다는 것을 주장하고 있는 것으로 보인다.

Ⅳ. 결　　론

이 사건은 국가책임법상 위법성 조각사유로서의 긴급피난, 대응조치와 조약의 여러 종료원인, 양변조약의 승계문제 등 국제법에 있어서 중요한 의미를 가진 문제들에 대하여 판결 당시의 국제법 상황을 정리하고 이것을 선언하였다는 측면에서 중요한 의미를 갖는다. 국제법위원회를 통한 법전화과정에서 채택된 조약들의 중요성이 다시 지적되고 이들 조약의 초안과정에서 논의된 내용과 국제법위원회의 주석이 중요한 조약해석 자료로 사용되고 있다는 것도 지적될 수 있다.

재판소는 자연환경에 대한 국가의 관심이 국가의 '본질적 이해관계'임을 인정하면서 핵무기사용위협 또는 사용의 합법성에 관한 권고적 의견에서 밝힌 환경은 추상적 용어가 아니라 아직 태어나지 않은 세대를 포함하는 인류의 생활공간이며 삶의 질이며 건강 그 자체라는 판결내용을 인용하고 있는 것에서도 나타나듯이 이 사건에 있어서 환경적 측면을 인식하였던 것이 사실이다. 또한 동일한 용어를 사용하고 있지는 않지만 생물다양성 문제, 지속가능한 개발의 개념, 사전주의 개념 등이 당사국의 주장을 인용하는 부분에서 직·간접적으로 언급되고 있다. 다만 이러한 재판소의 언급은 국제환경법의 법 원칙과 그들의 법적 지위를 언급하기 위한 것이 아니라 단순히 선언적인 것이었다. 긴급피난의 요건과 관련하여 재판소가 헝가리가 주장한 환경 및 생태계에 미친 위험의 중대성과 급박성을 판단함에 있어 환경적 위험을 소극적으로 판단한 것은 기본적으로는 조약관계의 안정성과 슬로바키아의 투자로 건설된 댐이 미치는 정치적, 경제적 영향 등을 고려한 재판소의 입장을 이해하면서도 국제환경법의 원칙의 하나로 확립되어가고 있는 사전주의원칙을 적극적으로 고려하여 접근하였을 경우 다른 결론이 나올 수도 있었을 것이다. 사실 많은 환경문제가 문제를 인식하고 해결하고자 하면 이미 돌이킬 수 없는 침해를 입고난 후인 경우가 많았고 개발의 대형화, 다양화에 따라 그 위험성은 더 커지고 있다는 점에서 아쉬움이 많다. 물론 급속도로 관습법규와 관련 조약이 확립되어가고 있는 오늘날의 국제환경법 상황에 비추어 1980년대와 1990년대 초에 걸쳐 있었던 사건에 대한 판결내용을 평가하는 것은 제한적으로 이루어져야 하고 이 사건이 이후 지속가능한 개발개념 등 국제환경법 발전에 일정한 역할을 하였다는 것을 부인할 수 없다.

특별히 Weeramantry 재판관이 개별의견에서 밝힌 지속가능한 개발의 원칙 개념, 계속적 환경영향평가원칙(principle of continuing environmental impact assessment),[67] 국제환경법의무의 성격에 관한 견해는 개별의견이라는 한계에도 불구하고 지속가능개발원칙, 환경영향평가 등 관련 국제환경법 문제의 논의에서 좋은 출발점을 제공하여 왔고 국제환경법 발전에 기여하였다.

---

67) 전통적으로 환경영향평가는 환경에 영향을 미치는 일정한 성격과 규모의 사업을 시행하는 경우 사업시행 전에 그 사업으로 인한 환경에의 위험을 종합적으로 평가하여 환경침해를 최소화하거나 필요한 경우 사업시행을 중단하도록 하는 것으로 이해하였다. 예를 들어, 국제연합환경계획(UNEP)이 초안한 1978년의 공유자원에 대한 행동원칙은 국가는 다른 국가의 환경을 중대하게 침해할 위험을 야기할 수 있는 공유자원에 대한 어떠한 행동을 취하더라도 사전에 환경영향평가를 시행하여야 한다고 규정하고 있다(UNEP/GC/Doc./10/14VI(1982). 계속적 환경영향평가원칙은 사전의 환경영향평가로 종결되는 것이 아니라 사업의 시행중 그러한 평가가 계속되어 필요한 조치들이 강구되어야 한다는 것이다.

참고문헌

- 김기순, "Gabčikovo-Nagymaros Project사건에 대한 국제환경법적 고찰", 「중앙법학」, 제9집 제4호(2007), pp.289-322.
- 김석현, "국제법위원회작업현황", 「국제법평론」, 통권 제9호(1997-II), pp.247-256.
- 김정건, 장신, 이재곤, 박덕영, 「국제법」, 박영사, 2010.

- Bekker, Peter H. F., "Gabčikovo-Nagymaros Project(Hungary/Slovakia), Judgement", *American Journal of International Law*, vol.92(1998), pp.273-278.
- Boed, Roman, "State of Necessity as a Justification for Internationally Wrongful Conduct", *Yale Human Rights and Development Law Journal*, vol.3(2000), pp.1-43.
- Bostian, Ida L., "Flushing the Danube: The World Court's Decision Concerning the Gabčikovo Dam", *Colorado Journal of International Environmental Law and Policy*, vol.19(1998), pp.401-427.
- ______________, "The International Court of Justice Decision Concerning the Gabčikovo-Nagymaros Project (Hungary/Slovakia), *Colorado Journal of International Environmental Law and Policy*, 1997, pp.186-195.
- Cassar, Angela Z. and Carl E. Bruch, "Transboundary Environmental Impact Assessment in International Watercourse Management, *New York University Environmental Law Journal*, vol.12(2003), pp.169-244.
- Graffy Colleen P., "Water, Water, Everywhere, Nor Any Drop to Drink: The Urgency of Transnational Solutions to International Riparian Disputes", *Georgetown International Environmental Law Review*, vol.10(1998), pp.399-440.
- Lammers, Johan G., "The Gabčikovo-Nagymaros Case Seen in Particular From the Perspective of the Law of International Watercourses and the Protection of the Environment", *Leiden Journal of International Law*, vol.11(1998), pp.287-320.
- Lawson, Frank, "Sustainable Development Along International Watercourses: Is Progress Being Made?", *University of Denver Water Law Review*, vol.16(2013), pp.323-346.
- Lefeber, René, The Gabčikovo-Nagymaros Project and the Law of State Responsibility, *Leiden Journal of International Law*, vol.11(1998), pp.609-623.
- Sands, Philippe and Jacqueline Peel with Adiana Fabra and Ruth MacKenzie, *Principles of International Environmental Law, 3rd ed.*, Cambridge University Press, 2012.
- Schwabach, Aaron, "Diverting the Danube: The Gabčikovo-Nagymaros Dispute and

International Freshwater Law", *Berkeley Journal of International Law*, vol.14(1996), pp.290-343.
- Stec, Stephen, "Do Two Wrongs Make a Right? Adjudicating Sustainable Development in the Danube Dam case", *Golden Gate University Law Review*(1999), pp.317-397.
- Tomka, Peter and Samuel S. Wordsworth, "The First Site Visit of the International Court of Justice in Fulfillment of its Judicial Function", *American Journal of International Law*, vol.92(1998), pp.133-140.
- Viñuales, Jorge E., "The Contribution of the International Court of Justice to the Development of International Environmental Law: A Contemporary Assesment", *Fordham International Law Journal*, vol.32(2008), pp.232-258.

제 6 장 국제어업자원의 관리와 1999년 남방참다랑어 분쟁사건의 주요 쟁점

Legal Issues of the 1999 Southern Bluefin Tuna Case in the International Fisheries Management Regime

정 갑 용

I. 서 론

남방참다랑어 분쟁사건[The Southern Bluefin Tuna Cases (Nos 3/4)]은 1993년 5월에 성립된 남방참다랑어보존협약(Convention on the Conservation of the Southern Bluefin Tuna; CCSBT)에 근거하여 수행된 1998년~1999년의 시험조업 프로그램(an experimental fishing programme; EFP)에 있어서 동 협약의 당사국인 호주, 뉴질랜드 및 일본과의 분쟁사건이다.

1996년부터 일본은 남방참다랑어의 자원이 회복하고 있음을 이유로 총허용어획량의 증가와 3국간 공동시험조업 등의 요구를 하였으나 호주와 뉴질랜드가 반대를 하였다. 이에, 1998년에 일본은 3년간의 일방적인 시험조업을 통보하고, 이에 호주 및 뉴질랜드는 1999년 7월 15일에 1982년 유엔해양법협약의 부속서 Ⅶ상의 중재재판에 의하여 동 분쟁을 해결할 것을 통지하였으며, 동년 7월 30일에는 해양법협약 부속서Ⅶ상의 중재재판소에 제소하는 동시에 국제해양법재판소에 잠정조치를 청구하였다.[1)]

동 사건은 1998년 국제해양법재판소(이하 '재판소'라 한다)가 판결한 사이가號 사건[1998 Saint Vincent and the Grenadines v. Guinea M/V Saiga[2)] 이래로 1982년 유엔해양법협약(이하 '해양법협약'이라 한다)] 제290조와 재판소 규정 제25조에 의거하여 성립된 사건으로, 재판의 부수절차인 '잠정조치(provisional measures)'를 청구한 두 번째 사

1) 정갑용, "국제해양법재판소의 재판절차와 판례동향", 「월간수산」(한국해양수산개발원), 제228권, 2003, 49면.

2) 1998 M/V Saiga(Provisional Measures) Order, reprinted in ILM, Vol.37(1998), p.1202.

건이며, 해양법협약 제290조 제5항에 의해 해결된 최초의 사건이다.[3)]

아래에서는 동 사건의 배경, 동 사건의 재판에 있어서 분쟁당사국들의 주장 및 판결내용, 주요쟁점, 결론 및 시사점을 살펴보고자 한다.

Ⅱ. 남방참다랑어 분쟁의 배경

전통국제법은 모든 국가가 '해양자유의 원칙' 하에 해양자원은 어느 국가나 자유롭게 무제한적으로 이용할 수 있다고 생각되었으나, 제2차 세계대전이 끝나고 국제사회가 전반적으로 안정되자 인구가 증가되고 인간의 식량은 해양생물자원에 많이 의존하게 되었다. 뿐만 아니라, 트롤어업, 어군탐지기의 장착 등 어로기술의 발달은 전반적인 어업자원의 남획을 초래하였고 국제사회는 이를 심각한 문제로 받아들여 새로운 국제어업관리체제가 도입되었다.

오늘날 국제사회에 등장한 새로운 국제어업관리체제는 크게 세 가지의 법규범으로 구분할 수 있는데, 일반적 국제어업관리체제, 지역적 국제어업관리체제 및 특수한 국제어업관리체제가 그것이다. 이와 더불어 최근 들어 크게 발전하고 있는 국제환경규범의 대원칙인 '지속가능한 개발의 원칙'과 그 실천원칙인 '예방적 접근원칙'도 국제어업관리규범에 있어서 상위규범으로서의 역할을 하고 있다.

공해자유의 원칙이 인정되던 이전에는 국가의 간섭이 거의 없이 거대 수산업체가 다양한 어종들을 과도하게 어획하여 왔다.[4)] 그러나 인구의 급격한 증가와 생활공간의 확대, 그리고 부족한 육상자원으로 인하여 식량의 공급원 및 자원의 보고로서 해양의 중요성이 증대됨에 따라 인류의 관심영역이 육지에서 해양으로 확대되고 있다. 또한 해양의 과학적 탐구 및 개발기술의 획기적 발전과 해양환경·오염문제에 대한 관심증대 그리고 해양의 군사적 이용 증대 등으로 말미암아 세계각국은 해양을 둘러싼 복잡하고 첨예한 이해관계 속에서 보다 넓은 바다를 차지하기 위해 각축을 벌이고 있다.

해양법협약은 이러한 국제사회의 요구에 부응하여 기존의 관습법으로만 존

---

3) Barbara Kwiatkowska, "The Southern Bluefin Tuna (New Zealand v. Japan; Australia v. Japan) Cases", *The International Journal of Marine and Coastal Law*, Vol.15, No.1, 2000, p.2.

4) Crow White, Christopher Costello, "Close the High Seas to Fishing?", *PLOS Biology*, Vol.12, Issue 3, March 2014, p.1.

재하던 해양법 분야를 체계화하여 성문법으로 발전시킴으로써 새로운 보편적 해양법질서를 마련하였으며, 이후에 '신국제어업질서'가 등장하여 어업자원을 관리, 규제하는 각종 국제수산규범 및 수산기구 등이 자리를 잡고 있다.

이와 같은 신국제어업질서를 나타내는 국제어업규범으로는 해양법협약을 포함하여 1993년 어선의 편의치적금지협정(FAO 준수협정), 1995년 공해어족보호에 관한 이행협정(유엔공해어업협정), 1995년 책임있는 어업규범, 2001년 IUU어업방지 및 어족자원을 위한 각종 국가행동계획 등이 대표적인 국제규범이며, 지역적 차원에서도 IOTC, CCSBT, WCPFC, ICCAT, CCAMLR, IWC, NPAFC, CBSPC 등의 각종 수산규범이 성립하였고 앞으로도 새로운 국제수산규범들이 계속 채택될 전망이다.

여기서, 1993년 11월에 채택된 "공해조업선박의 국제적 보존관리조치 이행을 촉진하기 위한 협정"[5)]은 전문과 16개 조항으로 구성되어 있으며 적용대상은 공해에서 24m 이상의 조업어선이며, 그 주요 내용은 기국의 보존관리조치의 준수, 조업허가의 발급 및 준수, 타국 등록어선에 대한 어업허가의 금지, 조업어선의 표시의무, 조업구역, 어획량 및 양육량 등 정보 보고, 협정위반에 대한 제재조치 국내법 도입 등이다.

1995년 8월에 채택된 '책임있는 어업규범'[6)]은 전문과 12개 조항으로 구성되어 있으며, 어선어업, 양식어업, 수산물가공 및 무역 등 수산업 전반에 걸쳐 책임있는 수산업의 이행을 위하여 모든 국가들이 지양해야 할 규범을 포괄적으로 규정하고 있다.

1995년 8월에 채택된 '경계왕래어족 및 고도회유성어족의 보존과 관리에 관한 1982년 12월 10일 유엔해양법협약 관련조항의 이행협정'[7)]이 채택되었고 2001년 12월 11일 발효하였는데, 동 협정은 전문과 50개 조항 및 2개 부속서로 구성되어 있다. 동 협약의 목적은 유엔해양법협약의 관련규정의 효율적 이행을 통하여 경계왕래어족 및 고도회유성어족의 보존 및 지속가능한 이용을 보장하고자 하는 것으로, 보존관리조치의 설정 및 공해와 배타적경제수역에서 자원관

---

5) Agreement to Promote Compliance with International Conservation and Management Measures by Fishing Vessels on the High Seas: 약칭 'Compliance Agreement' 또는 'FAO 준수협정'.

6) Code of Conduct for Responsible Fisheries.

7) Agreement for Implementation of the Provisions of the United Nations Convention on the Law of the Sea of 10 December 1982 relation to the Conservation and Management of Straddling Fish Stocks and Highly Migratory Fish Stocks: UNIA(유엔어족관리이행협정 또는 유엔공해어업협정.

리체제의 일관성 유지, 예방적 접근, 효율적 감시, 통제 및 감독, 보존과 관리를 위한 국제협력체제 구축, 자국 조업선박의 허가, 불법조업 처벌 및 결과보고, 타국 조업선박의 승선 및 검색 실시 등이다.

한편, IUU란 Illegal·Unreported·Unregulated의 약자로서, Illegal은 지역수산기구내에서 협약을 지킬 의무가 있는 회원국의 의무 위반을, Unreported란 협약상의 보고사항을 보고하지 않거나 잘못 보고하는 것을, Unregulated란 협약의 규제를 받지 않는 비회원국의 어업활동을 의미한다.

IUU어업방지 국제행동계획[8]은 불법적인 조업차단을 통해 수산자원을 보전하기 위한 국제적인 행동계획인데, 동 국제행동계획은 '바다새 우발포획에 관한 국제행동계획(IPOA-SEABIRDS)', '상어보존관리를 위한 국제행동계획(IPOA-SHARKS)', '어획능력관리에 관한 국제행동계획', 'IUU어업방지를 위한 국제행동계획'이다.

한편, 동 분쟁당사국들이 참여하고 있는 남방참다랑어보존협약은 참다랑어의 지나친 남획으로 인하여 1980년대 중반에 자원의 고갈이 뚜렷하게 되자 참다랑어 자원의 보존과 관리를 목적으로 호주, 뉴질랜드, 일본이 주축이 되어 1993년 5월에 협약을 채택하고, 1994년 5월 발효하였다. 동 협약의 관할수역은 남방참다랑어(SBT)가 회유하는 전수역(남위 30~50도 인도양)이며, 조직은 위원회, 과학위원회 및 사무국으로 구성된다.

CCSBT 위원회에서 TAC 및 국별할당량을 정하고 기타 자원의 보존관리에 필요한 조치를 결정하며, 자원관리를 위하여 각국으로부터 어획량 및 조업통계, 부수어획, 기타 생물학적·기술적 자료를 포함한 어업자료를 수집하고, 비당사국들의 조업도 지속가능한 범위에서 이루어질 수 있도록 국제협력을 장려하는 기능을 하고 있다. 자문기구인 과학위원회(Scientific Committee)에서는 SBT 자원의 상태와 경향을 분석, 평가하고, SBT의 연구와 조사사업의 조정, 생태적 관련종의 상태에 관한 조사결과를 위원회에 보고, SBT의 보존, 관리 및 최적이용에 관련된 사항을 위원회에 권고하는 기능을 한다.

이상과 같은 신국제어업질서에서 규율하고 있는 다양한 규제조치들은 조업활동을 위축시키고 연안국과 조업국, 조업국 상호 간에 어업자원을 둘러싼 분쟁을 일으키는 원인이 되고 있으며, 어업자원의 보존관리에 관한 국제어업규범에 대한 국가들의 이해관계, 법규범의 모호성으로 인하여 어업자원의 이용 및

8) International Plan of Action to Prevent, Deter and Eliminate Illegal, Unreported and Unregulated Fishing.

관리에 관한 국가 간의 분쟁이 날로 증가하고 있다.

1999년 국제해양법재판소에서 다룬 호주 및 뉴질랜드와 일본 간의 '남방참다랑어 분쟁사건'도 이와 같은 새로운 국제어업질서가 정착하고 있는 가운데 발생한 어업자원에 관련된 국제분쟁으로, 동 어업분쟁의 배경에는 어업자원의 이용에 관한 국가들 간의 이해관계가 자리잡고 있는 것이다.

Ⅲ. 남방참다랑어 분쟁사건의 내용

1. 사실관계

남방참다랑어(영어로는 The southern bluefin tuna, 학명으로는 *Thunnus maccoyii*)는 남위 30도와 남위 50~60도의 남방해역에서 서식하며 길이가 약 2.5미터, 무게가 260킬로그램에 이르는 상업적인 가치가 매우 높은 참치의 일종이다.[9)]

동 분쟁은 '남방참다랑어보존협약'의 당사국들인 호주, 뉴질랜드 및 일본 간의 분쟁이다. 본래, 남방참다랑어의 보존관리는 양자협정의 형태로 있어 오다가 1980년대 중반부터는 호주, 뉴질랜드 및 일본의 3국간 협정으로 변하였고, 1994년 5월 20일에 '남방참다랑어보존협약(Convention on the Conservation of Southern Bluefin Tuna; CCSBT)'으로 발효하였다.

남방참다랑어 조업은 1952년 초부터 호주와 일본에 의해 시작되어, 1960년대는 약 70,000톤, 1970년대는 약 30,000톤, 1980년대는 약 20,000톤, 1990년대는 약 18,000톤을 어획하는 등 자원의 고갈이 우려되자 1989년에는 총어획량을 11,750톤으로 하고 일본이 6,065톤, 호주는 5,265톤, 뉴질랜드는 420톤으로 국가별 어획할당량을 정한 바 있다.[10)]

호주와 뉴질랜드는 1950년대 초반부터 '남방참다랑어'의 자원이 심각하게 과잉 어획되어 왔으며, 1960년대에 80,000톤에 달하는 자원이 1980년에는 거의 25~35%의 수준으로 감소하였으며, 1983년에는 국별 쿼터량을 제한하였으며 1985년에는 총허용어획량제도를 도입하였는데, 그럼에도 불구하고 1997년에 이르러서는 남방참다랑어 자원이 1960년대 80,000톤의 7~15% 수준으로 급격하게

9) *wikipedea.org*(2015.6.3).

10) 정갑용, "남방참다랑어 중재판결의 주요쟁점 및 국내대책", 「한국수산자원학회지」, 제3권, 2000, 89면.

감소하였다고 주장하였다. 이에, 1994년 5월에는 총허용어획량을 11,750톤으로 정하였으며 일본은 6,065톤, 호주는 5,265톤, 뉴질랜드는 420톤으로 정하였다.[11)]

1998년부터 남방참다랑어에 대한 시험조업으로 인하여 당사국들 간에 분쟁이 시작되었는데, 1999년 7월 15일에 호주와 뉴질랜드는 일본이 시험조업을 중단하지 않았다는 것을 이유로 해양법협약 부속서Ⅶ에 근거하여 국제해양법재판소에 제소하였다.[12)]

2. 분쟁당사국들의 주장

1) 호주와 뉴질랜드의 주장

호주와 뉴질랜드는 1998년 8월 31일자 외교서한에서 일본이 1998년에 행한 시험조업은 동 협약에서 과잉어획을 방지하고 자원을 회복시키기 위하여 정한 기준 및 원칙에 어긋나는 것이고, 이는 남방참다랑어보존협약, 해양법협약 및 국제법상의 예방적 접근원칙에 위배된 것이므로, 협약당사국들 간에 이런 점에서 어업분쟁이 존재한다는 점을 지적하였다.[13)]

호주와 뉴질랜드는 일본을 포함하여 '남방참다랑어보존협약'의 당사국들이고, 동 협약은 당사국들 간에 분쟁이 존재하는 경우에, 당사국들 간에 합의하여 협의, 조정, 중개, 심사, 중재재판, 사법재판 및 기타의 평화적인 해결수단에 의하여 분쟁을 해결하며, 국제사법재판소나 국제중재재판소에 의한 분쟁해결에 합의하지 못하는 경우에는 위 기타의 분쟁해결제도에 의해 분쟁을 해결하도록 노력하도록 되어 있고, 분쟁을 국제중재재판에 의해 해결토록 하는 경우에 중재재판의 구성은 해양법협약 부속서에 정하는 바에 의한다고 되었다.

그러나, 분쟁해결에 관한 이러한 합의는 성립되지 못하였고 일본이 1999년 1월 1일부터 제2차 시험조업을 개시하였으므로, 일본이 1999년 6월에 일방적으로 시험조업을 재개하는 것은 그동안 호주와 뉴질랜드가 행해온 협의를 무시한 것으로 해양법협약 제283(1)조에서 규정하는 사전협의의무를 다한 것으로 보아 해양법협약 제15장 제2절의 제286~288조와 부속서Ⅶ에 의한 중재재판에 회부한다는 입장이었다.

호주와 뉴질랜드는 1999년 7월 30일자의 청구 및 1999년 8월 20일자의 최

---

11) Barbara Kwiatkowska, *op. cit.*, p.6.
12) *Ibid.*, p.5.
13) *Ibid.*, pp.7-8.

종변론에서 다음과 같은 점을 주장하였다.[14]

첫째, 일본의 시험조업을 즉시 중지할 것

둘째, 남방참다랑어의 자원이 감소함에 따라 당사국들이 합의한 어획쿼터 수준으로 제한하고 일본이 일방적으로 1998년~1999년 시즌에 행한 시험조업에서의 어획량을 감소시킬 것

셋째, 어획량은 당사국은 지속적으로 예방적 접근원칙에 의하여 행함으로써 분쟁을 해결할 것

넷째, 당사국들은 분쟁해결을 악화시키거나 해결을 곤란하게 하는 어떠한 행동도 하지 말 것

다섯째, 판결이 내려져 이를 이행해야 하는 것과 관련되는 당사국들의 권리를 훼손하는 어떠한 행동도 하지 말 것

2) 일본의 주장

호주와 뉴질랜드는 고갈된 자원을 2020년까지 1980년의 수준까지 회복시키고자 하였으며 그동안 일본에게 과잉하게 할당된 어획쿼터를 소위 '예방적 접근원칙'에 근거하여 적정한 수준으로 감소시키고자 하였는데, 1996년 5월 3일에는 '시험조업프로그램의 이행 및 설계를 위한 대상, 원칙(Objectives and Principles for the Design and Implementation of an EFP)'을 채택하였으나 어획쿼터의 조정에 관한 합의에 이르지 못하였다. 1998년 2월에 일본은 향후 3년간 기존의 어획쿼터에 2,010톤의 어획쿼터를 추가하겠다는 의사를 타진하였으며 1998년 7월 1일에 개최된 회의에서 일본은 추가적인 쿼터를 1,400톤으로 수정하여 제의하였다.[15]

일본의 입장은 지난 18개월 동안에 동 협약에 대하여 자문을 하여 왔던 중립적인 과학전문가 의견에 의하면 일본의 시험조업이 나중에 회복할 수 없을 정도로 피해를 입힐 위험이 있는 것은 아니며, 지난 10년의 자료를 보면 남방참다랑어 자원이 점차 증가하여 이전의 낮은 수준에서 회복되고 있고 앞으로 국가별 어획쿼터도 더 늘릴 수 있는 수준이라는 것이다.[16]

일본의 주장에 의하면, 해양법재판소가 관할권이 있다고 가정한다면 다음의 가처분 조치를 내려줄 것을 요청하였다.[17]

---

14) ITLOS, *Southern Bluefin Tuna Cases* (*New Zealand v. Japan; Australia v. Japan*), *Provisional Measures*, para.34.

15) Barbara Kwiatkowska, *op. cit.*, p.7.

16) *Ibid.*, p.12.

17) ITLOS, *op. cit.*, para.35.

첫째, 호주와 뉴질랜드는 신속하게 그리고 신의성실하게 일본과 교섭을 재개하여 남방참다랑어의 총허용어획량과 국별 쿼터 및 공동의 시험조업에 관하여 합의에 이르도록 노력을 다할 것

둘째, 만약 앞으로 6개월 이내에 합의가 없다면, 호주와 뉴질랜드는 해결되지 않은 문제를 양측에 의해 의뢰된 독립된 과학자들에게 이 문제의 해결을 맡길 것

3. 판결의 내용

재판소는 1999년 7월 28일자로 다음과 같은 잠정조치 결정을 내렸는데, 국제해양법재판소는 동 건에 관하여 관할권이 있으며, 일본의 시험조업은 당사국들 간에 합의가 없는 한 하지 말 것. 호주, 뉴질랜드, 일본은 달리 합의하지 않는 한 마지막으로 합의한 각각의 쿼터 즉, 호주 5,265, 일본 6,065, 뉴질랜드 420톤을 넘지 않도록 하며 1999년도에 시험조업으로 잡은 어획량은 1999~2000의 쿼터에서 삭감할 것과 호주, 뉴질랜드 일본은 남방참다랑어를 조업하고 있는 국가(한국, 인도네시아) 및 어업실체(대만)와 어족자원의 보존과 최적이용을 위한 합의에 도달하도록 노력을 다할 것 등이 그것이다.

이 판결에서 반대의견도 있었는데, Eiriksson재판관은 잠정조치는 국제법에 기초하여 명확하고 분명하게 규정하여야 할 것이라고 주장하였으며, Vukas재판관은 시험조업이 1999년 9월에 끝나기로 예정되어 있어 잠정조치의 요건으로서의 '긴급성'이 없다고 판시한 바 있다.

한편 별도의견을 제시한 재판관은 박춘호 재판관, Laing, Yamamoto, Treves, Shearer 재판관이었는데, 박춘호 및 야마토 재판관은 1998년에 호주가 할당량 합의 및 자국항구의 개방을 거부한 것은 유엔해양법협약 제64조를 위반한 것이며, 일본의 시험조업에 대한 관할권이 인정된다면 호주의 일본어선에 대한 부당한 조치에 대하여도 관할권을 인정하여야 한다는 의견을 제시한 바 있다. Treves 재판관은 잠정조치의 청구요건인 '긴급성'에 대한 재판부의 구체적인 설명이 부족하며, 자원에 대한 심각한 위험을 방지하기 위한 구체적인 잠정조치의 내용이 미비한 점을 지적하였고, Shearer 재판관은 일본의 시험조업은 참치협약 당사국들의 동의를 얻지 않은 것으로 위법한 것인 바, 이는 1989년에 정한 할당량은 만장일치에 의해 변경가능하다는 점을 근거로 하였다.

Ⅳ. 남방참다랑어 분쟁사건의 주요 쟁점

1. 재판관할권

동 사건에서 호주나 뉴질랜드가 잠정조치에 대하여 해양법재판소가 관할권이 있다고 주장하는 것에 대하여, 일본은 동 사건은 남방참다랑어협약 제16조에 의한 중재재판이나 중개에 의하여 분쟁해결을 주장하였는데, 중재재판소는 당사국들이 합의하는 재판소이며, 잠정조치의 요청 후 2주일 이내 합의가 되지 않는 경우는 국제해양법재판소가 관할한다.[18]

해양법협약에 의하면, 재판소의 관할은 인적 관할과 물적 관할로 나뉘는데, 인적 관할은 소송당사자가 협약당사국이며, 심해저제도에서 명시된 경우에는 관할권을 부여한 기타 조약에 의한 경우의 당사국이외의 실체이다. 물적 관할은 협약해석 또는 적용에 관한 분쟁으로 협약에 의해 부탁되는 모든 분쟁이며, 협약의 목적과 관련된 국제조약의 해석 또는 적용에 관한 분쟁으로 당해 조약에 의해 부탁되는 모든 분쟁, 협약의 부속서Ⅵ에 의거하여 설치되는 국제해양법재판소 심해저분쟁재판부와 협약 제11장 5절에 의거한 기타 재판부 또는 중재재판소에 부탁되는 모든 분쟁이다.

해양법협약의 해석 또는 적용에 관한 분쟁의 당사자인 당사국들이 일반적, 지역적, 쌍무적 협정을 통하여 어느 분쟁당사자의 요청에 의하여 구속력 있는 협정을 포함하는 절차에 당해 분쟁을 부탁하기로 합의한 경우에는, 그 분쟁당사자가 달리 합의하지 않는 한 당해 절차를 이 장에 규정된 절차에 대신하여 적용한다.

해양과학조사와 어업에 대한 분쟁은 당사국 일방의 요청에 따라 부속서Ⅴ상의 조정으로 해결하며, 해양경계획정, 역사적 만, 권원과 관련된 분쟁은 조정이 의무적이고 강제조정이 실패할 경우에는 합의에 의하여만 강제적 해결절차를 적용하며, 강제절차중 하나 이상을 서면선언을 통해 선택할 수 있으며, 선택선언을 하지 않은 경우 중재재판(부속서Ⅶ)을 선택한 것으로 간주한다. 분쟁당사국들이 동일한 절차를 선택한 경우에는 그 절차에 따르며, 다른 절차를 선택한

---

18) 유엔해양법협약 제290조 제5항.

경우에는 중재에 부탁된다.

이와 같이 볼 때에, 동 사건에 대한 재판관할권의 유무에 관한 쟁점은 다음과 같이 정리할 수 있다.

첫째, 재판관할권의 유무는 이른바 '일견(一見)하여'의 기준에 의하여 해양법재판소가 결정할 수 있지만, 어업분쟁 등은 분쟁당사국의 합의에 의하여만 강제적 해결절차에 맡겨질 수 있으므로, 동 사건에서 일본의 동의가 없이 호주 및 뉴질랜드가 일방적으로 재판을 청구하는 것은 부당하다고 본다.

둘째, 해양법협약과 남방참다랑어협약과의 관계이다. 동 사건은 어업자원의 이용에 관한 분쟁으로, 해양법협약은 어업자원의 이용 및 관리에 관하여 남방참다랑어협약보다 '상위법'에 해당된다. 동시에 어업자원의 이용 및 관리에 있어서 해양법협약은 남방참다랑어보존협약에 비하여 '일반법'이고 남방참다랑어보존협약은 해양법협약에 비하여 특별법이다.

남방참다랑어협약은 어업분쟁은 분쟁당사국의 협의에 의하고, 미협의시 모든 분쟁당사국의 동의하에 국제재판소 또는 중재에 의한 해결을 의뢰하며, 국제재판소 또는 중재에 의한 해결의뢰에 대한 동의에 실패시 다양한 평화적 수단으로 그것을 해결하도록 계속적으로 노력하기로 한다.[19]

따라서 어업자원 중에서 특히 '남방참다랑어' 자원에 대한 이용 및 관리는 남방참다랑어보존협약이 '특별법'으로서 우선적 효력이 있다고 본다.

2. '긴급성'의 여부

동 분쟁사건의 또 다른 쟁점은 일본의 시험조업이 남방참다랑어 자원에 대하여 나쁜 영향을 미치고 있어서 시험조업의 중지에 관한 잠정조치를 재판소에 청구할 만큼 '긴급한 것인가'에 관한 것이었다.

호주 및 뉴질랜드는 일본의 일방적인 시험조업이 남방참다랑어 자원에 대한 중대하고(serious), 회복할 수 없는(irreparable) 훼손을 가하고 있으므로 재판소가 잠정조치로서 일본의 시험조업을 중지시켜줄 것과 자원의 남획을 초래하므로 남방참다랑어 자원의 보호 및 관리에 관한 긴급성이 인정되므로 일본의 일방적인 남방참다랑어 시험조업과정에서 잡은 어획량만큼 일본의 어획쿼터를 삭감할 것을 주장하였다.[20]

---

19) 남방참다랑어협약 제16조.
20) ITLOS, *op. cit.*, para.34.

이에 대하여, 일본은 국제해양법재판소는 가처분조치를 내릴 관할권이 없으므로 1993년 '남방참다랑어의 보존에 관한 협약'상의 분쟁해결절차에 따라 해결되어야 하고, 관할권이 있다고 해도 일본의 시험조업에 따라 남방참다랑어 자원에 복구할 수 없는 손해가 발생하는 것이 아니라고 주장하였다.[21)]

재판소는 일본의 남방참다랑어에 대한 시험조업이 남방참다랑어 자원의 보존에 관한 협력의무에 대한 위반이며 자원남획에 해당하는 것이므로,[22)] 중재재판소가 구성될 때까지 시험조업을 중지해야 할 '긴급성'이 있다고 판결하였는데, 이는 남방참다랑어 자원이 1970년대부터 지속적으로 감소하고 있고 1998년에 실시한 일본의 시험조업에서 어획한 2,000톤은 일본의 연간 어획쿼터인 6,050톤에 비하여 너무 과도하다는 것 등에 기초하고 있다.

본래, 잠정조치는 분쟁이 재판소에 적정하게 부탁된 경우, 재판소는 최종판결이 날 때까지 분쟁당사국의 개별적 권리를 보전하고 해양환경에 대한 중대한 손해를 방지하기 위하여 적절하다고 인정하는 잠정조치를 명할 수 있으며, 중재재판소가 '일견하여(*prima facie*)' 관할권을 가지며 또한 상황의 긴급성이 이를 필요로 한다고 인정되는 경우에 한한다.[23)]

생각건대, 동 어업분쟁을 국제재판에 청구하기 위하여는 남방참다랑어 자원이 일본의 시험조업에 의하여 '중대하고 회복할 수 없을' 정도로 훼손될 우려가 있어야 하는데, 동 사건의 판결에서 반대의견을 표명한 Vukas재판관의 견해처럼 일본의 시험조업이 1999년 9월에 끝나기로 예정되어 있고, 총허용어획량이 11,750톤인데 비하여 일본이 수행하여 온 시험조업에서의 어획량이 1,400톤 내지 2,010톤이므로,[24)] 일본의 시험조업에 의하여 '중대하고 회복할 수 없을' 정도로 어업자원이 훼손될 우려가 있다고 볼 수 없으므로 잠정조치의 요건으로서의 '긴급성'이 없다고 보여진다.

3. 의견교환의무

동 분쟁의 또 다른 쟁점은 분쟁당사국들이 그동안 분쟁해결을 위하여 사전에 충분하게 의견교환을 하여 왔는가가 문제이다.

---

21) *Ibid.*, para.35.
22) *Ibid.*, para.71.
23) 해양법협약 제290조 제5항.
24) Barbara Kwiatkowska, *op. cit.*, p.7.

분쟁이 재판소에 적정하게 부탁된 경우, 재판소는 최종판결이 날 때까지 분쟁당사국의 개별적 권리를 보전하고 해양환경에 대한 중대한 손해를 방지하기 위하여 적절하다고 인정하는 잠정조치를 명할 수 있다.

이 경우에도 사전에 분쟁당사국 간에 의견교환을 충분히 하여야 하는데, 어업자원의 관리는 모든 국가의 적극적이고 능동적인 협력과 참여가 필요하며, 당사국 간에 해양법협약의 해석 또는 적용에 관한 분쟁이 발생한 경우 분쟁당사국은 교섭 또는 기타 평화적 수단에 의한 분쟁의 해결에 관하여 신속히 의견교환을 개시하여야 한다. 당사국은 그 분쟁의 해결절차가 해결 없이 종료되거나 또는 해결에 도달하였으나 상황이 해결의 시행방법에 관한 협의를 필요로 하는 경우 신속히 의견교환을 개시하여야 한다.[25)]

1994년 5월 호주 캔버라에서 개최된 CCSBT 설립회의 이후 현재까지 남방참다랑어 자원검토와 보존 및 관리조치, 총허용어획량 및 국별 쿼터 배분 등에 대하여 IOTC, IPTP, CCAMLR, ICCAT 등 참치관련 타국제기구의 협조 아래 꾸준하게 회의를 개최해 오고 있다. 그동안 남방참다랑어의 총허용어획량은 11,750톤으로 1989년 이후 변동이 없었으며, 위원회에서 TAC에 대한 합의가 계속 이루어지지 않자 각국은 기존 쿼터(일본 6,065톤, 호주 5,265톤, 뉴질랜드 420톤) 내에서 조업하고 있으나, 일본은 자국에게 배정된 어획쿼터의 증가를 요구하여 왔다.

그러나 일정한 조약규정이 '의견교환의무'를 규정하고 있다고 하더라도 그것이 일정한 분쟁을 국제재판에 제소하기 위하여 꼭 필요한 '법적인 구속력'을 가지는 것인가에는 회의적인 시각이 많다. 즉, 국제사법재판소나 상설국제사법재판소가 분쟁당사국들이 제소하기 전에 상호 간에 우호적으로 협의를 할 것을 요망한 것은 사실이지만, 일정한 분쟁을 국제재판에 제소하기 전에 분쟁당사국들이 서로 협의하라는 것이 법적인 의무는 아니라는 견해도 있다.[26)]

私見으로, '의견교환의무'가 분쟁을 국제재판에 제소하기 위하여 필요한 '법적인 구속력'을 가지는 것은 아닐지라도 그것은 '잠정조치'의 청구요건이 적합한 것인가를 판단하는 여러 요건 중의 하나일 수는 있을 것이다. 이에, 남방참다랑어보존협약이 1994년에 채택되기 이전에 양자협정의 형태로 어획쿼터가 자율적으로 준수하여 온 점과 일본이 주장한 어획쿼터의 증가에 대한 논의가 지속적으로 계속되어 왔다는 점을 볼 때에 잠정조치의 청구요건의 하나인 '의

---

25) 해양법협약 제283조.

26) José Manuel Cortés Martín, "Prior Consultations and Jurisdiction at ITLOS", *The Law and Practice of International Courts and Tribunals*, Vol.13, 2014, p.2.

견교환의무'의 요건은 충족되었다고 볼 수 있다.

4. 예방적 접근원칙

마지막으로, 동 분쟁에서 중요하게 다루어진 쟁점은 '예방적 접근원칙'에 관한 것이었다.

여기서, '예방적 접근원칙'이란 어업자원이 남획되어 고갈될 심각한 위협이 있으나 과학적 증거가 부족한 경우, 단지 가능성만으로도 환경에 대한 부정적 영향을 감소시키거나 예방조치를 즉각 취해야 한다는 것이다. 동 원칙은 어업활동이 어업자원에 미치는 영향을 과학적으로 정확하게 예측하는 것은 한계가 있고, 충분한 과학적 지식을 확보했을 때는 이미 돌이킬 수 없는 생태계의 파괴가 일어난다는 인식에서 비롯된 것이다.

예방적 접근원칙의 구체적인 내용으로는 환경친화적인 어구·어법의 사용, 어획량 및 어획노력의 규제, 과학자료의 공유 및 국제협력, 긴급한 경우에 보존조치를 실시하는 것 등이 주요 실행수단이 되는데, 1995년 공해이행협정에서도 "각국은 해양생물자원을 보호하기 위하여 예방적 접근을 적용하며, 과학정보의 부재가 보존관리조치의 연기 및 부작위의 구실로 이용되어서는 안 된다"고 규정하고 있다.[27]

특히 지구환경문제 중에는 위험여부에 대해서는 과학적으로 증명되나 자연 및 인류의 사회·경제 등에 미치는 구체적인 영향에 대해서는 과학적으로 명쾌하게 설명하지 못하는 경우가 많아 환경관련입법 및 정책결정에 어려움이 많았으나, 과학적 불확실성을 이유로 아무런 조치를 취하지 않는 것은 허용되어서는 안 되므로[28] 수산자원의 보호, 관리를 위하여 예방적 접근원칙이 중요시되고 있다.

동 분쟁사건에서 재판소는 '예방적 접근원칙'의 법 개념을 본격적으로 다루고 있지는 않고 동 사건의 잠정조치가 필요한 긴급성이거나 총어획량을 초과하는 시험조업의 어획은 동 분쟁당사국들의 합의에 의해 금지된다는 점을 설명하는 근거로 사용하고 있다. 즉, 재판소는 남방참다랑어 자원의 보존과 관련된 조치들이 과학적으로 불확실하고 남방참다랑어 자원의 개선을 위해 어떠한 보존

27) 동 협정 제6조.
28) 이중범, 전경일, "국제환경법의 입법에 있어서의 과학적 불확실성에 관한 연구", 「국제법학회논총」, 제39권 제2호(서울: 대한국제법학회, 1994), 39-41면.

조치를 취할 것인가에 대해 당사국간 합의가 없다는 점, 재판소는 비록 분쟁당사국들이 제출한 증거를 과학적으로 비교 평가할 수 없으나 잠정조치가 당사국들의 권리를 보호하고 남방참다랑어 자원이 더 고갈되는 것을 피하기 위하여 긴급히 내려져야 할 결정이라는 점과 별도의 합의가 없는 경우에 시험조업의 어획량이 각 당사국들이 최근에 확정한 총어획량 수준을 넘는 결과를 초래하면 안 된다는 점을 지적하였다.[29)]

생각건대, '예방적 접근원칙'이란 어업자원이 남획되어 고갈되는 것을 방지하기 위한 법 개념이므로 재판소가 동 분쟁사건에서 '예방적 접근원칙'이 준수되었는가를 판단해야 할 것은 일본의 시험조업에서 어획한 2,000톤이 자원을 고갈시킬 수 있는 수준인가에 대한 것이다. 그러나 재판과정에서 나타난 과학자 및 전문가들의 견해도 일치하는 것은 아니어서 시험조업에서 어획한 2,000톤이 남방참다랑어 자원을 고갈시킬 만한 중대한 것이냐에 대한 것도 확실하지 않다.

다만, 동 분쟁사건에서 남방참다랑어 자원의 보존관리조치들이 과학적으로 불확실하고 분쟁당사국들이 제출한 증거를 과학적으로 비교 평가할 수 없다고 하더라도, 이미 기존에 당사국들 간에 총어획량을 정하고 있으므로 일본의 시험조업 어획량이 국별 할당량을 초과한 경우에 그러한 초과어획량이 남방참다랑어 자원에 나쁜 영향을 미칠 것이라는 것은 자명할 것이다.

V. 결론 및 시사점

국제해양법재판소가 다룬 '1999년 호주와 뉴질랜드, 일본과의 남방참다랑어 분쟁에 대한 잠정조치 사건'에 대한 이상의 논의를 정리하면 다음과 같다.

첫째, 동 분쟁의 발생배경은 국제사회에서 새로운 국제어업질서가 정착하고 있고 어업자원의 이용을 둘러싼 국가들 간의 이해관계가 첨예하게 충돌되고 있다는 점이다.

둘째, 동 사건에 대한 판결의 내용은 재판소가 호주와 뉴질랜드의 주장을 받아들여 국제해양법재판소의 관할권이 있고, 일본이 시험조업을 중지할 것, 1999년도 시험조업 어획량은 일본의 어획쿼터에서 삭감할 것 등의 잠정조치 결정을 내렸다.

---

29) ITLOS, *op. cit.*, paras.79-81.

셋째, 동 분쟁사건에서 주요하게 다루어졌던 것은 동 분쟁사건에 대하여 해양법재판소가 재판관할권이 있느냐에 관한 것이었으며, 재판소는 동 사건의 재판관할권을 인정하였다. 그러나 동 분쟁사건은 2000년에 다시 국제중재재판이 개시됨으로써 새로운 국면을 맞이하였는데, 2000년 8월 4일자 중재판결에서는 해양법재판소가 행한 잠정조치는 관할권이 없다고 판결한 바 있다.[30)]

본인의 私見으로는, 소위 '특별법우선의 원칙'에 의거하여 어업자원의 보존관리를 다루는 일반법에 해당되는 해양법협약 보다는 특정한 어족인 '남방참다랑어 자원'의 보존관리를 다루는 특별법인 남방참다랑어협약이 우선하므로, 동 사건에 있어서 해양법재판소의 재판관할권은 인정되지 않는다고 판단된다.

넷째, 동 분쟁사건의 다른 쟁점의 하나는 '긴급성'에 관한 논의였는데, 私見으로 일본의 시험조업이 '중대하고 회복할 수 없을' 정도로 어업자원이 훼손될 우려가 있다고 볼 수 없으므로 잠정조치의 요건으로서의 '긴급성'이 없다고 보여진다.

다섯째, 동 분쟁의 또 다른 쟁점은 분쟁당사국들이 그동안 분쟁해결을 위하여 사전에 충분하게 의견교환을 하여 왔는가의 여부인 바, 私見으로는 남방참다랑어보존협약이 1994년에 채택되기 이전에 양자협정의 형태로 어획쿼터가 자율적으로 준수하여 온 점과 일본이 주장한 어획쿼터의 증가에 대한 논의가 지속적으로 계속되어 왔다는 점을 볼 때에 잠정조치의 청구요건의 하나인 '의견교환의무'의 요건은 충족되었다고 본다.

여섯째, '예방적 접근원칙'에 관한 것으로, 동 재판과정에서 나타난 과학자 및 전문가들의 견해가 일치하지 않고 시험조업의 어획량 2,000톤이 남방참다랑어 자원을 고갈시킬 만한 중대한 것이냐에 대한 것도 확실하지 않았다. 그러나, 일본의 시험조업 어획량이 국별 할당량을 초과한 경우에 그러한 초과어획량이 남방참다랑어 자원에 나쁜 영향을 미칠 것이므로 일본의 의무 위반에 대한 근거로 '예방적 접근원칙'을 적용하여도 무방할 것이다.

동 분쟁사건은 우리나라의 원양어업과 직접적인 관련이 있고 관련 업계의 조업에 크게 영향을 미치는 사건이었던 바, 동 사건이 나타내는 시사점은 다음과 같이 정리할 수 있다.

첫째, 동 분쟁사건을 계기로 우리나라는 남방참다랑어보존협약에 가입하여

---

30) 정갑용, "남방참다랑어 중재판결의 주요쟁점 및 국내대책", 「한국수산자원학회지」, 제3권, 2000, 90-91면.

1,140톤의 어획쿼터를 확보하게 되었다. 이는 앞으로 비가입국에 대한 조업규제를 요구할 수 있는 근거가 되는 동시에 남방참다랑어 자원을 안정적으로 어획할 수 있어서 관련 원양업계의 경영개선에 기여하였다고 본다.

둘째, 그동안 우리나라는 비가입국으로서 남방참다랑어를 조업하여 왔는데, 동 분쟁사건을 계기로 남방참다랑어보존협약에 가입하여 책임있는 어업을 위한 국제적 노력에 동참함으로써 우리나라의 위상 및 수산외교력을 제고할 수 있게 되었다.

셋째, 그동안 우리나라는 비가입국으로 의사결정기관인 위원회에서 발언권을 갖지 못하는 '옵서버'에 불과하였으나, 동 협약에 가입한 이후부터는 정회원국으로서 의사결정기관이 위원회는 물론, 각종 하부기구의 활동에 적극 참여하여 우리나라의 입장과 국가이익을 충분히 반영할 수 있는 근거가 되었다.

넷째, 동 분쟁이 발생한 배경은 국제사회에 등장한 신국제어업질서에 의하여 조업여건이 급격하게 변화하여 국가들 간에 어업분쟁이 격화되고 있다는 것인 바, 이러한 신국제어업질서는 우리나라 원양어업의 근본적인 구조변화를 필연적으로 초래할 수밖에 없는 것으로 예상되므로, 앞으로 우리는 수산식량안보, 수산외교역량의 강화, 원양어업분야의 소득창출 및 고용유지 등 새로운 국제어업질서에서 우리나라의 원양어업이 생존하고, 나아가 지속적으로 발전해 나갈 근원적인 개혁이 필요하다고 본다.

참고문헌

- 이중범, 전경일, "국제환경법의 입법에 있어서의 과학적 불확실성에 관한 연구", 「국제법학회논총」, 제39권 제2호(서울: 대한국제법학회, 1994).
- 정갑용, "국제해양법재판소의 재판절차와 판례동향", 「월간수산」(한국해양수산개발원), 제228권, 2003.
- _____, "남방참다랑어 중재판결의 주요쟁점 및 국내대책", 「한국수산자원학회지」, 제3권, 2000.

- Kwiatkowska, Barbara, "The Southern Bluefin Tuna (New Zealand v Japan; Australia v. Japan) Cases", *The International Journal of Marine and Coastal Law*, Vol.15, No.1, 2000.
- Manuel, José and Cortés Martín, "Prior Consultations and Jurisdiction at ITLOS", *The Law and Practice of International Courts and Tribunals*, Vol.13, 2014.
- White, Crow, Christopher Costello, "Close the High Seas to Fishing?", *PLOS Biology*, Vol. 12, Issue 3, March 2014.

- Agreement to Promote Compliance with International Conservation and Management Measures by Fishing Vessels on the High Seas.
- Agreement for Implementation of the Provisions of the United Nations Convention on the Law of the Sea of 10 December 1982 relation to the Conservation and Management of Straddling Fish Stocks and Highly Migratory Fish Stocks.
- FAO, Code of Conduct for Responsible Fisheries.
- FAO, International Plan of Action to Prevent, Deter and Eliminate Illegal, Unreported and Unregulated Fishing.
- ITLOS, M/V Saiga Case (Provisional Measures) Order, reprinted in *ILM*, Vol.37, 1998.
- ITLOS, *Southern Bluefin Tuna Cases (New Zealand v. Japan; Australia v. Japan), Provisional Measures.*

제 7-1 장

MOX Plant Case에 적용된 국제환경법 원칙의 분석

The Analysis of the General Principles of International Environmental Law applied in the MOX Plant Case

김 기 순

Ⅰ. 머 리 말

1945년 미국이 일본 히로시마와 나가사키에 투하한 두 개의 원폭은 제2차 세계대전을 종식시키는 한편, 이른바 핵 시대를 열었다. 핵 시대는 인류에게 긍정적 측면과 부정적 측면을 모두 포함하는 양면성을 가지고 다가왔다. “평화적 핵에너지의 이용”을 통해 지구의 자연자원 부족을 해결할 수 있는 새로운 에너지원으로서의 긍정적 측면과, 강대국의 “핵무기 경쟁”으로 인한 핵확산 위협으로 지구와 인류의 존립 자체를 위태롭게 하는 부정적 측면이 그것이다. 이에 덧붙여 평화적 핵에너지 이용과 핵무기 개발 과정에서 발생하는 핵물질이 환경에 미치는 악영향과 오염 가능성은 또 하나의 부정적 측면으로 부각되고 있다.

핵물질이 환경적으로 문제가 되는 것은 그것이 인간과 자연환경에 미치는 치명적 부작용에 기인한다. 핵물질은 대기와 지하수 등을 통하여 급속하게 환경 속으로 전파되어 나가며, 극소량만으로도 인간 건강과 생명, 생태계에 장기적이고 심각한 피해를 주게 된다. 핵물질은 화학변화에 의해 소멸되지 않고 원자핵 붕괴에 따라 자연적으로 소멸되는데, 핵물질 종류에 따라 길게는 수백 년부터 수백만 년까지 걸리게 된다. 핵붕괴로 인하여 발생한 방사선이 인체에 투사되는 경우 생체 내의 분자가 변형되어 화학반응을 일으키며, 핵물질이 체내에 축적되는 경우 암, 백혈병, 화상, 피부염, 백내장, 정신장애, 탈모 등의 다양한 부작용이 나타나게 된다. 이러한 피해현상은 미국과 구소련이 핵실험을 했던 뉴멕시코주, 네바다주와 알타이 지방의 주민과 생태계, 1986년 체르노빌 원

전사고 당시 화재진압에 참여했던 소방수들과 인근주민 등에게서 실제로 나타나고 있다.[1)]

세계적으로 핵 이용은 점점 확대되어가는 추세를 보이고 있다. 이것은 국제사회가 심각한 에너지원의 부족과 화석연료 사용에 따른 온실가스의 발생을 해결하기 위한 대안으로 원자력발전소를 선호하기 때문이다. 이에 따라 원자력에너지가 전체 에너지원 중에서 차지하는 비중도 점점 높아지고 있다. 전 세계에서 가동 중인 원자력발전소는 2015년 5월 현재 모두 434기이며, 건설 중에 있는 원자력발전소가 완공되는 경우에는 그 수가 훨씬 더 늘어나게 될 것이다. 그러나 원자력발전소를 가동할 때 발생하는 핵폐기물의 양이 급격하게 늘어나면서 핵물질로 인한 환경적 위협이 커질 뿐만 아니라 핵폐기물의 처리 문제 또한 국제사회의 커다란 과제가 되고 있다. 핵폐기물 역시 방사성을 띤 위험물질로 이를 안전하고 영구적으로 처리해야 하는데, 밀봉하여 땅 속 깊이 매장하는 경우에도 지진이나 용기 부식 등으로 외부에 누출될 가능성이 있어 그 처리방법을 둘러싸고 많은 논란이 있다. 또한 원자로에서 핵연료로 사용된 후 교체된 사용후핵연료(spent nuclear fuel)는 플루토늄, 우라늄 기타 핵분열성물질을 포함하고 있으며,[2)] 고도의 방사선을 띠고 붕괴열을 배출하기 때문에 처리과정에서 안전성과 관련하여 많은 주의가 필요한 핵물질이다.

MOX(Mixed Oxide Fuel) plant case는 사용후핵연료를 재처리(reprocessing)하는 MOX plant의 허가를 둘러싸고 영국과 아일랜드 사이에 발생한 분쟁을 다룬 사건이다. 사용후핵연료의 재처리는 사용후핵연료로부터 플루토늄을 추출, 농축하여 핵연료로 재사용하기 위해 처리하는 것을 말하며, 고도의 농축기술과 군사적 기술이 관련되기 때문에 영국, 프랑스, 일본 등 일부 선진국에서만 독점하고 있다. 영국은 2001년 Sellafield에 있는 기존의 재처리공장 부근에 새로운 재처리공장을 신축하도록 허가하였다. 아일랜드는 Irish 해의 해양오염과 공장으로부터의 핵물질 이동시 테러리스트의 공격가능성 등을 이유로 이에 반대하였다. 양 국가는 이 사건과 관련하여 ITLOS(International Tribunal for the Law of the Sea: 국제해양법재판소)와 UNCLOS 중재재판소(UNCLOS Arbitral Tribunal),[3)] OSPAR 중재재

---

1) 방사능오염이 인체와 자연환경에 미치는 영향에 대해서는 와다 다케시, 「지구환경론」(서울: 도서출판 예경, 1992), pp.153-197 참조.

2) 사용후핵연료는 우라늄-235 1%, 우라늄-238 95%, 플루토늄 1%, 기타 핵분열생성물 3% 등으로 구성되어 있다.

3) 유엔해양법협약(The 1982 United Nations Convention on the Law of the Sea, UNCLOS) 제Ⅶ부속서(Annex Ⅶ)에 따라 설치된 중재재판소를 말한다.

판소(OSPAR Arbitration)[4]에 각각 소송을 제기하였고, 이들 3개 법정의 심리과정에서 아일랜드는 자국 입장을 변호하기 위해 다양한 국제환경법 일반원칙을 제시하였다.

이 글은 ITLOS와 UNCLOS 중재재판소, OSPAR 중재재판소에서 논의된 국제환경법 원칙을 분석, 검토하고, 이들 원칙이 MOX plant case에 적용된 범위와 구속력의 정도를 고찰하는데 중점을 두고자 한다. 국제환경법은 짧은 기간 내에 적용영역을 급속히 넓혀온 국제법 분야로 많은 일반적 법 원칙을 발전시켜왔는데, 이러한 법 원칙은 대부분이 soft law에 속하며 당사국에 구속력을 갖지 않는 권고적 원칙의 성격을 띠고 있다. 따라서 이들 법 원칙이 핵물질과 관련된 소송사건에서 소송당사자 변론의 법적 근거로서 적용되고 있는가, 적용된다면 어느 정도의 구속력을 갖는가를 판단하는데 이 글의 목적이 있다. 이를 위해 국제 핵 이원화 정책과 원자력 안전 규범(II), ITLOS의 잠정조치 판결(III), UNCLOS 중재재판소의 판결(IV), OSPAR 중재재판소의 판결(V), Mox plant case와 국제환경법 원칙(VI)의 순서로 고찰하기로 한다.

Ⅱ. 국제 핵 이원화 정책과 원자력 안전 규범

"평화적 핵에너지 이용"과 "핵무기 개발"이라는 핵 이용의 양면성은 이원화된 국제 핵 정책으로 이어지고 있다. 국제사회는 평화적 핵에너지가 인류에게 건강과 평화, 번영을 가져다주는 존재라고 보고 이를 전 세계적으로 보급하는 반면, 핵무기는 인류를 공멸시킬 수 있는 위험한 존재라고 보고 확산을 최대한 억제하는 이원화된 정책을 펴고 있다.

평화적 핵에너지 정책은 아이러니컬하게도 미-구소련 냉전시대를 통하여 형성되었다. 제2차 세계대전이 끝나고 미국과 구소련이 경쟁적으로 핵무기 개발에 박차를 가하던 중인 1953년, 미국의 아이젠하워 대통령은 유엔총회 연설에서 핵의 평화적 이용에 찬성하는 모든 국가에게 민간 핵발전소를 보급하겠다는 의사를 공식적으로 발표하였다. 이러한 제의는 여러 가지 측면에서 그 배경을 검토해 볼 수 있다. 첫째는 미국과 구소련의 핵무기 경쟁의 연장선으로, 수

4) OSPAR 협약(The 1992 Convention for the Protection of the Marine Environment of the North-East Atlantic, OSPAR Convention)에 따라 설치되는 중재재판소를 말한다.

많은 개발도상국들에게 "평화적 이용"에 국한한다는 조건으로 핵에너지를 보급함으로써 개도국들을 자국 측으로 끌어들이려는 의도이다. 둘째는 핵 이익의 공유라는 낙관적 사고방식의 결과이다. 당시 미국과 구소련 등 선진국은 시험용 원자로, 연구용 원자로를 포함한 소수의 원자력발전소만을 보유하고 있었다. 이러한 상태에서 미국은 국제사회의 핵연료 사이클에 대한 통제 및 감시가 가능하다고 보는 한편, 핵에너지의 평화적 이용에서 초래되는 안전 문제 및 핵발전소에서 발생하는 핵물질의 무기 전용가능성을 무시하였다. 미국은 국제기구를 통하여 평화적 핵에너지의 핵무기 전용을 막고 각 국가와 국제기구 사이의 국제협력을 통해 안전성을 확보할 수 있다는 구상을 갖고 있었으며, 이러한 구상은 1957년 IAEA(International Atomic Energy Agency: 국제원자력기구)의 설립으로 이어지게 되었다.

핵무기에 관한 핵 정책은 통제와 비확산 원칙에 근거하고 있으며, 미국, 영국, 프랑스, 러시아, 중국의 5개 핵강대국의 핵무기 보유만 인정하고 다른 국가에 대해서는 이를 억제하는 차별적 핵 정책으로 형성되어 있다. 핵 개발 초기에 대부분의 국가들은 핵실험이나 핵무기 개발의 불법성 또는 그로 인한 방사능의 환경오염 가능성에 대해 관심이 없었다. 미국 측은 "자유세계"를 지키기 위해 핵무기를 개발해야 한다는 입장이었으며, 국제사회에는 국제법상 이를 규제해야 한다는 의식이나 비난가능성이 거의 없었다.[5] 그 후 핵무기 경쟁이 심화되고 핵무기가 지구와 인류 전체의 존립까지 위협한다는 사실이 인식된 후에야 핵확산을 저지하려는 움직임이 일어나게 되었다. 유엔총회는 1963년 부분적 핵실험 금지조약(Partial Test Ban Treaty: PTBT)[6]을 체결하여 대기, 우주, 바다와 남극지역에서 핵실험과 핵폭발을 금지시킴으로써, 부분적으로 핵무기 확산을 저지하려는 시도를 하였다. 1968년 채택된 핵무기 확산금지조약(NPT)[7]은 5개 핵강대국을 핵 국가(nuclear-weapon states)로 인정하고, 나머지 국가들은 비핵국가(non-nuclear weapon states)로 분류하여 핵실험이나 핵무기 보유를 막는 차별적 핵 정책을 구축하였다. 이 조약은 궁극적으로 핵강대국이 핵무기를 제거하는 것을 목적으로 하지만 실제로 핵강대국에게는 보유 핵무기의 감축이나 제거 의무가

---

5) 1954년 3월과 4월 미국이 Pacific Proving Grounds에서 실시한 수소폭탄 실험으로 일본어선이 큰 피해를 입었으나, 미국은 핵실험에 의한 "법적 책임"에 대한 언급없이 2백만 달러의 피해보상을 하는데 그쳤고, 일본 측에서도 핵실험의 중지를 요구하지는 않았다.

6) The Treaty Banning Nuclear Weapon Tests in the Atmosphere, in Outer Space and under Water, 1963.

7) The Treaty on the Non-Proliferation of Nuclear Weapons (NPT), 1968.

부과되지 않기 때문에 소수 강대국에 의한 핵독점을 보장하였다는 비난을 받고 있다. 다만 NPT는 평화적 핵에너지의 핵무기 전용을 엄격히 통제, 지도하고 사찰함으로써 대다수 국가에 의한 핵무기 확산을 막는데 기여하고 있다는 점에 그 의의가 있다고 할 것이다.[8] UN은 1996년 평화적 핵실험을 포함한 모든 종류의 핵실험을 전면적으로 금지하는 포괄적 핵실험금지조약(CTBT)[9]을 채택함으로써 일체의 핵확산을 금지하는 국제법적 장치를 마련하였다. 이 협약은 제II부속서에 규정된 44개국이 모두 비준해야 발효될 수 있는데,[10] 2015년 3월 현재 164개국이 비준하였으나 최대 핵 국가인 미국과 중국이 비준하지 않아 발효되지 않고 있다.

핵 이원화 정책은 평화적 핵에너지와 군사적 핵무기를 완전히 분리할 수 있다는 것을 전제로 한다. 그러나 이를 구분하기는 사실상 어렵다. 인도의 경우 지난 1974년 상업용 원자로에서 발생한 사용후핵연료를 추출한 플루토늄을 이용하여 핵실험에 성공하였고, 북한도 마찬가지로 원자로를 통하여 획득한 플루토늄으로 핵무기를 만들었다. 이것은 초기에는 불가능한 것으로 생각했던 원자로의 플루토늄을 핵폭탄으로 전용하는 것이 과학기술의 발달로 가능하게 되었다는 것을 의미한다. 또한 핵 이원화 정책은 평화적 핵에너지 이용의 안전성 문제를 간과하고, 핵이 인간 건강과 환경에 미치는 영향에 대한 규제를 소홀히 함으로써 대형 원전사고를 막지 못하는 결과를 가져왔다. IAEA는 원자력의 보급과 확대에 기여하고 각국 정부의 평화적 핵 이용이 군사적 목적으로 전용되지 않도록 엄격한 감시와 사찰을 한 반면 핵에너지의 안전성에 대한 규제는 상대적으로 미흡했던 것이다.

1979년 미국 쓰리마일 원전 사고와 1986년 체르노빌 사고는 국제사회가 핵물질에 의한 환경오염을 인식하고 이를 국제적으로 규제하는 계기가 되었다. 체르노빌 원전사고로 녹아내린 원자로에서 누출된 방사성물질은 인근 지역은 물론 스칸디나비아 반도와 독일, 스위스, 이탈리아 지역까지 퍼져 나갔으며, 인간과 동식물, 식품까지 광범위하게 오염시켰다. 이로 인해 큰 충격을 받은 국제사회에서는 IAEA 주관으로 원자력안전에 관한 협약(Convention on Nuclear safety,

---

8) NPT 조약 체제와 그 불평등성에 대해서는 황영채, 「NPT, 어떤 조약인가」(서울: 한울아카데미, 1995), pp.73-93 참조.

9) The Comprehensive Nuclear Test-Ban Treaty, 1996.

10) 포괄적 핵실험금지조약은 제2부속서에 명시된 모든 국가가 비준한 지 180일 후 발효하도록 되어 있다(제14조). 제2부속서에 명시된 국가들은 5대 핵 국가를 포함한 44개국이며, 우리나라와 북한도 포함되어 있다.

1994)을 채택하여 원자력발전소의 안전을 예방적 차원에서 확보하기 위한 법 제도를 마련하게 되었다. 원자력안전에 관한 협약은 육상 소재 민간원자력발전소와 동일 부지의 사용후핵연료, 폐기물 관련시설에 대해 고도의 안전성을 유지하는 것을 목적으로 한다. 이 협약은 원자력 시설의 안전을 규율하기 위해 각 당사국이 국내입법과 규칙을 제정하고 IAEA의 안전성 기본문서인 "핵시설 안전(The Safety of Nuclear Installations)"에 포함된 원칙에 기초하여 부지(siting), 디자인, 건설, 운영, 적절한 재정적·인적 자원의 이용가능성, 안전성의 평가 및 확인 의무를 이행하도록 요구한다. 그러나 이 협약은 동류집단(peer group)의 역할을 강조하는 유인적 성격의 문서(an incentive instrument)이며, 원자력 안전성을 확보하도록 통제하고 제재를 가하는 강제력을 지니고 있는 것은 아니다.[11]

원자력안전에 관한 협약에 이어 사용후핵연료 및 방사성폐기물 관리의 안전에 관한 공동협약[12]이 채택되었다. 이 협약은 사용후핵연료 및 방사성폐기물 관리의 안전을 달성·유지하고 이로 인한 사고의 영향을 완화하는 것을 목적으로 한다. 각 당사국은 사용후핵연료와 방사성폐기물을 관리하는 모든 단계에서 개인, 사회 및 환경이 방사선 위험으로부터 충분히 보호되도록 적절한 조치를 취해야 한다(제4조, 제11조). 또한 사용후핵연료와 방사성폐기물 기존설비의 안전을 향상시키기 위해 적절한 조치를 취하고, 제안된 설비의 부지선정, 설계 및 건설, 설비 운영, 처분 등의 단계에서 안전성을 보장하기 위한 적절한 조치를 취하도록 되어 있다. 특히 관련설비의 건설 전에 설비의 운영 수명기간동안 발생하는 위험에 대하여 체계적 안전평가 및 환경평가를 적절히 수행하고, 설비에 의해 영향을 받을 수 있는 인접 당사국과 협의하고 안전영향 평가에 필요한 일반적 자료를 제공할 것을 요구하고 있다(제8조, 13조, 15조). 이 협약은 광범위한 적용영역을 지닌 원자력 안전 규범을 성문화하였다는 점에서 국제법상 중요한 발전이라고 볼 수 있다. 다만 이 협약은 원자력안전에 관한 협약의 "자매협약(sister convention)"으로, 유인적 문서의 성격을 띤 협약이다. 다시 말해서 협약을 이행하지 않는 국가에 제재를 가하기 위한 것이 아니라, 취약한 안전시스템을 지닌 국가들이 이를 개선하도록 장려하기 위한 데 그 목적이 있는 것이다. 이러한 취지에서 규제메커니즘(control mechanism)이나 감시하고 제재를 가하는 제도 대신 검토회의(review meetings)를 통해 협약 이행 여부를 확인하는 체제를 갖추고

11) 원자력안전에 관한 협약에 대해서는 박기갑, "원자력안전에 관한 협약의 고찰", 「국제법학회논총」, 제40권 제1호(1995.6) 및 http://www-ns.iaea.org/conventions/nuclear-safety.htm 참조.
12) The Joint Convention on the Safety of Spentfuel and Radioactive Waste Management, 1997.

있다.[13] 따라서 원자력안전과 관련된 국제법이 표면적으로는 완성된 형태를 취하고 있지만, 원자력안전에 관한 협약과 사용후핵연료 및 방사성폐기물 관리의 안전에 관한 공동협약에서 채택된 기본원칙이 이행되기 위해서는 새로운 국가관행의 형성과 양자 및 다자협정의 체결 등 많은 단계의 발전을 필요로 한다.[14]

MOX plant 사건에서, 핵 강대국인 영국은 기존의 Sellafield 재처리공장 외에 새로운 재처리공장을 건설하도록 허가함으로써 인접국가인 아일랜드와 분쟁이 발생하였다. 재처리공장의 폐수가 흘러들어가는 Irish 해는 기존의 재처리공장 운영 결과 셀라늄 137과 플루토늄 등으로 오염되고, 그로 인해 주민들이 암, 백혈병 등으로 많은 피해를 입고 있는 것으로 알려져 있다. 아일랜드는 긴급 상황(urgency of the situation)을 주장하며 MOX plant의 허가 중지를 요구하였지만, 영국은 이를 수용하지 않았다. 아일랜드는 유엔해양법협약에 따라 중재재판소에 사건을 의뢰하는 동시에 ITLOS에 잠정조치(provisional measures)를 명령해 줄 것을 요청하였으며, 이와 별도로 OSPAR 협약에 따라 중재재판소에 소송을 제기하였다. 양국 간 소송의 전개와 관련 법 원칙에 대한 공방은 아래와 같다.

Ⅲ. ITLOS의 잠정조치 판결

1. 사실적 배경

2001년 10월 3일 영국 정부는 Sellafield 핵연료 재처리 단지(nuclear reprocessing site)에 MOX plant를 건설하도록 허가하였다. 아일랜드 정부는 이 공장이 인접한 Irish 해 연안에서 핵 활동이 강화되고 해양오염이 가속화될 것을 우려하여,[15] MOX plant의 허가를 중지하고 동시에 MOX plant와 관련된 핵물질의 국

13) Tammy de Wright, "The "Incentive" Concept as Developed in the Nuclear Safety Conventions and its Possible Extension to Other Sectors", *Nuclear Law Bulletin*, Volume 2007, No.12, Issue 2, p.38.

14) Wolfram Tonhauser and Odette Jankowitsch-Prevor, "The Joint Convention on the Safety of Spent Fuel Management and on the Safety of Radioactive Waste Management", *Nuclear Law Bulletin*, Volume 1997, No.6, p.214.

15) 1950년대에 사용후핵연료의 재처리와 배출을 시작한 Sellafield 재처리공장은 1957년 이래 크고 작은 안전사고와 핵물질 배출로 많은 환경적 우려를 불러일으켰으며, 아일랜드 정부는 이에 지속적으로 항의를 해왔다. Irish 해의 수질과 바닷가재, 해초 등의 해양생물에는 방사성동위원소

제이동을 중단하기 위한 조치를 영국에 요구하였다. Sellafield 단지는 Irish 해 연안가인 영국 북동부 Cumbria에 위치하고 있으며, Irish 연안으로부터 약 112 마일 떨어져 있다. 반폐쇄해(semi-enclosed sea)인 Irish 해를 사이에 두고 영국과 마주보고 있는 아일랜드는 Irish 해에서의 어업활동이 국가경제에 중요한 비중을 차지하고 있기 때문에 해양환경에 특별한 관심을 갖고 있었으며, Sellafield 단지가 플루토늄 기타 핵물질의 국제적 이동이 이루어지는 해역과 가까이 인접해 있어서 방사능 배출로 인한 잠재적 영향을 우려하였다. 아일랜드는 Sellafield 6마일 이내에서도 어업활동을 하고 있으며 Irish 해 연안에는 15개의 도시, 상업지구, 마을 등이 형성되어 있어 전체 인구 3,800만 중 1,500만 명이 밀집되어 생활하는 등 아일랜드가 밀접한 합법적 이해관계를 갖고 있는 곳이다.[16)]

영국 정부도 아일랜드가 Irish 해역에 특별한 이해관계를 갖고 있는 것을 인정하고 있으며, 이러한 입장에서 1997년 MOX plant 운영자인 BNFL(British Nuclear Fuels Limited)의 자회사 NITREX가 신청한 Irish 해저의 핵폐기물 저장소 허가를 거부한 바가 있다. 영국 정부 소유의 BNFL이 운영하는 Sellafield 재처리 공장은 1950년대부터 핵폐기물 연료의 재처리와 배출을 해오고 있으며, 1993년부터 본격적으로 경수로(Light Water Reactors)에 사용되는 MOX 연료를 생산해왔다. 문제의 MOX plant는 가압수형 원자로(Pressurized Water Reactors: PWR) 와 비등수형 원자로(Boiling Water Reactors: BWR)의 연료를 생산하기 위한 것으로, 연간 최고 120 톤의 중금속을 배출할 것으로 예정되어 있었다. 또한 사용후핵연료 유입이나 생산된 MOX 연료의 수출은 모두 해상운송을 이용하고, 새로운 공장 시설에서 이용되는 재처리과정이 독특한 것이어서 아일랜드는 이를 수락할 수 없는 위험을 주는 시도(an experiment with unacceptable risks)로 간주하였다.[17)]

(radio-isotopes)가 다량 포함되어 있는 것으로 알려져 있으며, 방사능이 해안을 오염시켜 인간 건강에 위해를 줄 뿐만 아니라 관광과 어업활동 등에 영향을 주어왔다. 아일랜드는 지난 수십 년 간의 핵물질 배출의 영향이 앞으로 수천 년 동안 지속될 것이라고 주장하였다. *Request for Provisional Measures and Statement of Case of Ireland, in the Dispute concerning the Mox Plant, International Movements of Radioactive Materials, and the Protection of the Marine Environment of the Irish Sea (Ireland v. United kingdom), International Tribunal for the Law of the Sea*, 9 November 2001, paras.9-13.

16) *Ibid.*, paras.4-5.

17) *Ibid.*, paras.6-8.

2. 사안의 경과

2001년 10월 25일 아일랜드 정부는 영국 Sellafield 소재 MOX plant 건설 및 운영 허가를 둘러싼 분쟁에 대해 유엔해양법협약 제VII부속서에 따라 설치되는 중재재판소에 분쟁을 제기할 것임을 영국 정부에 통보하고, 중재재판소가 구성되는 동안 MOX plant의 허가를 중지하는 조치를 취할 것을 요구하였다. 영국 정부가 이를 거부하자 아일랜드 정부는 2001년 11월 9일 ITLOS에 해양법협약 제290조 5항에 근거하여 재처리공장의 운영 중지를 명령하는 잠정조치를 요청하는 소송신청서를 제출하였다.

아일랜드는 소송신청서에서 영국 정부가 (a) MOX plant로부터 폐기물 또는 핵물질의 고의적 배출(intended discharges), 우발적 배출(accidental releases) 또는 MOX plant와 관련한 국제이동, 테러활동에 의한 핵물질 기타 폐기물의 배출과 국제적 이동으로부터 Irish 해의 해양환경 오염을 방지, 감소, 통제하기 위한 조치를 취하지 않음으로써 유엔해양법협약 제192조, 193조, 194조, 207조, 211조, 213조 등의 의무를 위반하였고, (b) MOX plant와 관련 핵물질의 국제적 이동에 대한 평가와 이에 대한 테러리스트의 공격을 방지, 견제, 대응할 수 있는 포괄적 대응전략(a comprehensive response strategy or plan)을 적절히 준비하지 않음으로써 위 협약 규정들을 위반하였고, (c) MOX plant의 허가와 관련하여 Irish 해의 해양환경보호를 위한 아일랜드와의 상호협력 부족, 아일랜드와의 정보공유 거부, 적절한 환경평가 거부 등으로 위 협약 제123조와 197조의 의무를 위반하였으며, (d) 1993년 환경보고서(1993 Environmental Statement)와 그 후 제기되어온 사실적·법적 발전에 따라 MOX plant 가동이 Irish 해의 해양환경에 미치는 잠재적 효과를 적절히 평가하지 못하였고 MOX plant에서 운송되는 핵물질의 국제이동과 테러리스트의 활동이 Irish 해의 해양환경에 미치는 잠재적 효과를 평가하지 못함으로써 위 협약 제206조의 의무를 위반하였다는 근거를 제시하여, 영국이 적절한 환경영향평가(Environmental Impact Assessment: EIA)를 하여 해양환경에 중대한 피해(serious harm)가 없음이 판명되고 테러리스트 공격에 대응하는 포괄적 계획이 있을 때까지 MOX plant의 허가를 중단할 것을 요구하였다.[18)]

ITLOS는 2001년 11월 15일 영국의 서면변론(written pleadings)을 제출받고, 11

18) *Ibid.*, paras.107-121.

월 19일부터 20일까지 구두변론을 진행한 후, 12월 3일 이 사건에 관한 최종명령을 내렸다.

3. 법적 쟁점

(1) ITLOS의 잠정조치 명령권

이 사건 심리과정에서 첫 번째 쟁점이 되는 것은 ITLOS가 이 사건에 관하여 잠정조치를 명령할 수 있는 권한을 갖는가 하는 점이었다. 아일랜드 정부는 중재재판소가 구성되는 동안 ITLOS가 MOX plant의 운영중지를 내용으로 하는 잠정조치를 취해 줄 것을 요구하였다. 이에 대해 영국 정부는 유엔해양법협약 제282조와 283조를 내세워 유엔해양법협약이 아닌 유럽조약(European Treaties), OSPAR 협약 등 구속력을 지닌 다른 지역협정에 의해 분쟁이 해결되어야 한다고 주장하며 ITLOS의 잠정조치 명령권을 부인하였다. 따라서 ITLOS의 잠정조치 명령권 여부를 판단하는 것이 선행되어야 했다.

(2) ITLOS의 잠정조치 판결

이 사건의 두 번째 쟁점은 ITLOS가 MOX plant의 운영 중지를 명령하는 잠정조치를 취할 것인가 하는 점이었다. 유엔해양법협약 제290조에 따르면 제VII 부속서에 따라 설치될 중재재판소가 구성되는 동안 ITLOS가 잠정조치를 취할 수 있지만, 이 경우 일정한 요건을 충족하도록 되어 있다. 첫째, 장차 구성될 중재재판소가 일응(prima facie) 관할권을 가지고 있고, 둘째, 상황이 긴급하여 필요하다고 인정된 경우라야 한다(제290조 5항). 따라서 아일랜드가 요구하는 잠정조치가 이러한 조건을 갖추고 있는가 하는 것이 쟁점의 핵심이었다.

4. ITLOS의 판결 요지

(1) 잠정조치 명령권

영국 정부는 유엔해양법협약 제282조를 근거로 ITLOS가 잠정조치를 명령할 수 있는 권한을 부인하였다. 제282조는 "이 협약의 해석이나 적용에 관한 분쟁에 대해 분쟁당사국들이 일반협정·지역협정·양자협정 등을 통하여 구속력 있는 분쟁해결절차에 회부하기로 합의한 경우, 분쟁당사국이 달리 합의하지 아니하는 한 그 절차를 적용한다"고 규정되어 있다. 영국 정부는 분쟁의 주요 요소가 유럽조약을 포함한 지역협정에 의해 규율되고 있고 이들 협정이 구속력 있는 분쟁해결수단을 제공하기 때문에 제282조 규정에 따라, 해양법협약 제VII 부속서에 의해 설치되는 중재재판소 대신 이들 협정에 근거한 다른 재판소가 관할권을 갖는다는 주장을 하였다. 영국은 1992년 아일랜드가 OSPAR 협약 제32조에 근거하여 OSPAR 중재재판소에 MOX plant의 '경제적 정당성(economic justification)'과 관련한 OSPAR 협약 제9조의 정보 접근권 관련 분쟁을 제소한 사실이 있고, EC조약과 EURATOM 조약 및 EC 지침(Directives)에 의해 자국의 항고가 적용됨을 진술한 바 있으며, 이들 조약의 당사국들이 유럽사법재판소(European Court of Justice: ECJ)에 분쟁해결에 관한 배타적 관할권을 부여하는데 동의하였다는 것 등을 근거로 내세웠다. 이러한 이유로 제VII부속서 중재재판소는 관할권을 갖지 못하며, 그 결과 ITLOS는 제290조 5항에 따르는 잠정조치를 취할 권한이 없다는 것이었다.[19]

이에 대해 ITLOS는 이 분쟁이 해양법협약의 해석 및 적용과 관련된 것이고 다른 협정의 해석 및 적용에 관련된 것이 아니므로, 영국 정부의 주장은 근거가 없다고 판단하였다. ITLOS에 따르면 해양법협약 제282조는 "해양법협약의 해석 및 적용"과 관련한 분쟁해결을 규정하는 일반적, 지역적, 쌍무적 협정과 관련이 있고, OSPAR 협약, EC조약 및 EURATOM 조약 내의 분쟁해결절차는 그 협약들의 해석과 적용에 관한 분쟁을 다루는 것으로서 해양법협약 내에 발생하는 분쟁을 다루지 않고 있으므로 이들 협약 내의 권리와 의무는 해양법협약에서의 권리 및 의무와는 별개의 실체를 가진다는 것이다. 따라서 제282조는 제VII부속서 중재재판소에 제출된 분쟁에 적용되지 않는다고 판단하였다.[20]

영국 정부는 이 사건이 해양법협약 제283조의 의견교환의무(obligation to exchange views)를 충족시키지 못한다는 주장을 내세웠다. 이 조항은 유엔해양법협약의 해석이나 적용에 관하여 당사국간 분쟁이 일어나는 경우, 분쟁당사자가 교섭 기타 평화적 수단에 의하여 분쟁해결에 관한 의견을 신속히 교환하도록 규정되어 있다. 그러나 아일랜드가 이 사건을 본 재판소에 제기하기 전에 당사자 간에 충분한 의견교환이 없었고, 자국의 의견교환 요청이 아일랜드에게 받아들여지지 않았으므로 ITLOS의 관할권이 성립하지 않는다는 것이었다.[21]

---

19) *Order of 3 December 2001, The Mox Plant Case (Ireland v. United Kingdom), Request for Provisional Measures, International Tribunal for the Law of the Sea, List of Cases: No.10,* 2001, paras.39-44.
20) *Ibid.*, paras.48-53.

이에 대해 ITLOS는 아일랜드 정부가 1999년 7월 30일 서한에서 제VII부속서 중재재판소에 소를 제기할 것을 알린 바 있고, 영국 정부가 MOX plant의 즉각적 허가 중지 및 관련 국제이동의 중단을 고려하지 않을 것을 시사한 후에 제VII부속서의 중재재판소에 소를 제기하였음을 고려하여, 합의에 이를 가능성이 소진된 경우 당사국은 의견교환을 계속할 의무가 없다는 판단을 내렸다. 따라서 이와 같은 법적 근거에서 제VII부속서 중재재판소에 이 사건에 대한 일응 관할권이 있음을 인정하였다.[22]

(2) 잠정조치 판결

ITLOS 심리의 핵심은 아일랜드가 요청한 바와 같이 MOX plant의 운영을 중지하는 잠정조치의 명령에 있다. 해양법협약 제290조에 따라 ITLOS는 분쟁이 회부될 중재재판소가 구성되는 동안 "각 분쟁당사국의 권리를 보존하기 위해 또는 해양환경에 중대한 피해를 방지하기 위해" 잠정조치가 적절한지 판단하고, 장차 구성될 중재재판소가 일응 관할권을 갖고 있으며 상황이 긴급하여 필요하다고 인정된 경우에는 잠정조치를 명령할 수 있도록 되어 있다. 따라서 본 재판소가 잠정조치를 내리기 위해서는 제VII부속서 중재재판소의 구성 시까지 (a) 해양법협약 하에서 아일랜드의 권리를 보전하거나 해양환경에 대한 중대한 피해를 예방하기 위해 잠정조치가 필요하고, (b) 추후에 구성될 중재재판소가 분쟁에 대해 일응 관할권을 가지며, (c) 긴급한 상황이 존재한다는 조건이 충족되어야 했다. 여기에서 (b) 중재재판소의 일응 관할권은 이미 인정되었으므로 나머지 조건들을 판단할 필요가 있었다.

아일랜드는 기존의 Sellafield 재처리시설에 노출된 해양환경과 인간 건강의 위험성이 이미 광범위하게 인식되고 있다고 주장하였다.[23] 또한 MOX plant에 일단 플루토늄이 투입, 가동되는 것은 협약 123조, 192조~194조, 197조, 206조, 207조, 211조, 213조에 따르는 자국의 권리를 위반하는 것으로 MOX plant에서 핵물질이 유출되는 경우 해양환경에 돌이킬 수 없는 결과를 가져올 것이 분명

21) *Ibid.*, paras.54-57.

22) *Ibid.*, paras.58-62.

23) 2001년 유럽의회의 과학기술 대안 평가 프로그램(Scientific and Technological Option Assessment Programme)의 보고서는 BNFL의 내부문서에서 장차 Sellafield에서 핵종의 누출이 크게 증가할 것이며, 최악의 경우 최근 허가된 방사성핵종(radionuclide)의 절반 이상이 바다로 배출되는 "한계치 이상의 수준(levels approaching or above limits)"이 예상되고, 대기 중 누출도 가능하다고 밝힌 바 있다. *Request for Provisional Measures and Statement of Case of Ireland, supra* note 15, para.115.

하며, 산업상 사고와 테러리스트 공격 기타의 이유로 초래되는 핵물질의 배출이나 누출의 위험도 더욱 커지게 된다고 주장하였다. 공장이 가동되면 사전계약에 따라 일본에서 45톤의 플루토늄이 MOX plant로 반입될 것이며 이는 900톤의 MOX 연료를 생산하여 최소한 60여회에 걸쳐 일본으로 운송하게 되는데, 핵물질 운송 선박은 사고에 취약하고 충돌이나 화재의 위험에 노출되어 있으며 테러리스트에 의한 핵물질 탈취 등으로 항구와 대륙붕, 심해저 등 모든 해역에 걸쳐 다양한 사고가 가능하다는 것이었다.[24] 그러므로 공장을 가동시키는 것 자체가 거의 돌이킬 수 없는 위험을 가져올 수 있고, 공장시스템에 플루토늄 유입을 중단하는 정도로는 MOX plant 가동 이전의 상태로 회복시키는 것은 불가능하다는 것이 아일랜드의 입장이었다.[25]

이에 대해 영국은 MOX plant의 가동이 제VII부속서 중재재판소 구성 이전의 기간 동안 아일랜드의 권리에 돌이킬 수 없는 손해 내지 해양환경에 중대한 피해를 유발한다는 것은 논의의 여지가 없다고 일축하였으며, 아일랜드의 요구가 받아들여진다고 해도 MOX plant의 가동이나 플루토늄의 유입을 변경할 수 없다고 주장하였다. 영국 정부는 아일랜드 정부가 MOX plant의 가동으로 자국 권리에 회복할 수 없는 손해(irreparable damage)와 해양환경의 중대한 피해를 입는다는 것을 입증하지 못함으로써 사전예방의 원칙(the precautionary principle)을 적용하지 못한다고 반박하였다. 또한 영국은 MOX 생산 시 사소한 안전사고라도 공개하고 Sellafield 원자력 산업단지의 보호와 관련하여 광범위한 안전보호책(security precautions)을 세우고 있다고 주장하며, 공개심리에서 “MOX plant의 가동으로 Sellafield에 유입되거나 나가는 핵물질의 해양운송이 추가적으로 없을 것”이고 “적어도 2002년 여름까지(해양법협약 규정에 따라 중재재판소가 구성되는) 공장으로부터 MOX의 수출이나 사용후핵연료의 산화물연료 재처리공장(Thermal Oxide Reprocessing Plant: THORP)으로의 유입은 없을 것”이라고 진술하였다.[26]

ITLOS는 양측의 진술과 주장을 모두 고려한 후, 제VII부속서 중재재판소를 구성하기 전의 짧은 기간 내에 아일랜드가 요구하는 잠정조치의 명령을 요구하는 상황의 긴급성은 찾을 수 없다고 판단하였다. 다만 협력의무는 해양법협약 제XII부하의 해양환경 오염 방지와 일반 국제법을 위한 기본 원칙이며, 재판부

---

24) Ibid., paras.33-43.
25) 아일랜드의 긴급 상황 주장에 대해서는 *Ibid.*, paras.140-149 참조.
26) *Request for Provisional Measures, Written Response of the United Kingdom, The MOX Plant Case* (*Ireland v. United Kingdom*), *ITLOS*, 15 November, 2001, paras.16-19, 50-54, 201-208.

는 영국과 아일랜드가 분별(prudence)과 신중함(caution)을 가지고 MOX plant의 가동에 따른 위험이나 영향에 관한 정보를 교환하도록 상호 협력할 것과 이를 적절하게 다룰 방법을 강구할 것을 요구하였다.[27)]

(3) ITLOS의 최종 판결

2001년 12월 3일, 이상과 같은 이유로 ITLOS는 제VII부속서 중재재판소의 결정이 있을 때까지 다음과 같은 잠정조치를 취할 것을 만장일치로 명령하였다.

> "아일랜드와 영국은 상호 협력해야 하며, 이를 위해
> (a) MOX plant의 가동으로부터 Irish 해에 대해 발생 가능한 영향에 관하여 상호간에 더 많은 정보를 교환하고;
> (b) MOX plant의 가동이 Irish 해에 미치는 위험이나 영향을 감시하고;
> (c) MOX plant의 가동 결과 발생할 수 있는 해양환경 오염을 방지하기 위한 조치를 적절하게 강구하도록 협의해야 한다."

이로써 ITLOS는 아일랜드가 요구한 MOX plant의 가동을 중지하는 잠정조치 대신 상호협력과 정보교환, 환경영향 감시, 해양오염 방지조치의 강구를 요구하는 잠정조치를 명령하였다. 또한 ITLOS는 아일랜드와 영국이 2001년 12월 17일 이내에 최초보고서(initial report)를 각자 제출하도록 명령하고, 재판장이 그 일자 이후로 적합하다고 판단되는 더 많은 정보와 통지를 요구할 수 있도록 권한을 부여하였다.[28)]

Ⅳ. UNCLOS 중재재판소의 판결

1. 사안의 경과

위에서 본 바와 같이 아일랜드 정부는 2001년 10월 25일 유엔해양법협약 제287조[29)]와 제VII부속서 제1조에 따라 영국을 상대로 UNCLOS 중재재판소에

---

27) *Order of 3 December 2001*, *supra* note 19, paras.81-84.

28) *Ibid.*, para.89.

29) 유엔해양법협약 제287조는 당사국이 협약 해석이나 적용에 관한 분쟁 해결을 위해 ITLOS, ICJ (International Court of Justice: 국제사법재판소), 제VII부속서에 따라 구성된 중재재판소, 특별중

"MOX plant 허가와 핵물질의 국제이동, Irish해의 해양환경보호에 관한 소송"을 제기하였다. 같은 해 12월 ITLOS가 잠정조치를 명령하고 제VII부속서의 중재재판소가 분쟁에 대해 일응 관할권을 갖는다고 판결함에 따라 2002년 2월 제VII부속서 중재재판소가 구성되었다. 중재재판소는 절차규칙에 의한 예정표에 따라 2003년 6월 10일부터 6월 21일까지 청문회를 열었다. 영국 정부가 중재재판소의 관할권을 부인하고 같은 해 6월 16일 아일랜드가 재판소에 추가적 잠정조치를 요청한 후, 중재재판소는 6월 24일 명령(Order No.3)에서 관할권 및 잠정조치에 대한 심리 중단을 결정하였다. 또한 11월 14일 명령(Order No.4)에서 유럽사법재판소가 유럽공동체법(European Community law) 이슈에 대한 판결을 내리거나 또는 중재재판소가 달리 결정할 때까지 중재심리를 중지하기로 결정하였다.[30]

2. 법적 쟁점

이 사건의 본질은 MOX plant의 운영에서 생산된 핵폐기물이 Irish 해 연안으로 배출됨으로써 해양오염을 일으킨다는 데 있다. 아일랜드는 해양법협약에 따라 양 국가가 해양환경오염을 방지 및 통제할 의무가 있음에도 영국 정부가 이를 지키지 않음으로써 해양법협약 제123조, 192조, 193조, 194조, 197조, 206조, 207조, 211조 및 213조를 위반하였다고 주장한 반면, 영국 정부는 협약 상 의무 위반이라는 아일랜드의 주장을 반박하며 중재재판소의 관할권을 부인하였다. 이 사건의 UNCLOS 중재재판소에서의 법적 쟁점은 다음과 같다.

(1) 중재재판소는 이 사건에 대해 일응 관할권을 갖는가?
(2) 아일랜드의 추가적 잠정조치 신청은 수락될 수 있는가?

재재판소 중에서 하나 또는 그 이상을 자유롭게 선택하도록 규정하고 있다.

30) *Order No.1, Ireland's Amended Statement of Claim, The Mox Plant Case (Ireland v. United Kingdom), Permanent Court of Arbitration*, 2002.7.2; *Order No.2, Time-Limits for Submission of Pleadings*, 2002.12.10; *Order No.3, Suspension of Proceedings on Jurisdiction and Merits, and Request for Further Provisional Measures, The Mox Plant Case (Ireland v. United Kingdom), Permanent Court of Arbitration*, 24 June 2003; *Order No.4, Further Suspension of Proceedings on Jurisdiction and Merits*, 2003.11.14.

3. UNCLOS 중재재판소의 심리

(1) 중재재판소의 관할권 문제

중재재판소는 심리를 시작하기 전에 먼저 본 재판소가 이 사건에 대한 일응 관할권을 갖고 있는지 판단하고, 해양법협약에서 규정하는 본 재판소의 관할권의 범위를 분명히 할 필요가 있다고 결정하였다. ITLOS는 잠정조치와 관련한 판결에서 해양법협약 제VII부속서의 중재재판소가 이 분쟁에 대해 일응 관할권을 갖고 있음을 확인하였고 중재재판소로서도 이 결정을 당연히 수용하지만, 영국 정부가 중재재판소의 관할권을 부인하는 상황에서 심리절차를 진행하기 위해 본 재판소에 관할권이 있음을 결정적으로 확인하는 것이 필요하다고 보았다.

영국 정부가 제기하는 관할권 반대 입장은 2가지로 나누어 볼 수 있다. 영국은 (a) 아일랜드가 원용하는 해양법협약과 기타 국제협정 및 국제문서와 관련한 관할권 및 이에 대한 허용가능성(admissibility) 문제와, (b) 유럽공동체법 하의 당사국 지위와 관련한 반대의 문제를 제기하였다. 재판소는 전자를 국제법 이슈(international law issues)로, 후자를 유럽공동체법 이슈(EC law issues)로 분리하여 다루었다.

먼저 국제법 이슈와 관련해 볼 때 당사국 사이에는 해양법협약 제283조가 요구하는 바와 같이 의견교환이 있었고, 영국도 이에 대해서는 이의가 없었다. OSPAR 협약이 이러한 이슈와 일부 관련이 있지만 재판소는 그것이 해양법협약의 해석과 적용에 관한 분쟁이라는 본 사건의 성격에 문제를 제기한다고 보지는 않았다. 나아가 제281조[31] 및 282조[32] 규정과 관련하여 OSPAR 협약을 이 분쟁에 적용해야 한다는 영국의 주장은 인정되지 않았다. 다만 재판소는 재판소의 관할권 영역에 관한 제288조와 재판소의 적용법규에 관한 제293조와 관련하여 OSPAR 협약 등 다른 협약과 Sintra 각료선언(Sintra Ministerial Statement, 1998)[33]

31) "분쟁당사국이 스스로 선택한 평화적 수단에 의한 분쟁해결을 추구하기로 합의한 경우, 해양법협약에 규정된 절차는 당사국이 선택한 평화적 수단에 의해 분쟁이 해결되지 않고 당사국 합의로 다른 절차를 배제하지 않기로 하는 경우에만 적용한다(유엔해양법협약 제181조 1항)."

32) "분쟁당사국들이 다른 일반협정·지역협정·양자협정을 통해 또는 다른 방법으로 구속력 있는 결정을 초래하는 절차에 분쟁을 회부하기로 합의한 경우, 분쟁당사국이 달리 합의하지 않는 한 그 절차가 적용된다(유엔해양법협약 제282조)."

33) 1998년 7월 23일 OSPAR 당사국과 유럽연합 집행위원회(European Commission) 회의에서 채택

등의 법문서 하에 제기되는 아일랜드 주장의 영역 문제에 대해, 영국의 주장대로 양 조항의 관할권 영역과 적용법규 사이에 가장 기본적 차이(cardinal distinction)가 있음에 동의하였다. 재판소는 영국이 주장한 바와 같이 아일랜드의 서면변론이 해양법협약 이외의 다른 법문서 하에서 직접적으로 문제를 제기하고 있고, 그러한 범위 내에서 아일랜드의 주장을 수락할 수 없다는 데 동의했다. 그러나 이러한 이유로 아일랜드가 해양법협약에서 제기되는 사례를 진술하고 변론하는 데 실패했다고 볼 수는 없다고 보고, 따라서 본 재판소가 해양법협약 제288조 1항과 관련하여 일응 관할권을 갖는다는 입장을 견지하였다.34)

반면 유럽공동체법 이슈의 문제는 이 분쟁에 영향을 미치는 유럽공동체법의 영역과 관련하여 중대한 어려움이 있는 것으로 판단되었다. 해양법협약은 EC가 그 회원국과 함께 가입한 협약으로, EC 회원국인 아일랜드와 영국이 해양법협약 상 권리에 따라 협약 제VII부속서의 중재재판소에 소를 제기할 수 있는 소송당사자적격을 가지고 있는가 하는 문제가 발생하기 때문이다. 더욱이 협약 제IX부속서 제5조에서 "국제기구의 가입문서는 이 협약 당사국이 회원국인 국제기구에 권한을 이양하는 선언을 포함한다"고 규정하고 있기 때문에 EC와 그 회원국 사이에 권한을 분배하는 문제가 불가피하게 발생하였다. 따라서 재판소는 아일랜드와 영국이 회원국으로서 EC에 권한 이양을 한 문제와 관련하여, 해양법협약 상의 권리와 의무를 행사하는 것이 회원국인지 EC인지를 판단할 필요가 있었다. 2003년 5월 15일 유럽연합 집행위원회가 유럽의회에 보낸 서면답변서는 이 사건에서 아일랜드가 의존하고 있는 유엔해양법협약은 EC법 규정으로 간주되어야 한다는 취지를 밝히고 있으며, 아울러 EC조약 제226조에 따라 소송을 개시하는 문제를 검토 중이라고 덧붙임으로써 문제가 더욱 미묘하게 되었다. 이에 따르면 아일랜드가 의존하고 있는 해양법협약 규정이 EC에 이양된 권한과 관련된 문제인지, 유럽사법재판소의 배타적 관할권이 해양법협약의 해석과 적용에 미치는지의 문제를 유럽사법재판소가 심리할 가능성이 실제로 있게 된다. 이 경우 유엔해양법협약 규정이 EC의 권한에 속하는지 그 회원국 권한에 속하는지는 유럽사법재판소에 의해 결정될 것이었다. 영국과 아일랜드는

된 선언으로, 이온화 방사능으로부터 해양환경을 보호하기 위해 핵물질의 배출과 유출을 점진적이고 실질적으로 감소시킬 것을 선언하고 있다.

34) *Order No.3, Suspension of Proceedings on Jurisdiction and Merits, and Request for Further Provisional Measures, supra* note 30, paras.18-19; *Statement by the President of* June 13, 2003, *The Mox Plant Case (Ireland v. United Kingdom), Permanent Court of Arbitration*, June 13, 2003, paras.2-5.

EU 회원국 사이에 해양법협약의 해석과 적용이 전적으로 유럽사법재판소의 권한에 속한다는 입장을 견지하지는 않았지만, 이러한 입장이 유럽사법재판소에 의해 거부된다고 확실하게 말할 수는 없었다. 만일 이러한 관점이 유지된다면 해양법협약 제282조의 규정에 따라 중재재판소의 관할권이 배제될 것이다. 그러므로 관할권 문제를 해결하기 위해서는 이 사건에서 원용되는 해양법협약 규정에 따라 제기된 문제에 대해 EC가 권한을 갖는지 그 회원국이 갖는지를 결정하는 것이 선행되어야 했다. 이러한 상황에서 중재재판소는 동일 사안에 대해 2개의 구속력 있는 결정이 충돌하는 것은 바람직하지 않다고 보고, 2003년 12월 1일까지 이 사건에 대한 심리를 중단하고, 유럽사법재판소의 판단을 기다리기로 결정하였다.[35]

(2) 아일랜드의 추가적 잠정조치 신청

중재재판소는 심리 중단을 공표하며, 당사국이 각각의 권리를 보전하거나 해양환경에 중대한 피해를 막기 위해 필요하다고 생각한다면 잠정조치를 명령할 가능성을 고려할 것임을 밝혔다. 이에 따라 아일랜드 정부는 2003년 6월 16일 재판소에 "추가적 잠정조치 신청서(Request for Further Provisional Measures)"를 제출하였다. 아일랜드의 잠정조치 신청 내용은 아래와 같다.

1) 배 출

영국은 MOX plant에서 나오는 액체성 핵폐기물을 Irish해에 배출하지 않고, MOX plant의 기체성 방사능핵종 폐기물의 연간배출량과 THORP plant[36]의 기체성·액체성 방사성핵종 폐기물의 연간배출량이 2002년 수준을 넘지 않을 것을 보장해야 한다.

2) 협 력

영국은 MOX plant나 THORP plant에서 추가 재처리 계획이 있는 경우, 아일랜드에 해당 계획에 대한 충분한 정보를 제공하고 아일랜드가 제기하는 문제들을 협의·고려·응답해야 한다. 영국은 이들 공장으로부터 방사성물질을 운반하는 선박이 아일랜드의 오염방지지역(Pollution Response Zone), SAR Zone 또는

35) *Order No.3, Suspension of Proceedings on Jurisdiction and Merits, and Request for Further Provisional Measures*, *ibid.*, paras.20-30; *Statement by the President*, *ibid.*, paras.7-12.

36) THORP plant는 Sellafield 사이트에 위치한 또 다른 사용후핵연료 재처리공장이며, 여기에서 나온 사용후핵연료를 MOX plant에서 재처리하게 된다. THORP plant과 MOX plant 시설은 영국 정부 소유 기업인 BNFL에 의해 운영된다. *Ibid.*, para.9 참조.

Irish 해에 도달하기로 예정된 경우 가능한 한 빨리 정확한 날짜와 시간, 예정된 항로와 진행방향을 아일랜드 정부에 통보해야 한다.

또한 이 공장들의 특수 방사성핵종 배출량과 HAST 탱크의 폐기물 양에 대한 월간 정보, 기체성·액체성 폐기물의 배출 효과에 관한 연구 및 사고에 관한 상세한 보고서 등을 협의하고, 이들 공장에서 사고가 발생하는 경우 상세한 정보를 제공하고, 지속적 운영 안전보고서(Continued Operation Safety Reports)와 재처리공장 위험성에 대한 접근권 등을 보장해야 한다.

3) 평가(Assessment)

영국은 MOX plant나 THORP plant에 대해 해양법협약 제206조(잠재적 영향평가)에 따라 중재재판소가 명령하는 환경영향평가의 결과를 배제하는 조치나 결정을 취하지 않을 것을 보장해야 한다.[37)]

중재재판소는 해양법협약 제290조 1항, 제VII부속서의 관련 규정 및 절차규칙에 따라 분쟁당사국의 개별적 권리를 보전하거나 해양환경에 대한 중대한 피해를 방지하기 위해 잠정조치가 필요한지에 대한 심리에 들어갔다. 중재재판소의 심리 결과는 아래와 같다.

1) 배 출

배출과 관련하여 재판소는 먼저 해양환경에 중대한 피해가 있는지 판단하였다. 재판소는 MOX plant로부터 Irish 해로 배출되는 액체성 핵폐기물은 소량의 방사능핵종을 포함하고 있으며, 세슘 137과 플루토늄(Pu-241)의 반감기가 매우 길기는 하지만, 문제의 핵폐기물은 사용후핵연료 재처리의 직접적 부산물이 아니며 공장 청소와 위생작업 등의 부수적 활동에서 발생한 것으로 아일랜드의 법무장관이 인정한 바와 같이 MOX plant에서 배출되는 방사능의 수준은 심각한 정도가 아니라고 판단하였다. 제290조 1항에서 해양환경에 발생하는 피해는 이를 기초로 재판소의 잠정조치 명령권이 발동되기 전에 "심각"해야 하는데, 현재의 증거 상태로 볼 때 아일랜드가 이 사건의 시비를 가리는 동안 해양환경에 야기될 수 있는 피해의 조건을 충족시키기는 어렵다고 보았다.[38)]

---

37) *Request for Further Provisional Measures, In the Dispute Concerning the MOX Plant, International Movements of Radioactive Materials, and the Protection of the Marine Environment of the Irish Sea (Ireland v. United Kingdom), UNCLOS*, 16 June 2003, para.9.

38) *Order No.3, Suspension of Proceedings on Jurisdiction and Merits, and Request for Further Provisional Measures*, *supra* note 30, paras.52-55.

당사자의 권리 보호와 관련하여 아일랜드는 (a) Irish 해로의 핵물질 배출이 Irish 해역에 미치는 잠재적 영향, (b) 해양환경에 미치는 피해를 최소화하기 위한 영국과의 협력, (c) MOX plant의 잠재적 영향이 적절하게 평가되지 않음으로써 계속되는 배출로 특히 협약 206조 하에서 아일랜드 권리가 침해된다는 주장에 있어서, 협약 상 권리를 보호하기 위해 잠정조치가 필요하다고 주장하였다. 이에 대해 영국은 이를 수용하는 경우 자국의 권리가 심각한 영향을 받을 수 있고 MOX plant와 관련 설비는 엄격한 규제제도에 따라 승인된 것으로서 적절한 지역적, 국제적 규범에 의해 운영되고 있음을 주장하였다. 중재재판소는 ITLOS가 MOX plant 허가 중지를 요구하는 아일랜드의 요구와 다른 내용의 잠정조치를 명령하였는데, 아일랜드가 ITLOS의 명령을 수정하도록 요구하거나 제시한 증거의 긴급한 필요성(urgent need)을 이유로 추가적 잠정조치를 요구하지는 않았음에 유의하였다. 또한 영국 정부가 현재로서는 더 이상의 핵물질을 재처리하기 위해 THORP에서 새로운 재처리계약을 하거나 기존 계약을 수정할 의사가 없음을 밝히고 있고, THORP로부터 추가적 배출이 있다는 명백한 징후가 없다고 판단하였다. 이러한 이유로 재판소는 현 상황에서 아일랜드가 주장하는 권리에 대한 회복할 수 없는 피해의 긴급하고 중대한 위험(urgent and serious risk)이 있다는 조건을 충족시키지 못했다고 결정하였다.[39]

2) 협　력

Irish 해의 해양환경보호를 위한 협력과 협의 문제는 ITLOS의 명령으로 어느 정도 다루어졌고 이 명령이 양 국가에게 여전히 구속력을 갖고 있으며, 이 명령 후 협력과 정보제공 과정에 진전이 있었음을 아일랜드도 인정하고 있었다. 그러나 그러한 협력과 협의가 항상 시의적절하고 효율적일 수 없다는 점을 고려하여, 재판소는 영국 법무장관이 구두변론에서 제의한 바와 같이 당사국이 정부 간 통보 및 협력 시스템을 통해 재검토하도록 권고하였다.[40]

3) 평　가

평가문제에 대해서 재판소는 아일랜드가 제시한 협약 제206조 외에 제204조(오염의 위험이나 영향의 감시) 2항에 근거하여 판단하였다. 재판소는 평가문제가 재판소의 관할권 문제에 속한다고 추정하는 경우에도 현 단계에서 잠정조치가 재판소의 최종적 본안 판단에 앞서 정당화될 수 있다고 보지 않았으며, 이러한

39) *Ibid.*, paras.56-62.
40) *Ibid.*, paras.64-67.

배경에서 영국에게 최종판결 이전에 요구되는 행위를 명백하게 지시하기 어렵다는 입장을 취하였다.[41]

이상의 이유로 재판소는 아일랜드의 (a) 및 (c)에 관한 잠정조치 요구를 기각하고, (b)에 대해서는 현 단계에서 협력과 정보 규정에 대한 더 이상의 명령이 필요하지 않다고 결정함으로써 아일랜드의 요구를 모두 기각하였다.

4. 재판소의 심리 정지 및 절차 보류

2006년 5월 30일 유럽사법재판소는 "유엔해양법협약 규정은 유럽공동체가 협약당사자가 됨으로써 행사하게 된 유럽공동체의 권한 영역 내에 있으며, 유럽사법재판소는 유엔해양법협약 규정의 해석과 적용에 관한 분쟁을 다루고 회원국의 협약 규정 준수를 평가하는 관할권을 가진다"는 평결을 내림으로써 이 사건에 대한 유럽사법재판소의 관할권을 분명히 밝혔다. 나아가 "EC조약에 명시된 분쟁해결제도는 유엔해양법약 제XV부에 포함된 분쟁해결제도에 우선하며, EC조약 제220조와 292조는 유엔해양법협약 규정의 해석 또는 적용에 관한 분쟁을 해결하기 위해 제VII부속서의 중재재판소에 소를 제기하는 것을 배제한다"고 밝힘으로써 이 사건의 분쟁해결에 대한 우선권을 주장하였다.[42]

유럽사법재판소의 판결이 내려진 후, 양국이 소송을 계속할 의사가 있는지 묻는 소송등기소의 서한에 아일랜드 정부는 유럽사법재판소 판결의 중요한 의미를 고려중에 있다는 입장을 밝히는 동시에 핵에너지와 방사선에 관한 협력의무를 위한 정기보고서를 계속 제출하는 것이 적절한지 의문을 표시했다. 이에 대해 중재재판소는 2007년 1월 22일 당사국 간 협력의무에 관한 정기적 보고서와 정보 제출을 중단하고 심리를 계속 정지할 것을 명령하였다. 또한 재판소가 계속해서 이 분쟁을 계류하고 있지만 더 이상의 결정을 위한 절차는 보류할 것임을 밝혔다.[43]

2007년 2월 15일 아일랜드는 영국을 상대로 한 소송을 철회할 것을 중재재판소에 통보하였다. 이에 따라 2008년 6월 6일 중재재판소는 아일랜드의 영국

---

41) *Ibid.*, para.63.

42) *Judgement of Case C-459/03, Commission of the European Communities*, 30.5.2006, paras.90, 92-95, 108, 110, 120, 121, 123-126, 128, 133 참조.

43) *Order No.5, Suspension of Periodic Reports by the Parties, The MOX Plant Case (Ireland v. United Kingdom), UNCLOS Convention Arbitral Tribunal*, 22 January 2007, paras.1, 2.

에 대한 소송철회와 소송절차 종결(termination of proceedings)을 공식화하였다.[44]

V. OSPAR 중재재판소의 판결

1. 사실적 배경

아일랜드는 MOX plant 허가와 관련한 정보 접근권(right of access to information)을 놓고 OSPAR 협약에 따라 설치된 중재재판소에 영국을 상대로 제소하였다. 아일랜드는 영국이 MOX plant 허가와 관련하여 작성된 2개의 보고서에 포함된 정보 중 일부를 제공하지 않음으로써 OSPAR 협약 제9조의 "정보에 대한 접근"을 보장할 의무를 위반하였다고 주장하고, 이 정보에 대한 접근을 요구하였다. 이 보고서들은 EURATOM법이 요구하는 바에 따라 영국 정부가 재처리공장의 "경제적 정당성(economic justification)을 평가하기 위해 작성한 것인데, 공장 운영 및 비용과 관련된 주요 정보를 대거 누락시킨 채 발표하고 아일랜드의 공개요구를 거부함에 따라 소송으로 이어지게 되었다.[45]

이 분쟁사건의 핵심은 MOX plant의 경제성과 관련된 것이다. 유럽연합 이사회 지침(Council Directive)은 당사국들에게 이온화 방사선(ionizing radiation)에 노출을 초래하는 모든 형태의 산업부문은 "경제적, 사회적 기타 이익"에 의해 채택되거나 승인받기에 앞서 그들이 일으킬 가능성이 있는 건강 피해와 관련하여 정당화될 것을 요구하고 있다.[46] 이에 따라 영국 정부는 MOX plant 승인에 앞서 관련 연구를 의뢰하였으며, PA Consulting Group과 Arther D. Little은 1997년과 2001년에 각각 상세한 평가 보고서(PA report와 ADL report) 전문을 BNFL에 제출하였다. 영국 정부는 건설비용으로 산출된 4억 7천만 파운드에 관한 정보와 판매가격, 판매량, 공장의 수명(lifespan)과 생산능력, 작업인력의 수, 공장 운송수단의 수, MOX 공급계약 등 재처리공장 운영에 관한 정보를 발표하지 않음

---

44) *Order No.6, Termination of Proceedings, The MOX Plant Case (Ireland v. United Kingdom), UNCLOS Convention Arbitral Tribunal*, 6 June 2008.

45) *Memorial of Ireland, The Convention on the Protection of the Marine Environment of the North-East Atlantic, In the Dispute concerning Access to Information under Article 9 of the OSPAR Convention and the MOX Plant (Ireland v. United Kingdom), OSPAR Tribunal*, 7 March 2002, paras.2, 71.

46) Council Directive 96/29/EURATOM of 13 May 1996, 제6조 1항.

으로써 MOX plant의 경제성과 관련하여 많은 의혹을 받았지만, 이를 공개하는 경우 BNFL의 경쟁적 지위가 영향을 받게 된다는 이유로 OSPAR 협약 제9조 3항의 "상업적 비밀성(commercial confidentiality)"의 예외를 내세워 정보공개를 거부하였다. 이에 대해 아일랜드는 영국의 정보공개 거부가 OSPAR 협약 제9조 위반이라고 주장하고 중재재판소에 삭제된 정보에 대한 접근을 요구하였다. 이에 대해 영국은 정보제공을 거부하고 OSPAR 중재재판소가 이 사건에 대해 관할권이 없을뿐더러 아일랜드가 요구하는 정보가 제9조의 범위에 포함되지 않는다는 이유를 들어 반박함으로써 소송을 통해 분쟁을 해결하게 되었다.[47]

2. 사안의 경과

아일랜드는 2001년 6월 15일 OSPAR 협약 제32조 1항[48]에 따라 설치된 중재재판소에 정보접근과 관련한 소송을 제기하였다. 3인의 재판관으로 구성된 중재재판소는 2002년 3월부터 8월 사이에 양 당사국의 서면변론을 제출받고, 2002년 10월 21일부터 25일까지 구두변론을 들었으며, 양측의 주장을 심리한 후 2003년 7월 2일 최종판결을 내렸다.

3. 법적 쟁점

이 사건의 OSPAR 중재재판소에서의 법적 쟁점은 다음과 같다.

(1) OSPAR 협약 제9조 3항의 "적용 가능한 법"(applicable law)의 범위는 어디까지인가?;
(2) 중재재판소는 OSPAR 협약 제9조 1항하의 관할권을 갖고 있는가?;
(3) PA 보고서 및 ADL 보고서의 누락된 정보가 OSPAR 협약 제9조 2항의 "정보"에 포함되는가?

---

47) *Memorial of Ireland*, *supra* note *45*, paras.2-3, *7; Final Award, Access to Information under Article 9 of the OSPAR Convention* (*Ireland v. United Kingdom*), *OSPAR Tribunal*, July 2, 2003, paras.42-43.

48) "Any disputes between Contracting Parties relating to the interpretation or application of the Convention, which cannot be settled otherwise by the Contracting Parties concerned, for instance by means of inquiry or conciliation within the Commission, shall at the request of any of those Contracting Parties, be submitted to arbitration under the conditions laid down in this Article."

4. OSPAR 중재재판소의 판결요지

(1) 적용 가능한 법

OSPAR 협약 제9조 3항은 관련정보가 지적 재산권을 포함하여 상업적, 산업적 비밀성에 영향을 미치는 경우 당사국은 "국내법제도와 적용 가능한 국제법규에 따라(in accordance with their national legal systems and applicable international regulations)" 제9조 2항에 따른 정보 요청을 거절할 권리가 있음을 규정하고 있다. 즉 정보 요청에 대한 예외를 고려하는 판단기준으로 "국내법제도와 적용 가능한 국제법규"를 언급하고 있다. 여기에서 "국내법"이 영국법이라는 데 대해서는 이의가 없었으나, "적용 가능한 국제법규"에 대해서는 양측 사이에 합의가 이루어지지 않았다.

1) 적용 가능한 국제법규의 해석

아일랜드는 이 조항에서 언급하고 있는 "적용 가능한 국제법규"는 "국제법 및 관행"을 의미한다고 보고, OSPAR 협약 외에 유엔해양법협약, Sintra 각료선언 등 다른 협약과 법적 문서를 포함시켜줄 것을 재판소에 요구하였다. 아일랜드에 따르면 OSPAR 협약은 환경정보를 광범위하게 공표하도록 요구하는 국제법 및 관행의 추세에 따르고 있으며, 조약법에 관한 Vienna 협약 제31조 3항 (c)는 조약 해석 시 당사국 사이의 관계에서 적용할 수 있는 관련 국제법 규칙(any relevant rules of international law)을 고려하도록 규정하고 있으므로 이 사건에서 적용 가능한 법규의 범위를 확대해야 한다는 것이다.[49]

이에 대해 재판소는 조약법에 관한 Vienna 협약 제31조와 32조가 조약 해석을 위해 당사자 간 합의와 조약 관련문서, 관행 및 당사자 사이에 적용할 수 있는 국제법 관련규칙 등을 고려할 수 있도록 규정되어 있고, OSPAR 협약 제32조 6항 (a)는 "본 중재재판소가 국제법 규칙과 OSPAR 협약에 따라 결정"하도록 되어 있으며, 제2조 1항 (a)는 당사국이 해양오염을 방지, 제거하고 해양환경을 보호하기 위해 "이 협약 규정에 따라" 모든 가능한 조치를 취하도록 규정하고 있음을 고려하였다. 재판소는 그 첫 번째 임무가 OSPAR 협약을 적용하는 것이지만 당사국이 특별법(lex specialis)을 만들지 않는 한 국제관습법과 일반 원칙을 적용할 것임을 밝혔다. 그러나 아일랜드가 다른 국제성문법의 적용을 요

49) *Memorial of Ireland*, *supra* note 45, para.101.

구하는 데 대해서는 입장을 달리하고 있다. 재판소는 OSPAR 협약 제2조에 "국제법에 따라(in accordance with international law)"라는 문구가 빠졌다고 해서 당사국이 다른 국제문서나 일반 국제법 하에 부과되는 의무를 면제한다는 의미는 아니지만, OSPAR 협약에 따라 설치된 재판소의 권한이 당사국이 다른 문서 하에서 부담해야 하는 의무까지 포괄적으로 확대되는 것을 의미한다고 보지는 않았으며, 이러한 관점에서 유엔해양법협약 등 다른 협약을 적용하는 것을 거부하였다.[50]

2) Sintra 각료선언

Sintra 각료선언을 이 사건에 적용하는 문제에 대해서도 재판소는 판단을 달리하였다. 이 선언은 핵물질의 배출, 방출과 분실 등을 통한 해양오염을 방지하기 위해 자연방사능은 자연에 존재하는 수준(near background values)으로 그리고 인위적 방사능은 제로에 가깝게 감소시키고, 2020년까지는 해양환경에서 증가되는 방사능 농도(additional concentrations) 역시 제로에 가깝게 감소시킬 것을 공표하고 있다. 이 선언은 최근 Sellafield에서 테크네튬(technetium: Tc)의 배출량이 증가하는 것에 우려를 표명하고 이를 중단할 것을 촉구하였으며, 영국 각료들은 이러한 우려를 받아들여 Dounreay에서 사용후핵연료의 재처리를 위한 상업적 계약을 하지 않을 것임을 밝힌 바 있다. 그 후 OSPAR 위원회는 Decision 2000/1과 2001/1에서 사용후핵연료의 비재처리(non-reprocessing)에 관한 결정을 내렸다. 아일랜드는 Sintra 각료선언이 Sellafield 재처리단지에서의 핵 활동에 대한 아일랜드의 우려를 강조하는 것이라고 보고 이를 적용법규로서 인정해줄 것을 요구하였다.[51]

재판소는 Sintra 각료선언이 영국에 대해 구속력 있는 의무를 부과할 수도 있다는 사실과, 1974년 핵실험사건(Nuclear Tests cases)에서 ICJ가 "스스로 구속될 의사가 수반된 일방적 선언은 구속력 있는 의무를 부과할 수 있다"는 결정을 내린 것을 고려하였다. 그러나 재판소는 Sintra 각료회의에서 영국이 한 선언이 영국 측에 구속력 있는 의무를 부과하는지는 논란이 있으며, 영국이 이러한 의무를 갖는 것은 Sellafield에서의 정보의 접근과는 관련이 없다고 판단하였다. 또한 Sintra 각료선언의 일반적 목적은 권고적인 것이며, 이 선언은 OSPAR 협약 제13조의 의미 내에 포함되는 결정이나 권고(recommendation)와는 다른 것이

50) *Final Award*, *supra* note 47, paras.80-86.
51) *Memorial of Ireland*, *supra* note 45, paras.85-87.

고, 제9조 1항이나 2항은 본 중재재판소가 원용해야 하는 다른 국제성문법 체제를 언급하지 않았다고 판단함으로써 아일랜드의 주장을 기각하였다.[52)]

3) 적용 가능한 국제법규

다음으로 논의된 것은 적용 가능한 국제법규와 관련된 문제였다. OSPAR 협약 제9조 3항은 정보 접근권에 대한 예외를 규정하고 있으며, 정보공개가 (a) 공공기관, 국제관계 및 국방 관련 회의록의 비밀성, (b) 공공안전, (c) 조사 중이거나 예비조사 중인 사안, (d) 지적 재산권을 포함한 상업적, 산업적 비밀성 등에 영향을 미치는 경우 당사국의 국내법제도에 따라 그리고 적용 가능한 국제법규에 따라 정보제공을 거부할 권리를 인정하고 있다. 아일랜드는 적용 가능한 국제법규의 범위를 넓게 해석하여 "국제법 및 관행"으로 보고 1992년 리우선언(Rio Declaration On Environment and Development 1992) 원칙 10과 1998년 Aarhus 협약[53)]을 여기에 포함시킬 것을 주장한 반면, 영국은 이를 협약문대로 좁게 해석하여 OSPAR 협약 제9조 3항 (d)의 "지적 재산권을 포함한 상업적, 산업적 기밀성"에는 Directive 90/313[54)] 외에는 "적용 가능한 국제법규"가 없다고 주장하였다. 이에 대해 아일랜드는 "법규는 환경 및 정보 접근과 관련된 모든 문서를 포함하며, 그러한 문서는 "환경정보 접근에 대해 발전하는 국제법과 관행(the evolving international law and practice)"에 비추어 해석되어야 한다고 주장하였다.[55)]

재판소는 강행규범(jus cogens)에 위배되지 않는 한 당사국들이 존재법(lex lata)이 아닌 규범이나 특별법을 적용하도록 재판소에 요구할 수는 있지만 OSPAR 협약은 그러한 언급이 없고, 따라서 OSPAR 협약에 따라 설치된 재판소가 기존의 법을 넘어설 수는 없다고 보았다. 이것은 재판소가 최근의 국제관습법을 적용할 수 없다고 하는 것은 아니지만, 그것이 사실상 국제관습법임에 틀림이 없어야 한다는 것이다. 재판소는 "정보 요청에 대한 '상업적 비밀성'의 예외가 원용될 수 있는지 고려하기 위해 현행 국제법과 관행에 의뢰"할 것을 제안하는 아일랜드의 입장에 동의하지만, 재판소의 판단으로는 그러한 법과 관행은 조약법에 관한 Vienna 협약 제31조 3항 (c) 및 (d)와 관련이 있고 그에 따라 허용 가능한 경우라야 하는데, 재판소는 "발전하는 국제법 및 관행"을 적용할 권한이

52) *Final Award*, *supra* note 47, paras.87-92.
53) The Aarhus Convention on Access to Information, Public Participation in Decision-making and Access to Justice in Environmental Matters, 1998. 2001년 10월 30일 발효되었다.
54) EC Directive 90/313/EEC on Freedom of Access to Environmental Information, 7 June 1990.
55) *Final Award*, *supra* note 47, paras.93-98.

없고 그렇게 할 수도 없다고 보았다. Gabčikovo-Nagymaros 사건에서 ICJ는 최근 20년간 발전해온 새로운 규범과 기준을 적용해야 한다고 판결하였지만 여기에서는 Vienna 협약 제31조 1항에서 요구하는 "신의성실(good faith)"에 대한 해석문제를 다룬 것이지 법 자체의 본질적 구성요소를 다룬 것은 아니며, 조약은 엄격한 약속이고 당사국들은 그들이 합의하는 것만을 적용할 권리가 있다고 보았다. 이러한 이유로 재판소는 Aarhus 협약이나 "새로운 EC 지침의 초안"을 적용해야 한다는 아일랜드의 요구를 수락할 수 없다고 판단하였다.[56)]

(2) 제9조 1항하의 관할권에 관한 재판소의 결정

"자연인 또는 법인의 합리적 요구가 있는 경우, 당사국은 그 관계기관이 이들에게 제2항에 규정된 정보를 이용하게 하도록 보장해야 한다"는 OSPAR 협약 제9조 1항[57)]과 관련하여, 영국은 중재재판소의 관할권에 대한 이의를 제기하였다. 영국 정부는 제9조가 정보를 직접적으로 제공받을 권리를 규정하고 있는 것이 아니라 당사국이 국내 정보공개제도를 확립하도록 규정하고 있는 것이며, 따라서 이 조항의 위반은 정보 공개에 관한 국내체제(domestic framework for disclosure of information)가 미비한 경우에 문제가 되는 것이라고 주장하였다. 영국은 이미 이러한 국내체제를 갖추고 있기 때문에 아일랜드가 이와 관련한 구제를 받으려면 국제재판소가 아니라 영국의 국내절차에 따라야 한다는 입장이었다. 또한 영국은 제9조 1항이 Directive 90/313 제3조 1항에서 유래하였음을 주장하며, "Directive"는 기술적 용어로서 각 당사국에게 성취된 결과에 대해 구속력을 가질 뿐이며 그 형식과 방식은 국가기관에 맡기고 있는 것이므로 여기에서 유래한 협약 규정이 아일랜드의 소송 이유가 될 수는 없다고 주장하였다. 그러므로 아일랜드의 주장은 허용될 수 없고, 중재재판소의 관할권이 흠결되었다는 것이다.[58)] 이에 대해 아일랜드는 제9조 1항이 영국에게 그 관할기관으로 하여금 아일랜드에게 정보를 이용하도록 보장해야 한다는 의무를 부과하는 것이며, 이 의무는 영국이 주장하는 것처럼 정보공개를 다루는 국내 규제제도를 제공할 의무가 아니라 그 국내기관이 정보공개를 허용하도록 보장해야 한다는 결과의

56) *Ibid.*, paras.99-105.

57) "The Contracting Parties shall ensure that their competent authorities are required to make available the information described in paragraph 2 of this Article to any natural or legal person, in response to any reasonable request, without that person's having to prove an interest, without unreasonable charges, as soon as possible and at the latest within two months."

58) *Final Award*, *supra* note 47, paras.106-109.

무(obligation of result)를 구성하는 것이라고 주장하였다.[59]

재판소는 제9조 1항의 조건이 그 결과를 얻도록 지시된 국내 법제도 자체인지 아니면 그러한 결과를 명령하는 것인지를 결정해야 했다. 재판소는 먼저 OSPAR 협약 제도의 문맥상 의무의 의미와 목적을 검토하고 분쟁해결 조항이 제32조에 반영된 사실을 고려하였으며, 관련 국제법 규칙과 Directive 90/313을 분석하였다. 검토 결과 이 협약이 당사국에게 부과하는 특별한 의무를 규정하는 표현이 단계적 기준(cascading standard)으로 되어 있음을 파악하였다. 예컨대 이 협약이 당사국들에게 요구하는 의무적 규정(mandatory provisions)은 어떤 조치를 취하고(to take some act), 적극적으로 목적을 수행하고(actively to work towards an objective), 목적을 위한 계획문제를 다루고(to deal with issues of planning for the objective), 조치를 취하는(to take measures) 등의 단계로 나뉘어져 있었다. 이러한 기준에서 볼 때 제9조 1항에 표현된 의무는 어휘를 모호하게 선택하기보다는 신중하게 선택한 것이 분명하였으며, 정보공개를 요구하는 개인이 국민이든 아니든 정보공개라는 중요한 문제를 다루는 더 높은 단계의 의무(higher level of obligation)로 판단되었다. 이러한 접근방법으로 재판소는 이 조항의 의무가 강제적 단계의 목적(mandatory end of the scale)으로 표현된 것으로 추론하였으며, 따라서 제9조 1항은 영국에게 관할기관이 합리적 요청에 따라 자연인에게 2항의 정보를 이용하게 하도록 할 의무가 있음을 부과하는 규정이라고 판단되었다. 나아가 제9조 1항은 정보제공 요청이 당사국 관계기관에 의해 수락될 때 충족되어야 하는 객관적 기준임을 확인한다고 해석되며, 제9조 1항이 요구되는 결과를 얻도록 지시되는 관할기관에 대해 단지 접근을 제공 한다기보다는 결과의무를 부과하는 차원에서 권고적으로 규정된 것이라고 판단되었다. 이러한 이유로 재판소는 제9조 1항에 근거한 영국의 주장을 기각하였다.[60]

(3) 제9조 2항에 관한 재판소의 결정

이 문제는 아일랜드가 접근을 요구하는 정보가 공개될 정보의 영역을 규정한 OSPAR 협약 제9조 2항[61]에 포함되는 형태인가에 관한 결정을 요하는 것으로, 이 사안의 가장 핵심적 쟁점이었다. 아일랜드는 제9조 2항의 범위를 폭넓게

---

59) *Ibid.*, paras.110-111.

60) *Ibid.*, paras.118-148.

61) "The information referred to in paragraph 1 of this Article is any available information in written, visual, aural or data-base form on the state of the maritime area, on activities or measures adversely affecting or likely to affect it and on activities or measures introduced in accordance with the Convention."

해석하여, 제9조 1항에 규정된 정보를 요구하는 당사국은 그 정보가 해양지역에 악영향을 주는 활동에 직접적으로 관련 있음을 입증할 책임이 없다고 주장하였다. 아일랜드는 제9조 2항의 정보가 관련정보 전체를 의미하는 것으로 보고, PA 보고서 및 ADL 보고서에서 누락된 정보는 OSPAR 협약에 의해 포괄되는 해양지역에 악영향을 미치는 MOX 생산행위의 다양한 측면과 밀접하게 관련이 있고 그 행위의 허용 여부를 판단하는데 기여하므로 제9조 2항의 정보를 그 행위에 대한 환경정보로만 국한시켜서는 안 된다는 입장이었다. 따라서 아일랜드는 이들 보고서에서 생략된 모든 정보가 제9조 2항에 포함된다고 주장하였으며, 그 근거를 Aarhus 협약의 환경정보에 대한 광범위한 정의[62]에 두었다. 이와 반대로 영국 정부는 아일랜드가 요구하는 정보는 해양지역에 악영향을 미치거나 미칠 가능성이 있는 행위 내지 조치와 "직접적이고 밀접한 관련"이 없는 것이며, 제9조 2항의 정보는 "해양지역에 악영향을 미치거나 미칠 가능성이 있는 행위 또는 조치에 대한 정보"에 국한된다고 주장하였다. 또한 OSPAR 협약은 "정보자유의 조약(freedom of information treaty)"이 아니라는 점을 강조하고, 아일랜드와 영국은 Aarhus 협약 당사국이 아니므로 Aarhus 협약은 양국 간의 분쟁사안에 적용되지 않는다는 입장을 취하였다.[63]

재판소는 아일랜드가 공개를 주장한 14개 카테고리의 정보[64]가 제9조 2항에 해당되는지 분석하였다. 재판소는 제9조 2항이 규정하고 있는 정보의 범위는 환경에 한정된 것이 아니라 일반적 것이지만 "해양지역의 상태(the state of the maritime area)"에 초점을 맞춘 것이며, 아일랜드가 제시한 14개 카테고리는 "해양지역의 상태에 대한 정보"로서의 성격을 갖지 않는 것이 확실하다고 보았다. 따라서 14개 카테고리에 속하는 어떤 자료도 제9조 2항의 "정보"의 정의에 해당되지 않는다는 판단을 내렸다. 이와 관련하여 아일랜드는 "포괄적 인과관계

---

62) Aarhus 협약 제2조 3항은 환경적 의사결정에 이용되는 비용이익(cost-benefit) 기타 경제적 분석과 가정(assumption)을 환경정보에 포함시키고 있다.

63) *Final Award*, *supra* note 47, paras.149-158.

64) 아일랜드가 요구하는 14개 카테고리의 정보는 (A) MOX 재처리시설의 연간 생산능력(Estimated annual production capacity of the MOX facility); (B) 이러한 생산능력에 달하는 시간(Time taken to reach this capacity); (C) 판매량(Sales volumes); (D) 판매량 증대 가능성(Probability of achieving higher sales volumes); (E) "상당량"의 연료의 재활용계약 가능성(Probability of being able to win contracts for recycling fuel in "significant quantities"); (F) 판매수요(Estimated sales demand); (G) 기존 사이트의 플루토늄 비율(Percentage of plutonium already on site) 등으로 PA 보고서와 ADL 보고서가 공개를 누락한 것이다. *Memorial of Ierland*, *supra* note 45, para. 75.

(inclusive casuality)"의 해석이론을 통해 이러한 한계를 극복하려고 시도하였으며, ADL 보고서가 없다면 MOX plant로부터 Irish 해로 방사성물질이 배출되지 않을 것이라는 주장을 제기하였다. 이 이론에 따르면 특정한 행위의 이행을 용이하게 하는 것은 아무리 관계가 먼 경우라도 그 행위의 일부로 간주될 수 있다. 입법가와 조약 입안자들은 이 이론을 채택할 수 있지만, 문제는 OSPAR 협약의 입안자들이 이를 채택했는가 하는 점이었다. 재판소는 제9조 2항 중 일부는 아주 포괄적이고 나머지 부분도 제9조 2항에 포함되는 일부 정보에 대해서는 입안자들이 포괄성을 인정하고 있지만, 그들이 포괄적 인과관계이론을 채택할 의도는 없었던 것으로 판단하였다. 재판소는 포괄적 인과관계이론의 적용 여부를 판단하기 위하여 제9조 2항의 "해양지역의 상태에 관한 정보"를 다음과 같은 3개의 카테고리로 나누어 분석하였다.

(i) "해양지역의 상태"에 대한 "적용 가능한 정보(any available information)"
(ii) "해양지역에 악영향을 미치거나 미칠 가능성이 있는 행위 또는 조치(activities or measures adversely affecting or likely to affect....the maritime area")에 대한 "적용 가능한 정보"
(iii) "협약에 따라 도입된 행위 또는 조치"에 대한 "적용 가능한 정보"

이 중에서 당사국들이 중점을 둔 것은 (ii)의 두 번째 카테고리였다. 재판소는 두 번째 카테고리를 2개 행위 또는 조치의 형태로 분류하였다. 첫째는 해양지역에 이미 악영향을 미친 행위 또는 조치이고, 두 번째는 해양지역에 악영향을 미칠 가능성이 있는 행위 또는 조치였다. 재판소는 위에서 본 3개의 카테고리가 "any information"이라는 광범위한 용어를 사용하고 있어서 포괄적 인과관계의 해석을 정당화할 수 있지만, 두 번째 카테고리는 협약 입안자가 더 제한적으로 입안한 것이 분명한 포함(inclusion)/제외(exclusion)의 경계(threshold)를 포함하고 있다고 판단하였다. 즉 두 번째 카테고리의 "adversely"와 "likely"는 기존의 그리고 잠재적 행위 및 조치를 모두 제한하는 용어로서 포괄성의 경계 문제를 일으키며, 재판부가 아일랜드의 포괄적 인과관계를 인정하더라도 이들 용어 때문에 아일랜드의 변론이 성공할 수 없다고 보았다. 재판소는 만일 이들 용어가 조약 문구에 삽입되어 있지 않았다면 제9조 2항은 해양지역에 어떠한 영향도 미칠 수 있는 현재 및 미래의 행위와 조치를 포함하게 되었을 것이고 그 결과 포괄적 인과관계가 인정되었을 것이라고 판단하였다. 그러나 이들 용어가 삽입됨으로써, 협약 입안자는 해양지역에 영향을 주었거나 줄 가능성이 있었지만 실제로 악영향을 주지 않았던 행위와 조치 및 해양지역에 악영향을 미칠 가능성이 없었던 잠재적 행위(prospective activities that were not likely to affect adversely the maritime area)를 제9조의 의무 범위로부터 배제하였다는 것이다.[65]

재판소는 제9조 2항에는 "환경과 관련한 정보"라는 어구가 없지만 있다고 하더라도 아일랜드가 요구한 14개 카테고리의 정보가 이에 속한다고 보기 어려우며, 궁극적 문제는 제9조 2항의 "정보"의 포괄성이 아니라 이 조항 두 번째 카테고리에 의해 성립되는 악영향의 추가적이고 제한된 경계에 주어지는 효과라고 주장하였다. 이러한 이유로 재판소는 다수결로 아일랜드가 PA 보고서 및 ADL 보고서에서 누락된 14개 카테고리의 정보가 "해양상태에 관한 정보" 또는 "해양지역에 영향이 미칠 가능성 있는 정보"라는 것을 입증하는데 실패하였다고 판결하였다.[66]

(4) 중재재판소의 최종 판결

위와 같은 이유로 중재재판소는

(i) 본 재판소에 이 분쟁에 대한 관할권이 결여되어 있다는 영국의 주장을 만장일치로 기각하고;

(ii) 아일랜드의 주장을 허용할 수 없다는 영국의 요청을 만장일치로 기각하고;

(iii) OSPAR 협약 제9조 1항이 본 중재재판소가 아닌 영국의 관할기관에 의해 이행된다는 영국의 변론을 다수결로 기각하고;

(iv) 아일랜드의 정보에 대한 주장이 OSPAR 협약 제9조 2항에 속하지 않음을 다수결로 판결하고;

(v) 그 결과 영국이 협약 제9조 3항 d의 조건에 근거하여 정보 이용을 거부함으로써 제9조하의 의무를 위반하였다는 아일랜드의 주장이 존재하지 않음을 다수결로 결정하였다.[67]

---

65) *Final Award*, *supra* note 47, paras.159-175.
66) *Ibid.*, paras.178-182.
67) *Ibid.*, para.185.

Ⅵ. MOX Plant Case와 국제환경법 원칙

아일랜드는 본 사건과 관련하여 소송을 관할했던 3개 재판소에서 국제환경법 원칙으로 사전예방의 원칙, 상호 협력의 원칙(Principle of cooperation), 환경영향평가를 할 권리 및 정보 접근권을 주장하였고 이들 원칙은 재판소가 사건을 판단하는 법적 기초로서 고려되었다. 재판소들은 협력의 원칙 외에 대부분의 원칙들을 약화된 형태로 적용하거나 아예 사건에 적용하지 않는 소극적 입장을 취하였다. 여기에서는 재판소가 국제환경법 관행상 광범위하게 인정된 이러한 원칙에 대해 어떠한 논리와 근거로 적용 또는 배제하였는지, 재판소의 이러한 입장이 국제환경법 상 어떠한 의미를 갖는지 분석, 검토하고자 한다.

1. 사전예방의 원칙

사전예방의 원칙은 독일과 스웨덴의 환경정책과 환경법에서 유래한 원칙으로 1980년대부터 국제환경법 관련 문서에 등장하기 시작하였고, 국제환경법 분야의 발전과 적용에 중요한 역할을 해왔다. 이 원칙은 "심각하거나" "돌이킬 수 없는(irreversible)" 환경피해의 우려가 있을 경우 과학적 불확실성이 있더라도 환경악화를 막기 위한 사전조치를 취해야 한다는 것을 내용으로 하며, 1992년 리우선언 원칙 15[68]에 의해 그 개념이 제시되고 있다. 이 원칙에 따르면 각 국가는 자국 관할권 내에서 환경오염을 예방하기 위한 의무를 부담하며, 이를 위해 가능한 한 모든 조치를 취하도록 되어 있다.

사전예방의 원칙을 국제관습법으로 인정할 것인가의 여부에 대해서는 학자들 간에 견해 차이가 있다. 유연성(flexibility)이 크고 덜 제한적이라는 점에서 원칙이라기보다는 "접근방법(approach)"이라고 보는 견해도 있다. 그러나 이 원칙은 입증책임의 전환과 관련하여 국제법상 특별한 중요성이 인정되고 있고,[69] 최근

---

68) "환경을 보호하기 위하여 각 국가의 능력에 따라 예방적 조치가 널리 실시되어야 한다. 심각한 또는 회복할 수 없는 피해의 우려가 있는 경우, 과학적 불확실성이 환경악화를 방지하기 위한 비용이나 효과적 조치를 지연시키는 구실로 이용되어서는 안 된다."

69) Patricia Birnie & Alan Boyle, *International Law & The Environment*, Oxford University Press, 2002, p.116.

에는 환경오염이 발생하기 전에 미리 예방하는 것이 최선이라는 국제적 인식에 따라 적용이 더욱 확대되고 있다. 1985년 오존층보호에 관한 비엔나 협약[70]과 1987년 몬트리올 의정서체제[71]는 이 원칙의 성공적 도입 사례로 평가되고 있으며, 1992년 생물다양성협약(CBD)[72]과 1992년 기후변화협약(UNFCCC),[73] 1996년 런던의정서,[74] 1995년 경계성 왕래 어족 및 고도 회유성 어족의 보존과 관리에 관한 협약,[75] 1992년 OSPAR 협약 등 1990년대 이후 채택된 협약이 대부분 이 원칙을 도입하고 있어서 이 원칙이 국제환경법의 기본원칙이라는 입장을 뒷받침하고 있다.[76] 특히 OSPAR 협약은 당사국이 인간활동의 악영향으로부터 해양환경을 보호하기 위해 필요한 조치를 취해야 하고, 이러한 목적을 달성하기 위해 사전예방의 원칙을 적용해야 한다고 명시하고 있다(제2조).

MOX plant 사건과 관련하여 아일랜드는 ITLOS, UNCLOS 중재재판소, OSPAR 중재재판소에서 모두 사전예방의 원칙을 제시하고 있다. 아일랜드는 사전예방의 원칙이 해양환경보호를 위해 적용되는 구속력 있는 국제관습법 규칙이라는 입장이며, 영국 정부가 Irish 해의 오염을 사전예방할 의무가 있음에도 이를 위반했다고 주장하였다. 유럽의회의 위임으로 작성된 STOA 보고서[77]는 기존의 Sellafield 재처리시설에서 배출되는 핵폐기물의 영향으로 식품, 침전물, 생태계 등에 고도의 방사능핵종이 농축되어 있으며, Irish 해는 세계에서 가장 오염된 지역 중의 하나라고 밝히고 있다. 또한 사용후핵연료의 재처리과정은 고체, 액체, 기체 형태로 되어 있어 MOX plant를 새로이 건설, 가동하는 경우 Irish 해의 해양오염뿐만 아니라 대기오염까지 악화시킬 가능성이 높은 것으로 우려되었다.[78] 아일랜드는 영국 정부가 이러한 상황을 무시하고 MOX plant 건설을 허가한 데 대해 사전예방원칙에 따라 MOX plant의 배출과 운영으로부터 아무

---

70) The Vienna Convention for the Protection of the Ozone Layer, 1985.

71) The Protocol on Substances that Deplete the Ozone Layer, 1987.

72) The Convention on Biological Diversity, 1992.

73) The United Nations Framework Convention on Climate Change, 1992.

74) The 1996 Protocol to the Convention on the Prevention of Marine Pollution by Dumping of Wastes and Other Matter of 29 December 1972.

75) The Agreement for the Implementation of the Provisions of the United Nations Convention on the Law of the Sea of 10 December 1982 relating to the Conservation and Management of Straddling Fish Stocks and Highly Migratory Fish Stocks.

76) 사전예방원칙에 대해서는 노명준, 「신국제환경법」(서울: 법문사, 2003), pp.76-79 참조.

77) Report on "Possible Toxic Effects from the Nuclear Reprocessing Plants at Sellafield (UK) and Cap de La Hague (France)", August 2001.

78) *Request for Provisional Measures and Statement of Case of Ireland*, *supra* note 15, paras. 10-32, 115.

피해도 발생하지 않는다는 사실을 입증할 책임을 진다고 주장하고, ITLOS가 이를 중단하는 잠정조치를 취해줄 것을 요청하였다.

이 사건에서 사전예방원칙의 적용 여부를 판단하는 가장 중요한 요소는 MOX plant의 핵폐기물 배출이 Irish 해에 "심각하고" "회복할 수 없는" 환경피해를 미칠 것인가 하는 점이었다. ITLOS는 이러한 피해를 인정하지 않고, 중재재판소를 구성하는 짧은 기간 내에 MOX plant의 허가를 중지할 만큼 급박한 상황은 없다고 밝혔다.[79] 대신 해양환경 오염을 방지하는 기본원칙으로서 협력의무를 명령하고 이를 위해 정보교환의무, 환경영향 감시, 해양오염 방지조치를 강구하도록 요구하는 잠정조치를 명령하고 있다. ITLOS에서 명령한 일련의 원칙 내지는 의무가 넓은 의미에서 사전예방적 성격을 띠고 있기는 하지만, 아일랜드가 제기한 사전예방원칙과는 큰 차이가 있다. 재판부가 긴급성을 인정하지 않았다는 것은 사전예방의 요소인 "심각하고" "회복할 수 없는" 환경피해의 가능성을 인정하지 않았다는 것을 의미한다.

재판부가 "심각하고" "회복할 수 없는" 환경피해를 인정하지 않은 이유는 "과학적 증거 부족"과 재판소에게 부여된 "짧은 기한"으로 볼 수 있다. 즉 당사국들이 제시한 자료의 과학적 증거에 대한 합의가 성립하지 않았고, 해양법협약 제290조 규정에 따라 중재재판소가 구성되는 짧은 기간 동안 잠정조치를 취하도록 명령해줄 것을 요청받았기 때문에 아일랜드가 요구한 구속력 있는 법적 의무를 결정하기가 어려웠다는 것이다.[80] 재판관 Mensah는 환경오염 피해 가능성과 관련하여 제출된 자료에 대해 양국 정부와 그 전문가들 사이의 의견 차이가 너무 큰 상황에서, 재판부는 잠재적 해양환경 피해 가능성이 있는지를 추상적으로 판단하기보다는 본 재판부에 권한이 주어진 기간 동안 잠재적 피해가 발생한다는 증거가 있는지를 판단하는 것이 더욱 중요하다고 밝혔다.[81] 또한 재판부는 그 기간 내에 핵물질의 해양운송이 추가적으로 없을 것이고, 아일랜드의 요구가 받아들여지는 경우 공장 가동과 플루토늄의 공장시스템 유입을 취소할 수 있다는 영국 정부의 주장을 수용하였다.

이 사건보다 2년 앞선 1999년 ITLOS에 제기된 남방 참다랑어 사건(Southern Bluefin Tuna case)에서 재판부는 사전예방원칙이나 사전예방적 접근방법을 명시

79) *Order of 3 December 2001, supra* note 19, para.81.

80) *Joint Declaration of Judges Caminos, Yamamoto, Park, Akl, Marsit, Eiriksson And Jesus, MOX Plant Case, ITLOS*, 2001.

81) The Separate Opinion of Judge Mensah, MOX Plant Case, ITLOS, 2001.

적으로 인정한 것은 아니지만, 사전예방적 접근방법에 따라 판결을 내린 것으로 평가되고 있다.[82] 오스트레일리아와 뉴질랜드가 "최종 분쟁해결이 이루어지기 전에 당사국들이 사전예방원칙에 따라 남방 참다랑어의 어획활동을 하도록" 명령해줄 것을 요청한 데 대해, 재판소는 "남방 참다랑어에 대한 심각한 피해를 막기 위한 효과적 보전조치가 취해지도록 보장하기 위해 당사국이 분별과 신중함을 가지고 행동하도록" 명령하였다. 이때 재판소는 "남방 참다랑어에 대한 보전조치가 과학적 불확실성을 갖고 있고 당사국들이 제시한 조치에 대한 과학적 증거를 확정적으로 평가할 수는 없지만, 당사국의 권리를 보전하고 남방 참다랑어종의 더 이상의 피해를 막기 위한 긴급성의 문제(a matter of urgency)로서 조치가 취해져야 한다"는 견해를 표명하였다.[83] 그러나 ITLOS는 이 사건에서 인정했던 긴급성과 사전예방적 접근방법을 MOX plant 사건에는 적용하지 않았다.

사전예방의 원칙과 관련된 ITLOS의 판결은 "과학적 불확실성"이나 "짧은 기한"에 대해 좀 더 유연하게 해석하는 접근방법이 필요했다는 점에서 아쉬움을 남기고 있다. 과거 오존층 파괴를 둘러싼 과학적 논쟁에서 볼 수 있는 바와 같이 환경문제는 과학적 불확실성과 결합되어 있는 경우가 대부분이어서 명백한 과학적 증거를 제시하기 어려운 경우가 많다. 그러나 Trail Smelter case에서 중재재판소가 제시했던 바와 같은 "명백하고 확실한 피해(clear and convincing injury)"가 발생할 때까지 기다리는 경우 돌이킬 수 없는 중대한 피해가 발생할 가능성이 있다. 따라서 이러한 사태를 막기 위해 사전적 예방조치가 필요하며, 국제환경법에서 사전예방원칙의 적용이 확대되어가고 있는 것이다. 오존층 보호에 관한 비엔나협약의 경우 오존층파괴의 원인과 현상이 과학적으로 불확실한 상태에서 단지 오존층 파괴로 인한 피해를 막기 위해 협약이 채택되었고, 결과적으로 오존층 파괴가 인간의 건강과 생태계에 미치는 피해를 최소화할 수 있었다. 1996년 런던의정서는 폐기물 투기와 해양오염 피해 사이의 인과관계를

---

82) 남방 참다랑어 사건은 사전예방원칙 내지 사전예방적 접근방법을 적용하는 데 가장 근접한 유일한 사례이다. Alan Boyle, "The Environmental Jurisprudence of the International Tribunal for the Law of the Sea", The International Journal of Marine and Coastal Law, Vol.22, No.3, 2007, p.373; 남방 참다랑어 사건의 특별재판관 Shearer는 개별의견에서 "재판부는 사전예방의 원칙이나 사전예방적 접근방법의 논의로 들어가는 것이 필요하다고 보지는 않았지만, 재판부가 명령한 조치가 사전예방적 접근방법의 고려에 기초한 것이라고 믿는다"고 밝혔다. *The Separate Opinion of Judge ad hoc Shearer, Southern Bluefin Tuna Cases* (*New Zealand v. Japan; Australia v. Japan*), *ITLOS*, 1999.

83) *Southern Bluefin Tuna cases* (*New Zealand v. Japan; Australia v. Japan*), *Provisional Measures*, *ITLOS*, 1999, paras.77-80.

입증할 결정적 증거가 없는 경우에도 당사국들이 적절한 예방조치를 취하고, 투기행위를 하는 국가가 입증책임을 부담하도록 규제를 강화하고 있다(제3조 1항). 그러므로 이 사건에서도 Irish 해의 환경오염을 사전에 예방하고 최소화하기 위해서는 과학적 불확실성이 있더라도, 그리고 핵폐기물 배출행위와 해양오염 피해 사이에 인과관계를 입증할 결정적 증거가 없더라도 사전예방의 원칙을 적용하는 것이 바람직했을 것으로 본다. 특별판사인 Judge Székely도 이에 대해 "과학적 불확실성이 있다고 하더라도 재판부가 아일랜드의 사전예방원칙 적용 요구에 좀 더 적극적으로 대응했더라면 재판부의 최종결정이 달라졌을 것"이라고 지적하고 있다.[84] "짧은 기한"의 문제도 조약 문구에만 한정되지 않고 좀 더 폭넓고 포괄적으로 해석했더라면 판결 내용이 달라졌을 것이다. 2주일이라는 시간은 재판부가 밝힌 바와 같이 짧은 기간이지만 최종명령을 내리는 날로부터 불과 17일 후, 그리고 최초보고서 제출일로부터 3일 후 MOX plant가 가동하도록 예정되어 있고 일단 가동하기 시작한 공장을 멈추는 것이 사실상 어렵다는 점을 감안한다면 짧은 기간이라는 이유로 긴급성을 인정하지 않은 것은 다소 안이한 태도로 보인다. 과거 Sellafield 단지에서 수차례 사고가 발생한 기록이 있는 등 안전문화가 결여되어 있고, MOX plant가 적절한 환경영향평가 없이 가동되는 경우 아일랜드의 권리가 침해된다는 주장은 재판부에 의해 무시되었다. 재판부는 단지 잠정조치에 관한 명령과 제VII부속서 중재재판소 구성 사이의 기간 내에 아일랜드가 주장하는 해양오염이 발생한다고 믿을 만한 합리적 이유가 없다는 이유로 잠정조치를 허용하지 않았다. 그러나 반폐쇄해인 Irish 해의 해양환경보전에 더 비중을 두고 보다 장기적 안목으로 판단하였다면 이와는 다른 결정이 내려졌어야 한다고 본다.

UNCLOS 중재재판소와 OSPAR 중재재판소도 사전예방의 원칙을 적용하는데 소극적 입장을 취하였다. UNCLOS 중재재판소는 MOX plant로부터 Irish 해로 배출되는 핵폐기물의 방사능 수준이 심각한 정도가 아니고, 재판소의 잠정조치 명령권 발동 전에 해양환경에 중대한 피해를 미치지 않는다고 판단하였다. OSPAR 중재재판소는 아일랜드가 공개를 주장하는 14개 카테고리의 정보가 OSPAR 협약 제9조 2항에 규정된 "해양지역의 상태에 관한 정보"인지를 판단함에 있어 "해양지역에 악영향을 미치거나 미칠 가능성이 있는 행위 또는 조치에 대한 적용 가능한 정보"를 제한적으로 해석하였고, 중재재판소의 이러한 입장

84) *The Separate Opinion of Judge Ad Hoc Székely, MOX Plant Case, ITLOS*, 2001, para.22.

은 아일랜드의 공개 정보 주장이 OSPAR 협약 제9조 2항에 속하지 않는다는 판결로 이어졌다.

사전예방원칙과 관련된 입증책임(burden of proof) 전환의 문제에 대해서도 재판소들은 소극적 입장을 취하였다. 아일랜드는 사전예방의 원칙에 따라 입증책임이 전환되므로 영국이 입증책임을 부담해야 한다고 주장하는 데 반해, 영국은 반대 입장을 취하였다. ITLOS는 입증책임의 전환 문제에 대해 언급하지 않았고, UNCLOS 중재재판소는 잠정조치를 요구하는 아일랜드가 "잠정조치의 추구를 정당화하는 상황이 존재함"을 입증하는 책임을 부담한다고 판단하였다.[85] OSPAR 중재재판소는 ITLOS와 마찬가지로 입증책임의 전환 문제에 대해 언급하지 않았다.

이에 대해 OSPAR 중재재판소의 Gavan Griffith QC 재판관은 반대의견(dissenting opinion)을 통해 입증책임을 영국이 부담해야 한다고 주장하였다. 그에 따르면 대다수 재판관이 아일랜드에게 입증책임이 있는 것으로 보고 있는데 이는 오류이며, 이 사건에서 사전예방의 원칙이 적용되어 영국에게 입증책임이 전환된다는 것이다. 그는 사전예방의 원칙이 국제관습법 원칙으로서 확립된 것으로 보고, OSPAR 협약 제2조 2항 (a) 규정을 원용하고 있다. 이 조항에 따르면 "당사국이 사전예방의 원칙을 적용해야 하고, 해양환경에 직, 간접적으로 유입된 물질이나 에너지가 인간 건강과 생물자원, 해양생태계에 피해를 발생시킨다는 우려에 대해 합리적 근거가 있는 경우, 유입과 영향 사이에 결정적 인과관계의 증거가 없는 경우에도(even when there is no conclusive evidence of a causal relationship between the inputs and the effects) 예방조치가 취해져야 한다"고 되어 있다. 그는 적어도 "유입과 영향 사이에 결정적 인과관계가 없는 경우에도" 사전예방의 원칙을 적용하도록 되어 있다는 점에서 이 사건에 사전예방의 원칙을 적용해야 하고, 유해물질의 생산자에게 과학적 증거를 제공할 책임을 전환할 효과가 발생한다고 주장하였다.[86]

Alan Boyle은 입증책임의 전환이 예외적 것이라고 보고 있다. 그에 따르면 남방 참다랑어 사건은 사전예방의 원칙이 입증책임을 전환시키지 않는다는 것을 보여주었고, 이러한 입장은 경계성 왕래 어족 및 고도 회유성 어족의 보존과 관리에 관한 협약과 잔류성 유기오염물질에 관한 스톡홀름협약에서도 마찬가

---

85) *Order No.3, Suspension of Proceedings on Jurisdiction and Merits, and Request for Further Provisional Measures, supra* note 30, para.41.

86) *Final Award, supra* note 47, Dissenting Opinion of Gavan Griffith QC, paras.72-73.

지라고 지적하고 있다.[87] 남방 참다랑어 사건이 사전예방의 원칙 내지는 사전예방적 접근방법을 취한 거의 유일한 사례라는 점을 고려할 때, MOX plant 사건에서 사전예방의 원칙에 대해 소극적 입장을 취한 재판소들이 입증책임의 전환을 인정하지 않은 것은 당연한 결과라고 볼 수 있다. 결론적으로, MOX plant 사건에 관여한 3개 재판소들은 사전예방의 원칙과 이에 따른 입증책임의 전환을 인정하지 않았다.

2. 협력의 원칙

환경문제는 국제적, 지역적으로 상호 연관되어 나타나는 경우가 많고 국경을 넘는 환경오염이 자주 발생하기 때문에, 국제적 협력이 매우 중요시되고 있다. 스톡홀름선언 원칙 24는 환경보존 및 개선 문제를 위해 모든 국가가 평등한 입장에서 협력할 것을 규정하고 있으며, 리우선언 원칙 27은 각 국가와 국민이 이 선언에 구현된 원칙을 성취하고 지속가능한 발전 분야에서 관련 국제법을 발전시키기 위해 성실하고 파트너 정신으로 협력하도록 규정하고 있다. 협력의 원칙은 거의 모든 양자협약과 지역적, 전 지구적 국제환경협약에 도입되고 있으며, 생물다양성협약, 유엔해양법협약, 핵사고의 조기통고에 관한 비엔나협약[88] 등에서 중요하게 다루어지고 있다. 협력의 원칙은 국제소송 신청의 기초를 제공할 정도로 확고하게 확립된 원칙으로, 이를 위반하는 경우에 독립적 법구제를 제기할 수 있는 국제관습법적 의무를 반영하는 것이다.[89]

아일랜드는 MOX plant 사건에서 영국 정부가 Irish 해를 보호하고 보전할 조치를 취하기 위해 협력할 의무가 있으며, MOX plant의 허가과정에서 이를 이행하지 않음으로써 일반국제법과 유엔해양법협약 제123조 및 197조 규정을 위반하였다고 주장하였다. 해양법협약 제123조는 폐쇄해 또는 반폐쇄해 연안국이 해양환경보호·보전에 관한 권리 의무 이행 등과 관련하여 서로 협력할 것을 규정하고 있으며, 제197조는 지역적·전 지구적 차원에서 해양환경을 보호하고 보존하기 위하여 이 협약과 합치하는 국제규칙, 기준, 권고 관행 및 절차의 수립, 발전에 협력하도록 규정하였다. 그러나 영국은 아일랜드에 정보 공개를 거부하

87) Alan Boyle, *supra* note 82, p.376.
88) The Convention on Early Notification of a Nuclear Accident, 1986.
89) Philippe Sands, *Principles of International Environmental Law*, Cambridge University Press, 2003, p.232.

고, MOX plant가 해양환경에 미치는 영향에 대해 적절하게 환경영향평가를 하지 않음으로써 이러한 의무를 이행하지 않았다는 것이다.[90] 아일랜드는 UNCLOS 중재재판소에 제출한 의견서(memorial)에서, 유엔해양법협약 제123, 193, 194, 205–207, 211조 등은 해양환경보호를 위해 필요한 조치를 취할 의무에 따른 협력의 필요성을 나타내고 있고, 이들 규정으로부터 영국이 테러리스트의 위협에 대해 협력할 의무가 발생한다고 주장하였다. 또한 영국은 1994년 원자력안전에 관한 협약과 1997년 사용후핵연료 및 방사성폐기물의 관리에 관한 공동협약에 따라 방사성물질에 의해 잠재적 영향을 받는 다른 국가와 소통하고 협력할 의무가 있으며, 원자력시설의 주변국가에 방사선 비상계획과 대응을 위한 충분한 정보를 제공하는 한편 사용후핵연료와 방사성폐기물 관리의 안전성을 높이기 위해 협력할 의무가 있다고 주장하였다.[91]

ITLOS는 MOX plant의 환경적 영향에 대해 아일랜드와 영국 사이에 협력이 무엇보다 중요하다고 판단하였다. 양 국가는 1950년대부터 Sellafield 사이트에서 배출하는 핵폐기물 문제로 오랜 분쟁을 겪어 왔으며, 그 결과 상호간의 협력과 교류가 거의 단절되어 있다는 것이다. 이러한 판단에 따라 재판소는 "협력 의무는 유엔해양법협약 제XII부와 일반국제법 하의 해양환경 오염방지의 기본원칙"임을 확인하고, 아일랜드와 영국이 상호 협력할 것을 명령하였다. 또한 이를 위하여 MOX plant 가동이 Irish 해에 미치는 영향에 관하여 더 많은 정보를 교환하고, 공장 가동의 위험이나 영향을 감시하고, 해양환경 오염을 방지하기 위한 조치를 적절하게 강구하도록 협의할 것을 요구하였다.[92] UNCLOS 중재재판소는 ITLOS가 당사국간 협력 증진을 명령하였음을 재확인하였다.[93] OSPAR 중재재판소에서는 정보 접근권 중심으로 논의되었기 때문에 협력의 원칙이 다루어지지 않았다.

ITLOS와 UNCLOS 중재재판소의 입장에 비추어볼 때 이 사건에서 "협력의 원칙"은 해양환경의 오염방지를 위한 기본원칙임이 확고하게 인정되었고, 이것은 협력의 원칙이 대다수의 국제환경협약 뿐만 아니라 국제환경소송에서도 당

90) *Request for Provisional Measures and Statement of Case of Ireland*, *supra* note 15, paras. 55-58.

91) *Memorial of Ireland, 1982 UNCLOS Before An Arbitral Established Under Annex VII*, (*Ireland v. United Kingdom*), 26 July 2002, Volume I, paras.8, 180-8, 186.

92) *Order of 3 December 2001*, *supra* note 19, para.89.

93) *Order No.3, Suspension of Proceedings on Jurisdiction and Merits, and Request for Further Provisional Measures*, *supra* note 30, paras.37, 59.

사국의 권리, 의무를 판단하는 구속력 있는 재판소 규칙으로 적용되고 있음을 보여주고 있다.

3. 환경영향평가

환경영향평가는 인간 활동이 환경 변화를 일으킬 우려가 있는 경우에 환경에 미칠 영향을 사전에 예측, 평가하고 이에 대한 대책을 수립, 이행하는 제도를 말한다. 이 원칙은 1969년 미국의 국가환경정책법(National Environmental Protection Act: NEPA)에서 처음으로 법제화되었고, 그 후 많은 국내법제도에 채택되었다. 국제적으로는 1972년 스톡홀름선언 원칙 11에 규정된 이후에 다수의 국제환경협약과 EC법, 지역적·전 지구적 차원의 국제문서에 도입되었다. 1992년 리우선언 원칙 17은 "환경에 심각한 악영향을 초래할 가능성이 있고 관계 국내기구의 의사결정을 필요로 하는 사업계획에 대하여 환경영향평가가 국가제도로서 실시되어야 한다"고 규정하고 있으며, 이는 국경을 넘어 악영향을 미칠 가능성이 있는 환경적으로 해로운 행위에 대해 일반국제법상 환경영향평가가 요구된다는 것을 의미한다.[94] 국제적으로 환경영향평가는 국가관할권이나 통제범위 내의 활동이 다른 국가나 국제공역의 환경에 피해를 미치는 경우 발생하는 국제책임과 관련하여 고려되고 있다.

환경영향평가는 MOX plant 사건에서도 중요한 이슈가 되었다. 유엔해양법협약 제206조는 각 당사국이 자국의 관할권이나 통제 하에 계획된 활동이 해양환경에 실질적 오염이나 중대하고 해로운 변화를 가져올 것이라고 믿을 만한 합리적 근거가 있는 경우, 이러한 활동이 해양환경에 미치는 잠재적 영향을 평가하고 평가 결과에 관한 보고서를 송부하도록 규정하고 있다. 이 조항은 해양법 협약 제194조 2항에서 규정한 해양환경 오염의 방지, 경감 및 통제를 위한 조치를 취할 당사국 의무의 일환이라고 평가되고 있다.

양 국가는 제206조 규정의 적용을 놓고 대립된 입장을 보였다. MOX plant의 운영자인 BNFL은 1990년대 초반부터 MOX plant의 허가를 받기 위한 절차를 시작하였으며, 그 첫 번째 단계로서 MOX plant가 환경에 미치는 영향을 평가하는 환경영향평가를 실시하였다. 그 결과 작성된 것이 1993년 환경보고서이며, BNFL은 이를 근거로 허가를 받았다. 아일랜드는 BNFL이 허가받은 것은

---

94) Philippe Sands, *supra* note 89, p.800.

MOX plant의 건축이지 운영이 아니며, 더욱이 아일랜드의 반복된 항의에도 불구하고 1993년의 환경영향평가를 갱신하지 않고 이에 기초하여 2001년에 재처리공장 허가를 받음으로써 MOX plant가 Irish 해에 미치는 잠재적 영향을 평가하는데 실패하였다고 주장하였다. 따라서 아일랜드는 유엔해양법협약과 Espoo 협약(EIA 협약, 국경을 넘는 환경영향평가에 관한 협약),[95] OSPAR 협약, Directive 97/11/EC, 1998 Sintra 각료선언 등의 요건을 고려한 새로운 환경영향평가가 필요하다고 주장하고, MOX plant가 환경에 미치는 영향과 재처리공장과 관련된 핵물질의 국제이동에 대해 사전 환경영향평가를 할 때까지 MOX plant의 가동과 관련 방사성물질의 국제이동 허가를 금지해 줄 것을 ITLOS에 요구하였다.[96]

그러나 ITLOS는 아일랜드의 주장을 받아들이지 않았으며, MOX plant가 Irish 해에 미치는 위험이나 영향을 감시하도록 명령하는데 그쳤다. 이 사건에서 환경영향평가 의무를 인정하는 것은 아일랜드의 권리와 관련하여 매우 중요한 의미를 가진다. EC 회원국 간에 채택된 1991년 Espoo 협약에서는 환경오염 발생국가가 환경에 악영향을 줄 우려가 있는 사업을 추진하기 전에 가능한 한 빨리 이러한 사실을 피해국가에 알리고, 피해국이 환경영향평가 절차에 참여할 수 있도록 제도적으로 보장하고 있다(제3조). 따라서 본 재판소가 영국의 환경영향평가 의무를 인정하는 경우, 양국은 공동으로 환경영향평가에 참여할 수 있게 되며 그 결과에 따라 MOX plant의 가동 여부가 재결정될 수 있는 것이다. 그러나 재판소는 "해양환경에 실질적 오염이나 중대하고 해로운 변화를 가져올 것이라고 믿을 만한 합리적 근거"가 부족하다고 판단하였으며, 추후에 MOX plant의 가동으로 인한 영향을 감시하라는 소극적 명령을 내렸다. 이 명령은 사전 환경영향평가를 수용하는 것이 아니고 단지 환경영향을 "감시"하라는 것이다.

ITLOS의 이러한 태도는 Gabčikovo-Nagymaros Project 사건에서 ICJ가 취한 입장과 비교되는 것이다. 이 사건에서 ICJ는 환경영향평가를 새로운 환경 규범으로서 인정하고, 프로젝트가 시작되기 이전의 평가뿐만 아니라 프로젝트가 운영되는 동안 환경영향을 지속적으로 평가하고 발전할 것을 요구하고 있으며, 환경의 취약성과 환경적 위험은 지속적 기초 위에서 평가되어야 한다는 인식이 강화되고 있음을 인정하고 있다.[97] 이 사건의 부재판장인 Weeramantry 판사의

---

95) The Convention on Environmental Impact Assessment in a Transboundary Context, 1991. EU 회원국인 유럽국가를 중심으로 채택된 협약으로 1997년에 발효되었으며, 영국과 아일랜드 모두 이 협약의 회원국이다.

96) *Request for Provisional Measures and Statement of Case of Ireland*, *supra* note 15, Paras.7, 3, 20, 44-54; *Order of 3 December 2001*, *supra* note 19, para.2.

개별의견에 따르면 환경영향평가는 동적 원칙(dynamic principle)이기 때문에 가능한 환경적 결과를 사전 평가하는 것에 한정되어서는 안 되며, 일정 규모 이상의 프로젝트가 운영되는 경우 모든 프로젝트가 예기치 못한 결과를 가져올 수 있기 때문에 환경영향평가를 계속해야 하고 지속적 모니터링(continuous monitoring)을 위해 신중하게 고려해야 한다는 것이다. 또한 환경문제와 같이 복잡한 사안에 있어서는 모든 가능한 환경적 위험을 예측하기 어렵기 때문에 프로젝트의 규모와 범위가 클수록 환경영향에 대한 지속적 감시를 할 필요성이 더욱 커진다고 밝히고 있다.[98]

MOX plant 사건에서 아일랜드는 유럽의회의 위임으로 작성된 STOA 보고서와 2001년 유럽의회의 과학기술대안 평가프로그램의 보고서에서 기존의 Sellafield 재처리시설에서 배출되는 핵폐기물로 인해 현재 Irish 해에 고도의 방사능핵종이 농축되어 있을 뿐만 아니라 장차 크게 증가한다는 평가를 제시하는 반면, 영국은 MOX plant의 허가를 받기 위해 작성된 1993년 환경보고서에서 환경적 영향이 없다고 평가한 것을 근거로 제시하였다. 이와 같이 양측이 서로 다른 증거와 주장을 제시하는 상황에서 MOX plant의 가동으로 인한 환경적 영향을 판단하는 것은 쉽지 않은 일이다. 그러나 환경오염이 발생하는 경우 예측하기 어려운 심각하고 중대한 결과를 가져올 수 있다는 점을 고려한다면, MOX plant의 가동 전에 양 국가가 참여하는 환경영향평가를 수락함으로써 사전에 그 환경영향을 평가하고 위험을 최소화할 필요가 있었다고 사료된다. 사전 환경영향평가 없이 MOX plant의 가동을 시작하는 것은 양국 사이에 국가책임을 둘러싼 분쟁 가능성을 제기할 뿐만 아니라, 해양법협약 제206조에 규정된 잠재적 환경영향평가와 1991년 Espoo 협약, 1997년 사용후핵연료 및 방사성폐기물 관리의 안전에 관한 공동협약의 취지에도 합당하지 않은 것이다. 이러한 점에서 ITLOS가 환경영향평가를 명령에 포함시키지 않은 것은 납득하기 어렵다. 결과적으로 영국은 Irish 해에 중대하고 심각한 해양오염을 일으킬 수 있는 대형사업을 시작하면서 환경영향평가를 면제받고, 해양법협약 제206조의 적용도 비켜나갈 수 있었다. UNCLOS 중재재판소와 OSPAR 중재재판소는 환경영향평가에 대해 언급하지 않았다.

---

97) *Case Concerning The Gabčikovo-Nagymaros Project*, (*Hungary v. Slovakia*), *ICJ Report*, 1997, paras.111-112.

98) *Separate Opinion of Vice-President Weeramantry*, *Case concerning the Gabčikovo-Nagymaros Project*, *ICJ Report*, 1997, p.111.

4. 정보 접근권

환경정보에 대한 접근권은 최근에 등장한 원칙이지만 국제법상 확고하게 정립되어 있으며, 환경영향평가 절차와 밀접하게 연관되어 있다. 1992년 리우선언 원칙 10은 각 개인이 공공기관의 환경정보에 적절히 접근하고 의사결정과정에 참여할 수 있는 기회를 부여받아야 하며, 각 국가는 정보를 광범위하게 제공함으로써 공공의 인식과 참여를 촉진하고 증진해야 한다고 규정함으로써 정보 접근권을 국내적, 국가적 차원에서 인정하고 있다. 국제적으로는 1990년 환경정보접근에 관한 EC 지침(1990 EC Directive on Access to Environmental Information), 1992년 OSPAR 협약, 1993년 민사책임협약(1993 Civil Liability Convention), 1998년 Aarhus 협약 등이 이 원칙을 도입하고 있다. 그러나 이 원칙은 정보의 비밀성을 이유로 제한적으로 적용되기도 하며, 1992년 기후변화협약은 이러한 이유에서 정보 접근권을 규정하지 않고 있다.[99]

MOX plant case와 관련하여 OSPAR 중재재판소에서 중점적으로 다루어진 것은 정보 접근권의 문제였다. 아일랜드는 정보 접근권을 인정한 OSPAR 협약 제9조를 근거로, PA 리포트와 ADL 리포트에서 누락된 14개 카테고리의 정보에 대한 접근을 요구하였고, 영국은 이러한 정보는 환경정보에 속하지 않기 때문에 공개할 수 없다는 입장을 취하였다. 이때 영국은 제9조 1항 규정이 정보 접근과 관련한 국내규제제도의 확립을 요구하는 것이며 정보 접근권을 전제로 국제소송을 허용하는 내용이 아니라고 주장하는 한편, 제9조 3항의 '상업적 비밀성'의 예외를 들어 아일랜드의 정보 요구를 거절하였다.

아일랜드는 '상업적 비밀성'을 고려하는 "적용 가능한 국제규정"에 리우선언, 유엔해양법협약, Aarhus 협약, Sintra 각료선언 등을 포함시켜 유연하게 고려해 줄 것을 요구하였다. 그러나 재판소는 OSPAR 협약에 따라 설치된 재판소가 다른 협약이나 문서상의 의무까지 포괄적으로 적용할 수는 없다는 이유로 그 규범적 가치를 인정하지 않았다. 또한 아일랜드가 제시한 14개 카테고리의 정보가 "해양환경에 대한 정보"임을 입증하지 못하였다는 이유로 제9조 2항에 해당하지 않는 것으로 판단하였다. 따라서 정보의 영역에 관한 제9조 2항을 폭넓게 해석하고, 정보 접근권을 인정해줄 것을 요구하는 아일랜드의 주장을 수

---

99) Philippe Sands, *supra* note 89, pp.852-854.

용하지 않았다.

이 사건에서 중재재판소는 제9조 규정을 원문 그대로 해석, 적용하여 정보 접근권의 범위를 크게 제한하였다. 그러나 재판소의 이러한 입장은 Judge Griffith가 반대의견에서 밝힌 바[100]와 같이 몇 가지 측면에서 그 불합리성이 지적될 수 있다. 첫째, OSPAR 협약 제32조 5항 (a)는 "중재재판소는 국제법 규칙과 본 협약 규정에 따라 결정해야 한다"고 규정하고 있으며, 이는 재판소가 OSPAR 협약에 따라 설치되었기 때문에 다른 협약이나 문서의 의무까지 적용할 수 없다는 주장이 근거가 희박함을 보여주고 있다. 즉 중재재판소는 다른 협약이 아닌 "OSPAR 협약 규정"에 따라 다른 협약이나 문서를 포함한 "국제법 규칙"을 적용해야 할 의무가 있는 것이다. 둘째, 조약법에 관한 Vienna 협약 제31조 3항 (c)는 "조약은 조약문의 용어에 부여되는 일반적 의미에 따라 조약의 문맥과 목적을 고려하여 신의성실의 입장에서 해석되어야 한다"고 규정함으로써 조약해석에서 조약문과 용어뿐만 아니라 조약의 문맥과 목적을 모두 고려하도록 규정하고 있다. 그러나 중재재판소는 이러한 규정을 배제하고 조약문과 용어만으로 제9조를 해석하였으며, 이러한 해석은 Vienna 협약 규정과 배치되는 것이다. 셋째, 중재재판소가 적용을 배제한 Sintra 각료선언은 MOX plant의 가동이 Irish 해의 해양환경을 악화시킬 수 있다는 중요한 근거가 될 수 있는데, 재판소가 제9조를 좁게 해석함으로써 결과적으로 판결에 불리하게 작용하였다. 또한 아일랜드가 제시한 14개의 카테고리는 MOX plant의 허가와 직접적으로 관련이 있기 때문에, MOX plant가 허가되는 경우 결과적으로 Irish 해의 해양환경보호에 직접적으로 영향을 미치게 되는 정보였다. 그러나 중재재판소는 이들 정보가 해양환경보호에 직접적으로 관련이 없다는 이유로 이를 인정하지 않음으로써 결과적으로 Irish 해의 해양환경보호를 고려하지 않는 판결을 내렸다는 지적을 피하기 어렵게 되었다.

Philippe Sands는 OSPAR 중재재판소가 이와 같이 조약문에 근거한 접근방법 내지는 비문맥적 접근방법(textual and acontextual approach)을 취하는 것은 1980년대 이후에 나타난 국제법 발전을 포함한 환경적 고려가 일부 고전적 법학자들의 추론과정에 영향을 주지 못하고 있음을 시사하는 것이라고 평가하고 있다.[101] 또한 Ted L. McDorman은 이 판결의 의미를 국제환경소송에서의 hard

100) OSPAR 중재재판소의 Gavan Griffith QC 재판관은 반대의견에서 재판소가 OSPAR 협약 제9조 1, 2항에 포함시키지 않음으로써 아일랜드의 주장을 기각한 것을 비난하고 있다. *Final Award, supra* note 47, *Dissenting Opinion of Gavan Griffith QC*, paras.1-135.

law와 soft law 사이의 괴리로 파악하고 있으며, 국제환경문제에 대해 형성된 무수한 일반원칙이 소송에서 아직은 필연적으로 작은 역할을 할 수밖에 없는 현실을 지적하고 있다.[102)]

Ⅶ. 결 론

국제사회의 핵 이원화 정책은 "평화적 핵에너지 이용"과 "핵무기 개발"이라는 핵 이용의 양면성을 바탕으로 확립되어 왔으며, 새로운 에너지원으로서 평화적 핵에너지를 확대 보급하는 한편 핵무기 개발을 최대한 억제하기 위해 엄격한 감시와 통제를 하는 이중적 체제를 이루고 있다. 반면에 국제사회는 핵물질에 의해 초래되는 환경문제에 대해서는 상대적으로 소극적으로 대처해 왔고, 1979년 쓰리마일 원전사고와 1986년 체르노빌 원전사고 등 대규모 원전사고가 발생한 후에야 그 심각성을 인식하게 되었다. 그러나 핵물질이 인체와 환경에 미치는 영향에 대해서는 아직도 국제사회의 인식이 부족하며, 원전사고 후 IAEA 주도로 채택된 원자력 안전 관련 협약들도 엄격한 기준과 의무를 부과하기보다는 최소한의 안전기준을 제시하는 데 그치고 있다.

위 사례에서 영국과 아일랜드는 영국 MOX plant에서 Irish 해로 배출되는 핵폐기물의 영향을 둘러싸고 3개의 재판소에서 공방을 벌였으며, 이 과정에서 사전예방의 원칙, 협력의 원칙, 환경영향평가, 정보 접근권 등 국제환경법의 주요 기본원칙을 제시하였다. 그러나 다수의 국제환경협약과 국제선언, 국제관행에 도입되고 적용되는 이들 원칙이 협력의 원칙을 제외하고 재판소에서 모두 적용이 배제되거나 약화된 형태로 적용되었다. 재판부는 MOX plant에서 배출되는 핵폐기물의 환경적 피해를 인식하지 못하는 것은 아니지만 재처리공장의 허가와 가동을 막을 만큼 충분한 증거가 없다는 입장을 밝히고 있다. 이것은 과학적 불확실성이 아직도 환경문제를 해결하는데 큰 걸림돌이 되고 있으며, 국제환경법 분야에서 빠르게 발전해온 일련의 기본원칙들이 국제관행상 널리 인정되고 다수의 국제협약에 반영되고 있지만 법적 구속력이 없다는 이유로 국제

---

101) Philippe Sands, *supra* note 89, pp.856-858.

102) Ted L. McDorman, "Access to Information under Article 9 of the OSPAR Convention (Ireland v. United Kingdom)", *American Journal of International Law*, Vol.98, No.2, April, 2004, pp. 337-339.

소송에서 적극적으로 적용되지 않고 있는 현실을 보여주는 예라고 할 것이다.

이 사건을 통해 볼 때 국제사회는 다음과 같은 과제를 해결해야 할 것으로 판단된다. 첫째, 핵물질과 핵폐기물의 환경적 영향에 대한 체계적 연구가 선행되어야 할 것이다. 이러한 연구를 통해 핵물질의 환경적 위험성을 과학적으로 입증하고 이에 대한 국제적 규제의 기초를 제공함으로써 핵물질로 인한 환경오염의 사전예방이 가능하게 될 것이다.

둘째는 원자력시설과 핵물질, 핵폐기물의 안전과 국제적 이동을 규제하는 국제법의 강화이다. 1994년 원자력안전에 관한 협약과 1997년 사용후핵연료 및 방사성폐기물 관리의 안전에 관한 협약은 육상소재 민간원자력 발전소와 그 폐기물관련시설, 사용후핵연료, 방사성폐기물의 안전 관리를 내용으로 하고 있지만, 이들 협약은 본질적으로 incentive convention으로서 강력한 규제보다는 협약 이행을 유도하는 데 주력하고 있다. 그러나 원자력시설과 핵물질로 인한 환경적 영향과 피해를 예방하고 최소화하기 위해서는 보다 강력한 규제를 통해 안전관리를 의무화하고 환경에 미치는 영향을 최소화할 필요가 있다. 원자력시설의 안전관리와 그로 인한 환경 문제는 2011년 발생한 일본 후쿠시마 원전사고에서도 제기되고 있다.

셋째는 국제환경법 원칙의 운영상 접근방법과 소송상 접근방법의 괴리를 좁히는 일이다. 국제환경법 원칙은 대부분이 구속력 있는 국제법상 의무를 창출하지 않는 soft law의 범주에 속하여 있기 때문에 실제 소송에서는 법적 근거로서 확고하게 적용되지 못하는 한계를 지니고 있다. 그러나 이들 원칙은 국제환경법 발달의 중요한 요소이고 국제관행상 널리 인정되고 있으므로, 국제사회의 지속적 이행에 의한 법적 구속력 확보를 통해 국제소송에서 적극적으로 적용되도록 할 필요가 있다.

끝으로 국제사회의 주권개념의 변화이다. 각 국가는 전통적으로 강한 주권을 고수해 왔고, 국제공동체 전체의 이익보다 개별적 국가이익을 선호해왔다. 그러나 변화하는 국제적 상황에서 강한 주권개념은 지속적으로 압력을 받고 있으며, 특히 국제적 환경문제와 관련하여 변화의 압력이 더욱 거세지고 있다. 국가들에게 주권은 여전히 중요한 개념이지만, 국제사회의 환경적 고려와 관심사에 대응하기 위해서는 환경보호의 필요성을 인식하고 이를 다른 이익보다 우선하는 자세가 필요하다. 이러한 변화를 통해서만이 현재 국제사회가 직면하고 있는 환경문제를 극복해 나갈 수 있을 것으로 본다.

참고문헌

- 김한택, 「현대국제법」, 지인북스, 2007.
- 노명준, 「신국제환경법」, 법문사, 2003.
- 니콜라스 렌센(Nicholas Lenssen: 김범철, 이승환 옮김), "핵폐기물(Nuclear Waste)", 「지구환경보고서」, 도서출판 따님, 1992.
- 로버트 융크(Robert Junk: 이필렬 옮김), 「원자력제국」, 도서출판 따님, 1995.
- 박기갑, "원자력안전에 관한 협약의 고찰", 「국제법학회논총」, 제40권 제1호, 1995.6.
- 이두호 외, 「인간환경론」, 나남, 1993.
- 이석용, 「국제법」, 세창출판사, 2011.
- 와다 다케시, 「지구환경론」, 도서출판 예경, 1992.
- 최종범 & 김기순, 「자연환경과 국제법」, 범양사출판부, 1994.
- 해양수산부, 「국제재판소의 해양분쟁관련 판례 연구」(해양법포럼), 2004.
- 황영채, 「NPT, 어떤 조약인가?」, 한울아카데미, 1995.

- Birnie, Patricia & Boyle, Allan, *International Law & The Environment*, Oxford University Press, 2002.
- Case Concerning The Gabčikovo-Nagymaros Project (Hungary v. Slovakia), ICJ Report, 1997.
- Counter-Memorial of The United Kingdom, The Mox Plant Case (Ireland v. United Kingdom of Great Britain and Northern Ireland), 1982 UNCLOS Before An Arbitral Established Under Annex VII, 9 January 2003.
- Counter-Memorial of The United Kingdom, The Mox Plant Case (Ireland v. United Kingdom of Great Britain and Northern Ireland), Convention On The Protection of The Marine Environment of The North-East Atlantic in The Dispute Concerning Access to Information Under Article 9 of The OSPAR Convention and The MOX Plant (Ireland v. United Kingdom), 6 June 2002.
- Decision 1-5, Arbitral Tribunal Established Under Article 32(1) of The Convention for The Protection of The Marine Environment of The North-East Atlantic, 2002-2003.
- Final Award, Arbitral Tribunal Established Under Article 32(1) of The Convention for The Protection of The Marine Environment of The North-East Atlantic, 2 July 2003.
- Freestone, David & Hey, Ellen, *The Precautionary Principle and International Law*, Kluwer Law International, 1996.

- Ireland's Request for Provisional Measures, 1982 UNCLOS Before An Arbitral Established Under Annex VII, 16 June 2003.
- Judgement of Case C-459/03, Commission of the European Communities, 2006.
- Mcdorman, Ted L, "Access to Information Under Article 9 of The OSPAR Convention (Ireland v. United Kingdom)", *American Journal of International Law*, Vol.98. No.2, April. 2004.
- Memorial of Ireland, Convention on The Protection of The Marine Environment of The North-East Atlantic in The Dispute Concerning Access to Information Under Article 9 of The OSPAR Convention and the MOX Plant (Ireland v. United Kingdom), 7 March 2002.
- Memorial of Ireland, 1982 UNCLOS before an Arbitral Established under Annex VII, (Ireland v. United Kingdom), Volume I, 26, July 2002.
- Memorial of Ireland, Arbitral Tribunal Established under Article 32(1) of the Convention for the Protection of the Marine Environment of the North-East Atlantic, 7 March 2002.
- Order No.1 - No.6, The MOX Plant Case (Ireland v. United Kingdom), UNCLOS Convention Arbitral Tribunal, 2002-2008.
- Order of 3 December 2001, The MOX Plant Case (Ireland v. United Kingdom), Request for Provisional Measures, International Tribunal for The Law of The Sea, List of Cases: No.10, 3 December 2001.
- Order 2001/5 of 13 November 2001, The MOX Plant Case (Ireland v. United Kingdom), Request for The Prescription of Provisional Measures Under Article 290, Paragraph 5, of The United Nations Convention On The Law of The Sea, 2001.
- President's Statement of June 13, 2003, The Mox Plant Case (Ireland v. United Kingdom), UNCLOS Convention Arbitral Tribunal, 2003.
- Press Release, The MOX Plant Case (Ireland v. United Kingdom), UNCLOS Convention Arbitral Tribunal, 2003-2007.
- Press Release of July 2, 2003, Arbitral Tribunal Established Under Article 32(1) of The Convention for The Protection of The Marine Environment of The North-East Atlantic, 2003.
- Press Release, MOX Plant Arbitral Tribunal Issues Order No.6 Terminating Proceedings, 6 June 2008.
- Protection of The Marine Environment of The Irish Sea, International Tribunal for The Law of The Sea (Ireland v. United Kingdom), 9 November 2001.
- Press Release, International Tribunal for The Law of The Sea, Order in The Mox Plant Case (Ireland v. United Kingdom), ITLOS/Press 59-62, 2001.
- Rejoinder of United Kingdom, The MOX Plant Case (Ireland v. United Kingdom), 24 April

2003.
- Reply of Ireland, 1992 Convention On The Protection of The Marine Environment of The North-East Atlantic (Ireland v. United Kingdom), 18 July 2002.
- Request for Further Provisional Measures, in the Dispute Concerning the MOX Plant, International Movements of Radioactive Materials, and the Protection of the Marine Environment of the Irish Sea (Ireland v. United Kingdom), 16 June 2003.
- Request for Provisional Measures and Statement of Case of Ireland, in The Dispute Concerning The MOX Plant, International Movements of Radioactive Materials, and The Protection of The Marine Environment of The Irish Sea, International Tribunal for The Law of The Sea (Ireland v. United Kingdom), 9 November 2001.
- Request for Provisional Measures, Written Response of the United Kingdom, The MOX Plant Case, ITLOS (Ireland v. United Kingdom), 15 November, 2001.
- Request for Provisional Measures and Statement of Case of Ireland, in The Dispute Concerning The MOX Plant, International Movements of Radioactive Materials, and The Joint Declaration of Judges Caminos, Yamamoto, Park, Akl, Marsit, Eiriksson and Jesus, The Mox Plant Case (Ireland v. United Kingdom), ITLOS, 2001.
- Sands, Philippe, *Principles of International Environmental Law*, Cambridge University Press, 2003.
- Separate Opinion of Vice-President Weeramantry, Case Concerning The Gabčikovo-Nagymaros Project, ICJ Report, 1997.
- Separate Opinion of Judge Mensah, The MOX Plant Case (Ireland v. United Kingdom), 2001.
- Separate Opinion of Judge Treves, The MOX Plant Case (Ireland v. United Kingdom), 2001.
- Separate Opinion of Judge Ad Hoc Székely, The MOX Plant Case (Ireland v. United Kingdom), 2001.
- Statement by President, MOX Plant Case (Ireland v. United Kingdom), Permanent Court of Arbitration, June 13, 2003.
- Tonhauser, Wolfram & Jankowitsch-Prevor, Odette, "The Joint Convention on the Safety of Spent Fuel Management and on the Safety of Radioactive Waste Management", *Nuclear Law Bulletin*, Volume 1997, No.60, 1997.
- Wright, Tammy de, "The "Incentive" Concept as Developed in the Nuclear Safety Conventions and its Possible Extension to Other Sectors", *Nuclear Law Bulletin*, Volume 2007, No.12, Issue 2, p. 38, 2007.
- Written Response of The United Kingdom, The MOX Plant Case (Ireland v. United Kingdom of Great Britain and Northern Ireland), International Tribunal for The Law of The Sea, 15 November 2001.

제 7-2 장

MOX 공장 사건

The MOX Plant Case*

이 석 용

I. 서 론

영국핵연료공사(British Nuclear Fuels plc: BNFL)와 프랑스의 COGEMA는 폐핵연료 재처리를 통하여 우라늄과 플루토늄을 추출하여 핵발전을 위한 연료를 생산하는 사업을 상업적 기초에서 운영해 왔다. 이들은 이산화플루토늄과 이산화우라늄을 함유한 폐핵연료를 재처리하여 혼합이산화연료(mixed dioxide fuel) 즉 MOX라는 새로운 연료를 제조한다. 그중에 영국의 셀라필드(Sellafield) 원자력산업단지는 아일랜드해를 가운데 두고 아일랜드와 마주보고 있는 곳에 위치하여, 아일랜드는 BNFL의 MOX 관련 활동과 아일랜드해를 통한 방사능 물질의 해상운송에 대해 우려해 왔다.[1)]

2001년 12월 3일 국제해양법재판소(International Tribunal for the Law of the Sea: ITLOS)는 10번째 사건으로 아일랜드 대 영국간의 잠정조치 사건인 'MOX 공장 사건'(The MOX Plant Case)에 대해 잠정조치를 명령하였다.[2)] 그렇지만 사실 MOX 공장을 둘러싼 분쟁은 사건제기 10년 전에 이미 시작되었다고 한다. 1992년 당시 영국의 국영기업인 영국핵연료공사(BNFL)는 잉글랜드 북서쪽 아일랜드해 해안에 위치한 셀라필드 원자력산업단지에 MOX 연료의 생산능력에 있어서 기존의 MOX 시범설비 보다 50배나 큰 '셀라필드 MOX 공장'을 건설하기로 결정하

---

* 이 장은 과학기술법연구 제11집 제2호에 게재되었던 저자의 논문을 수정·보완한 것임.

1) Maki Tanaka, "Lessons from the Protracted MOX Plant Dispute: a Proposed Protocol on Marine Environmental Impact Assessment to the United Nations Convention on the Law of the Sea," Michigan Journal of International Law, vol.25, 2004, pp.338, 360.

2) The MOX Plant Case (Ireland v. United Kingdom), Provisional Measure, ITLOS, 3 December 2001.

였기 때문이다.[3] MOX 관련 활동의 증가를 우려하는 아일랜드와 MOX 생산을 강행하려는 영국간의 분쟁은 외교교섭을 거쳐 급기야 국제적인 분쟁해결절차에 넘겨지게 되었다. 영국과의 외교적 교섭에 실패한 아일랜드는 본 사건을 해양법협약에 따른 중재절차와 북동대서양 해양환경보호를 위해 체결된 지역협력체제의 분쟁해결절차에 부탁하게 된 것이다.

해양법협약 당사국인 아일랜드 대 영국간의 본 'MOX 공장 사건'(The MOX Plant Case)은 2001년 11월 9일 아일랜드가 해양법협약 제290조 5항에 따른 잠정조치 명령 청구서를 재판소에 등록하면서 시작되었다. 아일랜드는 해양법협약 제7부속서 중재재판소 설립에 앞서 영국의 MOX 공장 가동에 따른 피해를 예방하는데 필요한 잠정조치를 취해주도록 요구하였던 것이다.

아일랜드의 잠정조치 청구 후 양국은 각각 본 사건과 관련하여 대리인을 임명하였으며,[4] 국제해양법재판소 재판관 중에 자국출신 재판관이 없는 아일랜드는 재판소 규정 제17조 2항에 따라 멕시코 국적의 Alberto Székely를 임시재판관으로 선임하여 본 사건 결정과정에 참가하도록 하였다.[5] 이어서 동년 11월 15일 영국은 서면답신(written response)을 사무국에 접수하였으며, 심리 시작에 앞서 당사국들은 「재판소에서의 사건준비와 발표에 관한 지침」 제14항에 따라 관련 서류들을 제출하였다.

해양법협약 제290조에 따른 잠정조치에 관한 본 사건에서는, 국제해양법재판소의 관할권 문제와 관련하여 중재재판소의 일응(*prima facie*) 관할권과 해양법협약 제282조 규정에 따른 분쟁당사국간 의견교환 문제가 검토되었다. 아울러 실질적인 문제로서 잠정조치 내용에 대한 검토가 있었으며, 분쟁당사국들의 해양환경보호를 위한 협력의무도 검토되었다.

국제해양법재판소는 2001년 12월 3일 명령에서 아일랜드의 잠정조치 요구를 일부 받아들였으나, 제7부속서 중재재판소에 의한 결정에 앞서 영국이 건설

---

3) BNFL, Environmental Statement for the Proposed Sellafield MOX Plant 6, 1993, pp.2.7, 2.9.

4) 국제해양법재판소에서의 구두진술은 2001년 11월 19일과 20일 4회에 걸쳐 개최되었다. 이 구두진술에는 아일랜드를 위하여 대리인으로 Chief State Solicitor인 Mr. David J. O'Hagan, 보좌인과 변호인으로 검찰총장 Michael McDowell, 아일랜드 변호사 Mr. Eoghan Fitzsimons, 영국 런던대 국제법교수 Philippe Sands, 영국 옥스퍼드 대학교 국제법교수 Vaughan Lowe가 참석하였다. 한편 영국에서는 대리인으로 외무성 법률고문 Michael Wood, 보좌인으로 검찰총장 Lord Goldsmith, 잉글랜드와 웨일스 변호사 Mr. Richard Plender, 영국 캠브리지대 라우터팍트 국제법연구소 부소장 Daniel Bethlehem, 잉글랜드와 웨일스 변호사 Mr. Samuel Wordsworth가 참석하였다. The MOX Plant Case, *op. cit.*, para.20.

5) *Ibid.*, paras.8-9.

한 MOX 공장의 가동중단을 요구하였던 아일랜드의 청구는 거절하였다. 아울러 재판소는 아일랜드와 영국에게 MOX 공장 가동으로 인하여 발생하는 아일랜드 해에 대한 잠재적인 영향을 방지하기 위한 여러 가지 형태의 협력을 요구하였다.

Ⅱ. 당사국의 주장

아일랜드 정부는 MOX 공장의 가동으로 인한 아일랜드해의 오염을 우려하였으며, 방사능 물질이 MOX 공장으로 드나드는 운송과정에서의 잠재적 위험에 대해서도 걱정하였다. 그리하여 아일랜드 정부는 2001년 10월 25일 「청구의 통고와 진술」(Notification and Statement of Claim)에서 제7부속서에 따라 구성되는 중재재판소에 이에 관한 양국 간 분쟁에 대해 판결해 주도록 요청하였다. 아일랜드 정부는 제7부속서 중재재판소에 다음과 같이 판결해 주도록 요청하였다.[6]

1) 영국은 (1) MOX 공장으로부터 방사능물질과 또는 폐기물의 고의적인 방출과, 또는 (2) MOX 공장으로부터의 또는 MOX 공장과 관련된 국제적인 운송으로 인한 방사능 물질과 또는 폐기물의 우발적 배출과, 또는 (3) 테러 등으로 인하여 MOX 공장으로부터 그리고 또는 MOX 공장과 관련된 국제운송으로 인한 방사능물질 또는 폐기물 배출로 인한 아일랜드해의 해양환경오염을 예방·경감·통제하는데 필요한 조치를 취하지 아니한 것을 포함하여, MOX 공장의 허가와 관련하여 해양법협약 제192조, 제193조, 그리고 또는 제194조, 제207조, 제211조 및 제213조의 의무를 위반하였다.

2) 영국은 (1) MOX 공장과 공장에 관련된 방사능물질의 국제적 이동에 대한 테러공격의 위험성을 적절하게 또는 전혀 평가하지 못하였고, 그리고 또는 (2) MOX 공장과 공장에 관련된 방사능 폐기물의 국제적 이동에 대한 테러공격을 예방하고, 억제하며, 대응할 수 있는 포괄적인 대응전략이나 계획을 적절하게 또는 전혀 준비하지 못함으로써, MOX 공장의 허가와 관련해서 해양법협약 제192조와 제193조, 그리고 또는 제194조, 제207조, 제211조 및 제213조의 의무를 위반하였다.

6) *Ibid.*, para.26.

3) 영국은 MOX 공장의 허가와 관련하여 유엔해양법협약 제123조와 제197조를 위반하였으며, 아일랜드해 해양환경보호를 위하여 아일랜드와 협력하지 아니하였는데, 특히 아일랜드와의 정보공유를 거부하고, MOX 공장의 해양환경에 대한 적절한 환경영향평가를 거절하였으며, 정보접근권에 관한 분쟁해결에 관한 절차가 아직 진행 중인 동안에 MOX 공장의 가동을 허가하는 조치를 취하였다.

4) 영국은 MOX 공장의 허가와 관련하여 다음을 행하는 등 유엔해양법협약 제206조의 의무를 위반하였다.

(a) 1993 Environmental Statement에 비추어 볼 때, MOX 공장 가동이 아일랜드해 해양환경에 미칠 잠재적 효과를 적절하고 완전하게 평가하지 못함.

(b) 1993년 Environmental Statement 발간 이후, 1993년 이래 특히 1998년 이후 이루어진 사실적인 그리고 법적인 발전을 참조하여 MOX 공장의 가동이 해양환경에 미칠 잠재적 효과를 평가하지 못함.

(c) MOX 공장으로 운송되어 들어가고 나오는 방사능물질의 국제적 이동이 아일랜드해 해양환경에 미칠 잠재적 효과를 평가하지 못함.

(d) MOX 공장에 대한 그리고 또는 MOX 공장으로 수송되어 들어가고 나오는 방사능물질의 국제적인 이동에 대한 테러활동이 아일랜드해 해양환경에 미칠 잠재적 효과의 위험성을 평가하지 못함.

5) 영국은 (a) MOX 공장의 가동과 또는 (b) MOX 공장의 가동이나 MOX 공장의 가동과 관련이 있는 예비적 또는 기타 활동과 관련하여 방사능물질이 영국으로 또는 영국으로부터 국제적으로 이동하는 것을, (1) 방사능물질의 국제적인 이동은 물론 MOX 공장 가동에 대한 적절한 환경영향평가가 수행될 때까지 (2) MOX 공장의 가동과 방사능물질의 국제적인 이동으로 인하여 폐기물을 포함하여 방사능물질이 아일랜드해 해양환경에 직접적 또는 간접적으로 배출되지 않고 있다는 것이 판명될 때까지 (3) 아일랜드와 MOX 공장과 공장과 관련있는 방사능폐기물의 국제적인 이동에 대한 테러공격을 예방하고, 억제하며, 대응하기 위한 포괄적인 전략과 계획을 합의하고 채택할 때까지, 허가하면 아니 된다.

6) 영국은 아일랜드의 소송비용을 지불한다.

이어서 아일랜드는 2001년 11월 9일 제7부속서 중재재판소 구성이전에 MOX 공장이 가동에 들어가는 경우 초래될 해양환경과 자국의 이익에 대한 피해를 방지하기 위하여 국제해양법재판소에 잠정조치를 취해 주도록 청구하였다. 아일랜드가 청구한 잠정조치는 다음과 같다.[7]

(1) 영국은 2001년 10월 3일자 MOX 공장 허가를 즉시 정지시키며, 또는 MOX 공장 가동의 즉각적인 효과를 예방하는데 필요한 기타 조치를 취한다.

(2) 영국은 자신이 주권을 가지고 있거나 주권적 권한을 행사하는 수역으로 방사능물질 또는 MOX 공장의 가동 또는 가동준비 작업에 관련된 물질이나 폐기물이 들어가고 나가지 않도록 즉시 보장한다.

(3) 영국은 제7부속서 재판소에 제기된 분쟁을 악화시키거나, 확대하거나, 해결을 더욱 어렵게 할 수 있는 그 어떠한 종류의 행동도 하지 않을 것을 보장해야 한다(아일랜드는 여기에서 분쟁을 악화, 확대하거나 해결을 보다 어렵게 하지 않는다는데 스스로 동의함).

(4) 영국은 아일랜드가 제7부속서 재판소가 내리게 될 본안판결의 이행에 있어서 아일랜드의 권리를 침해하는 어떠한 행동도 하지 않을 것임을 보장한다(아일랜드도 영국과 관련된 그러한 종류의 행동을 하지 않을 것이다).

영국은 아일랜드의 잠정조치 청구 주장에 대하여 해양법협약 제282조의 일반협정·지역협정·양자협정상의 의무에 관한 규정과 제283조의 의견교환 의무에 대한 위반을 들어, 국제해양법재판소는 제290조 5항에 따른 잠정조치를 취할 수 있는 권한이 없다고 주장하였다. 영국은 MOX 공장 가동으로 인한 해양오염 위험성은 아주 경미한 것이라고 하였다. 영국은 제7부속서 중재재판소 구성 이전에 MOX 공장 가동으로 해양환경과 아일랜드의 권리에 돌이킬 수 없는 손해가 야기될 가능성은 없다고 하면서, 자국은 셀라필드 원자력산업단지를 보호하기 위한 대책도 철저히 마련해 두었다고 하였다.

아일랜드의 잠정조치 청구에 대해 영국은 final submission에서 국제해양법재판소에 다음과 같이 청구하였다.[8]

---

7) *Ibid.*, para.27.
8) *Ibid.*, para.30.

(1) 아일랜드의 잠정조치 청구를 기각한다.

(2) 아일랜드로 하여금 영국의 소송비용을 부담하도록 명령한다.

Ⅲ. 해양법협약의 분쟁해결제도

해양법협약에서 분쟁해결제도는 제15부에 들어있으며, 보다 상세한 규정은 제5부속서부터 제8부속서에 들어있다. 제5부속서는 조정에 관한 것이고, 제6부속서는 국제해양법재판소 규정이며, 제7부속서는 중재재판, 제8부속서는 특별중재재판에 관한 것이다. 해양법협약 제15부 분쟁해결은 세 부분으로 구성되어 있다. 제1절 총칙에는 분쟁해결에 관한 기본적인 규정들이 나타나 있으며, 제2절 '구속력 있는 결정을 수반하는 강제절차'에는 해양법협약이 도입한 강제절차에 관한 규정들이 나열되어 있고, 제3절은 적용의 제한과 예외에 관한 것이다.[9]

해양법협약은 협약의 해석과 적용에 관한 분쟁을 평화적으로 해결해야 한다고 하면서, 이를 위하여 유엔헌장 제33조 1항에 제시된 수단에 의한 해결을 추구한다고 하였다. 그러나 협약은 "어떠한 규정도 당사국이 언제라도 이 협약의 해석이나 적용에 관한 당사국간의 분쟁을 스스로 선택하는 평화적 수단에 의하여 해결하기로 합의할 수 있는 권리를 침해하지 아니 한다"고 하여 분쟁해결에 있어서 당사국의 의사를 중요시하였다.

해양법협약의 해석과 적용에 관한 분쟁이 분쟁당사국들이 선택한 수단이나 조정절차에 의하여 해결되지 못하면 해양법협약 제15부 제2절의 분쟁해결 관련 규정들이 적용되는데, 이를 강제절차라 한다. 해양법협약은 당사국들에게 분쟁해결시 따라야 하는 '강제절차'를 선택하는데 있어서 재량을 부여하였다. 모든 해양법협약 당사국은 협약의 해석과 적용에 관한 분쟁을 해결하기 위하여 협약에 서명·비준·가입할 때 또는 그 후 언제라도 제6부속서에 따라 설립되는 국제해양법재판소, 국제사법재판소, 제7부속서에 따라 구성되는 중재재판소, 제8부속서에 따라 설립되는 특별중재재판소 중에서 하나 또는 그 이상을 선택할

9) 국제해양법재판소의 재판절차와 관련 규범을 보다 자세히 보려면 재판소규정 이외에 1997년 재판소가 채택한 '재판소규칙'(Rules of Tribunal), '재판소에서의 사건의 준비와 진술에 관한 지침'(Guidelines concerning the Preparation and Presentation of Cases before the Tribunal), '재판소내부 사법사무에 관한 결의'(Resolution on the Internal Judicial Practice of the Tribunal) 등을 분석해 보아야 한다. Gudmundur Eiriksson, The International Tribunal for the Law of the Sea, Martinus Nijhoff Publishers, 2000, pp.1-2.

수 있게 하였다.[10] 당사국들이 동일한 분쟁해결절차를 수락한 경우에는, 특별한 합의가 없는 한, 그들 간의 분쟁은 그 절차에 회부된다. 국가들이 협약관련 분쟁의 해결을 위하여 분쟁해결 수단을 선택하지 않은 경우에는, 그 국가는 제7부속서에 따른 중재재판을 선택한 것으로 본다. 또한 분쟁당사자가 동일한 분쟁해결절차를 수락하지 아니한 경우에도 그 분쟁은 제7부속서의 중재재판에 회부된다.[11]

그렇지만 강제절차의 적용가능성은 여러 가지 예외들로 인하여 축소되었다. 그러한 예외에는 국경선, 안보, 연안자원 통제 등 국가의 중대한 이익에 영향을 미치는 분쟁들이 포함되며, 이러한 분쟁들은 강제적인 분쟁해결절차로부터 제외되는 것이다. 국제관계에 대한 국가주권의 영향력을 감안할 때, 일부 예외를 인정하지 않고는 일부 국가들의 해양법협약 수락이 곤란하리라는 우려가 있어 이러한 예외들이 도입되었다.[12] 해양법협약이 규정한 강제절차의 적용이 배제되는 경우는 다음과 같다. 첫째는 해양법협약 제297조 1항에 따른 일반적인 예외인데, 연안국의 주권적 권리(sovereign right) 또는 관할권(jurisdiction) 행사와 관련하여 협약의 해석이나 적용에 관한 분쟁은 구속력 있는 결정을 수반하는 강제절차에 부탁되지 아니한다. 둘째는 협약 제297조 2항에 따라 국가들은 자국의 경제수역이나 대륙붕에서의 해양과학조사에 대한 동의거부와 관련하여 발생하는 분쟁을 강제절차에 부탁할 의무를 부담하지 않는다. 셋째, 협약 제297조 3항에 따라 일부 경제수역에서의 어업분쟁과 관련하여 예외가 인정되었다. 어업관련 분쟁에는 일반적으로 강제절차가 적용되지만, 국가들은 경제수역 생물자원에 대한 주권적 권리 및 그 행사에 관한 분쟁, 즉 허용어획량(allowable catch), 어획능력(harvesting capacity), 다른 국가에 대한 잉여량 할당(allocation of surplus), 자국의 보존관리법에서 정하는 조건을 결정할 재량권에 관한 분쟁을 강제

---

10) 해양법협약 제287조 1항. 제7부속서에 따라 구성되는 중재재판소는 5인의 중재재판관으로 구성되는데, 분쟁당사국이 각 1명씩 선임하고, 나머지 3인의 중재재판관은 당사국간 합의에 의하여 정한다. 당사국들이 합의하지 못하는 경우에는 국제해양법재판소 소장이 선임한다. 제8부속서에 따른 특별중재재판소는 어업, 해양환경의 보호와 보존, 해양과학조사, 선박기인 오염과 투기를 포함하는 항해 등 네 가지 특정한 부류의 사건을 다루기 위하여 설립된다. 특별중재재판소 역시 5인의 중재재판관으로 구성된다. 분쟁당사국이 각 2명씩 선임하고, 재판소장을 맡게 될 나머지 1인의 중재재판관은 당사국간 합의에 의하여 선임하는데, 당사국들이 합의하지 못하는 경우에는 유엔사무총장이 선임한다.

11) 해양법협약 제287조 3, 4, 5항.

12) R. R. Churchill and A. V. Lowe, The Law of the Sea, 3rd edition, Manchester University Press, 1999, pp.454-455.

절차에 회부할 의무는 없다.

또한 해양법협약 제298조는 해양법협약의 당사국에게 몇 가지 범주에 속하는 분쟁의 해결과 관련하여 분쟁해결절차의 일부를 배제할 수 있는 '적용의 선택적 예외'를 인정하였다. 국가들은 협약에 서명, 비준, 가입할 때 또는 그 이후 어느 때라도 일부 분쟁과 관련하여 강제절차 중 하나 또는 그 이상을 수락하지 아니한다는 것을 서면으로 선언할 수 있는 것이다. 선택적 예외가 인정되는 분쟁은 (a) 해양경계획정과 역사적 만 및 권원에 관한 분쟁, (b) 군사활동과 주권적 권리나 관할권 행사와 관련된 법집행활동에 관한 분쟁, (c) 유엔안전보장이사회가 자신의 기능을 수행하고 있는 분쟁이다.

해양법협약상 해양법재판소를 비롯한 분쟁해결기구들은 필요한 경우 잠정조치를 취할 수 있다. 특히 해양법재판소는 분쟁당사국의 권리를 보존하고 해양환경에 대한 심각한 피해를 방지하기 위하여 본안판결 이전에 잠정조치를 취할 수 있다. 잠정조치에 관한 일반적인 규정은 해양법협약 제290조와 재판소규정 제25조에 나타나 있으며, 재판소규칙은 제89조에서 제95조 사이에 세부적인 내용들을 규정해 놓았다.

Ⅳ. 주요 쟁점별 고찰

국제해양법재판소가 다룬 본 「MOX 공장 사건」(MOX Plant case)은 아일랜드가 해양법협약 제7부속서에 따른 중재재판소 구성 이전에, 셀라필드에 건설된 MOX 공장의 가동으로 인한 해양오염과 자국에 대한 피해를 방지하기 위하여 청구한 잠정조치에 관한 것이다. 아일랜드가 영국의 MOX 공장 문제와 관련하여 잠정조치를 제기한 근거는 다음의 해양법협약 제290조 5항이다.

> 본 절에 따라 분쟁이 회부되는 중재재판소가 구성되는 동안 잠정조치의 요청이 있는 경우 당사자가 합의하는 재판소가, 만일 잠정조치의 요청이 있은 후 2주일 이내에 이러한 합의가 이루어지지 아니하는 경우에는 국제해양법재판소가, 이 조에 따라 잠정조치를 명령, 변경 또는 철회할 수 있다. 다만, 이는 장차 구성될 중재재판소가 일응(*prima facie*) 관할권을 가지고 있고 상황이 긴급하여 필요하다고 인정되는 경우에 한한다.

본 사건에 대한 심리에 있어서는 제7부속서 중재재판소가 일응(*prima facie*) 관할권을 가지는가 하는 문제와 수리가능성에 관한 문제가 검토되었으며, 실질적인 문제로서 잠정조치의 내용이 주요 쟁점으로 등장하였다.

1. 중재재판소 관할권 문제

해양법협약 제290조 제5항은 국제해양법재판소가 잠정조치를 명령하려면 장차 구성될 중재재판소가 일응(*prima facie*) 관할권을 가지고 있고, 상황이 긴급하여 필요하다고 인정되어야 한다고 하였다. 따라서 재판소는 제290조 5항에 따른 잠정조치 명령 이전에 제7부속서 중재재판소가 일응(*prima facie*) 재판관할권을 가지고 있는지 확인해야만 하였다.

아일랜드는 영국과의 분쟁은 해양법협약 제123조(폐쇄해와 반폐쇄해 연안국간 협력), 해양환경보호에 관한 제192조에서 제194조, 제197조(지구적 또는 지역적 차원의 협력), 제206조(활동의 잠재적 영향평가), 제207조(육상오염원에 의한 오염), 제211조(선박에 의한 오염), 제212조(대기에 의한 또는 대기를 통한 오염)와 제213조(육상오염원에 의한 오염관련 법령집행) 규정의 해석과 적용에 관한 것이라고 주장하면서, 잠정조치를 명령할 권한이 국제해양법재판소에게 있다고 하였다.[13)]

반면에 영국은 해양법협약 제282조에 비추어볼 때 아일랜드는 제7부속서 중재재판소에 본 사건을 의뢰할 수 없다고 하였다. 해양법협약 제282조는 다음과 같이 규정하였다.

> 이 협약의 해석이나 적용에 관한 분쟁의 당사자인 당사국들이 일반협정·지역협정·양자협정을 통하여 또는 다른 방법으로 어느 한 분쟁당사자의 요청에 따라 구속력 있는 결정을 초래하는 절차에 그 분쟁을 회부하기로 합의한 경우, 그 분쟁당사자가 달리 합의하지 아니하는 한, 이 부에 규정된 절차 대신 그 절차가 적용된다.

영국은 아일랜드가 1992년 「북동대서양해양환경보호협약」(이하 'OSPAR협약') 제32조에 따라 "MOX 공장의 경제적 타당성과 관련한 OSPAR협약 제9조에 따른 정보접근권에 관한" 양국간 분쟁을 OSPAR중재재판소에 제소하였으며, 아일랜드의 제소사항 중 일부는 「유럽공동체설립조약」(이하 'EC조약')이나 「유럽원자력

---

13) The MOX Plant Case, *op. cit.*, para.36.

에너지기구설립조약」(이하 'Euratom조약') 및 이들 조약에 따라 제정된 지침(directive)에 따라 해결하도록 되어있다고 하였다. 뿐만 아니라 이들 조약의 당사국들은 유럽공동체사법재판소에 그러한 조약들과 지침의 준수 불이행에 관한 그들 간의 분쟁을 해결할 배타적 관할권을 부여하는데 대해 동의하였다고 하였다. 나아가 영국은 제7부속서 중재재판소에 부탁된 분쟁의 주요 요소들은 OSPAR협약과 EC조약, Euratom조약의 강제적 분쟁해결절차의 적용을 받는다고 주장하면서, 제7부속서 중재재판소는 본 사건에 대해 재판관할권을 가지지 못하므로, 국제해양법재판소는 해양법협약 제290조 5항에 따른 잠정조치를 명령할 수 있는 권한이 없다고 하였다.[14]

영국의 이러한 주장에 대하여 아일랜드는 양국간 MOX 공장을 둘러싼 분쟁은 해양법협약의 적용과 해석에 관한 분쟁이며, OSPAR협약이나 EC조약 또는 Euratom조약에 관한 것이 아니라고 하였다. 나아가 아일랜드는 해양법협약, OSPAR협약, EC조약, Euratom조약에 따른 권리와 의무는 누적적인 것이므로, 자국은 이들 조약의 당사국으로서 자국이 선택하는 조약을 무엇이든 원용할 수 있다고 하였다.[15]

국제해양법재판소는 OSPAR협약, EC조약, Euratom조약의 분쟁해결절차는 당해 합의에 관한 분쟁을 다루는 것이지 해양법협약과 관련하여 발생하는 분쟁을 다루는 것은 아니라고 하였다. 또한 이들 조약이 해양법협약에 규정된 권리나 의무와 유사하거나 동일한 권리와 의무를 포함하고 있을지라도, 그러한 합의에 따른 권리와 의무는 해양법협약상의 권리 및 의무와는 별개의 것이라고 하였다. 국제해양법재판소는 제7부속서 중재재판소에 부탁된 분쟁은 해양법협약의 적용과 해석에 관한 것이므로 해양법협약의 분쟁해결절차만이 당해 분쟁과 관련이 있다고 하면서, 제7부속서 중재재판소가 일응(*prima facie*) 재판관할권을 갖는 것인지 결정하는데 있어서 협약 제282조는 제7부속서 중재재판소에 회부된 분쟁에는 적용되지 않는다고 하였다.[16]

결국 재판소는 제7부속서 중재재판소의 일응(*prima facie*) 재판관할권을 인정하여, 본 사건에 대한 재판소의 관할권을 인정하였다.[17]

---

14) *Ibid*., paras.40-44.
15) *Ibid*., paras.45-47.
16) *Ibid*., paras.48-53.
17) *Ibid*., Separate Opinion of Vice-President Nelson. Nelson 재판관은 개별의견에서 해양법협약 282조는 협약 제15부 2절의 절차에 부탁하기 이전에 검토되어야 한다는데 동의하였다. 해양법협약 제282조는 당사자간 합의가 이루어지는 경우 일반협정, 지역협정, 양자협정을 통하여 한

2. 의견교환 문제

영국은 아일랜드의 잠정조치 청구 이전에 협상이나 기타 평화적 수단에 의한 분쟁해결에 관한 의견교환(exchange of views)이 없었던 점을 지적하면서 재판소의 관할권에 의문을 제기하였다. 영국의 이러한 주장은 해양법협약 제283조를 기초로 하는바, 그 조문은 다음과 같다.

1. 이 협약의 해석이나 적용에 관하여 당사국간 분쟁이 일어나는 경우, 분쟁당사자는 교섭이나 그 밖의 평화적 수단에 의한 분쟁의 해결에 관한 의견을 신속히 교환한다.

2. 당사자는 이러한 분쟁의 해결절차에 의하여 해결에 도달하지 못하였거나 또는 해결에 도달하였으나 해결의 이행방식에 관한 협의를 필요로 하는 상황인 경우, 의견을 신속히 교환한다.

영국은 자국과 아일랜드와 사이에 서신왕래가 있었던 것은 사실이지만, 그것이 해양법협약이 규정하고 있는 분쟁에 관한 의견교환에 이르지는 못하였으며, 아일랜드가 자국의 의견교환 요구를 거절하였다고 하였다.[18]

이에 대해 아일랜드는 자국은 이미 1999년 7월 30일자 서신에서 당해 분쟁에 대해 영국의 주의를 환기한바 있으며, 나아가 제7부속서 중재재판소에 분쟁을 회부할 때까지 당해 문제에 관한 서신교환이 지속적으로 이루어져 왔다고 하였다. 아일랜드는 영국이 MOX 공장 허가의 즉각적인 정지와 관련 국제운송의 중지를 거부한 이후에야 자국은 분쟁을 제7부속서 중재재판소에 회부하였다고 하였다.[19]

양국간의 의견교환 여부에 관한 논쟁에 대하여 국제해양법재판소는, 분쟁

당사자의 요청이 있는 경우 다른 분쟁해결 절차를 밟도록 합의한 경우 별도의 합의가 없는 한 그 절차를 적용하도록 하고 있는 바, 이를 위해서는 두 가지 조건에 대한 검토가 필요하다고 하였다. 하나는 그 분쟁이 해양법협약의 해석에 관한 것이어야 한다는 것이며, 다른 하나는 구속력 있는 결정을 수반하는 절차에 분쟁을 부탁하기로 합의한 경우이어야 한다는 것이다. 따라서 Nelson은 "제7부속서 중재재판소가 일응(*prima facie*) 재판관할권을 갖는 것인지 결정하는데 있어서, 해양법협약 제282조는 제7부속서 중재재판소에 회부된 분쟁에는 적용되지 않는다"는 재판소의 결정에 동의하였다고 밝혔다.

18) *Ibid.*, paras.54-57.

19) *Ibid.*, paras.58-59.

당사국이 분쟁해결과 관련하여 합의에 도달할 가능성이 소진되었다고 판단할 때에는 의견교환을 계속할 의무는 없다고 하여, 아일랜드의 주장에 동조하였다.[20] 결국 재판소는 제7부속서 중재재판소의 일응(*prima facie*) 재판관할권과 양국간 의견교환에 대한 긍정적인 판단을 근거로 재판소의 관할권을 인정하였다.

3. 잠정조치 내용

국제해양법재판소는 제7부속서 중재재판소가 이 분쟁에 대해 일응(*prima facie*) 관할권을 가지고 있다고 판단한 후, 해양법협약 제290조 5항에 따른 잠정조치의 필요성을 검토하였다. 재판소는 제7부속서 중재재판소 구성 이전에 어느 당사국의 권리를 침해하거나 해양환경에 심각한 피해를 야기하는 조치가 취해질 가능성이 있다고 판단하는 경우, 일정한 조건이 갖추어지면 제7부속서 중재재판소 구성 이전에 잠정조치를 명령할 수 있기 때문이다.

아일랜드는 영국이 협약에 따른 의무를 완료하기 이전에 MOX 공장이 가동을 시작하게 되면 협약의 일부 규정 특히 협약 제123조, 제192조부터 제194조, 제197조, 제206조, 제207조, 제211조, 제212조 및 제213조 규정에 따른 자국의 권리가 회복할 수 없을 정도로 침해될 것이라고 하였다. 일단 MOX 공장에 플루토늄(plutonium)이 투입되고 공장이 가동을 시작하면 해양환경에의 배출로 돌이킬 수 없는 결과가 초래될 것이며, MOX 공장이 가동에 들어가면 방사능물질의 누출 또는 방출위험은 크게 확대되리라는 것이다. 나아가 아일랜드는 추후 공장 시스템에 플루토늄 공급을 중단하는 것만으로는 MOX 공장을 작동 이전에 존재하였던 상태로 되돌릴 수는 없다고도 하였다.[21]

반면에 영국은 MOX 공장 가동으로 인하여 오염이 발생하는 경우에도, 오염으로 인한 위험성은 아주 경미하다고 하였다. 영국은 제7부속서 중재재판소 구성 이전에 MOX 공장 가동으로 해양환경과 아일랜드의 권리에 돌이킬 수 없는 손해가 야기될 가능성은 없다고 하면서, MOX 공장의 가동이나 플루토늄의 시스템 주입은 언제든지 중단될 수 있다고 하였다. 나아가 영국은 MOX 연료 생산에 따른 안전사고 발생 가능성은 매우 낮으며, 셀라필드(Sellafield) 단지를 보호하기 위한 광범위한 안전대비책도 마련하였다고 하였다.[22]

---

20) *Ibid.*, paras.60.

21) *Ibid.*, paras.67-71. 아일랜드는 예방의 원칙을 근거로 MOX 공장 가동에 따른 배출과 결과로부터 아무런 피해가 발생하지 않는다는 데 대한 입증책임은 영국에게 있다고 하였다.

여기에서 멘사(Mensah) 재판관이 개별의견에서 밝힌 두 가지 잠정조치의 차이를 살펴본다. 그는 해양법협약 제290조에 따른 잠정조치(provisional measure) 청구를 고려함에 있어서, 그 1항과 5항에 따른 잠정조치를 대비하여 고찰해 보아야 한다고 하였다. 일반적인 형태의 잠정조치인 해양법협약 제290조 1항의 잠정조치는 청구가 제기된 재판소가 최종 결정 이전에 각 분쟁당사국의 이익을 보전하거나 해양환경에 대한 중대한 피해를 방지하기 위하여 취하는 조치이다. 국제적인 사법기관들은 잠정조치는 본래 예외적인 것이라고 하면서, 그러한 조치를 위해서는 다음의 두 가지 조건이 충족되어야 한다고 하였다. 첫째, 그러한 조치가 취해지지 아니하면 어느 한 국가의 권리가 침해당할 가능성이 있어야 한다. 즉 권리의 침해가 발생할 상당한 개연성이 있는 경우에만 잠정조치는 허용되는 것이다. 둘째, 그러한 권리의 침해가 발생할 경우 그러한 침해는 치유될 수 없는 것이어야 한다. 이것은 침해가 없었다면 있었을 상태로 피해당사국을 되돌리는 것이 불가능하거나, 그러한 권리의 침해가 금전배상이나 보상 또는 원상회복에 의해 전보될 수 없는 것이어야 한다는 것을 의미한다.[23]

반면에 해양법협약 제290조 5항의 잠정조치를 위해서는 위의 조건들과 함께 추가로 몇 가지 조건이 충족되어야 한다. 그것은 해양법협약 제290조 1항과 5항이 적용되는 상황에 차이가 있기 때문인데, 그 차이를 비교해 보면 다음과 같다. 첫째, 협약 제290조 1항에 따른 잠정조치 청구는 분쟁이 제기된 재판소에 의하여 다루어지는데 비하여, 5항에 따른 잠정조치는 분쟁의 실질내용을 다루지 아니하는 재판소에 의하여 다루어진다. 둘째, 제290조 1항에 따른 잠정조치 청구는 본안 판결 이전에 권리를 보존하고 피해를 방지하는데 적합한 조치를 고려하는데 비하여, 5항에 따른 잠정조치 청구를 다루는 재판소에서는 본안심리가 이루어질 중재재판소 구성 이전에 취할 조치를 결정하는 권한을 가진다.

잠정조치의 필요성과 조치의 내용을 둘러싸고 양국의 입장이 대립하는 가운데, 영국은 몇 가지 서약을 하였다. 영국은 2001년 11월 20일 공개법정에서 "MOX 공장의 작동으로 인하여 셀라필드로 들어오고 나가는 방사능물질의 해상운송은 더 이상 없을 것"이라고 하였다. 영국은 여기에서 "2002년 여름까지는 공장으로부터 MOX 연료 수출은 없을 것"이라고 하였으며, "그 기간동안 MOX 공장으로의 전환 계약에 따라 폐핵연료의 THORP(Thermal Oxide Reprocessing Plant:

22) *Ibid.*, paras.72-76.
23) *Ibid.*, Separate Opinion of Judge Mensah.

산화물연료재처리공장)로의 유입도 없을 것"이라고 하였다.[24]

국제해양법재판소는 아일랜드가 청구한 문제의 잠정조치는 제7부속서 중재재판소 구성 이전까지 짧은 기간동안 적용된다는 점에 유의하였다. 따라서 재판소는 "본 사건의 경우 재판소는, 제7부속서 중재재판소 구성 이전의 짧은 기간의 긴급성이 아일랜드가 요구한 잠정조치 명령을 요구하고 있다고 보지는 아니하였다"고 하였다. 이는 재판소가 잠정조치를 취하기는 하되 그 내용은 아일랜드가 요구한 것보다 매우 약한 수준에 머물 것임을 예고하는 것이었다.[25]

4. 협력의무

국제해양법재판소는 협력의 의무는 해양법협약 제12부 해양환경 오염방지와 일반국제법에 있어서는 근본원칙이라고 하면서, 국제법상 협력의 의무에서 나오는 몇 가지 의무를 양국에게 부과하였다. 재판소는 아일랜드와 영국에게 MOX 공장 가동에 따른 위험이나 영향에 관한 정보를 교환하고, 그러한 위험이나 영향에 대처하기 위한 방안을 마련하는데 협력해야 한다고 하였다. 또한 양국은 각국이 제7부속서 중재재판소에 부탁된 분쟁을 악화시키거나 확대시킬 수 있는 조치를 취해서는 아니 된다고 하였다. 아울러 재판소규칙 제95조 1항에 따라, 양국은 취해진 잠정조치 준수에 관한 보고서와 정보를 재판소에 제출할 의무가 있다고 하였다.[26]

Ⅴ. 결정내용과 평가

1. 결정내용

국제해양법재판소는 본 「MOX 공장 사건」에서, 제7부속서 중재재판소 구성 이전까지의 짧은 기간을 감안할 때, 상황의 긴급성(urgency)이 아일랜드가 청구한 잠정조치 명령을 필요로 할 정도는 아니라고 보았다. 재판소는 공장의 가동을 원하고 나중에 이를 폐쇄하는데 따른 위험을 감수하는 것은 영국의 책임

24) *Ibid.*, paras.78-79.
25) *Ibid.*, paras.80-81.
26) *Ibid.*, paras.82-86.

이라고 하였다. 따라서 재판소는 아일랜드가 청구한대로 MOX 공장의 가동 중단을 명하지는 않았다.[27]

그렇지만 국제해양법재판소는 협력의 의무는 해양법협약 제12부의 해양환경오염 방지에 있어서는 물론이고 일반국제법에 있어서도 근본원칙에 해당하는 것이라고 보아, 그에 따른 몇 가지 의무를 양국에게 부과하였다. 재판소는 아일랜드와 영국은 MOX 공장 가동에 따른 위험이나 영향에 관한 정보를 교환하고, 그러한 위험이나 영향에 대처하기 위한 방안을 마련하는데 협력해야 한다고 하였다. 아울러 재판소는 재판소규정 제34조에 규정되어 있듯이, 각 당사국이 자신의 비용을 부담해야 한다는 일반적 규칙은 이 사건에도 적용된다고 하였다.

국제해양법재판소는 2001년 12월 3일자 명령에서 다음과 같이 말하였다.[28]

1. 만장일치로

제7부속서 중재재판소에 의한 결정 이전까지, 해양법협약 제290조 제5항에 따라 다음의 잠정조치들을 명령한다:

아일랜드와 영국은 다음을 위해 협력하고 그러한 목적에서 협의하여야 한다:

(a) MOX 공장의 작동으로 인하여 발생하는 아일랜드해에 대한 가능한 영향에 관하여 보다 많은 정보를 교환한다;

(b) MOX 공장 가동의 아일랜드해에 대한 위험이나 효과를 감시한다;

(c) MOX 공장의 가동으로부터 초래될 수 있는 해양환경 오염을 방지하기 위한 적절한 조치를 마련한다.

2. 만장일치로

아일랜드와 영국은 각각 2001년 12월 17일까지 재판소규칙 제95조 제1항에 언급되어 있는 최초의 보고서를 제출해야 함을 결정하며, 재판소 소장에게는 그날 이후 그가 적절하다고 판단하는 추가적인 보고서와 정보를 요구하는 권한을 부여한다.

3. 만장일치로

각 당사국은 자신의 소송비용을 부담하도록 결정한다.

---

27) Environmental Policy and Law, vol.32, No.1, 2001, p.26.
28) The MOX Plant Case, *op. cit.*, para.89.

2. 평 가

국제해양법재판소는 출범이후 한 동안은 주로 선박의 신속한 석방(prompt release) 문제만을 다루었다. 그러나 시간이 가면서 국제해양법재판소의 관할범위는 확대되고 있는 바, 본 「MOX 공장 사건」은 국제해양법재판소의 재판관할 범위가 오염으로부터의 해양환경보호 분야까지 확대되어 가고 있음을 보여주었다.

본 사건에서 아일랜드는 MOX 공장 건설과 가동에 따른 해양환경과 자국에 대한 피해는 물론 예방의 원칙까지 거론해 가면서, 영국 셀라필드에 건립된 MOX 생산시설의 가동을 즉시 중단시켜야 한다고 주장했었다. 그러나 해양법협약 제7부속서에 따른 중재재판소 구성이전의 짧은 기간 동안, 상황의 급박함이 아일랜드가 요구한 구속력 있는 법적의무를 수반하는 조치를 취해야 할 정도는 아니라는 것이 대다수 재판관들의 판단이었다. 당시 우리나라 출신의 고 박춘호 재판관 등 7명의 재판관들은 공동선언(joint declaration)에서 아일랜드의 MOX 공장과 관련된 해상운송 중단요구와 관련하여, 문제의 기간 동안 해상운송을 중단하겠다는 영국의 서약을 고려하였다고 하였다. 또한 아일랜드의 MOX 공장 가동중단 요구에 대해서는 공장의 가동과 플루토늄 주입이 회복이 불가능한 것은 아니라는 영국의 진술을 참작하였다고 하였다.[29)]

국제해양법재판소는 오히려 MOX 공장 가동이 해양환경에 미치는 영향에 대한 평가와 관련하여 양국 정부간에 거의 아무런 협력이 이루어지지 않았던 점에 주목하였다. 재판관들은 협력의 의무를 해양법협약 제12부와 일반국제법에 따른 해양오염방지에 근본적인 원칙으로 보았으며, 그 결과 재판소가 취할 수 있는 가장 효율적인 조치는 당사국간의 협력을 요구하는 것이라고 하였다.

멘사(Mensah) 재판관은 개별의견에서, 해양법협약 제290조 5항 잠정조치에 대한 규정과 의미를 고려할 때, 국제해양법재판소가 MOX 공장의 가동 결과 초

---

29) *Ibid.*, Joint Declaration of Judges Caminos, Yamamoto, Park, AKL, Marsit, Eiriksson, and Jesus. 여기에서 재판관들은 재판소가 아일랜드가 주장하는 피해가 발생하지 않으리라 판단하였기 때문에 그렇게 결정한 것은 아니라고 하였다. 그보다는 예외적이고 재량적인 권한이라 생각되어지는 권한을 행사하기에 적합하다고 인정할 만한 증거들이 제시되지 못하였기 때문이라고 하였다. 더구나 본 사건은 해양법협약 제290조 5항에 따른 잠정조치에 관한 것으로, 이는 제290조 1항에 따른 잠정조치 청구에 있어서 보다 훨씬 짧은 기간 동안 행사되는 재량에 관한 것이었음을 유념해야 한다고 하였다.

래될 아일랜드와 해양환경에 대한 장기적인 피해가능성의 존재와 성격에 지나치게 집착하지 않은 것은 올바른 판단이었다고 하였다. 이 사건에서 재판소에 청구된 것은 제7부속서 중재재판소 구성 이전에 당사국의 권리나 해양환경에 대한 침해가능성으로 인하여 보호가 필요한지 고려해 달라는 것이었는데, 아일랜드가 재판소에 제출한 증거들은 제7부속서 중재재판소 구성 이전에 MOX 공장의 가동으로 인하여 아일랜드의 권리 또는 해양환경에 심각한 피해가 발생할 수 있음을 보여주지 못하였다는 것이다. 특히 이러한 결론에 도달하는 데에는 2002년 봄 이전에 제7부속서 중재재판소가 구성될 것이라는 예상과, 영국이 2002년 여름 이전에는 방사능물질을 해상운송하지 않겠다고 한 서약이 고려되었다고 하였다.[30]

본 사건에 대한 국제해양법재판소의 결정은 자국영토 안에서의 경제활동에 대한 영국의 주권과 적절한 정보와 협의에 접근하는데 관한 아일랜드의 권리 간에 이루어진 타협의 결과라고 생각된다.

MOX 공장과 관련한 제7부속서 중재재판소의 첫 번째 심리가 2003년 6월 10일에 있었다. 그런데 중재재판소는, 국제해양법재판소의 일응(*prima facie*) 재판관할권에 대한 긍정적인 결정에도 불구하고, EC법(유럽공동체법)과 관련하여 관할권 문제를 검토하였다. 유럽연합조약 제292조는 회원국들이 EC관련 규범의 해석이나 적용에 관한 분쟁해결에 다른 방법을 사용하는 것을 금지하고 있는 바, 유럽공동체가 해양법협약 제12부의 오염방지규정에 관한 배타적관할권을 주장하는 공식적인 선언을 기탁하였기 때문이다. 이에 따라 2003년 6월 13일 제7부속서 중재재판소는 2003년 12월 1일까지 후속 재판절차를 연기하기로 결정하였다. 이어서 2003년 10월 21일 유럽공동체 College of Commissioners가 유럽재판소에서 아일랜드를 상대로 법률위반소송절차를 개시하도록 승인함에 따라, 제7부속서 중재재판소는 유럽재판소가 공동체법 관련 법적문제에 관한 결정에 이를 때까지 관할권과 본안에 관한 절차를 중단하기로 결정하였다.[31]

이 글의 제일 앞부분에서 이미 언급한 바와 같이 아일랜드는 자국과 영국 간의 MOX 제조시설 문제를 OSPAR 중재재판소에도 제기하였었다. 아일랜드가 OSPAR 중재재판소에 제기한 문제는 OSPAR 협약 제9조에 관련된 것으로, 주로 해양의 현황과 관련 활동 및 조치에 대한 정보제공에 관한 좁은 범위의 것이었

30) *Ibid.*, Separate Opinion of Judge Mensah.
31) Tanaka, *op. cit.*, pp.391-393.

다. 영국은 여기에서도 관할권 문제를 제기하였으며, OSPAR협약 제9조 3항 규정에 따라 상업적 비밀에 대해서는 예외가 인정된다는 주장을 하였다. 2003년 7월 2일의 판정에서 OSPAR 중재재판소 역시 협약 제9조를 좁게 해석함으로써 사실상 아일랜드의 청구를 거절하였다.[32]

해양환경보호 특히 해양환경오염과 그에 따른 인접국의 피해가능성 문제를 다룬 첫 번째 사건인 본 MOX 공장 사건에 대한 국제해양법재판소의 결정과 관련하여 검토할 점은 다음과 같다.

첫째, 본 사건은 해양환경보호 문제가 환경운동가들의 구호나 각국 정부의 정치적 슬로건을 넘어서 실제로 국제적인 사법심사의 대상이 되고 있음을 보여주었다.

둘째, 본 사건은 국제사회의 국제법원과 재판소의 확산 현상과 복잡해져 가는 국제분쟁해결절차를 보여주었다. 이 글은 아일랜드가 국제해양법재판소에 청구한 잠정조치를 중심으로 분석한 것이다. 그러나 아일랜드는 MOX 공장 문제를 국제해양법재판소는 물론 해양법협약 제7부속서에 따른 중재재판소, OSPAR 중재재판소 등에도 의뢰하였다. 따라서 해양분쟁을 포함한 국제분쟁해결제도에 대한 이해를 위해서는 다양해져 가는 국제적인 분쟁해결제도 전반에 대한 연구가 필요함을 보여주었다.

셋째, 본 사건은 국제해양법재판소가 국가의 영토주권과 해양환경보호의 필요성 간의 충돌에서 국제법상 전통적 원칙인 영토주권의 우월함을 옹호하고 있음을 보여주었다. 해양환경보호의 필요성에 대한 공감대는 갈수록 넓어져 가고 있지만, 아직은 각국의 영토 내에서의 활동을 규제할 정도에 이르지는 못하고 있는 것이다.

넷째, 본 사건에서 국제해양법재판소는 해양환경보호에 관련된 국가간 분쟁해결에 있어서 분쟁당사국간의 협력을 강조하고 있음을 보여주었다. 본 사건은 물론 말레이시아와 싱가포르간 간척사건에서도, 국제해양법재판소는 어떤한 분쟁당사국의 일방적인 승리를 선언하기보다는 적절한 선에서의 타협을 시도하였으며 관련 정보의 교환 등 당사국간 협력을 강조하였다.

---

32) OSPAR, Dispute Concerning Access to Information Under Article 9 of the OSPAR Convention (Ireland v. U.K.), Final Award, 2003.

참고문헌

- Burke, William T., *International Law of the Sea*, Lupus Publications, 1997.
- Churchill, R. and Lowe, A. V., *The Law of the Sea*, Manchester University Press, 1999.
- Clingan, Thomas A., *The Law of the Sea: Ocean Law and Policy*, Austin & Winfield, 1994.
- Eiriksson, Gudmundur, *The International Tribunal for the Law of the Sea*, Martinus Nijhoff Publishers, 2000.
- Evans, Malcolm D., *International Law*, 2nd ed., Oxford University Press, 2006.
- Rothwell, Donald R., and Tim Stephens, *The International Law of the Sea*, Hart Publishing, 2010.
- Sohn, Louis B., John E. Noyes, Erik Francks, and Kristen G. Juras, *Cases and Materials in the Law of the Sea*, 2nd ed., Brill/Nijhoff, 2014.
- Tanaka, Maki, "Lessons from the Protracted MOX Plant Dispute: a Proposed Protocol on Marine Environmental Impact Assessment to the United Nations Convention on the Law of the Sea," *Michigan Journal of International Law*, vol.25, 2004.
- The MOX Plant Case (Ireland v. United Kingdom), Provisional Measure, ITLOS, 3 December 2001.

제 8 장

Iron Rhine철도사건(Belgium/Netherlands)의 국제환경법적 쟁점*

International Environmental Legal Issues of Iron Rhine Railway case

이 재 곤

Ⅰ. 사건의 배경

Iron Rhine철도사건은 벨기에와 네덜란드 간에 있었던 분쟁을 양국 간의 중재부탁협정[1]에 따라 상설중재재판소(PCA)에 부탁하여 해결하였던 사건이다.[2] Iron Rhine철도(네덜란드어로는 "IJzeren Rijn")는 벨기에의 Antwerp항에서 네덜란드의 Noord-Brabant와 Limburg지방을 경유하여 독일의 라인유역(Rhine basin)을 연결하는 총연장 162km의 국제철도이다. 이 사건은 벨기에가 철도 구간마다 차이는 있지만 오랜 기간 동안 많이 이용되지 않았던 Iron Rhine철도를 "재가동"(reactivation)[3]하기로 계획을 세우고 통과국인 네덜란드와 협의하는 과정에서, 특히 비용부담 문제때문에 분쟁이 야기된 사건이다. 사건에서 논란의 중심이 된 것은 1839년에 벨기에가 네덜란드로부터 분리될 때 체결된 네덜란드와 벨기에 간 각영토의 분리에 관한 조약(이하 '분리조약')[4]의 해석문제인데 동 조약 제12조

---

* 이 장은 「법학연구」, 동아대학교 법학연구소, 제65호(2014)에 게재되었던 것을 이 책의 목적에 맞추어 수정·보완한 것임.

1) Arbitration Agreement between the Kingdom of Belgium and the Kingdom of the Netherlands, 2003년 7월 22일, 23일의 외교각서(diplomatic notes) 교환으로 체결.

2) The Arbitration Regarding the Iron Rhine("*IJzeren Rijn*") Railway between the Kingdom of Belgium and the Kingdom of the Netherlands (24 May 2005), 판정문은 <http://www.pca-cpa.org/showpage.asp?pag_id=1155>참조. 중재재판부는 벨기에측에서 Guy Schrans교수와 Bruno Simma재판관을 네덜란드측에서 Alfred H. A. Soons교수와 Peter Tomka재판관을 선임한 후 네 중재재판관이 절차규칙에 따라 Rosalyn Higgins재판관을 재판장으로 선임하여 구성되었다. 위 판정문, para.6.

3) '재가동'(reactivation)이라는 용어는 철도의 사용(use), 복구(restoration), 개조(adaptation), 현대화(modernization) 등을 포괄하는 개념으로 사용되었다. *Ibid.*, para.21.

4) Treaty between Belgium and the Netherlands relative to the Separation of their Respective

는 다음과 같이 규정하고 있었다:

> 벨기에에서 네덜란드 Sittard주를 마주한 Maas로 가는 “새로운 도로”가 건설되거나 “새로운 운하”를 굴착하는 경우에는 벨기에는 “동일한 계획”에 따라 상기조건에서 연장을 거절할 수 없는 네덜란드에게 “전적으로 벨기에의 비용부담”으로 앞서 언급한 도로나 운하가 Sittard주를 경유하여 독일국경까지 “연장되는 것을 자유롭게 요구할 수 있다.” 상업적 교통목적으로만 사용될 동 도로와 운하는 네덜란드의 선택에 따라 벨기에가 Sittard주에서 건설목적으로 고용하도록 인가받은 기술자와 노동자에 의하여 또는 벨기에의 비용으로 문제의 도로 또는 운하가 가로지르게 될 영토에 대한 주권의 배타적 권리를 침해하지 않고 또한 네덜란드에 어떠한 부담도 지우지 않고 합의된 작업을 집행할 네덜란드가 제공하는 기술자 또는 노동자에 의하여 건설된다.
> 양 당사국은 공동합의에 의하여 그 도로 또는 운하에 부과되는 세금과 사용료의 부과액과 방법을 정한다. (밑줄과 인용부호는 필자의 것임)

이 조항은 원래 새로 건설되는 도로와 운하에 대한 것이었는데 추후 조약에 의하여 철도도 규율하게 되었다. 벨기에의 Iron Rhine철도의 네덜란드 영토 통과구역에 대한 ‘통과권’(transit right)은 추후 체결된 조약들에 의하여 더 명확하게 되었는데 가장 대표적인 것이 1873년의 Iron Rhine조약[5]이고 이 조약에 따라 Iron Rhine철도가 1879년에 완공되었다. 1879년부터 1차 세계대전까지 Iron Rhine철도는 계속 사용되었고 소유권이 벨기에 양허권자인 Grand Central Belge에서 벨기에 정부를 거쳐 1897년의 철도협약[6]에 의해 네덜란드 정부로 넘어간 것 외에는 법적지위에 변화가 없었다. 1914년부터 1991년까지 이 철도의 이용은 기간에 따라 변화가 있었는데 1차대전 기간에는 상업적 철도이용이 중단되었고 이후 기간의 운행상황에 대하여 벨기에는 Antwerp와 Ruhr간과 Rotterdam과 Ruhr간에는 하루 12번의 국제운송열차가 양방향에서 운행하였다고 밝혔고 네덜란드는 1920년에 24시간당 8번, 1921년에 9번, 1922년 이후로는 1~2번의 열차운행이 있었다고 밝혔다. 네덜란드는 이러한 이용감소가 최근 건설한 Hasselt-Montzen-Aken선을 벨기에가 이용할 수 있게 되었기 때문이라고

Territories, Consolidated Treaty Series, 1838-1839, vol.88, p.27. 이 조약은 벨기에와 네덜란드간의 영토를 정하고 국경을 특정하기 위한 조약이다. 동조약 제9-12조가 벨기에에 부여된 통과권을 규정하고 있었다. 그 중 핵심은 제12조였다. *supra* note 2, para.31.

5) Convention between the Belgium and the Netherlands relative to the Payment of the Belgian Debt, the Abolition of the Surtax on Netherlands Spirits, and the Passing of a Railway Line from Antwerp to Germany across Limburg of 1873, CTS, 1872-1873, vol.145, p.447.

6) Railway Convention between Belgium and the Netherlands of 23 April 1897, CTS, 1896-1897, vol.184, p.374.

설명하였다. 2차대전 기간에는 Iron Rhine철도가 파괴되었고 재건설되어 군사적 목적으로 이용되었다. 2차대전 이후 40여년간에는 이 철도이용이 축소되었고 1991년 이후로는 벨기에와 독일간의 교통에는 이용되지 않고 네덜란드내의 일부구간에서 이용되고 있었다.

네덜란드 정부는 Noord-Brabant와 Limburg지방에서 1994년 Meinweg지역을 자연보존지역으로 지정하고 1995년 국립공원으로 지정한 후 EU의 서식지명령(Habitat Directive)[7]에 따라 특별보존지역목록에의 등재를 신청하여 2003년 EU 위원회(Commission)로부터 등록을 허락받았다.[8] 또한 Limburg지방정부는 이 지역을 '정숙지역'(Silent Area)으로 지정하는 등 환경보호를 위한 여러 법적 조치를 취하였고 이 보존지역일부는 Iron Rhine철도를 가로질러 놓여 있었다. 통과가 중단되기 전이었던 1987년과 1990년대에 벨기에와 네덜란드 정부관료간에는 Iron Rhine철도의 '재가동'에 관한 수차례 구두 또는 서면의 의견교환이 이루어졌다. 1998년 6월 12일 재가동문제에 대한 첫 번째 공식 대화가 이루어졌고 2000년 3월 28일에는 두 정부간에 이 문제에 관한 양해각서(Memorandum of Understanding: 이하 MOU)가 체결되었는데 여기에는 재가동에 의한 일정한 환경영향에 대한 연구, 재가동될 철도이용의 일정 등이 규정되었다. 이 환경영향연구는 2001년 5월에 완료되었지만 Iron Rhine철도의 소위 '잠정적 이용'(temporary use)을 위한 계획의 이행은 좌초되었는데, 그 원인은 재가동철도의 이용조건과 '장기적 이용'(long term use)을 위한 철도개선을 위해 필요한 비용의 할당문제에 대한 양당사국간의 이견 때문이었다. 양당사국간에는 또한 '장기적 이용'에 대한 합의 없이도 '잠정적 사용'이 가능한가에 대해서도 이견이 있었다.

일반적으로 벨기에는 Iron Rhine철도에 대한 네덜란드의 관할권 행사는 국제법, 특히 '신의성실의무'와 '합리성'원칙에 따라 네덜란드가 부담한 의무에 의하여 제한된다고 주장하였다. 또한 벨기에는 1839년의 분리조약 상 부여된 '통과권'을 적용하는 경우 네덜란드는 최소한 과거에 이용해왔던 역사적인 노선(historical line, 이하 '기존노선')에 대한 즉각적인 잠정적 이용을 허용할 의무가 있고, 장기적 목적으로 철도노선의 주요한 재가동을 허락하여야 할 의무가 있다고 주장하였다. 또한 벨기에는 자국의 통과권 행사를 불합리하게 어렵게 하는 조치가 취해지지 않아야 한다고 하면서 특별히 재가동과 관련하여 네덜란드가 부과하려는 과도한 비용이 드는 환경보호조치가 그러한 범주에 속한다고 주장하였

7) Council Directive No.92/43/EEC.
8) *supra* note 2, para.189.

다. 벨기에는 또한 이러한 상황에도 불구하고 환경조치가 부과되어야 한다면 네덜란드는 벨기에의 Iron Rhine철도사용이 건설작업으로 부정적인 영향을 받지 않도록 보장하여야 하고 건설비용과 그에 따른 재정적 위험도 네덜란드가 부담하여야 한다고 주장하였다. 벨기에의 입장에서는 1839년 분리조약 제12조상의 비용을 부담할 의무는 벨기에의 통과권 행사와 관련된 비용이 아니라 '새로운' 도로 또는 운하의 '건설'(construction)에 관련된 비용임을 강조하였다. 벨기에는 나아가 1839년 분리조약 제11조상 네덜란드가 Iron Rhine철도를 운행에 합당한 좋은 상태로 유지하고 교역에 편리하도록 유지할 책임이 있다고 주장하였다. 무엇이 좋은 상태와 교역에 편리한 것인가에 대하여 벨기에는 현재의 상황에 비추어 판단하여야 하고 상업적으로 실행가능한 것이어야 한다고 주장하였다. 만약 중재재판소가 벨기에가 일정한 비용을 부담해야 한다고 결정한다면 소음저감과 같은 네덜란드 법률에 합치되는 최소한의 요건을 맞추는데 필요한 것에 한정하여야 한다고 주장하였다. 더구나 벨기에가 EC법과 같은 타국제의무로부터 나온 조치의 비용을 부담하여야 한다면 네덜란드는 이러한 의무에 합치되기 위해 가용한 것 중 최소의 비용이 되는 또한/또는 부담이 적은 것을 요구하여야 한다고 주장하였다.

반면에 네덜란드는 벨기에가 네덜란드 영토상의 Iron Rhine철도에 대한 '통과권'을 갖는다는 것을 인정하면서도 벨기에의 통과권은 분리조약 제12조의 요건에 의해 제한된다고 주장하고 네덜란드 영토주권의 제한으로서 통과권은 '제한적으로' 해석되어야 한다고 밝혔다. 네덜란드는 그러한 주장의 근거로 또한 분리조약 제12조에서 규정된 네덜란드 영토주권의 유보와 벨기에가 규정된 작업비용을 부담하여야 한다는 요건을 인용하였다. 네덜란드는 나아가 Iron Rhine철도의 재가동에 관해 네덜란드가 추정적으로 부과한 환경조치와 기타 요건의 부과는 제12조상 네덜란드 주권의 합법적 행사에 해당한다고 주장하면서 이러한 주장은 분리조약 제11조, 1897년의 철도협약 또는 그 이후의 당사국관행 그 어느 것과도 상치되지 않는 것이라고 밝혔다.

한편, 중재협정에서 양당사국은 중재재판부(이하 '재판부')가 EC조약 제292조상의 당사국의 의무를 고려하면서 필요한 경우 유럽법을 포함하여 국제법에 근거하여 판정하여 주도록 요청하였다. 준거법에 유럽법을 포함시킴으로써 Mox Plant사건에서 문제되었던[9] 유럽사법재판소와 중재재판소간의 관할권 충돌문제

9) 영국이 아일랜드 해안방향으로 핵재처리시설을 건설하려 하자 아일랜드가 이의를 제기하여 2001년 6월 OSPAR협약에 따른 중재재판을 부탁하고 다시 2001년 10월 해양법협약 제7부속서

가 야기될 가능성이 있었다. 하지만 어느 분쟁당사국도 관할권 문제를 제기하지 않았고 Mox Plant사건에서의 영국과는 달리 네덜란드는 변론서에 벨기에가 EC법을 언급하는 것을 반대하지 않았다. 또한 어느 당사국도 타방당사국이 EC법을 위반하였다고 주장하지 않았으며 결국 이 사건은 비용의 할당문제로 귀결되었는데 이 비용할당 문제는 EC법의 문제는 아니라고 보았기 때문에 유럽연합사법재판소(ECJ)와의 관할권 충돌의 문제는 발생하지 않았다.

Ⅱ. 중재재판 부탁 사안에 대한 당사국의 주장과 재판부의 판정

1. 중재부탁사안[10)]

양분쟁당사국이 재판부에 판정을 요청한 것은 다음과 같은 세 가지 쟁점이었다.

첫째, 철도의 재가동에 대한 네덜란드의 법률과 그에 근거한 의사결정권한은 네덜란드 영토상의 다른 철도와 마찬가지로 네덜란드 영토상의 Iron Rhine 철도 '기존노선'의 재가동에도 적용되는가?

둘째, 벨기에는 벨기에 법률과 그에 근거한 의사결정권에 따라 네덜란드 영토상의 Iron Rhine철도 기존노선의 재가동을 위한 작업을 실행 또는 작동할 권리와 재가동과 관련된 계획, 요건 및 절차를 수립할 권한도 갖는가? 철도인프라 그 자체의 기능성과 관련된 요건, 기준, 계획 및 절차는 그에 따른 토지사용계획, 철도인프라 통합에 관한 것과 구별되어야 하는가? 또한 만약 구별되어야 한다면 그것은 어떤 의미를 갖는가? 네덜란드는 일방적으로 지하 및 지상 터널 건설, 우회로의 건설 등과 또한 제안된 부속건설과 안전기준을 부과할 수 있는가?

셋째, 앞 두 문제에 대한 판정에 비추어 벨기에는 네덜란드 영토상의 Iron

에 따른 국제중재재판에 회부하면서 국제해양법재판소(ITLOS)에 잠정조치를 부탁하였던 사건인데, 영국이 EU법 쟁점이 있기 때문에 유럽사법재판소(ECJ)에서 다루어져야 한다고 주장하여 국제재판소간의 관할권 충돌문제가 제기되었다. 이에 대한 상세한 것은, 박기갑, "국제재판소의 수적확대로 인한 재판관할권 및 법규범의 충돌가능성 및 해결방안", 「국제법평론」, 제27호(2008), pp.1-18; 김기순, "Mox Plant Case에 적용된 국제환경법 원칙의 분석", 「안암법학」, 제26호(2008.4), pp.513-572.

10) *supra* note 2, para.3.

Rhine철도의 재가동에 따른 비용과 재정적 위험을 어느 정도 부담하여야 하는가? 벨기에는 철도의 기존노선의 기능을 위해 필요한 투자와 그 이상의 투자를 해야 할 의무가 있는가?

재판부에 부탁된 위 세 가지 쟁점의 내면을 보면 결국 벨기에가 요구하고 있는 Iron Rhine철도의 재가동과 관련하여 이 철도가 통과하는 네덜란드가 영토주권을 행사하여 재가동에 따른 열차운행으로 인한 환경영향에 대한 조치를 일방적으로 취하고 그에 따른 비용을 부담시킬 수 있는지 여부이고 벨기에의 입장에서 보면 Iron Rhine철도의 재가동과 관련하여서도 통과권과 그에 부수된 권리가 보장되어야 하는데 네덜란드의 일방적 조치와 비용부담 요구는 통과권 행사의 부당한 침해가 되는가 여부라고 하겠다.

2. 양당사국의 주장 및 재판부의 판정

판정을 부탁한 세 가지 사안에 대하여 양당사국은 다음과 같이 자국의 입장을 주장하였다. 우선 첫 번째 사안에 대하여 벨기에는 네덜란드 영토에서의 철도재가동에 대한 네덜란드 법률과 그에 근거한 의사결정권한은 네덜란드 영토상의 Iron Rhine철도 기존노선의 재가동에는 적용되지 않는다고 주장하였다.[11] 그 근거로 벨기에가 1839년 분리조약 제12조에 규정된 것과 같이 벨기에 영토에 '새로운' 도로 또는 '새로운' 운하를 건설하기로 결정하는 경우 그 계획에 대한 네덜란드의 동의 없이 벨기에 영토상의 것과 동일한 계획에 따라 네덜란드 영토상에 그 도로 또는 운하의 연장을 허용하여야 한다는 것을 들었다. 벨기에는 네덜란드가 유럽법을 침해하지 않고 상업적 교통에 사용되는 경우에만 Iron Rhine철도 사용을 허가할 의무가 있으며 상업적 사용을 위해 필요한 모든 조치를 취할 의무가 있다고 보았고, 통행료수집권한의 수준과 방법은 네덜란드와 벨기에간의 공동협정에 의해 결정되며 그러한 협정은 국제법과 유럽법에 합치되어야 한다고 주장하였다. 기존노선에서 벗어난 어떠한 노선재설정도 벨기에와의 합의없이 네덜란드에 의하여 결정될 수 없고 네덜란드는 신의성실과 합리성 원칙에 따라 입법권과 그에 따른 의사결정권을 행사하는데 있어 벨기에가 벨기에 영토에서 Iron Rhine철도의 기존노선을 사용하는 것과 '동일한' 계획에 따라 네덜란드에서 Iron Rhine철도를 연장하는 권리를 박탈하지 않도록 행사하

11) *Ibid.*, para.26.

여야 하며 이러한 연장권한을 행사하는 것을 불합리하게 어렵게 만들지 않아야 한다고 보았다. 만약 네덜란드가 Iron Rhine철도의 재가동에 관한 상충되는 의무를 부담하고 있다면 벨기에의 부담이 가장 적은 조치를 취하여 그러한 의무 상충의 효과를 감소시켜야 한다고 주장하였다. 나아가 벨기에가 Iron Rhine철도의 기존노선을 완전하게 또한 즉각적으로 이용할 권리를 침해하지 않고, 장기적으로 벨기에가 Iron Rhine철도의 기존노선을 잠정적으로 이용하여 양방향 합하여 하루 15개 열차(제한된 속도로 저녁 및 밤 시간을 포함하여) 최소 5년 동안 이용하는 것을 요구하는 경우 네덜란드는 이러한 요구를 수용하여야 하고 한 달이 넘지 않은 최단 시간 내에 그러한 운행이 실질적으로 가능하도록 필요한 결정을 즉각 취하여야 한다고 주장하였다. 또한 벨기에는 네덜란드가 '잠정적 이용'과 '장기적 이용'간의 Iron Rhine철도이용을 방해하지 않기 위해 필요한 조치를 취해야 하며 장기적 이용을 가장 빠른 시일 내에 가능할 수 있도록 필요한 조치를 취해야 한다고 주장하였다.

반면에 네덜란드는 자국이 Iron Rhine철도의 재가동에 대하여 완전한 입법, 집행 및 사법권을 행사할 권리를 보유하며 따라서 네덜란드 영토내 철도의 재가동에 대한 시행 중인 법률과 그에 근거한 의사결정권한은 네덜란드 영토상의 Iron Rhine철도의 재가동에도 마찬가지로 적용된다고 주장하였다.[12] 아울러 네덜란드는 Iron Rhine조약으로 보충된 분리조약 제12조 이외에는 어떠한 협정도 네덜란드에게 벨기에가 네덜란드 영토상의 Iron Rhine철도 '기존노선'의 재가동 권리를 허용할 의무를 부과하고 있지 않다고 주장하면서 분리조약 제12조는 특별합의이며, 동조항은 Iron Rhine철도의 재가동에 대한 벨기에의 권리를 포함하여 네덜란드의 영토적 주권에 대한 제한을 포함하고 있지만 네덜란드의 영토적 주권에 대한 제한을 포함하는 한 국제법에 따라 제한적으로 해석되어 네덜란드의 주권이 가급적 제한되지 않아야 한다고 보았다.

이 첫 번째 사안에 대하여 재판부는 분리조약 제12조상의 '동일한 방법으로'(in the same way)라는 문언을 네덜란드 법률과 그에 근거한 의사결정권한은 네덜란드 영토상의 어떠한 다른 철도의 재가동에 대한 경우와 같이 Iron Rhine철도 기존노선의 재가동에 대하여 적용되는 것을 말한다고 이해하였다.[13] 재판부는 네덜란드 법률의 적용 조건의 하나는 그러한 네덜란드 법률과 그에 근거한

12) *Ibid.*, para.27.
13) *Ibid.*, para.239.

의사결정권한이 벨기에에게 부여된 조약상의 권리, 일반국제법 하에서의 당사국의 권리·의무 또는 EU법상의 제한 등과 상충되지 않아야 하고 따라서 네덜란드 법률과 그에 근거한 의사결정권한의 적용이 벨기에의 통과권을 부인하는 것에 해당하거나 벨기에의 통과권 행사를 불합리하게 어렵게 하는 것이 아니어야 한다는 것이고, 두 번째 조건은 네덜란드 법률과 그에 근거한 의사결정권한은 기존노선의 우회노선을 건설하라고 네덜란드가 일방적으로 요구할 수는 없다는 것이라고 밝혔다. 재판부는 또한 네덜란드 법률과 그에 근거한 의사결정권한의 적용은 재가동 관련 작업을 네덜란드가 했는지 벨기에가 했는지 여부에 달려있지 않다고 보았고, 통행료징수의 수준과 비율을 네덜란드가 일방적으로 정할 수 없다고 보았다.

두 번째 사안에 대하여 벨기에는 벨기에가 벨기에 영토상의 '새로운' 도로를 '동일한 계획'에 따라 네덜란드 영토상에 연장하겠다고 요구하고 네덜란드가 1839년 분리조약 제12조에 따라 벨기에가 새로운 계획에 따라 그러한 연장이 건설되도록 선택하지 않는 한 네덜란드 영토상의 Iron Rhine철도의 재가동을 위한 작업을 수행하거나 착수할 수 있는 권리가 없다고 주장하였다.[14] 벨기에는 또한 1839년 분리조약에 따라 벨기에 영토상의 '새로운' 도로를 새로운 계획에 따라 네덜란드 영토상에 연장시키는 권리를 가지며 이 권리는 일정한 제한 내에서 네덜란드의 관할권에 종속되고, 벨기에법과 그에 근거한 의사결정권한에 따라 그러한 작업을 위한 계획, 명세 및 절차를 수립할 벨기에의 권리는 그에 따라 제한된다고 보았다. 벨기에의 재가동요구는 분리조약 제12조상의 '새로운' '도로' 또는 '운하'(new road or canal)의 건설요구에 해당하지 않고 그 결과 네덜란드는 벨기에가 네덜란드 영토상의 작업을 수행하도록 요구할 분리조약 제12조상의 선택권이 없다는 것이 벨기에의 입장이다. 나아가 벨기에는 네덜란드에 의해 수행될 네덜란드 영토상의 재가동 관련 작업은 벨기에와 네덜란드간에 합의되어야 한다고 주장하였다. 한편으로 철도인프라 그 자체의 기능성과 관련된 요건, 기준, 계획, 명제 및 절차와 다른 한편 토지이용계획 및 철도인프라의 통합간의 구분은 서로 관련이 없다고 보았다. 벨기에는 자국이 벨기에 영토상의 철도를 동일계획에 따라 네덜란드 영토상에 연장하라고 요구하는 경우 지하 또는 지상 터널의 건설뿐만 아니라 우회로 등 부수된 작업과 안전기준을 네덜란드가 일방적으로 요구할 권리는 위에 언급한 벨기에의 권리에 의하여 제한된

14) *Ibid.*, para.26.

다고 주장하였다.

반면에 네덜란드는 벨기에가 자국 영토상의 Iron Rhine철도의 재가동을 목적으로 하는 작업을 수행하거나 착수할 권리와 벨기에법과 그에 근거한 의사결정권한에 따라 그와 관련된 계획, 명세 및 절차를 수립할 권리를 갖지 않는다고 주장하였다.[15] 또한 네덜란드는 철도인프라 자체의 기능성과 관련된 요건, 기준, 계획, 명세 및 절차와 토지사용계획과 철도인프라의 통합은 구분될 수 없고 함께 고려되어야 하는 것이라고 하면서 네덜란드는 적용가능한 국제법규에 반하지 않는 한 지하 및 지상터널, 우회로 뿐만 아니라 그와 부수된 건설 및 안전기준을 일방적으로 부과할 수 있다고 주장하였다.

재판부는 이 두 번째 사안에 대하여 네덜란드는 자국을 통과하는 연장노선의 기능과 관련된 노선의 명세를 수립하기 위한 계획을 만들 권한이 있다고 밝혔다.[16] 재판부는 또한 Iron Rhine철도 기존노선의 재가동에 수반되는 작업은 합의된 작업이 되어야 하며 벨기에는 합의되지 않은 네덜란드 영토상의 작업은 수행할 수 없다고 보았다. 또한 네덜란드는 합의의 철회가 벨기에의 통과권을 부인하는 것에 해당하거나 통과권 행사에 대한 불합리한 어려움을 주는 경우 벨기에의 제안에 대한 합의를 철회할 수 없다고 보았다. 재판부는 네덜란드는 일방적으로 기존노선으로부터 우회노선을 건설하도록 요구할 수 없다고 보았다. 반면에 네덜란드는 지정된 지역을 기존노선을 따라 자연보호지역으로 정할 자격이 있는데 그 이유는 이러한 자연보호지역지정이 그 자체로는 벨기에의 통과권 제한에 해당하지 않고 지정 전에 벨기에와 협의할 법적 의무가 있는 것으로 보이지 않는다고 밝혔다. 또한 재판부는 네덜란드는 원칙적으로 지상 및 지하터널 및 그와 같은 시설물을 건설하도록 일방적으로 요구할 자격이 있지만 그러한 조치는 벨기에의 통과권을 부인하거나 동권리 행사를 불합리하게 어렵게 하는 것이 아니어야 한다고 밝혔다.

마지막으로 세 번째 사안인 비용할당문제에 대하여 벨기에는 주의적 청구로 Iron Rhine철도와 관련된 조약체제를 적용하는 경우 네덜란드 영토의 Iron Rhine철도에 부수된 비용과 재정적 위험을 벨기에가 벨기에 영토상의 새로운 노선을 동일한 계획에 따라 네덜란드 영토에 연장하기를 요구하는 경우에만 부담하며, 만약 네덜란드가 자국이 고용하는 기술자와 노동자에 의해 그 노선을

---

15) *Ibid.*, para.27.
16) *Ibid.*, para.241.

건설하는 것을 선택한다면 그 작업이 합의된 조건에 따라 비용을 부담한다고 주장하였다.[17] 또한 Iron Rhine철도를 재가동하자는 현재의 요구는 벨기에 영토상의 새로운 노선을 동일한 계획에 따라 네덜란드 영토에 연장해달라는 요구에 해당하지 않으며 그 결과 벨기에는 재가동에 따른 비용과 재정적 위험을 부담할 의무를 지지 않는다고 주장하였다. 나아가 벨기에는 Iron Rhine조약체제에서 네덜란드가 네덜란드 영토상의 Iron Rhine철도 기존노선을 양호한 상태를 유지하고 교역목적에 사용할 수 있게 하기 위해 동노선의 재가동에 부수된 모든 비용항목과 부수된 재정위험에 대하여 책임을 부담한다고 주장하였다. 자국이 요구한 Iron Rhine철도의 재가동은 철도의 양호한 상태를 유지하고 상업적 교통목적에 사용될 수 있도록 하는데 필요한 범위를 넘지 않았고 따라서 네덜란드는 예정된 재가동에 부수된 비용과 재정적 위험에 책임을 부담한다고 주장하였다.

벨기에의 위의 주의적 청구를 재판부가 받아들이지 않는 경우 예비적 청구로 Iron Rhine철도 기존노선의 인프라 중 네덜란드가 사용하기에 부적절하게 만들었거나 유지관리를 하지 못해 해체된 부분에 의해 야기된 재가동비용과 재정적 위험은 네덜란드가 부담한다고 주장하였다. 또한 벨기에는 네덜란드가 네덜란드 철도운송을 위한 현재 또는 미래에 사용될 노선과 관련된 조치, 네덜란드 법률 요건 이상의 목적에 맞추기 위하여 요구되는 조치들인 Roermond주변의 환상선(loop)건설, Meinweg에서의 터널건설, 자연보호수단과 보상조치 등에 따른 비용과 재정적 위험은 네덜란드가 부담한다고 주장하였다.[18]

이에 대하여 네덜란드는 분리조약 제12조의 문언상 네덜란드 영토상의 Iron Rhine철도 기존노선의 재가동에 따른 모든 비용과 재정적 부담은 주거 및 생활환경의 보호와 철도하부구조의 기능성에 대한 네덜란드 법률과 그에 근거한 의사결정권한에 따라 벨기에가 부담한다고 주장하였다.[19]

양당사국의 비용할당문제에 대한 주장에 대하여 재판부는 분쟁당사국의 구체적 부담액을 정하는 것이 아니라 비용배분 원칙과 근거를 정하였는데, 벨기에의 철도기능에 부수된 의무 이외에 부담하여야 할 재정적 의무는 요구된 Iron Rhine철도의 재가동이 네덜란드 영토에서의 '경제개발'활동이라는 사실로부터 나온다고 보고 경제개발활동은 환경위해의 방지와 최소화가 통합되어 시

17) *Ibid.*, para.26.
18) *Ibid.*
19) *Ibid.*, para.27.

행되어야 한다고 보았다.[20] 또한 재판부는 환경보호조치와 기타 안전조치의 비용은 기존노선의 기능을 위해 필요한 비용으로부터 분리될 수 없다고 보고 벨기에가 요구한 재가동이 근거하고 있는 통과권에 부수된 비용과 재정적 위험은 국제법의 적용가능한 원칙을 참고하여 해석되는 분리조약 제12조에 규정된 고유한 당사자간의 균형을 반영하여야 한다고 밝히면서 벨기에의 재원을 제공하여야 하는 의무는 철도의 기존노선의 기능을 위해 필요한 것에 한정되지 않는다고 보았다.

이러한 근거에 따라 재판부는 Iron Rhine철도의 Segment A1은 벨기에가 부담하도록 하였고, Segment A2는 벨기에가 부담하나 2020년까지 네덜란드 철도운송을 위해 예정된 독자적 개발시 Iron Rhine철도가 재가동되지 않은 경우 네덜란드가 부담하여야 할 비용과 재가동으로 네덜란드가 얻게 될 증진된 도로교통흐름, 증진된 도로안전, 소음감소 등의 혜택을 감액하도록 하였다.[21] 또한 Segment B도 A2와 같이 벨기에가 부담하되 2020년까지 네덜란드 철도운송을 위해 예정된 독자적 개발시 Iron Rhine이 재가동되지 않은 경우 네덜란드가 부담하여야 할 비용과 재가동으로 얻게 될 증진된 도로교통흐름, 증진된 도로안전, 소음감소 등의 혜택을 감액하도록 하였다. Segment C에서 Roermond주변의 순환철도 건설에 합의하는 경우 기존노선이 유지된 부분에 대한 비용은 벨기에가 부담하고 Roermond의 북쪽과 동쪽으로 합의된 재설정노선에 대한 비용은 네덜란드가 부담하도록 하였다. 가장 문제가 되었던 Segment D는 벨기에와 독일간의 연결을 위해서만 사용되는 부분의 재가동비용은 주거지역의 소음장벽 설치와 보상적 보존조치와 관련된 비용을 포함하여 벨기에가 부담하고 네덜란드 정부에 의해 국립공원으로 지정되고 Limburg지방정부에 의해 '정숙지역'으로 지정된 Meinweg지역에 건설될 터널은 두 당사자가 동등하게 분담하도록 판정하였다.

---

20) *Ibid.*, para.243.
21) *Ibid.*, para.244.

Ⅲ. 국제환경법 쟁점

1. 서 언

많은 국제환경법 사건들이 그렇듯이[22] 이 사건에서 국제환경법[23]이 언급되고 있는 것은 직접적으로 국제환경법 쟁점에 적용하기 위해서라기보다는 이 사건에서 문제된 핵심조약인 1839년 분리조약과 동조약과 관련하여 체결되었던 1842년의 국경조약,[24] 1873년의 Iron Rhine조약, 1897년의 철도협약 등의 해석을 통하여 분쟁의 대상이 된 철도노선의 재가동과 관련된 비용을 누가 부담하여야 하는 문제를 해결하는 것과 관련하여 이루어지고 있다. 하지만 그러한 한계에도 불구하고 재판부는 국제환경법에서 형성되고 있는 원칙들로 보전, 관리, 예방, 지속가능한 개발 및 미래세대를 위한 보호 등을 예시하고 있고,[25] 판정과정에서 영토주권과 환경보호와의 관계, 환경오염을 야기하지 않을 책임원칙, 지속가능한 개발원칙, 예방원칙, 협력원칙, '환경'개념의 정의문제 등 국제환경법 문제를 다루고 있다. 재판부의 판정과정에서 진화적 해석(evolutionary interpretation)원칙 등 조약해석원칙의 문제,[26] 양해각서(MOU)의 법적 효력 문제,[27] 국제재판소간의 관할권 충돌가능성에 의한 국제법의 파편화문제[28] 등 여러 가

22) 예를 들어, Gabčikovo-Nagymaros사건의 경우 주요한 법적 쟁점은 조약법이었고 지속가능개발 개념 등의 국제환경법 개념의 언급은 부수적으로 또는 반대의견에서 다루어졌다.

23) 국제사법재판소(ICJ)는 Legality of Nuclear Weapons사건에서 '국제환경법'(international environmental law)이라는 용어를 사용하지 않고 '환경의 보장과 보호에 관한 규범'(norms relating to the safeguarding and protection of the environment, ICJ Reports, 1996, para.27) 또는 '환경에 관한 국제법'(international law relating to the environment)이라고 언급하였다. 이후 Gabčikovo 사건(ICJ Reports, 1997, paras.92, 104(이상 Hungary변론에서 인용), 141)과 Pulp Mills사건(ICJ Reports, 2010, para.57)에서는 '국제환경법'이라는 용어를 사용하였는데, 이 사건의 재판부도 그러한 ICJ의 경향을 따르고 있다.

24) The Boundary Treaty between the Belgium and the Netherlands, CTS, 1842-1843, vol.94, p.37.

25) *supra* note 2, para.58.

26) *Ibid.*, paras.44-61.

27) *Ibid.*, paras.154-159.

28) *Ibid.*, paras.97-141. Iron Rhine사건의 이 쟁점에 대한 논의는 박기갑, *supra* note 9, pp.1-16; 성재호, "국제적 사법기관의 발전과 과제", 「국제법학회논총」, 48권 3호(2003), pp.123-144; Christian Leathley, "An Institutional Hierarchy to Combat the Fragmentation of International Law: Has the ILC Missed an Opportunity?", *New York University Journal of International Law and Politics*, vol.40(2007), pp.259-306; Nikolas Lavranos, "The Solange-Methods as a Tool for Regulating

지 국제법 쟁점이 제기되었지만, 이하에서는 먼저 재판부가 다룬 국제환경법 쟁점에 대하여 분석해 보기로 한다.

2. 영토주권과 환경보호

영토에 대한 영토국 주권의 원칙에 따라 국가는 그 영토 내에서 국제법에 의한 제한 내에서 자국 환경에 부정적 영향을 미칠 수도 있는 활동을 포함하여 자국이 선택한 활동을 행하거나 허가할 수 있다. 반면에 이 원칙에 의해 다른 국가는 타국의 활동으로 인해 자국의 환경에 영향을 받는 것을 용인하지 않을 수 있다. 이에 따라 '자연자원에 대한 국가의 주권'과 '환경에 손해를 야기하지 않아야 하는 책임'이라는 어떻게 보면 대립적인 두 기본 개념의 문맥에서 국제환경법의 발전이 이루어져 왔다.[29] 국제환경법 발전에 큰 영향을 미친 스톡홀름선언도 "국가는 UN헌장과 국제법 원칙에 따라 자국의 환경정책에 따른 자국 자연자원을 이용할 주권적 권리를 가지며 자국의 관할권 또는 통제 내의 활동이 타국의 환경 또는 국가관할권 한계이원의 지역에 손해를 야기하지 않도록 보장할 책임을 진다"고 선언하고 있다.[30] 이 내용이 리우선언에서도 답습되고 있고[31] 국제사법재판소(ICJ)는 The Legality of the Threat or Use of Nuclear Weapons사건을 통하여 위 선언내용이 국제관습법을 반영하고 있다고 밝혔다.[32] 이러한 법규발전은 국가의 영토주권행사가 다른 국가와의 상호관계에서 이루어져야 하고[33] 환경보호라는 국제사회의 공익적 이해관계와 타협적으로 이루어져야 함을 보여주는 것이라고 하겠다.

Iron Rhine사건에서 영토주권문제는 우선 Iron Rhine철도와 관련한 벨기에의 권리와 네덜란드의 의무를 정하기 위해 관련 조약과 국제법규들을 해석하는

Competing Jurisdictions Among International Courts", *Loyola of Los Angeles International and Comparative Law Review*, vol.30(2008), pp.275-334.

29) Philippe Sands and Jacqueline Peel with Adriana Fabra and Ruth MacKenzie, *Principles of International Environmental Law*, 3rd ed., Cambridge University Press, 2012, pp.190-191; Alexander Kiss and Dinah Shelton, *International Environmental Law*, 3rd ed., Transnational Publishers, Ltd., 2004, p.27.

30) Stockholm Declaration of the United Nations Conference on the Human Environment (11 ILM 1416), Principle 21.

31) Rio Declaration on Environment and Development (31 ILM 874, 1992), Principle 2.

32) ICJ Reports, 1996, para.29.

33) Günther Handl, "Territorial Sovereignty and the Problem of Transnational Pollution", *American Journal of International Law*, vol.69(1975), p.55.

원칙들을 찾아가는 과정에서 제기되었다. 즉 네덜란드는 다른 국가 영토를 통과하는 권리는 특별한 합의에 의해서만 발생할 수 있다는 사실을 강조하면서 엄격하게 해석되어야 한다고 주장하여,[34] 국가주권의 제한을 최소화하려는 입장을 취하였다. 재판부는 Free Zones of Upper Savoy and the District of Gex사건[35]과 Interpretation of the Statute of the Memel Territory사건[36]을 인용하면서 판결의 취지에 따라 이 사건에서도 1839년 분리조약 제12조에 규정된 벨기에의 권리 이외에는 네덜란드의 주권이 그대로 유지된다는 것은 의심의 여지가 없다고 밝혔다.[37] 하지만 재판부는 Free Zones사건과 Wimbledon호사건[38] 모두 주권에 대한 '제한'(limitation)에 의문이 있는 경우 그 '제한'이 제한적으로(restrictively) 해석되어야 한다고 밝힌 것은 사실이라고 하면서도[39] Wimbledon호사건에서는 제한적 해석으로 인해 조약상 분명하게 부여된 권리나 의미가 파괴될 우려가 있거나 조항의 명백한 조건에 반할 수 있는 경우에는 제한적 해석이 이루어지지 않을 수 있음을 지적하였다는 것을 언급하여[40] 네덜란드의 영토주권은 절대적인 것이 아님을 넌지시 밝히고 있다. 또한 재판부는 제한적 해석이 위계질서상 상위에 있었던 적이 없고 다만 조약체제 내에서 권리의 배분의 적절한 균형을 보장하는 기술이었다고 보았다. 또한 재판부는 Jennings의 교과서[41]를 인용하면서 제한적 해석원칙을 너무 엄격하게 적용할 경우 조약의 일차적 목적에 합치되지 않을 수 있다는 것을 지적하였다. 이에 따라 인권조약 같은 특정 범주의 조약의 경우 제한적 해석원칙의 역할이 미미하였다고 보았다. 또한 일부 학자들의 주장[42]을 인용하면서 최근의 판례에서 거의 인용되지 않고 있고 현대에도 적용가능한 것인지에 대하여 소극적인 태도를 취하고 있다는 것을 지적하고 있다.[43]

---

34) *supra* note 2, para.50.

35) PCIJ Series A/B, No.46(1932), para.166. PCIJ는 통과권에 대하여 언급하면서 프랑스의 주권은 프랑스의 국제의무에 의하여 제한되지 않는 한 또한 조약상의 의무에 의해 제한되지 않는 한 존중되어야 한다고 밝히고 국제문서로부터 발생하는 제한을 넘는 어떠한 제한도 프랑스의 동의 없이 프랑스에게 부과될 수 없다고 판결하였다.

36) PCIJ Series A/B, No.49(1932), pp.313-314.

37) *supra* note 2, para.51.

38) PCIJ Series A, No.1(1923), p.24.

39) *supra* note 2, para.52.

40) *Ibid.*

41) Sir Robert Jennings and Sir Arthur Watts, *Oppenheims's International Law*, 9th Ed. (Longman, 1992), p.1279.

42) Rudolf Bernhardt, "Evolutive Treaty Interpretation, Especially of the European Convention on Human Rights", *German Yearbook of International Law*, vol.42(1999), p.14.

43) *supra* note 2, para.53.

재판부는 또한 Lac Lanoux사건[44]을 영토주권에 대한 유보와 조약 하에서 영토에 주어진 권리간의 긴장관계에 대한 지침이 될 사건으로 인용하고 있는데[45] 동사건에서 문제된 Lanoux호수의 하천수 이용을 위한 조약규정의 관련규정은 양국(프랑스와 스페인)간에 합의된 수로변경을 제외한 영토주권을 언급하여 1839년 분리조약은 벨기에의 권리가 특정되어 있고 일반적 유보가 뒤따르고 있어 동사건과는 반대구조임에도 불구하고 재판부는 이 둘의 차이가 없다고 보고 결국은 자국의 영토에 대해 다른 국가에 부여한 특별한 권리와의 균형문제이고 영토주권의 일반적 확인이라고 보았다. 재판부는 또한 Lac Lanoux사건에서 중재재판부는 수로변경은 주권의 침해이기 때문에 엄격하게 해석되어야 한다는 주장이 있어 왔지만 그러한 절대적 해석규칙을 인정할 수 없다고 하였다.[46]

재판부는 또한 분리조약 제12조상의 '동일계획에 따라 연장되는 전술한 도로 또는 운하'(that the said road, or the said canal be extended in accordance with the same plan)이라는 문언에서 '동일계획에 따라'(according to the same plan)라는 문구를 해석하면서 주권문제를 다시 언급하고 있다. 즉 재판부는 이 문언이 벨기에의 특정한 권리와 네덜란드 주권의 유보간의 타협이라는 해석에 따라 의미를 밝혀야 한다고 언급하였다.[47] 하지만 재판부는 네덜란드 주권의 유보는 벨기에에게 유리한 조건에서 특정된 요소를 제외하고는 더 이상의 주권제한은 함축되어 있지 않다는 것을 보장한다고 보면서도 동시에 주권의 유보는 분리조약 제12조 하에서 벨기에에게 주어진 권리를 손상시키려는 목적을 위해 사용될 수 없다고 보았다.[48]

재판부는 또한 분리조약 제12조의 '배타적 주권을 침해하지 않고'(without prejudice to the exclusive rights of sovereignty)라는 문언의 해석과 관련하여 네덜란드는 자국영토에 다른 국가의 요청으로 철도를 건설할 수 있도록 허용함으로써 이미 영토주권이 필연적으로 침해되었다고 보았다. 나머지 주권은 철도가 통과하는 영토에 유보되고 Limburg를 넘어 독일에 이르는 철도노선이 건설되고 운영되는데 필요한 이상의 주권침해는 허용되지 않는다고 보았다. 이에 따라 네덜란드는 철도노선지역에 대한 경찰권을 가지며 철도노선에서 이루어지는 작업의 건강 및 안전기준을 수립하는 권한 문제의 지역에서 환경기준을 수립할

44) *International Law Reports*, vol.24(1957), p.101.
45) *supra* note 2, para.54.
46) *supra* note 44, p.120.
47) *supra* note 2, para.67.
48) *Ibid*.

권한을 갖는다고 판정하였다.[49] 재판부는 나아가 더 이상 사용되지 않는 노선에서 최소한의 유지보수만 하고 도로사용자의 안전을 위해 일정 시설을 제거한 것이 분리조약상의 벨기에의 권리를 침해한 것이 아니고 네덜란드에 유보된 주권에 속한다고 보았다. 하지만 재판부는 여전히 자연보호지역을 설정할 네덜란드의 주권적 권한의 합법적 행사는 재정적 결과를 수반할 수 있다고 판정하여 주권행사에 일정한 제한을 부여하였다.

주권문제는 분쟁당사국간의 비용할당문제 해결과정에서도 제기되었는데, 벨기에는 네덜란드의 환경보호조치가 일방적인 주권행사의 일환으로 취해진 것으로 철도노선의 물리적 연장에 필수적인 조치가 아니라는 이유로 자국의 비용부담의무를 거부하였고 네덜란드가 취한 소음방지조치, 특별히 터널공사를 요구한 조치는 환경침해를 줄이기 위해 이용할 수 있는 최저비용의 조치가 아니라고 주장하였다.[50] 벨기에의 견해에 의하면 분리조약 제12조에 따른 제한으로 네덜란드는 신의성실로 또한 합리적 방법으로 벨기에의 통과권의 실질적 부분을 박탈하거나 권리행사를 불합리하게 어렵게 하지 않도록 입법권 및 의사결정권한을 행사하여야 한다. 또한 벨기에는 네덜란드법에 따른 조치들 자체가 네덜란드 주권의 불합리한 행사라고 보지 않았다. 다만 환경법 등의 요건에 따른 비용을 벨기에가 부담하도록 요구함으로써 불합리한 권리행사가 되었다고 보았다.[51] 네덜란드는 벨기에의 이 주장에 동의하면서도 자국은 이 조건에 합치되는 조치를 취하였다고 주장하였다.[52] 반면에 네덜란드는 환경보호를 위한 조치가 EC법과 국내법에 적합한지를 평가할 주권적 권리를 갖는다고 주장하면서 벨기에가 Iron Rhine철도의 재가동을 요구하지 않았더라면 그러한 조치를 취할 필요가 없었다는 것을 지적하였다. 비용분담에 있어 핵심적인 쟁점은 네덜란드가 취한 환경보호조치들이 Iron Rhine철도의 연장에 통합된 부분인가의 여부이다. 재판부는 분리조약 제12조에서의 주권의 유보의 결과 네덜란드는 벨기에게 부여된 조약상의 권리 또는 일반국제법 하에서 벨기에가 보유한 권리 또는 EC법에 의한 부과된 제한과 충돌되지 않는 한 Iron Rhine철도가 지나는 자국영토에 대한 주권을 행사할 수 있다고 결론지었다.[53] 또한 재판부는 네덜란드의 Iron Rhine철도의 재가동에 대해 취한 국내입법조치의 합법성을 평가하

49) *Ibid.*, paras.86-87.
50) *Ibid.*, para.160.
51) *Ibid.*, para.165.
52) *Ibid.*, para.162.
53) *Ibid.*, para.160.

는 기준은 첫째로, 벨기에의 통과권의 실질적 부분을 박탈하지 않았는가 하는 것과 둘째로 신의성실과 합리성원칙에 따를 경우 두 번째 조건이 벨기에의 통과권 행사를 불합리하게 어렵게 하지 않았는가하는 것이라고 보았다.[54] 결론적으로 비용할당에 대한 판정에서 재판부는 터널공사비용을 네덜란드가 반분하도록 함으로써 결과적으로 네덜란드가 주권을 불합리하게 행사하였다는 벨기에의 주장을 부분적으로 인정하게 되어 주권행사의 절대성에 제한을 가한 것으로 볼 수 있다.

영토주권문제와 관련하여 이 사건에서 나타난 특이한 점은 한 국가의 환경규제조치가 영토이원의 활동에 대하여도 적용될 수 있는가 하는 소위 역외적 적용(extra-territoriality)문제와 관련된 것이다. 1893년의 Pacific Fur Seal사건[55]이래 GATT의 Tuna/Dolphine사건[56] 등을 통하여 환경규제조치의 역외적 적용가능성은 부인되어 왔다. WTO분쟁해결기구의 Shrimp/Turtle사건[57]과 같이 제한적으로 적용가능성을 인정하는 사건들도 나오고 있는 상황이나 아직은 이 문제에 대한 국제법이 확립되어 있다고 할 수는 없다.[58] Iron Rhine사건은 특수한 상황이라고 할 수 있는데 네덜란드 영토상에서 네덜란드의 환경조치들이 적용되는 것은 당연하지만 국제법상 다른 국가가 '통과권'을 가지고 있는 철도에 대하여도 마찬가지의 환경조치들이 적용될 수 있는가를 다루고 있고 이에 대하여 긍정적인 판정을 내리고 있다. 네덜란드 자국영토 내이고 영토 이원의 공간이나 타국영토에 적용하려는 것이 아니었다는 점에서 구분되어야 한다고 주장하기도 하지만[59] 주권이 제한된 영토부분에의 적용이지 아무런 제한없는 한 국가 영토 내에서의 적용이 아니라는 점에서 영토이원의 공간과 부분적으로 유사성을 갖는 것은 부인할 수 없다.

---

54) *Ibid.*, para.163.

55) 1 *Moore's International Arbitration Awards*(1893) 755.

56) United States-Restrictions on Imports of Tuna, <http://www.wto.org/english/tratop_e/envir_e/edis04_e.htm>.

57) United States-Import Prohibition of Certain Shrimp and Shrimp Products, WTO case Nos. 58 and 61, <http://www.wto.org/english/tratop_e/dispu_e/cases_e/ds58_e.htm>.

58) Sands *et al.*, *supra* note 29, p.193.

59) *Ibid.*

3. 환경손해를 야기하지 않을 책임원칙

국제환경법의 근간을 이루고 있는 원칙이기도 하고 가장 확고하게 확립된 국제환경법규라고 할 수 있는[60] 환경손해를 야기하지 않은 책임원칙은 국제환경법의 발전 초기단계부터 인정되어 왔다. 대표적인 초기 국제환경법 판례인 Trail Smelter사건[61]에서 "어떤 국가도 매연에 의해 타국영토내의 사람과 재산에 손해를 야기시키는 방법으로 영토를 사용하거나 사용하도록 허가할 권리가 없다"고 선언한 이래 Lac Lanoux사건 등 많은 판례와 앞서 언급하였던 스톡홀름선언과 리우선언 등 구속력 없는 원칙선언문서, 해양법협약 등 여러 조약들을 통하여 인정되어 왔다. 결국에는 Legality of the Threat or Use of Nuclear Weapons 사건에서 ICJ는 이 원칙이 환경에 관한 국제법의 핵심부분이 되었다고 선언하였다.[62]

Iron Rhine사건에서 재판부는 양 분쟁당사국이 부담하여야 할 비용의 할당문제를 다루면서 과거에 건설된 철도가 변형되고 개선되어 재가동하기까지의 기간 동안에 발전되어온 새로운 규범이 고려되어야 한다고 하면서, 그러한 철도의 새로운 사용이 환경에 부정적 영향을 미칠 수 있다는 것을 지적하였다.[63] 또한 재판부는 오늘날 국제환경법에서 강조되고 있는 의무들을 언급하면서 Legality of the Threat or Use of Nuclear Weapons사건에서의 ICJ판결을 인용하여 환경손해를 야기하지 않을 책임원칙을 열거하고 있다. 나아가 재판부는 자국관할권 또는 통제 내의 활동이 타국 또는 국가통제를 넘는 지역의 환경을 존중하도록 보장할 일반적 의무가 존재한다고 보았다.[64]

재판부도 지적하듯이 이 원칙의 출발은 한 영토의 활동이 타국의 영토에 미칠 수 있는 환경적 영향이었다. 하지만 '영토' 내의 활동이라는 Trail Smelter 사건에서의 공간적 범위는 한 국가의 '관할권'(jurisdiction) 또는 '통제'(control)하의 활동으로 확대되었고 영향을 받는 공간도 타국의 영토뿐만 아니라 한 국가 영토이원의 공간을 포함하는 개념으로 확대되어 갔다. 하지만 타국 또는 국가 영

---

60) *Ibid.;* 김정건, 장신, 이재곤, 박덕영, 「국제법」, 박영사, 2010, p.756.
61) 3 UNRIAA 1938, 1965.
62) Legality of the Threat or Use of Nuclear Weapons, Advisory Opinion, ICJ Reports, 1996(I), pp.241-242, para.29.
63) *supra* note 2, para.222.
64) *Ibid.*

토 이원의 공간이라는 것은 소위 '국경을 넘어'(초국경, trans-frontier) 존재하는 인접공간에의 환경에 미친 부정적 영향을 지칭하는 것이었다. 하지만 이러한 개념적 제한은 다시 기후변화, 오존층보존 등과 같은 인류공동의 공간 또는 공동의 문제인 소위 'global commons' 문제를 다루면서 무너져 가고 있는 것이 현실이다.[65]

Iron Rhine사건은 더 특이한 상황을 보여주고 있다. 재판부는 환경손해를 야기하지 않을 책임원칙이 통상적으로 적용되어 왔던 한 국가 영토에서의 경제적 활동이 다른 국가에 영향을 미친 소위 '초국경' 상황과는 구별되는 한 국가의 다른 국가 영토에서의 조약상의 권리행사(통과권)의 효과가 다른 국가의 영토에 영향을 미치고 있는 상황이라는 것을 지적하면서도[66] 유추에 의하여 이 상황에서도 동원칙이 적용되어야 한다는 견해를 밝히고 있다. 즉 벨기에가 요청한대로 Iron Rhine철도의 재가동에 의한 통과권 행사는 벨기에가 그 요청의 불가분의 요소로서 공헌해야 할 환경보호를 위한 네덜란드의 조치를 필요하게 할 수 있다고 밝혔다.[67] 하지만 이 사건상황에서 유추적용이 가능한 근거에 대한 설명은 없어 아쉬움을 준다.

이 사건에서 또 다른 특이점은 Iron Rhine철도의 재가동이 환경에 부정적 영향을 미칠 수 있고 그로 인해 환경에 위해를 야기시킬 수 있다는 것을 지적하면서 재판부가 오늘날 국제환경법상 '예방의 원칙'이 강조되고 있다는 것을 언급하고[68] 그 문맥에서 이 원칙을 언급하고 있다는 것이다. 다른 하나는 환경손해를 야기하지 않은 책임원칙을 언급하는 문맥에서 아무런 구분없이 지속가능한 개발원칙의 개념을 함께 언급하고 있다는 점이다. 즉 Iron Rhine철도의 재가동은 철도노선의 의도된 사용에 의해 필요하게 되는 환경보호조치와 독립된 별개의 문제로 볼 수 없다고 하면서 이들 환경조치는 재가동계획과 비용에 완전히 통합되어야 한다고 밝히고 있어 경제개발에서의 환경적 요소의 고려라는 지속가능한 개발원칙의 핵심요소를 강조하고 있다. 개념상 구분되어야 할 국제환경법의 제원칙을 명확한 개념구분 또는 이 사건에서의 의미를 명확히 하지 않은 채 언급하고 있는 것은 아쉬운 점이다.

---

65) Kiss and Shelton, *supra* note 29, p.190.
66) *Ibid.*, para.223.
67) *Ibid.*
68) *Ibid.*, para.222.

4. 지속가능한 개발원칙-경제개발과 환경보호의 통합

'지속가능한 개발'(sustainable development)은 1987년 Brundtland보고서에서 "미래세대가 그들의 필요에 응할 미래세대의 능력과 타협하지 않고 현세대의 필요에 응하는 개발"(development that meets the needs of the present without compromising the ability of future generations to meet their own needs)이라고 정의되어 있다.[69] 이미 1893년 Fur Seals중재사건에서 미국이 인류의 이익을 위해 물개를 무차별 남획으로부터 보호하고 합법적이고 적절하게 이용할 권리가 있음을 주장할 때부터 이 개념이 발전되어 왔다고 할 수 있지만 지속가능한 개발원칙에 담길 구체적 규범내용이 무엇인가에 대하여 분명하게 또한 통일적으로 확립되어 있지 않다. Sands는 지속가능한 개발원칙에 담길 내용으로 미래세대의 필요에 대한 고려, 자연자원의 지속가능한 이용, 자연자원의 형평한 이용, 환경과 개발의 모든 측면에서의 통합 등을 들고 있다.[70] 오늘날 많은 판례들과 학자들은 지속가능한 개발원칙을 국제환경법의 기본 원칙의 하나로 언급하고 있고,[71] 많은 조약 등 국제문서에서도 이 원칙이 언급되어 있다.[72]

재판부는 1972년 스톡홀름환경회의 이후 환경보호에 관한 국제법이 괄목할 만한 발전이 있었고 경제발전활동의 계획과 이행에 적절한 환경조치를 통합하여야 한다는 것이 국제법과 EC법 모두에서 요구되고 있다고 밝히고 있다.[73] 나아가 재판부는 환경보호는 경제개발과정과 불가분의 일체를 이루고 있어 따로 떼어서 볼 수 없다고 선언하고 있는 리우선언(1992)의 원칙 4를 인용하면서 개발이 환경에 '중대한'(significant) 침해를 야기할 가능성이 있는 경우 그러한 침해

---

69) United Nations World Commission on Environment and Development, *Our Common Future*, p.7.

70) Sands *et al.*, *supra* note 29, p.207. 1989년의 Lomé Convention 제33조가 이러한 개념요소를 담아 규정하고 있는 대표적 문서이다. Segger는 지속가능개발원칙를 최광의로 이해하여 통합원칙(경제개발과 환경보호), 자연자원의 지속가능한 이용, 형평, 공동이지만 차별적 책임원칙, 사전주의, 선한 관리(good governance), 투명성, 공공참여 등을 구성요소로 열거하고 있다. Maire-Claire Cordonier Segger, "The Role of International Forums in the Advancement of Sustainable Development", *Sustainable Development Law and Policy*, vol.10(2009), p.10. 이렇게 이해한다면 지속가능개발원칙은 모든 국제환경법 원칙을 포괄하게 된다.

71) Gabčikovo-Nagymaros사건, ICJ Reports, 1997, para.140 등.

72) 조약에서 이 개념이 처음 언급된 것은 Agreement on the European Economic Area (1992.5.2, 1801 UNTS 2)이다.

73) *supra* note 2, para.59.

를 예방하거나 최소한 경감시킬 의무가 있다고 보았다. 또한 재판부는 이러한 의무가 "일반 국제법의 원칙"(principle of general international law)이 되었다고 보았다.[74]

재판부는 지속가능한 개발원칙이라는 용어를 직접적으로 사용하지 않고 경제개발을 위한 활동에 환경적 영향을 고려하여 통합하여야 한다는 지속가능한 개발원칙의 구성요소의 하나만을 언급하고 있다. 재판부는 다만 Gabčikovo-Nagymaros사건에서 ICJ가 '지속가능한 개발'개념을 언급하였던 내용을 인용하고 있는데 동사건에서 ICJ는 "경제개발을 환경보호와 타협할 필요성은 지속가능한 개발개념에 적절하게 표현되어 있다"고 밝혔었다.[75] 나아가 재판부는 ICJ가 "국가가 새로운 활동을 계획할 때뿐만 아니라 과거에 시작된 활동을 계속하고자 할 때에도 지속가능개발이라는 새로운 규범이 고려되어야 하고 새로운 기준에 적절한 무게를 실어주어야 한다"고 명확하게 밝혔다는 것을 지적하고 있다.[76]

재판부는 또한 벨기에도 Iron Rhine철도의 재가동에 관련된 환경관련 비용에 대하여 일정한 재정적 부담을 져야 한다고 보면서 재가동은 네덜란드 영토상의 경제개발인데 이 개발에는 환경적 손해를 방지하거나 저감하여야 하는 의무가 통합되어야 한다는 것을 그 근거로 들고 있다.[77]

이 사건에서 지속가능한 개발원칙은 분쟁당사국에 의해서도 자국의 입장을 뒷받침하기 위해 주장되었는데 벨기에는 '도로교통'을 '철도'로 전환하는 정책변환이 EC에 의해 지지되고 '지속가능한 개발'을 위한 것이라고 주장하면서 이러한 정책변환이 온실가스감축에 도움이 되고 다양한 EC문서에서도 지지를 받고 있다고 주장하고 있다.[78] 또한 네덜란드도 EU의 철도종합개발사업인 TEN사업을 시행함에 있어 환경보호가 고려되어야 한다는 것을 주장하였다.

이러한 재판부의 지속가능한 개발원칙에 대한 언급은 앞서의 Gabčikovo-Nagymaros사건, 이 사건 이후에 있었던 Pulp Mills사건에서의 ICJ의 입장,[79] Shrimp/Turtle사건에서의 WTO의 지속가능한 개발원칙관련 언급[80]과 맥을 같이 한다고 할 수 있다. 이 사건에서 주목되는 점은 재판부는 분쟁당사국간의 비용

74) *Ibid.*
75) ICJ Reports, 1997, para.140.
76) *supra* note 2, para.59.
77) *Ibid.*, para.243.
78) *Ibid.*, para.114.
79) Pulp Mills on the River Uruguay (Argentina v. Uruguay), I.C.J. Reports, 2007, para.80.
80) United States-Import Prohibition of Certain Shrimp and Shrimp Products, Panel Report, para.7.52.

할당문제 해결과정에서 지속가능한 개발원칙의 한 구성요소로서 경제개발과 환경보호의 통합원칙의 적용기준을 제시하였다고 평가된다는 것이다. 즉 벨기에는 네덜란드의 환경보호조치가 네덜란드의 일방적인 주권행사의 일환으로 취해진 것으로 철도노선의 물리적 연장에 필수적인 조치가 아니라는 이유로 자국의 비용부담의무를 거부하면서 네덜란드가 취한 소음방지조치, 특별히 터널공사를 요구한 조치는 환경침해를 줄이기 위해 이용할 수 있는 최저비용의 조치가 아니라고 주장하였다. 재판부는 벨기에의 이 주장을 일부 받아들여 터널공사 비용을 네덜란드도 부담하도록 판정하였는데 이는 환경보호요소의 통합이 아무런 제한없이 이루어져야 하는 것은 아님을 보여준 것으로 평가될 수 있다. 이것은 역으로 환경적 고려를 함에 있어서 경제개발에 어떠한 영향을 미치는가를 고려하여야 한다는 것을 보여준 것으로 평가되기도 한다.[81]

재판부의 지속가능한 개발원칙과 관련한 언급내용에서 아쉬운 점은 직접적으로 지속가능한 개발이라는 용어를 사용하지 않아 이 개념이 국제환경법상의 확립된 원칙으로 발전하는데 제한적 기여만 하였다는 점을 들 수 있다. 다른 하나는 현세대와 미래세대간의 형평이라는 요소와 같은 지속가능한 개발원칙의 다른 요소도 언급하고 있는 Pulp Mills사건[82] 등과 달리 경제개발과 환경보호의 통합이 지속가능한 개발원칙의 가장 중요한 요소이고 가장 법적인 성격이 강한 개념이라고는 하지만[83] 여러 구성요소 중 이 한 가지 요소만을 다루고 있는 점이 지적될 수 있다. 사실 이 사건에서도 사건 상황상 자연자원의 보존이라는 동원칙의 구성요소나 미래세대를 고려하는 세대간 형평이라는 구성요소가 언급될 여지가 있었다.

5. 협력원칙

'협력원칙'은 UN헌장에서 규정하고 있는 '선린원칙'(good-neighbourliness)이 국제환경법영역에서 발전된 개념이다.[84] 이 원칙에 따른 환경보호를 위한 절차적 측면에서의 협력이 정보교환, 통지, 협의 등의 방법으로 이루어질 수 있다는 것이 인정되어 왔다.[85]

---

81) Segger, *supra* note 70, p.15.
82) ICJ Reports, 2007, paras.30-31.
83) Sands *et al.*, *supra* note 29, p.215.
84) *Ibid.*, p.203.
85) *Ibid.*, p.204. 1978 UNEP Principles, 원칙 7.

재판부는 네덜란드에 유보된 주권의 범위를 다루면서 '협의의무' 문제를 언급하고 있다. 즉 네덜란드가 Iron Rhine철도노선이 지나는 자국영토에 자연보호지역을 운영하는데 대하여 협의를 요청하여야 했는지 여부를 다루었다. 벨기에는 네덜란드가 해당지역에 자연보호지역을 설정할 주권적 권리가 있다는 것은 인정하면서도 자국이 분리조약과 Iron Rhine조약상의 '통과권'을 가지므로 소음저감 및 자연보호를 위한 추가적인 조치를 요건으로 요구하게 되는 Meinweg지역에 자연보호구역을 설정하면서 자국과 협의하여야 했다고 주장하였다.[86] 재판부는 이에 대하여 통과권 자체는 자연보호구역설정으로 영향을 받지 않고 분리조약 제12조가 의도하고 있는 벨기에의 통과권과 네덜란드의 주권간의 균형적 관계도 영향을 받지 않는다고 보았다. 재판부는 또한 자연보호지역지정이 통과권의 제한에 해당하지 않으므로 벨기에와 협의할 의무가 없다고 보았다. 하지만 추후 자연보호구역지정으로 재가동에 이전에 알려지지 않았던 수준으로 예측할 수 없었던 추가적인 조치 또는 비용부담을 요구하게 된다면 협의문제는 다르게 결론이 날 수도 있다고 하면서 이 사건을 해결하는 시점에서는 네덜란드의 주장이 타당하다고 보아 협의의무가 상황에 따라 적용될 수 있음을 간접적으로 인정하였다.

한편, 재판부는 비용할당문제를 결정하면서 Segment D에서의 Meinweg지역의 터널공사비용부담에 대하여 네덜란드가 적절한 방법으로 자연보호조치를 완전히 알리지 않았음을 지적하면서 이것이 상황악화에 네덜란드측이 기여한 것으로 보아 동일한 비율로 양국가가 부담하도록 하고 있다.[87] 이러한 재판부의 판정은 협의의무를 직접적으로 언급하지는 않았고 협의의무가 국제환경법 원칙 또는 규범임을 말하고 있지는 않지만 적어도 이 사건 상황에서 협의하는 것이 바람직했다는 것을 인정한 것이라 볼 수 있다.

Iron Rhine사건에서 재판부가 협의의무를 언급하고 있는 상황은 일반적으로 국제환경법에서 이 의무가 언급되는 상황과는 다르다. 즉, 국제환경법에서 이 의무는 어떤 국가가 다른 국가의 환경에 영향을 미칠 수 있는 일정한 사업을 계획하는 경우 영향을 받을 국가에게 정보를 제공하고 사업내용의 조정, 사업개시시점 등을 협의하도록 요구하는 경우인데, 이 사건에서는 네덜란드가 자연보호조치를 취하려 하고 이 조치가 벨기에의 통과권 행사에 영향을 미칠 수

86) *supra* note 2, para.90.
87) *Ibid.*, para.234.

있어 협의의무문제가 제기되고 있는 것이다. 이러한 측면 때문에 국제환경법상의 협의의무의 내용구체화에 기여할 가능성은 제한적이라고 하겠다.

6. 예방원칙

'예방원칙'(principle of prevention)은 국경을 넘는 중대한 손해를 방지하고 손해가 발생한 경우 그것을 최소화하기 위하여 모든 적절한 조치를 취하여야 한다는 원칙이다.[88] 이 원칙은 모든 손해의 발생을 방지하여야 한다는 것이 아니라 손해발생위험을 최소화하고 발생하는 경우 손해의 경감을 위해 모든 조치를 취하여야 한다는 것이다.

Iron Rhine사건에서 '예방원칙'은 두 가지 문맥에서 언급되고 있는데 첫째는 국제환경법에서 형성되고 있는 원칙들로 보존, 관리, 예방, 지속가능한 개발 및 미래세대를 위한 보호 등을 예시하면서 예방원칙을 언급한 것이고,[89] 둘째는 환경보호가 모든 경제개발과정의 통합된 일부가 되어야 한다는 경제개발과 환경보호의 통합원칙을 언급하면서이다.[90] 즉 재판부는 경제개발이 환경에 중대한 위해를 야기할 수 있는 경우 그러한 위해를 예방하거나 최소한 완화시킬 의무가 있다고 지적하고 나아가 이 의무가 일반 국제법의 원칙이 되었다고 밝혔다.[91] 국제재판부가 예방원칙이 일반국제법의 원칙이 되었다고 명확하게 밝힌 것은 이 사건이 최초이고 이후 ICJ의 Pulp Mills사건에서도 확인되었다.[92]

7. 환경의 정의

'환경'은 철학, 종교, 과학 및 경제 등 다양한 범주의 요소들이 개념정의에 영향을 미치고 반영되기 때문에 정의가 어려운 개념이고 따라서 합의된 정의가 없다. 하지만 환경규범의 규제 및 보호대상, 환경오염의 개념정의,[93] 환경손해의 산정 등 다양한 문제에서 그 정의를 필요로 하는 개념이다. 재판부는 이 사건에서 EC법과 국제환경법이 관련될 수 있음을 밝히면서 "환경"(environment)이

---

88) Sands *et al.*, *supra* note 29, pp.200-201.
89) *supra* note 2, para.58.
90) *Ibid.*, para.59.
91) *Ibid.*
92) Pulp Mills case, ICJ Reports, 2010, para.101.
93) 이재곤, "국제환경법상 환경오염의 개념", 「국제법학회논총」, 제41권 제1호(1996), pp.243-245.

"공기, 물, 토양, 식물계 및 동물계, 자연생태계 및 서식지, 인간건강, 안전 및 기후 등을 포함한다"고 언급하였다.[94] 재판부의 '환경'개념 정의 시도는 사실 환경개념 정의의 어려움을 반영하여 또한 변화할 수 있는 상대적 개념임을 염두에 두고 환경에 포함될 수 있는 개념들을 열거하고 있는 것에 불과함을 알 수 있다. 이것은 ICJ가 Legality of the Threat or Use of Nuclear Weapons사건에서 "'환경'은 추상적 개념이 아니라 아직 태어나지 않은 세대를 포함한 인간의 생활공간, 삶의 질 및 건강을 나타내는 것"(the environment is not an abstraction but represents the living space, the quality of life and the very health of human beings, including generations unborn)[95]이라고 밝혔던 것과 비교될 수 있다. ICJ가 환경을 정의하려는 목적에서 위 언급을 한 것은 아니지만 '인간중심적'으로 환경을 바라보고 있다는 점에서 자연과 인간 사이에서 중립적으로 환경을 보고 있는 이 사건을 맡은 중재재판부의 관점과 차이를 보여주고 있다. 또한 ICJ는 '미래세대'를 고려하고 있지만 재판부는 이를 언급하고 있지 않다는 점도 비교될 수 있는 점이다.

Ⅳ. 일반 국제법 쟁점

1. 국제재판소간의 관할권 충돌

국제사회의 분쟁을 해결하는 사법 또는 중재기관이 증가하면서 이들 분쟁해결기관간의 관할권이 충돌되고 동일 당사자간의 동일 사안에 대한 법적 분쟁이 서로 다른 분쟁해결기관에서 다루어지고 이 기관들간의 판결이 서로 달라지는 경우 발생하는 소위 국제법의 파편화(fragmentation of international law) 문제가 심각하게 대두되어 왔다. Southern Bluefin Tuna사건,[96] Mox Plant사건 등을 통하여 이러한 충돌상황이 가정적인 것이 아니라 실제적일 수 있다는 것이 명백해져 이 문제에 대한 연구가 이루어져 왔다.[97]

앞서 보았듯이 이 사건 분쟁당사국간의 중재부탁협정은 EC조약 제292조하

---

94) *supra* note 2, para.58.
95) ICJ Reports, 1996, para.29.
96) Southern Bluefin Tuna Cases (New Zealand v. Japan; Australia v. Japan), Provisional Measures, Order of 27 August 1999.
97) 예를 들어, 박기갑, *supra* note 9, pp.1-16; 성재호, *supra* note 28, pp.123-144; Leathley, *supra* note 28, pp.259-306.

에서의 당사국의 의무를 고려하면서 필요한 경우 유럽법을 포함하여 국제법을 기초하여 판결을 내리도록 요청하였고, EC조약 제292조는 EC당사국간의 EC조약과 관련된 분쟁은 EC조약상의 해결수단에 의해서만 해결하도록 하고 있어 EC조약 당사국인 벨기에와 네덜란드간의 이 분쟁도 PCA와 유럽사법재판소(ECJ) 간의 관할권 충돌문제가 야기될 가능성이 있었다.[98] 이것을 인식하고 양 분쟁 당사국은 2003년 8월 26일 EU 위원회에 서한을 보내 분쟁의 핵심쟁점은 EC법이 아닌 국제법이지만 필요한 경우 EC법 특별히 제292조를 준수하는데 필요한 모든 조치를 취하겠다고 밝혔다. EC조약 제292조는 동조약 제227조와 제239조와 연계하여 이해되어야 하는데 제227조는 타회원국의 EC조약상 의무불이행을 ECJ에 부탁하도록 하고 있고 제239조는 EC조약상의 사안과 관련된 당사국간의 분쟁은 특별합의로 ECJ에 부탁하도록 규정하고 있다. 이에 따라 EC법과 관련된 당사국간의 분쟁은 ECJ가 배타적 관할권을 갖는 효과를 갖는다. 회원국이 ECJ가 아닌 분쟁해결기관에 분쟁을 부탁하는 경우 제292조 위반으로 위원회가 동 당사국에 대한 소송을 제기할 수 있다.

재판소는 초유럽철도망(Trans-European Networks, TEN) 및 환경보호와 관련하여 양당사국이 EC법을 언급하고 있고 벨기에가 제10조를 언급하고 있다고 하면서 이들 EC법규들을 검토하였다. 벨기에는 Iron Rhine철도가 분리조약 제12조 뿐만 아니라 위 TEN시스템규제규범과 환경법규 등 EC법에 의해서도 규율된다고 주장하였다. 재판소는 벨기에의 이 주장이 맞지만 TEN체제에 Iron Rhine철도가 포함되어 분리조약에 근거하여 부여된 통과권을 초과하는 자국에 유리한 어떠한 권리도 주장하고 있지 않다고 보았다.[99] 또한 네덜란드가 요구하고 있는 환경보호조치는 EC법상 적절하고 네덜란드법상 요구되는 것이어서 Iron Rhine철도의 재가동으로 영향을 받지 않으며 Iron Rhine철도가 TEN에 포함되었다는 것이 재판소가 이 사건을 해결함에 있어 EC법의 해석을 요한다는 것은 아니라고 보았다.[100]

환경분야에서는 소위 EU의 서식지명령의 해석이 이 사건해결에 필수적인가 하는 것이 쟁점이었다. 서식지명령은 EC조약 제174조와 제175조에 법적 근거를 두고 있는데 동조항들은 EC의 환경보호정책을 규정하고 있다. 최근에는 암스테르담조약이 EC조약에 신규조항을 포함시켜서 모든 EC정책과 활동의 정

98) Iron Rhine사건의 이러한 측면에 대한 것은, Lavranos, *supra* note 28, pp.275-334.
99) *supra* note 2, para.118.
100) *Ibid.*, para.119.

의와 이행에 환경적 고려를 통합하도록 하였고[101] 제176조는 좀 더 엄격한 보호조치를 유지하거나 도입하는 것을 금하지 않도록 규정하고 있다. 서식지명령은 견고한 유럽생태망을 만들어 지속가능한 개발과 생물다양성유지를 조화시킬 목적을 가지고 있는데 동명령에 의하면 공동체적으로 중요성을 갖는 지역을 특정 일정에 따라 특별보존지역으로 지정하도록 하고 있다.[102]

네덜란드는 서식지명령에 따라 Iron Rhine철도의 기존노선이 있는 Meinweg 지역을 특별보전지역 및 국립공원으로 지정하였으며 국내법에 따라 '정숙지역'으로 지정하였다. 벨기에는 네덜란드가 EC법상의 의무와 1839년 분리조약에 의한 의무를 조화하여야 한다고 주장하면서 프랑스가 보전지역을 지정하면서 자동차도로개발을 위한 지역을 예외로 할 수 있음을 판결한 소위 Poitevin Marsh 사건에서의 접근방법에 따라 Meinweg에서도 일정한 재량을 행사할 수 있었다고 보았고 또한 환경보호유형을 결정함에 있어서도 마찬가지로 재량을 행사할 수 있었다고 보았다.[103]

반면에 네덜란드는 자국이 자연보존지역을 지정하면서 서식지명령에 따랐고, 생태학적 기준에 의해 정해졌으며, EU 위원회와의 협의를 통하여 이루어졌음을 주장하였다.[104] 네덜란드는 더 나아가 EC법을 완전히 고려하면서 네덜란드의 배타적 영토주권에 근거한 입법권한에 비추어 볼 때 네덜란드의 조치가 EU법에 상치되지 않는 한 자연과 환경보호를 위한 네덜란드 법률에 의해 요구되는 조치가 조류명령(Bird Directive)과 서식지명령에 의해 정당화되어야 할 필요는 없다고 주장하였다. 네덜란드는 EU 위원회가 서식지명령 적용의 자동적인 결과로서 터널을 건설하라고 말하고 있다고 주장하는 것이 아니라 터널을 건설하는 것이 생태적 가치를 적절하게 보호하는 유일한 방법으로 보기 때문에 네덜란드 국내법인 식물 및 동물법과 생태적 가치에 근거하여 Meinweg지역의 생태계를 보호하기 위하여 터널 건설이 필요하다고 결정하였다는 것이다. 네덜란드는 또한 EC조약 제176조가 회원국이 좀 더 엄격한 환경보호기준과 보존조치를 취할 수 있도록 허용하고 있음을 언급하였다.

재판소는 네덜란드는 자연보호조치가 전적으로 국내법의 적용으로 취한 조치라고 주장하고 벨기에도 달리 주장하지 않아 EC법에 의한 제한문제를 다루

101) *Ibid.*, para.124.
102) *Ibid.*, para.126.
103) *Ibid.*, para.129.
104) *Ibid.*, paras.134-135.

는 것이 필요하다고 보지 않았다.[105] 또한 재판소는 서식지명령 등의 EU법을 고려하지 않고 분리조약 제12조와 네덜란드 국내법에 따라서만 판결하더라도 동일한 판결을 내릴 것이라고 보았다.[106]

한편 EC조약 제10조는 EC조약 또는 EC기관에 의해 취해진 조치로부터 야기된 의무의 이행을 보장하기 위해 적절한 모든 조치를 취하도록 하고 있다. 재판소는 벨기에가 Iron Rhine철도의 재가동에 대하여 자국이 수년간 취해온 여러 측면의 입장을 설명하면서 위 제10조를 준수함에 있어 네덜란드를 지원한 것으로 받아들여져야 한다고 보았는데 네덜란드가 이에 대하여 전혀 다투고 있지 않으므로 제10조와 관련하여 분쟁이 없다고 보았다.

따라서 EC조약 제292조에 의해 ECJ에 이 사건을 부탁하여야 하는 분쟁당사국의 의무문제는 발생하지 않는다고 보아 재판소가 관할권을 행사하였고 분쟁해결기관간의 관할권 충돌문제는 발생하지 않았다.

2. 조약해석에 있어 해석원칙

재판소는 조약법협약의 조약해석 관련조항 제31와 제32조는 기존 관습법규의 법전화로 보았고, ICJ가 그동안 여러 사건들을 통하여 조약법협약이 채택된 1980년 이전에 체결된 조약해석에서도 이 두 해석조항을 인용하였다고 보았다.[107] 재판소는 특별히 조약법협약 제31조상의 '신의성실로 해석하여야 한다'는 문언을 언급하면서 조약해석에 있어서 많이 논의되어온 '진화적 해석'(evolutionary interpretation)과 '효율성 원칙'(principle of effectiveness)을 반영하는 판정을 내리고 있다. 즉 재판소는 거의 사용하지 않던 철도노선을 130년 전에 존재하던 상태를 훨씬 초과하는 운송능력과 수단을 가진 노선으로 재가동하려는 벨기에의 요청은 '새로운' 노선(new line)을 요청하는 것으로 간주될 수는 없다고 보았지만 기존 연장노선을 현대화하고 변형하여 재가동할 수 있게 해달라는 요청에 부가된 조건은 분리조약 제12조의 규제대상이라고 보았다. 1839년 분리조약과 그에 따른 Iron Rhine조약이 일정한 시한을 정했던 조약이 아니므로 문제의 철

---

105) *Ibid.*, para.206.

106) *Ibid.*, para.137.

107) *Ibid.*, para.45. 재판소가 그 사례로 인용한 판례는 다음과 같다: Territorial Dispute(Libyan Arab Jamahiriya/Chad, Judgement ICJ Reports, 1994, p.6, para.41; Kasikili/Sedudu Island(Botswana/Namibia), Judgement ICJ Repors, 1999, para.18; Sovereignty over Pulau Litigan and Pulau Sipadan case(Indonesia/Malaysia), Judgement, ICJ Reports, 2002, *Ibid.*, paras.37-38.

도노선의 기능유지와 상업성 유지를 위해 조약체결시 예측하지 못했던 사항들이 있다면 상황변화를 반영하여 조약이 해석되어야 하고 노선의 현대화와 변형이 조약상 명시된 '새로운' 노선건설에 해당하지 않고 그러한 형태의 철도 '재가동'이 조약에 언급되어 있지 않지만 분리조약을 효율성 원칙상 노선의 현대화와 변형에도 적용되어야 한다고 보았다.

3. MOU의 국제법상 효력

2000년 3월 28일 벨기에와 네덜란드의 교통장관은 2000년 2월 29일 두 장관간의 약정(arrangement)에 따라 Iron Rhine철도에 관한 양해각서(MOU)를 체결하였다. 이 문서의 주요 부분은 다시 양국의 교통장관과 독일의 국무장관간의 삼자회의에서 확인되었다. 재판소는 이 양해각서의 법적 의미를 다루면서 MOU의 국제법상 효력문제를 다루었다.

재판소는 일반적으로 MOU는 구속력 없는 문서로 평가된다고 보고 구속력 없는 문서와 조약간의 핵심적 구분요소는 당사국의 의도라고 밝히면서[108] 이 문제를 접근하였다. MOU의 핵심적인 내용은 Iron Rhine철도의 재가동의 결과와 대체노선에 대한 국제적 연구가 독일과 공동으로 실시될 것이고 그 연구결과는 2001년까지 나와야 하며 네덜란드는 네덜란드 영토 내의 Iron Rhine철도에 대한 환경영향평가를 실시할 것이라는 것을 담고 있다.

재판소는 당사국은 국제법상 MOU가 구속력 있는 문서가 아니라는데 동의하고 있지만 아무런 법적 관련성이 없는 것으로 간주되지는 않는다고 보았다. 즉 당사국들은 사실상 2000년 MOU의 여러 조항에 효과를 부여하였다는 것이다. 벨기에는 '아무리 늦어도 2001년 중반까지'(mid-2001 at the latest)까지 결정하도록 한 일자를 맞추지 못하였을 때 법률용어인 '소멸한다' 또는 '무효로 된다'는 의미의 'lapsing'이라는 표현을 써서 임시가동에 대한 벨기에의 재정적 책임도 동등하게 소멸하였다는 주장을 하였다.[109]

---

108) *Ibid.*, para.142.
109) *Ibid.*, para.156.

V. 결 론

Iron Rhine사건은 국제환경법 쟁점이 사건의 핵심적 쟁점이 되어 이 문제를 상세하게 다룬 사건은 아니지만 국제적 환경보호와 영토주권간의 조화문제와, 환경손해를 야기하지 않을 책임원칙, 예방원칙, 협력원칙, 지속가능한 개발원칙 등 발전 중인 국제환경법 원칙들을 다룸으로써 이들 문제에 대한 국제법 상황파악과 개념정립 또는 해당 원칙의 확대발전에 일정 부분 기여하였다고 평가할 수 있다. 또한 '환경'이라고 하는 국제환경법에서 환경오염의 개념정의, 손해배상의 범위결정 등을 위해 중요하지만 그 개념정의가 어려운 용어에 대하여 그 용어에 포함될 수 있는 개념들을 언급함으로써 이 문제의 논의에도 기여하였다고 할 수 있다. 이 사건에서 직접적으로 다루고 있지는 않지만 분쟁당사국들이 Iron Rhine철도 재가동에 대한 환경영향평가를 실시하여 자국의 주장을 뒷받침하고 재판부가 이들 주장의 합리성과 적법성을 판단하는 과정을 통하여 환경영향평가제도의 국제적 실효성을 간접적으로라도 보여주고 있다는 점도 지적될 수 있다.

하지만 환경손해를 야기하지 않을 책임원칙을 통과권을 갖는 타국영토에 대하여도 적용할 수 있다고 판정하면서 그러한 적용확대의 근거에 대한 논의가 부족한 점, 지속가능한 개발원칙이라는 용어의 사용을 회피하고 있는 것과 그 개념정립에 대한 인식부족을 노출하고 있는 점, 지속가능한 개발원칙을 논의하는 문맥에서 예방원칙 등의 용어를 사용하고 있는 것과 같이 국제환경법의 제원칙들간의 개념 구분을 하지 않아 혼동을 주고 있는 점 등은 아쉬움으로 남는다.

이 사건은 또한 국제재판소간의 관할권 충돌문제, 조약해석에 있어서 진화적 해석가능성문제 및 MOU형식으로 체결되는 국제문서의 법적 효력에 대한 문제에 대하여도 재판소의 견해를 제시하여 이 분야 법 발전에도 일정한 기여를 한 것으로 본다.

참고문헌

- 김기순, "Mox Plant Case에 적용된 국제환경법 원칙의 분석", 「안암법학」, 제26호(2008.4), pp.513-572.
- 김정건, 장신, 이재곤, 박덕영, 「국제법」, 박영사, 2010.
- 김홍균, 「국제환경법」, 홍문사, 2010.
- 박기갑, "국제재판소의 수적확대로 인한 재판관할권 및 법규범의 충돌가능성 및 해결방안", 「국제법평론」, 제27호(2008), pp.1-18.
- 성재호, "국제적 사법기관의 발전과 과제", 「국제법학회논총」, 제48권 제3호(2003), pp.123-144.
- 이재곤, "국제환경법상 환경오염의 개념", 「국제법학회논총」, 제41권 제1호(1996), pp.243-260.
- _____, "국제환경법의 제원칙: 그 진화와 과제", 「국제법평론」, 통권 제38호(2013), pp.1-35.
- 이재곤, 박덕영, 박병도, 소병천, 「국제환경법」, 박영사, 2015.

- Bernhardt, Rudolf, "Evolutive Treaty Interpretation, Especially of the European Convention on Human Rights", *German Yearbook of International Law*, vol.42(1999), pp.11-25.
- Handl, Günther, "Territorial Sovereignty and the Problem of Transnational Pollution", *American Journal of International Law*, vol.69(1975), pp.50-76.
- Jennings, Sir Robert and Sir Arthur Watts, *Oppenheims's International Law*, 9th Edition, Longman, 1992.
- Kiss, Axelander and Dinah Shelton, *International Environmental Law*, 3rd Edition, Trannational Publishers, Inc., 2003.
- Lavranos, Nikolas, "The Solange-Methods as a Tool for Regulating Competing Jurisdictions Among International Courts", *Loyola of Los Angeles International and Comparative Law Review*, vol.30(2008), pp.275-334.
- Leathley, Christian, "An Institutional Hierarchy to Combat the Fragmentation of International Law: Has the ILC Missed an Opportunity?", *New York University Journal of International Law and Politics*, vol.40(2007), pp.259-306
- Sands, Philippe and Jacqueline Peel with Adriana Fabra and Ruth MacKenzie, *Principles of International Environmental Law*, 3rd ed., Cambridge University Press, 2012.
- Segger, Maire-Claire Cordonier, "The Role of International Forums in the Advancement of Sustainable Development", *Sustainable Development Law and Policy*, vol.10(2009), pp.4-18.

제 9 장

펄프공장 사건(아르헨티나 대 우루과이) 판결의 국제환경법적 함의*

Pulp Mills Case (Argentina v. Uruguay) and Implications for International Environmental Law

정 진 석

Ⅰ. 사건의 경과

1. 사실관계

2010년 4월 20일 국제사법재판소(이하 "ICJ")는 아르헨티나와 우루과이 사이의 환경분쟁 사건에 대한 판결을 내렸다.[1] 이 사건은 양국의 국경을 이루는 우루과이강의 우루과이쪽 연안에 건설허가를 받은 한 펄프공장과 그리고 실제로 건설되었고 가동 중인 다른 펄프공장에 관한 것이다. 주요한 사실관계를 보면 다음과 같다.

(1) 1975년 우루과이강 조약

우루과이강에서 아르헨티나와 우루과이 사이의 경계는 1961년 4월 발효한 몬테비데오 조약에 의해 정해졌다. 동 조약은 제1조부터 제4조에서 양국 사이의 경계를 획정하고 우루과이강에 있는 특정 섬들을 각 국에게 귀속시켰다. 그리고 동 조약 제7조는 우루과이강의 생물자원보존과 수질오염방지를 포함한 여러 주제들을 다루는 "우루과이강 이용체제(régime for the use of the river)"를 당사국들이 설립할 것을 규정하였다.[2]

---

* 이 장은 정진석, "펄프공장 사건(아르헨티나 대 우루과이) 판결의 국제환경법적 함의", 「서울국제법연구」, 제18권 2호(2011.12)를 수정·보완한 것임.

1) *Pulp Mills on the River Uruguay (Argentina v. Uruguay), Judgment, I.C.J. Reports, 2010*, p.14 (이하 "*Judgment*").

2) *Ibid.*, para.26.

1961년 조약 제7조에서 계획된 "우루과이강 이용체제"는 1975년 2월 양국 사이에 체결된 우루과이강 조약(the Statute of the River Uruguay: 이하 "1975년 조약")을 통해서 설립되었다. 1975년 조약 제1조는 우루과이강의 최적 및 합리적 이용을 위해 필요한 공동기구의 설립이 동 조약의 목적이라고 규정하였다. 이어서 1975년 조약은 우루과이강의 이용 및 환경보호를 위한 절차적 규칙과 실체적 규칙들을 규정하고 있으며 또한 우루과이강의 이용에 영향을 미치는 문제들에 대한 양국 사이의 의사소통 및 협의를 촉진하는 임무를 가진 공동위원회인 우루과이강 관리위원회(Comisión Administradora del Río Uruguay: 이하 "CARU")의 설립도 규정하고 있다.[3)]

(2) CMB (ENCE) 프로젝트

분쟁의 원인이 되는 첫 번째 펄프공장은 스페인 회사인 ENCE가 우루과이에 설립한 회사인 CMB가 계획한 것이다. 이 공장(이하 "CMB (ENCE) 공장")은 우루과이의 도시 Fray Bentos의 동쪽 우루과이강 연안에 건설될 계획이었다. CMB (ENCE) 공장 건설계획의 추진경과를 보면, 우선 2002년 7월 22일 CMB (ENCE) 프로젝트에 대한 환경영향평가가 우루과이 당국에 제출되었으며, 같은 시기에 이 프로젝트는 CARU 위원장에게도 통지되었다. 그리고 2002년 10월 17일 CARU 위원장은 CMB (ENCE) 프로젝트의 환경영향평가 사본을 우루과이 환경부장관에게 서면으로 요청하였으며, 이 요청은 2003년 4월 21일에도 반복되었으나 소용없었다. 이후 CARU는 2003년 8월과 9월에 CMB (ENCE) 공장에 관한 여러 문제점에 대해서 추가적인 정보를 요청하였으나 역시 소용이 없었다.[4)]

2003년 10월 9일 우루과이는 CMB (ENCE) 공장의 건설을 위한 초기환경허가(initial environmental authorization)를 부여하였고, 아르헨티나는 10월 17일 CARU 회의에서 우루과이의 초기환경허가 부여를 비난하였다. 2003년 10월 27일 우루과이는 ENCE가 2002년 7월 22일 제출한 환경영향평가, 우루과이 정부의 2003년 10월 2일자 최종평가보고서 그리고 10월 9일 초기환경허가의 사본들을 아르헨티나에게 전달하였다. 그러나 아르헨티나는 통지에 관해 규정하고 있는 1975년 조약 제7조가 준수되지 않았으며 자국에게 전달된 문서들이 CMB (ENCE) 프로젝트의 환경영향에 대한 기술적 평가를 하기에는 충분하지 않다고 주장하였다. 아르헨티나 외교부의 요청에 따라서 2003년 11월 7일 우루과이는 CMB

---

3) *Ibid*., para.27.
4) *Ibid*., paras.28-30.

(ENCE) 프로젝트에 관한 자국 환경부의 파일 전체의 사본을 아르헨티나에게 제공하였다. 그리고 아르헨티나는 우루과이로부터 받은 모든 문서들을 2004년 2월 23일 CARU에게 전달하였다.[5]

2005년 11월 28일 우루과이는 CMB (ENCE) 공장의 건설을 위한 기초작업 시작을 허가했지만 2006년 3월 11일 칠레 산티아고에서 열린 양국 정상회담에서 우루과이 대통령은 CMB (ENCE) 공장과 아래에서 볼 다른 펄프공장의 건설 중지를 요청하였다. 2006년 3월 28일 ENCE는 90일 동안 작업을 중단하기로 결정하였으며 결국 같은 해 9월 21일 공장건설 포기를 선언하였다.[6]

(3) Orion (Botnia) 공장

분쟁의 원인이 되는 두 번째 펄프공장인 Orion (Botnia) 공장은 핀란드 회사가 우루과이법에 따라서 2003년에 설립한 회사인 Botnia가 우루과이쪽 연안에 건설하였으며 2007년 11월 9일부터 가동되었다. Orion (Botnia) 공장은 Fray Bentos시와 CMB (ENCE) 공장 예정부지 사이에 위치해 있다. 이 공장의 건설을 위한 프로젝트는 2003년 말 우루과이 당국에게 통지되었으며, 2004년 3월 31일 초기환경허가 신청이 우루과이 당국에게 제출되었다. 2004년 4월과 10월에 열린 Botnia와의 회의에서 CARU는 초기환경허가 신청에 대한 추가적인 정보를 요청하였으나 허사였다. 그러자 2004년 11월 16일자 서한을 통해서 CARU는 우루과이에게 초기환경허가 신청에 대한 추가적인 정보를 요청하였다.[7]

2005년 2월 14일 우루과이 당국은 Orion (Botnia) 공장과 이에 접한 항구의 건설을 위한 초기환경허가를 부여하였다. 아르헨티나는 3월 11일 CARU 회의에서 이 허가의 부여가 1975년 조약에 규정된 절차적 의무에 비추어 볼 때 충분한 근거가 있는지 의문을 제기하였고 5월 6일 CARU 회의에서도 이 입장을 반복하였다. 하지만 그 사이 우루과이는 2005년 4월 12일에 공장부지 정지(整地)작업을 허가하였다. 그리고 2005년 7월 5일 우루과이는 Orion (Botnia) 공장에 접한 항구의 건설을 허가하였으며, 이 허가는 8월 15일 CARU에게 전달되었고 항구에 관한 추가문서들도 10월 13일 CARU에게 전달되었다. 8월 22일 우루과이는 Orion (Botnia) 공장의 굴뚝과 콘크리트 기초의 건설을 허가하였고, 공장건설이 진행됨에 따라 추가적인 허가도 하였다. 2006년 5월 아르헨티나가 본 사건을

5) *Ibid.*, paras.31-33.
6) *Ibid.*, paras.36, 42.
7) *Ibid.*, para.38.

ICJ에 제소한 후인 8월 24일 우루과이는 Orion (Botnia) 공장에 접한 항구의 가동을 허가하였으며 이 점을 9월 4일 CARU에게 통지하였다. 9월 12일 우루과이는 Botnia가 산업목적으로 우루과이강의 물을 끌어들여 사용하는 것을 허가하였으며 이 점을 10월 17일 CARU에게 통지하였다. 마침내 2007년 11월 8일 우루과이는 Orion (Botnia) 공장의 가동을 허가하였으며 그 다음날부터 공장은 가동을 시작하였다.[8)]

2. 제 소

CMB (ENCE) 프로젝트와 Orion (Botnia) 공장을 둘러 싼 분쟁을 해결하기 위해서 2005년 5월 31일 양국 외무장관들이 고위기술그룹(이하 "GTAN")을 만들었으며, GTAN은 2005년 8월부터 2006년 1월 사이에 12번 회의를 열었으나 결국 실패하였다. 그리고 아르헨티나의 제소 후인 2006년 11월 스페인 국왕의 개입도 분쟁해결에 진전을 이루지 못했다.[9)]

2006년 5월 4일 아르헨티나는 1975년 조약의 위반을 이유로 동 조약 제60조 제1항에 따라서 우루과이를 상대로 ICJ에 제소하였다. 아르헨티나는 우루과이가 우루과이강 연안에 두 개의 펄프공장을 허가, 건설 및 가동함으로써 1975년 조약을 위반하였으며 특히 그런 행위들이 우루과이강의 수질과 이 강의 영향을 받는 지역에 미친 효과를 언급하였다.[10)] 그리고 같은 날 아르헨티나는 잠정조치명령도 신청하였으나 ICJ는 7월에 잠정조치명령을 거부하였다. 잠정조치명령은 우루과이에 의해서도 11월에 신청되었으나 이듬 해 1월 역시 거부되었다.[11)]

본 사건은 1975년 조약의 해석과 적용에 관한 것이다. 즉, CMB (ENCE) 공장의 건설 그리고 Orion (Botnia) 공장과 인접 항구의 건설 및 가동을 허가함에 있어서 우루과이가 1975년 조약상 절차적 의무를 준수하였는가, 그리고 2007년 11월 Orion (Botnia) 공장의 가동 이후 우루과이가 1975년 조약상 실체적 의무를 준수하였는가에 관한 것이다. 아르헨티나는 우루과이가 다음의 의무들을 위반하였다고 주장하였다: i) 우루과이강의 최적 및 합리적 이용을 위해 필요한 모든 조치를 취할 의무; ii) CARU와 아르헨티나에 대한 사전통지의무; iii) 1975년

---

8) *Ibid.*, paras.39, 42, 43.
9) *Ibid.*, paras.40, 43.
10) *Ibid.*, para.1.
11) *Ibid.*, paras.3-13.

조약 제2장(제3조-제13조)에 규정된 절차들을 준수할 의무; iv) 완전하고 객관적인 환경영향평가를 할 의무를 포함하여, 수생환경을 보전하고 오염을 방지하기 위해서 필요한 모든 조치를 취할 의무 및 생물다양성과 어종을 보호할 의무; v) 오염방지 그리고 생물다양성과 어종보호에 있어서 협력할 의무. 나아가 아르헨티나는 의무 위반의 결과 우루과이가 국가책임을 지며 따라서 우루과이에게 위법행위 중단, 원상회복, 금전배상, 재발방지약속 등을 요구하였다.[12]

Ⅱ. 관 할 권

당사자들은 ICJ의 관할권이 1975년 조약 제60조 제1항에 근거한다는 점에 대해 동의하였다. 이 조문에 따르면, 1961년 몬테비데오 조약과 1975년 조약의 해석 또는 적용에 관한 분쟁으로서 직접교섭에 의해 해결될 수 없는 분쟁은 일방 당사자에 의해 ICJ에 회부될 수 있다. 하지만 아르헨티나가 제기한 모든 청구가 제60조 제1항의 범위에 들어가는지에 대해서 양국은 견해가 일치하지 않았다. 우루과이는 우루과이강 또는 그 곳에 서식하는 생물자원에게 1975년 조약을 위반하여 야기된 오염이나 피해가 제60조 제1항의 범위에 들어간다는 점을 인정하였다. 또한 우루과이는 펄프공장의 운영이 우루과이강의 수질에 미친 영향에 관한 청구도 제60조 제1항의 범위에 들어간다고 보았다. 하지만 우루과이는 아르헨티나가 모든 종류의 환경피해에 관한 청구를 제기하기 위해서 이 조항을 원용할 수는 없으며, 특히 Orion (Botnia) 공장에 의해서 야기되었다고 아르헨티나가 주장하는 대기오염, 소음, 시각공해, 관광산업에 대한 영향 등은 1975년 조약의 해석이나 적용에 관한 것이 아니며 따라서 ICJ가 이런 문제들에 대해서는 관할권이 없다고 주장하였다. 다만 우루과이는 우루과이강의 수질이나 수생환경에 해로운 영향을 미치는 대기오염은 ICJ 관할권에 속할 수 있다고 인정하였다.[13]

반면에 아르헨티나는 ICJ의 관할권에 대한 우루과이의 입장이 너무 좁다고 비판하면서 더 확대된 관할권을 주장하였다. 생태계 균형의 변화를 피하기 위한 조치들 그리고 우루과이강과 이 강의 영향을 받는 지역에서 전염병 등 유해

---

12) *Ibid.*, paras.22, 23, 46.
13) *Ibid.*, para.49.

요소들을 통제하기 위한 조치들을 조정할 의무를 규정하고 있는 1975년 조약 제36조에 근거하여 아르헨티나는 ICJ의 관할권이 대기오염, 소음, 시각공해, 악취에 의한 관광산업 피해 등도 포함한다고 주장하였다.[14] 이러한 아르헨티나의 넓은 관할권 주장은 소위 "생태계 접근법"(ecosystem approach)을 반영한 것으로 보인다.[15] 하지만 ICJ는 1975년 조약 제36조가 아르헨티나 주장처럼 소음과 시각공해를 다루지는 않으며 다른 조항들에서도 그런 주장의 근거를 발견할 수 없다고 하였다. 따라서 ICJ는 소음과 시각공해에 관한 청구는 1975년 조약 제60조에 따른 ICJ의 관할권 밖이라고 결론 내렸다. 마찬가지로 1975년 조약은 악취 문제도 다루지 않으며 따라서 관광산업에 대한 악취의 영향 역시 관할권 밖이라고 ICJ는 판단하였다.[16]

한편, 아르헨티나는 1975년 조약 제1조[17]와 제41조[18]를 "회부조항"(referral clauses)이라고 부르면서, 양국이 국제관습법상 그리고 환경보호에 관련된 다자조약상 부담하는 의무들도 이 조항들에 의해 1975년 조약에 편입된다고 주장하였다. 따라서 우루과이가 국제관습법과 특정 다자조약상 부담하는 의무를 준수하였는지 여부도 ICJ의 관할권에 들어간다는 것이 아르헨티나의 주장이다.[19] 특히 조약법 협약 제31조 제3항 (c)를[20] 원용하면서 아르헨티나는 1975년 조약이 국제수로법의 원칙과 국제환경법의 원칙을 고려하여 해석되어야 한다고 주

14) *Ibid.*, para.50.

15) O. McIntyre, "The proceduralisation and growing maturity of international water law: Case Concerning Pulp Mills on the River Uruguay (Argentina v. Uruguay)", *Journal of Environmental Law*, Vol.22, No.3(2010), p.478. 생태계 접근법의 정의에 대해서는 제5차 생물다양성협약 당사국회의, Decision V/6, Annex A: "The ecosystem approach is a strategy for the integrated management of land, water and living resources that promotes conservation and sustainable use in an equitable way."

16) *Judgment*, para.52.

17) "The Parties agree on this Statute, in implementation of the provisions of article 7 of the Treaty concerning the Boundary Constituted by the River Uruguay, of 7 April 1961, in order to establish the joint machinery necessary for the optimum and rational utilization of the River Uruguay, in strict observance of the rights and obligations arising from treaties and other international agreements in force for each of the Parties."

18) "Without prejudice to the functions assigned to the Commission in this respect, the Parties undertake: (a) To protect and preserve the aquatic environment and, in particular, to prevent its pollution, by prescribing appropriate rules and measures in accordance with applicable international agreements and in keeping, where relevant, with the guidelines and recommendations of international technical bodies; …"

19) *Judgment*, para.53.

20) 조약법협약 제31조 3항(c)는 조약 해석시 조약문의 문맥과 함께 "당사국간의 관계에 적용될 수 있는 국제법의 관련 규칙"도 참작되어야 한다고 규정한다.

장하였다. 1975년 조약은 양국 사이에 적용가능한 모든 "관련 규칙들"을 고려하여 해석되어야 하며 그렇게 해야 동 조약의 해석이 시류에 부합하고 환경기준의 변화에 따라 진화한다는 것이다. 이와 관련하여 아르헨티나는 국제수로의 공평하고 합리적이고 비침해적 이용원칙, 지속가능한 개발원칙, 환경영향평가 의무 등을 언급하였다.[21] 또한 아르헨티나는 양국에게 구속력 있는 그 밖의 조약상 의무들도 "회부조항" 때문에 적용가능하다고 주장하였다. 이와 관련하여 아르헨티나는 1973년 멸종위기에 처한 야생동식물종의 국제거래에 관한 협약(CITES 협약), 1971년 물새서식처로서 국제적으로 중요한 습지에 관한 협약(Ramsar 협약), 1992년 생물다양성 협약, 2001년 잔류성 유기오염물질에 관한 스톡홀름 협약 등을 언급하였다. 아르헨티나는 이 조약들에 규정된 의무가 1975년 조약상의 의무에 추가적인 것이며 따라서 1975년 조약이 적용될 때 함께 준수되어야 한다고 주장하였다.[22] 하지만 ICJ는 1975년 조약 제1조와 제41조의 스페인어 정본과 영어 및 불어 번역본을 비교 검토한 후 아르헨티나가 언급한 환경조약들이 1975년 조약에 편입되지 않는다고 판단하였다. 따라서 우루과이가 이 조약들의 의무를 준수하였는지 여부는 이 사건에서 ICJ의 관할권에 들어가지 않는다.[23]

Ⅲ. 판결내용 및 검토

1. 절차적 의무 위반 여부

(1) 절차적 의무와 실체적 의무의 관련성

아르헨티나는 1975년 조약 제7조부터 제12조에 규정된 절차조항들이 우루과이강의 최적 및 합리적 이용을 확보하기 위한 것이며 절차적 의무와 실체적 의무는 불가분이기 때문에 전자의 위반은 자동적으로 후자의 위반을 결과한다고 주장하였다.[24] 우루과이도 절차적 의무가 실체적 의무의 이행을 촉진하기 위한 것이며 전자는 목적이 아니라 수단이라고 보았다. 하지만 우루과이는 아

---

21) *Judgment*, para.55.
22) *Ibid.*, para.56.
23) *Ibid.*, paras.59-63.
24) *Ibid.*, paras.71-72.

르헨티나의 주장이 절차적 의무 위반은 필연적으로 실체적 의무 위반을 결과한다는 믿음을 만들기 위한 억지 주장이라고 평가하였다. 우루과이에 따르면, ICJ는 절차적 의무와 실체적 의무 각각의 위반에 대해서 결정하여야 한다.[25]

ICJ는 1975년 조약 제1조에 규정된 동 조약의 목적은 바로 협력을 위한 공동기구를 통해서 우루과이강의 최적 및 합리적 이용을 달성하는 것이며, 그러한 공동기구는 CARU 그리고 1975년 조약 제7조부터 제12조의 절차 조항들로 구성된다고 지적하였다. 그리고 절차적 의무와 실체적 의무는 서로를 완벽하게 보완하며 당사국들이 제1조에서 설정한 목적을 달성하는 것을 가능하게 한다고 함으로써 ICJ도 1975년 조약상 절차적 의무와 실체적 의무가 관련되어 있음을 인정하였다. 하지만 ICJ는 1975년 조약 어디에도 절차적 의무를 준수해야만 실체적 의무를 이행할 수 있다거나 절차적 의무 위반이 자동적으로 실체적 의무 위반을 결과한다는 점이 나타나 있지는 않다고 보았다. 마찬가지로 실체적 의무 준수가 일응 절차적 의무 준수를 의미하지도 않는다. 그러므로 비록 1975년 조약상의 절차적 의무와 실체적 의무 사이에 기능적 관련(functional link)이 존재하더라도 당사국들은 이 의무들을 각각 별도로 준수해야 하며 위반에 대한 책임도 별도로 부담하는 것이다.[26]

(2) 절차적 의무들 상호간의 관계

1975년 조약은 특정한 활동을 계획하는 당사국에게 절차적 의무들을 부과하는데, 그 내용과 상호관계는 동 조약 제7조부터 제12조에 규정되어 있다.[27] 제7조 제1문에 따르면, 일방 당사국이 새로운 수로를 건설하거나 기존의 수로를 실질적으로 변경하거나 항행, 우루과이강의 체제 또는 수질에 영향을 줄 수 있는 그 밖의 사업을 수행하려고 계획하는 경우, 그 당사국은 CARU에게 통지하여야 한다. 그러면 CARU는 그 계획이 타방 당사국에게 중대한 피해를 야기할 수도 있는지 여부에 대해서 최대 30일 이내에 예비적인 결정을 내려야 한다. 제2문에 따르면, 만약 CARU가 그 계획이 타방 당사국에게 중대한 피해를 야기할 수도 있다고 판단하거나 또는 그 점에 대해서 어떤 결정에 도달할 수 없는 경우, 관련 당사국은 CARU를 통해서 상대방에게 그 계획을 통지하여야 한다. 제3문에 의하면, 제2문의 통지는 사업의 주된 측면과 사업수행방법을 기술하여

25) *Ibid.*, paras.73-74.
26) *Ibid.*, paras.75-79.
27) 조문들은 *Ibid.*, para.80에 수록되어 있음.

야 하며 또한 통지받은 당사국이 그런 사업이 항행, 우루과이강의 체제 또는 수질에 미칠 수 있는 영향을 평가할 수 있도록 그 밖의 기술적인 자료도 포함하여야 한다. 제8조는 통지받은 당사국이 사업계획과 관련하여 180일 이내에 응답하여야 하며 이 기간은 CARU에 파견된 당사국 대표가 모든 문서를 받았을 때부터 시작한다고 규정한다. 제9조에 따르면, 통지받은 당사국이 이 기간 내에 아무런 반대도 제기하지 않거나 응답하지 않으면 상대방은 계획된 사업을 수행하거나 허가할 수 있다. 제11조에 따르면, 사업을 실행하면 항행, 우루과이강의 체제 또는 수질이 크게 손상될 수도 있다고 통지받은 당사자가 결론내리면 위에서 언급한 180일 기간 내에 CARU를 통해서 상대방에게 통지하여야 한다. 그리고 제12조는 그러한 통지 후 180일 이내에 당사자들이 합의에 도달하지 못하면 제60조의 절차를 진행하여야 한다고 규정한다.

아르헨티나의 주장에 따르면, 우루과이는 CARU에게 통지할 의무를 규정한 제7조 제1문을 위반함으로써 제7조부터 제12조까지 규정된 모든 절차적 요건들을 좌절시켰으며 나아가 CMB (ENCE) 공장과 Orion (Botnia) 공장 건설계획을 모든 문서와 함께 CARU를 통해서 아르헨티나에게 통지하지 않음으로써 제7조 제2문 및 제3문도 위반하였다. 아르헨티나 또는 CARU와 펄프공장 프로젝트 관련 회사 사이에 비공식적인 접촉이 있었으나 그러한 접촉은 CARU와 아르헨티나에 대한 공식적 통지를 대체할 수는 없다는 것이 아르헨티나의 입장이다.[28)]

이에 대해 ICJ는 먼저 CARU의 본질과 역할을 검토하였다. ICJ는 CARU가 자신의 기능을 수행하기 위해서 1975년 조약 제50조에 따라 법인격을 부여받았으며 당사국들도 CARU에게 필요한 자원과 정보를 제공할 의무를 부담하였음을 지적하였다. 또한 CARU는 법인격을 가진 다른 국제기구들과 마찬가지로 그 설립조약인 1975년 조약이 자신에게 부여하였고 동 조약의 목적 달성에 필요한 권한을 행사할 수 있다고 ICJ는 지적하였다. 한편, ICJ는 CARU가 특히 1975년 조약 제7조 1문에 규정된 사업계획의 경우 당사자 사이의 협의를 위한 체제 역할을 하기 때문에 어느 당사자도 일방적으로 그 체제로부터 이탈할 수 없으며 다른 의사소통수단으로 대체할 수 없다고 보았다. 즉, CARU는 1975년 조약에서 중심적인 역할을 하며, 당사자들이 마음대로 이용하거나 말거나 할 수 있는 단순히 임의적인 메커니즘이 아닌 것이다. 결론적으로 ICJ는 당사국들이 1975년 조약상 협력의무를 이행함에 있어서 CARU를 중심적인 구성요소로 만들고자 했

---

28) *Ibid.*, para.82.

다고 결론지었다.[29)]

이어서 ICJ는 CARU에게 통지할 우루과이의 의무에 대해서 살펴본다. 우선 ICJ는 프로젝트를 시작하는 국가가 CARU에게 통지할 의무는 1975년 조약의 목적, 즉 우루과이강의 최적 및 합리적 이용을 달성하는데 필요한 절차적 메커니즘의 첫 단계라고 보았다.[30)] 그리고 당사자들은 두 펄프공장들이 1975년 조약 제7조의 범위에 들만큼 충분히 중요하며 따라서 CARU가 그에 대해서 통지받아야 한다는 점에 대해서 의견을 같이 하였다.[31)] 하지만 당사자들은 CARU에게 제공될 정보의 내용과 제공 시기에 대해서 의견이 달랐다. ICJ는 1975년 조약 제7조에 규정된 사업을 계획하는 국가는 그 사업이 타방 당사자에게 중대한 피해를 끼칠 수 있는지 여부에 대하여 CARU가 예비적인 평가를 할 수 있을 만큼 진전된 사업계획을 입수하는 즉시 CARU에게 통지하여야 한다고 판단함으로써 아르헨티나의 입장을 받아들였다. 물론 이 단계에서 제공되는 정보는 해당 프로젝트의 환경영향에 대한 완전한 평가를 담을 필요는 없다. 하지만 어쨌든 CARU에 대한 통지의무는 초기환경허가를 획득하기 위해서 프로젝트가 관련 당국에게 제출된 때 그리고 그러한 허가가 부여되기 전에 적용가능하다고 ICJ는 명확히 하였다.[32)] 이에 비추어 볼 때 우루과이는 CMB (ENCE) 공장과 Orion (Botnia) 공장에 대해서 1975년 조약 제7조 제1문상 요구되는 정보를 CARU에게 제공하지 않았으며 나아가 동 조항에 규정된 절차를 준수하지 않고 두 공장들에게 초기환경허가를 부여하였다는 것이 ICJ의 판단이다. 관련된 회사들을 통해 CARU에게 정보가 제공되기는 하였으나, ICJ는 그러한 정보가 1975년 조약 제7조 제1문의 통지의무를 대체할 수 없으며 이 의무는 동 조항에 규정된 사업을 계획하는 당사국이 부담하는 것이라고 결정하였다.[33)]

1975년 조약 제7조 제2문에 따르면, 만약 CARU가 사업계획이 타방 당사자에게 중대한 피해를 야기할 수도 있다고 결정하거나 또는 그 점에 대해서 어떤 결정에 도달할 수 없는 경우, 관련 당사자는 CARU를 통해서 상대방에게 그 계

---

29) *Ibid.*, paras.87-93.

30) *Ibid.*, para.94.

31) *Ibid.*, para.96.

32) *Ibid.*, para.105.

33) *Ibid.*, paras.106, 110. 이와 관련하여 ICJ는 지부티와 프랑스 사이의 형사문제 상호공조 사건을 원용하였는데, 이 사건에서 ICJ는 언론을 통해서 지부티에게 들어 온 정보는 관련 조약의 적용상 고려될 수 없다고 보았다. *Certain Questions of Mutual Assistance in Criminal Matters, Judgment, I.C.J. Reports, 2008*, p.231, para.150.

획을 통지하여야 한다. 그리고 동 조 제3문은 그러한 통지에 들어갈 내용으로서 환경영향평가 등을 규정하고 있다. 이 조항들에 따른 우루과이의 의무와 관련하여 ICJ는 특히 환경영향평가의 중요성을 인정하였으며 나아가 환경영향평가 통지가 초기환경허가를 발하기 전에 이루어져야 한다고 하였다. 하지만 CMB (ENCE) 공장과 Orion (Botnia) 공장에 대한 환경영향평가는 CARU를 통해서 아르헨티나에게 통지되지는 않았다. 그리고 우루과이는 두 공장에 대한 초기환경허가가 주어진 이후에야 아르헨티나에게 환경영향평가를 전달하였다. 환경영향평가 통지에 앞서서 초기환경허가를 해줌으로써 우루과이는 1975년 조약상의 절차적 의무보다 자국의 국내법을 우선시하였다. 우루과이의 이러한 행위는 조약법 협약 제27조에 반영된 국제관습법 원칙, 즉 "어느 당사국도 조약의 불이행에 대한 정당화의 방법으로 그 국내법 규정을 원용해서는 아니 된다"를 무시한 것이라고 ICJ는 판단하였다. 결과적으로 우루과이는 1975년 조약 제7조 제2문 및 제3문의 절차적 의무도 준수하지 않았다.[34)]

(3) 1975년 조약에 규정된 절차적 의무로부터 이탈 문제

CARU가 1975년 조약에 의해 부여된 기능을 수행할 수 없는 상태에서 CMB (ENCE) 공장에 대한 초기환경허가가 주어진 후 2004년 3월 2일 양국 외무장관들은 앞으로 따라야 할 절차에 대해서 합의하였다. 그리고 우루과이는 이 합의를 통해서 당사국들은 1975년 조약과 CARU 밖에서 절차를 밟기로 합의하였다고 주장하였다. 이에 대해 일단 ICJ는 당사국들이 적절한 합의에 따라서 1975년 조약상의 절차로부터 이탈할 권한이 있으며 2004년 3월의 합의는 당사국들을 구속한다고 인정하였다. 하지만 ICJ는 2004년 3월 합의에서 우루과이가 CARU에게 전달하기로 동의한 정보가 전혀 전달된 적이 없다고 판단하였다. 따라서 ICJ는 이 합의가 1975년 조약 제7조에 규정된 절차의 이행과 관련한 CMB (ENCE) 공장 분쟁을 종식시켰다는 우루과이의 주장을 받아들일 수 없었다. 그리고 2004년 3월 합의는 CMB (ENCE) 공장에만 적용되며 Orion (Botnia) 공장에는 적용되지 않는다. 우루과이가 2004년 3월 합의의 내용을 준수했었다면 1975년 조약 제7조의 의무로부터 벗어날 수 있었겠지만 우루과이는 그렇게 하지 않은 것이다. 그러므로 ICJ는 2004년 3월 합의가 우루과이로부터 1975년 조약상의 절차적 의무를 면제시켜주는 효과를 가지고 있지 않다고 결론을 내렸다.[35)]

---

34) *Ibid.*, paras.119-122.
35) *Ibid.*, paras.125-131.

한편, 앞에서 언급한 바와 같이 양국 외무장관들은 GTAN을 만들기로 합의하였는데, 이 합의는 2005년 5월 31일자 보도 자료를 통해서 알려졌다. 우루과이는 이 보도 자료가 양국을 구속하는 합의이며 GTAN은 1975년 조약 제12조에 규정된 당사국간 직접협상이 이루어지는 기구라고 주장하였다. 우루과이에 의하면, 따라서 이 보도 자료에 담긴 합의는 제12조에 규정된 직접협상을 위한 길을 마련함으로써 1975년 조약 제7조 이하와 관련된 모든 절차적 위법을 치유한다. 이에 대해 ICJ는 5월 31일자 보도 자료가 GTAN을 설립하려는 양국의 합의를 보여준다고 인정하였다. 하지만 ICJ는 1975년 조약 제12조에 규정된 직접협상은 동 조약 제7조부터 제12조까지 규정된 전체 절차의 일부라고 보았다. 그러므로 ICJ는 GTAN 설립합의가 1975년 조약에 규정된 다른 절차적 의무로부터도 벗어나기로 당사국들이 합의한 것으로 해석될 수 없다고 보았다. 따라서 ICJ는 아르헨티나가 GTAN 창설에 동의하였다고 해서 1975년 조약상의 다른 절차적 권리들을 포기하지는 않았으며 그런 권리들의 침해에 대한 우루과이의 책임을 추궁할 가능성도 포기하지 않았다고 판단하였다. GTAN을 설립함에 있어서 아르헨티나는 1975년 조약상 자신의 권리를 명확하고 명백하게 포기하지 않았으며 동 조약의 절차 조항들의 적용을 정지하는데 동의하지도 않았다. 이와 관련하여 ICJ는 조약법 협약 제57조상 조약의 시행정지는 그 조약의 규정에 의거하거나 모든 당사국의 동의에 의해서 이루어진다는 점을 강조하였다.[36] 그리고 당사자 사이의 협력을 위한 절차적 메커니즘이 진행되는 동안 프로젝트 추진국은 공사를 허가해서는 아니 되며 더욱이 공사를 진행해서도 아니 된다는 것이 ICJ의 의견이다. ICJ에 따르면, "유효한 모든 조약은 그 당사국을 구속하며 또한 당사국에 의하여 성실하게 이행되어야 한다"는 조약법 협약 제26조는 국가간 협력에 필수적인 절차적 의무를 포함한 모든 조약상 의무에 적용되는 것이다. 따라서 ICJ는 GTAN 설립에 동의하였다고 해서 우루과이가 1975년 조약 제7조의 통지의무로부터 벗어날 수는 없으며, 협상기간 만료 전에 펄프공장과 항구의 건설을 허가함으로써 우루과이는 제12조의 협상의무를 준수하지 않았다고 결론지었다.[37]

(4) 협상기간 만료 후 우루과이의 의무

아르헨티나는 프로젝트 추진계획을 통지받은 국가가 이의를 제기할 경우

---

36) *Ibid.*, paras.132-141.
37) *Ibid.*, paras.144-149.

상대방은 1975년 조약 제7조부터 제12조까지의 절차가 완료되고 ICJ가 그 프로젝트에 대해 판결할 때까지 해당 사업을 수행하거나 허가할 수 없다고 주장하였다. 즉, ICJ의 판결이 있기 전까지 우루과이는 "건설금지의무"(no construction obligation)를 진다는 것이다.[38] 하지만 ICJ는 우루과이의 "건설금지의무"는 1975년 조약에 명시되지 않았으며 그로부터 추론되지도 않는다고 보았다. 그리고 ICJ는 1975년 조약이 자신에게 동 조약의 해석 및 적용에 관한 분쟁을 해결할 관할권을 부여하지만 계획된 프로젝트를 허가할지 말지에 대한 최종 결정권을 부여하지는 않았다고 지적하였다. 따라서 프로젝트를 추진하는 국가는 협상기간 만료 후 스스로의 위험부담 하에 건설을 진행할 수 있다. 결론적으로 우루과이는 당사국들이 GTAN 내에서의 협상이 실패했다고 결정한 2006년 2월 3일 이후에는 건설금지의무를 부담하지 않으며, 협상기간 만료 전에 건설을 허가한 우루과이의 위법행위는 그 시점 이후로까지 연장되지는 않는다.[39]

2. 실체적 의무 위반 여부

(1) 입증책임 및 감정인 증언

우루과이가 절차적 의무들을 위반하였다고 결론내린 후 ICJ는 실체적 의무의 위반 여부로 논의를 옮겼다. 하지만 구체적으로 의무 위반 여부를 검토하기에 앞서서 ICJ는 두 가지 선결적인 문제, 즉 입증책임과 감정인 증언을 다루었다. 먼저 ICJ는 사실을 주장하는 자가 그러한 사실의 존재를 입증할 책임이 있다는 확립된 원칙을 언급하고 또한 이 입증책임원칙이 다수의 ICJ 판결에서 일관되게 지지되었다고 하였다. 아르헨티나는 입증책임의 전환과 각 당사자의 동등한 입증책임을 주장하였으나, ICJ는 사전주의원칙(precautionary approach)이 1975년 조약의 해석 및 적용에 관련 있지만 입증책임을 전환시키지는 않는다고 보았다. 나아가 ICJ는 1975년 조약에는 양 당사자에게 동등한 입증책임을 지우는 조항이 전혀 없다고 지적하였다.[40] 사전주의원칙은 통일적으로 이해되지는 않으며 크게 보아 두 가지 해석이 존재한다.[41] 좀 더 널리 받아들여진 입장에 따르면, 사전주의원칙은 심각한 환경피해의 우려가 있는 경우 과학적 확실성이

38) *Ibid.*, para.153.
39) *Ibid.*, paras.154, 157.
40) *Ibid.*, paras.162, 164.
41) P. Sands, *Principles of International Environmental Law*, 2nd ed., Cambridge: Cambridge University Press, 2003, pp.272-273.

부족하더라도 국가는 환경피해 방지조치를 취해야 한다는 것을 의미한다. 반면에 새로운 입장에 따르면, 사전주의원칙은 입증책임의 전환, 즉 사업을 수행하려는 자가 그 사업이 환경피해를 야기하지 않을 것이라는 점을 입증해야 한다는 것을 의미한다. 따라서 ICJ는 이 사건에서 사전주의원칙에 대해 좀 더 일반적인 해석을 채택하였다고 할 수 있다. 사전주의원칙이 입증책임을 전환시키는지 여부는 결국 구체적인 사건의 정황에 좌우되며[42] ICJ는 이 사건에서 입증책임의 전환이 필요한 것으로 보지 않은 셈이다.

감정인의 증언의 경우 ICJ는 흥미로운 주문을 내놓았다. 이 사건에서 일부 감정인들은 일방 당사자의 법률고문으로서 증언하였다. 하지만 ICJ는 과학적 혹은 기술적 지식과 개인적 경험에 기초하여 증언하는 자들은 법률고문보다는 감정인이나 증인으로서 증언하여야 하며 그렇게 함으로써 ICJ나 상대방이 그들을 심문할 수 있다고 보았다.[43]

(2) 실체적 의무 위반 여부

실체적 의무와 관련하여 아르헨티나는 우루과이가 1975년 조약 제1조, 제27조, 제35조, 제36조 그리고 제41조 (a)의 의무와 동 조약의 적용을 위해 필요한 그 밖의 조약 및 국제관습법상의 의무를 위반했다고 주장하였다.[44]

우선 제1조 위반 여부에 대해서 보면, ICJ는 이 조문이 1975년 조약의 목적, 즉 우루과이강의 최적 및 합리적 이용을 규정할 뿐이지 어떤 실체적 권리의무를 규정하지는 않는다고 보았다.[45]

제27조는 각 당사국이 자기 관할권 내에서 우루과이강의 물을 가정용, 위생용, 산업용 그리고 농업용으로 사용할 권리를 확인하면서 또한 그러한 사용이 우루과이강의 체제나 수질에 영향을 줄 수 있는 경우 제7조부터 제12조의 절차들이 적용된다고 규정한다. ICJ는 이 조문이 초국경적인 상황, 특히 공유된 자연자원의 이용에 있어서 연안국의 이해관계를 조화시킬 필요뿐만 아니라 지속가능한 개발 목적에 따라서 강물의 이용과 강의 보호 사이에 균형을 맞출 필요도 반영한다고 보았다. 그리고 ICJ는 공유자원에 대한 상대방 국가의 이익과 공유자원의 환경보호에 대한 고려 없이는 강물의 이용이 공평하고 합리적이라

42) P. Birnie & A. Boyle, *International Law and the Environment*, 2nd ed., Oxford: Oxford University Press, 2002, p.118.
43) *Judgment*, para.167.
44) *Ibid.*, para.169.
45) *Ibid.*, para.173.

고 볼 수 없다고 하였다.[46)]

제35조는 토양과 삼림지대의 관리 그리고 지하수와 지류의 강물 이용이 우루과이강의 체제나 수질을 손상시키지 않도록 할 것을 요구하고 있다. 이와 관련하여 아르헨티나는 우루과이가 Orion (Botnia) 공장에 공급하기 위한 유칼립투스나무를 심기로 한 결정이 토양과 삼림지대의 관리뿐만 아니라 우루과이강의 수질에 영향을 미친다고 주장하였지만, ICJ는 이 주장이 입증되지 않았다고 보았다.[47)]

제36조는 당사자들이 우루과이강의 생태계 균형의 변화를 피하기 위한 조치들을 CARU를 통해서 조정할 것을 요구한다. 아르헨티나는 우루과이가 이 의무를 위반하였다고 주장하였지만 ICJ는 우루과이가 그러한 조정을 거부했다는 것이 설득력 있게 입증되지 않았다고 판단하였다. 당사자들이 CARU에 의한 관련기준 공표를 통해서 이미 그런 조치들을 채택하였다고 ICJ는 판단한 것이다. 그리고 아르헨티나는 이 조문이 결과의무(obligation of result)를 규정한다고 주장하였지만 ICJ는 규제조치를 채택하고 집행하는 것은 행위의무(obligation of conduct)에 속한다고 보았다.[48)]

제41조의 정확한 의미와 법적 중요성은 실체적 의무 위반 문제에서 가장 중요하다. 제41조 (a)는 당사국들이 적용가능한 국제조약에 따라서 그리고 국제기구의 지침 및 권고에 부합하여 적절한 규칙을 규정하고 적절한 조치를 취함으로써 수생환경을 보호 및 보전하고 그 오염을 방지할 의무를 규정한다. 동조 (b)는 당사국들이 수질오염 방지를 위해 발효 중인 기술요건들과 위반에 대한 처벌의 세기를 국내법 체계 내에서 줄이지 않도록 요구한다. 끝으로 동조 (c)는 각자의 법체계 내에서 동등한 규칙을 설정하기 위해서 당사국들이 수질오염과 관련하여 규정하고자 하는 규칙들을 상대방에게 통지할 의무를 규정한다. 이 조문상의 의무와 관련하여 우선 ICJ에 따르면, 적절한 규칙과 조치를 규정함으로써 수생환경을 보호하고 그 오염을 방지할 의무는 절대적인 결과의무가 아니라 상당주의 의무(obligation of due diligence)가 수반된 행위의무이다. 즉, 각 당사국에게는 어떠한 상황에서도 수생환경을 보호하고 수질오염을 방지할 것이 요구되지는 않고 적용가능한 국제조약과 기술적 요건에 부합하는 국내 규칙과 조치들을 채택할 것이 요구된다.[49)]

46) *Ibid.*, para.177.
47) *Ibid.*, paras.179-180.
48) *Ibid.*, paras.181-189.
49) *Ibid.*, para.197.

수생환경을 보호하고 오염을 방지할 상당주의 의무와 관련하여 ICJ는 환경영향평가에 주의를 많이 기울였는데, 이 점은 본 사건 판결이 국제환경법상 가지는 의의들 중 중요한 부분이다. ICJ는 1975년 조약 제41조 (a)와 (b)의 의무를 이행하기 위해서 당사국들은 환경영향평가를 수행할 의무가 있다고 명확히 말하였다. ICJ에 의하면, 제안된 산업 활동이 초국경적인 상황에서, 특히 공유자원에 대해서 심각한 해로운 영향을 미칠 수 있는 경우, 제41조 (a)의 보호 및 보전의무는 최근 국가들 사이에 널리 채택되어 이제는 일반국제법상의 요건으로 볼 수 있는 실행인 환경영향평가에 따라서 해석되어야 한다. 우루과이강의 체제나 수질에 영향을 미칠 수 있는 사업을 계획하는 당사국이 환경영향평가를 하지 않았다면 상당주의 의무를 이행했다고 볼 수 없다.[50] 결과적으로 ICJ는 심각한 초국경적 오염 위험이 있는 경우 환경영향평가를 수행할 의무는 국제관습법이 되었다고 본 판결을 통해서 선언한 것이다. ICJ가 환경영향평가의무를 국제관습법으로서 인정한 것은 국제환경법에 대한 이 판결의 가장 큰 공헌이라고 볼 수 있다.[51] 하지만 ICJ는 1975년 조약이나 일반국제법이 환경영향평가의 범위와 내용을 명확히 규정하지는 않는다고 보았다. 환경영향평가에 관한 Espoo 협약이[52] 있으나 아르헨티나와 우루과이는 당사국이 아니며 유엔환경계획(UNEP)의 1987년 환경영향평가의 목적과 원칙은 구속력이 없다. 결국 ICJ는 각 국가가 자국법 내에서 또는 프로젝트 허가 과정에서 환경영향평가의 내용을 결정하여야 한다고 보았다. 하지만 ICJ는 환경영향평가가 프로젝트의 이행 전에 이루어져야 한다는 점을 명확히 하였다.[53] 이어서 ICJ는 이 사건의 특수한 사정 속에서 환경영향평가의 적절성을 판단하기 위해 두 가지 점을 검토하였다. 첫째, 환경영향평가가 펄프공장의 대체부지도 검토하여야 하는 문제에 대해서, ICJ는 여러 가능한 대체부지에 대한 검토가 이루어졌다고 판단하였다.[54] 둘째, 영향받을 가능성이 있는 주민과 협의하였는가에 대해서, ICJ는 아르헨티나가 원용한 문서로부터는 당사국들이 주민들과 협의할 의무가 발생하지 않으며 어쨌든 우

50) *Ibid.*, para.204.
51) P. Merkouris, "Case Concerning Pulp Mills on the River Uruguay (Argentina v. Uruguay): Of Environmental Impact Assessments and 'Phantom Experts'", p.2. <http://www.haguejusticeportal.net/eCache/DEF/11/878.html>.
52) Convention on Environmental Impact Assessment in a Transboundary Context (1991년 핀란드 Espoo에서 채택).
53) *Judgment*, para.205.
54) *Ibid.*, para.210.

루과이는 우루과이강 양안의 주민들 모두와 협의했다고 인정하였다.[55]

제41조에 규정된 실체적 의무와 관련한 또 다른 문제는 Orion (Botnia) 공장에서 사용된 생산기술의 적절성에 관한 것이다. 아르헨티나는 우루과이가 Orion (Botnia) 공장에게 "최적가용기술"(best available techniques: 이하 "BAT")을 사용하도록 요구하지 않았기 때문에 오염방지를 위한 모든 조치를 취하지 못했다고 주장하였다. 이 요건은 잔류성 유기오염물질에 관한 스톡홀름 협약에서 요구되는 것인데, 아르헨티나는 앞에서 본 회부조항에 의해 이 협약이 1975년 조약에 편입되었다고 주장하였다. 하지만 ICJ는 Orion (Botnia) 공장이 사용하는 기술이 전세계 펄프생산의 80%를 차지한다는 사실을 지적하면서 이 공장이 BAT 요건을 준수하지 않았다는 증거가 없다고 보았다.[56]

제41조의 수생환경보호 의무로부터 발생하는 마지막 실체적 문제는 펄프공장에서의 배출물이 우루과이강의 수질에 미치는 영향에 관한 것이다. 이와 관련하여 아르헨티나는 용존산소, 인, 페놀, 노닐페놀, 다이옥신, 푸란(furan) 등의 수치를 제시하며 Orion (Botnia) 펄프공장에 의한 수질오염을 주장하였으나 ICJ는 모두 입증되지 않았다고 판단하였다.[57]

결론적으로 ICJ는 우루과이가 상당주의 의무를 위반하였다는 결정적 증거가 없으며 Orion (Botnia) 공장으로부터의 배출물이 우루과이강의 생물자원, 수질 또는 생태계 균형에 해로운 영향이나 피해를 끼쳤다는 결정적 증거도 없다고 판단하고, 우루과이는 제41조상의 의무를 위반하지 않았다고 결정하였다.[58]

3. 배 상

결론적으로 ICJ는 우루과이가 1975년 조약상 절차적 의무를 위반하였으며 실체적 의무는 위반하지 않았다고 결정하였다. 그리고 ICJ는 절차적 의무와 관련하여 우루과이의 위법행위를 인정한 판결 자체가 아르헨티나를 위한 만족(satisfaction)에[59] 해당된다고 보았다.[60] 하지만 아르헨티나는 이에 만족하지 않고

---

55) *Ibid.*, paras.216, 219.
56) *Ibid.*, paras.220-225.
57) *Ibid.*, paras.229-259.
58) *Ibid.*, para.265.
59) 2001년 ILC 국가책임 초안, 제34조: 국제위법행위로 인한 피해에 대한 완전한 배상은 이 장의 규정에 따라 원상회복, 금전배상, 만족 중 하나 또는 복합적인 형태를 취한다.
60) *Judgment*, para.269.

나아가 원상회복, 즉 Orion (Botnia) 공장의 해체를 요구하였다. 아르헨티나에 따르면, 원상회복이 국제위법행위에 대한 일차적 배상유형으로서 다른 유형의 배상에 우선한다.[61] 하지만 앞에서 본 바와 같이 우루과이의 절차적 의무 위반이 곧 펄프공장의 건설금지의무를 결과하지는 않으며, 우루과이는 협상의무기간 만료 후에는 Orion (Botnia) 공장을 건설하고 운영할 수 있다. 그리고 우루과이는 1975년 조약상 실체적 의무를 위반하지 않았다. 따라서 ICJ는 펄프공장의 해체 명령이 절차적 의무 위반에 대한 적절한 구제수단이라고 보지 않았다.[62] 또한 우루과이가 1975년 조약상 실체적 의무를 위반하지 않았으므로 ICJ는 경제적 손실에 대한 금전배상 요구도 거부하였다.[63] 그리고 우루과이의 신의성실이 추정되므로 ICJ는 아르헨티나가 요구한 재발방지보장명령도 거부하였다.[64]

Ⅳ. 맺 음 말

본 사건 이전에 ICJ에 제기된 중요한 국제환경 분야 사건으로는 1997년 헝가리와 슬로바키아 사이의 *Gabčíkovo-Nagymaros Project* 사건이[65] 있다. 본 사건 판결은 1997년 사건 판결의 성과에 기초하여 국제환경법 분야에서의 발전을 더 이룬 것으로 볼 수 있다.[66] 특히 예정된 산업 활동이 심각한 초국경적 오염을 일으킬 위험이 있는 경우 환경영향평가를 하는 것은 국제관습법상의 의무라고 선언한 부분은 국제환경법 분야의 발달에서 상당한 의의가 있다고 본다. 본 사건 전까지는 국제재판소가 환경영향평가를 국제관습법상 의무라고 명백히 선언한 적이 없었다. 그리고 환경영향평가를 상당주의 의무의 필수적인 요소로 본 것도 중요하다. 달리 말하면, 본 사건 판결은 초국경적인 영향을 미칠 수 있는 사업을 계획하는 국가는 높은 수준의 상당주의 의무를 부담한다는 점을 보여준다. 하지만 국제환경법 분야에서 논란이 되는 문제들 중에 본 사건 판결에서 결정되지 못하거나 다소 보수적으로 다루어진 것들도 있다. 환경영향평가의

61) *Ibid.*, para.270.
62) *Ibid.*, para.275.
63) *Ibid.*, para.276.
64) *Ibid.*, para.278.
65) *Gabčíkovo-Nagymaros Project (Hungary/Slovakia), Judgment, I.C.J. Reports, 1997*, p.7.
66) 헝가리와 슬로바키아 사이의 사건 자체도 본 사건 판결에서 빈번히 인용되었다. *Judgment*, paras.76, 185, 194, 273.

무의 구체적인 내용에 대해서 ICJ가 언급하지 못한 부분이 그러하고 또한 사전주의원칙을 좀 더 적극적으로 해석하여 입증책임의 전환으로 보지 않은 것도 그러하다. 다만 이러한 점은 본 사건 사실관계의 특수한 성격 때문이며, 장차 다른 성격의 국제환경 사건도 ICJ 앞에 회부되어 국제환경법이 발전할 기회가 있으리라고 본다.

참고문헌

- Birnie, P. & A. Boyle, *International Law and the Environment*, 2nd ed., Oxford: Oxford University Press, 2002.
- McIntyre, O., "The proceduralisation and growing maturity of international water law: Case Concerning Pulp Mills on the River Uruguay (Argentina v. Uruguay)", *Journal of Environmental Law*, Vol.22, No.3(2010), p. 475.
- Merkouris, P., "Case Concerning Pulp Mills on the River Uruguay (Argentina v. Uruguay): Of Environmental Impact Assessments and 'Phantom Experts'", http://www.haguejusticeportal.net/eCache/DEF/11/878.html.
- Pulp Mills on the River Uruguay (Argentina v. Uruguay), Judgment, *I.C.J. Reports, 2010*, p.14.
- Sands, P., *Principles of International Environmental Law*, 2nd ed., Cambridge: Cambridge University Press, 2003.

제 10 장

심해저 활동과 관련한 보증국의 의무와 책임에 대한 국제해양법재판소의 권고적 의견*

Responsibilities and obligations of States sponsoring persons and entities with respect to activities in the Area

정 진 석

Ⅰ. 들어가는 말

2011년 2월 1일 국제해양법재판소(이하 "ITLOS")의 해저분쟁재판부(Seabed Disputes Chamber)는 심해저 활동과 관련한 보증국의 의무와 책임에 대해서 권고적 의견을 만장일치로 채택하였다.[1] 이 권고적 의견은 ITLOS 역사상 최초의 권고적 의견이며 또한 해저분쟁재판부가 처음으로 담당한 사건이라는 점에서 역사적인 의의가 있다.[2] 또한 이 사건은 ITLOS가 자신에게 회부된 사건에서 처음으로 반대의견(dissenting opinion)과 개별의견(separate opinion) 없이 완전한 만장일치로 결정한 사건이다. 따라서 이 사건에서 나타난 재판부의 견해는 고도의 증거적 가치를 가진다고 볼 수 있다. 특히 이 사건이 ITLOS가 다룬 사건들 중 드물게 국제환경법 관련한 사건이므로, 발전 중인 국제환경법 규범의 명확화와 발전방향 제시에 중요한 기여를 할 것으로 보인다. 따라서 아래에서는 특히 이 권고적 의견이 가지는 국제환경법적 함의를 살펴보고자 한다.

---

* 이 장은 정진석, "심해저 활동과 관련한 보증국의 의무와 책임에 대한 국제해양법재판소의 권고적 의견", 국민대학교 「법학논총」, 제27권 제2호(2014.10)를 수정·보완한 것임.

1) *Responsibilities and obligations of States with respect to activities in the Area, Advisory Opinion, 1 February 2011, ITLOS Reports, 2011*, p.10(이하 "*Advisory Opinion*").

2) 국제해양법재판소의 권고적 관할권에 대해서는 정진석, "국제해양법재판소의 관할권", 「국제법학회논총」, 제50권 제2호(2005.10), p.285 참조.

Ⅱ. 권고적 의견의 배경 및 경과

1982년 UN 해양법 협약은 국가관할권 한계 밖의 해저인 심해저와 그 자원을 인류의 공동유산(common heritage of mankind)으로 선언하였다.[3] 그리고 심해저 활동은 해저기구(International Seabed Authority)에 의하여 인류 전체를 위하여 조직, 수행 및 통제된다.[4] 심해저 활동을 수행하는 주체에는 심해저공사(Enterprise), 해저기구와 제휴한 당사국 그리고 당사국이 보증하는 것을 전제로 하여 당사국의 국적을 가지거나 당사국이나 그 국민에 의하여 실효적으로 지배되는 국영기업, 자연인, 법인 등이 포함된다.[5]

2008년 4월 10일 나우루가 보증하는 Nauru Ocean Resources Inc.와 통가가 보증하는 Tonga Offshore Mining Ltd.가 심해저 탐사를 위한 사업계획의 승인을 해저기구에 신청하였다. 나우루의 면적은 21㎢이고 인구는 약 1만 명이며 2010년 1인당 GDP는 약 US$ 6,200이고,[6] 통가의 면적은 747㎢이고 인구는 약 10만 명이며 2010년 1인당 GDP는 약 US$ 3,600이다.[7] 그런데 이듬 해 5월 5일 양국은 해저기구에게 신청서에 대한 검토를 연기할 것을 요청하였다. 그리고 2010년 3월 1일 나우루는 해저기구 사무총장에게 심해저 광업을 보증하는 국가의 의무와 책임에 관한 여러 문제들에 대해서 ITLOS의 해저분쟁재판부로부터 권고적 의견을 구하도록 요청하였다.[8] 나우루에 따르면, Nauru Ocean Resources Inc.에 대한 자국의 보증은 원래는 자국이 그 보증으로부터 발생하는 잠재적인 책임이나 비용을 효과적으로 경감할 수 있다는 가정을 전제하였다. 어떤 상황에서는 이런 책임이나 비용이 나우루의 재정적 능력을 훨씬 초과할 수도 있기 때문에 이러한 가정은 중요하였다. 그런데 만약 보증국이 잠재적으로 상당한 책임에 노출된다면 나우루를 비롯한 개발도상국들은 심해저 활동에 사실상 참여하지 못할 수도 있는 것이다. 따라서 나우루는 의무와 책임에 관한 UN 해양법 협약 제11부의 관련 조항들의 해석에 관한 지침이 제공되어서 개발도상국들

3) UN 해양법 협약 제136조.
4) UN 해양법 협약 제153조 제1항.
5) UN 해양법 협약 제153조 제2항.
6) https://data.un.org/CountryProfile.aspx?crName=Nauru.
7) https://data.un.org/CountryProfile.aspx?crName=Tonga.
8) ISBA/16/C/6 (2010.3.5) 참조.

이 과연 그러한 위험을 효과적으로 경감시킬 능력이 있는지 판단할 수 있고 나아가 심해저 활동 참여 여부에 대해서 충분한 정보에 근거한 결정을 할 수 있는 것이 중요하다고 판단하게 되었다.

해저기구 이사회는 나우루가 작성한대로의 권고적 의견 요청을 채택하지 않기로 결정하고 그 대신 세 개의 좀 더 추상적인 하지만 간명한 문제들에 대해서 권고적 의견을 요청하기로 결정하였다.[9] 2010년 5월 6일 표결 없이 그리고 반대도 없이 이사회가 채택한 결정에 담긴 권고적 의견 요청 질문들은 다음과 같다.

1) UN 해양법 협약, 특히 제11부와 UN 해양법 협약 제11부의 이행에 관한 1994년 협정(이하 "1994년 이행협정")에 따른 심해저 활동 보증과 관련하여 UN 해양법 협약 당사국들의 법적 의무는 무엇인가?

2) UN 해양법 협약 제153조 2항 (b) 하에서 당사국이 보증한 주체에 의한 UN 해양법 협약, 특히 제11부와 1994년 이행협정 조항의 위반에 대한 당사국의 책임 범위는 무엇인가?

3) 보증국이 UN 해양법 협약, 특히 제139조와 제3부속서 그리고 1994년 이행협정 하의 의무를 이행하기 위해서 취해야 하는 필요하고 적절한 조치는 무엇인가?[10]

서면절차에서는 한국을 포함한 12개 UN 해양법 협약 당사국,[11] 해저기구 그리고 Interoceanmetal Joint Organization과 International Union for Conservation of Nature and Natural Resources(IUCN)이 진술서를 제출하였다. 그리고 유엔환

---

9) UN 해양법 협약 제191조: 해저분쟁재판부는 총회나 이사회의 활동범위 안에서 발생하는 법률문제에 관하여 총회나 이사회의 요청에 따라 권고적 의견을 제시한다.

10) ISBA/16/C/13 (2010.5.6) 참조. 원문은 다음과 같다: 1) What are the legal responsibilities and obligations of States Parties to the Convention with respect to the sponsorship of activities in the Area in accordance with the Convention, in particular Part XI, and the 1994 Agreement relating to the Implementation of Part XI of the United Nations Convention on the Law of the Sea of 10 December 1982? 2) What is the extent of liability of a State Party for any failure to comply with the provisions of the Convention, in particular Part XI, and the 1994 Agreement, by an entity whom it has sponsored under Article 153, paragraph 2 (b), of the Convention? 3) What are the necessary and appropriate measures that a sponsoring State must take in order to fulfil its responsibility under the Convention, in particular Article 139 and Annex III, and the 1994 Agreement?

11) 영국, 나우루, 한국, 루마니아, 네덜란드, 러시아, 멕시코, 독일, 중국, 호주, 칠레, 필리핀.

경계획(UNEP)은 기한 후에 진술서를 제출했지만 재판부는 이를 사건파일에 포함하기로 결정하였다. 비정부간 국제기구인 Greenpeace International과 World Wide Fund for Nature도 *amici curiae*로 참가하기를 요청하며 진술서를 제출했다. 하지만 이 진술서는 ITLOS 규칙에 따라서 사건파일에 포함되지 않았으며 두 기구의 *amici curiae*로서 참가요청도 받아들여지지 않았다. 구두절차에는 9개의 UN 해양법 협약 당사국,[12] 해저기구 그리고 UNESCO의 Intergovernmental Oceanographic Commission(IOC)과 IUCN이 참여하였다. 환경관련 정부간 혹은 비정부간 국제기구들의 절차 참여 또는 참여 시도는 이 사건이 국제환경법상 가지는 의의가 크다는 것을 보여준다.

Ⅲ. 권고적 의견 내용 및 검토

1. 주요 용어의 의미

해저분쟁재판부는 우선 UN 해양법 협약 제191조에 따른 권고적 관할권이 있음을 확인하고 또한 권고적 의견 요청이 허용된다고 결정하였다. 이어서 재판부는 세 개의 질문들에 있는 용어들 중 responsibility와 liability의 의미를 명확히 하였다. 재판부에 의하면, 질문 1)의 "legal responsibilities and obligations"는 보증국이 UN 해양법 협약상 부담하는 일차적 의무를 의미한다. 그리고 질문 2)의 "liability"는 이차적 의무, 즉 보증국에 의한 일차적 의무 위반의 결과를 의미하며, 질문 3)의 "responsibility"는 질문 1)에서처럼 의무를 의미한다.[13] 따라서 흔히 "책임"으로 같이 번역되는 "responsibility"와 "liability"를 여기에서는 각각 "의무"와 "책임"으로 번역한다.

이어서 재판부는 이 사건의 주요 용어 중 하나인 "보증"(sponsorship)의 의미를 살펴보았다. 심해저 자원 탐사 및 개발을 위한 계약의 신청자에 대해서 국가보증을 요구하는 목적은 당사국들만 구속하는 국제법상 조약인 UN 해양법 협약상의 의무들이 국내법 주체인 사업 주체(entities)들에 의해서 준수되는 결과를 달성하기 위한 것이다.[14] UN 해양법 협약상 당사국과 국내법 주체 사이의 연

12) 아르헨티나, 칠레, 피지, 독일, 멕시코, 나우루, 네덜란드, 러시아, 영국.
13) *Advisory Opinion*, paras.64-71.
14) *Ibid.*, para.75.

결고리는 국적과 실효적 지배로서, 모든 계약자와 계약 신청자들은 본국의 보증을 획득 유지해야 하며, 다른 당사국이나 그 국민에 의하여 실효적으로 지배되는 경우에는 실효적 지배국의 보증 역시 획득해야 한다.[15] UN 해양법 협약은 국적과 실효적 지배라는 연결고리만으로는 계약자가 동 협약 및 관련 문서들상의 의무를 준수한다는 결과를 달성하기에 불충분하다고 보기 때문에 국적국과 실효적 지배국의 보증이라는 적극적인 행위가 필요한 것이다. 하지만 당사국에게 보증의 의무는 없으며 보증은 당사국의 재량이다.[16]

재판부가 그 의미를 검토한 이 사건의 또 다른 주요 용어는 "심해저 활동"(activities in the Area)이다. 우선, UN 해양법 협약 제4부속서 제1조 제1항에 따르면 심해저로부터 채취한 광물의 수송, 가공, 판매는 심해저 활동의 개념에 포함되지 않는다.[17] 가공과 수송은 탐사(exploration) 및 개발(exploitation)의 개념에는 포함되지만, 심해저 활동 개념에는 포함되지 않으므로 탐사 및 개발이 심해저 활동보다 넓은 개념이다. 한편 시추, 준설, 표본채취 및 굴착은 심해저 활동에 포함된다. 그리고 퇴적물, 폐기물과 그 밖의 유출물의 처분, 투기, 배출도 심해저 활동에 포함되며, 이러한 활동에 관련된 시설, 관선과 그 밖의 장비의 건설, 운용 및 유지도 심해저 활동에 포함된다.[18] 광구에서 채취된 광물을 광구에서 곧바로 선상 제련하는 것 역시 심해저 활동에 포함되며,[19] 재판부는 심해저 활동과 선상 제련이 같은 종류의 활동이라고 보았다.[20]

수송은 심해저 활동이 아니지만 해저로부터 채취한 광물을 수면으로 인양하는 것은 심해저 활동에 포함된다. 재판부는 육상의 지점으로 수송하는 것도 심해저 활동에 포함시키면 공해상의 항행에 관한 UN 해양법 협약 조문들과 불필요한 충돌을 발생시킬 수도 있다고 보았다. 한편 공해의 광구 안에서 수송하는 것은 추출 및 인양과 직결되면 심해저 활동에 포함된다. 예를 들어 인양작업이 끝난 선박 또는 시설로부터 바닷물을 추출하거나 사전선별 작업을 하는 선박 또는 시설까지 수송하는 것은 심해저 활동이다.[21] 그리고 광물에서 물을 제거하고 상업성 없는 물질을 사전선별하고 그것을 바다에 버리는 것도 심해저

---

15) UN 해양법 협약 제3부속서, 제4조 제3항.
16) *Advisory Opinion*, para.78.
17) UN 해양법 협약 제4부속서 제1조 제1항: 심해저공사는 제11부 제153조 제2항 (a)에 따라 심해저 활동을 직접 수행하고, 심해저로부터 채취한 광물의 수송, 가공 및 판매를 수행하는 기관이다.
18) UN 해양법 협약 제145조, UN 해양법 협약 제3부속서 제17조 제2항 (f) 참조.
19) UN 해양법 협약 제3부속서 제17조 제2항 (f) 참조.
20) *Advisory Opinion*, para.88.
21) *Ibid.*, para.96.

활동에 속한다. 재판부에 따르면, 물을 제거하는 작업과 상업성 없는 물질을 바다에 버리는 행위를 심해저 활동에서 제외한다면 계약자가 수행하는 활동 중에서 해양환경에 가장 해로운 활동 중의 하나를 보증국 의무가 적용되는 활동으로부터 제외시키는 결과가 될 것이며, 이것은 UN 해양법 협약 제192조상 당사국이 "해양환경을 보호하고 보전할" 일반적 의무에 반한다.[22] 끝으로, 개괄탐사(prospecting)는 심해저 활동에 포함되지 않으며, UN 해양법 협약상 개괄탐사는 보증을 요구하지도 않는다. 하지만 개괄탐사는 광업에 관련된 실행과 입법에서 탐사의 전단계로 종종 취급되므로 재판부는 본 권고적 의견의 일부가 개괄탐사에도 적용될 수 있다고 보았다.[23]

2. 보증국의 법적 의무

첫째, 질문인 보증국의 법적 의무에 대해서 UN 해양법 협약 조문은 비교적 명쾌하다. 보증국의 법적 의무와 관련한 주요 조항들은 다음과 같다.

UN 해양법 협약 제139조 제1항: 당사국은 당사국이나 국영기업에 의하여 수행되거나, 당사국의 국적을 가지거나 당사국 또는 그 국민에 의하여 실효적으로 지배되는 자연인 또는 법인에 의하여 수행되는 심해저 활동이 이 부에 따라 수행되도록 보장할 의무를 진다.

UN 해양법 협약 제153조 제4항: 해저기구는 이 부의 관련규정, 관련 부속서 및 해저기구의 규칙, 규정 및 절차와 제3항에 따라 승인된 사업계획의 준수를 보장하는데 필요한 심해저 활동에 대한 통제를 한다. 당사국은 제139조에 따른 준수를 보장하기 위하여 필요한 모든 조치를 취함으로써 해저기구를 지원한다.

UN 해양법 협약 제3부속서 제4조 제4항: 보증국은 이와 같이 보증된 계약자가 이 협약상의 의무와 계약조건에 따라 심해저 활동을 수행하도록 보장할 책임을 제139조에 따라 자국법체계 내에서 진다. 그러나 보증국이 자국법체계 내에서 자국 관할아래 있는 자의 이행을 확보하는데 합리적으로 적절한 법령을 채택하고 행정조치를 취한 경우에는 보증국은 자국이 보증한 계약자의 채무불이행으로 야기된 손해에 대하여 책임을 지지 아니한다.

---

22) *Ibid.*, paras.95, 97.
23) *Ibid.*, para.98.

재판부에 의하면 보증국은 UN 해양법 협약과 그 밖의 관련 문서들 하에서 크게 두 종류의 의무를 가진다. 첫째, 보증국은 피보증 계약자가 계약조건, UN 해양법 협약과 그 밖의 관련 문서들에 규정된 의무를 준수하도록 보장할 의무(obligation to ensure)를 가진다. 이 의무는 피보증 계약자가 모든 경우에 의무를 준수한다는 결과를 보증국이 달성할 의무, 즉 결과의무(obligation of result)가 아니다. 보증국의 의무는 이 결과를 달성하기 위해서 적절한 수단을 사용하고 가능한 최선의 노력을 기울이고 전력을 다할 의무로서, 행위의무(obligation of conduct)이고 상당주의(due diligence) 의무이다.[24] 재판부는 국제사법재판소(이하 "ICJ")의 *Pulp Mills* 판결에서[25] 상당주의 의무와 행위의무의 관련성을 발견하였다.[26] 그리고 ICJ의 *Pulp Mills* 판결에 따르면, 상당한 주의를 기울여 행위할 의무에는 적절한 규칙과 조치들을 채택할 의무뿐만 아니라 그것들을 집행함에 있어서 일정 수준의 주의를 기울일 의무도 포함된다.[27] 물론 상당주의 의무의 내용은 한마디로 정확히 표현하기 힘들며 상당주의의 기준은 시간에 따라 다르고 관련된 위험과 활동에 따라서도 다르다. 예를 들어, 개괄탐사는 탐사보다 덜 위험하며 탐사는 개발보다 덜 위험하고, 상당주의의 기준은 더 위험한 활동일수록 더 엄격해야 한다.[28] 다만, UN 해양법 협약 제153조 제4항과 동 협약 제3부속서 제4조 제4항을 보면 상당주의 의무의 내용에 관한 요소가 보인다. 즉, 상당주의 의무는 보증국이 자국법체계 내에서 조치를 취할 것을 요구하며, 이 조치들은 법령과 행정조치로 구성되어야 한다. 그리고 조치들은 합리적으로 적절해야 한다.[29]

둘째, 보증국은 앞에서 본 의무와는 상관없이 준수해야 하는 직접의무를 가진다. 보증국이 부담하는 가장 중요한 직접의무에는 심해저 활동에 대한 통제를 함에 있어서 해저기구를 지원할 의무, 사전주의원칙을 적용할 의무, 최적

---

24) *Ibid.*, para.110.

25) *Pulp Mills on the River Uruguay* (Argentina v. Uruguay), *I.C.J. Reports, 2010*, para.187: An obligation to adopt regulatory or administrative measures ··· and to enforce them is an obligation of conduct. Both parties are therefore called upon, under article 36 [of the Statute of the River Uruguay], to exercise due diligence in acting through the [Uruguay River] Commission for the necessary measures to preserve the ecological balance of the river.

26) *Advisory Opinion*, para.111; 2001년 채택된 국제법위원회(이하 "ILC")의 "위험한 활동에서 야기되는 초국경 피해의 방지에 관한 규정"(Articles on Prevention of Transboundary Harm from Hazardous Activities) 제3조에 대한 코멘터리 7, http://legal.un.org/ilc/texts/instruments/english/commentaries/9_7_2001.pdf 참조.

27) *Ibid.*, para.115 (*supra* note 25, para.197 인용).

28) *Ibid.*, para.117.

29) *Ibid.*, paras.118-120.

환경관리방안을 적용할 의무, 해양환경보호를 위한 해저기구의 긴급명령시 계약자가 긴급명령을 준수할 재정적 및 기술적 능력에 대한 담보를 제공하도록 보장할 의무, 오염피해와 관련하여 배상절차가 이용가능하도록 보장할 의무 그리고 환경영향평가를 시행할 의무 등이 있다. 이러한 의무들은 보증국의 상당주의 의무와는 별도로 발생하지만 재판부가 지적하였듯이 이 직접의무들의 준수가 또한 보증국이 피보증 계약자에 대해서 상당주의 의무를 행사하였는지 여부에 명백히 영향을 줄 수 있다.[30] 재판부는 보증국의 직접의무들에 대해 상술하였는데 이를 통해서 특히 국제환경법상의 중요한 원칙 혹은 개념들의 성질과 범위에 대해서 주목할 만한 언급을 하였다.

국제환경법과 관련하여 특히 중요한 점은 재판부가 리우선언 원칙 15에[31] 반영된 사전주의원칙(precautionary approach)을 적용할 의무를 법적 의무라고 판단하였다는 것이다. 리우선언에 반영된 사전주의원칙을 적용할 의무는 해저기구의 망간단괴탐사규칙(Regulations on Prospecting and Exploration for Polymetallic Nodules in the Area, 2000)[32] 제31조 제2항과 해저열수광상탐사규칙(Regulations on Prospecting and Exploration for Polymetallic Sulphides in the Area, 2010)[33] 제33조 제2항에 규정되어 있는데, 재판부에 따르면 이 규정들이 비구속적인 리우선언상의 사전주의원칙을 구속력 있는 의무로 전환시켰다.[34] 나아가 재판부는 사전주의원칙이 또한 보증국의 상당주의 의무의 필수적인 일부이며 위의 해저기구 규칙들의 범위 밖에서도 적용가능하다고 지적하였다.[35] 그리고 무엇보다 중요한 점은 재판부가 사전주의원칙이 국제관습법화되는 추세에 있다고 특히 인정하였다는 것이다.[36] 사전주의원칙이 국제관습법의 일부가 되었는지 여부에 대해서는 여전히 의견이 불일치한데,[37] 이런 상황에서 재판부의 견해는 사전주의원칙의 국제관습법

---

30) *Ibid.*, para.123.

31) In order to protect the environment, the precautionary approach shall be widely applied by States according to their capabilities. Where there are threats of serious or irreversible damage, lack of full scientific certainty shall not be used as a reason for postponing cost-effective measures to prevent environmental degradation.

32) http://www.isa.org.jm/files/documents/EN/Regs/PN-en.pdf.

33) http://www.isa.org.jm/files/documents/EN/Regs/PolymetallicSulphides.pdf.

34) *Advisory Opinion*, para.127.

35) *Ibid.*, para.131.

36) *Ibid.*, para.135.

37) 이에 대한 다양한 견해는 장신, "국제법상 사전주의 원칙의 법적 성격과 그 적용", 「국제법학회논총」, 제44권 제1호(1999.6), p.342; 노명준, 「신국제환경법」(서울: 법문사, 2003), pp.76-77; 권한용, "국제법상 사전주의 원칙의 적용과 한계", 「동아법학」, 제46호(2010.2), pp.430-433 참조.

화 과정에서 중요한 디딤돌이 될 것이라고 본다. 그리고 비록 사전주의원칙이 아직 국제관습법이 아니라고 하더라도 동 원칙에 대한 재판부의 견해는 그것을 국제법 원칙의 하나로 확립시키는데 크게 기여할 것이다.

해저열수광상탐사규칙 제33조 2항은 보증국에게 사전주의원칙 뿐만 아니라 최적환경관리방안(best environmental practices)도 적용할 의무를 부과한다. 이 의무는 해저열수광상탐사규칙 제4부속서(탐사계약을 위한 표준조항)의 § 5.1에서 계약자의 의무로도 규정되어 있다. 해저열수광상탐사규칙보다 10년 전에 채택된 망간단괴탐사규칙에는 최적환경관리방안에 대한 언급이 없으며 동 규칙 제4부속서(탐사계약을 위한 표준조항)의 § 5.1은 계약자에게 최적의 기술(best technology)을 사용할 의무만 부과한다. 재판부는 좀 더 최신인 해저열수광상탐사규칙에서 더 높은 기준이 채택된 점은 해저기구 회원국들이 과학지식의 발전에 비추어 볼 때 보증국의 최적환경관리방안 적용이 일반적으로 필요하다고 확신하게 되었음을 보여준다고 보았으며 따라서 최적환경관리방안 역시 보증국의 상당주의 의무에 포함되었다고 판단하였다.[38] 나아가 재판부는 해저열수광상탐사규칙이 보여 준 법의 발전에 비추어 볼 때 망간단괴탐사규칙도 재해석되어야 한다고 판단함으로써[39] 최적환경관리방안을 심해저광업활동의 공통기준으로 보았다.

국제환경법과 관련하여 또 주목할 부분은 환경영향평가에 대한 재판부의 언급이다. 우선, 보증국은 피보증 계약자가 1994년 이행협정 부속서 제1조 제7항에 규정된 환경영향평가 수행의무를 준수하도록 보장할 상당주의 의무를 가진다. 그리고 보증국은 망간단괴탐사규칙 제31조 제6항과 해저열수광상탐사규칙 제33조 제6항에 의해서 환경영향평가 프로그램의 설립 및 이행에서 해저기구와 협력할 직접의무도 또한 부담한다. 재판부는 환경영향평가에 관한 보증국의 직접의무 역시 보증국의 상당주의 의무 준수에 관련된 요소로 볼 수 있다고 보았다.[40] 한편 재판부는 환경영향평가 의무가 해저기구 규칙들의 적용범위를 넘어 확대된다고 보았다. 즉, 재판부는 환경영향평가 의무가 UN 해양법 협약 제206조에[41] 따른 조약상의 의무일 뿐만 아니라 국제관습법상의 의무이기도 하

38) *Advisory Opinion*, para.136.
39) *Ibid.*, para.137.
40) *Ibid.*, para.142.
41) 각국은 자국의 관할권이나 통제하에 계획된 활동이 해양환경에 실질적인 오염이나 중대하고 해로운 변화를 가져올 것이라고 믿을 만한 합리적인 근거가 있는 경우, 해양환경에 대한 이러한 활동의 잠재적 영향을 실행가능한 한 평가하고 제205조가 규정한 방식에 따라 이러한 평가의 결과에 관한 보고서를 송부한다.

다고 강조하였다. 환경영향평가 의무가 국제관습법상의 의무임을 설명함에 있어서 재판부는 2010년 *Pulp Mills* 사건에 대한 ICJ 판결을 인용하였다.[42] 재판부는 *Pulp Mills* 판결의 "초국경적 상황"(transboundary context)은 국가관할권 밖의 지역에서 활동의 환경에 대한 영향에도 적용되며 "공유자원"(shared resource)에 대한 언급은 인류의 공동유산인 자원에도 적용된다고 본 것이다. 따라서 재판부는 국가관할권 한계에 걸쳐 존재하는 심해저 자원의 광상과 관련하여 UN 해양법 협약 제142조 제2항에[43] 규정된 협의 및 사전통고제도에 환경영향평가가 포함되어야 한다고 하였다.[44]

재판부는 보증국의 의무와 책임에 관한 UN 해양법 협약의 일반 조항들이 개발도상국과 선진국에게 동등히 적용된다고 판결하였다.[45] 즉, 나우루가 권고적 의견 요청을 제안하면서 암묵적으로 주장한 개발도상국에 대한 특별대우는[46] 거부되었다. 재판부는 개발도상국 보증국과 선진국 보증국을 동등히 대우하는 것이 선진국 기업이 덜 엄격한 규제와 통제를 받기 위해서 개발도상국에 회사를 설립하고 그 국적과 보증을 얻는 것을 방지할 필요성에도 부합한다고 보았다. 편의 보증국(Sponsoring States "of convenience")의 확산은 해양환경에 대한 고도의 보호기준을 통일적으로 적용하고 심해저 활동을 안전하게 발전시키고 인류공동유산을 보호하는 것을 위험에 빠트릴 우려가 있는 것이다.[47] 하지만 뒤에서 보다시피 UN 해양법 협약 제3부속서 제21조 제3항에 따르면 보증국이 피보증 계약자에게 적용할 국내법령과 행정조치에는 국제최저기준이 적용되므로 통일적이지 않은 환경기준 적용에 대한 재판부의 우려는 이 조항에 의해서도 불식될 수 있다고 본다. 한편, 사전주의원칙은 "각국의 능력에 따라"(according to their capabilities) 적용되어야 하므로 선진국 보증국이 개발도상국 보증국보다 더 엄격한 적용의무를 진다.[48]

---

42) *Supra* note 25, para.204: It may now be considered a requirement under general international law to undertake an environmental impact assessment where there is a risk that the proposed industrial activity may have a significant adverse impact in a transboundary context, in particular, on a shared resource.
43) 이러한 권리와 이익의 침해를 방지하기 위하여 관련국 사이에 사전통고제도를 포함한 협의를 유지한다.
44) *Advisory Opinion*, para.148.
45) *Ibid.*, para.158.
46) *Supra* note 8, 특히 para.9 참조.
47) *Advisory Opinion*, para.159.
48) *Ibid.*, para.161.

3. 보증국의 책임의 범위

UN 해양법 협약은 보증국의 책임의 범위에 대해서 명백히 규정하고 있는데, 관련 조항들은 다음과 같다.

UN 해양법 협약 제139조 제2항: 국제법의 규칙과 제3부속서 제22조를 침해하지 아니하고, 당사국이나 국제기구는 이 부에 따른 의무를 이행하지 아니함으로써 발생한 손해에 대한 책임을 지며, 이와 함께 활동하는 당사국이나 국제기구는 연대책임 및 개별책임을 진다. 다만, 당사국이 제153조 제4항과 제3부속서 제4조 제4항의 규정에 따라 실효적인 준수를 보장하기 위하여 필요하고 적절한 모든 조치를 취한 경우에는, 그 당사국이 제153조 제2항 (b)의 규정에 따라 보증한 자가 이 부의 규정을 준수하지 아니하여 발생한 손해에 대하여는 책임을 지지 아니한다.

UN 해양법 협약 제3부속서 제4조 제4항 2문: 그러나 보증국이 자국법체계 내에서 자국 관할아래 있는 자의 이행을 확보하는데 합리적으로 적절한 법령을 채택하고 행정조치를 취한 경우에는 보증국은 자국이 보증한 계약자의 채무불이행으로 야기된 손해에 대하여 책임을 지지 아니한다.

그리고 UN 해양법 협약 제139조 제2항의 "침해함이 없이"(without prejudice) 조항과 동 협약 제304조에[49] 비추어 볼 때, 위와 같은 UN 해양법 협약상 보증국 책임에 관한 규칙들은 국제관습법상 국가책임에 관한 규칙들에 의해 보충된다.[50] 보증국의 책임은 보증국이 UN 해양법 협약과 그 밖의 관련 문서상 자신의 의무를 자신이 이행하지 못한 것으로부터 발생하며, 피보증 계약자가 자신의 의무를 이행하지 못한 것 자체는 보증국의 책임을 발생시키지 않는다.[51] 이는 사인의 행위의 경우 국가는 자신의 의무 위반에 대해 책임을 지는 것이지 사인의 행위 자체에 대해서 책임을 지는 것이 아니라는 국가책임의 기본원칙을 재확인하는 것이라고 할 수 있다.[52] 그리고 변론과정에서 재판부가 국가책임에

49) 손해배상책임에 관한 이 협약의 규정은 국제법상 책임에 관한 기존 규칙의 적용과 장래 이러한 규칙의 발전을 저해하지 아니한다.

50) *Advisory Opinion*, para.171.

51) *Ibid.*, paras.172, 182.

대한 현대국제법의 발전에 비추어서 조약 해석을 하여 보증국에게 엄격책임(strict liability)을 적용해야 한다는 주장도 있었다.[53] 하지만 책임의 기준에 대한 상기의 관련 조문들은 명백하며, 재판부도 피해에 대한 보증국의 책임은 보증국이 자신의 상당주의 의무를 위반한 경우에만 발생한다고 하며 엄격책임을 배제하였다.[54]

위의 조문상 보증국의 책임이 발생하기 위한 조건은 UN 해양법 협약상 보증국의 의무 불이행 그리고 피해의 발생이다. 피해발생이 요구된다는 점은 의무 위반으로부터 물질적 피해가 발생하지 않더라도 국가책임이 발생한다는 국제관습법의 예외에 해당된다.[55] 배상가능한 피해가 무엇인지에 대해서는 UN 해양법 협약과 해저기구의 관련 규칙들이 규정하고 있지 않다. 그럼에도 불구하고 재판부가 제시한 배상가능한 피해의 범위에는 인류의 공동유산인 심해저와 그 자원에 대한 피해 그리고 해양환경에 대한 피해가 포함된다.[56] 배상청구권자에 대해서 재판부는 적극적인 입장을 보였다. 즉, UN 해양법 협약상 명시적인 규정은 없지만 동 협약 제137조 제2항에 의해서 해저기구도 청구 자격을 가진 자들 중 하나에 묵시적으로 속한다.[57] 나아가 공해와 심해저 환경의 보전 의무가 대세적(*erga omnes*) 성격임을 감안하면 직접 피해국이 아니더라도 모든 당사국들이 배상청구를 할 수 있으며, 이에 대한 근거는 ILC의 국가책임 초안 제48조에서 발견된다.[58]

한편, 보증국의 직접의무 위반과 피해 사이에는 인과관계가 필요하다. 그리고 보증국의 상당주의 의무 위반에 대한 책임 역시 그 위반과 피보증 계약자에

---

52) *Janes case* (1925) (US v. Mexico), *Reports of International Arbitral Awards*, vol.4, p.87, para. 20: The culprit is liable for having killed or murdered an American national; the Government is liable for not having measured up to its duty of diligently prosecuting and properly punishing the offender.

53) IUCN의 진술서, http://www.itlos.org/fileadmin/itlos/documents/cases/case_no_17/StatementIUCN.pdf 참조.

54) *Advisory Opinion*, para.189.

55) *Ibid*., para.178; J. Crawford, *The International Law Commission's Articles on State Responsibility: Introduction, Text and Commentaries*, Cambridge: Cambridge University Press, 2002, p.84 참조.

56) *Ibid*., para.179.

57) *Ibid*., para.180; UN 해양법 협약 제137조 제2항: 심해저 자원에 대한 모든 권리는 인류 전체에게 부여된 것이며, 해저기구는 인류 전체를 위하여 활동한다.

58) *Ibid*., para.180; ILC 국가책임법 초안 제48조 제1항: 다음의 경우, 피해국 이외의 여하한 국가도 제2항에 따라 타국의 책임을 추궁할 권리를 가진다. (a) 위반된 의무가 그 국가를 포함한 국가군을 상대로 하며, 그 국가군의 집단적 이익의 보호를 위하여 확립된 경우, 또는 (b) 위반된 의무가 국제공동체 전체를 상대로 하는 경우.

의해 야기된 피해 사이에 인과관계가 있어야 한다. 다만, 이 경우 보증국의 책임은 피보증 계약자의 의무 위반으로 야기된 피해에 의해 촉발되는 것이지 보증국이 그 피해 자체에 대해서 책임을 지는 것은 아니다. 그리고 보증국의 의무 이행 실패와 피해 사이의 인과관계는 입증되어야 하며 추정될 수 없다.[59]

보증국이 피보증 계약자의 실효적인 준수를 보장하기 위하여 필요하고 적절한 모든 조치를 취한 경우에는 책임으로부터 면제된다. 하지만 이 면책은 보증국의 직접 의무 이행 실패에는 물론 적용되지 않는다.[60] 보증국과 피보증 계약자의 책임은 병존하며, 이들의 책임은 그 기원이 다르므로 이들이 연대책임 또는 개별책임을 부담하지 않는다.[61] 그리고 보증국은 피보증 계약자가 배상하지 못한 피해를 배상할 잔여책임(residual liability)을 가지지는 않는다. 재판부는 UN 해양법 협약 제139조와 관련 문서들에서 확립된 책임체제에는 잔여책임을 위한 여지가 없다고 보았다.[62] 다만 재판부는 계약자가 배상책임을 다하지 못하고 보증국은 책임이 없어서 책임의 공백이 발생할 수 있는 상황에 대비해서 신탁기금(trust fund) 설립의 가능성을 언급하였다.[63] 그리고 "침해함이 없이"(without prejudice) 조항에 의해서 UN 해양법 협약과 그 밖의 관련 문서들에 규정된 책임 규칙들이 국제법 규칙들을 침해하지 않으므로, 재판부는 보증국이 의무를 이행하지 못했는데 피해가 발생하지 않은 경우 그런 불법행위의 결과는 피해를 국가책임의 요소로 보지 않는 국제관습법상의 국가책임법에 의해 결정된다고 보았다.[64] 끝으로 책임기간과 관련하여 재판부는 망간단괴탐사규칙과 해저열수광상탐사규칙상 계약자들은 탐사단계 완료 후에도 피해에 대해 책임을 지는데, 보증국의 책임의 경우에도 이것이 적용된다고 보았다.[65]

엄격책임의 적용이 불가하다거나 국제법상 금지되지 않은 행위로부터 발생한 피해에 대한 ILC의 작업을 반영할 수 없다는 재판부의 입장을 감안하면, 보증국의 책임에 대한 본 권고적 의견은 기존의 국가책임 법리를 벗어나지 않는다. 하지만 그럼에도 불구하고 재판부는 의무와 책임에 대한 국제법 체제가 정적이지 않으며 UN 해양법 협약 제304조가 심해저광업에 대한 책임체제의 발전

59) *Ibid.*, paras.181-184.
60) *Ibid.*, paras.185-187.
61) *Ibid.*, para.201.
62) *Ibid.*, para.204.
63) *Ibid.*, para.205.
64) *Ibid.*, para.210.
65) *Ibid.*, para.198.

가능성을 열어두었다고 지적하였다. 그러한 책임체제는 심해저광업 체제에서 발전될 수도 있고 조약이나 국제관습법에서 발전될 수도 있다.[66] 이러한 재판부의 입장은 특히 국제환경법과 관련한 책임법제의 발전가능성을 시사하는 것으로서 고무적이라고 할 수 있다.

4. 보증국이 취해야 하는 조치

이와 관련하여 논의의 출발점이 되는 조항들은 다음과 같다.

UN 해양법 협약 제153조 제4항: 해저기구는 이 부의 관련규정, 관련 부속서 및 해저기구의 규칙, 규정 및 절차와 제3항에 따라 승인된 사업계획의 준수를 보장하는데 필요한 심해저 활동에 대한 통제를 한다. 당사국은 제139조에 따른 준수를 보장하기 위하여 필요한 모든 조치를 취함으로써 해저기구를 지원한다.

UN 해양법 협약 제3부속서 제4조 제4항: 그러나 보증국이 자국법체계 내에서 자국 관할아래 있는 자의 이행을 확보하는데 합리적으로 적절한 법령을 채택하고 행정조치를 취한 경우에는 보증국은 자국이 보증한 계약자의 채무불이행으로 야기된 손해에 대하여 책임을 지지 아니한다.

UN 해양법 협약상 보증국의 조치는 자국법체계 내에서 법령을 채택하고 행정조치를 취하는 형태여야 한다. 그리고 그러한 법령과 행정조치는 피보증 계약자의 의무 준수를 보장하는 기능과 보증국을 책임으로부터 면제시켜주는 기능을 가진다. 즉, 법령과 행정조치는 해저기구와의 계약체결을 위한 조건은 아니지만, 보증국의 상당주의 의무 이행과 면책을 위한 필요요건이다.[67]

보증국이 채택하고 취해야 할 법령과 행정조치의 범위와 내용은 보증국의 법체계에 좌우되므로 일괄적으로 말할 수는 없다. 다만 몇 가지 고려사항을 지적한다면, 법령과 행정조치는 피보증 계약자의 활동에 대한 적극적 감독을 위한 그리고 보증국 활동과 해저기구 활동 사이의 조정을 위한 집행메커니즘의 설립을 포함할 수 있다. 그리고 보증국은 계약자가 계약조건과 UN 해양법 협약상의 의무에 따라 행동하도록 보장할 책임이 있으므로, 해저기구와의 계약이

66) *Ibid.*, para.211.
67) *Ibid.*, para.217.

유효한 기간 내내 법령과 행정조치는 유효하여야 한다. 그리고 망간단괴탐사규칙 제30조와 해저열수광상탐사규칙 제32조에 규정되어 있듯이, 국내조치들은 탐사단계의 완료 이후의 계약자의 의무도 규율해야 한다.[68]

법령과 행정조치가 필요하므로, 보증국이 계약자와 계약적 합의를 한 것만으로는 보증국이 의무를 준수했다고 볼 수 없다. 보증국과 피보증 계약자 사이의 단순한 계약상 의무는 법령과 행정조치의 대체물이 될 수 없는 것이다. 그리고 그러한 계약만으로는 보증국이 의무를 다했는지 확인하기 힘들기 때문에 투명성도 부족하다고 하겠다.[69]

보증국의 법령과 행정조치의 내용은 보증국에게 위임되어 있다. 하지만 보증국은 법령 채택과 행정조치를 취함에 있어서 절대적인 재량을 가지지는 않는다. 보증국이 자국 법체계 내에서 채택한 법령과 행정조치는 자국 관할권에 속하는 자의 준수를 확보할 수 있도록 합리적으로 적절해야 한다.[70] 무엇이 합리적으로 적절한 조치인가에 대해서 재판부는 자세한 지침을 제시하지는 않았지만 그럼에도 불구하고 신의성실 원칙, 합리성 그리고 비자의성이 그러한 조치의 필수요소라고 보았다.[71] 그리고 해양환경보호와 관련하여 보증국의 법령과 행정조치들은 해저기구가 채택한 것보다 덜 엄격하거나 국제규칙보다 덜 효과적이어서는 아니 된다. 하지만 보증국은 피보증 계약자에 대하여 해저기구의 규칙, 규정 및 절차보다 더 엄격한 환경법규나 그 밖의 법규를 적용할 수 있다.[72] 즉, 보증국의 법령과 행정조치에는 국제최저기준이 적용되는 것이다. 보증국이 자국 법에 넣을 필요가 있다고 볼 수 있는 조문들에는 예를 들어 피보증 계약자의 재정적 능력과 기술적 능력, 보증 증명서 발급 조건, 계약자의 의무 위반에 대한 벌칙 등이 제시되었다.[73] 한편, 피보증 계약자가 자신의 의무를 이행할 수 있도록 보장하는 것은 보증국의 상당주의 의무에 본래 내재하며, 보증국의 법령과 행정조치는 계약자의 의무 이행을 방해하지 않아야 한다.[74]

---

68) *Ibid.*, paras.218-221.
69) *Ibid.*, paras.223-226.
70) *Ibid.*, para.228.
71) *Ibid.*, para.230.
72) UN 해양법 협약 제3부속서 제21조 제3항: 어떠한 당사국도 계약자에게 제11부와 합치되지 아니하는 조건을 부과할 수 없다. 다만, 당사국이 보증한 계약자나 자국기를 게양한 선박에 대하여 이 부속서 제17조 제2항 (f)에 따라 채택된 해저기구의 규칙, 규정 및 절차보다 엄격한 환경법규나 그 밖의 법규를 당사국이 적용하는 것은 제11부와 어긋나는 것으로 보지 아니한다.
73) *Advisory Opinion*, para.234.
74) *Ibid.*, para.238.

Ⅳ. 맺 음 말

이 권고적 의견은 1997년 *Gabčíkovo-Nagymaros* 사건(Hungary/Slovakia)과 2010년 *Pulp Mills* 사건(Argentina v. Uruguay) 이후 국제재판소가 담당한 보기 드문 국제환경법 관련 사건이고 더구나 ITLOS에 제기된 국제환경법 사건이라는 점에서 더욱 희귀하다고 할 수 있다. 다만, 이 사건이 국가간의 권리의무를 따지는 쟁송사건이 아니라 권고적 의견이기 때문에 치열한 법리 논쟁은 별로 없었지만, ITLOS 해저분쟁재판부가 국제환경법과 관련하여 일반적 원칙과 개념에 대해서 선언할 기회를 가진 점에서는 나름대로 의의가 있다. 특히 상당주의 의무의 구성요소와 관련하여 사전주의원칙, 최적환경관리방안, 환경영향평가 등을 제시한 것은 국제환경법 분야에서 이 의무의 내용을 구체화하는데 기여한 바가 크다고 하겠다. 한편 일부 논의가 필요한 부분에서 보수적인 접근을 취한 점은 비록 사법재판의 기능에 충실한 면도 있지만 아쉬운 면도 또한 없지 않다. 특히 보증국의 의무를 상당주의 의무로 보고 따라서 책임도 상당주의 의무 위반에 대한 과실책임으로 한정함으로써 국제환경법상 논의되고 있는 엄격책임을 처음부터 논의에서 배제한 것은 아쉬운 면이 있다. 물론 책임과 관련한 조문들의 규정이 너무 명백하므로 엄격책임을 적용하기가 곤란한 점은 인정된다. 반면에 그 대신 재판부가 책임법제의 발전가능성을 인정한 점은 고무적이라고 할 수 있다. 전체적으로 볼 때 본 권고적 의견은 심해저 광업활동과 관련하여 중요할 뿐만 아니라 더 일반적인 법적 의미에서도 중요하다. 특히 일반국제법과 그리고 국제환경법상의 중요한 법적 개념과 원칙에 대한 견해는 현재 계속 진화중인 국제환경법 분야에서 규범적인 발전방향을 어느 정도 예측할 수 있게 한다.

참고문헌

- 권한용, "국제법상 사전주의 원칙의 적용과 한계", 「동아법학」, 제46호(2010.2).
- 노명준, 「신국제환경법」(서울: 법문사, 2003).
- 장 신, "국제법상 사전주의 원칙의 법적 성격과 그 적용", 「국제법학회논총」, 제44권 제1호(1999.6).
- 정진석, "국제해양법재판소의 관할권", 「국제법학회논총」, 제50권 제2호(2005.10).

- Crawford, J., *The International Law Commission's Articles on State Responsibility: Introduction, Text and Commentaries*, Cambridge: Cambridge University Press, 2002.
- Responsibilities and obligations of States with respect to activities in the Area, Advisory Opinion, 1 February 2011, *ITLOS Reports*, 2011, p.10.
- Pulp Mills on the River Uruguay (Argentina v. Uruguay), Judgment, *I.C.J. Reports, 2010*, p.14.

제 11 장

에콰도르 환경분쟁소송의 국제성에 관한 연구 - 쉐브론 사건을 중심으로* -

A Study on the International Dimension of International Dispute Litigations in Ecuador with Specific Reference to the Chevron Case

강 병 근

Ⅰ. 서 론

에너지 사업 분야는 석유나 천연가스 자원의 탐사, 개발, 생산, 운송, 그리고 석유 정제와 가공을 통한 항공운송용 혹은 해상운송용 연료나 윤활제 생산, 석유화학제품의 제조 및 판매, 전력생산 및 대체에너지 개발, 에너지 효율성 제고 장치 개발 등 실로 우리 실생활에 관계되는 거의 모든 분야를 포함한다고 할 수 있다. 이들 사업 중 해외에서 수행하는 석유나 천연가스 자원의 탐사, 개발, 생산 분야는 개발 지역 내 원주민의 인권침해와 환경훼손으로 인한 분쟁이 끊이지 않는 실정이다.

쉐브론 사건(*Chevron v. Ecuador*)은 에콰도르 영역 내 아마존 열대우림 지역의 석유 생산으로 인한 환경침해에 관한 분쟁에서 시작되었는데, 석유개발로 인한 환경피해를 당했다고 하는 일단의 아마존 원주민들이 미국 내에서 소송을 개시한 이래 에콰도르 대법원의 확정판결이 내려질 때까지 환경피해로 인한 손해배상소송이 십수 년에 걸쳐서 진행되었고, 에콰도르에서 진행된 소송절차에서 불리한 대우를 받았다고 주장하는 미국 회사 쉐브론(Chevron Co.)이 네덜란드 헤이그에서 에콰도르 정부를 상대로 두 건의 국제투자중재를 개시한 바 있다.[1]

---

* 이 장은 강원대학교 비교법학연구소 환경법센터에서 발간하는 학술지 「환경법과 정책」 제14권에 게재한 것을 전재하는 것입니다.

1) 국제중재는 국제 상거래에서 발생하는 여러 가지 분쟁을 해결하는데 빈번히 사용되었는데, 최근 들어서는 투자조약과 관련해서 주권국가들이 중재당사자로서 결부되는 경우가 흔하다. 이러한 국제중재는 투자자가 투자유치국을 상대로 해서 중재를 신청하는 투자자-국가 중재(Investor-State

에콰도르 법원에서 승소한 아마존 원주민들은 쉐브론을 상대로 에콰도르 이외의 국가들에서 승소판결의 강제집행절차를 진행하였고, 이에 대응하여 쉐브론은 국제투자중재 사건의 중재피신청인인 에콰도르 정부가 에콰도르 내외에서 판결의 강제집행절차를 진행하지 못하게 하라는 취지의 임시적 처분을 얻어내기도 하였다.[2] 첫 번째 국제투자중재에서 쉐브론에게 유리한 중재판정이 내려지자 에콰도르 정부는 중재지 법원인 네덜란드에서 해당 중재판정의 취소소송을 제기하였으나 최종적으로 네덜란드 대법원은 에콰도르 정부의 신청을 기각하였다.

이후 쉐브론은 해당 중재판정을 집행하기 위하여 미국 법원에서 중재판정의 승인 및 집행절차를 개시한 바 있다. 쉐브론은 네덜란드 헤이그에서 거행되는 국제투자중재절차에 활용하기 위하여 미국의 연방 소송법 제1782조에 근거하여 증거수집절차를 밟았고, 이 절차를 통하여 수집된 각종 증거자료들은 나중에 에콰도르 소송전략을 기획하고 재정적으로 지원했던 다수의 미국인 변호사와 미국 법률회사, 그리고 미국 내외 투자금융회사들을 상대로 불법행위 소송을 개시하는데 활용하였다.

쉐브론 사건은 미국과 에콰도르 내에서 거행된 환경침해를 이유로 한 손해배상청구소송에서 시작하여, 국제법 위반을 이유로 하여 에콰도르 정부를 상대로 손해배상을 청구하는 국제투자중재, 재판 혹은 중재절차에 필요한 증거를 수집하기 위하여 활용된 미국 내 증거수집절차, 에콰도르 법원의 판결이 확정되자 쉐브론을 상대로 승소판결을 집행하기 위하여 진행된 외국 판결의 승인 및 집행절차, 네덜란드 헤이그에서 쉐브론에게 유리한 중재판정이 내려지자 에콰도르 정부가 중재지 법원에 제기한 중재판정 취소소송절차, 그리고 유리한 중재판정을 얻은 쉐브론이 미국 법원에서 진행한 외국 중재판정의 승인 및 집행절차, 에콰도르 재판에서 제3자였던 변호사와 투자회사를 상대로 진행된 공

Arbitration: ISA)가 일반적이지만, 투자자 혹은 투자 보호에 관한 '조약'의 해석과 결부될 경우 투자자의 본국과 투자유치국 사이에 국가-국가 중재(State-State Arbitration: SSA)가 발생하는 경우도 있다. 투자자와 투자유치국 사이의 분쟁은 조정이나 그 밖의 교섭 방식으로도 해결될 수 있는데 교섭, 조정, 그리고 중재를 모두 포괄하여 투자자-국가 분쟁해결제도(Investor-State Dispute Settlement: ISDS)라고도 한다. 이 분야의 보다 자세한 최신 동향에 대해서는 유엔국제무역개발회의(UNCTAD)의 'International Investment Agreements-Issues Notes' 연속 간행물을 참조하시오. <http://unctad.org/en/pages/publications/Intl-Investment-Agreements---Issues-Note.aspx, 2015.1.1. 검색>.

2) 임시적 처분은 'provisional measures' 혹은 'interim measures of protection'으로 흔히 불리는데 장차 내려질 중재판정의 실효성을 확보하기 위하여 중재진행 중 중재판정부가 내릴 수 있다. 윤병철 외 2인, 「국제중재 가이드」, 법무부, 2013, 86면.

갈, 매수, 조직범죄 처벌 절차 등 매우 다양한 국내외 소송 및 중재절차들이 복합적으로 활용된 보기 드문 사건이다. 아래에서는 에콰도르 내 석유개발로 시작된 환경침해주장과 이를 둘러 싼 재판 및 중재사건과 결부된 복합적인 절차들에서 야기되는 법정책적 과제들에 대해서 살펴보고자 한다.

Ⅱ. 사건 배경

텍스펫(Texaco Petroleum Co.)은 미국회사 텍사코(Texaco Inc.)의 미국 내 자회사로서 1964년 에콰도르와 석유탐사계약을 체결한 후 1967년 원유매장지를 발견하였다. 이후 텍스펫은 1992년까지 에콰도르에서 석유를 탐사하여 생산하였다. 에콰도르 국영 석유 회사인 페트로에콰도르(Petroecuador)는 텍스펫과 석유생산을 위한 컨소시엄을 형성하였는데, 참여 지분을 점차 확장하여 1976년에는 컨소시엄 지분의 62.5%를 보유하게 되었다.

한 때 컨소시엄을 통한 석유생산 규모는 에콰도르 국내총생산(GDP)의 거의 절반을 차지하였지만, 1992년 컨소시엄이 종료되면서 텍스펫은 에콰도르에서 철수하기 시작하였다. 1993년 텍스펫은 에콰도르를 완전 철수할 때까지 4,000만 달러를 환경복원 비용으로 지출하는 대신 향후 모든 소송에서 면제된다는 내용의 계약을 에콰도르 정부와 체결하였다.

텍스펫 철수 이후 페트로에콰도르가 에콰도르 라고-아그리오(Lago Agrio) 지역 근처 유정을 100% 소유하게 되었다. 이즈음 에콰도르 정부가 텍스펫에게 500억 달러에 달하는 채무를 이행하지 않았다는 분쟁은 해결되지 않은 상태였다. 텍스펫은 이러한 채무이행과 관련하여 에콰도르 법원에 1991년 12월 17일 처음 소송을 제기한 이래 1993년 12월 14일까지 7건의 소송을 제기한 바 있다.

한편, 1990년 말 미국에서 에콰도르인들을 대리하여 미국 변호사 Donziger(Steven R. Donziger)는 에콰도르인 원고들이 1억 달러를 약간 상회하는 선에서 텍스펫의 석유개발로 인한 환경오염분쟁을 화해 타결할 용의가 있다고 밝힌 바 있었다. 하지만, 텍스펫은 자신이 맡았던 모든 광구에서 환경청소를 완료했기에 화해 타결은 전혀 받아들이지 않겠다고 하였다. 2001년 쉐브론은 텍사코와 합병하면서 텍스펫을 간접소유하게 되었다.

Ⅲ. 환경오염 손해배상 소송

텍스펫이 1964년부터 1990년까지 석유를 생산했던 에콰도르의 라고-아그리오 지역에서 석유개발로 인한 오염이 발생하였고, 이로 인해 암 발병, 기형아 출산, 각종 질병 등 환경피해를 당했다는 해당 지역 주민 3만 명이 원고가 되어서 텍사코를 상대로 1993년 미국에서 집단소송을 제기하였다.[3]

쉐브론은 2000년 10월에 텍사코를 360억 달러에 인수하면서 세계에서 4번째로 큰 석유회사가 되었다. 2001년 미국 법원은 Aguinda 소송이 에콰도르에서 진행되어야 한다는 텍사코의 주장을 받아들여 8년 전에 제기한 에콰도르 원주민들의 청구를 기각하였다. 텍사코는 원고들이 에콰도르 법원에서 소송을 제기할 경우 에콰도르 법원의 재판권에 복종하기로 동의하였다.[4]

48명의 에콰도르 원주민들이 텍사코와 쉐브론을 피고로 해서 에콰도르에서 민사소송을 다시 제기하였다.[5] 이 사건의 원고들은 Aguinda 소송의 당사자들과 다르지만 청구취지는 거의 동일하였다. Aguinda 소송을 대리했던 미국 변호사 Donziger가 에콰도르 변호사들과 함께 라고-아그리오 소송을 수행하였다.[6] 이

3) Aguinda v. Texaco, Inc. 945 F.Supp. 625 (S.D.N.Y. 1996). 이 사건에서 법원은 원고들의 청구를 기각하는 사유 중 하나로서, 원고들의 청구사항을 판단하는데 꼭 필요한 에콰도르 정부와 에콰도르 국영회사인 페트로에콰도르에 대해서 미국의 주권면제법(Foreign Sovereign Immunities Act)으로 인하여 재판권을 행사할 수 없다는 이유를 들었다(p.628). 이처럼 초기에는 에콰도르 정부의 참여를 기대하기 어려웠지만, 나중에 에콰도르에서 정권교체가 있었고, 신 정부는 입장을 바꿔서 이 사건에 적극 개입하여 미국 법원에 재판권이 없음을 주장하였다. 다음 사건을 참조하시오. Jota v. Texaco, Inc., 157 F.3d 153, 162 (2d Cir. 1998). 한편, 원고들이 미국 법원에서 환경침해를 이유로 손해배상을 청구할 당시 에콰도르 국내법에 따르면 국가만이 환경침해로 인한 불법행위 소송을 제기할 수 있었기에 Aguinda로 대표되는 아마존 지역 원주민들은 에콰도르 법원에서 환경침해를 이유로 손해배상 소송을 제기할 수 없었다. 1999년 에콰도르는 환경관리법(Law of Environmental Management)을 제정하였고, 이로써 개인들도 '집단적 환경 권리'의 행사로써 환경침해소송을 제기할 수 있게 되었다.

4) Aguinda v. Texaco, Inc., 142 F.Supp.2d 534, 537-538 (S.D.N.Y. 2001).

5) Aguinda v. ChevronTexaco Corp., Superior Court of Justice of Nueva Loja (Lago Agrio), No. 002-2003 (May 7, 2003) (Ecuador) [이하 라고-아그리오 소송]; Lucien J. Dhooge, "Aguinda v. Chevron Texaco: Mandatory Grounds for the Non-Recognition of Foreign Judgments for Environmental Injury in the United States", 19 J. Transnat'l L. & Pol'y 1, 14 (2009).

6) Donziger는 에콰도르 법원에서 진행된 라고-아그리오 소송에서 소송대리인이 아니었다. 하지만, 제3자로서 소송전략을 기획하고 소송수행에 필요한 자금을 동원하였다. 이러한 Donziger의 행위를 이유로 쉐브론 측은 나중에 뉴욕주 법원에 Donziger를 상대로 불법행위 소송을 제기하게 된다.

소송에서 쉐브론은 자신이 텍사코와 별개였다는 점 그리고 텍사코가 1995년 화해협약에 따른 의무를 완결했고 환경정화비용으로 4천만 달러를 지출하는 대신 모든 청구로부터 면제되는 1998년 면책협약이 유효하기에 에콰도르 법원의 재판관할권이 없다고 주장하였다.[7] 무엇보다도 쉐브론은 에콰도르와 에콰도르 국영회사인 페트로에콰도르가 잔존 광구를 정화하지 않았으며, 텍사코 철수 이후 페트로에콰도르가 후속 석유개발을 하면서 광구와 송유관 지역에서 20여 년간 오염을 야기한 책임이 있기에, 라고-아그리오 소송은 이들이 부담해야 할 환경복원 비용을 자신에게 전가하려는 소송이라고 주장하였다.[8] 또한 쉐브론은 에콰도르 사법부가 부패했고 2007년 당선된 좌파 대통령 Correa(Rafael Correa)가 재판부를 겁박했다고 주장하였다.[9]

Donziger는 영화감독인 Berlinger(Joe Berlinger)를 에콰도르에 초청해서 기록영화를 제작하도록 하였다.[10] 이렇게 해서 만들어진 'Crude: The Real Price of Oil' 제목의 기록영화는 라고-아그리오 소송에 대한 대중의 관심을 불러 일으켰고, 유명인들이 에콰도르 라고-아그리오 지역을 방문했으며 에콰도르 원고 측 변호인들 역시 유명인이 되어서 여론의 주목을 받게 되었다.[11]

라고-아그리오 사건을 담당했던 에콰도르 법원의 Zambrano(Nicolas Zambrano) 판사는 에콰도르 열대우림지역을 오염시켜서 그곳 원주민들이 병들게 되었다는 이유로 쉐브론에 대해서 환경침해의 피해자들에게 공개사과하고, 에콰도르인 원고 측에 95억여 달러(86억 4천만 달러 손해배상금에 10%의 벌금 합산액)를 지급하도록 쉐브론에게 명령하면서, 쉐브론이 판결을 이행하지 않을 경우 2배로 증액되도록 판결하였다. 쉐브론은 판결 내용에 따르지 않았고, 이로써 쉐브론은 182억여 달러의 손해배상금을 지불할 책임을 부담하게 되었다.[12]

---

7) Chevron Corporation and Texaco Petroleum Corporation v. The Republic of Ecuador, UNCITRAL, PCA Case No.2009-23, Claimants' Notice of Arbitration, paras.1-3. <http://www.italaw.com/cases/257, 2015.1.1. 검색>.

8) *Ibid.*, paras.22-24.

9) *Ibid.*, paras.38-41.

10) Chevron v. Donziger, 974 F.Supp.2d 362, 453, fn 526 (S.D.N.Y. 2014).

11) *Ibid.*, p.578.

12) Manuel A. Gomez, "The Global Chase: Seeking the Recognition and Enforcement of the Lago Agrio Judgment outside of Ecuador", 1 Stanford Journal of Complex Litigation 429, 441 (2013). 쉐브론에 부과된 이자 포함 182억여 달러는 영국 석유회사인 BP가 2010년 멕시코 만 석유 유출 사건으로 인한 손해에 대해서 부담하게 되었던 400억 달러 다음으로 거금이었다. 쉐브론은 2012년 말 210억 달러의 현금과 주식을 보유하였지만, 182억 달러는 쉐브론이 미국 내에서 지출하는 일년 예산의 거의 2배에 달하였다.

3인으로 구성된 에콰도르 항소법원은 일심법원의 판결을 인용하는 한편, 쉐브론의 사기소송 주장에 대해서는 증거불충분사유로 배척하였다.[13] 이후 에콰도르 대법원은 2011년 쉐브론에 부과하였던 징벌적 손해배상금액을 제외하고, 쉐브론이 아마존 지역 원주민에 대해서 86억 4천만 달러의 손해배상금을 지급할 책임이 있다고 판시하여, 원고의 청구 금액 중 절반만 인정하는 확정 판결을 내렸다.[14] 이에 대해서 쉐브론은 네덜란드 헤이그에서 진행 중인 중재절차에서 라고-아그리오 소송의 판결은 소송사기에 의한 것이고, 실제 환경오염은 페트로에콰도르가 저질렀다는 입장을 굽히지 않았으며, 쉐브론은 국제투자중재를 통해서 이를 시정하고자 하였다.

Ⅳ. 투자조약에 근거한 국제중재

1. 첫 번째 투자조약중재

쉐브론과 텍스펫은 에콰도르 정부에 대해서 미국-에콰도르 BIT(이하 BIT)를[15] 근거로 네덜란드 헤이그 소재 상설중재재판소(Permanent Court of Arbitration: PCA)가 관리하고 유엔국제무역법위원회(UN Commission on International Trade Law: UNCITRAL) 중재규칙에 따른 중재를 요청하였다.[16] 이 중재사건은 2009년 쉐브론과 텍스펫이 에콰도르 법원에 진행되고 있었던 라고-아그리오 소송과 관련해서 요청한 중재사건과 다르다.

텍스펫의 주장은 에콰도르 정부가 국내소비수요량을 과다 계상하여 텍스펫이 할인된 국내시장가격으로 공급해야 할 분량보다 훨씬 더 많은 석유를 공급

13) Aguinda v. ChevronTexaco Corp., No.2011-0106 (App. Div. Prov. Ct. J., Jan. 3, 2012, Ecuador); Lucien J. Dhooge, “Yaiguaje v. Chevron Corporation: Testing the Limits of Natural Justice and the Recognition of Foreign Judgments in Canada”, 38 Canada-United States Law Journal 93, 108-111 (2013).

14) Chevron v. Donziger, 974 F.Supp.2d 362, 539-540 (S.D.N.Y. 2014).

15) 미국-에콰도르 BIT는 1997년 5월 11일에 미국과 에콰도르 사이에 발효한 ‘The Treaty between the United States of America and the Republic of Ecuador Concerning the Encouragement and Reciprocal Protection of Investments’을 말한다.

16) Chevron Corporation (USA) and Texaco Petroleum Company (USA) v. The Republic of Ecuador, UNCITRAL, PCA Case No.34877, Interim Award (1 Dec. 2008), para.8. <http://www.italaw.com/cases/251, 2015.1.1. 검색>.

하게 했다는 것이다.[17] 텍스펫은 이렇게 공급된 석유를 에콰도르 정부가 국제시장에서 매각하여 텍스펫 자신이 취해야 할 이익을 침해했다는 이유로 에콰도르 법원에서 에콰도르를 상대로 7건의 소송을 제기한 바 있었다. 쉐브론은 자신이 간접소유하게 된 텍스펫이 제기한 분쟁에 대해서 에콰도르 법원이 너무 오랫동안 소송절차를 처리하지 않아 국제법으로 금지된 '정의의 거부'(denial of justice)가 발생하였고 BIT를 위반하였다는 것이다.[18]

중재판정부는 일부판정(partial award)에서 에콰도르 법원이 텍스펫과 에콰도르 정부 사이의 여러 가지 분쟁에 대해서 판결을 지연시켜서 국제법을 위반하였다고 판시하면서 쉐브론과 텍스펫에게 지급해야 할 손해배상액을 약 7억 달러로 계산하였다.[19] 그리고 실제 손해액은 추후 전문가를 선임하여 에콰도르의 BIT 위반이 없었다면 에콰도르 법에 따라서 텍스펫이 지급했어야 할 세금을 감안하여 최종 정산하기로 하였다.[20]

중재판정부는 확정판정에서 에콰도르 법원이 텍스펫과 에콰도르 정부 사이의 상사분쟁에 대해서 십수 년 동안 판결하지 않은 결과 BIT 와 국제법을 위반하였다고 판시하면서, 에콰도르 법령에 따른 과세액을 감안하여 계수조정을 한 결과 중재요청일인 2006년 12월 21일 이후 중재판정일인 2011년 8월 31일까지의 기간에 적용되는 이자를 적용하여 9,635만여 달러를 쉐브론에게 지급하도록 판정하였다.[21] 이에 대해서 에콰도르는 중재판정부가 텍스펫 철수 당시 발효하지도 않았던 BIT를 근거로 중재판정을 내렸다고 하면서 2008년 12월 1일자 중간판정과 2010년 3월 30일자 일부판정에 대해서 네덜란드 관할법원에 중재판정 취소소송을 제기하였다.[22]

---

17) *Ibid.*, paras.2-3.

18) *Ibid.*, para.8.

19) 중재판정부는 1991년부터 1993년에 에콰도르에 제기한 청구에 대한 손해배상액을 직접 손해배상액으로 먼저 계산하고 제소일자부터 2006년 12월 21일 중재요청일까지 적용될 수 있는 뉴욕주 우대금리를 적용한 이자를 계산하여 양자를 합산한 금액을 중재요청일인 2006년 12월 21일 기준 698,621,904.84로 계산하였다. Chevron Corporation (USA) and Texaco Petroleum Company (USA) v. The Republic of Ecuador, UNCITRAL, PCA Case No.34877, Partial Award (30 March 2010), paras.549-550 <http://www.italaw.com/cases/251, 2015.1.1. 검색>.

20) *Ibid.*, paras.552-554.

21) Chevron Corporation and Texaco Petroleum Company v. The Republic of Ecuador, Final Award, 31 August 2011, para.351.

22) 에콰도르 정부가 네덜란드 헤이그 지방법원에 제출한 소장에 대해서는 다음 사항을 참조하시오. Writ of Summons, 2010, paras.9-11 <http://www.italaw.com/cases/251, 2015.1.1. 검색>.

2. 두 번째 투자조약중재

쉐브론은 에콰도르 원주민과 쉐브론 사이에 에콰도르 법원에서 진행 중인 환경소송인 라고-아그리오 소송에서 에콰도르가 적법절차에 맞게 자신을 대우하지 않아서 에콰도르-미국 BIT, 투자계약, 그리고 국제법을 위반하였다고 주장하면서 에콰도르 정부를 상대로 네덜란드 헤이그 소재 PCA가 관리하는 UNCITRAL 국제중재를 요청하였다.[23]

쉐브론은 에콰도르 정부와 텍스펫이 체결한 계약에서 텍스펫이 에콰도르를 철수하기 이전에 일부 석유생산 장소를 환경복원하기로 합의하는 대신 에콰도르 정부는 환경오염과 관련된 어떠한 책임도 묻지 않기로 했다는 것이다.[24] 이로써 텍스펫은 모든 환경관련 청구에서 면제되었고, 텍스펫이 부담하는 환경복원 의무는 모두 이행되었으며, 텍스펫이 철수했던 1992년 이후 해당 석유생산 지역을 완전히 통제한 페트로에콰도르가 광범위한 환경손해를 야기했다는 것이다.[25]

중재판정부가 다루었던 중요한 사항은 쉐브론이 에콰도르 정부와 체결한 계약에 의하여 부담하는 책임이 무엇인지의 여부와 에콰도르가 미국식 법률개념인 '적법절차'(due process)를 지키지 않았기에 BIT를 위반하였는지의 여부였다.[26]

쉐브론은 에콰도르에서 진행 중인 소송절차가 불공정하고 여러 가지 편견으로 인하여 재판부가 부패했다고 하면서, 법원에서 외부 전문가로 선임된 Cabrera (Richard Cabrera)가 손해배상 금액을 270억 달러로 산정한 것은 사기이고,[27] 에콰

23) Chevron Corporation and Texaco Petroleum Corporation v. The Republic of Ecuador, UNCITRAL, PCA Case No.2009-23, Claimants' Notice of Arbitration, paras.66-69. <http://www.italaw.com/cases/257, 2015.1.1. 검색>.

24) 책임면제계약(release agreement)의 유효 여부와 그 범위에 대해서 중재당사자들의 이견이 너무 커서 중재판정부는 중재절차 진행상 본안 진 사항으로서 '1995년 화해협약'(1995 Settlement Agreement)의 해석과 효력범위를 우선해서 다루기로 하였다. Procedural Order No.10 (9 Apr. 2012), paras.2-3 <http://www.italaw.com/cases/257, 2015.1.1. 검색>.

25) Claimants' Memorial on the Merits (6 Sep. 2010), paras.97-128(텍스펫의 환경정화 완료 주장), 144-148(페트로에콰도르의 환경 침해 관련 주장). <http://www.italaw.com/cases/257, 2015.1.1. 검색>.

26) *Ibid.*, paras.456-458. 특히 쉐브론은 BIT 제7조 제2항에 따라서 에콰도르 정부가 BIT에 의해서 누리는 권리를 효과적으로 행사할 수 있도록 해야 함에도 그렇게 하지 못했다는 점을 주장하였다.

27) *Ibid.*, paras.217-218.

도르 정부가 재판절차에 관여하고 3백만 달러의 뇌물수수를 논의하였으며,[28] 이 사건을 담당하는 쉐브론 측 변호사 두 명에 대해서 제기된 에콰도르 국내 형사절차도 불법 부당하다고 주장하였다.[29]

아울러, 에콰도르 법원이 쉐브론에 대해서 수십억 달러에 해당하는 손해배상금을 판결할 가능성이 농후해지자, 쉐브론은 에콰도르에 대해서 라고-아그리오 소송의 판결이 중재절차 종료시까지 확정되지 않도록 할 것, 혹시 판결이 확정되더라도 에콰도르는 해당 판결이 쉐브론에게 강제집행되지 않도록 할 것, 에콰도르는 중재에 회부된 분쟁을 악화시키지 않도록 할 것, 그리고 쉐브론 측 소송대리인들에 대해서 진행 중인 형사절차를 중단할 것 등을 내용으로 하는 임시적 처분을 중재판정부에 신청하였다.[30]

중재판정부는 첫 번째 중간 판정에서 2011년 2월 9일자 결정을 반복하면서 중재판정부가 심리하는 동안 에콰도르에 대해서 라고-아그리오 판결이 집행되지 않도록 할 것을 명령하였다.[31] 두 번째 중간 판정에서 판정부는 에콰도르(사법부 포함하여 정부 각 부처)에 대해서 에콰도르 내외에서 라고-아그리오 판결의 집행과 승인을 방지하는데 필요한 모든 조치를 취하도록 명령하였다.[32] 중재판정부는 에콰도르가 임시적 처분에 관한 중재 판정 이행과 관련해서 부담할 수 있는 비용이나 손실이 발생할 경우 그에 대해서 책임이 있다고 하면서 중재판정일로부터 30일 이내에 쉐브론이 미화 5천만 달러의 담보금을 기탁하도록 결정하였다.[33]

중재판정부는 세 번째 중간판정에서 쉐브론이 주장하는 사항에 대해서 관할권이 있다고 판단하였다.[34] 또한, 중재판정부는 네 번째 중간판정에서 그 이

28) *Ibid.*, paras.263, 283-285. 쉐브론의 주장에 따르면 라고-아그리오 담당 판사인 Núñez, 대통령실 관계공무원, 검찰총장, 환경복원사업수행예정자 등이 관련되었다.

29) *Ibid.*, paras.11-13.

30) Claimants' Request for Interim Measures (1 Apr. 2010), para.14 <http://www.italaw.com/cases/257, 2015.1.1. 검색>.

31) First Interim Award on Interim Measures (25 Jan. 2012), para.2 <http://www.italaw.com/cases/257, 2015.1.1. 검색>.

32) Second Interim Award on Interim Measures (16 Feb. 2012), para.3 <http://www.italaw.com/cases/257, 2015.1.1. 검색>.

33) *Ibid.*, para.4.

34) Third Interim Award on Jurisdiction and Admissibility (27 Feb. 2012), para.5.2. <http://www.italaw.com/cases/257, 2015.1.1. 검색>. 중재판정부는 일응(prima facie) 관할권 판단과 관련해서 중재절차 초기 단계에 중재신청인이 자신의 청구사항이 본안 판단의 결과 반드시 이길 수 있을 정도까지의 입증을 요하지 않는다고 하면서 본안에 관하여 심리를 진행할 수 있을 정도이면 충분하다고 판단하였다(para.4.7). 피신청인이 주장하듯이 신청인의 성공 가능성이 51% 이상이어야

전까지 내렸던 다수의 결정과 중간판정에서 라고-아그리오 판결이 쉐브론을 상대로 집행되지 않도록 만전을 기하라는 취지의 명령을 에콰도르가 위반했다고 판시하였다.[35]

V. 투자조약중재 관련 국내소송

1. 중재절차중지가처분소송

쉐브론이 2009년 두 번째로 국제투자중재를 요청하자 에콰도르 원고들은 뉴욕지방법원에 중재절차중지가처분을 신청하였다. 하지만 뉴욕남부지방법원의 Sand(Leonard Sand) 판사는 에콰도르가 신청한 중재절차중지가처분신청을 기각하였다.[36] 이러한 결정에 대해서 에콰도르 정부와 에콰도르인 원고 등은 항소하였고, 항소법원은 항소제기 후 헤이그 소재 중재판정부에서 에콰도르가 처분권한 범위 내에서 라고-아그리오 판결이 집행되지 않도록 만전을 기하라고 명령을 내린 점,[37] 그리고 라고-아그리오 법원이 쉐브론에 대해서 86억 달러에 달하는 손해배상금을 지급하도록 판결한 점에 주목했다.[38]

항소법원은 이 사건에서 중재절차중지가처분이 필요하지 않다는 입장이기

한다고 엄격히 요구하지 않으며, 다만 신청인의 주장이 '논쟁할 만한'(decently arguable) 하거나 '주장하는 바가 상당한 정도'(a reasonable possibility as pleaded)에 이르면 족하다고 보았다(para.4.8). 문제는 신청인의 청구사항이 관할권에만 한정된 것일 경우에는 이는 관할권 판단 단계에서 사실문제로서 확정하거나 아니면 본안 판단 단계에 확정적으로 다룰 수 있다고 보았다. 따라서 신청인의 청구사항이나 피신청인의 항변사항에 대해서는 관할권 판단 단계에 법적으로 또는 사실면에서 확정짓지 않는 것이라고 하였다(paras.4.9-4.11).

35) Fourth Interim Award on Interim Measures (7 Feb. 2013), paras.79-85. <http://www.italaw.com/cases/257, 2015.1.1. 검색>. 2011.2.14. 라고-아그리오 판결이 내려지자 원고들은 2012.5.30. 캐나다 온테리오 주 법원에서 쉐브론의 자회사를 상대로 강제집행하기 위하여 해당 판결의 승인 및 집행절차를 추구하였다. 이후, 2012.6.27. 브라질, 2012.11.월경에는 아르헨티나에서도 유사한 절차가 진행되었다. 중재판정부는 2012.8.3. 라고-아그리오 법원에서 해당 판결에서 설시한 손해배상금을 쉐브론이 지급하도록 명령하는 서면을 정식 발부하였을 때 해당 판결이 확정된 것으로 판단하였다.

36) Republic of Ecuador v. Chevron Corp. Nos. 09 Civ. 9958, 10 Civ. 316, 2010 WL 1028349, p.2 (S.D.N.Y. 2010).

37) Order for Interim Measures (9 Feb. 2011), p.3 <http://www.italaw.com/cases/257, 2015.1.1. 검색>; 임시적 처분 결정문 (E) 항목의 관련 부분은 다음과 같다. "(i) the Respondent to take all measures at its disposal to suspend or cause to be suspended the enforcement or recognition within and without Ecuador of any judgment against the First Claimant in the Lago Agrio Case."

38) Republic of Ecuador v. Chevron Corp. 638 F.3d 384, 391 (2d Cir. 2011).

에 미국 연방중재법(Federal Arbitration Act: FAA)상 중재절차중지가처분 권한이 관할법원에 있는지의 여부에 대해서는 판단할 필요가 없다고 판시하였다.[39] 항소법원은 미국-에콰도르 BIT에 따라서 에콰도르의 중재회부 취지의 청약에 대해서 미국 국적의 투자자인 쉐브론이 서면으로 중재요청을 했기에 쉐브론과 에콰도르 사이에 유효한 중재합의가 있다고 판단하였다.[40]

미국 연방 차원의 국제중재 관련 정책을 반영하여, 미국 법원은 중재에 유리한 쪽에서 중재대상에 관한 사항을 판단하고 있고, 미국 법원의 판결례에 따르면 분쟁 당사자들이 특정 중재조항에 구속받는지의 여부는 판사의 소관사항이 아니라 중재인이 판단할 사항이다.[41] 이에 따라서 항소법원은 에콰도르가 주장한 쉐브론의 중재제기권 포기 및 금반언에 관한 사항은 중재판정부가 판단할 사항이라고 결정하였다.[42] 특히 항소법원은 아직 중재판정이 내려지지 않았고, 라고-아그리오 소송의 판결이 확정되지 않은 상태에서 쉐브론의 중재절차 진행을 금지하는 취지의 판단을 내릴 수 없다고 결정하였다.[43]

2. 중재에 활용하기 위한 증거수집관련 소송

쉐브론은 미국 연방법전 제28편 제1782조(28 USC § 1782)를 근거로 미국 내 다수의 법원에 에콰도르인 원고 측에 자문했던 컨설팅 회사 및 연구소들과 변호인들의 증언, 그리고 이들이 소유하고 있는 자료의 제출을 강제하기 위한 명령을 신청하였다.[44] 이러한 증언이나 자료는 쉐브론이 라고-아그리오 소송과 BIT 중재에서 활용하기 위한 것이었다. 피신청인들은 이러한 신청에 대해서 의뢰인-변호사 비밀유지특권 그리고 변호인의 업무상 비밀보호특권을 주장하였지

---

39) *Ibid.*
40) *Ibid.*, pp.392-393.
41) Howsam v. Dean Witter Reynolds, Inc. 537 U.S. 79, 83-85, 123 S.Ct. 588, 154 L.Ed.2d 491 (2002).
42) Republic of Ecuador v. Chevron Corp. 638 F.3d 384, 395 and 400 (2d Cir. 2011).
43) *Ibid.*, p.399.
44) 미국 법 제1782조(28 U.S.C.A. §1782)에 따르면 관할 지방법원은 '외국 판정부와 국제판정부'(foreign and international tribunals)가 다루는 절차의 당사자에게서 증거를 수집하는 것을 지원하기 위한 명령을 내릴 수 있다. '외국 판정부와 국제판정부에' 사인간의 국제중재판정부도 포함하는지에 대해서 미국 내 연방 순회법원 사이에 서로 다른 견해가 있다. 28 U.S.C.A. §1782. 제1782조 (a)의 규정은 다음과 같다. "…….the district court of the district in which a person resides or is found may order him to give his testimony or statement or to produce a document or other thing for use in a proceeding in a foreign or international tribunal."

만, 관할 지방법원들은 이러한 특권이 사전 포기되었다거나 범죄-사기에 활용될 여지가 있다는 점을 들어서 피신청인들의 주장을 인용하지 않았다. 이러한 결정에 대한 항고사건 판결에서 항고법원은 원심이 연방법 제1782조를 제대로 적용했고, 대상 문서들이 에콰도르 법원에서 지정한 손해사정 전문 감정인에게 제공되었기에 해당 문서들이 변호인-고객 비밀 보호 특권을 포기한 경우에 해당된다고 결정한 것에 잘못이 없다고 판단하였다.[45)]

한편, 에콰도르도 쉐브론과의 국제투자중재절차를 위하여 연방법 제1782조에 따라서 Connor(John Connor)와 GSI Environmental 회사에 대한 증거개시명령을 관할 지방법원에 신청하였다. 이 사건에 쉐브론이 소송 참가하여 에콰도르-미국 BIT에 따른 중재는 연방법 제1782조에서 규정하는 '국제판정부'(international tribunal)가 아니라는 이유로 에콰도르의 증거개시명령 신청에 반대하였다. 일심법원은 쉐브론이 주장한 Biedermann 사건 판결을 근거로 에콰도르의 청구를 기각하였다.[46)]

이 결정에 대한 항고심 재판에서 미국의 제5순회 항소법원은 연방법 제1782조에 따라서 증거개시청구와 관련해서 수소법원은 금반언의 원칙을 고려해야 한다고 판시하면서, 쉐브론이 다수의 지방법원과 항소법원에서 에콰도르-미국 BIT에 따른 중재는 국제절차로서 '국제판정부'에 해당한다고 주장하여 에콰도르 측의 이의신청에 반대하면서 증거개시명령을 얻었던 점 그리고 만약 증거개시명령관련 선 판례인 Biedermann 사건의 판례법을 근거로 에콰도르의 증거개시명령 신청이 기각된다면, 쉐브론이 상대방에 비해서 부당한 이익을 얻게 될 것이라는 점에서 쉐브론의 주장이 법리상 상충된다는 이유로 원심 판결을 파기하였다.[47)]

---

45) In re Chevron Corp. 633 F.3d 153, 155-156 (3rd Cir. 2011).

46) Republic of Kazakhstan v. Biedermann Int'l, 168 F.3d 880 (5th Cir. 1999)

47) Republic of Ecuador v. Connor, Nos. 12-20122, 12-20123, 12 (5th Cir. Feb. 13, 2013). 제5순회 법원이 판결의 근거로 삼은 '사법적 금반언'(judicial estoppel)이라 함은 소송당사자가 소송전략상 이점을 위하여 상반되는 입장을 소송절차에서 취하지 못하도록 하는 것이지만 이에 대해서 미국 연방 대법원도 확실한 개념상 근거나 그 효과를 정하지 못하고 있다. 제5순회 법원 차원에서 사법적 금반언은 소송 당사자가 재판절차 중 이전에 자신이 취했던 입장과 분명히 상반되는 입장을 취함으로써 상대방 당사자에게 불이익을 줄 수 없는 법리로서 적용되고 있다. Reed v. City of Arlington, 650 F.3d 571 (5th Cir. 2011).

3. 중재판정 취소소송

에콰도르는 2006년 개시된 쉐브론 국제투자중재사건의 중재판정부가 자신에게 불리하게 내린 중재판정이 중재관할권 없이 내려졌고, 중재인들이 권한을 유월했으며, 중재판정의 이유가 부적절하다는 이유로 네덜란드 헤이그 지방법원에서 중재판정 취소소송을 제기했지만, 에콰도르가 제기한 3건의 중재판정 취소청구는 모두 기각되었다.[48] 중재판정 취소소송 절차에서, 에콰도르는 문제된 BIT가 1997년 5월 11일 발효 당시 중재신청인들이 주장하는 '투자'(investment)는 이미 1992년 6월 6일 종료한 상태이기에 BIT의 중재조항에 따른 중재관할권이 존재하지 않는다고 주장했다.[49] 네덜란드 법원은 네덜란드 헌법이나 네덜란드가 당사국인 유럽인권협약에서 보장하는 기본권을 존중한다고 해도, 중재판정 취소여부에 대한 판단은 매우 제한적이어야 한다고 판시하였다.[50] 또한, 네덜란드 법원은 BIT 제6조의 중재조항만으로 중재관할권이 발생하고 BIT 제12조에 따른 투자의 적용범위에 관한 사항은 BIT의 보호와 결부된 본안 사항이기에 양자는 구별되어야 한다고 판단하였다.[51]

에콰도르가 제기한 항소심 사건에서 헤이그 항소법원은 일심법원과 달리 중재관할권의 존부를 판단할 때 미국-에콰도르 BIT의 중재조항과 함께 BIT 내 다른 관련 규정을 고려해야 한다고 판시하였다.[52] 항소법원은 1969년 조약법에 관한 비엔나 협약에 따라서 '문맥'에 따른 해석 방식을 강조하면서, 비록 중재조항인 BIT 제6조에서 '투자의 정의'에 관한 BIT 제1조와 '투자의 범위'에 관한 BIT 제12조 규정을 인용하지 않았어도 제6조 규정을 해석하는데 이들 규정을 참조해서 해석해야 한다고 판단하였다.[53] 항소법원은 BIT 제1조 제1항 (a)와 제

---

48) 2008년 12월 1일 중재관할권 판정, 2010년 3월 30일 에콰도르의 국제책임인정 판정, 그리고 2011년 8월 31일 손해배상 판정의 취소소송을 말한다. 중재지 법원인 네덜란드 헤이그 법원은 네덜란드 민사소송법 제3편 제1장 제1073조 제1항에 따른 에콰도르의 중재판정 취소소송에 대해서 재판권을 행사할 수 있었다. Republic of Ecuador v. Chevron Corp. and Texaco Petroleum Co. District Court of the Hague, Judgment of 2 May 2012. <http://opil.ouplaw.com/view/10.1093/law:iic/539-2012.case.1/IIC539(2012)D.pdf, 2015.1.1. 검색>.

49) *Ibid.*, para.4.8.

50) *Ibid.*, para.4.5.

51) *Ibid.*, paras.4.11-4.12.

52) Jacomijn J. van and Haersolte-van Hof, "Republic of Ecuador v. Chevron Corporation (USA) and Texaco Petroleum Company, Court of Appeal of The Hague, 18 June 2013", ITA Arbitration Report, Volume XI, Issue 9 (Kluwer Law International, 2013), p.7.

12조 제1항 규정을 적용한 결과 쉐브론이 주장하듯이 '투자'는 사업종료 후 사후행위까지 포함한다고 넓게 해석하였고, BIT 발효 당시 이러한 형태의 투자가 존재했다고 판단하면서, 이러한 투자와 관련해서 BIT 위반 여부에 대한 다툼은 BIT 제6조 제1항 (c)에 따라서 중재판정부의 관할 대상이 된다고 판시하였다.[54] 에콰도르는 이에 굴하지 않고 상고하였고, 네덜란드 대법원은 '투자'를 넓게 파악한 하급심 판결을 인용하여 상고를 기각하였다.[55]

4. 중재판정 집행소송

네덜란드 법원이 에콰도르의 중재판정 취소 청구를 기각하자 쉐브론 측은 미국 국내법인 FAA와 국제조약인 뉴욕협약(Convention on the Recognition and Enforcement of Foreign Arbitral Award)에 따라서 워싱턴 특별자치구 지방법원에서 해당 중재판정의 집행을 청구하였다.[56] 이 소송에서도 에콰도르는 에콰도르-미국 BIT 발효 이전 사항에 대해서 쉐브론과 중재하기로 합의한 적이 없었고, 중재판정이 에콰도르의 주권과 에콰도르에서 진행 중인 사법절차의 자율성을 침해하였기에 미국의 공공질서에 반한다는 이유로 해당 중재판정의 집행청구를 기각해 달라고 주장하였다.[57]

관할법원은 제2순회 항소법원의 판단과 마찬가지로 에콰도르와 쉐브론 사이에는 유효한 BIT 중재합의가 있었고 쉐브론이 BIT에서 보장받은 권리의 침해를 이유로 BIT 중재를 요청하였다는 이유로 중재합의부존재 주장에 근거한 에콰도르의 주장을 받아들이지 않았다.[58] 또한, 집행법원은 중재판정부가 합리적으로 판단하였고 중재 당사자들의 주장을 망라할 정도로 중재판정부의 판단이 포괄적이어서 공공질서 항변을 받아들일 정도는 아니라고 판단하였다.[59]

---

53) *Ibid.*, pp.7-8.

54) *Ibid.*

55) Press Release of the Dutch Supreme Court, "Substantial compensation award against Ecuador upheld", (26 Sep. 2014), <http://www.rechtspraak.nl/Organisatie/Hoge-Raad/Nieuws/Pages/Substantial-compensation-award-against-Ecuador-upheld.aspx, 2015.1.1. 검색>.

56) 뉴욕협약을 수용한 미국 국내법(9 U.S. Code) 제207조에 따르면 뉴욕협약의 대상이 되는 중재판정을 미국 내에서 집행하려면 중재판정이 내려진 후 3년 이내에 미국 연방 지방법원에서 해당 중재판정의 집행 결정을 받아야 한다. 이때 관할법원은 뉴욕협약에서 규정한 집행 거부사유가 없는 경우 해당 중재판정의 집행을 반드시 허가해야 한다. Chevron Corp. v. Republic of Ecuador, Civil Action No.12-cv-01247-JEB, 2013 WL 2449172 (D.D.C. 2013).

57) *Ibid.*, p.1.

58) *Ibid.*, p.12.

59) *Ibid.*, p.17.

Ⅵ. 에콰도르 판결 관련 국내소송

1. 미국 내 판결집행금지가처분소송

라고-아그리오 사건의 일심법원에서 수십 억에 달하는 판결이 내려지자 이 사건의 원고들은 항소심 종료 이전이라도 쉐브론의 재산을 상대로 세계 각지에서 강제집행절차를 진행하겠다고 공언하였다. 이러한 가집행 청구 전략은 쉐브론이 화해 타결에 응하도록 압박하기 위한 소송전략의 일환이기도 하였다. 이에 쉐브론은 라고-아그리오 판결은 공정한 재판 또는 적법절차에 따라서 내려진 것이 아니고, 뉴욕 주 변호사인 Donziger의 지휘 하에 상당부분 미국 내에서 벌어진 사기행각으로 내려졌기에 집행 불가능한 판결이라고 주장하면서 이 판결이 승인 또는 집행될 수 없다는 확인판결과 쉐브론의 주장에 관한 중재판정부의 본안판결이 내려질 때까지 혹은 확인판결의 내용이 해결되기까지 라고-아그리오 판결이 에콰도르 이외의 지역에서 집행되지 않도록 하는 본안전 금지가처분을 구하였다.

이러한 신청에 대해서 뉴욕남부지방법원의 Kaplan(Lewis A. Kaplan) 판사는 에콰도르 원주민들이 에콰도르 이외에서 미국회사인 쉐브론을 상대로 에콰도르 법원에서 내려질 판결을 강제집행하거나 그러한 조치를 준비하지 않도록 금지하는 취지의 본안전 금지가처분을 결정하였다.[60] 이 결정에 대한 이의신청 사건에서 제2순회 연방항소법원은 일심법원이 외국판결의 승인에 관한 법리를 오해하였다고 하면서 본안전 가처분 결정을 취소하였다.[61] 항소법원은 외국에서 내려진 금전배상 판결의 승인에 관한 뉴욕법(New York's Uniform Foreign Country Money - Judgments Recognition Act)에 따라서 판결채무자가 제기한 소송에서 외국판결이 집행될 수 없다고 확인 판단할 수 없고, 에콰도르 판결채권자들이 뉴욕법에 따라서 판결집행을 구하지 않는 이상 에콰도르 아마존 원주민들에 대해서

---

60) Chevron v. Donziger, 768 F.Supp.2d 581 (S.D.N.Y. 2011)(이하 Donziger 사건).

61) Donziger 사건에서 쉐브론이 신청한 판결집행금지가처분이 내려지자 이 사건을 맡은 지방법원의 단독 Kaplan 판사에 대한 기피신청이 있었고, 항소법원은 Kaplan 판사에 대한 기피신청과 가처분에 대한 이의신청 사건을 병합하면서, 기피신청에 대해서는 별 의견 없이 기각하였다. Chevron v. Naranjo, 2011 WL 4375022 (2d Cir. 2011).

해당 판결의 강제집행 또는 집행준비를 금지하는 본안전 가처분을 내릴 수 없다고 판단하였다.[62]

2. 미국 이외 판결의 승인·집행 소송

에콰도르 법원에서 유리한 판결을 얻은 원고들은 180억 달러가 넘는 손해배상판결금을 집행하기 위하여 관할법원으로부터 추심명령을 획득했지만, 에콰도르 내에 있는 쉐브론의 재산이 손해배상판결을 이행하는데 충분하지 않았다. 따라서 원고들이 캐나다, 아르헨티나, 브라질에 있는 쉐브론 재산의 압류를 신청하기 위하여 이들 지역에서 에콰도르 판결이 집행 가능한 외국판결로 승인받는 것이 매우 중요해졌다.[63]

이러한 노력 중 첫 번째 시도로서 라고-아그리오 판결의 원고들은 쉐브론과 캐나다 내 쉐브론 제휴회사인 Chevron Canada(Chevron Canada Limited) 그리고 Chevron Finance(Chevron Finance Limited)를 상대로 에콰도르 법원 판결의 집행을 청구하였다.[64] 소장이 접수된 온테리오 주 일심법원(Ontario Superior Court)에서 피고들은 쉐브론에 대해서 관할영역 바깥으로 소장을 송달할 권한이 없고, 자신들이 자산을 소유하지 않기에 온테리오 주 법원의 재판권이 없다는 이유로 원고의 청구를 기각하거나 영구 중지시키는 결정을 신청하였다.[65] 이에 대해서 온테리오 주 일심법원은 Chevron Canada가 온테리오 주에 영업소를 두고 있다는 이유로 피고의 역외소장송달청구 기각 주장을 배척하였다.[66] 하지만 원고의 청구에 대해서는 쉐브론의 자산이 캐나다 내에 소재하지 않고, 원고의 Chevron Canada에 대한 법인격 부인주장이 성공할 가능성이 없으며, 최상위 모기업인 쉐브론에 대한 판결채권을 Chevron Canada의 자산으로써 집행할 수 없다는 이유로 원고의 청구를 기각하였다.[67]

---

62) Chevron v. Naranjo, 667 F.3d 232, 240 and 244 (2d Cir. 2012).

63) 에콰도르 법원은 라고-아그리오 판결의 집행과 관련해서 에콰도르 내에 있는 쉐브론, 텍사코, 이들의 자회사 자산으로서 2억 달러를 추심하는 결정을 내렸다. 추심 대상이 된 2억 달러 중에는 에콰도르 정부가 쉐브론에 대한 채무액 9,630만 달러, 은행 예금, 쉐브론 상표사용료가 포함되었다. "Court Orders First Handover of Chevron's Ecuador Assets", Envtl. News Serv. (17 Oct. 2012) <http://ens-newswire.com/2012/10/17/court-orders-first-handover-of-chevrons-ecuador-assets/, 2015.1.1. 검색>.

64) Yaiguaje v. Chevron Corp. (2013), 2013 CarswellOnt 5729, 361 D.L.R. (4th) 489, 2013 ONSC 2527, 15 B.L.R. (5th) 226 (Ont. S.C.J. [Commercial List]), (이하 Yaiguaje 1심사건), para.9.

65) Yaiguaje 1심사건, para.13.

66) Yaiguaje 1심사건, para.87.

이러한 결정에 대해서 양 당사자가 모두 항고하였고, 온테리오 주 항소법원은 쉐브론과 관련해서 승인·집행이 청구된 외국판결 또는 피고와 온테리오 주법원이 '진정하고 실질적인 관련성'(real and substantial connection)을 갖는지를 먼저 판단한 후 해당 외국판결이 온테리오 주에서 집행될 수 있는지의 여부를 판단해야 한다고 결정하였다.[68] Chevron Canada의 경우, 항소법원은 원심법원과 마찬가지로 쉐브론과 Chevron Canada가 경제적으로 긴밀한 관계를 갖는 점, 그리고 Chevron Canada가 상설 영업소를 온테리오에 두고 있는 점을 근거로 모기업인 쉐브론을 상대로 내려진 판결을 집행하기 위하여 Chevron Canada의 주식과 자산을 압류할 수 있는지의 여부에 대한 재판권이 있다고 판단하였다.[69]

원심법원의 승인·집행 소송 중지 결정과 관련해서 항소법원은 원심법원이 원고들에게 법적으로 주장할 기회를 주지 않은 채 직권으로 중지결정을 내린 것은 사법정의에 반하고,[70] 온테리오 주에서 승인·집행을 청구하는 것이 부적절하다고 판단할 때 당사자들의 진술을 심리하지 않은 잘못이 있고, 무엇보다도 피신청인 측에서 요청하지도 않았는데 수소법원이 직권에 의한 중지결정을 내린 잘못이 있다고 판단하였다.[71] 캐나다 연방 대법원은 이러한 항소심 결정에 대해서 상고를 허가하여 현재 상고심이 계속 중이다.[72]

한편, 아르헨티나 법원은 라고-아그리오 판결의 집행과 관련해서 쉐브론의 석유와 가스사업 부문 자회사들이 추가 결정이 있을 때까지 매년 2억 4천만 달러에 해당하는 공탁금을 지정구좌에 입금하도록 결정했지만,[73] 아르헨티나 대법원은 해당 결정을 파기하였다.[74] 라고-아그리오 소송의 에콰도르인 원고들은 브라질에서도 쉐브론을 상대로 판결 승인·집행소송을 제기한 상태이지만 아직 심리가 개시되지 않은 상태이다.[75]

---

67) Yaiguaje 1심사건, paras.109-110.

68) Yaiguaje v. Chevron Corp. (2013), 2013 CarswellOnt 17574, 15 B.L.R. (5th) 285, 2013 ONCA 758, 2013 CarswellOnt 17574 (Ont. C.A.) (이하 Yaiguaje 항소심 사건), paras.29-30, 34-35.

69) Yaiguaje 항소심 사건, para.38.

70) Yaiguaje 항소심 사건, para.57.

71) Yaiguaje 항소심 사건, paras.59, 63.

72) Yaiguaje v. Chevron Corp. [Application/Notice of Appeal]/Chevron Corporation *et al.* v. Daniel Carlo Lusitande Yaiguaje *et al.* 2014 CarswellOnt 1006.

73) 이 금액은 아르헨티나 소재 쉐브론 계열사 수익의 40%에 달한다. Michael D. Goldhaber, "Closing in on Truth and Justice in the Chevron Ecuador Case", The American Lawyer, February 4, 2013.

74) Gomez, 앞의 논문(주12), p.452, fn. 160.

75) Mica Rosenberg, "Chevron's U.S. win in Ecuador case looms over cases elsewhere", Reuters, 2014.3.7. <http://www.reuters.com/article/2014/03/07/us-chevron-ecuador-canada-idUSBREA261P820140307,

3. 공갈매수 및 부패조직 처벌 관련 소송

쉐브론은 라고-아그리오 소송에서 에콰도르인 원고의 소송대리인들이 증거조작, 에콰도르 담당 재판부에 대한 강박, 뇌물 공여 등 소송사기를 통해서 수십 억에 달하는 승소판결을 받았다고 하면서, 뉴욕 주 관할법원에 Donziger를 포함한 라고-아그리오 소송의 제3자로서 해당 소송을 기획하고 필요한 자금을 충당했던 투자회사 및 법률회사를 상대로 공갈매수 및 부패조직처벌법(Racketeer Influenced and Corrupt Organization Act: RICO법) 위반 소송을 개시하였다. 이 소송이 제기된 뉴욕주 법원의 담당 판사인 Kaplan 판사는 피고 변호사들이 RICO법 위반으로 이익을 얻지 못하도록 하고, 라고-아그리오 판결을 미국 내에서 집행되지 않도록 하는 취지의 판결을 내렸다.[76)]

이 사건에서 당시 미국 제일의 로비전문 법률회사 Patton Boggs(이하 PB)는 피고는 아니지만 공모자로서 재판을 받게 되었다. 이를 근거로 쉐브론은 PB에 대해서 내부문서를 제출하도록 하는 법원의 명령을 구하였다.[77)] 쉐브론의 문서제출명령 신청에 대해서 법원은 라고-아그리오 소송의 에콰도르 법원이 외부전문가로 선임한 Cabrera(Richard Cabrera)가 작성한 보고서의 내용 중 태반은 Donziger와 그가 고용한 회사가 대신 작성한 것이라고 판단하였는데, 이와 관련해서 PB가 라고-아그리오 소송과 관련해서 법정에 제출한 서류에서 Cabrera의 보고서를 인용하도록 하였고, Cabrera 명의의 보고서에 있는 오류를 '세탁'(cleanse) 하는 작업에도 PB가 관여했다고 판단하였다.[78)]

쉐브론은 Donziger와 손해배상금 산정에 깊이 관여했던 Stratus Consulting (이하 Stratus) 회사도 겨냥하였다. Stratus는 Donziger의 지시를 받아 Cabrera 명의의 보고서 초안부터 최종 보고서 작성까지 모든 영역에 관여하였다.[79)] 쉐브론은 에콰도르 소송에서 활용하기 위하여 연방법 제1782조 절차를 활용하여 콜로라도에 소재하는 Stratus에 대해서 증거제출명령을 획득하였고,[80)] Stratus를 상대로 RICO 소송을 제기하였다. 결국 Stratus는 쉐브론과 RICO 소송 관련해서

2015.1.1. 검색>.

76) Chevron v. Donziger, 974 F.Supp.2d 362 (S.D.N.Y. 2014).

77) Chevron v. Donziger, 2013 WL 1087236 (S.D.N.Y. 2013).

78) *Ibid.*, p.27.

79) Chevron v. Donziger, 974 F.Supp.2d 362, 440 (2014).

80) Chevron v. Stratus Consulting, Inc. 2010 WL 3923092 (D.Colo. 2010).

화해 타결하였다.[81)]

라고-아그리오 소송이 개시된 지 얼마 되지 않았을 때, Donziger는 환경기술자인 Russell(David Russell)을 고용해서 대규모 환경 복원 비용이 발생할 가능성이 있다는 쪽으로 양허 구역 내 환경복원 비용을 추산하도록 하여서 그 결과 수치를 갖고서 쉐브론을 위협한 적이 있었다.[82)] Donziger에게 고용되었던 환경기술자 Russell은 수백 개의 석유광구 중 45곳만 방문했고, 방문한 곳의 토양이나 수질 표본조사도 없이 환경복원 비용을 약 60억 달러로 추산했던 것이다.[83)]

쉐브론은 라고-아그리오 소송의 판결문 중 일부는 Donziger의 에콰도르 내 법률 팀이 보유하고 있는 내부문서의 오류까지도 그대로 인용한 점을 지적하면서, 판결문을 다른 사람이 대신 작성했다고 주장하였다.[84)] Kaplan 판사는 에콰도르의 전직 판사인 Guerra(Alberto Guerra)와 에콰도르 원주민의 소송대리인들이 라고-아그리오 사건의 담당 판사인 Zambrano 판사 대신 본안전 결정과 판결문을 대신 썼고, Zambrano 판사는 뇌물을 받은 것으로 판단하였다.[85)]

Donziger에 대한 RICO 소송으로써 라고-아그리오 소송 사건에 참여한 미국 변호사들이 원고들에 유리한 손해배상 판결을 얻기 위하여 재판부에 뇌물을 공여하였으며, 재판부에 제출한 각종 증거자료들을 조작하여 사실을 왜곡했으며, 자금세탁, 에콰도르 법원의 판결문을 작성하는데 관여했다는 점이 드러났다.[86)] 쉐브론은 2014년 5월 7일 PB가 쉐브론에게 1,500만 달러를 지급하고, 일부 문서도 쉐브론에 이전하기로 하였으며, 라고-아그리오 소송에 관여한 점을 사과(regret)하였다고 밝혔다.[87)]

---

81) Chevron v. Donziger, 974 F.Supp.2d 362, 603 (2014).
82) *Ibid.*, p.406.
83) *Ibid.*
84) *Ibid.*, pp.407-408.
85) *Ibid.*, pp.501, 511, 533.
86) *Ibid.*, p.384.
87) Chevron Press Release, "Chevron Corporation Reaches Settlement Agreement With Patton Boggs Law Firm" (5 May 2014), <http://www.chevron.com/chevron/pressreleases/article/05072014_chevroncorporationreachessettlementagreementwithpattonboggslawfirm.news, 2015.1.1. 검색>.

Ⅶ. 결 론

석유 혹은 가스 개발로 인한 환경피해가 발생하면 대부분 석유 및 가스 개발회사들에게 많은 비난이 몰린다. 알래스카 오염시 Exxon Valdez, 멕시코 만 석유사고시 영국석유회사 BP 등이 이러한 경험을 하였다. 십수 년간에 걸친 다양한 국내외 복합소송을 거치면서 쉐브론은 국내소송 혹은 국제중재절차에서 아마존 지역의 원주민과 에콰도르 정부를 상대할 뿐만 아니라 여러 가지 시민단체들의 여론몰이에도 대응해야 하였다.[88]

쉐브론이 2006년 요청한 국제투자중재사건에서 중재판정부는 에콰도르 법원에 제기된 계약분쟁에서 내려진 판결로 인하여 에콰도르가 에콰도르-미국 BIT를 위반하였기에 쉐브론에게 9,600만 달러의 손해배상금을 지불하도록 결정하였다. 쉐브론이 2009년 요청한 두 번째 국제투자중재사건의 중재판정부는 에콰도르 대법원에서 쉐브론이 상고한 라고-아그리오 판결에 대해서 심리하는 동안 에콰도르에 대해서 라고-아그리오 원고들이 쉐브론을 상대로 판결의 집행절차를 추구하지 못하도록 명령했지만, 라고-아그리오 원고들은 캐나다, 아르헨티나에서 집행청구 소송을 제기하였다.[89] 하지만, 쉐브론을 상대로 미국, 브라질, 아르헨티나, 캐나다에서 에콰도르 판결의 집행절차가 진행되는 와중에 미국 뉴욕법원은 해당 판결이 소송사기에 의한 것이라고 판결하였다. 최근에 쉐브론은 라고-아그리오 소송이 진행될 수 있도록 소송자금을 지원한 지브롤터 소재 소송투자회사를 상대로 불법행위로 인한 손해배상소송을 제기한 상태이다.[90]

---

88) Public Citizen, Amazon Watch, Rainforest Action Network는 쉐브론이 중재절차를 악용하였다는 취지의 대중 활동을 2012년 2월 중재심리 장소인 워싱턴 특별자치구에서 벌인 바 있다. 이 밖에도 환경단체들은 쉐브론의 소송 진행을 비난하는 서신을 쉐브론에게 직접 발송하기도 하였다. Amazon Watch, “Prominent Organizations Publicly Condemn Chevron’s Actions in Ecuador Case”, (18 Dec. 2013) <http://amazonwatch.org/news/2013/1218-prominent-organizations-publicly-condemn-chevrons-actions-in-ecuador-case, 2015.1.1. 검색>.

89) 쉐브론은 RICO 소송을 전개하면서 법원이 내린 증거제출명령으로 인하여 매우 다양한 비공개 문서를 확보할 수 있었다. 이 중 ‘Invictus Memo’에 따르면 라고-아그리오 사건의 원고들은 미국 내외에서 신속히 집행절차에 들어간다는 소송전략을 수립했었고, 이러한 계획을 바탕으로 소송수행에 필요한 자금을 유치하기도 하였다. Chevron v. Donziger, 974 F.Supp.2d 362, 475-477 (2014).

90) Roger Parloff, “Chevron sues another funder of Ecuadorian litigation”, 24 Sep. 2014 <http://fortune.com/tag/chevron/, 2015.1.1. 검색>.

쉐브론 사건은 20년 이상 진행되면서 미국과 에콰도르 양국의 대법원이 관여되었으며, 중재판정과 관련해서는 네덜란드 대법원, 에콰도르 법원 판결의 승인·집행과 관련해서는 캐나다 및 아르헨티나 대법원이 결부되어 있어 다양한 법영역의 최고법원이 관여하는 양상이다. 특히 미국 내 소송에서는 중재절차 중지 가처분 신청과 해외에서 진행되는 재판과 중재절차에서 활용하기 위한 증거 제출을 강제하기 위한 명령신청이 미국 내 여러 주 법원에서 복잡하게 진행되었다.

요컨대 쉐브론 사건은 에콰도르 국내에서 발생한 환경오염을 이유로 미국과 에콰도르 내에서 다양한 국내소송이 있었으며, 에콰도르 내에서 판결이 확정되기 전에 두 건의 국제투자중재사건이 네덜란드 헤이그를 중재지로 하여 거행되었다. 에콰도르 법원 판결과 관련해서는 이 사건의 원고인 에콰도르 원주민들이 승소판결을 강제집행하기 위하여 캐나다, 브라질, 아르헨티나의 사법절차를 활용하였다. 이에 대해서 쉐브론은 소송당사자가 아니지만 이 소송에 적극 개입했던 미국인 변호사와 미국 내 법률회사를 상대로 불법행위 소송을 전개했으며, 지브롤터에 있는 다른 투자회사에 대해서도 불법행위 소송을 전개하였다. 쉐브론 사건은 다국적 회사가 결부되는 국내 환경분쟁이 어떻게 국제성을 띠게 되는지를 잘 보여주고 있다.

참고문헌

- 목영준, 「상사중재법」, 박영사, 2011.
- 윤병철 외 2인, 「국제중재 가이드」, 법무부, 2013.

- Dhooge, Lucien J., "Aguinda v. Chevron Texaco: Mandatory Grounds for the Non-Recognition of Foreign Judgments for Environmental Injury in the United States", 19 J. Transnat'l L. & Pol'y 1, 2009.
- Dhooge, Lucien J., "Yaiguaje v. Chevron Corporation: Testing the Limits of Natural Justice and the Recognition of Foreign Judgments in Canada", 38 Canada-United States Law Journal 93, 2013.
- Gladstone, Jessica, "Impending energy investor disputes: 10 steps in strategic thinking", International Energy Law Review, 2014.
- Gomez, Manuel A. "The Global Chase: Seeking the Recognition and Enforcement of the Lago Agrio Judgment Outside of Ecuador", Standford Journal of Complex Litigation, vol. 1 : 2, 2013.
- van, Jacomijn J. van and Haersolte-van Hof, "Republic of Ecuador v. Chevron Corporation (USA) and Texaco Petroleum Company, Court of Appeal of The Hague, 18 June 2013", ITA Arbitration Report, Volume XI, Issue 9, Kluwer Law International, 2013.

- Republic of Kazakhstan v. Biedermann Int'l, 168 F.3d 880 (5th Cir. 1999).
- Howsam v. Dean Witter Reynolds, Inc. 537 U.S. 79, 83–85, 123 S.Ct. 588, 154 L.Ed.2d 491 (2002).
- Maria Aguinda *et al.* v. Texaco, Inc. 945 F.Supp. 625 (S.D.N.Y. 1996), 142 F.Supp. 534 (S.D.N.Y. 2001), 93 Civ. 7527, 2000 WL 122143 (S.D.N.Y. 2000), 303 F.3d 470 (2d Cir. 2002).
- Chevron v. Stratus Consulting, Inc. 2010 WL 3923092 (D.Colo. 2010).
- Republic of Ecuador v. Chevron Corp. Nos. 09 Civ. 9958, 10 Civ. 316, 2010 WL 1028349 (S.D.N.Y. 2010).
- Chevron v. Donziger, 768 F.Supp.2d 581 (S.D.N.Y. 2011).
- Chevron v. Naranjo, 2011 WL 4375022 (2d Cir. 2011).
- In re Chevron Corp. 633 F.3d 153 (3rd Cir. 2011).
- Reed v. City of Arlington, 650 F.3d 571 (5th Cir. 2011).

- Republic of Ecuador v. Chevron Corp. 638 F.3d 384 (2d Cir. 2011).
- Chevron v. Naranjo, 667 F.3d 232 (2d Cir. 2012).
- Chevron Corp. v. Republic of Ecuador, 2013 WL 2449172 (D.D.C. 2013).
- Chevron v. Donziger, 2013 WL 1087236 (S.D.N.Y. 2013).
- Republic of Ecuador v. Connor, Nos. 12-20122, 12-20123, 2013 WL 539011 (5th Cir. 2013).
- Chevron v. Donziger, 974 F.Supp.2d 362 (S.D.N.Y. 2014).

- Republic of Ecuador v. Chevron Corp. and Texaco Petroleum Co., District Court of the Hague, Judgment of 2 May 2012.
- Yaiguaje v. Chevron Corp. (2013), 2013 CarswellOnt 5729, 361 D.L.R. (4th) 489, 2013 ONSC 2527, 15 B.L.R. (5th) 226 (Ont. S.C.J. [Commercial List]).
- Yaiguaje v. Chevron Corp. (2013), 2013 CarswellOnt 17574, 15 B.L.R. (5th) 285, 2013 ONCA 758, 2013 CarswellOnt 17574 (Ont. C.A.).
- Yaiguaje v. Chevron Corp. [Application/Notice of Appeal]/Chevron Corporation *et al.* v. Daniel Carlos Lusitande Yaiguaje *et al.*, 2014 CarswellOnt 1006.

- Chevron Corporation and Texaco Petroleum Corporation v. The Republic of Ecuador, UNCITRAL, PCA Case No.2009-23.
- Chevron Corporation (USA) and Texaco Petroleum Company (USA) v. The Republic of Ecuador, UNCITRAL, PCA Case No.34877.

제 12 장

동남아 연무사례 연구*

Haze Pollution in Southeast Asia and International Law

박 병 도

Ⅰ. 서 론

인도네시아에서 발생한 연무(haze, 煙霧)[1]가 주변 국가에 피해를 주면서 연무오염이 동남아 지역의 관심사로 대두되었다. 연무오염이 심각해지면서, 특히 인도네시아, 싱가포르, 말레이시아 등 3국이 연무의 원인과 대응을 놓고 공방이 격화되어 갈등으로 나타나고 있다. 가장 최근에는 2013년 여름, 특히 6월과 7월에 심각한 연무가 발생하였는데, 싱가포르와 말레시아에서는 기록적인 대기오염이 측정되었다.[2] 연무오염은 인간의 건강과 생명[3]뿐만 아니라 경제활동에도

---

* 이 장은 한국환경법학회에서 발간하는「환경법연구」제36권 2호(2014년 8월)에 게재한 '동남아 연무문제대응의 국제법적 함의'라는 논문을 수정한 것임.

1) 건강, 교통, 관광, 농업 등에 대한 연무의 악영향이 엄청남에도 불구하고 그 영향을 가볍게 여기고 중립적이고 완곡한 용어인 'haze'라는 표현을 사용하는 것이 적절한 것인지는 더 논의가 필요하다고 생각한다. 2002년 '국경을 넘는 연무오염에 관한 동남아국가연합협정'(ASEAN Agreement on Transboundary Haze Pollution, ATHP) 제1조 6항은 연무오염을 다음과 같이 정의하고 있다. "'haze pollution' means smoke resulting from land and/or forest fire which causes deleterious effects of such a nature as to endanger human health, harm living resources and ecosystems and material property and impair or interfere with amenities and other legitimate uses of the environment."

2) 싱가포르와 인도네시아는 며칠 동안 '위험수준' 이상의 오염기준지수(Pollutant Standards Index; PSI)를 기록하였다. 2013년 6월 21일 싱가포르에는 PSI가 401을 기록한 지역이 있었고, 말레이시아의 Port Klang은 PSI가 495로 측정되었다. available at http://www.northsouthnews.com/index.php/asia/4362-haze-is-our-responsibility-says-indonesia-leader (2015년 5월 15일 최종 방문); 미국 환경청 기준에 따르면, PSI 기준으로 100 이상은 건강에 해로운 수준, PSI 300 이상이면 인간의 생명을 위협하는 '위험 수준'(hazardous level)로 평가하며, 호주, 싱가포르, 홍콩, 대만 등도 이러한 기준을 적용하고 있다. available at http://haze.asean.org/?page_id=249 (2015년 5월 15일 최종 방문), 참고로, 20세기 최악의 산불로 꼽히며 주변국에 '연무재앙'을 촉발한 1997년 수마트라 섬 산불 때 싱가포르의 PSI가 최대 226을 기록하였다.

3) 2013년 6월 인도네시아 화재로 인해 Riau주에서 2명이 사망하였다고 보도되었다. available at

악영향을 미친다. 연무는 건강에 위협을 주는 수준으로 심각한 상황이며, 이 때문에 의료비 증가, 생산성 저하와 소비활동의 저하 등 경제적 손실이 발생하고 있고, 가시거리가 확보되지 않아 항공기 운항에 지장을 초래하고, 관광객이 감소하고, 기업 활동이 제한을 받았다.

인도네시아의 삼림(주로 밀림)과 이탄지대(peatland)에서 거의 매년 화재가 발생하고, 이것이 연무의 원인이 되고 있기 때문에 연무문제는 한 해에만 발생한 단발적이고 일시적인 문제가 아니라 수십 년 동안 반복되고 있는 현안문제이다. 이러한 연무의 발생지는 주로 수마트라 섬 중심부이고, 그 원인은 건조한 날씨와 삼림벌채(deforestation) 및 토지개간(land-clearing)이다. 수마트라 섬과 칼리만탄 섬의 삼림을 벌채하여 목재를 팔거나, 제거된 경작지에서 수익이 높은 작물을 키우는 경제활동(특히 팜유 농장)이 이 두 개 섬의 숲 40%를 황폐화시켰다. 특히 수마트라 섬에서는 팜유농장과 펄프 및 제지산업에 필요한 토지를 개간하기 위해 인위적으로 화재를 내고 있다.[4] 인도네시아 정부가 공식적으로 금지하고 있음에도 불구하고 불법적인 화전(slash and burn)방식이 경작지 확대를 위한 토지개간 방법으로 관행적으로 광범하게 이용되고 있다. 삼림벌채의 가장 효율적인 방법이 숲을 태우는 것이다. 삼림지역을 화전방식으로 개간하는 것은 빠르고, 비용이 가장 저렴하며, 노동력 투입이 크게 필요하지 않고, 또한 태우고 나면 땅이 비옥하게 되기 때문이다.[5] 그런데 이렇게 삼림을 불로 태우는 방식이 동남아 지역에 '국경을 넘는 연무오염'(transboundary haze pollution)[6]이라는 큰 환경문제를 일으키고 있는 것이다. 또한 화전방식은 생태재난을 가져오고 있는데, 이는 이산화탄소의 흡수원(sink)을 제거하고, 또 생물다양성(biodiversity)을 파괴한다.[7] 세계적인 팜유 생산국이며 펄프 및 제지산업의 주요 국가인 인도네시

---

http://www.eyesontheforest.or.id/index.php?page=news&action=view&id=658 (2015년 5월 15일 최종 방문).

4) John McBeth, "Suharto's Mega Rice Project: A Fertile Seed Springs from a Barren Plan," *The Straits Times, Review*, 12 April 2007.

5) 화전(slash and burn)에 대한 구체적인 내용과 인도네시아에서 화전방식을 선택하는 이유와 화전에 의한 토지의 개간을 하는 목적에 대해서는 http://www.bbc.co.uk/news/business-23026219 참조(2015년 5월 15일 최종 방문).

6) 2002년 '국경을 넘는 연무오염에 관한 동남아국가연합협정'(ASEAN Agreement on Transboundary Haze Pollution, ATHP) 제1조 13항은 '국경을 넘는 연무오염'에 대해 다음과 같이 정의하고 있다. "'transboundary haze pollution' means haze pollution whose physical origin is situated wholly or in part within the area under the national jurisdiction of one Member State and which is transported into the area under the jurisdiction of another Member State."

7) 인도네시아는 생물 종 다양성이 풍부한 국가인데, 특히 수마트라 섬에 호랑이, 코뿔소, 오랑우

아에서 이러한 이유로 인해 숲이 줄어들면서 수마트라 섬에서 사는 야생동물, 특히 오랑우탄,[8] 코뿔소, 코끼리, 호랑이 등의 서식지가 위험에 처하게 되어, 그 개체수가 급속도로 감소하여 멸종위기에 놓여 있다.[9]

본 장에서는 먼저 동남아 연무문제에 어떤 국제법이 적용 가능한지를 검토하고, 이를 바탕으로 국제법상 국가책임이론을 적용하여 그러한 연무피해에 대해 어느 국가가 법적 책임이 있는지에 대해 분석해 볼 것이다. 여기서 국경을 넘는 환경위해(transboundary environmental harm)를 야기하지 않을 의무를 포함시켜 국가책임을 적용하여 검토하고자 한다. 그리고 이러한 전통적인 국가책임제도를 통한 방법 이외에 1990년대 이후 연무문제를 취급한 동남아 국가연합이라는 지역 공동체의 대응과 역할을 평가하고, 이를 바탕으로 이제 막 동트기 시작한 동남아 연무문제의 해결방안을 모색해 보고자 한다. 이러한 논의과정에서 동남아 연무문제의 해결방안의 국제법적 함의를 인식할 수 있을 것으로 판단한다. 이는 유사하면서도 다른 측면이 있는 동북아지역의 황사 및 미세먼지 문제의 해결방안을 모색하는데 시사점을 찾을 수 있을 것으로 생각한다.

Ⅱ. 연무의 발생원인과 피해상황

1. 연무의 발생원인

인도네시아 연무문제란 수마트라 섬과 칼리만탄 섬의 삼림에서 주기적으로 화재가 발생하여 이때에 발생한 연무가 바람을 타고 이웃 동남아 국가연합(ASEAN)[10] 회원국들에게 피해를 주는 현상을 말한다. 인도네시아 삼림의 화재는 건기에 자주 발생하고 이때 바람이 인도네시아 쪽에서 싱가포르와 말레이시아

탄 등 희귀한 야생동물들이 서식하고 있는 동물의 왕국이다.

8) 인도네시아어로 orang은 '사람', utan은 '숲'을 의미한다. 따라서 오랑우탄은 '숲의 사람'이라는 의미이다. 인도네시아 정글이 파괴되면서, 특히 팜유 경작지가 확대되면서 오랑우탄 등의 삶의 터전인 숲이 사라지고 그 개체수가 급속도로 감소하고 있다.

9) 이에 대해서는 2013년 세계야생기금 인도네시아 사무소 보고서(WWF Indonesia Report, *Palming off a National Park-Tracking Illegal Oil Palm Fruit in Riau, Sumatra*, 2013 참조.

10) 1967년 설립된 동남아국가연합(Association of Southeast Asian Nations, ASEAN)은 현재 10개국(Brunei, Cambodia, Indonesia, Laos, Malaysia, Myanmar, Philippines, Singapore, Thailand, Vietnam)으로 구성되어 있다. available at http://www.asean.org/asean/about-asean/overview (2015년 5월 15일 최종 방문).

방향으로 불면서 말라카해협을 넘어 연무문제를 발생시키고 있다. 이러한 연무 문제는 최근에 갑자기 발생한 것이 아니라 이미 수십 년 동안 반복되어 온 현상이다. 동남아 지역 전체의 문제로 촉발시킨 심각한 연무는 1997년에 발생하였다. 당시 그 피해지역이 싱가포르와 말레이시아 뿐만 아니라 브루나이, 필리핀 그리고 태국에까지 이르렀다.[11] 연무의 직접적인 원인은 인도네시아의 수마트라와 칼리만탄 지역에서 경작지(팜유 농장과 펄프 및 제지산업) 확대를 위한 화전(slash and burn)방식에 의한 삼림벌채 및 토지개간이다. 인도네시아 정부의 금지에도 불구하고 현지 주민들과 개발권을 획득한 기업들이 가장 경제적인 방법인 화전방식의 토지개간을 시행하고 있으며, 이때에 대규모의 화재가 발생하고 있는 상황이다.[12] 1997년 이후에도 특히 2005년, 2006년, 2010년, 2011년에 이어 2013년에도 삼림화재의 규모가 통제할 수 없을 정도로 확대되어 연무피해가 엄청나게 발생하였다.

연무문제의 발생원인으로 위에서 거론한 것 이외에도 인도네시아의 내부문제가 지적되고 있다.[13] 연무문제 해결에 대한 정치적 의지의 결여 또는 부족, 취약한 환경 거버넌스와 관리, 연무를 다루고 화재 진압을 위한 대체적 방법을 찾을 수 있는 기술적 재정적 측면에서 인도네시아의 능력 결여, 관료의 타락, 권력배분이 명확하지 않은 중앙 정부와 지방 정부 사이의 관할권의 중복, 환경과 개발 정책과의 합리적 조화의 결여, 삼림 화재와 관련한 범죄자를 처벌하는데 부적절한 인도네시아 법 제도,[14] 싼 비용으로 토지를 개간할 수밖에 없는 가난한 농부들, 대안적 생계수단을 가지고 있지 못한 농부들 등이 인위적인 원

11) 당시 동남아에 발생한 연무로 해외토픽에 세계적인 팝 가수 마이클 잭슨의 자카르타 공연이 연기되었다는 기사가 해외토픽으로 보도되기도 하였다("[해외토픽] 마이클잭슨, 「동남아연무」로 순회공연 연기", http://news.donga.com/3/all/19971017/7292437/1 (2014년 7월 17일 최종 방문).

12) 따라서 이러한 국경을 넘는 연무오염문제는 복수의 행위자에 의해 해로운 결과를 야기한 가장 적합한 사례이다. 수마트라 섬과 칼리만탄 섬에서 발생한 산불에 대해 인도네시아의 대처 미흡과 관련 팜유농장과 펄프 및 제지회사 및 개인의 행위가 결합하여 직간접적으로 해로운 연무를 발생시키고 있는 것이다.

13) Koh Kheng-Lian, "A Breakthrough in Solving the Indonesian Haze?" in Sharelle Hart (eds.), *Shared Resources-Issues of Governance*, IUCN Environmental Policy and Law Paper No.72, 2008, para.12.4, available at http://data.iucn.org/dbtw-wpd/html/EPLP-072/section12.html (2014년 7월 15일 최종 방문).

14) 인도네시아에는 삼림화재를 다루는 많은 법이 있지만 이의 준수를 강제하기에는 적절하지 않다는 비판을 받고 있다. 2000년 이후 삼림화재 발생과 관련하여 수많은 기업이 조사를 받았으나 11개 기업만 재판에 회부되었다. 가장 중한 형벌을 부과받은 경우가 징역 2년이었다. 가장 어려운 문제는 방화 혐의를 입증하는 문제이다. 대부분의 경우에 큰 회사들은 소추되지 않았고 소추된 경우도 주로 작은 회사나 개인이었다. *Ibid.*

인이다. 이외에도 엘리뇨(El Niño drought cycle)도 연무발생의 자연적인 원인이다. 이들 중에서 무엇보다 압도적인 원인은 경제적 요인이다. 현재 팜유 생산에 대한 요구는 전세계적이다. 예를 들면, 한국에서 폭발적으로 소비되고 있는 대중식품인 라면, 초콜릿 제조시 팜유가 필요하다. 이들 상품의 소비가 증가하면 할수록 팜유 산업은 계속 확대될 것이다. 현실적으로 시장에서 팜유 사용 제조식품의 생산 및 매매를 중단하는 것은 현실적으로 가능하지 않다.[15]

2. 2013년 연무로 인한 피해 상황

동남아 국가 대부분이 연무로 인해 피해를 입고 있지만 그 중에도 인도네시아, 싱가포르 그리고 말레이시아 등 3개국의 피해가 가장 심하다. 가장 최근의 연무피해에 대해서 살펴보자. 2013년 연무오염이 수마트라 섬의 대형 삼림화재로 인해 말라카 해협 주변의 인접 국가들에게 피해가 집중되었다. 인도네시아 수마트라 섬의 리아우(Riau) 주는 작년 화재의 진원지 중의 하나로 심각한 피해를 당하고 있는 상황이다. 많은 수의 노약자들이 정부가 운영하는 병원이나 보건소에서 치료를 받았고, 많은 환자가 발생하였다. 연무로 인한 피해는 싱가포르가 가장 심각하다. 싱가포르 정부는 2013년의 연무문제가 1997년보다 더 심각하다는 조사 결과에 따라 6월 20일에 연무경계 경보를 발령하고 야외활동을 자제하라는 정부의 성명을 발표하는 등 민감한 반응과 신속한 조치를 취한 바가 있다. 2013년 6월 21일에 싱가포르의 오염기준지수(PSI·Pollutant Standard Index)가 401을 기록하여[16] 많은 노약자들이 호흡기 질환으로 고통 받았으며 이로 인하여 막대한 의료비용이 들었다. 또한 '정원 도시(Garden City)'라고 할 정도로 쾌적한 환경을 자랑하는 싱가포르가 연무문제로 인해 생활환경이 악화되면서 외국인 관광객들이 급격히 감소하여 경제적인 손실을 입기도 하였다. 말레이시아 정부도 국가비상령을 선포하였으며,[17] 2013년 6월 연무가 덮친 말레이시아 남

---

15) 예를 들면, 우리나라 사람들에게 당장 라면을 먹지 말라고 한다면 그것이 가능하겠는가? 그래서 현실적인 방법으로 지속가능한 팜유산업(sustainable palm oil industry)을 구축하는 방안이 제시되고 있다. 여기서는 구체적으로 다루지 않지만 지속가능한 팜유산업이 가능하도록 하는 방법 중의 하나가 생산품에 대한 환경마크제(eco-labelling)를 도입하는 것이다.

16) "Indonesia President Susilo Bambang Yudhoyono apologises for haze," available at http://www.bbc.com/news/world-asia-23026599 (2014년 7월 15일 최종 방문).

17) "인니 200여곳 산불 연무에…말레이시아 '국가비상령' 선포," available at http://www.hani.co.kr/arti/international/asiapacific/593082.html (2014년 7월 15일 최종 방문).

부의 조호르(Johor) 주에 있는 200여개의 학교들에 대해 임시 휴교조치를 내렸었다. 말레이시아 해양경찰은 말라카 해협에 연무 경계령을 내리는 한편 모든 선박에 운항시 항해 안전등을 켜도록 조치를 취한 바가 있다.[18)]

3. 연무로 인한 외교적 갈등

그동안 싱가포르와 말레이시아는 인도네시아에게 계속해서 반복되고 있는 연무발생에 대해 강력하게 항의하면서, 삼림화재 예방과 진압에 즉각적으로 대응할 것을 요구하고 있다. 최근에 싱가포르와 말레이시아가 인도네시아의 삼림개발정책에 관료들의 부패와 비리가 개입되어 있어 연무문제가 반복해서 발생한다고 비난하면서 외교적 갈등으로 비화되기도 하였다. 특히 싱가포르가 인도네시아가 삼림개발을 허가한 기업들의 명단과 개발허가지역의 상세한 지도를 요구하면서 외교적 마찰이 발생된 적도 있다. 인도네시아 정부는 연무문제는 천재지변적인 것이기 때문에 주변국들 간의 협력을 통해 해결해야 할 문제이지 비난이나 법적 책임을 통해서 해결될 사안이 아니라고 주장하고 있다. 인도네시아의 주장 중에 유의하여 들여다 볼 내용은, 특히 수마트라 섬에서는 싱가포르와 말레이시아의 기업들도 삼림개발에 참여하고 있기 때문에 온전히 인도네시아만의 문제가 아니라고 강조하고 있는 점이다. 인도네시아 부통령은 2013년에도 연무피해에 대한 책임을 말레이시아와 싱가포르도 함께 져야 한다고 주장하였다. 그는 화전으로 인한 연무발생이 불법적인 삼림벌채 및 토지개간과 관련이 있고 이러한 활동에 말레이시아와 싱가포르 기업들도 연루되어 있을 뿐만 아니라, 불법적으로 벌채된 목재의 상당량이 말레이시아와 싱가포르로 밀반출되고 있다고 주장하면서, 따라서 말레이시아와 싱가포르도 이에 대한 책임을 인정하고 동남아 국가들이 협력하여 연무문제에 대응해야 할 것이라고 주장하였다.[19)] 또한 인도네시아는 말레이시아나 싱가포르의 지나친 요구는 인도네시아 국내문제에 대한 간섭에 해당한다고 강조하였다.

---

18) 박재영, “인도네시아 연무문제와 주변국과의 관계,” 인터넷사이트 EMERICS 동남아시아, 주간이슈분석 2013년 7월 2일, available at http://www.emerics.org/mobile/weekly_issue.do?action=detail&brdctsno=117721&systemcode=03&search_option=&search_keyword=&search_year=&search_month=®ioncode1=®ioncode2=®ioncode3=&pagenum=&rowsize= (2014년 7월 15일 최종 방문).

19) *Ibid.*

Ⅲ. 연무문제에 대한 법적 책임

1. 연무문제에 대한 국제법상 국가 책임

(1) 의 의

동남아 연무문제는 전형적인 초국경적(transboundary) 문제이다. 따라서 연무문제에는 한 국가의 국내법 보다 국제법이 적용될 사안이다. 그렇다면 연무문제에 적용 가능한 국제법을 밝혀보는 것이 우선적인 법적 과제이다. 즉 국제법 원칙에 따라 연무피해에 대해 어느 국가에게 국가책임을 물을 수 있는지에 관해 검토할 필요가 있다. 이 경우 적용할 수 있는 국제법의 법원(法源)은 조약과 국제관습법이다.

(2) 조 약

연무문제는 동남아 지역의 특수한 문제이기 때문에 이를 다루고 있는 전 세계적인 성문의 조약은 없다. 연무문제를 넓은 범주에서 보면 대기오염문제와 관계가 있다고 볼 수도 있지만 현안이 되고 있는 연무문제는 대기오염과는 또 다른 차원의 문제이기 때문에 동남아 국가들이 대기오염문제를 규정하고 있는 조약을 적용하여 이 문제를 해결하기에 적실성이 없다. 그렇다면 연무문제에 적용 가능한 조약은 무엇인가?

연무문제가 1990년대 후반부터 심각해지면서 이를 해결하기 위한 조약 체결의 필요성이 끊임없이 제기되고 논의된 결실로 2002년에 '국경을 넘는 연무오염에 관한 동남아국가연합협정'[ASEAN Agreement on Transboundary Haze Pollution (ATHP, 이하 연무협정이라 함)][20]이 채택되었다. 이 협정의 초점은 관련 당사국들에

---

20) 연무협정은 동남아국가연합회원국들이 2002년 6월에 채택하여 2003년 11월 1일 발효하였으며, 현재 인도네시아를 제외한 전 회원국이 비준한 상태이다. 이 협정은 인접하고 있는 국가그룹이 산불로 인해 발생한 국경을 넘는 연무문제를 다루기 위한 구속력 있는 세계 최초의 지역적 협정이다. 협정은 관련 당사국들에게 국경을 넘는 연무를 예방하고 감시하고 완화하기 위한 조치를 발전시키고 이행하는데 협력할 것을 요구하고 있다. 즉 국경을 넘는 연무로 영향을 받거나 받을 가능성이 있는 국가 또는 국가들이 구하는 관련 정보에 대한 요청에 신속하게 응해야 하고, 협정상의 의무를 이행하기 위한 법적 행정적 기타 조치를 취하도록 하고 있다. 연무협정(ATHP)의 구체적 조항은 다음 사이트에서 찾을 수 있다. www.fire.uni-freiburg.de/se_asia/projects/ASEAN-Agreement.pdf (2015년 5월 15일 최종 방문).

게 국경을 넘는 연무를 예방하고, 감시하고, 완화하기 위한 조치를 발전시키고 이행하는데 협력할 것을 요구하고 있는 점이다. 국가책임제도 또는 환경보호를 위한 강제적인 법적 장치를 마련하는 것보다 예방과 협력에 더 중점을 두고 있다.[21)] 이렇듯이 ASEAN은 당사국이 연무협정을 위반하는 경우에도 강제적 조치, 즉 제재를 부과할 수 없다. 더구나 현재 ASEAN 10개 회원국 중 정작 가장 핵심적 국가인 인도네시아는 연무협정에 비준을 하지 않고 있다.[22)23)] 그렇기 때문에 연무문제의 가장 중심에 있는 인도네시아는 연무협정의 비당사국으로 이를 직접 적용할 수 없다.[24)] 따라서 현 단계에서 인도네시아를 비롯하여 관련 국가들에게 연무문제에 관하여 적용 가능한 국제법의 법원은 이른바 국제관습법상 '환경손해를 야기하지 않을 책임원칙'이다.

(3) 국제관습법

국제관습법에 따르면, 자국의 영토 또는 관할권 내의 활동이 국경을 넘어 다른 국가에게 피해를 야기해서는 안 된다. 이것은 국제환경법상 가장 기본적인 원칙으로 이른바 '환경손해를 야기하지 않을 책임원칙'(responsibility not to cause damage to the environment of the other states or to areas beyond national jurisdiction)[25)]이다. 이 원칙은 한 국가의 관할권(jurisdiction)[26)] 또는 통제(control) 하에 있는 활동으로

21) "Haze-a legal perspective," available at http://www.theborneopost.com/2013/07/15/haze-a-legal-perspective/ (2015년 5월 15일 최종 방문).

22) Tommy Koh and Michael Ewing-Chow, "Insight: The transboundary haze and the international law," available at http://www.thejakartapost.com/news/2013/06/27/insight-the-transboundary-haze-and-international-law.html (2015년 5월 15일 최종 방문).

23) 인도네시아 환경부는 2015년 3월 12년간 미뤄온 '연무협정'(ATHP)을 비준할 것이라고 밝혔다. 인도네시아 언론들이 전했다. 발타사르 캄부아야 환경장관은 "비준은 인도네시아 정부의 신뢰도에도 중요하다"며 국회에 조약 비준을 촉구했다(avialable at http://haninpost.com/?p=1277 (2015년 5월 15일 최종 방문).

24) 인도네시아는 물론 당사국은 아니지만, 조약의 발효 전에 그 조약의 대상과 목적을 저해하지 아니할 의무를 규정하고 있는 조약법에 관한 비엔나 협약 제18조에 따라 자신들이 서명한 연무협정의 대상 및 목적을 훼손하는 행위를 삼갈 의무를 진다.

25) 이를 간단하게 'no-harm principle'이라고도 한다. 김홍균 교수는 '월경피해 금지의 원칙'[김홍균, 「국제환경법」(서울: 홍문사, 2010, 61면)], 노명준 교수는 '월경환경피해 방지의 원칙[노명준, 「신국제환경법」(서울: 법문사, 2003, 73면)]이라고 표현하고 있다.

26) 여기서 '관할권'이라 함은 영토주권보다는 넓게 국가의 주권이 미치는 영토, 영해 및 영공 이외에 배타적 경제수역, 군도수역, 접속수역, 대륙붕 등과 같이 국가의 권한이 미치는 지역에서의 활동도 일정한 주의의무를 다하여 환경에 영향을 미치지 않아야 한다는 것으로 해석된다. 또한 국가의 '통제'하에 있다는 의미는 국가관할권 범위 밖인 공해에서 선박의 등록국이나 기국이 그 선박에 대하여 일정한 권한을 행사할 수 있는 것과 같이 국가의 영토나 관할권 밖에 있는 항공기나 우주물체에 대하여 등록국이 그에 대한 일정한 권한을 행사할 수 있는 것을 말한다 [Alexandre Kiss & Dinah Shelton, *International Environmental Law*, 3rd ed., Transnational

인하여 다른 국가 또는 국가관할권 밖의 환경에 손해를 야기되지 않도록 보장하여야 하는 책임을 말한다.

일반적으로 국가가 다른 국가에게 피해를 주지 아니할 의무가 있음은 일찍이 1928년 Palmas섬 사건[27]에서 확인된 바 있다. 이 사건에서 Max Huber 중재관은 모든 국가는 자국의 관할권 내에서 활동이 다른 국가나 국민의 권리를 침해하지 아니할 국제법적 의무가 있다고 판시하였다. '환경손해를 야기하지 않을 책임원칙'이 직접적으로 거론된 것은 Trail Smelter사건[28]이다. 이 사건은 국경을 넘는 환경오염문제를 다룬 것으로 이 사건을 담당한 중재재판소는 "국제법의 원칙들에 의하면 사건이 중대한 결과를 초래하고 침해가 명백하고 설득력 있는 증거에 의해 입증되는 경우, 국가는 매연에 의하여 다른 국가 영토 또는 그 안의 사람과 재산에 대하여 피해를 야기하는 방법으로 자국영토를 사용하거나 그 사용을 허락할 권리를 갖지 않는다"고 밝힌 바가 있다. 또한 국제사법재판소(ICJ)도 1949년 Corfu 해협사건에서 "어떤 국가도 자국의 영토가 다른 국가의 권리를 침해하는 방법으로 사용되지 아니할 의무가 있다"고 확인한 바 있다.[29] 1973년 핵실험(Nuclear Test)사건[30]도 다른 국가 영토에 피해를 초래하는 핵실험을 진행해서는 안 된다는 취지의 판결을 내린 바가 있다. 가장 최근에는 2010년 국제사법재판소의 Pulp Mills사건[31]에서도 이 원칙이 지지된 바가 있다.

Publishers, Inc., 2004, p.281].

27) U.S. and the Netherlands, 2 RIAA 829(1928).

28) 이 사건은 캐나다의 Trail에 소재하고 있는 제련소에서 방출하는 유독가스가 미국의 산림을 황폐시키자 미국이 중재재판에 제소하여 발생한 사건이다[33 AJIL 182(1939) and 35 AJIL 684 (1941)]; 그 밖에도 Lanoux호 사건에서도 국가는 자국 영토 또는 관할권 내의 활동으로 인해 다른 국가에게 환경손해를 야기하지 않아야 한다는 취지의 판결을 내렸다. 이에 대해서는 [박병도, 「국제환경책임법론」(서울: 집문당, 2007), 101-102면 참조].

29) Corfu Channel Case(U. K. v. Albania), ICJ Reports, 1949, p.4. 이 사건은 1946년 알바니아 영해상에 있는 코르푸해협에서 수뢰(mines)에 충돌, 침몰된 선박에 타고 있던 영국 선원들이 입은 피해에 대한 국가책임 문제를 다루고 있다. 국제사법재판소(ICJ)는 폭발의 원인이 된 수뢰의 설치(독일이 설치하였음)는 알바니아 정부의 인식 없이는 이루어질 수 없다고 판단하고 이를 경고하지 않은 알바니아에게 책임을 부과하였다. 그 근거로 국제사법재판소는 "모든 국가는 타국의 권리에 반하는 행위를 위하여 자국 영토가 의도적으로(knowingly) 사용되도록 허용되어서는 안 된다"고 판시하였다. 덧붙여 재판소는 알바니아는 재난을 방지하기 위한 어떠한 조치도 취하지 않았으며, 이러한 중대한 부작위는 국제책임을 구성한다고 지적하였다. 이 사건은 환경피해를 다루고 있지는 않지만 동 판결에서 제시한 원칙은 '다른 국가에 환경손해를 야기하지 아니할 국가책임'에 유추 적용될 수 있을 것이다.

30) Nuclear Tests (Austria v. France), ICJ Reports, 1973, p.106; Nuclear Tests (New Zealand v. France), ICJ Reports, 1973, p.142.

31) Pulp Mills on the River Uruguay (Argentina v. Uruguay), Judgment, ICJ Reports, 2010, p.14.

환경손해를 야기하지 않을 책임원칙은 1972년 스톡홀름선언 원칙21에서도 "국가들은 UN헌장 및 국제법의 원칙들에 따라 자국의 자원을 그 환경정책에 의거하여 개발할 주권적 권리를 가지며, 또한 자국의 관할권이나 통제하의 활동이 다른 국가의 환경 또는 국가관할권 범위 밖의 지역의 환경에 손해를 가하지 않도록 조치할 책임을 진다"고 선언하고 있다. 이 원칙의 특징은 첫째, 관할권 범위 밖의 지역에 대해서까지 환경손해방지책임을 부과하고 있고, 둘째, 오염방지의 책임과 국토이용에 대한 주권적 권한을 대응시켜 무제한적 주권행사에 대한 제한을 부과하고 있다는 점이다.[32] 이어 1992년 리우선언 제2원칙에서도 "국가들은 UN헌장과 국제법의 원칙들과 조화를 이루면서 자국의 환경 및 개발정책에 따라 자국의 자원을 개발할 수 있는 주권적 권리를 갖고 있으며, 자국의 관할권이나 통제 내에서의 활동이 다른 국가의 환경이나 관할권 범위 밖의 환경에 손해를 끼치지 않도록 할 책임을 갖고 있다"고 선언하고 있다.

현재 이 원칙은 국제관습법으로 확립되었다고 볼 수 있으며[33] 또한 국제사법재판소 역시 이의 국제관습법적인 성격에 대해 1996년 '핵무기의 위협 또는 사용의 합법성에 관한 권고적 의견'에서 "국가가 자국의 관할권과 통제 내에서의 행위가 타국의 또는 자국 영토 외의 환경을 존중(respect)할 일반적 의무가 있음은 환경과 관련된 국제법의 내용 중 하나다"라고 하여 이를 뒷받침하고 있다.[34] 이러한 원칙은 생물다양성협약 제3조, 기후변화협약 전문(Preamble) 및 1992년 산림선언 제1조(a)에도 나타나 있다.

이와 같은 국제관습법상의 '환경손해를 야기하지 않을 책임원칙'은 연무문제에도 적용이 가능하다고 판단된다. 앞에서 살펴본 바와 같이 연무의 발생 원인과 피해 등을 고려할 때 일차적으로 인도네시아는 자국의 관할권 또는 통제하에의 활동(삼림벌채 및 토지개간)이 동남아 지역의 다른 국가의 환경에 손해를 야기하지 않아야 할 국제관습법상의 의무를 위반한 것으로 볼 수 있다. 그런데 인도네시아는 이러한 책임원칙을 받아들이지 않고 있다. 즉 인도네시아는 '환경

---

32) 김정건, 이재곤, "국제환경법원칙의 한국환경법규에의 수용에 관한 연구", 「국제법학회논총」, 제42권 제2호(통권 제82호), 대한국제법학회, 1997, 136-137면.

33) Alexandre Kiss & Dinah Shelton, *op. cit.*, p.130; Edith Brown Weiss, Stephen C. Mc Caffrey, Daniel Barstow Magraw, Paul C, Szasz & Robert E Lutz, *International Environmental Law and Policy*, New York: Aspen Publisher, Inc., 1998, p. 317; 김홍균, 앞의 책, 63-64면; 박병도, 앞의 책, 126-127면.

34) Legality of the Treat or Use of Nuclear Weapons, Advisory Opinion, ICJ Reports, 1996, pp. 241-242.

손해를 야기하지 않을 책임원칙'을 ASEAN 차원에서 적용하는 것은 충분하지 않다고 주장한다. 인도네시아 측의 견해에 따르면, ASEAN 차원에서 국경을 넘는 환경손해를 야기하지 않을 의무와 발생한 손해에 대한 배상의무를 적용하기에는 충분하지 않다고 주장한다. 왜냐하면 그러한 의무들은 국가주권원칙에 의해 제약되며, 특히 지역적 차원에서 국가책임제도는 정치적으로 실행 가능한 방안이 아니라는 것이다.[35] 그러나 그 논거는 설득력이 약하다. '환경손해를 야기하지 않을 책임원칙'은 인도네시아를 포함한 모든 ASEAN 회원국에게도 적용 가능한 국제관습법규이기 때문이다. 결론적으로, 현 단계에서는 국제관습법상 '환경손해를 야기하지 않을 책임원칙'이 연무문제에 대한 책임문제를 다루기 위한 ASEAN의 법적 토대이다.

2. 주요 국가의 연무문제에 대한 법적 책임

(1) 인도네시아의 책임

인도네시아는 국제관습법상 '환경손해를 야기하지 않을 책임원칙'과 다음과 같은 의무에 근거하여 연무문제에 대하여 1차적 책임이 있다.[36][37] 첫째, 연무가 발생하기 전에, 가능한 한 산불을 예방할 1차적 의무가 인도네시아에 있다. 둘째, 연무가 퍼져있는 동안, 산불의 확대 및 그에 따른 연무의 확산을 완화하고 통제할 의무가 인도네시아에게 있다. 셋째, 연무가 발생한 후에, 인도네시아는 자신의 영토에서 운영 중인 기업뿐만 아니라 직간접적으로 수마트라 섬에서 산불을 지른 개인 범법자들에 대하여 법적 조치(형사소송 또는 민사소송)를 통하여 법을 집행할 책임이 있다.[38]

최근에 인도네시아 정부도 전향적인 자세를 보이며 자국의 책임을 일부 인

---

35) "Haze-a legal perspective," available at http://www.theborneopost.com/2013/07/15/haze-a-legal-perspective/ (2015년 5월 15일 최종 방문).

36) Jessica Schechinger, "The 2013 Southeast Asia haze-a shared responsibility?," available at http://www.sharesproject.nl/the-2013-southeast-asia-haze-a-shared-responsibility/ (2015년 5월 15일 최종 방문).

37) Kasiviswanathan Shanmugam 싱가포르 외무장관(Minister for Foreign Affairs and Law)은 기업에 대한 법적 조치를 단행할 1차적 책임은 인도네시아에게 있다고 주장하였다. available at http://www.eco-business.com/news/extra-territorial-legislation-could-be-introduced-deal-haze/ (2015년 5월 15일 최종 방문).

38) "Hotspots detected, giant companies play the blind-and-deaf?," available at http://www.eyesontheforest.or.id/index.php?page=news&action=view&id=658 (2015년 5월 15일 최종 방문).

정하기 시작했다.[39] 게다가 인도네시아 대통령은 연무문제를 해결할 자신들의 책임을 받아들인다고 말하였다.[40] 연무가 인도네시아 영토 내에서 발생하였다는 것은 부인할 수 없는 사실이며, 그러므로 인도네시아는 국경을 넘는 위해가 발생하는 활동을 자국 영토 내에서 '사전에' 예방·감시할 의무가 있고, '사후에' 사고를 조사할 의무가 있고 또한 오염자에 대하여 피해 구제조치를 취할 의무가 있다는 점은 명백하다.

(2) 싱가포르와 말레이시아의 책임

인도네시아 영토에서 발생한 대부분의 산불이 말레이시아와 싱가포르 소유의 회사에 의해서 직접적으로 또는 간접적으로 발생하였기 때문에 수마트라 섬에 있는 싱가포르와 말레이시아 기업도 또한 연무에 대해 '일정 정도'의 책임이 있다는 주장이 제기되고 있다.[41] 현재 싱가포르와 말레이시아의 투자자들은 인도네시아 지방기업들과 공동사업을 통해서 인도네시아 전체 팜유농장의 3분의 2 이상을 지배하고 있다.[42] 규모가 큰 팜유농장을 운영하는 기업들이 '조직적으로' 토지개간을 위하여 이탄지대 및 삼림지역에 불을 질렀다는 증거가 제시되고 있기 때문에 말레이시아와 싱가포르는 자신들의 국적을 보유하고 있는 투자자들이 소유하고 있는 기업들과 말레이시아 또는 싱가포르에서 설립된 기업들

---

39) 2013년 6월 말 인도네시아 대통령은 다음과 같이 언급하면서 피해자인 말레시아와 싱가포르 국민들에게 국제법상 만족(satisfaction)의 형식에 해당하는 사과를 하였다. "인도네시아는 이런 문제를 야기할 의도가 없다. 그리고 우리는 발생한 문제를 해결하기 위한 책임을 지속적으로 부담할 것이다. …인도네시아의 회사든 외국의 회사든 법은 엄격하고 공정하게(firmly and fairly) 적용될 것이다." http://www.bbc.co.uk/news/world-asia-23026599 (2015년 5월 15일 최종 방문). 그리고 Yudhoyono대통령은 인도네시아, 싱가포르 또는 말레이시아 그밖에 어디에 근거를 두고 있는 기업이든 불법을 저지르는 플랜테이션 회사들에 대하여 조치를 취할 것이라고 확신을 주는 발언을 하였다. "Extra-territorial legislation could be introduced to deal with haze," available at http://www.eco-business.com/news/extra-territorial-legislation-could-be-introduced-deal-haze/ (2015년 5월 15일 최종 방문).

40) "Indonesian president apologises over Singapore 'haze'," available at http://www.telegraph.co.uk/news/worldnews/asia/indonesia/10140222/Indonesian-president-apologises-over-Singapore-haze.html (2014년 7월 15일 최종 방문).
http://www.straitstimes.com/breaking-news/se-asia/story/indonesia-president-defends-his-haze-apology-20130626 (2015년 5월 15일 최종 방문).

41) "an Indonesian official suggested that Malaysian and Singaporean companies in Sumatra also bore some responsibility", http://www.bbc.co.uk/news/world-asia-23026599 (2015년 5월 15일 최종 방문).

42) Helena Varkkey, "Patronage politics as a driver of economic regionalisation: The Indonesian oil palm sector and transboundary haze," *Asia Pacific Viewpoint*, Vol.53, No.3, December 2012, pp.315-316 참조.

에 대해 대처할 책임이 있다. 더구나 산불과 관련이 있다고 여겨지는 일부 회사는 말레이시아 정부와 연관이 있는 기업들(government-linked companies)이 소유하고 있기 때문에 이들 기업에 대처할 책임이 있다.[43] 그리고 말레이시아 정부와 연관이 있는 기업들이 연무를 유발하는 산불에 연루되어 있는 경우에는 말레이시아가 싱가포르보다 더 중한 책임이 있다.

이러한 책임은 싱가포르와 말레이시아가 역외적 입법(extra-territorial legislation)을 통해서 대처할 수 있을 것이다. 자국 기업이나 자국 국민이 관련된 '연무발생으로 인한 오염행위'에 대한 역외적 입법은, 자국의 영토 밖에서 발생했지만 자신 및 자국의 국민에게 위해를 미치는 활동을 수행한 팜유농장 소유자들('주요 범죄자'로 간주되는 자들)을 형사소추하거나 민사책임을 묻기 위하여 싱가포르나 말레이시아 등과 같은 국가가 선택할 수 있는 방법이다.[44] 그런데 이러한 대응방법도 어려움이 있다. 동남아시아에서 팜유산업은 지역별로 나뉘어 있어서, 어떤 플랜테이션 회사가 어느 특정한 국가에 본사(근거지)를 두고 있는지 확인하기가 쉽지 않다.[45]

3. 국가책임제도를 통한 연무문제 해결의 한계

사후적 구제보다도 사전적 예방이 더 중요한 환경문제를 전통적인 국가책임의 추궁방식으로 대처하는 것은 많은 한계가 있다.[46] 현재까지 국제적 환경오염이 발생한 사례에 비해 국가책임을 공식적으로 원용한 사례가 매우 제한적이었다는 사실에서도 이를 알 수 있다. 또한 인도네시아를 비롯한 동남아 국가

---

43) Jessica Schechinger, "The 2013 Southeast Asia haze-a shared responsibility?," available at http://www.sharesproject.nl/the-2013-southeast-asia-haze-a-shared-responsibility/ (2015년 5월 15일 최종 방문).

44) 싱가포르 외무장관 Shanmugam은 역외적 입법 문제를 다루기 위해서 검찰총장(the Attorney-General)에 의해 검토되고 있다고 말했다. 그는 2013년 7월 싱가포르 정부와 관련 있는 기업들이 연관되어 있는지와 관련하여 외교노트(a diplomatic note)를 통하여 공식적으로 확인하고자 한다면서 인도네시아가 확보하고 있는 위법행위의 증거를 제공해 줄 것을 요청하였다. http://www.eco-business.com/news/extra-territorial-legislation-could-be-introduced-deal-haze/ (2015년 5월 15일 최종 방문); 나아가 싱가포르는 싱가포르와 말레시아에서 연무피해를 발생시킨 산불의 발화에 책임이 있는 팜유농장 기업들을 밝혀내는데 도움이 될 수 있는 토지양허지도(land concession maps)를 공유할 것을 인도네시아에 요청하였다. available at http://www.foxnews.com/world/2013/07/17/singapore-seeks-indonesian-land-maps-to-help-pinpoint-plantations-setting-haze/ (2015년 5월 15일 최종 방문).

45) Helena Varkkey, *supra* note 39, pp.314-329.

46) 환경오염피해에 대한 국가책임 추궁의 한계에 대해서는 박병도, 앞의 책, 155-176면 참조.

간에 연무문제에 대한 입장 차이에서 알 수 있듯이 정치적·외교적 이유로 인해 국경을 넘는 환경피해에 대해 국가책임제도를 원용하는 것이 실제로 쉬운 일이 아니다. 주요한 피해국인 싱가포르나 말레이시아가 전통적인 분쟁해결방법을 이용하여 인도네시아의 국가책임을 추궁하려는 시도가 아직 없는 것은 이러한 점을 반영하고 있는 것이다. 인도네시아에서 발생한 연무로 인하여 그 주변국인 싱가포르와 말레이시아를 비롯하여 동남아 국가 전체 지역이 엄청난 피해를 입고 있는데도 그와 관련한 소송은 제기되지 않고 있다. 이는 연무문제가 전통적인 사법적 분쟁해결제도를 통해 해결되기 어렵다는 점을 반증하고 있는 것이다. 지역적 환경문제에 대하여 당사국 간의 대립적 성격을 지닌 전통적인 사법적 분쟁해결제도나 국가책임제도를 적용하는데 한계가 있다. 특히 국내문제에 대한 철저한 불개입원칙 또는 개입 최소화와 개별국가의 주권을 최대한 보장하는 'ASEAN 방식'(ASEAN Way)[47]을 고수하는 상황에서, ASEAN 회원국들이 상대국 주권에 대한 존중과 국제정치적 이해관계와 맞물려서 법적 분쟁으로 발전하는 것을 꺼려하기 때문에 사법적인 분쟁해결이나 국가책임제도를 통한 연무문제 해결을 기대하기 어렵다. 이와 같이 전통적인 국가책임제도의 원용을 통해서 연무문제를 해결하는 길이 난망한 것이라면 어떤 방안을 모색해야 하는가? 연무문제를 'ASEAN의 연대 정신'에 의해 함께 해결하여야 할 '공동의 문제'로 인식하고, ASEAN 내에서 환경협력을 위한 노력이 활발하게 이루어지고 있다. 뒤에서 이에 대해서 검토한다.

---

47) 'ASEAN 방식'(ASEAN Way)은 ASEAN의 기본원칙에 잘 반영되어 있다. 회원국들은 1976년 '동남아시아 우호협력조약'(Treaty of Amity and Cooperation in Southeast; TAC)을 체결하여 그들 상호 관계에 적용될 기본원칙을 담았다. 그 중요원칙은 다음과 같다. 1) 독립, 주권, 평등, 영토보전 및 모든 국가의 국가 정체성의에 대한 상호 존중, 2) 외부의 간섭(interference), 전복(subversion) 또는 강제(coersion)로부터 자유로이 국가 존립을 이끌 수 있는 모든 국가의 권리, 3) 서로의 내부 문제에 대한 불간섭(non-interference), 4) 평화적 방법에 의한 차이(differences) 또는 분쟁(disputes)의 해결, 5) 무력의 위협 또는 사용의 포기(renunciation), 6) 회원들간의 실효적인 협력(effective cooperation) http://www.asean.org/asean/about-asean/overview (2015년 5월 15일 최종 방문).

Ⅳ. 연무문제에 대한 ASEAN의 대응

1. 의의 – 공동의 문제

1990년대부터 국경을 넘는 오염문제는 ASEAN의 공동 관심사 중의 하나가 되었으며, 그 중 연무문제는 연무가 회원국들에게 광범위하게 확산되면서 ASEAN 환경문서들의 주요 사안이 되었다.[48] 인도네시아에서 발생한 연무로 엄청난 악영향을 미쳤음에도 문제를 가벼이 여겼던 입장은 연무가 발생하던 초기 단계에 'ASEAN 방식'의 일관된 태도이었다. 그러나 1997년 이후 거의 매년 반복해서 발생하고 그 피해가 간과할 수 없는 수준에 이르자 ASEAN도 더 이상 이 문제를 방기할 수 없는 상황에 이르렀다. 그리하여 1990년대부터 연무문제를 다루는 다수의 연성적 문서들이 채택되었다.[49] 여기서는 ASEAN이 연무문제를 해결하기 위해 채택한 다양한 연성법적 환경문서(soft law environmental instruments)를 검토해 보고, 연무문제 대응 과정에서 ASEAN의 역할의 진보적 발전을 평가해 볼 것이다.

ASEAN 차원에서, 연무문제 해결을 위한 초점은 '협력'에 맞춰져 있다. 국경을 넘는 연무문제는 ASEAN 회원국의 '공유의 환경문제'(shared environmental problem)로 간주되고 있다. 연무문제는 'ASEAN의 연대 정신으로 함께'(together in the spirit of Asean solidarity) 해결해야 할 '공동의 문제'(common problem)라는 것이 저변의 인식이다.[50]

2. ASEAN의 연성법적 환경문서

(1) 1990년 환경과 개발에 관한 쿠알라룸푸르 합의서

1980년대와 1990년대에 산불사고가 수시로 발생하고 이것이 발단이 되어

---

48) ASEAN은 연무문제를 다루기 위하여 '연무행동 온라인'을 운영하고 있다. 그곳에서 ASEAN의 연무 관련 활동과 자료들을 확인할 수 있다. http://haze.asean.org/ (2015년 5월 15일 최종 방문).

49) 연무문제를 다룬 여러 가지 연성법적 환경문서에 대해서는 Koh Kheng-Lian, *supra* note 13, paras.12.3.1-12.5.5, 참조.

50) Jessica Schechinger, "The 2013 Southeast Asia haze-a shared responsibility?", http://www.share-sproject.nl/the-2013-southeast-asia-haze-a-shared-responsibility/ (2015년 5월 15일 최종 방문).

국경을 넘는 오염문제를 다루는 ASEAN 차원의 회의와 지역적 워크숍이 여러 차례 개최되었다. 이 문제를 최초로 반영한 문서는 1990년 6월 제4차 환경장관회의(ASEAN Ministers Meeting on the Environment; AMME)에서 채택된 '환경과 개발에 관한 쿠알라룸푸르 합의서'[51]이다. 이 합의서에서 ASEAN 회원국대표들은 국경을 넘는 오염 방지 및 저감 실천에 관한 구체적인 단계를 향해 선도적인 노력을 시작하기로 합의했다.

(2) 1992년 환경과 개발에 관한 싱가포르 결의

산불에 관한 정책 조화를 위한 의미 있는 결과가 1992년 2월 싱가포르 정상회의(Singapore Summit)에서 '환경과 개발에 관한 싱가포르 결의'[52]가 채택되는 결실을 낳았다. 그 결의에는 지속가능한 발전(sustainable development)을 위한 지역적 협력을 촉진할 것을 표명하면서, 회원국들은 정책방향을 조화시키는데 합의하였고 국경을 넘는 대기오염, 산불 등과 같은 환경문제에 기술적 협력을 위한 단계를 밟기로 합의하였다.

(3) 1995년 국경을 넘는 오염에 관한 ASEAN 협력계획

1994년 9월 27일 연무로 인해 오염기준지수(Pollutant Standards Index; PSI)가 최고 153을 기록하였다. 이는 싱가포르에서 가장 심각했고 이것이 계기가 되어 연무에 관한 각료간 태스크 포스(TF)를 설립하였다. 연무에 큰 피해를 입은 회원국들의 주도로 1995년 6월 쿠알라룸푸르에서 '국경을 넘는 오염의 관리에 관한 ASEAN회의'(ASEAN Meeting on the Management of Transboundary Pollution)를 개최하였다. ASEAN 회원국 중 인도네시아, 말레이시아, 필리핀, 태국, 싱가포르는 주제에 대한 국가보고서를 제출하였다.[53] 그리고 1994년 9월 산불사고 이후 초안을 작성하기 시작한 '국경을 넘는 대기오염에 관한 협력계획'[54](ACPTP)이 이 회의에서 채택되었다. 여기에는 연무문제를 공동으로 해결하기 위한 ASEAN의 환경협력의 중요한 이정표가 포함되었다. ACPTP의 목적은, ① 지방적 또는 지역적 연무발생의 기원, 원인, 성격 및 정도를 밝히는 것, ② 연무를 평가, 완화 및 관리하는데 환경적으로 건전한 기술을 적용하고 국가적 및 지역적 능력을 강화

51) The Kuala Lumpur Accord on Environment and Development, 1990.

52) Singapore Resolution on Environment and Development, 1992.

53) 양자적 및 전지구적 차원에서 국경을 넘는 대기오염문제를 다룬 경험이 있는 캐나다도 대화 파트너(Dialogue partners)의 한 국가로서 ASEAN 회원국들과 같이 주제에 대한 국가보고서를 제출하였다.

54) Cooperation Plan on Transboundary Atmospheric Pollution; ACPTP, 1995.

함으로써 국가적 및 지역적 차원에서 연무를 방지하고 통제하는 것, ③ 국가적 및 지역적 비상대응계획을 발전시키고 이행하는 것 등이다. 그리고 권고된 ACPTP의 전략은 단기적인 전략과 장기적인 전략으로 나누었다. 최상의 단기 전략은, 특히 목재를 얻기 위해, 또는 농업용지 확보를 위해 또는 이주 정책에 의해 이루어지는 토지개간 활동에 의해 발생하는 산불을 방지하는 것이다.[55] 장기적인 전략에는 오염 감소를 가져올 수 있는 연소 제로 실천과 그 기술이 대출기관의 자금 조달을 통해 촉진되도록 하는 방법이 제시되었다. 장기적인 조치에는 물론 농업분야에서 경제적으로 건전하고 환경 친화적인 방법으로 토지개간 활동을 개선하고, 토지개간 활동에서 불을 이용하는 방법을 없애기 위한 인식 구축(awareness-building) 노력도 포함되어 있었다.[56] 1995년 9월 제6차 환경에 관한 ASEAN 고위관리 회의(Sixth Meeting of the ASEAN Senior Officials) 동안, ACPTP에서 권고된 조치들을 운영하고 이행하기 위하여 연무TF(Haze Technical Task Force)가 설치되었다. 연무TF의 임무는 화재가 발생하는 주요 지역의 경계 구획, 연무발생이 심각한 시기의 식별, 관리와 관련한 사업의 상황에 대한 모니터링 및 보고, 국경을 넘는 연무오염의 통제 등이다.

(4) 1997년 ASEAN의 지역적 연무행동계획

1997년에 아주 심각한 연무가 재발하였다. 이에 ASEAN 회원국들은 국경을 넘는 대기오염의 동남아 지역에 미치는 사회적 경제적 환경적 영향을 감안하여 그러한 재난을 예방하고 완화하기 위한 효과적이고 협동적인 조치를 취하기로 결정하였다. 그야말로 지역적 행동계획에 해당하는 '지역적 연무행동계획'[57](RHAP)이 1997년 12월 22일과 23일 양일간 싱가포르에서 개최된 ASEAN 각료회의에서 서명되었다. RHAP의 주요 목적은, ① 자연자원관리의 개선과 관련 법률제정을 통한 삼림 화재의 방지, ② 화재 감시를 위한 운영절차 확립, ③ 지역적 화재 진압 역량 및 기타 감소 방법의 강화 등이다. 이러한 목적을 달성하기 위하여, 국가적 또는 지역적 차원에서 연무에 대처하기 위한 협력적 대책을 세우도록 하고 있다. 삼림 화재를 유발할 수 있는 활동을 억제하고 오염 배출원을 통제하

---

55) 이를 위해 다음과 같은 구체적인 조치가 취해져야 한다고 권고하고 있다. ① 조기경보 시스템 구축, 지상군의 배치 그리고 지역 공동체 대비에 의한 적시의 산불 탐지 및 방지, ② 특히 건조한 날씨에 의해 영향을 받는 지역에서, 건기에 개발사업에 의해 초래되는 생물자원 연소의 금지, ③ 연무가 발생하는 동안 지방적 연원에 의한 오염발생의 최소화, 정보공유를 위한 공동체 네트워크의 활성화, 그리고 공동 활동의 활성화, ④ 생물자원의 대체적 이용을 위한 투자의 촉진.
56) Koh Kheng-Lian, *supra* note 13, para.12.3.1.
57) Regional Haze Action Plan; RHAP, 1997.

기 위한 정책 및 전략의 수립, 공개적인 연소를 금지하기 위한 대기의 질 관리에 관한 법률 제정과 엄격한 법집행, 대기 질 모니터링 및 보고 체계의 이행과 지방적 오염배출원의 감시, 화재와 연무문제를 다루기 위한 전략과 대응 계획을 발전시키기 위해서 국가적 차원에서 TF 또는 위원회의 설치, 삼림화재의 방지 및 확산의 통제, 연무 상황에 대한 공공인식(public awareness)을 강화하기 위하여 연무 관련 정보를 관련 기관에게 제공할 수 있는 정보기술의 활용 등을 권고하고 있다. 이외에도 ASEAN의 기상 관련 서비스와 정보교환을 향상시키고 있는 환경 기관들에 의한 모니터링 메커니즘을 발전시키고, 현재의 조기경보 및 모니터링 체계를 향상시킬 것도 권고하고 있다. 또한 국가적 및 지역적 화재 진압역량을 강화할 것을 권고하고 있다.[58]

(5) 2000년대 이후 연무문제에 대한 대응

2002년 이후에도 연무문제 해결의 실마리를 찾기 위해 ASEAN 회원국들은 수차례 회의를 개최하고 관련 문서를 채택하였다. 인도네시아도 이전 보다는 연무문제 해결에 대한 자세의 변화를 보이기 시작하였다.[59] 연무문제에 대한 적극적인 조치도 있었다.[60]

1) 2006년 지속가능한 발전에 관한 세부결의

2006년 11월 개최된 ASEAN 환경장관회의에서, 연무문제가 광범위하게 논의되었고 그 내용이 '지속가능한 발전에 관한 세부결의'[61]에 포함되었다. 세부

58) Koh Kheng-Lian, *supra* note 13, para.12.3.1.

59) 2006년 8월부터 11월까지 연무가 심각한 수준으로 재발되었고 이에 대한 대응조치가 당시 ASEAN과 그 회원국들에 의해 활기차게 진행된 바가 있다. 특히 인도네시아도 연무에 대응하는 적극적인 조치를 취하였다. 인도네시아 Yudhoyono대통령은 연무피해에 대해 사과를 하고, 빠른 시일 내에 연무협정을 비준할 것이라고 분명히 하였다(Sorry for the Haze, Says Indonesian President SBY, *Today*, 12 October 2006); 2006년 당시 인도네시아 환경부장관은 "2년 이내에 연무가 끝나기를 희망한다. 우리는 30% 내지 40% 감소할 것으로 기대한다."라고 말했다. 그는 또한 "2007년에는 삼림 화재를 반으로 줄이는 것을 희망한다"고 말했다. 그러나 인도네시아 대통령과 환경부장관의 확언에도 시민단체인 인도네시아환경포럼(Indonesian Forum for the Environment; WALHI)은 인도네시아정부가 기업들이 국가의 자연자원을 개발하는 것을 중단하게 할 정치적 의지를 가지고 있지 않다고 비판하였다(Indonesia Facing Ecological Disaster, *Today*, 6 March 2007).

60) 예를 들면, 삼림 화재의 위법성을 먼저 입증하지 않고서도 토지를 점유할 수 있는 권한을 경찰에게 부여하였고, 화재가 발생했다는 혐의가 있는 토지를 몰수할 수 있도록 하였으며, 농장 소유자들이 불법적인 방법으로 토지 소유를 확대하는 것을 금지하였다. 또한 농장 소유자들은 자신의 농장 주변에서 화재가 발생한 경우 자신들이 불을 지르지 않았다고 증명하지 못하면 그에 대해 책임, 즉 엄격책임(strict liability)을 부과하였으며 그러한 그 토지는 경작할 수 없도록 하였다(Light through the Haze, *The Straits Times*, 6 December 2006).

결의의 전문(前文)에는 연무문제 해결에 대한 단호한 입장이 나타나 있다.[62] 주요 내용으로는, 토지와 산림 화재, 그리고 그 결과로 발생하는 국경을 넘는 연무오염을 다루기 위한 구체적인 조치의 이행을 감시하기 위해서, 연무로 가장 피해가 심각한 5개국, 즉 브루나이, 인도네시아, 말레이시아, 태국, 싱가포르의 장관들로 구성된 장관급운영위원회(Sub-regional Ministerial Steering Committee)를 설립할 것을 규정하고 있다.[63]

2) 화재가 발생하기 쉬운 지역에 대한 행동 계획

2007년 2월 브루나이에서 개최된 AMME에서 '화재가 발생하기 쉬운 지역'(fire-prone districts)에 대한 진전된 논의가 진행되었다. 이 회의에서 인도네시아가 이룬 획기적인 발전 및 국가적·지방적 차원에서 토지와 삼림 화재에 대처하기 위한 종합적인 행동계획을 수립하였음이 공표되었다. 또한 인도네시아가 삼림화재를 예방하고 또한 연무를 감시하기 위해 취한 조치와 행동계획의 이행에서 중요한 발전[64]이 있었음에 만족을 표명하였다. 당시 인도네시아 장관은 2007년에 발화지역을 50% 줄이는 목표를 세웠다고 말했다. 그리고 인도네시아는 행동계획을 이행하기 위해, 특히 화재의 방지와 진압을 위해 7천억 Rupiah를 모금하였다고 말했다.[65]

각국 대표로 참가한 장관들은 인도네시아의 행동계획의 이행을 돕기 위한 원조 약속을 보여주었다. 특히 싱가포르는 이와 관련한 기본계획(Master Plan)을 개발하고 이행하기 위해 인도네시아 환경부 및 Jambi정부와 활동하고 있다. 이 기본계획에는 삼림화재 방지와 진압, 입법과 시행, 조기 경보와 모니터링, 지역

61) Cebu Resolution on Sustainable Development, 2006.

62) 예를 들어, 세부결의 전문에는, 국경을 넘는 연무오염이 되풀이되는 것에 대한 심각한 우려를 표명하고, 토지와 삼림 화재를 예방하고, 감시하고 완화하기 위한 노력을 더욱 강화할 것을 천명하고, 연무협정 내에서 토지와 삼림 화재로 영향을 받는 회원국을 계속 지원하며, 이러한 목적을 위하여 연무협정을 아직 비준하지 않을 회원국들이 조속히 비준하도록 독려한다는 내용을 포함하고 있었다. Koh Kheng-Lian, *supra* note 13, para.12.51.

63) 이에 대해서는 http://haze.asean.org/?page_id=234 참조(2015년 5월 15일 최종 방문).

64) 구체적으로 인도네시아가 취한 조치 및 행동계획을 보면, 화재 및 연무 상황을 가까이서 감시하고 직접 장관과 대통령에게 보고하기 위하여 TF가 Kalimantan와 Sumatra에 설치하였고, 인도네시아의 환경장관과 농업장관은 다음 건기 시즌에 화재를 방지하고 진압하는데 목재가공처리기업, 벌목기업, 플랜테이션기업과 협력을 도모하기 위해 회의 계획을 세웠으며, 훼손된 이탄지대의 복원과 물관리에 중점을 둔 행동계획과 함께 이탄지대의 지속가능한 관리에 관한 행동계획을 이행하기 위한 대통령령의 초안 마련 등이 포함되어 있다. Koh Kheng-Lian, *supra* note 13, para.12.5.2.

65) *Ibid*.

적·국제적 공동협력, 화전방식을 이용하지 않도록 농부들에 대한 교육 등과 같은 일련의 프로그램을 포함하고 있다. 화전방식 농법을 포기한 농부들에게 보상하는 내용도 포함되어 있다. 농부 및 기타 사회 구성원들이 연관되어 있는 이와 같은 자조체계(self-help system)는 매우 효과적인 것이 될 수 있다. 말레이시아는 화재 제로와 다른 방지조치를 이행하기 위하여 플랜테이션 기업들과 함께 노력하며 일련의 계획들을 착수함으로 인도네시아의 능력배양을 도울 것이라고 하였다.[66]

3) 유엔총회 상정 시도

싱가포르는 연무이슈를 전지구적인 문제로 보고, 국제적 원조 및 재원이 필요하다고 생각하여 이를 유엔총회에서 제기하고자 시도하였다. 2006년에 연무가 또 심각한 수준으로 발생하자 싱가포르 리센룽(李顯龍) 총리는 유엔회원국으로부터 필요한 자원의 지원을 요청하기 위해 유엔총회에서 연무이슈를 상정하기로 결정하였고, 2006년 10월 26일 유엔 총회에서 연무문제에 대처할 수 있도록 유엔의 지원을 요청하는 연설을 하였다.[67] 그는 인도네시아에 연무에 관한 ASEAN성명서를 발표하자고 제안하였으나 인도네시아는 연무주제에 관한 ASEAN/싱가포르 공동선언의 발표에 반대하였다. 인도네시아는 연무문제는 국내문제라고 주장하면서 자신들의 국내문제에 어떠한 형태의 개입도 원하지 않는다고 하였다. 인도네시아는 '연무는 국내문제이고 인도네시아는 그런 국내문제에 어떠한 개입도 원치 않는다'고 말했다. 인도네시아는 싱가포르의 국제적 원조 요청에 대해 '구걸하는 짓'(badgering)이라고 비난하면서 '그것은 인도네시아 국내문제에 개입하는 것과 다름없다'라고 주장하였다.[68] 인도네시아에 따르면, 연무문제를 다루고 있는 지역적 및 양자간 협정으로 충분하고, 따라서 협력정신에 따라 ASEAN 차원에서 해결될 문제라고 강변하였다.[69]

그러나 인도네시아의 반응은 지나치다. 연무는 인도네시아와 ASEAN 자신이 대처할 수 없는 엄청난 문제(staggering problem)이기 때문에 국제적 지원이 시

---

66) *Ibid*.

67) Jeff Ooi, "Haze: Balls on UN Table, Indonesia Upset," available at http://asiancorrespondent.com/6717/haze-balls-on-un-table-indonesia-upset/ (2015년 5월 15일 최종 방문).

68) Koh Kheng-Lian, "The Discourse of Environmental Security in the ASEAN Context," in Brad Jessup and Kim Rubenstein (eds.), *Environmental Discourses in Public and International Law*, Cambridge University Press, 2012, p.231: Janadas Devan, "Haze: Why Jakarta Should Accept International Help," *Straits Times* (Singapore), 4 November 2006.

69) Koh Kheng-Lian, *supra* note 13, para.12.5.6.

급하게 요청되는 사안이 아닌가? 더구나 연무협정의 목적이 '협력적인 국가적인 노력(concerted national efforts)과 강화된 지역적 및 국제적 협력을 통하여' '국경을 넘는 연무'를 방지하고 감시하는 것이기 때문에 싱가포르 수상이 국제적 지원을 요청한 것은 합리적이다. 국경을 가로지르는 문제에 대처하기 위해서는 집단적인 기여(collective contribution)가 적절하다.[70]

3. 2002년 국경을 넘는 연무오염에 관한 ASEAN협정

앞에서 살펴본 바와 같이 1990년대에 연무를 다룬 여러 가지 연성법적 환경문서를 채택한 ASEAN이 다음 단계로 취한 것은 법적 구속력이 있는 경성법, 즉 조약을 만드는 것이었다. 2002년 6월 10일 ASEAN 회원국들은 '국경을 넘는 연무오염에 관한 협정'[71]을 체결하였다.[72] 연무협정은 ASEAN 모든 회원국들에게 적용되는 조약이었지만 구체적으로는 인도네시아의 연무에 목표를 두었다. 동 협정의 목적은 연무오염을 예방하고 연무오염을 감소할 수 있도록 감시하는 것이며, 국가간 노력을 모으고 지역과 국제협력을 강화하는 것이다(연무협정 제2조). 이 협정은 브루나이, 라오스, 미얀마, 말레이시아, 싱가포르, 태국, 베트남이 비준을 마친 2003년 11월 25일 발효하였다. 연무원인이 된 삼림화재가 발생한 인도네시아만 아직 비준을 하지 않고 있다. 연무협정은 RHAP에 이은 환경문서로 RHAP 이행 방법을 규정하고 있다. 연무협정에 따르면, 각국은 삼림화재와 그로 인한 연무의 기원, 원인, 성격 및 정도를 평가하기 위한 개별조치와 공동행동을 취할 것을 약속한다. 또한 당사국은 환경적으로 건전한 정책, 관행 및 기술을 적용하여 삼림화재를 방지하고 통제하는 임무를 수행한다. 그리고 삼림화재와 그로 인한 연무의 평가, 방지, 감소 및 관리함에 있어서 국가적 및 지역적 역량과 협력을 강화한다. 특히 당사국에게 화재가 발생하기 쉬운 모든 지역, 모든 삼림화재, 삼림화재 발생에 기여하는 환경 조건, 그리고 그러한 삼림화재로 발생한 연무오염 등을 감시할 수 있는 적절한 조치를 취할 것을 요구하고 있다(제7조). 또한 당사국들은 관련 전략을 개발하고 인간 건강에 대한 위협을 밝히고 관리하며 통제해야 한다. 또한 당사국은 시설, 물적 자원, 인적 자원을

70) Koh Kheng-Lian, *supra* note 68, p.231.

71) Agreement on Transboundary Haze Pollution; ATHP, 2002.

72) 연무협정(ATHP)의 구체적 조항은 다음 사이트에서 찾을 수 있다.
www.fire.uni-freiburg.de/se_asia/projects/ASEAN-Agreement.pdf (2015년 5월 15일 최종 방문).

동원할 수 있도록 입법적 행정적 재정적 자원을 개발하여 국가 비상대응체계를 확립해야 한다(제11조). 그리고 당사국에게 국경을 넘는 연무오염을 유발할 수 있는 활동을 방지하고 통제할 의무를 부과하고 있다.[73] 제5조에 따르면, 연무를 감시, 평가, 통제하기 위하여 '국경을 넘는 연무오염통제를 위한 조정센터'(ASEAN Co-ordinating Centre for Transboundary Haze Pollution Control)를 설립하도록 하고 있다. 각 당사국은 모니터링을 수행하고 '국경을 넘는 연무오염통제를 위한 조정센터'와 연락을 담당하는 국가모니터링센터로서 기능할 수 있는 하나 이상의 기관[74]을 지정해야 한다. 비상상황에서 각 당사국은 삼림화재를 통제하거나 진화하기 위한 즉각적인 조치를 취해야 한다.

대부분의 지역적 및 전지구적 환경 조약들과 같이, 연무협정은 골격조약(framework agreement)이다. 그래서 연무협정은 단지 일반적인 원칙과 가이드라인을 규정하고 있을 뿐이다. 당사국들은 자신들의 입법적 행정적 재정적 자원을 개발할 일반적 의무를 부담하고 있을 뿐이다. 연무협정의 가장 취약점은 당사국이 협정상의 조항을 준수하지 않는 경우에도 당사국을 제재할 수 없다는 것이다. 따라서 연무문제를 해결하는데 경성법, 즉 조약의 역할을 강화하기 위해서는 더 강력한 강제적 조치, 즉 제재가 가능하도록 개정해야 할 것이다.

4. 평　가

그동안 연무문제를 해결하기 위해 기울인 ASEAN의 노력에 대해 간략하게 정리해보면 다음과 같다. 그동안 ASEAN의 연무에 대응하기 위한 노력은 계획(plans), 프로그램(programes), 전략(strategies), 결의(resolutions) 및 선언(declarations) 등과 같은 연성법적 형태와 이것이 발전하여 결국 연무협정과 같은 경성법적 문서로 결실을 맺었다. 그러나 연무문제의 중대성과 긴급성에 비하면 이러한 발전이 너무 느리게 진행되고 있다. 더욱이 인도네시아는 아직도 연무협정에 비준하고 있지 않다. ASEAN의 협력이 연무협정의 적용범위를 정함에 있어서 더 효과적이지만 연무문제는 매우 복잡하고 정치적 경제적 사회문화적 차원의

---

73) ATHP Article 9 "Each Party shall undertake measures to prevent and control activities related to land and/or forest fires that may lead to transboundary haze pollution." 이와 같이 제9조는 '방지'(예방)(prevention)를 다루고 있어 위반행위자에 대해 국내적으로 형사처벌 규정을 두고 있지는 않으나 형사처벌 등 제재(sanctions)가 가능하도록 국내입법을 정비해야 하는 것으로 해석하는 견해도 있다.

74) 이를 보통 national focal point라고 한다.

문제가 결부되어 있다. 협력이 요구된다는 점은 분명하지만 협력이 어떻게 'ASEAN 방식'을 최고로 실현할 것인가는 분명하지 않다. 동남아 국가들이 당장 'ASEAN 방식'을 폐기하는 것을 기대하기 어렵다면 ASEAN 방식에 대한 비판 보다는 이를 승화시키면서 문제를 해결하는 방안을 모하는 것이 합리적일 것이다. 'ASEAN 방식'이 그 초창기에는 회원국간에 신뢰구축에 긍정적인 역할을 하였고, 이는 ASEAN의 세 '기둥'(pillars), 즉, 안보공동체(정치), 경제공동체 그리고 사회문화적 공동체(환경 포함)에 철저하게 적용되고 있다. 이 점은 ASEAN이 협력하고 공동으로 노력하는데 매우 중요하며, 그 유용성이 동남아 지역에서 정책, 행동계획, 프로그램 그리고 전략을 수립하는데 간과되어서는 안 된다.[75)]

V. 연무문제 해결방안의 국제법적 함의

1. 연무문제 해결의 실마리 – ASEAN 지역 환경 거버넌스

국가책임제도를 통하여 연무발생 원인국인 인도네시아에게 배상책임을 지도록 하는 방식을 적용하는 것이 실제 어렵고, 연무문제를 다루고 있는 많은 연성법적 문서의 채택에도 불구하고 연무문제의 해결이 만족할 수준에 이르지 못하고 있다. 이러한 점을 고려하여, 그리고 환경 거버넌스의 성공사례(예, 오존층 보호를 위한 오존 거버넌스)에 비추어, 동남아 연무문제 해결의 돌파구로서 동남아 지역 환경 거버넌스를 구상해 볼 수 있을 것이다.[76)] 물론 환경문제에 선도적 역할을 하고 있는 유럽연합, NAFTA 등 지역 국제기구들이 같은 방식으로 환경문제에 대응한 것은 아니다. 각기 다른 방식으로 대응책을 모색하고 있으며, 그 성과도 차이가 있다.

동남아 연무문제에 대응하기 위한 거버넌스[77)]는 지역 거버넌스[78)]이며 환

---

75) Koh Kheng-Lian and N.A. Robinson, "Strengthening Sustainable Development in Regional Inter-Governmental Governance: Lessons from the 'ASEAN Way'," *Singapore Journal of International and Comparative Law*, 2002, pp.640-682.

76) 지역 환경 거버넌스의 일반적 이해를 위해서는 Margaret P. Karns and Karen A. Mingst, *International Organizations: The Politics and Processes of Global Governance*, 2nd ed., 김계동 외 옮김, 「국제기구의 이해: 글로벌 거버넌스의 정치와 과정」(서울: 명인문화사, 2013), 597-607면 참조.

77) 세계적인 변화에 대응하기 위해 국제협력의 형태가 어떻게 개혁되어야 하는가를 논의할 목적으로 출범한 글로벌 거버넌스 위원회는 '거버넌스'에 대해 "개인들과 조직들이 공동의 문제를 공적 또는 사적으로 해결하는 다양한 방식들을 집약한 것"이라고 개념 정의를 하면서 "거버넌스

경 거버넌스이다. 일반적으로 국경을 넘는 환경 이슈에 대처하기 위해서는 보다 강력한 거버넌스 구조가 필요한데, 이러한 거버넌스 구조는 ASEAN헌장(ASEAN Charter)에 반영되었다.[79] 동남아 국가연합의 헌법에 해당하는 ASEAN헌장은 연무문제를 직접 다루고 있는 조약은 아니지만 연무문제 해결의 실마리를 찾는데 검토해야 할 중요한 문서이다. 원래 ASEAN에 위임된 권한으로는 국경을 넘는 환경문제를 해결하는데 부적합하였다. ASEAN의 거버넌스 구조는 복잡한 환경문제에 대응하기에는 효과가 제한적인 단편적인 구조이었다. 2007년 11월 20일 채택되어 2008년 12월 15일 발효[80]된 ASEAN헌장은 이러한 ASEAN의 거버넌스를 개선하였다.[81][82] ASEAN헌장은 ASEAN을 법적 실체로 변신하도록 만들었다. 특히 ASEAN은 로드맵의 이행을 위한 부문간 조정(cross-sectoral coordination)이 가능한 새로운 메커니즘을 확립하였다. 이러한 구조적 변화 중에 중요한 것은 강화된 행정적·기술적 지원과 조사연구 지원을 제공할 수 있도록 사무국의 지위를 강화하였다는 점이다. 사무총장에게 국제공동체와 회원국 간의 상호작용이 요구되는 국경을 넘는 환경문제를 다룰 수 있는 권한을 부여하였다.[83]

그리고 ASEAN은 환경에 관한 실무반(working groups)을 설치하고 있다. 예를 들면, 자연보전과 생물다양성 실무반, 해양 및 해안 환경 실무반, 다자간 환경

는 충돌되는 다양한 이익들을 조화시키고 협력적인 활동을 모색하는 지속적인 과정이다. 이는 개인들과 조직들이 합의를 했거나 그들의 이익에 합치된다고 인정하는 공식적이고 비공식적인 조치들을 포함한다"고 하였다. Commission on Global Governance, *Our Global Neighbourhood: Report of the Commission on Global Governance*, Oxford Univ. Press, 1995, p.2.

78) 지역 거버넌스는 보조성의 원칙에 의거해 구축되는데, 보조성의 원칙이란 문제에 대한 대응이 가능한 한 낮은 수준에서 이루어질 때 가장 효과적일 수 있다는 것이다. Michele M Betsill and Elisabeth Corell(eds.), *NGO Diplomacy: The Influence of Nongovernmental Organization in International Environmental Negotiations*, Cambridge: MIT Press, 2008, pp.12-13.

79) Koh Kheng-Lian, *supra* note 67, p.328.

80) 2008년 11월 16일 10개 회원국 중 마지막으로 태국이 비준서를 아세안 사무국에 기탁하였고, 그로부터 30일 후인 2008년 12월 15일에 헌장은 발효하였다.

81) EU와 유사한 형태의 동남아시아 공동체를 목표로 하고 있다. ASEAN헌장 초안 작성 과정에서 1960년대에 수립되어 동남아시아지역그룹의 중심에 있는 불개입 정책을 폐기하자는 제안도 있었고, 인권기구를 설립하자는 제안도 있었다. 그러나 이러한 제안은 반영되지 않았다. ASEAN헌장 제2조에 다음과 같은 원칙을 포함하고 있다. ① 지역적 협력에서 ASEAN의 중심적 역할을 중시한다. ② 영토보전, 주권, 불개입 및 국가정체성 원칙을 존중한다. ③ 대화와 협의 및 침략의 포기를 통한 지역의 평화, 정체성, 분쟁의 평화적 해결의 촉진한다. ④ 인권, 사회적 정의 및 다자간 무역에 관한 국제법을 지지한다. ⑤ 지역적 경제통합을 장려한다. available at http://www.asean.org/archive/publications/ASEAN-Charter.pdf (2015년 5월 15일 최종 방문).

82) 아세안헌장의 발효가 지니는 함의에 대해 'ASEAN은 이제 자신이 법인격자로서 규칙 중심적이고 인간중심적인 기구가 될 것이다'라고 평가되기도 한다. available at http://en.wikipedia.org/wiki/ASEAN_Charter (2015년 5월 15일 최종 방문).

83) Koh Kheng-Lian, *supra* note 68, p.328.

협정 실무반, 환경적으로 지속가능한 발전 도시 실무반, 연무기술TF(Haze Technical Task Force) 등이 있다. ASEAN의 특별 센터와 기타 거버넌스 메커니즘은 ASEAN 업무, 예를 들면, 생물다양성, 연무오염, 식량안보, 에너지, 인도적 지원 등의 업무를 조정하고 이행하는 것을 촉진한다. ASEAN의 특별 센터에는 생물다양성 ASEAN센터, 국경을 넘는 연무오염통제를 위한 ASEAN 조정센터, ASEAN 에너지센터, 인도적 지원을 위한 ASEAN 조정센터 등이 있다. 또한 ASEAN은 헌장에 따라[84] 국제기구들과도 협력해야 한다. ASEAN은 이미 UN, WHO, FAO, IOE(International Organization of Epizootics)와 긴밀한 관계를 맺고 있다.[85] 환경문제와 관련하여, ASEAN은 EU, 인도, 중국, 호주, 뉴질랜드, 캐나다, 한국, 미국, 일본 그리고 지역적 및 국제적 기구 등과 대화파트너로 교류하고 있다. 또한 ASEAN은 지역 네트워크를 강화하고 시민사회단체와의 교류도 강화해 나가고 있다. 또한 반복적으로 계속된 연무위기는 현지 지역 NGO와 국제 NGO의 활동을 자극하였다. 이들의 활동을 통해 연무문제의 심각성이 알려졌고, NGO의 활동은 더욱 활발해지고 있으며, ASEAN의 활동에도 보다 많이 관여하고 있다. 이러한 움직임은 동남아 지역 환경 거버넌스가 구축되어 가는 징표라 할 수 있다.

2. 유연한 접근방법: 연성법적 접근의 유용성

대체로 국가간의 합의의 이행과 준수는 국가, 국제기구, 사적 부문, NGOs 등과 같은 행위자들의 네트워크와 깊은 관련이 있다. 국가, 국제기구, 사적 부문, NGOs 등은 거버넌스의 주요한 행위자들이다. 이러한 다양한 행위자들이 연무문제 해결을 위한 네크워크를 형성하는데 ASEAN헌장이 법적 도구로서 역할을 할 수 있다. ASEAN헌장은 연무에 관련한 합의의 이행과 준수를 위한 법적 도구로 역할을 할 것이다.

일반적으로 글로벌 거버넌스 구축에는 국제규범, 특히 연성법적 기본 합의서와 국제기구의 결의 등이 다수 나타난다.[86] 동남아 지역에도 앞에서 살펴본 바와 같이 다수의 연성적 환경문서와 국제조약에 해당하는 연무협정이 존재한

84) 헌장 제41조에서 제46조는 국제법의 역할을 촉진하는 '외부적 관계'(external relations)를 제도화하는 규정을 두고 있다.

85) Koh Kheng-Lian, *supra* note 68, p.329.

86) Margaret P. Karns and Karen A. Mingst, *supra* note 76, pp.5-13.

다. 그런데 ASEAN 환경 거버넌스가 구축되기 전에는 연무협정은 심지어 경성법임에도 회원국이 그 의무를 충족하지 못한 경우에도 제재를 부과할 수 있는 중앙집권적인 정부기관이 존재하지 않았다. (물론 형식적 법논리로 보면 인도네시아는 비준을 하지 않았기 때문에 연무협정에 구속되지 않는다고 말할 수 있다).

연무문제를 다루고 있는 연무협정이 그 형식은 경성법이지만 그 내용은 연성법적 성격을 지니고 있어 실효성이 없다는 지적하는 비판도 있다. 그러나 연성법과 경성법을 구분하는 이분법은 이행과 준수의 문제를 다룸에 있어 항상 중요한 것은 아니다. 이에 관해서는 Weiss교수의 지적을 상기할 필요가 있다. Weiss교수는 "국가들은 오랫동안 구속력 있는 법적 문서 또는 국제법 규칙에 의존하였지만, 점차적으로 비구속적 법적 문서가 국제법의 중요한 연원이 되고 있다"고 지적한 바가 있다.[87] Weiss교수는 일찍이 다음과 같이 주장한 바가 있다.[88]

> "국제법을 정립하고 이행하고 준수하는 방법은 변화하고 있다. 전통적인 모델은 국가가 중심에 있고, 느리게 변화하는 세계에서 명확하게 정해진 문제를 확고한 해결방법을 제공할 수 있는 법적 문서에 의존한다. … 국제법과 국내법의 경계는 명확하게 그어지고 그래서 구속력 있는 합의를 더욱 강하게 선호한다. 그러나 세계는 역동적이고 더욱 개방적이고 복잡한 체계로 움직이고 있다. … 새로운 모델은 구속적이거나 비구속적인 문서, 또는 구속력이 불완전한 문서와 관련 제도를 통해 복잡하게 연결되어 있는 국가, 정부간 기구 등의 네트워크이다."

Weiss교수가 지적하고 있는 것처럼 국가, 국제기구, 사적 부문, NGOs 등과 같은 다양한 행위자들의 활동과 그 역할이 증대하면서 연성법과 경성법의 경계를 흐리게 하였다. 다시 말해서 환경 거버넌스에서 경성법과 연성법의 구별이 별로 유용하지 않다.

동남아 지역의 경우에 10개의 회원국, ASEAN이라는 국제기구, 그리고 다양한 비정부기구들이 연무문제 해결을 원한다면 연대정신을 더욱 강화해야 한다. 결국, 주권 원칙과 국내문제 불개입원칙을 고수하면서 연성법적 환경문서의 함의를 가볍게 여기는 부적절한 인식은 연무문제를 해결하는데 도움이 되지 않는

---

87) Edith Brown Weiss (ed.), *International Compliance with Nonbinding Accords* (Washington, DC: American Society of International Law, 1997), p.1; Weiss교수는 연성법(soft laws)은 유연하고 국가 및 비국가 행위자들의 행위 기준을 설정할 수 있다고 주장한다.

88) D.G. Craig, N.A. Robinson, and K.-L. Koh, *Capacity Building for Environmental Law in the Asian and Pacific Region: Approaches and Resources*, Vol. I, 2nd ed. (ADB: 2003), p.9.

다. 이제 ASEAN헌장을 바탕으로 유럽연합 회원국들처럼 결속력과 연대의식을 가지고, 다양한 행위자들이 연무문제 해결을 위한 네트워크를 형성하여 연무문제 해결의 실마리를 찾아야 한다. 동남아시아 공동체로 공고화하고, 통합하고, 이행하는(consolidating, integrating and transforming) 발전이 연무문제의 해결의 실마리가 될 수 있다.

3. 여전히 넘기 힘든 장애물들

국경을 넘는 환경문제는 경계가 없는데 비하여 국경선은 이러한 환경문제를 다루기 위한 국제협력을 제한하는 것으로 작용한다. 근대 국제법의 시발점이 되었던 1648년 Westphalia조약 이후 국제관계의 근간이 되었던 주권원칙과 국내문제불간섭 원칙은 국제문제에 비협력적인 국가들의 강력한 정치적 도구로 활용되어 왔다. 앞에서 지적한 바와 같이 이 원칙들은 ASEAN헌장에도 뿌리박혀 있다.[89] 인도네시아 연무문제는 전통적인 이슈가 아닌 새로운 유형의 문제를 해결함에 있어서 주권원칙과 국내문제 불개입원칙을 적용했을 때 야기되는 주정적 효과를 보여주는 그런 사례이다. 연무문제는 전통적인 주권원칙과 불간섭원칙의 수정을 강력히 요구한다. 환경재난에 대처하지 못하면 도리어 주권적 권위에 더 큰 손상을 입게 된다.[90] 국가안보를 비롯한 고유한 국내문제 이외의 환경문제와 같이 국제협력이 긴요한 문제에 대해서는 주권원칙과 불간섭원칙을 엄격하게 견지하는 것은 설득력이 떨어진다. 특히 연무오염과 같은 지역 전체의 공동의 문제를 해결하기 위한 거버넌스 구축 및 활용에 적합하지 않는 주장이다.

그리고 앞에서 살펴본 바와 같이 아세안헌장의 채택으로 긍정적인 발전을 가져왔으나 그럼에도 불구하고 ASEAN헌장은 환경적 의사결정에 나타나는 한계를 바로 잡지 못했다. 특히 헌장은 ASEAN의 오랜 관행인 컨센서스에 의한 의사결정방식을 법전화하였는데, 이는 가장 낮은 수준의 공통분모를 반영하는 의사결정방식이라고 볼 수 있다. 컨센서스는 연무문제에 대처하기 위해 지역국가들의 공동의 행동을 이끌어내는 의사결정방식으로는 한계가 있다.

---

89) ASEAN헌장 제2조.

90) Koh Kheng-Lian and Nicholas Robinson, *supra* note 76, p.676.

Ⅵ. 결　　론

연무로 인한 피해가 엄청남에도 원인국과 피해국 사이에 그 책임을 묻는 소송이 제기된 적은 없다. 인도네시아는 최근에 자신의 책임을 인정하고, 국제법상 피해국에 대해 만족(satisfaction)의 형식에 해당하는 사과를 하였다. 그러나 법치주의 문화에 익숙하지 않은 동남아 국가의 정치적·지역적 특성상, 그리고 무엇보다도 환경문제 특수성으로 인해 국가책임제도의 적용을 통한 연무문제의 해결은 난망하다. ASEAN은 연무문제를 다룰 때 다른 국가에게 손해를 야기하지 않을 책임원칙을 적용하거나 강력한 제재를 수반하는 경성법적 접근방법을 선호하지 않는다.

ASEAN은 1970년 후반부터 환경문제에 협력을 시작하였으나 환경협력은 ASEAN의 우선적 고려대상이 아니었다. 1990년대 연무문제에 대한 대응도 화려한 수사에 그쳤고, 의미 있는 실천이 뒤따르지 못했다. 1997년 연무위기마저도 구체적인 행동을 자극하지 못했다. 그들에게 최우선적 관심사는 경제성장이었고, 그들은 환경보호조치가 경제성장에 타격을 주지 않을까 염려했다. 더욱이 ASEAN의 핵심 원칙인 불개입원칙이 강하게 작용하고 있었다. 동남아 국가들이 연무문제 해결에 실패한 이유는 규범적 차원에서 보면, 경제발전에 대한 믿음으로 인해 실효성 있는 규제를 이끌어내는데 어려움이 있고, 'ASEAN 방식'과 컨센서스 의사결정방식의 고집으로 인해 연무문제와 같이 국제적 연대와 협력을 통해 해결해야 할 이슈들이 답보 상태에 있으며, 동남아 국가들은 대체로 국제규범의 이행 능력이 부족하다.

연무는 이제 더 이상 인내할 수 없는 한계에 도달한 심각한 문제이다. 연무문제는 동남아 국가들의 주요한 관심사이다. 다른 국가에게 피해를 끼치지 말라는 전통적인 국제법의 작동을 연무문제에 기대하기 어렵다면 다른 기제를 찾아야 한다. 마침 2007년 ASEAN헌장의 채택으로 동남아 지역 환경 거버넌스 구축을 위한 기본 틀은 마련하였다. 동남아 국가들뿐만 아니라 유엔을 비롯한 국제기구, 지역적 기구, 사적 부문, 환경 NGO 등이 연무문제 해결을 위해 환경 거버넌스 구조 내에서 활동할 가능성을 열어놓았고, 일부분은 이미 구축되어 작동하고 있다. 연무문제 해결의 실마리는 회원국들과 ASEAN을 중심으로 제도적 협력(경성법인 실효성 있는 조약 포함)을 이끌어내고 국제기구, 지역적 기구, 사적 부문, 환경 NGO 등 다양한 행위자들의 행동과 협력에서 찾아야 한다. 초국경적 이슈인 연무문제에 대응하기 위해 회원국들은 합의(결의, 행동계획, 선언 등)를 통해 연성법적 문서를 발전시켰으며, 지역 통합기구인 ASEAN를 통한 연무문제 해결을 모색해 나가고 있다. 그동안 동남아 국가들이 이루어 낸 합의들은 집단적 행동 및 협력이 일방주의 보다 효과적이라는 인식을 바탕에 두고 있는 것이다. ASEAN 차원에서, 연무문제 해결을 위한 초점은 협력에 맞춰져 있다. 국경을 넘는 연무문제는 ASEAN 회원국들이, 'ASEAN의 연대 정신으로 함께' 해결해야 할 '공동의 문제'이다. 이것을 실천해낼 수 있는 구조는 동남아 지역 환경 거버넌스이고 그 작동이 연무문제의 실마리가 될 것이다. 이는 우리나라가 포함되어 있는 동북아시아의 황사 및 연무문제의 해결방안에도 시사점이 될 것이다.

참고문헌

- 김계동 외 옮김, 「국제기구의 이해: 글로벌 거버넌스의 정치와 과정」, 서울: 명인문화사, 2013.
- 김정건, 이재곤, "국제환경법원칙의 한국환경법규에의 수용에 관한 연구", 「국제법학회논총」, 제42권 제2호(통권 제82호), 대한국제법학회, 1997.
- 김홍균, 「국제환경법」, 서울: 홍문사, 2010.
- 노명준, 「신국제환경법」, 서울: 법문사, 2003.
- 박병도, 「국제환경책임법론」, 서울: 집문당, 2007.
- 박재영, "인도네시아 연무문제와 주변국과의 관계," 인터넷사이트 EMERICS 동남아시아, 주간이슈분석, 2013년 7월 2일.

- Betsill, Michele M. and Elisabeth Corell(eds.), *NGO Diplomacy: The Influence of Nongovernmental Organization in International Environmental Negotiations*, Cambridge: MIT Press, 2008.
- Commission on Global Governance, *Our Global Neighbourhood: Report of the Commission on Global Governance*, Oxford Univ. Press, 1995.
- Craig, D.G. and N.A. Robinson, and K.-L. Koh, *Capacity Building for Environmental Law in the Asian and Pacific Region: Approaches and Resources*, Vol. I, 2nd ed., ADB: 2003.
- Devan, Janadas, "Haze: Why Jakarta Should Accept International Help," *Straits Times* (Singapore), 4 November 2006.
- Kheng-Lian, Koh, "A Breakthrough in Solving the Indonesian Haze?" in Sharelle Hart (eds.), *Shared Resources-Issues of Governance*, IUCN Environmental Policy and Law Paper No.72, 2008.
- Kheng-Lian, Koh and Nicholas Robinson, "Strengthening Sustainable Development in Regional Inter-Governmental Governance: Lesson from the "ASEAN Way", *Singapore Journal of International and Comparative Law*, 2002.
- Kheng-Lian, Koh "The Discourse of Environmental Security in the ASEAN Context," in Brad Jessup and Kim Rubenstein (eds.), *Environmental Discourses in Public and International Law*, Cambridge University Press, 2012.
- Kiss, Alexandre & Dinah Shelton, *International Environmental Law*, 3rd ed., Transnational Publishers, Inc., 2004.

- McBeth, John, "Suharto's Mega Rice Project: A Fertile Seed Springs from a Barren Plan," *The Straits Times*, *Review*, 12 April 2007.
- Schechinger, Jessica, "The 2013 Southeast Asia haze-a shared responsibility?," available at http://www.sharesproject.nl/the-2013-southeast-asia-haze-a-shared-responsibility
- Varkkey, Helena, "Patronage politics as a driver of economic regionalisation: The Indonesian oil palm sector and transboundary haze," *Asia Pacific Viewpoint*, Vol.53, No.3, December 2012.
- WWF Indonesia Report, *Palming off a National Park-Tracking Illegal Oil Palm Fruit in Riau*, *Sumatra*, 2013.
- Weiss, Edith Brown(ed.), *International Compliance with Nonbinding Accords*, Washington, DC: American Society of International Law, 1997.
- Weiss, Edith Brown and Stephen C. Mc Caffrey, Daniel Barstow Magraw, Paul C, Szasz & Robert E Lutz, *International Environmental Law and Policy*, New York: Aspen Publisher, Inc., 1998.

- 아세안 국가연합 홈페이지 http://www.asean.org/asean/about-asean
- 아세안 연무행동 온라인 http://haze.asean.org/?page_id=234
- 기타 다양한 인터넷 사이트(각주 참조)

제 13 장

남극해포경사건(*Whaling in Antarctic case*)과 포경활동의 국제적 규제

Whaling in Antarctic case and the International Regulation of Whaling

이 재 곤

Ⅰ. 서 언

인류생존에 중요한 요소 중 하나인 생물다양성이 국제사회의 대응에도 불구하고 여전히 감소하고 있어 이에 대한 국제적 대응이 큰 과제로 간주되고 있다. 세계자연보존연맹(IUCN)은 주요 생물종 중에서 12%의 조류, 23%의 바다포유류 및 40%의 양서류가 멸종위기에 있는 것으로 평가하고 있다. 아울러 식량농업기구(FAO)는 75% 이상의 어류가 과다 이용되고 있거나 지속가능한 한계를 넘어 어획되고 있고 이에 따라 최소한 10%의 어족자원이 즉각적인 멸종위기에 있다고 본다.[1] 지속가능발전을 위한 요하네스버그선언에서도 인류가 직면한 도전의 하나로 지구환경이 지속적으로 고통을 경험하고 있고 생물다양성의 손실이 지속되고 있으며 어족은 계속 고갈되고 있다고 밝히고 있다.[2]

고래는 멸종위험이 높은 생물종의 하나이고 오랜 기간 동안 국제사회의 관심을 받아왔다. 등화용 기름을 얻기 위해 무자비한 어획이 이루어졌던 19세기와 20세기 초의 남획으로 어족자원의 감소가 급속하게 이루어졌고 멸종위기를 막기 위한 노력이 이루어져왔지만 개체수 감소가 계속되자 포경협약에 의해 설립된 포경위원회는 상업적 포경의 전면적 금지조치 즉 모라토리움을 채택하기에 이르렀다. 이 조치에서도 식용으로 고래를 이용해 왔던 '토착민'(indigenous people)에 대한 예외와 고래 보호를 위한 '과학조사목적'을 위한 예외를 인정해

* 이 장은 「법학연구」(전북대학교 법학연구소) 제46집(2015)에 게재된 것을 이 책의 목적에 맞게 보완한 것이다.

1) 이재곤, 박덕영, 박병도, 소병천, 「국제환경법」, 박영사, 2015, p.234.

2) Johannesburg Declaration on Sustainable Development, para.13, UN Doc. A/CONF.199/20.

주었는데 일부 국가의 과학조사목적의 포경이 그 목적을 벗어난 과도한 포경이 이루어지고 있다는 주장이 제기되어 분쟁이 되어 왔다. 특히 오스트레일리아(이하 호주)는 국내법원판결[3]을 통하여 자국 고래보호수역에서 일본 포경선박의 포경활동을 자제하도록 명령하는 국내적 조치와 문제의 소위 '과학조사목적'을 위한 포경활동을 억제하려는 국제적 노력을 수행하였으나 그 뜻을 이루지 못하였다. 이런 상황 속에서 국제사법재판소(ICJ)는 2014년 3월 31일 호주가 일본을 상대로 제기하였던 남대양(남극해 또는 남빙양)에서의 고래잡이 사건에 대한 판결을 통하여 이 문제를 다루었다.[4] 이 사건은 2010년 5월 31일 호주가 일본의 제2단계 남극에서의 고래조사프로그램(JARPA II)에 따른 특별허가하에 이루어진 대규모 포경프로그램이 포경협약[5]에 따라 부담한 의무와 기타 해양포유동물과 해양환경의 보전을 위한 국제의무를 위반하였다고 일본을 제소한 사건이었다.[6]

---

3) Humane Society International Inc. v. Kyodo Senpaku Kaisha Ltd. (2008) FCR 3, ¶ 55 (Australia). 이 사건에 대한 상세한 면은 Donald K. Anton, "Antarctic Whaling: Australia's Attempt to Protect whales in the Southern Ocean", *Boston College Environmental Affairs Law Review*, vol.(2009), pp.332-342

4) Judgement, 31 March 2014, 판결문은 <http://www.icj-cij.org/docket/index.php?p1=3&p2=3&k=64&case=148&code=aj&p3=4>, 2015년 10월 31일 방문.

5) International Convention for the Regulation of Whaling, 1946년 12월 2일 워싱턴에서 체결, 1948년 11월 10일 발효, 161 UNTS 72, 1956년 11월 19일 개정조약은 338 UNTS 336. 한국은 1978년 12월 29일 가입(조약 제670호), 한국은 당사국으로서 2005년 6월 제57차 포경위원회(IWC)를 울산에서 개최한 바 있다. 박현진, 유재형, "국제포경규제협약 60주년과 양극화로의 갈림길에 선 국제포경위원회: 상업포경중지 20주년과 책임포경을 향한 한국의 선택", 「해사법연구」, 제18권 제2호(2006), p.158.

6) 호주와 일본은 국제사법재판소 규정 제36조 2항 소위 '선택조항'(optional clause)을 수락하고 있었기 때문에(일본은 2007년 7월 9일, 호주는 2002년 3월 22일 선언) 합의 없이 호주가 일방적으로 제소하였다. 하지만 일본은 호주의 선택조항 수락선언상의 예외조항(해양경계획정 또는 분쟁수역 또는 획정중인 수역에 인접한 수역의 이용에 관한 분쟁)을 근거로 재판소의 관할권을 부인하였다. 재판소는 이 분쟁이 근본적으로 포경협약상 의무위반문제를 다루는 사건이지 해양영역에 대한 분쟁이 아니라는 점과 선택조항의 해석시 선언한 국가의 의도가 일차적으로 고려되어야 한다는 그간의 국제사법재판소 판결(예를 들어, *Anglo-Iranian Oil Co. case*, Preliminary Objection, Judgement, ICJ Reports, p.104)이 있었던 점 등을 근거로 일본인 재판관인 Owada를 포함한 만장일치로 관할권이 있다고 판결하였다. 사실 호주는 남극대륙에 대한 영유권을 주장하고 있고 남대양에서의 자국 배타적경제수역획정과 해양생물자원규제와 관련하여 관할 수역 범위문제를 가지고 있었지만 전략상 이런 문제를 포함할 경우 관할권문제가 제기될 것을 고려하여 청구취지를 단순화하였다는 주장이 있다. Casey Watkins, "Whaling in the Antarctic: Case Analysis and Suggestions for the Future", *New York International Law Review*, vol.25(2012), p.62. 한편 재판소에 호주국적의 재판관이 없었기 때문에 규정 제31조 2항에 따라 Hillary Charlesworth가 국적재판관(Judge *ad hoc*)으로 선임되었다. 뉴질랜드는 규정 제63조 2항에 따라 소송참가를 요청하였고 양당사국의 반대가 없어 재판소는 이에 대한 심리 없이 소송참가를 인정하였다.

이 장은 국제사회의 고래보호를 위한 포경활동의 규제역사와 현 상황을 살펴보고(II) 국제사법재판소가 내린 남극해포경사건의 판결을 분석한 후(III), 이 사건이 갖는 고래의 보존과 지속가능한 이용과 관련한 국제법적 의의와 국제적 포경규제의 개선방안을 모색(IV)하고 마무리하고자 한다(V).

Ⅱ. 포경활동의 국제적 규제

1800년대 중반까지는 필요성이 대두되지 않던 포경활동의 규제는 20세기에 들어와서 본격적으로 문제되기 시작하였고 처음에는 환경 및 자연보호문제로 다루어지기 보다는 에너지와 자원정책으로 다루어졌다.[7] 이전에는 서구사회에서 오늘날의 석유처럼 고래기름이 등화용 기름으로 중요한 역할을 했고 고래수염은 오늘날의 플라스틱과 같은 역할을 하였다. 또한 화장품 및 감마제에 고래가 많이 쓰여 포경산업이 중요한 산업의 하나였다. 초기에는 근해 포경업이 이루어졌지만 연근해 고래자원이 감소하면서 점차 원양 포경이 발전하게 되었고 결국에는 남대양(Southern Ocean)에까지 이르게 되었다. 남대양에서의 해양포경은 1904년에 시작되었고 바다에서 고래를 처리할 수 있는 공모선(factory ship)이 발전하면서 포획되는 고래수가 급속도로 증가하게 되었고 1930년에 이르러서는 205척의 배가 무려 37,500마리를 포획하여 세계 고래기름시장을 붕괴시키게 되었다.

이러한 배경에서 1925년 국제연맹이 최초로 고래의 과포획 문제를 다룬 이래 고래잡이를 규제하는 두 개의 다변조약이 체결되었다. 하나는 1931년의 포경규제에 관한 협약[8]으로 '고래자원의 보호'보다는 '포경산업의 지속가능성'에 대한 우려에서 나온 것이었다.[9] 1931년 협약은 일정한 범주의 고래의 살상을 금지하고 선박에 의한 포경이 당사국의 허가를 받아 이루어지도록 요구하였으나 전체적인 포경 가능한 개체수를 증가시키는 문제는 다루지 못하였다. 다른

7) 규제필요성에 영향을 미친 것은 기술발전으로 고래잡이가 용이해지고 먼 바다에까지 출어하여 고래잡이가 가능해진 때문인데 1868년의 폭발성 작살(explosive harpoon)의 발명과 1903년의 공모선(factory ship)의 발명이 그것이다. Benjamin van Drimmelen, "The International Mismanagement of Whaling", *UCLA Pacific Basin Law Journal*, vol.10(1991), p.240.

8) Convention for the Regulation of Whaling, 1931년 9월 24일 제네바에서 체결, 1935년 1월 16일 발효, 155 LNTS 349.

9) *supra* note 4, para.43.

하나의 조약은 1937년의 포경규제를 위한 국제협정[10]으로 전문에서 포경산업의 번영을 확보하고 그것을 위해 고래자원을 유지하는 것을 목적으로 한다고 밝히고 있다. 이를 위해 협정은 일정한 범주의 고래 어획금지, 다른 유형의 고래를 위한 포경허용기간 규정, 일정 해역에서의 포경금지, 포경산업에 대한 추가규제 등을 규정하고 있었다. 1931년 협약과 마찬가지로 당사국은 어획한 모든 고래로부터 일정한 생물학적 정보를 수집하여야 하고 다른 통계자료와 함께 노르웨이의 국제포경통계국(International Bureau for Whaling Statistics)에 제출할 의무가 있었다. 협정은 또한 당사국정부가 과학조사목적을 위하여 고래를 살상, 포획 및 처리할 것을 허용하는 특별허가를 부여할 수 있도록 하였다. 이 협정에 대한 세 개의 의정서가 추가로 채택되어 포경활동에 몇 가지 추가적인 제한을 가하였다.

하지만 당시의 포경활동 규제체제에 불만을 가졌던 미국의 주도로 포경에 관한 국제회의가 1946년에 개최되었는데, 이 회의는 광범위한 규제의 조정과 규제법규의 법전화를 이루고 포경활동과 관련된 조건의 변화에 따라 장래에 규제내용도 변화를 주기 위한 효과적인 행정적 장치를 수립하려는 것이었다. 이 회의 결과 1946년에 포경활동 규제의 기본규범과 규제체제를 수립하게 된 포경협약이 체결되었다.[11] 앞선 두 포경관련 조약과는 달리 1946년 포경협약은 협약 본문에서는 고래자원의 보존 또는 포경산업의 관리에 관한 실질적인 규정을 두지 않았다. 대신 협약과 불가분의 일체를 이루는(forms an integral part of the Convention)[12] '부표'(Schedule)에 실질적 규제 규정을 두었는데 이는 국제포경위원회(International Whaling Commission)[13]의 결정으로 부표를 개정할 수 있게 하여 상황 변화에 쉽게 대응할 수 있게 하기 위한 것이었다.[14] 부표가 개정될 수 있는 사

---

10) International Agreement for the Regulation of Whaling, 1937년 6월 8일, 런던에서 체결, 190 LNTS 79.

11) 소송당사국인 호주에 대하여는 1948년 11월 10일, 일본에 대하여는 1951년 4월 21일에 발효하였다. 소송참가한 뉴질랜드는 1949년 8월 2일 비준서를 기탁하였으나 1968년 10월 3일 탈퇴의사를 표명하였다가 1976년 6월 15일 다시 가입하였다. 포경협약의 규제대상은 대형고래(수염고래, baleen whales)로 돌고래, 범고래 및 상괭이 등 소형고래류는 규제대상에서 제외된다. 박현진, 유재형, *supra* note 5, 157.

12) 협약 제1조 제1항 규정 참조.

13) 1946년 체결된 포경협약에 의해 협약이행의 관리기구로 설립되었다. 현재는 협약 당사국 88개국 대표로 구성되었고 고래의 보존과 포경의 관리책임을 지고 있다. 영국 Cambridge 근교 Impington에 본부를 두고 있다.

14) 포경위원회는 포경규제에 중요한 역할을 하는 기구로 각 당사국의 1명의 대표로 구성된다(협약 제3조 제1항). 부표의 개정은 총투표수의 4분의 3 다수결로 이루어지고 출석하여 반대하지 않은 국가에 대하여 구속력을 갖는다. 반대한 국가에게는 그 반대의사를 철회할 때까지 개정 규정이 적용되지 않는다.

항으로는 보호고래종과 비보호고래종, 포획기와 금획기, 포경수역과 포경금지 수역(보호수역지정을 포함), 각 고래종에 따른 크기 제한, 포경의 시기, 방법 및 정도, 포경어구, 장비 및 기구의 형식과 특징, 측정방법 등이 열거되고 있다.[15] 부표의 개정은 고래자원의 보존, 개발 및 최적이용을 제공하고 협약의 목적과 목표를 수행하기 위한 필수적인 것이어야 하고 과학적 사실에 기초하여야 한다.[16] 포경위원회는 고래와 포경에 관하여 필요한 경우 체약국에 대한 권고를 채택할 수 있는데 포경위원회의 권고는 법적으로 구속력은 없지만 콘센서스 또는 만장일치로 채택되는 경우 협약 또는 부표의 해석에 관련될 수 있다.

포경위원회는 1950년 과학위원회(Scientific Committee)를 설립하였는데 주로 당사국에 의해 지명된 과학자로 구성되지만 정부간 국제기구로부터 온 자문관이나 당사국이 지명하지 않은 과학자도 투표권 없이 초청될 수 있다. 과학위원회는 고래와 포경에 관한 연구와 조사활동을 통하여 포경위원회를 보조하는 기능을 수행하는데[17] 당사국이 협약상의 의무에 따라 제출하는 정보를 분석한다. 과학위원회는 특히 부표 개정안 채택의 근거가 되는 과학적 사실(scientific findings)을 밝히는데 기여하고, 협약 제8조 제1항하에서의 과학적 조사목적을 위한 포경활동을 당사국이 그 국민에게 특별허가를 부여하기 전에 이에 대한 심의와 의견제시를 하는데 과학위원회가 제시한 의견은 법적 구속력이 없다.

포경위원회는 허용되는 총 고래 쿼터를 정하는 방법으로 고래를 관리하고 보존하려고 노력하여 왔으나 일본, 노르웨이, 네덜란드 등 대표적인 상업포경국가들은 쿼터를 줄이려 하면 협약체제에서 탈퇴하겠다는 압력을 가하여 이를 방해하였다. 이로 인해 협약초기 포경규제에 실패하고 많은 고래종이 멸종위기에 처하게 되었다. 이에 따라 포경위원회는 1960년대 들어 상업포경쿼터를 정하는 방법을 변경하여 개별 고래종 또는 전체 고래 개체수의 풍부성 또는 희소성을 고려하지 않은 고래기름 잠재량에만 근거하여 측정하였던 '대왕고래기준단위'(Blue-Whale Unit)를 변경하였다. 이 방법은 포경업자들이 경제적인 측면에만 초점을 맞추어 한 마리의 대왕고래에서 나오는 기름량을 기준으로 기름이 많이 나올 수 있는 큰 고래종만 집중적으로 포획하도록 만들었다. 이에 따라 1972년에 '종당 쿼터제도'(per species quota system)로 대체하였다. 1974년에는 새로운 신관리절차(RMP)를 채택하여 상업포경을 그 통제하에 두게 하여 상업포경의 전면적

15) 협약 제5조 제1항.
16) 협약 제5조 제2항.
17) 협약 제4조.

금지를 요구하는 국가들을 달랬다. 신관리절차는 초기관리종(initial management stocks), 유지관리종(sustained management stocks) 및 보호종(protected stocks) 등 세 가지로 분류하여 보호종은 포경산업이 있기 전의 54% 이하로 개체수가 감소하여 최적이용하기에는 너무 희소한 것으로 간주되어 포경이 금지된다. 이를 효과적으로 이행하기 위한 과학자료가 부족하여 결국은 전면적 상업포경금지를 주장하는 '보전주의자'(preservationist)와 통제된 포경을 허용하자는 '보존주의자'(conservationist) 등 두 그룹으로 나뉜 정치적 대립이 발생하게 되었다. 국제적 환경보호와 동물의 권리운동이 성장하면서 보전주의자들이 힘을 얻게 되었다. 또한 기름 등 고래산업이 쇠퇴하면서 남대양에서 적극적으로 상업포경을 하는 국가는 일본과 러시아 정도만 남게 되었고 호주도 1978년에 와서는 포경활동을 중단하고 보존주의로 입장을 변경하였다.[18] 결국 1982년에는 부표 개정에 필요한 4분의 3 동의를 얻게 되어 1986년부터 전면적 상업포경금지조치(moratorium)가 채택되었다.[19] 하지만 아직도 포경협약 운영체제인 포경위원회에서의 논의는 각종 고래종의 멸종위기 정도, 보존 또는 이용의 강조점 등에서 첨예하게 대립되고 있어

---

18) 호주는 고래의 천연어장을 주변수역에 가지고 있고 포경산업과 관련된 경제적 이해관계로 인해 19세기 초부터 1960년대까지 대표적인 포경국가의 하나였다. 1978년 보전주의로의 입장변경 후 국제사회에서의 고래보존 주장을 이끌어 왔다. 또한 고래보존을 위한 노력의 일환으로 1980년 기존 고래법(Whale Act, 1931년 최초 제정)을 대체하는 고래보호법(Whale Protection Act)을 제정하였고 1999년에는 고래보존에 밀접한 관련을 갖는 환경보호 및 생물다양성보존법을 제정하였다. 이들 법률을 통하여 자국의 남극을 포함하는 영토에 부속하는 배타적 경제수역 내에 오스트리아 고래보호구역을 설정하였다. 또한 NGO들에 의해 고래보호를 위한 국내법원에서 많은 소송이 제기되었다. 상세한 면은 Anton, *supra* note 3, pp.325-329.

호주는 배타적 경제수역을 자국영토를 근거로 설정하였을 뿐만 아니라 남극대륙 중 일부 지역에 대하여 1930년대부터 영유권을 주장하였던 지역을 근거로도 설정하여 문제가 제기되었다. 하지만 이러한 배타적경제수역 설정은 남극조약 제4조 제2항에 따라 남극조약 당사국들은 영토주권(territorial sovereignty)에 대한 새로운 청구권 또는 기존 청구권의 확대(new claims or the enlargement of existing claims)를 주장하지 못한다는 점에서 국제법상으로는 인정될 수 없다는 주장이 제기되어 입장대립이 있다. 남극조약위반이라는 국가들은 호주의 배타적경제수역 설정이 남극조약상 금지된 새로운 청구 또는 기존 청구권의 확대라고 주장하는 반면, 호주는 이미 남극대륙에 대한 기존 주장에 부수된 것일 뿐 새로운 청구권이나 기존 청구권의 확대가 아니라는 주장이다. 또 하나는 배타적 경제수역에서의 설정국가의 주권적 권리(sovereign rights)를 부여하였을 뿐 영토적 주권을 부여한 것은 아니기 때문에 영토주권에 대한 청구권이 아니라고 주장하는 반면 두 용어의 차이가 어족자원의 90%, 해양석유자원의 87%를 보유하고 있는 배타적 경제수역에서의 연안국의 배타적 권리를 고려할 때 차이가 없다고 주장한다. 상세한 면은 *Ibid.*, pp.341-342.

19) Schedule para.10(e): Catch limits for the killing for commercial purposes … from all stocks for the 1986 coastal and 1985/86 pelagic seasons and thereafter shall be zero. 포경협약도 근본적으로는 보존주의를 택하고 포경쿼터를 배정하는 방법으로 규제하고 있었기 때문에 실제로는 전면적 금지가 아닌 쿼터를 영(zero)으로 하는 방법을 택하였다. *supra* note 4, para.58.

운영에 어려움을 겪고 있다.

한편 1982년 채택된 해양법협약[20]도 해양포유동물에 대한 별도의 규정을 두어 고래에 대한 특별보호를 부여하고 있다.[21]

일본은 처음에는 상업포경금지조치가 협약 제5조 제2항을 위반하였다고 주장하여 반대하였으나 미국의 경제제재 위협에 굴복하여 1988년에 이의를 철회하고 상업포경을 하지 않기로 합의하였다. 포경위원회가 1994년 남대양에 설정한 고래보호구역(Southern Ocean Whale Sanctuary)에 대하여 일본이 이의를 제기하여 일본에는 적용되지 않았다. 이후 일본은 포경위원회의 상업포경모라토리움하에서도 협약상 예외가 인정되는 과학조사목적의 특별허가포경과 원주민의 생존을 위해 예외가 인정되는 원주민생존포경에 눈을 돌렸다. 우선 일본은 1997~1998년 시즌부터 JARPA[22]라는 과학조사목적의 포경프로그램을 운영하기 시작하였다. 이것은 포경협약 제8조가 과학조사목적으로 가맹국이 그 국민에게 고래의 포획을 허용하는 특별허가를 할 수 있도록 규정하고 있는 것에 근거한 것이었다. 동 프로그램은 밍크고래를 처음에는 연간 300(±10%)마리, 1995~1996 시즌부터는 연간 400(±10%)마리를 살상할 수 있도록 하고 있었고 2004~2005시즌 이후에 이 프로그램은 종료하였다. 이 프로그램하에서 남극해에서만 6,800마리의 밍크고래가 과학조사목적으로 포획되었는데 이는 전 해양에서 일본이 포경협약 발효 후 모라토리움 조치가 있기까지 총 31년 동안 840마리의 밍크고래를 포획한 것에 비하여 엄청나게 큰 숫자였다.[23] 여기서 그치지 않고 일본은 2005년에 두 번째 단계인 JARPA II[24] 프로그램을 가동하기 시작하여 포경위원회의 승인을 구하였지만 30대 27로 부결되었고 이 프로그램을 철회하도록 강하게 독려받았다.[25] 하지만 일본은 과학조사목적의 특별허가를 계속하였고 포경위원회의 살상방법을 통한 포경활동중단 결의[26]도 이행하지 않았다. 고래를 보

20) United Nations Convention on the Law of the Sea, 1982년 12월 10일 Monte해 Bay에서 체결, 1994년 11월 16일 발효, 대한민국에 대하여는 1996년 2월 28일 발효(조약 제1328호), 21 ILM 1261(1982).
21) 협약 제65조.
22) 정식명칭은, Japanese Research Program under Special Permit in the Antarctic.
23) Anton, *supra* note 3, p.321; 일본의 과학조사프로그램에 대하여 정당성을 인정하는 주장도 제기되었다. 예를 들어, Eldon V. C. Greenberg, Paul S. Hoffa and Michael I. Goulding, "Japan's Whale Research Program and International Law", *California Western International Law Journal*, vol.32(2002), pp.151-209.
24) Japanese Research Program under Special Permit in the Antarctic Phase II.
25) Resolution on JARPA II, IWC Res. 2005-1 (2005), http://www.iwcoffice.org/meetings/resolutions/Resolution2005-1.pdf (2015년 10월 31일 방문).
26) Resolution on JARPA, IWC Res. 2007-1, http://www.iwcoffice.org/meetings/resolutions/Resolution

존하는 방향으로 정책을 전환한 후 고래의 이용에 초점을 맞추어온 일본과 20년 훨씬 넘게 포경위원회 등 다양한 무대에서 충돌하여 온 호주가 이 문제를 국제사법재판소에 제기하여 재판소에서 일본의 과학조사프로그램의 정당성문제가 다루어지게 되었다.

또한 일본은 타이지, 아바쉬리, 아유카와 및 와다 등 4개 어촌마을이 전통적으로 생계와 식용을 위한 상업포경에 의존하여 왔기 때문에 그린랜드, 미국, 러시아 등의 에스키모인이나 러시아의 추코트카원주민과 같이 원주민의 생존을 위한 포경[27]이 예외적으로 허용되어야 한다고 주장하여 왔다.[28]

Ⅲ. 국제사법재판소의 판결

1. 사건 당사국들의 청구내용과 주장

호주는 재판신청서(Application)에서 일본의 과학조사프로그램인 JARPA II가 국제포경협약 제8조에 따른 과학조사목적의 프로그램이 아니라는 근거 하에 일본이 남대양에서 JARPA II를 이행하여 국제의무를 위반하였다고 선언하여 줄 것을 요구하였다. 이와 함께 일본이 포경협약 제8조의 의미 내에서의 과학조사목적이 아닌 포경의 특별허가의 자제, 즉각적 효과를 가진 JARPA II의 이행의 중지, JARPA II 이행을 허용하는 허가 또는 면허의 취소, 국제법하에의 의무에 합치되도록 맞추어질 때까지 JARPA II 또는 유사한 프로그램하에서 더 이상의 어떠한 조치도 취하지 않겠다는 보장을 하도록 요구하였다.

호주는 일본의 국제의무위반에 대하여 포경협약과 함께 멸종위기종의 국제거래규제에 관한 조약(CITES)[29]과 생물다양성협약(CBD)[30]을 언급하였다. 하지만

2007-1.pdf (2015년 10월 31일 방문). 이 결의에서는 JARPA II에 추가적으로 혹등고래와 흰수염고래까지 조사대상으로 확대한 것을 지적하였다. 이 결의는 40대 28로 통과되어 더 많은 국가들이 고래보전에 힘을 실어주었다.

27) 협약, 부표(Schedule) 제13항.

28) 박현진, "국제포경위원회정상화와 연안포경 재개: 대형고래자원의 보존 이용을 둘러싼 도전과 대응", 「국제법평론」, 통권 29호(2009), p.112.

29) Convention on International Trade in Endangered Species of Wild Fauna and Flora, 1973년 3월 3일 체결, 1975년 7월 1일 발효, 대한민국에 대하여는 1993년 10월 7일 발효(조약 1194호), 993 UNTS 243.

30) Convention on Biological Diversity, 1992년 6월 5일 Rio de Janeiro에서 체결, 1993년 12월 29일 발효, 대한민국에 대하여는 1995년 1월 1일 발효(조약 1264호), 31 ILM 822(1992).

실제 자국의 입장을 변론하는 과정에서는 포경협약 위반만을 집중적으로 주장하였는데 구체적으로는 일본의 과학조사를 위한 포경은 실질적으로는 상업포경이고, 1) 상업적 목적을 위해 고래를 살상하지 않아야 할 의무(포경협약 부표 제10조 e); 2) 남대양보호구역에서의 참고래(fin whales)의 상업적 포경을 자제할 의무(부표 제7조 b); 3) 공모선 또는 공모선에 속한 포경선(whale catchers)에 의한 밍크고래를 제외한 고래의 포획금지의무(부표 제10조 d); 4) 살상 또는 처리에 대한 모라토리움을 준수할 의무(부표 제30조) 등의 위반을 열거하였다.[31]

반면에 일본은 답변서(Counter Memorial)에서 국제사법재판소가 이 사건에 대한 관할권이 없다는 것과 재판소가 관할권이 있다고 판결하는 경우 일본의 과학조사프로그램은 과학적 조사목적을 위한 것이고 따라서 협약 제8조 제1항에 규정된 과학적 조사목적을 위한 예외에 해당한다는 근거에서 호주의 모든 청구는 기각되어야 한다고 주장하였다.[32]

2. 법적 쟁점과 판결

(1) 핵심 쟁점

사건의 핵심 쟁점은 과학조사를 위한 포경으로 특별허가를 받은 특별허가포경활동(special permit whaling)을 포경규제의 예외로 인정하고 협약 제8조 제1항의 해석적용에 관한 것이었는데[33] 동 조는 다음과 같이 규정하고 있다:

> 본 협약 내의 여하한 규정에도 불구하고 체약국정부는 수량제한 및 동 정부가 적절하다고 인정하는 기타 조건에 따라 '과학조사를 목적으로'(for the purpose of scientific research) 자국민에게 고래의 살상, 포획, 처리를 인가하는 특별허가(special permit)를 부여할 수 있으며, 본 조의 규정에 따른 고래의 살상, 포획, 처리는 본 협약의 적용으로부터 제외된다. 각 체약국정부는 동 정부가 부여한 모든 인가를 즉시 위원회에 보고하여야 한다. 각 체약국정부는 동 정부가 부여한 특별허가를 언제든지 철회할 수 있다.

31) Australian Application of 31 May 2010, Whaling in the Antarctic (Australia v. Japan), at <http://www.icj-cij.org/docket/files/148/15951.pdf>, 2015년 10월 31일 방문.

32) Counter Memorial of Japan of 9 March 2012, Whaling in the Antarctic (Australia v. Japan), at <http://www.icj-cij.org/docket/files/148/17384.pdf>, 2015년 10월 31일 방문. 한편 남극해포경사건에 소송참가한 뉴질랜드는 우선, 과학조사목적의 예외적 포경을 허용한 협약 제8조는 협약에 의해 수립된 집단적 규제체제의 불가분의 일부이지 그 예외가 아니므로 협약의 타의무를 우회하기 위한 목적이거나 협약의 목적과 대상을 침해하기 위한 포경을 허가하기 위해서는 적용될 수 없다는 것 등 대체로 호주의 입장을 지원하는 주장을 폈다.

33) *supra* note 3, para.50.

재판소는 우선 이 조항을 해석하는 데 있어 특별허가를 거부하거나 허가부여 조건을 특정하는 재량권은 당사국에게 있지만 특별허가에 따른 고래의 살상, 포획 및 처리가 과학조사목적인가 여부는 재판소가 결정할 수 있다고 보았다.[34] 재판소는 또한 특별허가가 과학조사목적으로 부여되었는지 여부를 평가함에 있어 첫째, '과학조사'를 포함하고 있는지를 심사하고 둘째, 과학적 조사 '목적을 위한 것'인지 여부는 살상방법을 사용함에 있어서 프로그램의 디자인과 이행이 과학조사목적을 달성하는 것과 관련하여 합리적인지 여부와 같은 객관적 요소를 조사하여 판단할 것이라고 밝혔다.[35] 따라서 재판소는 이 사건의 쟁점을 해결하는 데 있어 가장 핵심적인 문구는 1) "과학조사"(scientific research)와 2) "목적을 위한"(for purposes of)라고 보았고 이들 용어는 누적적인 것으로 프로그램이 과학조사를 포함하고 있더라도 과학조사'목적을 위한 활동'이 아니면 제8조에 합치된 것이 아니라고 보았다.[36]

(2) '과학조사'의 의미

재판소는 포경협약에서 '과학조사'라는 용어를 정의하지 않았다고 지적하고 호주가 자국 과학전문가 Mangel의 견해에 따라 협약의 문맥에서 "과학조사"는 다음과 같은 네 가지 기본성격을 갖는다고 주장한 것을 인용하였다: 1) 고래의 보존과 관리에 중요한 지식에 공헌할 목적을 가진 명확하고 달성가능한 목표; 2) 연구목적을 달성하기 위한 적절한 연구방법; 3) 동료심사(peer review); 4) 고래에 미치는 부정적 영향의 회피. 하지만 재판소는 이들 기준이 협약 제8조의 문맥에서의 '과학조사'에 해당하기 위해 만족되어야만 하는 조건이라는 것은 설득력이 없다고 보았다. 나아가 재판소는 과학조사를 정의하거나 대체적 정의를 찾을 필요가 없다고 보고 다만 양당사국이 합의한 해당 조사가 고래보존에 부정적 영향을 미치지 않아야 한다는 점만 강조하였다.

(3) '목적을 위한'의 의미

재판소는 고래를 살상하는 방법을 사용하는 것이 과학조사 '목적을 위한' 것인가 여부를 결정하기 위해 언급된 과학조사목적과 관련하여 과학조사목적의 포경프로그램의 디자인과 이행의 구성요소가 합리적인지를 고려할 것이라고 밝혔다. 그러한 요소들로는 1) 살상방법을 사용할 것인지 여부에 대한 결정;

34) *Ibid.*, para.59-61.
35) *Ibid.*, para.67.
36) *Ibid.*, para.71.

2) 살상샘플의 사용 규모; 3) 샘플규모를 정하는 방법론; 4) 목표샘플 규모와 실제 포획된 샘플의 비교; 5) 프로그램에 결합된 연구기간과 같은 시간계획; 6) 프로그램의 과학적 성과(output); 7) 프로그램이 그 활동과 관련된 연구프로젝트를 조정하는 정도 등이 지적되었다.[37)]

재판소는 과학조사목적 포경프로그램의 디자인과 이행은 상업포경과는 중요한 점에서 차이가 있다는 것을 지적하면서 어떤 목적의 포경이냐를 구분하는 데 있어 이 차이가 중요한 의미를 갖는다고 보았다. 예를 들어, 상업포경은 상업적 가치가 있는 '몸집이 큰 고래종'이 대상이지만 과학조사목적의 포경은 '희귀하거나 상업적 가치가 없는 고래종'이 주요 대상이라고 설명하였다.

호주는, 우선 협약 제8조 제2항이 과학조사목적 포경의 부산물로 나온 고래고기를 판매할 수 있도록 허용하고 있는 것은 인정하면서도 프로그램운영으로 나온 고래고기의 양이 과학조사목적의 살상, 포획 및 처리인가에 의문을 제기한다고 주장하였다. 이에 대하여 일본은 고기판매는 연구기금을 위해 허용된 것이고 어업연구에 있어 보편화된 것이라고 반박하였다. 이에 대하여 재판소는 고래고기로 연구기금을 마련한다는 것만으로는 부족하고 특히 특별허가가 부여된 과학조사의 재원을 마련하기 위해 과학조사목적의 프로그램에서 언급된 목적을 달성하기 위한 것보다 불합리하게 큰 규모의 살상샘플을 사용할 수 없다고 보았다.[38)] 둘째로, 과학조사목적을 뛰어넘는 목표를 추구하는 것은 특별허가가 협약에 합치되지 않는다는 것을 보여주는 것이고 그러한 예로 포경산업을 유지하고 고용을 유지하려는 정책목표를 추구하는 것은 과학조사목적을 위한 것이 아니라는 것을 나타낼 수 있다고 주장하였다. 일본도 특별허가는 과학조사목적을 위한 포경에만 부여되어야 하고 상업포경에는 부여될 수 없다는 것에 동의하였지만 상업포경에 대한 모라토리움을 수립한 부표 제10항 e는 모라토리움을 재심사하고 잠재적으로 동 조치를 철회하기 위해 최선의 과학적 자문을 요구하고 있다는 것을 지적하고 지속가능한 포경을 한다는 것을 전제로 상업포경을 재개할 수 있는지를 밝히기 위한 과학조사프로그램을 이행할 권리가 있다고 주장하였다.[39)]

이에 대하여 재판소는 국가가 특정정책을 추구할 때 하나 이상의 목표를 달성하려고 할 수 있다고 보고 과학조사목적을 위한 것인가의 객관적 기준은

---

37) *Ibid.*, para.88.
38) *Ibid.*, para.94.
39) *Ibid.*, para.95.

개별 정부관료의 의도에 달린 것이 아니라 언급된 조사목적을 달성하는 것과 관련하여 합리적인 디자인과 이행이 이루어질 프로그램인가 하는 것이라고 보았다.[40]

(4) JARPA II의 정당성 판단

1) JARPA II의 내용과 과학조사에 해당 여부

1982년에 국제포경위원회의 상업포경에 관한 모라토리움에 반대하였던 일본이 1986년에 반대의사를 철회하여 모라토라움이 일본에 대하여 발효하자 일본은 1997~1998년 시즌에 과학조사목적의 포경프로그램인 JARPA(Japanese Whale Research Program under Special Permit in the Antarctic)를 시작하여[41] 2004~2005년 시즌까지 계속하였고 2005~2006시즌부터는 JARPA II가 운영되었다. JARPA는 남대양 밍크고래 연구프로그램으로 남대양에서의 밍크고래를 중심으로 한 해양생태계에 관한 연구를 위한 것으로 최종적으로는 샘플규모 400마리(±10%)로 운영되었고 18년 동안의 JARPA프로그램 하에서 6,700마리 이상의 밍크고래가 살상되었다.

2005년 3월 일본은 포경위원회의 과학위원회에 JARPA의 후속프로그램인 JARPA II를 제출하였다. 과학위원회 심사 후 2005년 11월 첫 번째 특별허가를 부여하여 JARPA II가 가동을 시작하였다. JARPA II도 1987년에 설립된 공익재단인 고래연구원(Institute of Cetacean Research)에게 특별허가가 부여되었고 일본은 이 연구원에 보조금을 지급하면서 감독권한을 행사하여 왔다. JARPA II 연구계획에는 연구목적, 연구기간 및 대상해역, 연구방법, 샘플규모, 고래종에 기대되는 효과 등이 핵심 요소로 담겨 있었고 살상 샘플이 되는 고래종은 남극밍크고래(Antarctic minke whale), 참고래(fin whale), 혹등고래(humpback whale) 등 3종이었다.[42]

계획서에 담긴 JARPA II의 연구목적은 1) 남대양 생태계의 모니터링; 2) 고

---

40) *Ibid.*, para.97.

41) 호주는 JARPA가 과학조사로 위장된 상업포경을 계속하려는 것이라는 입장을 취하였다. 이러한 호주의 주장은 1983년 일본정부 관료가 상업포경모라토리움 채택에 대응하여 일본정부의 목표는 어떤 형태로든 우리의 포경을 계속할 수 있도록 보장하는 것이라고 밝혔던 것 등 여러 성명에 근거한 것이었다. 일본정부는 호주의 주장을 반박하고 JARPA는 상업포경모라토리움을 정당화하려는 고래어족에 대한 데이터가 상업포경을 적절하게 운용하기에 적절하지 않다는 것이기 때문에 과학조사가 우선 시작되어야 한다는 취지에서 마련되었다고 주장하였다.

42) *supra* note 3, para.110. 이들 3가지 고래는 모두 수염고래(baleen whale)로 이가 없어 바닷물로부터 먹이를 수염판으로 걸러내 얻는다. 밍크고래가 가장 작아 10~11미터 크기에 8~10톤이 나간다. 참고래는 두 번째로 큰 고래로 25~26미터 크기에 60~80톤이 나간다. 혹등고래 중간크기로 14~17미터 크기이다. *Ibid.*, para.110-111.

래종간의 경쟁 및 미래 관리목표 모델링; 3) 종구조의 시간적, 공간적 변화 분석; 4) 남극밍크고래를 위한 관리절차의 증진 등이다. JARPA II는 단계별로 6개년 계획으로 되어 있고 6년의 각 단계마다 개정을 검토하도록 되어 있다. JARPA II의 운용해역은 협약 부표 7(b)로 수립된 남대양보호수역(Southern Ocean Sanctuary) 내의 해역으로 되어 있었다.

JARPA II는 목적달성을 위해 살상방법과 비살상방법을 혼용하도록 계획되었다. 일본은 생태계모니터링과 고래종간의 경쟁모델링이라는 연구목적을 달성하기 위해서는 살상방법 사용이 필수적이라고 주장하였다. 또한 종구조의 시간적, 공간적 변화의 분석이라는 목표를 달성하기 위해서는 고래로부터 획득한 유전적, 생물학적 표지(marker)가 필요한데 이를 살상한 고래에서 취할 수도 있고 또한 비살상방법, 즉 조직채취법(biopsy)을 사용할 수도 있다. 샘플규모는 참고래와 혹등고래는 50마리, 밍크고래는 850마리(±10%)로 최대 935마리로 정해졌다. 비살상방법으로 조직채취법, 식별연구와 함께 위성태그 붙이기 등이 사용될 수 있고 일본은 실제로 광범위하게 비살상방법도 사용된다고 밝히고 또한 JARPA II가 계획하고 있는 살상샘플 규모로는 대상 고래종에 어떠한 부정적 영향도 미치지 않는다고 주장하였다.

재판소는 JARPA II의 작성과 이행이 프로그램에 언급된 연구목적을 달성하는 것과 관련하여 합리적인지의 여부를 논의하면서 JARPA II가 연구목표에 대응하는 연구범위를 기술하고 과학자에 의한 데이터의 체계적 수집과 분석을 포함하는 활동프로그램이라고 보았다. 또한 JARPA II의 연구목표는 부속서(Annex)에서 과학위원회가 밝힌 연구범주 내에 들어온다고 보고 여러 정보에 근거하여 살상샘플을 포함하는 JARPA II하의 활동이 광범위하게 '과학조사'로 성격을 규정할 수 있다고 결론지었다. 이에 따라 재판소의 JARPA II에 대한 증거조사의 초점은 고래를 살상, 획득 및 취급하는 것이 과학조사의 "목적을 위한" 것인가와 협약 제8조 제1항하에서 부여된 특별허가로 인가될 수 있는지 여부로 귀착되었다.

2) 살상방법의 사용에 관한 일본결정의 합리성

일본은 JARPA II의 연구목적 달성에 필수적인 것 이상으로는 살상방법을 사용하지 않는다고 주장하였다. 또한 일본은 살상방법이 반드시 사용되어야 한다고 주장하면서 1) 남극 생태계의 모니터링과 2) 고래종간의 경쟁 및 미래 관리목표 모델링이라는 두 가지 연구목표 달성을 위해서는 고래의 내부장기와 '위'속의 내용물로부터만 얻을 수 있는 데이터가 필요하다는 근거를 제시하였다. 일본은 또한 비살상 조직채취법이나 위성태깅법으로 데이터를 얻을 수도 있지만 많은 시간과 비용이 들거나 자료의 질과 신뢰도가 낮아질 수 있다는 점을 지적하였다.43) 반면에 호주는 JARPA와 마찬가지로 JARPA II도 상업포경을 계속하기 위한 위장술에 불과하다고 주장하였다.44) 호주측 전문가는 JARPA II는 단순히 살상방법이 요구된다는 것을 주장할 뿐이지 필수적이라는 것을 보여주지는 않는다고 밝히고 위성태깅, 조직채취법, 식별연구 등 다양한 비살상방법이 더 효과적일 수 있고 이러한 방법이 기술적으로 획기적인 발전을 이루고 있다는 것도 지적하였다.

재판소는 살상방법을 사용한 연구를 평가함에 있어 양당사국이 다루고 있는 문제는 1) 비살상방법이 JARPA II의 연구목적과 관련된 데이터를 획득하기 위해 가능한지 여부, 2) JARPA II가 살상방법을 통해 얻은 데이터는 신뢰할 만하거나 가치있는지 여부, 3) 셋째, JARPA II를 시작하기 전에 일본이 비살상방법을 좀 더 광범위하게 사용할 가능성을 고려하였는지 등이라고 보았다.45)

재판소는 비살상방법만으로는 고래의 내부장기와 '위'속의 내용물을 조사할 수 없다고 보고 최소한 일부 데이타는 비살상방법으로는 얻어질 수 없다는 것을 인정하였다.46) 또한 재판소는 JARPA II에서 수집된 데이터의 신뢰도와 가치에 대하여 서로 다른 주장이 있다는 것을 지적하면서47) 살상방법을 사용한다는 것만으로 연구방법이 불합리하고 협약 제8조 제1항을 위반했다고 결론내릴 근거가 없고 살상방법을 사용하기로 한 일본의 결정이 어떤 과정과 근거에서 이루어졌는지를 살펴볼 필요성이 있다고 보았다. 재판소는 다음 세 가지 이유에서 살상샘플을 줄이기 위한 수단으로 비살상방법이 유용한지를 분석하여 JARPA II 연구계획에 포함했어야 했다고 보았다. 첫째는 포경위원회 결의와 지침이 당사국에게 비살상방법을 사용하여 연구목적을 달성할 수 있는지 여부를 고려하도록 요구하고 있다는 점. 둘째는 일본이 자국의 과학정책을 이유로 비살상방법이 실제적이거나 가용하지 않은 경우에만 필요한 범위 이상으로 살상방법을 사용하지 않는다고 밝혔다는 점. 셋째는 호주측 두 전문가가 광범위한 비살상연구기술이 지난 20년간 괄목할 만하게 발전하였다는 점을 지적하였던 것 등이

---

43) *supra* note 3, para.126.
44) 호주도 살상방법의 사용자체를 문제 삼는 것은 아니고 다른 방법이 가용하지 않을 때 또한 살상방법사용이 목적달성에 필수적인(essential) 때에만 사용되어야 한다고 주장한다. *Ibid.*, para.131.
45) *supra* note 3, para.132.
46) *Ibid.*, para.133.
47) *Ibid.*, para.134.

다. 이에 따라 재판소는 일본이 심각하게 비살상방법을 고려했다는 증거를 찾기 어려웠다고 결론내리고[48] 이것은 포경위원회결의의 지침을 존중해야 하는 일본의 의무에 합치되기 어렵고 과학조사목적에 합치되기 위해 필요한 정도만 살상방법을 사용한다는 일본의 진술과도 상치된다고 보았다.[49]

3) JARPA와 JARPA II의 비교에 의한 합리성 판단

재판소는 일본의 제1차 프로그램인 JARPA는 밍크고래의 경우 샘플규모가 400마리(±10%)였는데 반해 JARPA II는 850마리(±10%)로 거의 두 배의 샘플규모를 정하였고, JARPA는 참고래와 혹등고래는 샘플링 대상종에 포함하지 않았음에 반해 JARPA II는 적은 규모지만 샘플링 대상종에 포함시킨 점을 지적하였다. 일본은 샘플링규모를 증가시키고 샘플링 대상 고래종을 추가시킨 이유로 1) JARPA II가 좀 더 정교한 연구목표를 가지고 있다는 것, 2) 지구온난화를 포함한 기후변화로 인해 추가적으로 다른 고래종을 포함해야 했다는 점, 3) JARPA는 밍크고래를 위한 다른 생물학적 변수를 평가하는데 초점이 맞추어져 있었지만 JARPA II는 고래종간의 경쟁을 모델링하고 다양한 생물학적 변수와 생태계에서의 변화를 감지하려는 좀 더 야심찬 프로그램이라는 점을 제시하였다. 하지만 재판소는 양프로그램 모두 주요 목표는 남대양생태계에서의 밍크고래의 역할을 밝히는 것이라고 보면서 전체적으로 보아 양 프로그램이 특정한 점에서 일부 차이는 있지만 많은 부분 공통적이라고 판단하였다. 재판소는 이런 점에서 JARPA II가 JARPA에 비해 샘플 수를 증가시키고 샘플종을 추가한 것이 생태계모니터링과 종간 경쟁과 관련된 목표가 두드러진 특징이라는 주장에 의문이 제기될 수 있다고 보았다.[50] 재판소는 또한 일본이 과학위원회의 심사결과를 기다리지 않고 JARPA II를 가동한 것에서도 의문점이 발견된다고 보았다. 일본은 심사결과를 기다리자면 1~2년 동안 과학조사가 단절되어 연구의 일관성과 계속성이 침해된다는 이유를 들었지만 이를 받아들이지 않고 재판소는 일본이 연구의 계속성을 주장하면서도 JARPA II의 가동 첫 해부터 JARPA가 세웠던 샘플수를 기준으로 하지 않고 참고래 10마리를 포함하여 밍크고래 853마리를 샘플로 이용한 것은 모순이고 밍크고래의 샘플규모를 증가시키기 위해 JARPA II를 이용한 것이라고 보았다.[51]

---

48) *Ibid.*, para.144.
49) *Ibid.*
50) *Ibid.*, para.153.
51) *Ibid.*, para.155.

4) 샘플고래종과 샘플규모 결정의 합리성

샘플고래종과 각 고래종에 대한 특정 샘플규모를 합리적으로 결정하였는지에 대하여 호주는 일본이 JARPA II 샘플규모의 과학적 정당성을 밝히지 못했다고 주장하면서 약 850마리의 밍크고래 샘플규모를 정한 것은 과학조사 이외의 목적을 위한 것이라고 보았다.[52] 반면에 일본은 자국의 결정이 과학적으로 이루어졌고 포경위원회가 설립한 과학위원회가 사용한 규범에 기초하여 정하였으며 동위원회는 JARPA II의 샘플규모에 대하여 어떠한 우려도 표명한 적이 없다고 주장하였다.

재판소는 샘플규모를 정하는 절차로 다섯 단계를 구분하여 판단하였다. 첫 단계는 연구의 광범위한 목적과 관련된 정보의 유형을 밝히는 것이다. 일본은 이것을 연구항목(research item)이라고 불렀는데 예를 들어, 고래의 임신율, 가임연령 및 섭생유형 등이다. 두 번째 단계는 주어진 연구항목과 관련된 정보를 얻는 수단을 알아내는 것이다. 예를 들어, 고래 나이를 밝히기 위해서는 고래로부터 귀마개(ear plug)를 수집해야 하고, '위'내용물은 고래의 섭생습관을 밝히기 위해, 지방층 두께의 조사는 크릴새우와 같은 먹이조건의 변화를 연구하기 위한 수단으로 조사될 수 있다. 세 번째 단계는 몇 마리의 고래가 특정한 연구항목에 관련된 변화를 감지하기 위해 필요한가를 정하는 것이다. 숫자를 정함에 있어 고려될 요소로는 1) 추구하는 정확도의 수준, 2) 측정될 변화, 3) 연구기간(변화가 감지되어야 하는 시간) 등이다.[53] 네 번째 단계는 연구의 각 측면을 위한 특정 샘플규모를 선정하는 것이다.[54] 다섯 번째 단계는 연구의 각 측면에 요구되는 샘플규모에 비추어 총 샘플규모를 선정하여 샘플규모를 계산하는 것이다.

일본은 합리적 수준의 정확도를 가지고 대부분의 연구항목에 관한 충분한 데이터를 얻으면서 밍크고래종에 어떠한 부정적 영향도 미치지 않는 샘플규모가 850마리(±10%)라고 정한 것이다.[55] 양당사국간에 의견이 합치되지 않는 부분

---

52) *Ibid.*, para.158.

53) 세 번째 단계를 보기 위해서 재판소는 특정 연구항목을 위한 샘플규모의 선정을 연구자들이 어떻게 접근하였는가를 보여주는 JARPA II 프로그램의 한 사례를 주목하였는데 "성숙한 암컷 고래 중 임신한 밍크고래의 비율에 있어서의 변화"라는 연구항목이다. 연구기간을 6년으로 하는 것보다 12년으로 하는 경우 필요 샘플수가 적어지고 초기 비율이 80%인 경우보다 90%인 경우가 줄어드는 것을 볼 수 있고 변화율이 높을수록 필요수가 대체로 적어지는 것을 알 수 있다. *Ibid.*, para.166.

54) JARPA II 연구자들은 6년의 기간 내에 -1내지 -1.5의 변화율을 감지하기 위해 663마리에서 1,617마리의 범주의 샘플규모를 권고하였다.

55) *Ibid.*, para.169.

은 살상방법이 허용되었는가 여부와 살상방법으로 수집된 정보가 신뢰할 만하고 가치있는가 하는 것이다. 재판소는 샘플규모가 JARPA II의 목표와 관련하여 합리적이라고 평가할 증거가 있는지를 밝히려 하였다.[56]

앞서 보았듯이 JARPA II의 참고래와 혹등고래의 샘플규모는 각각 50마리이다. JARPA II의 연구계획이 두 종의 고래에 대한 샘플규모를 동일한 조건과 기준으로 정했다고 언급하고 있고 샘플규모 결정은 임신율과 가임나이라는 연구항목에 기초하여 계산되었다. 일본은 이들 연구항목이 전체 프로그램의 목표달성에 긴요하고 귀마개와 생식기관(reproductive organs)을 조사하여야만 한다고 주장하였다. 재판소는 JARPA II 연구계획은 밍크고래 샘플크기를 계산하기 위해서는 많은 변수를 동원한 것에 비하여 참고래와 혹등고래, 두 종의 고래를 위한 샘플규모를 설정하는 데는 변수사용수가 중요함에도 불구하고 두 가지 변수만을 사용한 이유를 설명하지 않았다고 보았다. 또한 JARPA II는 연구기간을 6년으로 할 것인가 12년으로 할 것인가를 결정함에 있어 6년 연구주기가 장점이 있지만 너무 샘플크기가 커지고 사전주의적 접근(precautionary approach)을 위해 참고래와 혹등고래는 12년의 연구기간으로 정했다고 언급하고 있지만 재판소는 JARPA II가 밍크고래에 대해서는 6년 연구기간를 정하고 있고 심사 후 이를 변경할 수 있다고 규정하고 있다는 것을 지적하면서 세 가지 연구대상 고래종 중 유독 참고래와 혹등고래 등 두 가지 고래종에 대하여만 12년의 연구기간을 정한 것은 일본이 강조하는 연구목적의 중심이 850마리의 밍크고래 샘플규모를 정당화하기 위한 것이 아닌가 의심이 가게 하는 요소라고 보았다.[57] 재판소는 프로그램의 목적을 달성하는 것과 관련하여 JARPA II의 디자인이 합리적인가의 여부에 대하여도 의문을 제기하면서 매년 두 고래종 당 50마리의 샘플규모는 프로그램이 측정하려는 모든 추세를 측정하기에 충분하지 않고 특히 JARPA II 연구계획은 가임나이의 특정변화율을 감지하기 위해서는 매년 최소 각종 당 131마리의 고래가 필요하다고 언급하고 있는 점을 지적하였다.

재판소는 결론적으로 참고래와 혹등고래의 샘플규모는 유용한 결과를 내기에는 너무 작은 규모이고 이러한 단점은 일본이 생태계연구와 여러 고래종간의 경쟁을 연구하는 데 이들 두 고래종의 샘플을 전제로 하여 제시하고 있기 때문에 JARPA II가 목적달성과 관련하여 합리적인가를 판단하는 데 있어 중요하다

---

56) *Ibid.*, para.172.
57) *Ibid.*, para.178.

고 보았다.[58]

재판소는 다음으로 주 연구대상인 밍크고래의 샘플규모설정의 합리성 여부에 대하여 판단하였다. 일본의 JARPA II에서 밍크고래와 관련하여 연구항목으로 든 것은 성적 성숙나이, 가시적 임신율, 지방층 두께, 오염수준(병리학적 모니터링), 다른 종간의 혼혈 패턴, 개체수 동향 등이었다. 일본은 종보존에 부정적 영향을 미치지 않으면서 각 연구목적을 달성하기 위해 필요한 샘플규모는 850마리(±10%)라고 보았지만 호주는 850마리라는 목표를 설정하고 역산으로 샘플규모를 계산한 것이라고 보아 일본의 밍크고래 샘플규모 결정은 과학조사목적이 아닌 일본의 과학조사 재원마련과 상업적 목적을 위한 것이라고 보았다.

재판소는 제시된 증거들로 볼 때 JARPA II 연구계획이 개별 연구항목을 위한 특정 샘플규모를 선정하는 것에 대한 투명성을 결여하고 있다고 보았다. 개별적 변수에 대한 정보를 충분히 제시하지 않은 채 거의 모든 변수들이 일관되게 연간 약 850마리의 샘플규모가 필요한 것으로 결론짓고 있는 것에서 일본 주장의 약점이 뚜렷이 드러난다고 지적하였다.[59] 재판소는 또한 유일한 예외로 샘플규모 선정에 대한 비교적 상세한 정보를 제공하고 있는 것이 밍크고래의 가임연령에 적용될 수 있는 샘플규모인데 다른 항목에서는 유사한 근거 제시를 하지 않고 있다고 하면서 이것은 프로그램목적을 달성하는 것과 관련하여 JARPA II 작성의 핵심요소인 밍크고래의 살상포획을 위한 샘플규모가 합리적이라고 볼 수 있는 증거가 결여되었다는 것을 보여준다고 밝혔다.[60]

재판소는 또한 밍크고래 샘플규모를 850마리로 한 것에 대하여도 의문을 제기하였는데 결정과정의 투명성결여와 합리성결여를 지적하였다.[61] 일본이 상업포경과 과학조사포경을 구분하면서 상업포경은 가치있는 고래를 목표로 하지만 과학조사목적 포경은 그렇지 않다고 주장하였지만 과학위원회에서 일본대표가 밍크고래가 회로 먹을 때 향과 식감이 좋다고 한 발언과 남대양에서의 과학조사목적 포경이 고래고기의 안정적 공급을 위해 필요하다는 발언 등을 볼 때 받아들이기 어렵다고 보았다.[62]

이어서 재판소는 실제 포획된 샘플규모를 비교하였는데 JARPA II의 목표

58) *Ibid.*, para.181.
59) *Ibid.*, para.188.
60) *Ibid.*, para.189.
61) *Ibid.*, para.195.
62) *Ibid.*, para.197.

샘플규모와 프로그램이행과정에서 실제 살상된 고래수간에 중대한 차이가 존재한다고 보았다. 참고래는 일곱 시즌동안 총 18마리를 살상하였고 JARPA II하에서 혹등고래는 한 마리도 포획하지 않았다는 것을 지적하여 50마리의 정해진 샘플규모와 큰 차이가 있다는 것을 지적하였다. 밍크고래 샘플규모는 850마리(±10%)이지만 실제 포획고래 수는 매년 변화가 심했다. 2005~2006년에는 목표치와 유사한 853마리를 잡았지만 이후에는 실제 포획수가 감소하였고 평균적으로 450마리를 잡았다. 2010~2011시즌에는 170마리, 2012~2013년에는 103마리가 포획되었다. 일본은 이렇게 차이가 나는 이유를 포경위원회 위원장의 요청에 응하여 혹등고래를 더 이상 포획하지 않기로 하였고, 참고래에 대해서는 바다목자보존회(Sea Shepherd Conservation Society)와 같은 비정부단체의 포경방해활동[63]과 과학조사선박 Nisshhin Maru호의 항해불능사고와 화재사고를 들었다.[64] 반면에 호주는 혹등고래 포경중단이 과학적 이유가 아닌 정치적 결정임을 지적하고 밍크고래의 경우는 일본에서 시장에서의 고래고기 수요가 떨어져 포경활동이 감소한 것이라고 주장하였다.

재판소는 일본의 과학조사프로그램이 더 긴 기간 또는 좀 더 낮은 수준의 정확성으로 과학적으로 유용한 결과를 얻을 수 있다고 언급하고 있는 것에서 850마리의 밍크고래 샘플규모가 합리적인가에 의문이 들고 비과학적인 이유로 샘플규모가 정해졌다는 호주의 주장이 오히려 설득력이 있다고 보았다.[65] 또한 혹등고래는 전혀 잡지 않았고 참고래는 아주 적은 수만 잡은 것을 보면 여러 고래종간의 경쟁과 생태계연구를 강조하고 있는 일본의 입장과 괴리가 있다고 보았다.[66] 재판소는 이어서 혹등고래와 참고래의 실제 포획수가 적은 것이 정치적 또는 물류적 고려가 일부라도 관련된 것이라면 연구목적과 특정종의 샘플규모 선정과의 관련성은 약화될 수 있음을 지적하였다.[67]

---

63) '고래전쟁'(Whale War)라고 까지 불릴 정도로 격렬하게 이루어져 포경선박에의 충돌 시도, 프로펠러감기 등 적극적 행동으로 나서고 있다. 국가들은 입장에 따라 이들의 행위를 해적행위, 테러행위라고 주장하는 반면 일부 국가는 생물자원보존경찰력으로 보기도 한다. 상세한 면은, Debra Doby, "Whale Wars: How to End the Violence on the High Seas", *Journal of Maritime Law and Commerce*, vol.44(2013), pp.135-168.

64) *Ibid.*, para.203. 일본은 또한 Shonan Maru호에 무단 승선하여 활동을 방해한 사건과 같은 일련의 방해활동을 언급하였다.

65) *Ibid.*, para.209.

66) *Ibid.*, para.210.

67) *Ibid.*, para.212.

5) 연구기간설정의 합리성

연구기간설정의 합리성과 관련하여 일본은 참고래와 혹등고래의 경우 12년의 연구기간을 설정한 데 반해 밍크고래에 대해서는 의미있는 결과를 얻기 위해서는 더 큰 규모의 샘플이 요구될 수 밖에 없는 6년으로 설정한 이유로 각 JARPA II 연구수역으로부터 세 가지 데이터포인트를 취득할 필요가 있기 때문이라고 밝혔다. 일본은 또한 가능한 한 신속하게 변화를 감지하여야 할 필요성을 언급하고 구두심리절차에서 과학위원회의 심사기간 6년에 일치시키려 했다는 해명을 내놓았다가 추후 이를 철회하였는데 재판소는 이러한 일본의 태도가 혼선을 드러냈다고 보았다.[68] 재판소는 결론적으로 밍크고래에 대한 6년 연구기간 설정이 목적달성과 관련하여 합리적이라고 결론을 내릴 근거가 없고 연구계획에서도 밍크고래에 대해서만 6년 기간을 선택한 이유가 설명되지 않고 일본도 일관성있는 이유를 내지 못하였다고 보았다.[69]

재판소는 다음으로 연구종료시점을 정하지 않고 6년의 연구기간을 단계별로 정하고 있는 문제를 검토하였다. 일본은 JARPA II가 남극생태계 감시라는 일차적 목적을 달성하려면 계속적인 연구가 필요한 장기간이 소요되는 연구프그램이어서 특정한 종료일자를 정하지 않고 있다고 주장하면서 프로그램은 6년의 연구단계를 정하고 심사 후 필요한 연구기간에 변경을 가할 수 있도록 계획되었다고 밝혔다.[70] 반면에 호주는 종료일자를 정하지 않은 것은 상업포경모라토리움이 해제될 때까지 포경활동을 계속하겠다는 의도를 나타낸 것이라고 보았고 연구목적 달성 여부에 대한 의미있는 평가를 배제시키고 샘플규모 선정절차를 왜곡하여 프로그램계획을 비과학적인 것으로 만든다고 주장하였다.[71] 이에 대하여 재판소는 중간목표를 가진 시간계획을 가지고 있는 것이 바람직하다는 결론을 내렸다.[72]

6) 과학조사프로그램운영의 성과평가

일본의 과학조사목적 포경프로그램운영의 과학적 성과에 대하여 일본과 일본측 전문가 Walloe는 남극생태계에 가치있는 정보가 얻어졌다고 주장한 반면에 호주는 일부 성과가 있다는 것은 인정하였지만 살상샘플링을 통해 얻어서

68) *Ibid.*, para.192.
69) *Ibid.*, para.193.
70) *Ibid.*, para.214.
71) *Ibid.*, para.215.
72) *Ibid.*, para.216.

과학위원회에 제공된 데이터는 고래의 보존과 관리에 관한 중요한 지식에 사용되거나 공헌하는 것으로 증명되지 않았다고 주장하였다.[73] 재판소는 이에 대하여 몇몇 심사서나 심포지엄에서의 논문들이 나와 있지만 3,600마리의 밍크고래가 살상된 것과 비교할 때 과학적 결과는 제한적인 것이라고 평가하였다.[74]

7) 재판소의 결론

재판소는 살상샘플링을 사용하는 자체가 JARPA II 목적달성과 관련하여 불합리하다고 할 수는 없다고 보았다. 하지만 일본의 초기 연구프로그램인 JARPA와 비교하여 JARPA II의 밍크고래 살상샘플은 훨씬 광범위하고 참고래와 혹등고래라는 두 고래종을 추가하고 있다고 지적하고 JARPA II의 목표 샘플규모는 프로그램목적 달성과 관련하여 합리적이지 않다고 보았다. 그 이유로는 첫째, JARPA와 JARPA II는 목적이 상당히 겹치는데 JARPA II의 살상샘플링규모가 그 정도로 증가해야 하는지가 증거로 나타나지 않는다는 점. 둘째, 혹등고래와 참고래의 샘플규모가 너무 작아 계획된 연구목적을 추구하는 데 필요한 정보를 제공하기 어렵다는 점, 셋째, 밍크고래 샘플규모를 결정하는 과정에 투명성이 없었다는 점. 넷째, 일부 증거가 프로그램이 아주 작은 샘플규모를 달성하기 위해 조정할 수 있었다는 것을 보여준다는 점. 마지막으로 비살상 연구방법을 이용할 가능성에 거의 주의를 기울이지 않았고 엄격한 과학적 기준보다 연구에 대한 재정적 고려가 프로그램계획에 더 중요한 역할을 했다는 점 등을 들었다.[75]

연구계획 이행의 측면에서도 우선 혹등고래는 한 마리도 살상되지 않았는데 일본은 이에 대한 어떠한 과학적 이유를 제시하지 못했다고 보았다. 또한 참고래는 아주 적은 숫자만 포획되었고 밍크고래의 실제포획 수도 한 시즌을 제외하고는 계획된 것보다 훨씬 적었으며 일본은 계획의 정당성만 주장하고 실제 나타난 차이를 근거로 계획을 수정하거나 적용하려는 시도를 하지 않았다는 것을 지적하였다.

재판소는 전체적으로 JARPA II는 '과학조사'라고 성격을 갖는다고 볼 수 있는 활동을 포함하고는 있지만 프로그램의 디자인과 이행은 언급된 목적을 달성하는 것과 관련하여 합리적이라고 할 증거가 없다고 보고 이에 따라 재판소는 JARPA II와 관련하여 고래의 살상, 포획 및 취급을 위한 일본이 부여한 특별허가는 협약 제8조 제1항에 따른 '과학조사' '목적을 위한' 것이 아니라고 결론지

73) *Ibid.*, para.218.
74) *Ibid.*, para.219.
75) *Ibid.*, para.225.

었다.[76)]

한편 재판소는 부표의 여러 조항을 위반하였다는 주장에 대하여는 다음과 같이 결론을 내렸다. 1) 2005년부터 현재까지 일본은 JARPA II를 통해 밍크고래 850마리, 혹등고래와 참고래 50마리의 특별허가를 내주었고 이것이 과학적 목적을 위한 것이 아니므로 부표 상업적 포경을 금지하고 있는 부표 제10(e)항을 위반하였다;[77)] 2) JARPA II에서 사용되어 온 Nisshin Maru호는 공모선, 다른 선박은 포경선(whale catcher)이고 또한 이들 선박을 사용한 포경이 과학적 목적을 위한 것이 아니므로 공모선의 전면적 금지를 부표 제10(d)항을 위반하였다; 3) 일본이 남대양보호구역을 설정하고 있는 부표 제7항을 반대하였기 때문에 밍크고래와 관련하여 일본에는 적용되지 않지만 협약 제8조의 조건에 합치되지 않는 포경활동은 부표 제7(b)항에 기속되기 때문에 결국 일본은 이 조항에 합치되게 행동하지 않았다;[78)] 4) JARPA II 연구계획이 과학위원회 관행에 미치지 못한 내용을 제출한 것은 아니라고 보아 일본이 부표 제30항의 요건[79)]에는 합치하였다고 보았다.[80)]

재판소는 호주가 청구한 일본이 1) 협약 제8조에 따른 과학조사목적이 아닌 포경특별허가 발하거나 이행하는 것을 자제할 것, 2) 즉각적으로 JARPA II의 이행을 중단할 것, 3) JARPA II 이행을 허용하는 인가, 허가 또는 면허를 취소할

---

76) *Ibid.*, para.227. 재판소의 일본인 재판관이었던 Owada재판관을 포함한 4명의 재판관이 반대의견을 냈는데 Owada재판관은 협약 체결시와 현재까지의 기간 동안 고래와 포경산업을 둘러싼 환경의 진화에 대한 당사국의 인식차가 판결에서 재판관들의 견해차의 원인이 되었다고 보았다. Owada's Dissenting Opinion, para.4. 즉 그는 한편에서는 1946년 이래 고래와 포경산업을 둘러싼 경제·사회적 전망이 변화하였고 이것이 협약의 해석적용에 반영되어야 한다는 주장이고 다른 한편에서는 협약의 법적, 제도적 기초는 변경되지 않았으므로 어업자원의 보존 및 관리에 관한 국제법원칙에 기초하여 해석·적용되어야 한다고 주장하였다고 밝혔다. *Ibid.*, para.4-5. 그는 나아가 협약전문과 협약채택회의 의장이었던 Kellog의 발언을 당시 회의록에서 보면 협약의 목적과 대상은 감소되어가는 고래종의 최대지속가능어획(Maximum Sustainable Yield, MSY)의 지속가능성과 포경산업의 활성화였다고 주장하고 협약의 어떠한 조항도 포경의 전면적인 영구적 금지를 상정하지 않고 있다고 강조하였다. 또한 1982년의 모라토리움 제안도 전면적인 영구금지의도가 없었음을 회의록(Verbatim Record of the International Whaling Commission which voted for the Moratorium, IWC 34th Annual Meeting, 19-24 July 1982, pp.72-86)으로 알 수 있다고 밝혔다.

77) *supra* note 4, para.231.

78) *Ibid.*, para.238.

79) 부표 30항은 당사국이 특별허가를 발부하기 전에 이를 심사하고 과학위원회의 의견을 주기에 충분한 시간에 특별허가 신청을 포경위원회 사무국에 제출하도록 요구하고 있고 동 신청에는 연구목적, 포획될 고래개체수, 성별, 크기 및 종, 타국 과학자의 연구참여 기회, 종의 보존에 미치는 영향 등을 명시하여야 한다고 규정하고 있다.

80) *Ibid.*, para.242.

것 등의 구제청구에 대하여는 다음과 같이 결론을 내렸다. 일본이 JARPA II와 관련하여 고래를 살상하고 포획하거나 취급하는 어떠한 확장된 인가, 허가 또는 면허를 취소하여야 한다고 밝히고 과학조사 프로그램을 이행함에 있어 협약 제8조 제1항하의 어떤 추가 허가의 부여도 자제하도록 요구하였다.[81] 하지만 재판소는 협약 제8조의 의미 내에서 과학조사목적이 아닌 포경활동에 대하여는 어떠한 특별허가도 부여하거나 이행하는 것을 자제하도록 요구하는 것은 협약상 이미 모든 당사국에게 적용되고 있기 때문에 할 필요는 없다고 보았다.[82]

Ⅳ. 국제적 포경규제에 미치는 영향과 과제

1. 서 언

재판소 판결에 대하여 사실문제에만 집중하여 포경협약의 해석과 관련한 조약법문제와 신의성실(good faith), 긴급피난(necessity) 등과 같은 법원칙의 분석을 통한 접근을 하지 않은 점과[83] 해양자원보호와 관련한 멸종위기종의 국제거래규제협약, 해양법협약 및 생물다양성협약과 사전주의원칙과 같이 국제관습법화되었거나 그 방향으로 발전하고 있는 것 등의 국제환경법규에 대한 상세한 분석을 통한 이들 법규의 적용가능성에 대한 고려가 이루어지지 못한 점 등이 문제로 제기될 수 있다. 하지만 국제사법재판소를 통한 해결을 통하여 국제사회에 고래의 보존에 대한 인식을 제고시킬 수 있었던 점, 위장된 과학조사목적의 포경활동을 할 때 그 활동이 국제적 기준에 의해 판단받을 수 있다는 것을 인식시켜 합법성을 높이는 데 노력하도록 할 수 있다는 점, 포경활동국가에서의 고래와 고래고기 등에 대한 국민들의 인식을 변화시켜 포경활동 국가의 정책수립에 영향을 줄 수 있다는 점 등이 국제사회에 법적 측면 이외의 면에서 기여한 점으로 볼 수 있다.[84] 이하에서는 주로 국제법적 측면에서 과학조사와 관련

---

81) *Ibid.*, para.245.

82) *Ibid.*, para.246.

83) Sonia E. Rolland, "Whaling in the Antarctic (Australia v. Japan: New Zealand Intervening) At http.icj-cij.org. International Court of Justice, March 31, 2014", *American Journal of International Law*, vol.108(2014), p.499.

84) Southern Blue Tuna case 판결에 따른 영향요소 분석은, Natalie Klein, "Whales and Tuna: The Past and Future of Litigation Between Australia and Japan", *Georgetown International*

된 논의에서의 판결의 의의와 문제점 및 국제적 포경규제의 개선에 있어서의 의의와 과제를 살펴보기로 한다.

2. '과학조사'와 '과학조사목적을 위한'의 의미

UN해양법협약 제13장은 해양과학조사(marine scientific research)를 규정하고 있는 장으로 제238조 내지 제265조까지 총 27개 비교적 많은 조문으로 구성되어 있지만 '해양과학조사'라는 용어를 정의하지는 않고 있다. 다만 해양과학조사의 수행을 위한 일반원칙으로 평화적 목적만을 위한 수행, 협약과 양립하는 과학적 수단 및 방법에 의한 수행, 협약과 양립하는 해양의 다른 적법한 사용의 방해금지, 해양환경의 보호 및 보존을 위한 규칙을 포함한 관련규칙의 준수 등을 규정하고 있을 뿐이다.[85] 학문적으로도 일치된 정의를 가지고 있지 못한데, 한 학자는 '해양과학조사'를 "해양, 해양식물계 및 동물계, 육지지구와 대기와의 물리적 경계의 연구를 위한 생물학, 생명공학, 지리학, 화학, 물리학, 지구물리학, 수계지리학, 물리해양학, 해양시추 및 채광학과 같은 다양한 과학학문분야"를 일컫는 용어라고 정의하면서,[86] 해양과학조사의 목적은 어떻게 자연해양세계에서의 변화를 예견하고 설명할 것인가를 충분하게 잘 관측하고, 설명하고 궁극적으로는 이해하려는 것이라고 설명하고 있다.

이 사건 이전에 일본이 남방참다랑어를 소위 '과학조사목적'으로 과도하게 어획한다는 주장하에 호주와 뉴질랜드가 제소하여 국제해양법재판소에서 다루어진 Southern Bluefin Tuna Case[87]에서도 일본의 실험어업프로그램(Experimental Fishing Program: EFP)이 "과학조사목적을 위한" 적절한 어획량을 정한 것인가가 중요한 쟁점 중의 하나였다. 하지만 해양법재판소는 과학조사라는 용어를 사용하지 않고 일본의 실험어획이 남방다랑어족에 대한 심각한 위해를 방지하기 위한 효과적인 조치를 보장하기 위하여 '신중함과 주의'(prudence and caution)를 기울여

Environmental Law Review, vol.21(2009), pp.210-211.

85) 해양법협약 제240조.

86) Marko Pavliha and Norman A. Martinez Gutierrez, "Marine Scientific Research and the 1982 United Nations Convention on the Law of the Sea", *Ocean and Coastal Law Journal*, vol.16(2010), p.115.

87) Southern Bluefin Tuna Cases (New Zealand v. Japan, Australia v. Japan), Order of 27 August 1999 (Request for Provisional Measures), 39 ILM 1624 (International Tribunal for Law of the Sea, 1999); Southern Bluefin Tuna Cases (New Zealand v. Japan, Australia v. Japan), Jurisdiction and Admissibility, 39 ILM. 1359 (International Tribunal for Law of the Sea, 2000).

행동하여야 하는데 일본이 일방적으로 설정하여 이행하려는 조사목적의 남방다랑어 어획량이 어족보존에 문제를 야기할 수 있다고 보아 실험어획프로그램 이행을 중지시키는 잠정조치를 인정하였다.[88] 학계에서도 일본이 여러 분야에서 수행하여 온 과학조사 목적의 어로활동의 합법성에 대한 많은 논의가 있어왔다.[89]

이러한 상황에서 국제사법재판소는 이 사건을 통하여 '과학조사'라는 용어의 정의를 시도하지는 않은 채[90] 일본의 JARPA II의 포경프로그램이 프로그램 자체로는 고래종에 부정적 영향을 미치려는 것은 아니므로 과학조사의 범주에 들어간다는 것은 인정하였다. 하지만 동 프로그램이 연구목적 달성을 위해 합리적으로 계획되고 이행되었는가에 대하여는 그렇지 못하다고 부정적으로 판결하면서 판단에 참고가 될 지침을 제공하였다. 이 사건에서 재판소가 제시한 것으로는 특별허가하에 이루어지는 과학조사목적의 포경은 포경협약상의 상업포경의 전면적 금지 하에서도 예외가 인정된다는 것, 살상방법을 사용한다는 것만으로 과학적 조사목적에 벗어난 것으로 판단할 수 없다는 것, 과학조사목적으로 살상한 고래고기를 판매한다는 사실만으로 과학적 목적을 벗어난 것은 아니라는 것, 과학조사라는 것에 대한 명확한 정의는 없고 과학조사목적을 위한 것으로 인정받기 위해서는 살상샘플방법의 사용여부, 살상샘플규모의 결정, 목표 샘플규모와 실제 포획수와의 비교, 연구기간 등을 정함에 있어 합리적인 판단이 이루어졌는가 여부와 연구가 합당한 과학적 성과를 얻는 데 합당한 기여를 하였는지, 관련 과학연구사업과의 조정이 이루어졌는지 여부 등을 고려하여 긍정적인 판단이 있어야 한다는 것 등이다.

재판과정에서 재판소가 포경협약 제8조상의 '과학조사'라는 용어를 해석함에 있어 조약문언의 의미를 밝히는 '조약의 해석'이라는 '법률문제' 속에 그 해석에 과학자의 전문적 식견이 요구되는 '과학'이라는 '사실문제'를 포함하고 있어[91] 이에 대한 명확한 구분이 필요한데도 이러한 구분과 과학조사의 의미에

88) 남방다랑어보존과 고래보존문제와 관련하여 일본과 호주간의 정책적, 법적 쟁점과 논거의 비교는, Klein, *supra* note 84, pp.143-217.

89) 예를 들어, Greenberg, Hoff and Goulding, *supra* note, pp.151-209; Reuben B. Ackerman, "Japanese Whaling in the Pacific Ocean: Defiance of International Whaling Norms in the Name of "Scientific Research," Culture, and Tradition", *Boston College International and Comparative Law Review*, vol.25(2002), p.323 이하.

90) Rolland, *supra* note 83, p.497.

91) 초기 국제환경법사건인 *Pacific Fur Seals* Arbitration, *Trail Smelter* case 등 대부분의 국제적 환경분쟁이 이러한 문제를 안고 있다. 이러한 점 때문에 국제환경법의 특징적 요소로 과학과의

대한 상세한 논의없이 또한 과학자의 상세한 의견청취없이 JARPA II가 '과학조사'의 범주에 들어간다고 보았다는 점이 문제로 지적된다.[92] 또한 '과학조사 목적을 위한' 것인가를 판단함에 있어서도 이 문제가 조약해석이라는 '법률문제'인 것은 분명하지만 그 안에 살상방법을 사용해야만 하는지, 살상샘플규모는 어느 정도가 적절한지, 목표샘플규모와 실제 살상개체수의 비교, 연구기간의 설정 등 전문가의 식견이 필요한 '사실문제'들을 담고 있고 이는 법률가만으로 구성된 국제사법재판소가 잘 판단하고 결정할 수 없는 것인데도 또한 재판소 자신이 중립적이고 객관적인 전문가를 참고인으로 소환할 수 있었음에도 불구하고[93] 소환하지 않은 채 당사국이 지명한 전문가의 의견만 참고하여 결정한 것에 대하여 문제점으로 지적하는 의견이 있다.[94]

3. 포경협약체제의 변경과 과제

포경협약은 비교적 국제환경법 발전 초기에 체결된 협약으로 순수하게 '고래'라는 생물자원의 보존 및 보호라는 환경적 측면에만 초점이 맞추어진 조약

관련성이 많이 지적된다. 예를 들어, Phillippe Sands and Jaqueline Peel with A. Fabra and R. Mackenzie, *Principles of International Environmental Law*, 3rd ed., Cambridge University Press, 2013, pp.6-7.

92) Makane Moise Mbengue, "Between law and Science: A commentary on the Whaling in the Antarctic case", *QIL*, *Zoom-in*, vol.14(2015), pp.3-12. 국경획정을 다루었던 사건에서 지도문제가 지리학과 같은 과학과 관련되지만 국제사법재판소가 법적 및 정치적 해석문제로 이해하였던 것을 들어 재판소의 태도를 비판하는 의견도 있다. Rolland, *supra* note 83, p.501.

93) 국제사법재판소규정 제50조, 절차규칙(Rules of the International Court of Justice, 1978, as amended in 2005, 제62조 및 제67조에 따라 국제사법재판소 자신이 전문가 소환이 가능하다. 또 재판소가 임명한 전문가는 임명한 국가만 지원하는 당사국이 임명한 전문가와 달리 양당사국이 심문할 수 있고 재판소도 질문을 할 수 있어 객관성을 더 보장할 수 있다고 본다.

94) Makane Moise Mbengue, "Between Law and Science: A commentary on the Whaling in the Antarctic case", *QIL*, *Zoom-in*, vol.14(2015), pp.3-12. 그는 특별히 *Pulp Mills* 사건에서 Al Khasawneh재판관과 Simma재판관의 다음과 같은 반대의견을 인용하고 있다: 'the adjudication of disputes in which the assessment of scientific questions by experts is indispensable […] requires an interweaving of legal process with knowledge and expertise that can only be drawn from experts properly trained to evaluate the increasingly complex nature of the facts put before the Court. […] The Court on its own is not in a position adequately to assess and weigh complex scientific evidence of the type presented by the Parties. *Pulp Mills on the River Uruguay* (*Argentina v. Uruguay*) (Judgment of 20 April 2010) (Joint Dissenting Opinion of Judges Al Khasawneh and Simma) [2010] ICJ Rep 108, 110 ['*Pulp Mills* Joint Dissent']. 나아가 그는 WTO에서의 전문가선임절차와 적극적 이용을 참고할 필요가 있다고 권면하고 있다. *Ibid*, p.12.

이 아니라 고래의 상업적 이용이라는 산업·경제적 측면도 고려된 조약으로 평가된다.[95] 이러한 상황은 그간 포경위원회 운영과정에서 일본, 아이슬랜드, 노르웨이, 러시아와 같은 포경산업발전에 적극적인 국가와 고래자원을 보존하려는 국가들간의 대립에서도 나타났고 이 사건을 유발한 요인이기도 하다.

국제사법재판소의 남극해 포경활동에 대한 판결은 포경협약 제8조상 허용되어 일본과 아이슬랜드 등이 수행하여 온 과학조사를 위한 포경프로그램을 전면적으로 폐지하라는 것이 아니다. 재판소의 판결은 오직 일본의 JARPA II가 예외규정상의 '과학조사목적을 위한 포경활동'이라는 합법성 조건에 합치되지 않았다는 것만을 판결한 것이기 때문에 일본은 포경협약 제8조하에서의 과학조사목적의 포경활동에 대한 특별허가 권한을 계속 보유하고, 동 조항상 허용되는 방향으로 변형된 프로그램으로 과학조사라는 명목상의 근거로 포경활동이 계속될 여지는 여전하다.[96] 또한 국제사법재판소 판결 이후 일본은 북태평양에서의 포경을 시작하였다. 남극해에서의 개정된 과학포경프로그램을 준비하였고[97] 2014년 11월 신과학연구프로그램(NEWREP-A)[98]을 과학위원회에 제출하였다.

이런 측면에서 이 판결이 고래보존에 미칠 영향을 크게 기대하기는 어려울 수 있다. 더구나 호주에 동조한 국가들은 일본의 과학조사프로그램에 반대하면서 순수하게 고래라는 생물자원을 보호하여야 한다는 명분 속에 자국의 고래관광산업을 보호하려는 목적도 있다는 점을 숨기지 않고 있다는 점[99]을 볼 때 고래보존보다는 자국의 이익에 따른 논리근거로 고래보존을 주장하고 있다는 점도 지적될 수 있을 것이다.

국제사법재판소가 국제조약을 개정할 수 있는 기능과 권한을 가진 기관은 아니므로 결국 생물자원으로서의 고래의 보호가 국제환경법 원칙을 고려하여 이루어지기 위해서는 포경협약의 개정이나 새로운 국제적 고래보존체제를 수

95) 협약 전문에서 이러한 취지를 잘 드러내고 있는데 해당 부분은 다음과 같이 언급하고 있다: "… 고래자원의 적절하고 효율적인 보존 및 발전을 보장하기 위한 국제포경제도를 확립할 것을 희망하고, 고래자원의 적절한 보존 및 포경산업의 질서있는 발전을 위하여 협약을 체결할 것을 결정하여…"

96) 동지, 김원희, "남극해 포경사건에 대한 ICJ판결의 법적 쟁점", 「독도연구저널」, vol.26(2014), p.32.

97) Rolland, *supra* note 83, p.502.

98) New Scientific Research Programme in the Antarctic Ocean, 2015-2016시즌에 시작하는 것으로 계획되어 있다. 이에 대한 상세한 면은 <https://iwc.int/private/downloads/7bqy9b9maskkk0gc0scccoo40/NEWREP_A.pdf>, 2015년 10월 31일 방문.

99) Australia's Application, *supra* note 29, p.24.

립하는 것이 필요하다고 하겠다. 이 과정에서 고려되어야 할 요소로는 1) 포경협약 체결후 급격하게 발전되어온 해양법협약의 관련조항 및 생물다양성협약과 같은 생물자원보존을 위한 법규를 포함한 국제환경법의 발전된 상황을 반영하는 것, 2) 고래관광과 같은 고래보존과 관련된 새로운 산업발전을 고려하는 것, 3) 고래종별 개체수 및 이용가능성의 변화추세를 정확하게 파악하여 반영하는 것 등이 지적될 수 있다. 첫 번째 요소인 국제환경법의 발전된 상황을 반영하는 것과 관련하여서는 포경협약 전문에서 언급하고 있고 협약체결 당시의 시대적 배경을 반영하고 있는 생물종으로서의 고래의 보존에 주요 초점을 맞추기보다는 포경산업 등 고래의 상업적 이용에 초점을 맞추었던 것을 교정할 필요성이 있다는 주장이 강하게 제기된다. 아울러 고래종별 현 개체수, 고래의 종별 가임나이, 고래서식지별 고래생존에 영향을 미치는 요소 등 중요한 요인들에 대한 과학적 증거가 불확실하더라도 회복불가능한 위험이 있는 경우 이에 대한 일정한 조치를 취하는 것을 허용하는 '사전주의원칙'(precautionary principle), 환경문제에 대응함에 있어 그 문제를 야기하는 데 기여한 역사적 책임과 현재 이 문제에 대응할 수 있는 국가별 능력을 고려하여 책임을 부담시키는 '공동이지만 차별적 책임원칙'(principle of common but differentiated responsibility), 자연자원 또는 환경의 이용에 있어 환경적 고려를 통합시켜야 한다는 '지속가능한 개발'(sustainable development)원칙, 일정한 개발계획수립에 있어 그 프로젝트가 환경에 미칠 영향을 평가하고 대비하여야 한다는 환경영향평가 등의 절차적 요소들이 고려되어야 할 것이다.

상업포경, 과학조사목적 포경, 에스키모인 등과 같은 생존을 위한 포경 등 모든 형태의 포경이 조약체제에 포함되어 규제대상이 되어야 하고 개체수 변화추이를 세밀하게 감시하면서 보호구역 이외 해역에서의 제한된 규모의 상업포경이 허용될 수 있도록 하는 것이 일본의 JARPA II와 같이 '위장된' 과학조사목적의 포경을 막고 포경협약체제를 떠나겠다고 호언하고 노르웨이나 아이슬랜드와 같은 나라들이 정상적인 국제적 규제체제로 들어와 포괄적 규제체제로 갈 수 있을 것이다. 아울러 에스키모와 같이 생존을 위해 고래고기를 이용하여 온 토착원주민의 생존을 위한 포경(aboriginal subsistence whaling) 예외를 일본과 같이 고래고기를 전통적으로 애용하여온 지역의 제한된 주민에 대하여도 실제적인 양의 예외를 인정할 필요성도 제기되고 있다.[100)]

---

100) Watkins, *supra* note 6, p.77. 이 문제는 반구대 암각화가 보여주듯이 포경문화를 오래전부터

또한 협약 제8조상의 과학조사목적을 위한 특별허가의 인가와 고래를 살상하는 연구방법을 사용할 것인가의 여부가 실질적으로는 포경위원회의 통제하에 있지 못하고 당사국에 의해 일방적으로 이루어지고 있는 상황이 개선되어야 할 필요성도 제기된다.[101]

V. 결　　어

남극해에서의 일본의 포경활동에 대한 국제사법재판소의 판결은 일본이 포경협약상의 상업포경의 전면적 금지하에서도 예외로 인정된 과학조사목적의 포경활동이라고 주장하였던 JARPA II에 따른 포경활동의 합법성을 부인하였다. 이 과정에서 국제사법재판소는 예외적으로 인정되는 과학조사목적을 위한 포경활동인가의 여부를 판단하는 데 있어서의 기준을 제시하여 참치, 고래 등 어족자원의 국제적 보호체제에서 예외로 인정되는 과학조사목적을 위한 어로활동을 규제하는 데 참고가 될 수 있게 하였다. 하지만 포경협약체제를 변경하지 않는 한 과학조사목적의 포경활동 자체가 이 판결로 인해 금지되는 것은 아니기 때문에 좀 더 명확한 새로운 규제체제를 마련하거나 기존 포경협약의 보완변경이 필요하다. 이 과정에서는 애초의 포경협약체제가 단순히 고래라는 생물자원을 보존하려는 규제체제가 아니라 포경산업이라는 산업·경제적 측면이 강하게 고려된 규제체제였다는 점과 지속가능한 개발원칙 및 사전주의원칙과 같은 국제환경법상의 원칙과 법규들이 급속하게 발전되었다는 점을 반영하여 생물자원의 보호에 초점이 더 맞추어져야 할 것이다. 산업·경제적 측면에서도 고래와 관련된 산업활동이 등화용 기름을 얻기 위한 포경활동에서 출발하여 화장품원료, 고래고기의 수요에 응하기 위한 것이었다가 이제는 고래관광을 위한 목적도 포함되는 방향으로 변화하고 있는 상황도 반영되어야 할 것이다. 아울러 포경활동을 저지하려는 비정부환경단체에 의한 폭력적 저지활동으로 인한 문제 등 부수된 문제들에 대한 국제적 대응도 중요한 과제가 되었다는 것도 지적된다.

이 사건은 국제환경법적인 측면에서는 아쉬움이 남는 사건이다. 즉, 사전주

가져왔던 우리나라도 울산지역을 중심으로 함의가 있는 문제이다. 박현진, *supra* note 28, p.128.

101) Klein, *supra* note 84, p.216.

의원칙, 협력원칙, 지속가능한 개발원칙 등의 새로 확립되어가는 국제환경법의 내용을 파악하고 법적 지위를 분석하여 일본의 과학조사목적 포경활동을 평가할 수 있는 기회가 될 수 있었음에도 극제 제한적인 역할에 한정하였기 때문이다.

한편, 포경활동의 전면적 금지에 소극적인 입장을 취해온 우리나라 입장에서 남극해에서의 포경활동에 대한 이 재판 결과에 따라 변화되는 포경규제에 대한 국제적 논의동향을 면밀히 검토하여 대응하여야 할 것이다.

참고문헌

- 김원희, "남극해 포경사건에 대한 ICJ판결의 법적 쟁점", 「독도연구저널」, vol.26(2014), pp.27-33.
- 박현진, "국제포경위원회정상화와 연안포경 재개: 대형고래자원의 보존 이용을 둘러싼 도전과 대응", 「국제법평론」, 통권 29호(2009), pp.109-131.
- 박현진, 유재형, "국제포경규제협약 60주년과 양극화로의 갈림길에 선 국제포경위원회: 상업포경중지 20주년과 책임포경을 향한 한국의 선택", 「해사법연구」, 제18권 제2호(2006), pp.151-184.
- 이재곤, 박덕영, 박병도, 소병천, 「국제환경법」, 박영사, 2015.

- Ackerman, Reuben B., "Japanese Whaling in the Pacific Ocean: Defiance of International Whaling Norms in the Name of "Scientific Research," Culture, and Tradition", *Boston College International and Comparative Law Review*, vol.25(2002), p.323 이하.
- Anton, Donald K., "Antarctic Whaling: Australia's Attempt to Protect whales in the Southern Ocean", *Boston College Environmental Affairs Law Review*, vol.(2009), pp.319-351.
- Doby, Debra, "Whale Wars: How to End the Violence on the High Seas", *Journal of Maritime Law and Commerce*, vol.44(2013), pp.135-168.
- van Drimmelen, Benjamin, "The International Mismanagement of Whaling", *UCLA Pacific Basin Law Journal*, vol.10(1991), pp.240-259.
- Greenberg, Eldon V. C., Paul S. Hoffa and Michael I. Goulding, "Japan's Whale Research Program and International Law", *California Western International Law Journal*, vol.32(2002), pp.151-209.
- Klein, Natalie, "Whales and Tuna: The Past and Future of Litigation Between Australia and Japan", *Georgetown International Environmental Law Review*, vol.21(2009), pp.143-216.
- Pavliha, Marko and Norman A. Martinez Gutierrez, "Marine Scientific Research and the 1982 United Nations Convention on the Law of the Sea", *Ocean and Coastal Law Journal*, vol.16(2010), pp.115-130.
- Mbengue, Makane Moise, "Between Law and Science: A Commentary on the Whaling in the Antarctic case", *QIL, Zoom-in*, vol.14(2015), pp.3-12.
- Sands, Phillippe and Jaqueline Peel with A. Fabra and R. Mackenzie, *Principles of International Environmental Law*, 3rd ed., Cambridge University Press, 2013.

- Rolland, Sonia E., "Whaling in the Antarctic (Australia v. Japan: New Zealand Intervening) At http.icj-cij.org. International Court of Justice, March 31, 2014", *American Journal of International Law*, vol.108(2014), pp.496-502.
- Watkins, Casey, "Whaling in the Antarctic: Case Analysis and Suggestions for the Future", *New York International Law Review*, vol.25(2012), pp.49-77.

- ICJ Judgement (Merit), <http://www.icj-cij.org/docket/index.php?p1=3&p2=3&k=64&case=148&code=aj&p3=4>.

찾아보기

[ㅇ]

[ㅈ]

[ㅎ]

저자 약력 및 주요 연구업적(장별 저자 순)

이 재 곤

연세대학교 법학박사
국제법평론회 회장
충남대학교 법학전문대학원 원장
대법원 법관인사위원
(현) 충남대학교 법학전문대학원 교수
(현) 대한국제법학회 회장

「생물다양성의 환경법적 보호」(공저), 길안사(1998)
「현대사회와 법」(공저), 삼영사(2003)
「우주활동과 국제환경법」, 충남대학교출판부(2009)
「국제법」(공저), 박영사(2010)
「국제환경법」(공저), 박영사(2015)

박 덕 영

연세대학교 대학원 법학박사
영국 캠브리지 대학교(LLM)
대한국제법학회 부회장
한국국제경제법학회 회장
(현) 연세대학교 법학전문대학원 교수

「국제경제법 기본조약집」, 개정판, 박영사(2011)
「국제법 기본조약집」, 개정판, 박영사(2011)
「EU법강의」, 제2판, 박영사(2012)
「국제투자법」, 박영사(2012)
「국제경제법의 쟁점」(번역) / 「국제법 기본판례50」(번역), 박영사(2014)
「미국법과 법률영어」, 수정판(번역), 박영사(2014)
「유럽인 유럽사람 유럽놈」(번역), 신인문사(2015)
Climate Change and International Economic Law (editor), Springer(2016 예정)
East Asian Responses to Climate Change and Energy Issues (editor), Brill(2016 예정)

모영동

성균관대학교 법학전문대학원 법학박사
미국 일리노이대학교(LL.M)
성균관대학교 글로벌리더학부 초빙교수
국제해저기구 정부대표단
(현) 한국해양과학기술원 해양정책연구소

"環境損傷으로 인한 國際責任과 國際犯罪", 박사학위 청구 논문(2013)
"國際環境危害의 責任基準에 대한 연구－Trail Smelter 중재법원판결과 미연방대법원판례의 비교 검토", 「미국헌법연구」 제24권 제1호(2013)
"국제법상 환경범죄론의 재고찰", 「성균관법학」 제25권 제3호(2013)
"국가안보에 대한 위협으로서의 국제적 환경손상: 환경안보의 이론과 사례에 대한 검토", 「한국경호경비학회」 제36호(2013)
"UN해양법협약상 해양환경보호규정의 구조에 관한 연구", 「국제법학회논총」(공저) 제59권 제4호(2014)

이용호

영남대학교 법학박사
영남대학교 법과대학 학장
국제법평론회 회장
국제법학회 부회장
국제법자문위원회 위원
방위사업청 대표옴부즈만
(현) 국제인도법 한국위원회 위원
(현) 영남대학교 법학전문대학원 교수

「전쟁과 평화의 법」, 영남대학교출판부(2001)
"헤이그법의 발전과 현대적 과제," 「국제법평론」(2009.10)
"제네바법의 발전과 현대적 과제," 「국제법학회논총」(2011.12)
"우리나라에 있어서의 국제인도법의 발전과 한계," 「법학논총」(2014.2)
"내전에서의 희생자 보호와 그 한계," 「법학논총」(2014.6)

김기순

고려대학교 법학박사
고려대학교 법학연구소 연구원
고려대학교 법학과 Post-Doc.
UNEP 한국위원회 환경법 전문위원
해양수산부 방제분담금신설심의위원회 위원
고려대학교, 전주대학교, 한남대학교, 대전대학교, 서울시립대학교 시간강사
국제법률경영대학원대학교 겸임교수
(현) 산하온환경연구소 소장

「자연환경과 국제법」(2인 공저), 범양사출판부(1994)
"국제유류오염배상제도와 Hebei Spirit호 사고의 손해배상에 관한 연구", 「법조」(2009.2)
"북극의 분쟁과 해양경계획정에 관한 연구", 「국제법학회논총」(2009.12)
"일본의 방사능오염수 해양배출에 대한 국제책임 연구", 「국제법학회논총」(2011.12)
"남극 관광의 관리와 규제에 관한 연구", 「안암법학」(2015.2)

정갑용

경희대학교 학사
경희대학교 대학원 석사
경희대학교 대학원 박사
한국해양연구원 연수연구원
한국해양수산개발원 연구원
해양수산부 파견(법률자문관)
(현) 한국해사법학회 부회장
(현) 영산대학교 해양법연구센터장
(현) 영산대학교 법과대학 교수

"국제수산기구에 있어서 어업실체의 법적 지위", 「토지공법연구」(2009)
"남극대륙붕의 관할권 주장에 관한 법적 문제", 「영산법률논총」(2011)
「독도에 관한 국제법적 쟁점 연구」, 서울: 경인문화사(2013)
"필리핀과 중국의 남중국해 도서분쟁", 「해사법연구」(2013)
"중국이 주장하는 남중국해 '9단선'의 합법성 검토", 「독도연구」(2014)

이 석 용

고려대학교 법학박사
대한국제법학회회장
해양법포럼 회장
국제해양법학회 회장
(현) 외교부 정책자문위원
(현) 한남대학교 법과대학 교수

「국제법」, 제4판, 세창출판사(2011)
「유엔해양법협약 관련 쟁점과 대응방안」(공저), 세창출판사(2012)
「국제법상 도서제도와 독도」, 세창출판사(2014)
「국제해양법 판례연구」(공저), 세창출판사(2015)

정 진 석

서울대학교 법학사
서울대학교 법학석사
영국 Bristol 대학교 법학박사(Ph.D)
대한국제법학회 부회장
(현) 국민대학교 법과대학 교수

「유엔해양법협약 관련 쟁점과 대응방안」(공저), 세창출판사(2012)
"베이징 항공테러협약: 새로운 위협 새로운 대응", 「국제법평론」 제36호(2012.10)

강 병 근

서울대학교 법과대학 공법학과 법학사
고려대학교 법과대학원 법학석사
영국 Edinburgh 대학 법학박사
한국국방연구원(KIDA) 군비통제연구센터 연구원
한림대학교 법행정학부 교수
대한국제법학회 부회장
(현) 고려대학교 법학전문대학원 교수

「국제중재의 기본문제」, 소화출판사(2000)
「ICSID 중재제도 연구」, 법무부(2006)
"UNCITRAL 투명성 규칙 초안과 한미 FTA 중재절차의 투명성 규정의 비교 검토", 「국제경제법연구」 제11권 제1호(2013.3)
"국제법적 관점에서 본 일제강제징용 배상판결의 주요쟁점에 관한 연구", 「저스티스」 통권 제143호(2014.8)
"한일청구권협정 제3조의 분쟁해결방식에 관한 연구", 「국제법학회 논총」 제59권 제4호(2014.12)

박 병 도

건국대학교 법학박사
대한국제법학회 총무이사
국제법평론회 연구이사
한국환경법학회 국제이사
(현) 건국대학교 법학전문대학원 교수

「국제환경책임법론」 집문당(2007)
「인권법」(공저) 아카넷(2007)
"국제형사절차에 있어서 적법절차", 「국제법학회논총」(2010)
"기후변화 취약성과 기후정의", 「환경법연구」(2014)
「국제환경법」(공저) 박영사(2015)
"국제환경분쟁의 해결방법", 「국제법평론」(2015)

국제환경법 주요판례

초판인쇄 2016년 2월 5일
초판발행 2016년 2월 15일

지은이 이재곤·박덕영 외
펴낸이 안종만

편 집 배우리
기획/마케팅 조성호
표지디자인 김문정
제 작 우인도·고철민

펴낸곳 (주) 박영사
서울특별시 종로구 새문안로3길 36, 1601
등록 1959. 3. 11. 제300-1959-1호(倫)
전 화 02)733-6771
f a x 02)736-4818
e-mail pys@pybook.co.kr
homepage www.pybook.co.kr
ISBN 979-11-303-2805-8 93360

정 가 35,000원